敏捷商业分析与计划

从战略规划到持续交付价值

［加］霍华德·波德斯瓦（Howard Podeswa）　著

周子衿　译

清华大学出版社

北京

内 容 简 介

　　本书通过贯穿全书的一个敏捷分析与计划全景图和一个循序渐近的案例学习来展示商业分析和敏捷方法紧密结合从最开始的战略规划到最后持续交付价值。读者可以在本书的指导下进行敏捷分析与计划，帮助组织灵活地应对快速变化的商业环境。

　　本书适合产品负责人、产品/项目集经理、商业分析师、需求工程师和项目经理阅读与参考，也是商业分析相关认证考试的备考指南，还可以帮助读者培养和提升敏捷分析与计划能力。

北京市版权局著作权合同登记号　图字：01-2022-5177

Authorized translation from the English language edition, entitled The Agile Guide to Business Analysis and Planning: From Strategic Plan to Continuous Value Delivery 1e by Howard Podeswa, published by Pearson Education, Inc, Copyright © 2021 Pearson Education, Inc.

All rights reserved. No part of this book may be reproduced or transmitted in any form or by any means, electronic or mechanical, including photocopying, recording or by any information storage retrieval system, without permission from Pearson Education, Inc.

CHINESE SIMPLIFIED language edition published by TSINGHUA UNIVERSITY PRESS LIMITED. Copyright © 2023.

本书简体中文版由 Pearson Education 授予清华大学出版社出版与发行。未经出版者许可，不得以任何方式复制或传播本书的任何部分。

本书封面贴有 Pearson Education 防伪标签，无标签者不得销售。

版权所有，侵权必究。举报：010-62782989，beiqinquan@tup.tsinghua.edu.cn。

图书在版编目 (CIP) 数据

　　敏捷商业分析与计划：从战略规划到持续交付价值 /(加) 霍华德·波德斯瓦 (Howard Podeswa) 著；周子衿译 . —北京：清华大学出版社，2023.6
　　书名原文：The Agile Guide to Business Analysis and Planning: From Strategic Plan to Continuous Value Delivery
　　ISBN 978-7-302-62602-2

　　Ⅰ . ①敏… Ⅱ . ①霍… ②周… Ⅲ . ①商业管理 Ⅳ . ① F712

　　中国国家版本馆 CIP 数据核字 (2023) 第 021668 号

责任编辑：文开琪
封面设计：李　坤
责任校对：周剑云
责任印制：杨　艳

出版发行：清华大学出版社
　　　　网　　址：http://www.tup.com.cn，http://www.wqbook.com
　　　　地　　址：北京清华大学学研大厦 A 座　　邮　　编：100084
　　　　社 总 机：010-83470000　　　　　　　　邮　　购：010-62786544
　　　　投稿与读者服务：010-62776969，c-service@tup.tsinghua.edu.cn
　　　　质量反馈：010-62772015，zhiliang@tup.tsinghua.edu.cn
印 装 者：北京嘉实印刷有限公司
经　　销：全国新华书店
开　　本：185mm×210mm　　印　张：$34\frac{2}{3}$　　彩　插：3　　字　数：1158 千字
版　　次：2023 年 7 月第 1 版　　　　印　次：2023 年 7 月第 1 次印刷
定　　价：169.00 元

产品编号：098321-01

献给我的父母

先父伊德尔·波德斯瓦，

一位艺术大师，他的创造力和生命力让我始终灵感不断；

我的母亲露丝·波德斯瓦，

她的鼓励和示范，让我始终能够信心满满地迎接新的挑战。

推 荐 序

霍华德和我有几个共同点：我们对商业分析的热情、我们对绘画的热情以及我们对美食与聊天的热爱。

几年前，我就职于加拿大某家大银行，主管需求管理/BA 卓越中心（Center of Excellence，CoE），负责培养和提升组织内部 IT 和业务部门的需求管理能力，具体工作内容包括开设商业分析培训课程。我是这样认识霍华德的。当时，我们为银行内部的商业分析师们合作开发一门新的培训课程，旨在提升银行的商业分析能力。霍华德能够迅速而准确地理解我的想法，这给我留下了深刻的印象。他非常了解商业分析师的定位以及商业分析师必须具备哪些知识和经验才能提高工作效率。他针对提高课程质量提供了很精准的建议，他乐意合作并按照我的需求来调整他的课程内容，这对我来说非常重要。

随后，我们通过正式的业务会议进行过多次会面，讨论他的课程在我们内部取得了哪些成效。我们也趁此机会讨论如何合作以进一步推动培训课程的进展。后来，我虽然调到别的岗位，但霍华德仍然和我保持联系。我们定期见面叙旧，也经常在霍华德发表演讲的行业会议上碰头。

我们还通过国际商业分析协会（International Institute of Business Analysis，IIBA）进行合作。我先后以多个身份为该协会服务，前后大约长达 15 年，起初是志愿者，

译注：针对本书所提到的商业分析（Business Analysis，BA），作者给出标准的定义：识别出企业、部门遇到的问题或机会，推荐解决方案以推动变革，最终给企业带来价值。作者特别指出，BA 并不是特指一个头衔，而是一种能力，在数字化转型时代的当下，更是连接业务和技术的关键接口，是推动变革的核心。商业分析也称业务分析，识别业务需求和确定业务问题并提供相应的解决方案，比如软件或者组件，也包括流程改进、组织变革或战略规划和政策制定等。本书中，为保持一致性，统称为"商业分析"，执行该任务的人统称为"商业分析师"。在阅读过程中，读者朋友们也可以根据个人的习惯，理解为"业务分析"或者"业务分析师"。

后来担任了董事会主席。2013 年到 2014 年，我还作为临时主席和 CEO 主持了该协会的工作。我还担任过业务和企业发展总监，先后与其他专业协会建立了多个战略联盟。

我与敏捷联盟正式建立了关系后，和他们共同开发了《BABOK 指南之敏捷模块 3.0》的第 2 版，并在 2017 年 8 月成功推出。这个优秀的出版物全面讲述了敏捷分析——从业人员应该知道的概念和技术。只要你愿意，就可以通过它来完善自己的知识体系。霍华德的这本书《敏捷商业分析与计划：从战略规划到持续交付价值》不仅还原了 BA 知识体系，还加入了不少"干货"。然而在我看来，他这本书真正的价值以及我果断建议你买下它的理由是，霍华德通过一个持续完善的案例学习，将几十个基于应用场景的例子、工具和技术串在了一起。此外，霍华德基于整个产品开发生命周期对它们进行描述，解释了它们在常见敏捷框架下的用法。

过去二十多年，在涵盖多种职能的商业分析领域，我目睹许多组织从瀑布式或某种形式的迭代开发方法过渡到敏捷方法时经历的种种艰难。令我懊恼的是，许多组织竟然还在质疑商业分析师在敏捷环境中是否还有用武之地。我见过许多经验丰富的商业分析师为了向组织持续创造价值而艰难地提高个人的敏捷能力。但事实上，现状已经有了很大的不同，商业分析师已经成为敏捷运动中重要的贡献者。如今，产品开发成熟度高的组织已经意识到商业分析师对敏捷实践的重要性。但对其他许多组织来说，挑战依然存在，因为他们需要尝试从两三个敏捷框架中挑出一部分来适配其内部流程和项目管理方式，这正是本书真正的价值。霍华德列出了产品负责人和商业分析师能够直接上手的工具 / 技术、例子和指导原则，数量多达 175 个。

霍华德对国际商业分析协会（IIBA）做的贡献也值得一提，他是协会的"铁杆"支持者，是《BABOK 指南 3.0》的评审。他有时还像苏格拉底那样，积极推动组织不断改进。在 IIBA 任职的 5 年，我有幸联合主持 IIBA 官方全球年度大会，因而我有机会看到霍华德发表的演讲，他的话题总是很贴切，内容总是很专业，很有价值，深受参会人员的欢迎。

这么多年来，我与霍华德越走越近，我们俩的合作逐渐演变为友谊（因为我们志趣相投），我对霍华德怀有最高的敬意和钦佩之情。正如本书所展示的，他是一名完美控商业分析专家，是该领域公认的领袖。同时，他还是一名颇有成就的艺术家，他的作品在世界各地的多个画廊展出。当然，他还知道如何挑选一家完美的餐厅来享受美食和聊天。

霍华德是商业分析领域的先驱。他的处女作出版于 2005 年，主要是向 IT 商业分析师介绍 UML。当时，商业分析作为一种新的职业刚刚开始兴起。他的第二本书出版于 2009 年，现在已经被全球各地有丰富经验和有抱负的商业分析师奉为宝典。第三本书是大家手上这本，凝聚着他在敏捷和商业分析这两个领域积累的丰富经验。

本书的独特之处在于霍华德对待这个主题的方式。他也通过这本书展现了自己的人格魅力。本书给人一种"个性化"的感觉。一本以商业分析为主题的书，花了几页的篇幅来介绍作者特殊的兴趣——他对绘画的热情，这是相当少见的。但这样一来，霍华德就在一个更私人的层面上与读者建立了联系，表明他的艺术才华如何丰富了他的人格以及创造力如何成为解决问题和创新的催化剂，对此，霍华德在书中进行了详细的论述。

霍华德凭借个人的丰富经验，展示了商业分析和敏捷从业人员如何在主流敏捷框架和所有产品开发生命周期活动中应用商业分析的核心实践和技术，如 Scrum、Kanban、SAFe、DevOps、XP、精益软件开发、精益创业和持续交付（CD）。

无论是敏捷实践的新手，还是从传统商业分析过渡到敏捷分析的"老资格"商业分析师，都可以从本书中学到相关工具的适用时机和适用场景。针对整个产品开发生命周期中如何执行分析与计划，霍华德提供了详细的指导，以便大家能够很快上手，在启动敏捷项目的第一天就更有信心和更有成效。产品负责人在进行敏捷计划与分析活动时，也更有信心与敏捷团队进行互动，同时还可以运用霍华德的指导意见来管理干系人的期望，让他们深度参与整个产品开发过程。

我并不觉得自己是敏捷分析与计划方面的专家。但我对它的了解足以使我明白这本书对敏捷项目团队有相当大的价值。许多从业人员刚开始实施新的敏捷项目时，面临着很多挑战，这本书可以成为他们（尤其是产品负责人和商业分析师）随身携带的主要参考。

感谢霍华德让我写这篇推荐序，也感谢他对我的信任，让我可以在力所能及的范围内帮助他完成这本书的出版。我知道大家会喜欢上这本书并从中获得它所创造的巨大的价值。

祝大家阅读愉快！

——阿兰·阿森诺特

国际商业分析协会（IIBA）前任代理主席兼 CEO，TheBAExecutive 主席兼 CEO

前　言

齿刚则折，舌柔则存。

——孔子

本书旨在协助企业培养和提升可靠而又敏捷的商业分析与计划能力，进而帮助企业更灵活、高效地应对快速变化的商业环境。在本书的定义中，敏捷分析与计划是组织必须具备的基本能力，涉及对企业或其任何方面（包括文化、组织结构、流程和产品）进行审视，了解在高度重视适应性、灵活性、持续创新和价值交付的情况下哪些需要改变以及什么时候需要改变，才能取得较为理想的结果。为了获得这样的能力，必须完成的关键活动包括分析产品面向的对象（干系人）、定义需求、确定交付时间以及预估成本和资源。

我为什么要写这本书

多年以来，在为 IT 组织提供咨询服务的过程中，我注意到一点：从事敏捷分析与计划的人员一直在寻求一本能够用来指导其日常工作的实用参考书。目前，关于这一主题的书已经为此提供了一个基本的框架。例如国际商业分析协会（IIBA）与敏捷联盟联合出版的《BABOK 指南之敏捷模块》，书中概括了如何在不同的计划范围内应用各种技术和指导原则。项目管理协会（PMI）的《敏捷实践指南》从项目负责人和项目团队的角度提供了一个有价值的概述。还有一些基础书籍为该学科领域的特定主题提供了详细的指导，例如《DevOps 实践指南》（Humble，et al.2018）、《敏捷软件开发：用户故事实战》（Cohn，2004）以及针对特定框架的一些文献（如《Scrum 指南》）。但我也注意到，市场上还缺少用于进阶的书籍。我意识到，几乎没有任何出版物能将这方面的基础技术联系起来并为读者提供足够具体的指导，使他们可以在工作场景中真正落地实践。我写这本书的目的是填补这个空白，所以在书中提供了可操作的建议，并以具体的例子为支撑，说明如何在不同场景下使用和调整敏捷实践。

本书提供了强大的工具、技术、例子、图表、模板、检查清单和其他辅助工具（数量多达 175 个），因而足以整合成为大多数商业分析从业人员或产品负责人的必备工具箱。书中综合了主流敏捷框架下的《商业分析与计划》指导原则，提炼了我在过去二三十年中与敏捷团队合作的经验和教训。回首过去，我也犯过不少错误，套用诺贝尔文学奖得主萨缪尔·贝克特的话来说："不断尝试，失败。没关系，再来。再失败，失败也是一种进步。"一路走来，我明白了哪些方法和措施有效以及哪些无效。这本书包含了我从错误中汲取到的教训，以免大家盲目地去试错。

本书提供的指导意见来自我与多位合作伙伴多年来的集体智慧，他们是我的同事或客户，分别来自 REI Co-op、Covance、LabCorp、美国食品药品监督管理局（FDA）、财险公司、多伦多道明银行、蒙特利尔银行、罗杰斯通讯集团、研科和加拿大抵押和住房公司等。感谢他们信任我并与我分享他们的经验和教训，使我能够传承这份善意并分享给大家。

敏捷分析与计划的重点是改善与客户 / 用户的沟通，使企业能预测并有效地应对客户在习惯和行为上的变化——即使是在极端不确定的情况下。在我的记忆中，任何时候都不像今天这样觉得这样做的重要性。当我刚完成这本书的时候，新冠疫情还在全球肆虐，此时的一切——如此平凡到伟大——似乎都变得不再那么确定。在这些变化结束后，会是什么样子？我们是会团结起来还是会进一步分裂？从现实世界到网上生活的转变真的是不可逆的吗？远程工作会成为常态吗？远程学习和网上购物又如何呢？这个时代面临巨大的挑战，但也是一个重塑自我的良机。我希望这本书能帮助你和你所在的组织在这个令人难以置信的乌卡或巴尼时代——以及即将到来的"新常态"——驾驭这些变化，适应甚至借此机会进一步繁荣和壮大！

跨敏捷框架的最新指导

这是我针对商业分析而写的第三本书。我之前写的两本书描述了如何在迭代开发生命周期中进行商业分析。看到这两本书在全球范围内取得成功（包括西班牙语版和葡萄牙语版以及介绍 UML 的那本书第 2 版的发行），我非常高兴。如果你喜欢那几本书，那么我有理由相信你也会喜欢自己手上拿着的这本。不过，从我第一次出书以来，已经发生了很多变化。本书让我回到自己似曾相识的地方，不同的是，加入了我对当今最成功的主流敏捷分析框架与实践的新的见解，具体涉及的主题如下：

- DevOps
- SAFe
- 看板
- Scrum
- 精益软件开发
- 精益创业和最小可行产品（MVP）
- 用户故事与极限编程（XP）
- 持续集成 / 持续交付（CI/CD）
- 测试驱动开发（TDD）、验收测试驱动开发（ATDD）和行为驱动开发（BDD）
- 全部潜能计划
- 发现驱动型计划
- 基于应用场景的市场细分
- 敏捷流畅度模型

此外，本书还与以下专业认证指南是一致的：
- PMI：*Agile Practice Guide*
- IIBA：*Agile Extension to the BABOK Guide v2*
- PMI：*Business Analysis Practice Guide*
- IIBA: *BABOK v3：A Guide to Business Analysis Body of Knowledge*

本书的特色

和其他许多指南不同，本书包含的资源相当丰富，足以帮助大家执行有效的敏捷分析与计划。

- 详尽的指导：这本实用手册明确指出该做什么以及如何去做。
- 与商业分析相结合：大多数关于敏捷分析的书只关注敏捷技术，而忽略了有价值的商业分析技术应该如何运用，比如业务规则分析和流程建模。本书讨论了如何将传统的分析技术无缝接入到敏捷过程中，以提高敏捷团队的生产力。
- 对敏捷方法和框架进行全面的覆盖：本书结合了当前主流敏捷框架下的最佳实践，包括精益、SAFe、看板和 Scrum，力求帮助大家在敏捷环境中实现效率最优化。
- 基于经验的指导：本书基于我与公司和团队合作多年过程中改进敏捷分析与计划的经验，目的是大家留意哪些有效以及哪些时候有效，虽然我参考了现在最有效的敏捷框架，但具体指导上实际并不特别受制于任何框架。
- 基于应用场景的及时学习：开发生命周期各个阶段要用到的技术和指南，书中都有及时的讲述，你将从中学会需要掌握哪些东西并知道其应用场景和时机。
- 广泛的工作辅助工具：本书包括有价值的工作辅助工具（数量超过 175 个），旨在帮助大家加深理解和提高工作效率。
  - 用于创建分析与计划工件的具体例子和模板，例如产品愿景宣言、产品路线图、故事地图；史诗、特性、探针、故事和验收标准
  - 大量用例图和示意图
  - 会议议程和其他辅助工具
  - 检查清单
- 一个贯穿全书的端到端案例学习：该案例旨在帮助大家理解敏捷开发生命周期中各个步骤和工件是如何相互促进的。

此外，本书"实锤"验证了商业分析在敏捷组织中具有极高的价值——结合传统商业分析和敏捷分析与计划，可以打造出一个又一个更高效的敏捷团队。

敏捷分析与计划对企业的重要性

我们知道，采用敏捷方法后，很多组织获得了显著的收益。例如，与行业平均水平（QSM）相比，项目完成时间快了 37%，[1] 生产率提高了 16%。[2] 我们还知道，敏捷组织可以通过提高分析与计划能力来极大地提高项目成功率。[3] Business Analysis Benchmark 报告[4]指出，从能力成熟度最低（1 级）的 42% 提高到成熟度最高（4 级）的 91%，敏捷组织的项目成功率高出一倍多。另外，报告还发现，即使是成熟度水平的小幅提高，也会产生重大的影响。例如，从 2 级到 2.5 级，会使敏捷组织的成功率从 62% 上升到 74%。更多详情可参见第 2 章。

组织在拥有高效敏捷分析与计划能力后，可以解决以下问题。

- 由于事先没有充分了解需求而导致的返工。
- 由于团队计划和协调不力而导致的延误。
- 由于工作在整个生产周期中没有得到很好的优先排序而导致的团队生产力低下。
- 对干系人的期望管理不到位。
- 资源不足以及产品负责人加班过度。
- 由于企业文化问题没有得到适当解决而导致敏捷开发难以实现规模化。

现在，大家都意识到，敏捷分析与计划可以有效解决这些问题和其他更多的问题。拥有传统商业分析经验的组织正在提升其敏捷能力，并将其视为有价值的贡献因子。与此同时，那些刚开始敏捷之旅且没有强大商业分析能力的初创技术公司，现在也在逐步引入商业分析能力。随着这些公司日益成熟，他们会发现，由于业务领域和产品底层架构日益复杂，这两种技能的结合变得尤为重要。

企业若能具备高效的敏捷分析与计划能力，将拥有以下好处。

- 预测客户需求的能力得以提升：敏捷分析师运用丰富的技术来深入了解客户。根因分析和基于情境的市场细分，可以用来确定客户的基本需求及其问题的根源。卡诺分析可以帮助企业预测客户会接受哪些产品特性。MVP 测试可以揭示拟议的哪些特性对客户最有价值，对假设进行验证可以充分利用有限的开发资源。

- 提高变革管理能力：敏捷分析可以提高团队感知和应变能力并在此过程中做出适当的调整。

- 有效计划的能力：有助于组织有效地进行短期计划和长期计划，无论是在极端不确定的情况下，还是在已知确定的情况下。

- 缩短上市时间：之所以有助于缩短上市时间，是因为敏捷分析将开发工作集中在一组最小的高价值特性上，并随着时间的推移进一步评估和优化特性。

- 基于数据来做决策：通过使用精益创业的 MVP 流程、A/B 测试和可行的指标，敏捷分析与计划实践有助于增强团队基于数据来做决策的能力。

- 减少返工和延误：敏捷分析减少了返工和不必要的延误，因为在正确的时间进行了正确的商业分析。

- 提高团队的生产力：之所以能提高生产力，是因为团队总是在做对整个产品而言价值最高的任务。

- 提高干系人的参与度：在整个生命周期中，干系人都在参与渐进的滚动式分析过程，参与度更高。

- 产品负责人的支持：有了完善的敏捷分析能力，产品负责人可以及时得到必要的支持，从而有效地完成工作。敏捷分析与计划人员负责团队的需求并与团队进行日常的沟通，如此一来产品负责人便能够专注于该角色（面向外交付价值）。

- 充分利用原有的商业分析经验：通过培训原有的商业分析师并将其纳入敏捷组织，公司可以利用资深商业分析师以往的经验来提升敏捷项目团队的绩效。

本书面向的读者

本书面向以下三类读者：

- 商业分析从业人员和产品负责人
- 商业分析、敏捷实践和 DevOps 方向的 IT 总监和卓越中心（CoE）主管
- 从事教育或培训的人员

这三类读者可以通过本书获得以下诸多好处。

1. 商业分析从业人员和产品负责人

本书主要面向在职场中打拼的专业人士：在敏捷软件开发组织中负责分析、活动计划或兼任两个职位的人。在不同的组织中，从事这项工作的人在职位上有很大的不同，职责分配也不同。这些职位包括商业分析师、团队分析师、产品负责人、代理产品负责人和产品经理等。本书是为敏捷组织中负责相关工作的人而写的，与其具体职位没有太大关系。

如果是产品负责人，可以利用本书的知识来学习以下主题：

- 组织和协调敏捷团队，力求效率最大化
- 对产品进行市场分析
- 确定有说服力的产品愿景
- 计划和估计所有计划范围内的需求实现
- 计划 MVP，以测试产品的假设并基于数据进行决策
- 在整个产品中确定史诗和特性的优先级

如果你是商业分析师，那么可以运用这本书向团队传达产品愿景，并帮助团队将愿景转化为更小的需求单位和规范（例如，特性、故事及其验收标准）。本书还针对了关于维护产品待办事项列表、跟踪故事进展、故事准备和进行估算提供了详细的指导。高级商业分析师可以从中学习如何根据自己的情况来准备和调整敏捷分析过程，包括建立产品待办事项列表、针对"就绪"的定义取得共识、设置看板在制品限制以及确定团队能力上限。

如果是在组织的任何级别上负责分析与计划，本书可以为你提供强大的信心和必要的技能，使你能熟练应用当前流行的敏捷框架和实践。如果是入门级的商业分析师或团队分析师，你会喜欢书中对基础知识的介绍、对特性和故事准备的详细指导以及书中提供的大量工作辅助工具。如果是产品或更高级别的商业分析师，你会受益于几个方面的战略指导：文化、干系人分析、业务目标、战略计划以及规模化方面的考量。

2. 商业分析和敏捷实践方向的 IT 总监与 CoE 主管

商业分析和敏捷实践方向的 IT 总监与 CoE 主管可以通过本书完成以下工作任务：

- 开发和定制适合现有组织的敏捷分析与计划框架
- 利用书中的模板、检查清单和例子，为分析与计划人员建立一个 CoE 资源库
- 确定一个强有力的价值主张，让组织知道敏捷分析与计划能力的价值

3. 从事教育或培训的人员：学院或企业的讲师或教学总监

如果是教育工作者，可以把本书作为基础来设计敏捷分析和敏捷开发课程，书中包括当下最流行的成熟的概念、工具和技术，每一章都提供明确的目标和总结。书中还有一个贯穿全书的案例学习可以在小组研讨会上使用，带有示例解决方案且在不断完善中。

如果有兴趣使用本书来建立自己的专属培训课程，请联系我以获得更多内容与服务，包括 PowerPoint 演示文稿、电子学习产品和内部培训。请发送电子邮件到 info@nobleinc.ca 或访问 https://www.nobleinc.ca。

本书的结构

在执行敏捷分析与计划的过程中，可以把这本书作为您的专属教练。通过每一章的指导完成敏捷开发周期中当前阶段的活动，同时结合一个持续完善的案例学习，有助于让大家清楚地看到这些用于分析与计划的工件在开发过程中是如何演变的，又是如何相互连接的。我还提供了其他一些例子来帮助大家理解如何将这些技术应用于其他的场景。

这里要指出一点，各章的分析活动顺序只是一个粗略的指导，因为敏捷分析与计划并没有一个固定的顺序。一个步骤就能完成整个计划或分析活动的情况很少见，更典型的情况是，在前面执行某个活动的一部分，其余部分以滚动方式进行。此外，多个活动往往是同时进行的。本书各章的顺序基本上是根据执行活动的顺序来排列的。

如何阅读本书

本书有下面两种阅读方式。

- 传统方式，从开头读到结尾。如果是刚接触敏捷或商业分析的新手，我建议你这样读。
- 直接跳到个人觉得最重要的部分。如果有一些敏捷经验并想填补知识空白，那么可能更喜欢用这种方式阅读本书。在这种情况下，我建议采取以下方式：
  - 首先，粗略阅读第 3 章，填补基本概念上可能存在的空白。
  - 接着，阅读第 4 章，对本书涉及的敏捷分析与计划活动有一个初步的了解。
  - 最后，再看自己感兴趣的活动对应哪些章节。每章都是独立的，其中涉及一个或多个分析或计划活动。如果提到书中某个较早介绍的主题，我会适当加入相应的交叉引用，以便大家可以不按顺序阅读本书。

各章概述

各章的内容概述如下。

章节	概述
第 1 章 敏捷分析与计划的艺术	在这一章中，我根据自己的艺术家和分析师生活经历，对敏捷分析与计划的艺术进行了简要的、个性化的介绍。这一章解释了我为什么认为敏捷方法对艺术创作过程有价值
第 2 章 敏捷分析与计划及其价值主张	这一章提出了在组织中培养高效敏捷分析与计划能力的价值主张
第 3 章 敏捷分析与计划基础	这一章解释敏捷分析与计划能力以及相关原则、框架、概念和实践，比如精益、看板、Scrum、DevOps 和用户故事
第 4 章 跨敏捷开发生命周期的分析与计划活动	这一章概述敏捷产品开发生命周期中的分析与计划活动，涵盖三种场景：计划期限不超过三个月的短期举措、不超过五年的长期举措以及规模化敏捷举措。这一章的敏捷分析与计划地图提供了该过程的鸟瞰图。后面的章节也引用了这张图，以便大家在阅读本书的过程中看到自己在开发过程中所处的位置

章节	概述
第 5 章 组织的准备工作	本章解释如何为敏捷软件开发做好准备，包括组建高效的敏捷团队、管理干系人的期望以及治理、财务和市场团队指导方针。请注意，第 17 章涵盖适用于大型组织规模化敏捷的指导方针
第 6 章 过程的准备工作	这一章说明如何准备敏捷分析与计划过程。高级分析师和 CoE 主管将学习如何根据具体情况定制敏捷框架和实践以及如何调整过程参数，比如在制品限制和就绪定义，以此来提升团队的生产力
第 7 章 设定愿景	本章涵盖对新产品或重大改进举措进行展望的前期分析活动。产品负责人可以利用本章中的知识来构建有效的产品和史诗愿景宣言并制定目标。分析师将学习如何向团队传达产品愿景，并通过根本原因分析和干系人分析来继续设定愿景。为了准备 MVP 计划，本章还涵盖了对信念飞跃式假设的具体说明
第 8 章 填充待办事项列表： 发现并对特性进行分级	这一章的重点是产品待办事项列表中的初始事项的发现和规范。为了学习如何指定产品或发布待办事项列表中的功能性需求和非功能性需求并确定其优先级，分析师和产品负责人有必要阅读本章。本章涉及的优先级工具包括卡诺分析、延迟成本和加权最短作业优先（WSJF）
第 9 章 长期敏捷计划	这一章解释如何为六个月到五年的时间范围制定长期计划。产品负责人和商业分析师可以使用这一章的信息来创建长期产品路线图，制定计划期间的业务目标、经营目标、假设以及指标。这一章讲解了全部潜能计划——一种用于计划三五年转型变革的方法。这一章描述了使用 MVP 来验证假设和确定产品内容的敏捷计划方法，探讨了长期实施计划的部署策略和选择，包括何时使用窄而深或宽而浅的方法

（续表）

章节	概述
第 10 章 季度和特性的准备工作	这一章说明如何准备接下来要开发的特性。当团队使用看板方法时，这种准备工作是滚动进行的。如果使用的是时间盒式计划方法，则应在季度计划之前准备好排在该季度中的一组特性。这一章对两种方法都适用。同时，这一章还包括敏捷和传统工具，包括特性的就绪定义、ATDD、使用 BDD 的特性验收标准规范、价值流图、旅程地图和流程建模
第 11 章 季度和特性计划	这一章描述如何为接下来的特性或季度制订计划。本章适用于使用时间盒式计划方法的团队（在这种情况下，需要共同计划该季度中的所有特性）和使用单个项目的基于流程的方法的团队（在这种情况下，只计划一个特性）。这一章首先介绍了哪种情况下应该使用哪种方法。然后解释了如何使用计划游戏、计划扑克、德尔菲估算、故事点、理想开发者日以及无估算方法等方法和途径来计划和估算特性
第 12 章 MVP 和故事地图	这一章展示如何使用 MVP 和故事地图来在短时间内进行学习和交付价值。MVP 是产品的最简版本，它使产品负责人能够验证假设，并对开发的投资和资源分配做出有数据依据的决策。故事地图是计划的可视化表示，它指明了故事的动作和实施顺序
第 13 章 故事的准备工作	这一章讲述如何在实施之前对故事进行分析。如果团队使用的是看板，那么这部分准备工作就应该滚动进行。如果使用的是 Scrum 这样的时间盒方法，则应在迭代计划之前进行。本章涵盖这两种情况，涉及的工具包括 INVEST 故事编写指导方针、拆分故事的模式以及如何使用 BDD 和 Gherkin 语法规范故事的验收标准
第 14 章 迭代和故事计划	这一章涵盖一周到一个月的短期计划，其中解释了如何确定团队的产能以及如何预测哪些故事可以完成。这一章涉及的计划工具包括迭代待办事项列表、开发者任务板和看板

（续表）

章节	概述
第 15 章 滚动式分析和准备： 日常活动	这一章描述滚动式分析和计划的日常活动。这一章内容包括正在进行的故事特性准备工作，每日站会，更新开发者任务板、燃尽图、累积流程图等
第 16 章 发布产品	这一章涵盖正式发布（GA，也称为生产发布）前的最后的准备工作，包括经营准备工作、价值验证、alpha 测试和 beta 测试的指导。此外，这一章还研究了在 GA 之前使用强化迭代的利弊
第 17 章 规模化敏捷	这一章讲述大型敏捷组织所面临的分析和计划方面的挑战。它为规模化敏捷组织、过程和产品待办事项列表提供了可操作的指导。这一章讲解并整合了规模化敏捷开发的最佳实践，包括 DevOps、CI/CD、ATDD、BDD 和 SAFe
第 18 章 实现企业敏捷	这一章超越本书其他部分主要关注的 IT 背景，从企业的角度探讨了敏捷分析、计划和产品开发。这一章包括 13 个企业应变能力优化实践
附录	本书为敏捷分析与计划人员提供了一系列实用的工具，包括检查清单、模板和议程，便于在工作中或培训期间参考。本书还包含一个详细的案例学习，阐述了以发现为导向的计划。以发现为导向的计划对应于本书其余部分所描述的以数据为导向的开发方法

本书特色内容

本书提供了下面几种反复出现的图标，旨在方便大家更快定位到自己需要的内容。

 检查清单：对 BA（商业分析人员）有用的清单（例如，干系人清单）。

 示例：工件的具体例子。

 模板：用于创建工件（文本和图）的一个模板。

提示和原则：对从业人员有用的提示、指导原则和公式。

 交叉引用：对本书其他小节的引用，以便大家进一步探究当前的主题。

BLInK 案例学习

本书有一个案例学习贯穿了整个产品开发生命周期，从愿景到持续交付价值，旨在帮助大家学以致用以及在产品开发过程中把各种技术串起来。如果不喜欢案例学习，可以跳过或粗略地看看这些小节。我不会为此而生气的，而你也不会因此而错过任何新的概念。

许多人都觉得，边学边做效果最好，我也是这样想的。如果大家也和我一样，那么请积极完成案例学习，将自己的可交付成果与我在书中提供的成果进行比较。你的成果与书中的成果不同，或者你每次得到的结果都不同，都是可以的。产出取决于每个人与干系人的对话（或想象中的对话）以及记录的方式。重要的是，可以证明自己做的任何决定都是正确的。

在我为本书选择的例子中，有一个虚构的保险公司，名为 Better Living（BL）。正如案例学习的开篇，BL 希望开发一种基于使用的保险（Usage-Based Insurance，UBI）产品，使用物联网设备的数据来定制健康保险费用和理赔金。该产品命名为 BLInK，即"Better Living through Insurance Knowledge"（通过保险知识来实现更美好的生活）。

我之所以选择这个案例，一个原因是它有时效性，刚开始写这本书的时候，我正好在与一个保险客户合作开发一个类似的产品。但我选择它的主要原因是，它涉及对主流企业中创新产品的分析——此时恰好最可能需要用到敏捷商业分析师。在第 7 章的案例学习中，该产品处于早期愿景阶段。在本书其余部分，我们将跟踪该产品从敏捷分析与计划到最后实现和交付的整个过程。

认证相关信息

本书与以下专业认证指南保持一致：

- *BABOK v3：A Guide to the Business Analysis Body of Knowledge*
- *Agile Extension to the BABOK Guide v2*
- *The PMI Guide to Business Analysis*
- *The Agile Practice Guide*

要想进一步了解各章与指南的对应关系，请参见本书附录 A.1。

致 谢

没有人能够凭借一己之力取得任何成就，我们都是在其他人的帮助和指导下砥砺前行的。首先，我要感谢在我职业生涯中与我慷慨分享知识的许多同事和导师。特别感谢阿兰·阿森诺特，我在蒙特利尔银行（BMO）金融集团和其他许多场景中与他合作紧密。通过培养银行能力方面的开创性工作以及后来以多种身份（包括代理CEO）参与 IIBA 的工作，他推动了商业分析的全球化发展并帮助 BA 从业人员取得了成功。多年以来，他一直非常慷慨地支持和指导我，而且，他尽心尽力地协助我完成了这本书。在此，我要对他表示感谢。

通常，转型是变革代理人的工作任务，需要由一个有远见和有谋略的人来执行。我在许多组织遇到过这种有才华的人，其影响力往往远远超过其正式的头衔，这主要是由于他们有同行的帮衬。在这方面，我要感谢 Abhijeet Mukherjee，在链云全球（UST Global），我与他合作，提高了整个公司的商业分析成熟度。我还要感谢 Saurabh Ranjan，他当时是 UST 的 COO，是全球和战略咨询 CoE 相关项目与行动的倡导者和主要发起人。我还要感谢其他三位变革领导——REI Co-op 的 Trenton Allen、Covance 的 Andre Franklin 以及 TD Bank Securities 敏捷转型实践负责人 Dana Mitchell，感谢他们对我的信任，感谢他们分享他们对敏捷分析与计划实践的见解。

我还要向早期的敏捷先驱致敬，他们一开始就洞察到了迭代、增量开发的前景，在当时对敏捷开发和分析并不特别开放的业务领域中，他们是真正的先驱。其中最重要的是 John Beattie，他是研科（TELUS）的前任副总裁，是一名对敏捷有远见卓识的先驱，我很荣幸能够与他一起工作。我还要感谢 True Innovation 的 Tim Lloyd，感谢他多年以来对我的鼓励及与我的合作。

特别感谢 Karl Wiegers，他早年发表的需求方面的文章激发了我对商业分析的兴趣，他分享了他在写作与分析方面的经验和指导。他生动地证明了"付出就有回报"。此外，我还要感谢 Christopher Edwards 对最后几章提出的宝贵意见和详细批注。没有他们以及因篇幅有限而不能一一列出名字的其他许多人，这本书不可能以目前这种完美的方式呈现在大家的面前。

还要感谢我的技术编辑 Ron Healy，感谢他根据个人经验认真考虑了如何为本书提供指导性的意见；感谢 Clifford Berg 鼓励我详细介绍 DevOps 实践、挑战我自己的一些假设、帮助我找到最有用的指导意见并在本书的几个关键章节中予以强调。这两位编辑恰恰提供了我想要的东西——时间——这本书也因为他们的努力而变得更好。感谢我的制作编辑 Tracy Brown，感谢她的支持和指导。我还要感谢培生的执行编辑 Haze Humbert，她劝说并鼓励我，基本上是一直碎碎念并督促着我完成了这本书。感谢培生团队的其他成员，包括 Rachel Paul、Menka Mehta、Julie Nahil 和 Carol Lallier。感谢 Christopher Guzikowski，他是我这本书早期的第一位编辑，他相信这本书不错并在最关键的时候为我提供支持。

本书尤其要感谢 Hootsuite（加拿大最具创新精神的敏捷公司）的首席开发，四年来，我几乎每周都和他通电话，和他探讨本书的主题。他的意见和见解高度融入本书中，因而可以说是在很大程度上和我共同完成了这本书。更令人欣慰的是，他是我的儿子 Yasha Podeswa！

关于作者

霍华德·波德斯瓦（Howard Podeswa），资深技术作家、艺术家以及国际大会上受欢迎的发言人。他的画作在加拿大、美国、意大利和南非的许多展览中展出，并被许多私人或公共机构收藏。

波德斯瓦有核物理学科背景。当年，他供职于加拿大原子能公司（AECL），负责开发核事故模拟程序。从那时起，他就迷上了软件开发，此后活跃于变革的风口浪尖，先后为运输、实验室自动化和通信领域开发了许多创新系统。从 20 世纪 90 年代开始，他就一直在帮助大型组织从计划、分析和需求工程（RE）过程过渡到敏捷实践。他涉及的行业和领域很广，如电信、银行、政府服务、保险和医疗保健。

作为敏捷与商业分析（BA）培训项目的设计师，他在业内发挥着主导作用，为公司和高等教育机构（包括波士顿大学企业教育中心和汉伯学院）提供专业培训。他担任过 BABOK（IIBA）和 *Business Analysis for Practitioners：A Practice Guide*（PMI）的评审，自己以前还写过两本经典书（已经被收入许多商业分析书单）。

波德斯瓦作为 Noble 公司的总监，为全球的私营公司和上市公司提供敏捷与 BA 培训和咨询服务。他服务过的公司有国际标准组织（ISO）、穆迪公司、梅奥诊所、研科、链云全球、蒙特利尔银行、多伦多道明银行、财险公司、独立医学实验室 Labcorp、美国食品药品监督管理局（FDA）、加拿大抵押和住房公司（CMHC）、Bell Nexia 和汤姆森路透等。

BLInK 案例学习概览

全景图概览

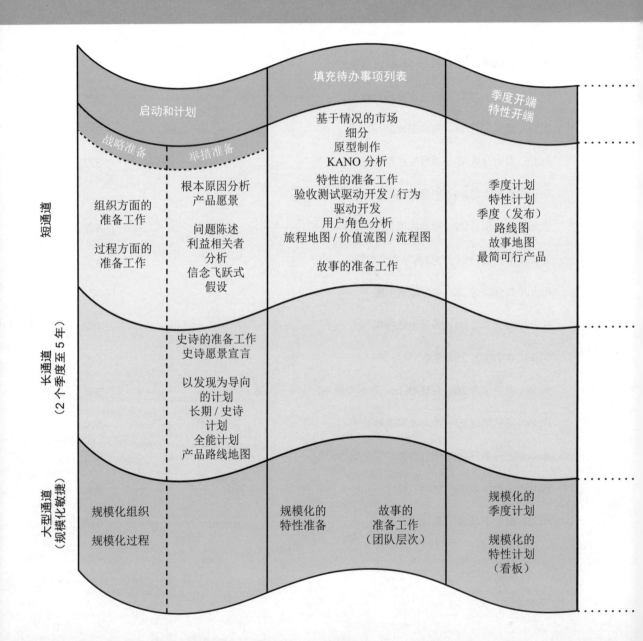

短通道

长通道（2 个季度至 5 年）

大型通道（规模化敏捷）

启动和计划

战略准备　　举措准备

填充待办事项列表

季度开端
特性开端

基于情况的市场
细分
原型制作
KANO 分析

根本原因分析
产品愿景

问题陈述
利益相关者
分析
信念飞跃式
假设

特性的准备工作
验收测试驱动开发 / 行为
驱动开发
用户角色分析
旅程地图 / 价值流图 / 流程图

故事的准备工作

季度计划
特性计划
季度（发布）
路线图
故事地图
最简可行产品

组织方面的
准备工作

过程方面的
准备工作

史诗的准备工作
史诗愿景宣言

以发现为导向
的计划
长期 / 史诗
计划
全能计划
产品路线地图

规模化组织

规模化过程

规模化的
特性准备

故事的
准备工作
（团队层次）

规模化的
季度计划

规模化的
特性计划
（看板）

日常活动

季度收尾史诗、特性收尾

迭代开端

迭代收尾

每日站会

需求分析与记录

编码、构建、测试、交付验收测试驱动开发 / 行为驱动开发

为正式发布做准备

迭代评审会

迭代计划

最简可行产品，分割测试

迭代回顾

季度回顾

史诗、特性的准备工作

史诗、特性回顾

故事的准备工作

转向或继续

用户特别小组的会议

规模化的迭代计划

产品负责人委员会的会议

规模化的特性准备（看板）

集成会议

规模化的迭代评审

DevOps

迭代计划（团队层次）

DevOps

故事的准备工作（团队层次）

规模化的迭代回顾

规模化的季度 / 特性回顾

迭代回顾（团队层次）

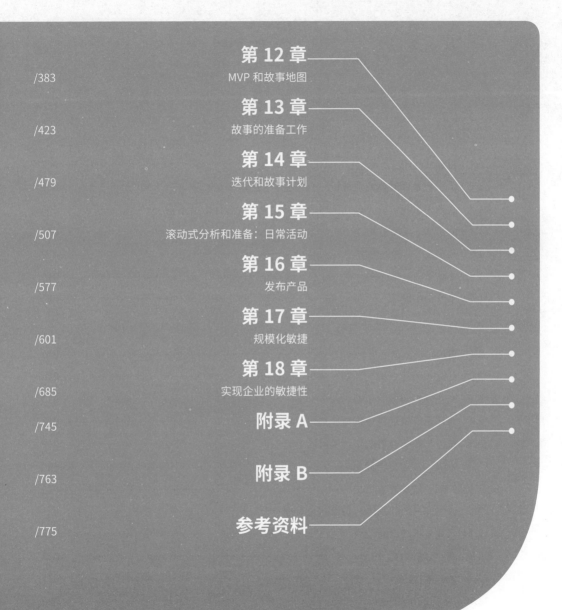

详细目录

第 1 章　敏捷分析与计划的艺术

在本章中，作为一名艺术家和 IT 专业人士，我将从个人的角度来介绍敏捷分析与计划。我要解释敏捷分析与计划是如何支持创造力和响应能力的，我会以讲故事的方式介绍本书的主题，要用两个故事来说明敏捷分析与计划能力可以为企业带来怎样的价值。

1.1 目标

本章将帮助大家实现以下目标：

- 理解敏捷分析与计划如何支持强调创造力和应变能力的产品开发过程
- 通过案例来了解敏捷分析与计划能力如何为企业带来好处

1.2 关于艺术和敏捷商业分析

我出生于艺术世家，我的祖父、叔叔和父亲都是画家，图 1.1 是我父亲 2012 年的布面油画作品。我在从事软件开发的同时，我的生活大多数时候也像职业艺术家那样。

我从个人的艺术实践中学到关于创作过程的许多宝贵经验。如果希望每次都能稳定创作出优秀的艺术作品，需要非常仔细地计划和执行每一个步骤。首先，准备好画布。然后，完整绘制出最终的画面。最后，开始涂抹颜料。2019 年，我就是以这样的过程来完成图 1-2 所示的画作的。

图 1.1　苹果，2012 年，油彩画布，伊德尔·波德斯瓦 / 作，托尼·哈夫肯西德 / 摄

然而，如果真心想要创新，进行一些前所未有的原创，这个过程就不适用了，因为我们事先很难预料到结果。结果是在创作过程中想出来。因此，先从一个粗略的设想开始，然后做实验，在尝试和出错的过程中不断改进这个设想。图 1.3 到图 1.5 展示了我如何使用这个过程来创作系列画作《简史》。这一系列画作 2016 年在科夫勒画廊（加拿大安大略省多伦多市）展出，2017 年在基洛纳艺术馆（加拿大不列颠哥伦比亚省基洛纳市）展出。图 1.3 是两幅主图《天堂》（2015）和《地狱》（2013）的展览现场。

2012 年，刚开始创作这个系列时，我对展厅和两幅画作有一个粗步的设想。我希望观众必须做出选择：是面向天堂还是面向地狱？无论他们做出哪种选择，我都希望让他们能有一种沉浸式的体验。我希望这种体验能引发人们对未来的思考。这个系列和展览的主题是"简史"，影射霍金从天体物理学角度针对这个问题所发表的文

图 1.2　小柑橘，2019 年，霍华德·波德斯瓦 / 作 & 摄

图 1.3 天堂 & 地狱（展览中），2016 年，油彩画布，274cm × 452cm，
霍华德·波德斯瓦 / 作 & 摄，加拿大多伦多科夫勒艺术中心

章。我对《地狱》这幅画作有一个大致的设想：在这幅暗色调的作品中，我们淹没在信息的海洋中，被信息的漩涡无情地吞噬。此外，我还知道画作有一些限制条件，比如必须能够通过哪些尺寸的门和电梯以及画廊的高度对作品尺寸有哪些限制。我把其他所有细节都留到原型设计和尝试以及出错的过程中去解决。图 1.4 显示的是 2012 年这幅画的早期原型。

图 1.5 是这幅作品最终的版本。

图 1.4 地狱（创作中的原型），2012 年，油彩画布，182cm × 274cm

图 1.5 地狱（成品），2013 年，油彩画布，274cm × 452cm，

伊德尔·波德斯瓦 / 作，托尼·哈夫肯西德 / 摄

对比这两个版本，可以看出早期原型中的一些特征被保留下来了，比如，圆形构图、圆内的中央透视点以及作品的整个基调。然而，最终定稿与早期的版本显然有很大的不同。特征之一的圆形图案变得更加突出。另外，所有的细节都有改动。这个过程与大家将在本书中了解到的敏捷分析与计划过程惊人地相似。书中以对产品和用户体验的大致设想作为开端。接着对产品使用的限制以及背景分析，通过一系列原型和"草图"来测试对产品的假设，然后使用一个基于干预（进行尝试）、度量（收集用户反馈）和调整的迭代过程来决定哪些功能需要加到产品中。

艺术领域如此，软件开发领域也不例外：传统的、按部就班的分析与计划方法——软件开发人员称之为瀑布式开发——非常适用于常规的工作。但在真正需要创新时，几乎无法提前确定任何细节，因而必须采用实验性研究方法——敏捷分析与计划方法，也就是本书的主题——这样更加有效和自然。正如我们即将看到的，这种方法甚至对非创新型的开发也大有裨益。例如，它能使人们把精力聚焦于价值高的功能并以数据作为决策依据，力求缩短上市时间。

1.3 我在一家稳定的大公司工作，敏不敏捷和我有什么关系呢

现在，有些读者可能会想："我在一家稳定的大公司工作。我在保险业／金融业／政府（请填入自己的业务领域）上班，在我们这里，稳定意味着一切。敏捷和我有什么关系呢？我们才不会去试错呢！"

在接下来的例子中，我要说明敏捷开发为什么也适用于这种情况。最近，我在和一个团队合作开发 UBI 这个保险产品。该产品的成本和收益将取决于客户的几个行为决策，比如，他们会在一天中的什么时候开车？他们如何加速和刹车？他们会去哪里旅行？由于隐私问题，这个产品非常有争议。问题在于，客户愿意接受或不接受哪些功能及其诱因，有很多不确定的因素，如果分析师事先就明确了所有的要求，那么他们的许多工作成果很可能最终得不到采用。然而，他们使用的方法类似于我

所描述的艺术创作：从一个大致的设想开始，在尝试并根据反馈来调整的实验性过程中，逐步聚焦于各个特性。这就是所谓的敏捷方法。

这种产品开发方法在当下主流的企业中并不少见。随着新的数据源和物联网（IoT）设备的激增，创新的机会也越来越多，甚至传统业务领域也不例外。再加上大多数企业都在经历日益加速的变革，因而即使是主流业务领域，也在普遍使用敏捷方法。这些传统商业领域恰好也是商业分析（BA）的"用武之地"，这两个学科——BA和敏捷开发——以其过去罕见的方式密切联系在一起，演变成敏捷分析与计划以及在敏捷环境下实践并遵循敏捷计划方法的商业分析师。为什么是分析与计划呢？在敏捷开发中，这两种活动紧密相连，无法有效分离：待办列表处于不断变化的状态，这些变化影响着对需求项目（史诗、特性和故事）的分析，也影响着需求实施计划。因此，需要一个模式来兼顾敏捷商业分析与计划。为了方便起见，我也会用"敏捷分析与计划"来指代相应的 BA 能力。

我想从个人角度来介绍 BA 这项能力的发展。我最开始进入 IT 行业时，是在加拿大原子能公司（AECL）从事开发，最后转向系统设计和分析。20 世纪 90 年代末，客户开始要求我帮助开发一种新的能力——商业分析，于是，我就这样把自己在科技领域中到的许多技术重用到分析企业及其需求上。凭借这些工作，我成为 BA 这一新兴领域的早期贡献者：我创立了波士顿大学企业教育中心的第一个 BA 认证项目；作为 BA 课题专家，为国家 IT 学徒系统（NITAS）的 BA 项目（美国劳工部和美国计算机行业协会设立的学徒项目）提供服务；为研科、罗杰斯通讯集团、蒙特利尔银行和穆迪等公司创建内部 BA 培训计划。随着 BA 这门学科的不断发展，我认为它的作用已经不再局限于需求分析了。现在，我个人是这样描述 BA 的：

> 商业分析是指对一个企业（或任何其他组织）或其某一方面进行检查并了解怎样改变才能取得预期的成果。

从个人的开发经验来看，我知道迭代增量式开发（包含短开发周期或迭代的流程）和由此衍生的敏捷方法是一个大的发展方向。不过，我很早就有一个预感，商业分析能力必须适应这种新的工作方式。我很幸运自己并不孤单，有一些客户与我有同感，他们信任我并希望我能够在这个过程中为他们提供指导和帮助。加拿大帝国商业银行（CIBC）的威利·罗斯是真正的先驱，他在主流企业中较早（早在 20 世纪 90 年代末）采用迭代增量式实践。基于这些工作经历，我出版了自己的处女作，书名为 *UML for the IT Business Analyst*。[1]

在敏捷开发初期，在我合作过的大多数组织中，都是在公司内部单独划分出一个敏捷小组，大部分仍然按照传统的方式运作。到 2013 年，有家大型电信公司的副总裁来电约谈，一切都变了。他是这样说的："霍华德，在五六年内，我们整个组织都将走向敏捷。你一直在和我们的 BA 一起工作。你认为他们会怎样？敏捷顾问表示，敏捷开发不需要分析师。如果是这样，我该拿这些 BA 怎么办呢？"

我立即意识到，这次会议将是一个至关重要的拐点。这位高管谈的不是一个独立的敏捷团队，而是传统商业领域中整个企业的转型，这正是商业分析师的优势领域。他们要么适应，要么消失。当时很难确定他们是否能够生存下来，因为否定分析师职能的不单单是这家公司的顾问。我手上还保留着 *Agile Software Development with Scrum*[2]，这本书出版于 2002 年，第一次以书的形式向全世界介绍敏捷 Scrum 框架。书中只有一处提到需求分析，而且还建议不要花太多时间在上面！[3] 是的，书中确实谈到了产品待办事项（即代表需求的工作事项），但这些事项就像是凭空出现在产品待办列表中的一样，书中几乎没有提到如何通过计划与分析来确定这些事项。

就在我与电信公司这位高管约谈的同一年，即 2013 年，我在挪威开发大会（NDC）上发表了关于敏捷 BA 的演讲。当时大约有 50 位演讲嘉宾，但只有我一个人在讨论敏捷 BA。对大多数敏捷实践者来说，根本考虑不到商业分析应该怎么做。人们完全有理由相信，在转向敏捷实践的过程中，商业分析师无法幸存下来。

结束与那位副总裁好谈话之后，发生了什么呢？在接下来的几年，我与这家公司在全国各地的团队合作，为他们的敏捷转型提供商业分析方面的服务。该公司最终留下了商业分析师，还将他们归入大多数敏捷团队中。为什么？因为分析师已经证明了自己的价值，他们填补了敏捷团队的能力空白，贡献了软技能、启发技能、领域知识以及在工作流程建模、领域建模和业务规则等方面的分析专长。在整个敏捷开发周期中，确保决策时业务价值最大化是至关重要的。我们将在第 2 章进一步探讨这个主题以及敏捷商业分析的价值主张。

接下来，我将按照敏捷的偏好，通过讲故事的方式和大家进行交流。以下两个故事关系到敏捷分析与计划，是真实的（感谢史蒂芬·科博特），考虑到隐私和保密的需要，我做了脱敏处理。一个故事关于敏捷分析，另一个关于敏捷文化，我希望它们能让大家感受到敏捷分析带给敏捷开发团队以及整个企业的价值。

1.4　故事 1：与我无关

这个故事叫"与我无关"，但事实上，故事讲的是在敏捷开发中为什么不应该忽略商业分析师的道德考量。

我有个客户来自医保行业，他要求我对他们公司遇到的一些老问题提供建议，于是我就参与到了这个故事中。在某次会议的休息间隙，某位高级经理把我拉到一边，告诉我："这里有一个众所周知的问题，但没有人愿意公开谈论。"这个问题是，那些本身表现不错的故事在端到端用户验收测试（UAT）中屡屡失败。由于 UAT 通常在发布周期的后期进行，所以肯定会造成最后时刻的赶工以及错过最后期限或者遗漏某些关键特性或功能。

图 1.6 说明了这家公司面临的问题。

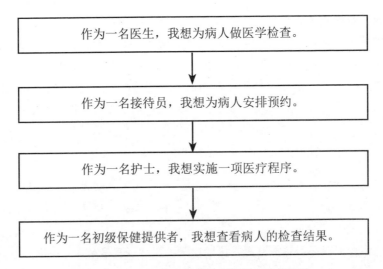

图 1.6　管理医学实验室检查的用户验收测试

每个矩形代表一项需求：一个用户故事或者一个特性。这些故事按照用户通常执行的顺序显示：首先，某位医生预约一项医学检查；然后，接待员为这个程序安排一个预约等。在实施过程中，团队中的每个小组都专注于一个不同的用户角色（医生和接待员等）。当每个小组完成一个用户故事之后，会根据其验收标准进行测试。一旦完成并对所有故事单独进行了测试，QA 就会按照图 1.6 所示的顺序将它们拉到一起进行 UAT。然而，此时的测试却失败了。

对于测试失败的原因，我有一种强烈的直觉。我猜想，在开发前的准备工作中，肯定跳过了对预订和管理医疗程序进行端到端的过程分析。经理证实了我的猜测。但问题是，她无法说服团队对此采取任何行动。她提出了几个原因。最根本的原因是，许多开发人员似乎认为敏捷开发不需要做过程分析。她认为，可能是与团队合作的一些外部敏捷顾问向他们传递了这种观点。

另一个问题是，对端到端进行过程分析并不属于任何一个团队的工作范畴，因为每个团队都只专注于自己的用户视角。任何可能想到这个问题的人都以为别的团队也会这样做。

首先，我修正了团队成员对敏捷开发过程中如何做商业分析的错觉，并解释说这种能力被广泛认为是当前敏捷开发中一项必要的活动。新版《Scrum 指南》[4] 把这项工作称为"产品待办列表梳理"。然后，我提供三个机制来确保前面这样的场景不会再次出现。

第一，让团队中的分析师采用验收测试驱动开发（ATDD）的实践，即事先确定好特性的端到端测试。[5]

第二，为了确保这项工作在特性实现之前进行，我建议她的团队定义并使用 DoR（特性就绪定义）。DoR 是一套规则，是未来需求事项必须具备的特性检查清单。为了避免前面这样的情况发生，我建议她在特性的 DoR 中包括以下条件：

> 已经对该特性的端到端流程或价值流进行了详尽的分析，足以确定步骤（故事）的顺序和集成点，并确定测试该特性所需要的 UAT。

第三，为了确保在计划过程中考虑到这些分析工作，我建议她的分析师将这些分析工作记录在功能探针中，在规模化敏捷框架（SAFe）中称为"使能故事"（enabler story），这是一种特殊的故事，专门用于分析接下来要做的用户故事。

以上每个问题的指导都可以在本书中找到。例如，第 6 章要介绍特性 DoR 中应该包含哪些内容。第 13 章要介绍如何指定和使用探针。第 17 章将介绍 ATDD 以及如何在梳理活动中使用 DoR。

小结

这个故事涉及的关键点如下。

- 通过 ATDD 和行为驱动开发（BDD）实践，敏捷分析师有效帮助避免了最后的集成问题。
- 敏捷分析师可以在实施之前就准备好特性，以避免不必要的返工。

1.5 故事2：坏脾气的客户

这个故事讲的是，如果不充分重视组织文化，就算完全掌握了敏捷实践中的所有细节，也必然会失败。故事是这样的：某金融机构有位主管否决了我为他们团队提供的估算方法指导。当时，我主张使用实时估算，而不是用故事点这种更为抽象的指标（我后来改变了自己的立场）。在讨论这些方法的利弊时，我了解到这次讨论背后真正的问题：规划会议上，大家针锋相对，剑拔弩张。我得知，在这样的会议上，客户经常质疑个别开发人员对工作的估计。这种摩擦导致她放弃了实时估算。

听到这个消息时，我的第一反应是："发生一些摩擦并不见得是坏事。在敏捷开发中，客户就应该与开发人员进行谈判并为他们设置挑战，以求找到更好的方法，以事半功倍的方式来提供价值。"但我发现，这里的情况并非如此。客户和团队并没有针对如何权衡取舍展开协商和谈判。干系人就只是单纯地不相信开发人员和测试人员的估算而已。这就不是敏捷实践中鼓励的挑战了。如果想要创造一个能使需求自然浮现的环境，就需要在干系人和开发团队之间培养起协作的文化。各方相互尊重而不是质疑对方的专业能力。

由于有这种负面经历，主管就变成了故事点的大力提倡者。我们都知道，故事点与精确绝对的估算不同，它是一种相对的度量标准。她解释说，采用故事点来估，就用不着讨论"一个需求项目要花多少时间才能完成"这个争议最大的问题了。取而代之的是，讨论集中在一个争议更小的话题上：实现一项需求与实现另一项需求目的相对工作量。

我同意这位主管的观点，使用故事点是一个快速有效的解决方案。然而，要想从根本上解决问题，我建议她研究一下底层的文化问题。我建议她就客户和开发团队的权责协议达成共识，其中一项权利是执行工作的人专享估算工作量的权利。与之相对，客户有权决定需求是什么，以及如何根据商业价值和成本对需求进行优先级排序。客户还保留在实施之前改变自己想法而不至于受到不当惩罚的权利。我认为，如果权利和责任能够事先达成一致，就可以避免未来的冲突。关于这些问题的详细指导都可以在本书中找到。例如，第 5 章要讲解客户与开发者的权利和责任。在第 11 章和第 14 章中，要介绍如何在规划需求时考虑这些权责问题。在第 18 章中，要全面介绍敏捷文化及其之于企业的意义。

小结

这个故事的关键点如下。

- 正确的文化是所有敏捷工作成功的关键。
- 对双方的权利和责任法案达成共识，可以促进客户和开发者之间的合作。
- 做具体工作的人有估计工作量的专属权利，而客户则有确定工作优先顺序的专属权利。

1.6　小结

以下是本章涉及的要点。

1. 敏捷分析和计划从一个愿景开始，通过迭代实验和反馈的过程来呈现需求细节。
2. 敏捷分析通过确保预先识别集成问题来减少不必要的返工。
3. 敏捷商业分析师是传播文化变革的关键。

1.7　下一个主题

第 2 章将探讨敏捷商业分析能力的基本概念以及本书的其他内容。第 2 章的目的是让大家有一个基本的认识。如果对这些方面已经有了很深入的了解，那么可以直接跳到第 3 章，继续阅读。

注释

1　Howard Podeswa, *UML for the IT Business Analyst: A Practical Guide to Object-Oriented Requirements Gathering*(Boston: Thomson Course Technology, 2005).

2　Ken Schwaber and Mike Beedle, *Agile Software Development with Scrum* (Upper Saddle River, NJ: Prentice Hall, 2002), 92–93.

3　Schwaber and Beedle, *Agile Software Development*. 书中提到：“如果花太多时间考虑需求，就会让竞争者抢先进入市场。”（第 92 页）作者还讨论了需求不确定性和“干扰”之间的关系（第 93 页）。他们认为，在需求不稳定的情况下，需要使用经验过程。

4 Ken Schwaber and Jeff Sutherland, *The Scrum Guide: The Definitive Guide to Scrum—The Rules of the Game*(ScrumGuides.org, 2020), 10, https://www.scrumguides.org

5 常用方法是为待办列表的整个流程或价值流创建一个特性文件，再用 Gherkin 语法指定端到端测试场景。参见 Jens Engel, Benno Rice, and Richard Jones, "Feature Testing Setup," GitHub, © 2012–2019, https://behave.readthedocs.io/en/latest/gherkin.html

第 2 章　敏捷分析与计划及其价值主张

第 1 章介绍了我个人对敏捷分析与计划的看法。本章将探讨敏捷分析与计划能力的起源以及我的相关研究。首先，我要介绍两大催生敏捷分析与计划的方法：敏捷开发和商业分析。然后，讨论开发敏捷分析与计划能力会给公司带来哪些价值。

2.1 目标

本章将帮助大家实现以下目标：

- 理解商业分析、敏捷开发以及敏捷分析与计划的历史
- 了解商业分析和敏捷开发的好处
- 了解在敏捷组织中加入高效的敏捷分析能力可以带来哪些价值

2.2 什么是敏捷分析与计划

敏捷分析与计划可以如此简单定义：商业分析（BA）以及在敏捷环境下进行计划。不过，只有知道各个术语的含义，才能理解这个定义。基于本书前面的描述，下面要给出一个更正式的定义：

> **敏捷分析与计划**是指对企业或其任何方面（文化、组织结构、流程、产品等）进行检视，了解在高度重视适应性、弹性、持续创新和价值交付的情况下，需要在什么时候做出什么样的改变才能取得预期的成果。它具体涉及分析产品的适用对象（干系人）、定义其需求、确定交付能力及期限、估算成本和资源。

正如第 1 章所解释的，我把 BA 和需求实施计划放在一起，是因为在敏捷开发中，两者都处于不断变化的状态，而且还是密不可分的。需求和优先级的变化会影响实施计划，而计划的变化又会影响分析的时间安排。关于该学科，一个更精确的术语是敏捷商业分析与计划，因为没有前面这个限定词的话，分析可以指代任何类型的分析（例如财务、数据或系统分析）。然而，为了简明起见，本书往往更多使用敏捷分析与计划这个说法。偶尔还会使用敏捷分析这个更简短的术语。不要给这些变化形式附加任何特殊的含义，因为它们指的都是同一种能力"敏捷 BA"。

正如定义所指出的，敏捷分析与计划存在于高度重视适应性和持续交付（CD）的环境中。这种环境使其不同于传统的分析与计划，在传统的分析与计划中，企业更重视可预测性，会坚持执行既定计划。这种环境的转变对能力施展方式产生了深刻的

影响。例如，在瀑布式开发环境中，在开发之前就早已经确定需求说明和需求实施计划。只有通过严格的变更管理程序，才可以进行变更。然而，在敏捷开发中，我们期待甚至鼓励对需求和计划进行变更，因为这能使企业根据前期得到的经验教训快速响应和适应市场的变化。

你可能会认为，那些因为重视适应性和持续交付而成为敏捷开发先行者的企业，应该最有突破性创新的能力。这样想也不全对：这些公司使用敏捷方法的目的是对产品的假设进行测试并对经验教训高效做出反应。但是，敏捷开发也得到了成熟公司的广泛采用，因为它可以在不牺牲稳定性的情况下，为他们提供快速响应市场和技术变化的战略决策能力。

2.3 商业分析师指的是哪些人

本书主要关注敏捷 BA 的能力和实践，而不是从事这一具体工作的人。除非另有说明，否则我在本书中使用商业分析师这个词时，指的都是开展 BA 活动的任何人，不管他们的正式头衔是什么。在实践中，从事这些活动的人可能有商业分析师、IT 商业分析师、团队分析师、业务系统分析师的头衔，甚至可能是与 BA 无关的头衔，比如需求工程师、产品负责人、数据分析师、测试员、用户体验专家或程序员。

这种用法与国际商业分析协会（IIBA）是一致的，该协会对商业分析师的定义如下："任何人，只要执行的是 BABOK® 指南中描述的商业分析任务，与其职位头衔或组织角色无关。商业分析师负责发现、汇总和分析来自企业内部各种渠道的信息，包括工具、流程、文档和干系人。"[1]

在实践中，组织经常使用更细化的角色名称来细化 BA 的职责。例如，在我合作过的许多组织中，商业分析师通常是关注高层次业务需求的人，而团队中的分析师关注的则是详细的产品需求。我在本书中一般会避免这些区分：商业分析师或分析师，都是 BA。有一些情况例外，因为确实有必要明确界定这个角色。例如，在讨论只适用于团队商业分析师的准则时，我可能会用"团队分析师"一词。

2.4 为什么要做敏捷分析与计划

本章要介绍敏捷分析与计划有哪些好处。为了拥有更真切的体会，让我们来看看 Customer Engagement One（CEO）公司的故事，虽然这个 CEO 公司很形象，但其实是我虚构的。

CEO 公司正在开发一个同样名为 CEO 的应用程序，任何企业都可以通过该应用管理自己与其客户之间的跨平台互动。该应用的早期版本是一个简单的一体化系统，是用敏捷方法构建的。普通的变更需求，一个独立的敏捷团队就可以直接搞定。因此，团队做最低限度的准备和计划就可以了。

然而，随着进一步的开发，产品变得更加复杂了。现在，一个普通的变更需要更多人力才能搞定，一个敏捷团队不够了。团队现在需要更频繁地合作，但目前很难做到。他们开始遭遇瓶颈，因为需要等待其他人完成后自己才能在此基础上完成个人的工作。各个团队交付的特性不一致，直接导致返工和延期。用户故事不能按时完成，因为有些重要的需求在估算的时候并没有被大家充分的理解。应用程序的用户体验很不一致，因为团队对产品愿景没有取得共识。公司之前尝试过在整个产品范围内发起一项战略举措，以提供一个更一致的体验，但最终放弃了这么做，因为似乎没有足够的团队成员能在同一时间准备好实现这样的变化。

对此，CEO 公司的开发主管意识到，组织需要在分析和计划上花更多时间并制定更高效的实施流程。工作人员接受技能培训后被安排到敏捷团队。产品负责人的工作效率提高了，因为他们现在可以专注于市场方面的本职工作，同时，团队分析师则负责主持团队日常的活动。

该组织的计划流程发生了变化，以确保将每个团队的部分预算留给此项战略举措。这些计划以季度为周期，其余的预算被指定用于满足客户提出的需求。这些计划采用看板方法，以便对得到的经验教训和客户反馈做出快速反应。商业分析师在计划之前就开始准备特性和用户故事，以此来提高估算的准确度。这种实践使得团队能够更好地预测完成日期并提前协调好各自的工作。这些变化取得了成果，CEO 公司现在可以采取重大的举措了。

这个故事并不完全像我前面所说的那样纯属虚构。除了名字是虚构的，故事本身却是真实发生的。任何愿意花时间和精力来发展这种能力的公司都可以获得故事中所描述的敏捷分析可以带来的好处。

2.5　敏捷与商业分析的平行发展简史

如前所述，敏捷分析与计划是两个学科的结合体：敏捷计划和开发以及商业分析。图 2.1 显示了这两种方法从 20 世纪 40 年代到 2017 年的发展情况。

- 20世纪40年代：制造业开始使用看板
- 20世纪50年代：精益思想（丰田）
- 20世纪80年代：目标流程，鲍姆的螺旋模型
- 1991：葛来迪·布区提出持续集成（CI）的概念
- 1994：DSDM Atern
- 1996：首次提出Scrum的概念
- 20世纪90年代后期：BA开始出现
- 1999：极限编程，用户故事
- 2001：《Scrum敏捷软件开发》出版(作者迈克·科恩)
- 2001：《敏捷宣言》；敏捷联盟成立
- 2002：测试驱动开发
- 2003：精益软件开发
- *2003：IIBA（国际商业分析研究所）创立*
- *2005：LeSS（大规模Scrum），由克雷·拉尔曼及巴斯·沃德提出*
- *2005：IIBA开放CBAP（商业分析师专业人士）认证；BABOK 1发布*
- *2006：IREB（国际需求工程委员会）在德国成立*
- 2007：软件开发中开始使用看板
- 2009：DevOps
- 2009：精益创业
- 2010：杰兹·汉博和大卫·法利提出持续交付（CD）的概念
- 2011：SAFe（规模化敏捷框架），用例2.0
- *2015：PMI-PBA（PMI 商业分析专业人士）认证开放*
- 2015：IIBA出版*Agile Extension to the BABOK Guide V1.0*
- 2017：IIBA与敏捷联盟合作出版*Agile Extension to the BABOK Guide V2.0*
- 2017：PMI出版《商业分析指南》以及《敏捷实践指南》
- 2018：杰夫·苏瑟兰发布Scrum@Scale指南
- 2020：《Scrum 指南》，2020；SAFe 5.0

图 2.1　敏捷商业分析的时间线

接下来要对图 2.1 展示的这段历史进行简要的回顾。我们首先关注商业分析的发展历史，然后再来看看敏捷开发的同步演变历史。

2.5.1 商业分析简史

20 世纪 90 年代末，当软件开发组织开始引入商业分析师这个角色时，商业分析便开始进入了人们的视野。商业分析师早期的工作重点是需求：具体来说，就是软件需求的发现、创建、沟通、管理和验证。如今，商业分析能力所涵盖的范围更广，还包括企业和战略分析。《BABOK 指南》（第 3 版）是这样定义的："商业分析通过定义需求并为干系人推荐有价值的解决方案，旨在实现企业的变革……举措可能是战略层面的、战术层面的或运营层面的。"[2]

2005 年，IIBA 开始提供基于 BABOK v3 的专业 BA 认证。其他机构很快也有跟进：国际需求工程委员会（IREB）2007 年推出了需求工程专业认证（CPRE）。项目管理协会（PMI）2015 年提供了 PMI 商业分析专业认证（PMI-PBA）。

2.5.2 敏捷开发简史

敏捷开发的起源可以追溯到 20 世纪 40 年代和 50 年代。当时，看板和精益思想刚刚问世。令人惊讶的是，尽管这些实践已经成为敏捷软件开发的基础，但它们最初却是为另一个完全不同的业务环境——汽车制造和设计——开发的，后来才改用于软件。

如图 2.1 所示，螺旋模型和目标流程（后来称为统一软件开发过程，RUP）是 20 世纪 80 年代出现的。这些流程是基于迭代开发——也就是在短周期或迭代中开发软件——而构建的。迭代开发后来成为敏捷开发的核心实践。

20 世纪 90 年代中后期，又出现了两个迭代框架：Scrum 和极限编程（XP）。两者都使用时间盒方法来做计划，即接下来迭代中的所有工作（时间盒）都要事先达成共识。如今，Scrum 是使用最广泛的敏捷框架，即使是不采用整个框架的人，也经常会用 Scrum 所倡导的概念和事件，比如速率和每日站会。极限编程也贡献了一些实践，比如结对编程。它对敏捷分析与计划最重大的影响是故事的使用、故事点的估算以及计划游戏。

2001年，各种敏捷开发方法的先驱汇聚一堂，17个人在犹他州的雪鸟滑雪胜地共同签署了《敏捷宣言》及其12大原则。同年晚些时候，敏捷联盟成立，致力于促进敏捷实践。如今，该组织的成员人数已经超过7.2万。[3]

自《敏捷宣言》发布以来，其他许多框架和实践也被陆续添加到敏捷的阵营中，其中包括测试驱动开发（TDD）及其扩展验收测试驱动开发（ATDD），以及2011年发布的针对规模化敏捷组织的SAFe。

2009年和2010年，两个重要的实践被引入，在不牺牲稳定性的情况下也能实现频繁部署更新。这些实践使敏捷开发完全实现了其最初原则中的承诺，即"通过及早和持续交付有价值的软件使客户感到满意。"利用DevOps/持续交付实践，每天可以多次发布产品的改进，而不是像20世纪90年代我工作时那样，每两三个月才发布一次，RUP（统一软件开发过程）当时很流行。

在实践方面，商业分析和敏捷开发的融合开始于20世纪90年代中期。当时，大公司的IT部门开始尝试使用RUP等迭代开发方法。当时，我和采用瀑布开发的商业分析师合作，帮助他们过渡到迭代–增量方法，使用诸如用例技术来计划需求的实施。2015年，随着《商业分析知识体系指南》（敏捷扩展V1.0版）的发布，敏捷与商业分析正式交汇。很快，IIBA和敏捷联盟在2017年联合发布第2版。同年，PMI发布适用于项目负责人和项目团队的《敏捷实践指南》。

2.6 针对同一个问题的两种诊断

敏捷软件开发和商业分析都是在20世纪90年代和21世纪初出现的，这并非完全是巧合。两者响应的是当时使软件工程师饱受困扰的同一个问题：软件项目失败的数量多到令人崩溃的程度。例如，斯坦迪什集团1995年发布的CHAOS报告指出，有31.1%的项目还没有完成就被取消，只有16.2%的软件项目能按时完成且不超出预算。[4] 报告中还指出，有 64% 的功能从未或很少有人使用。[5] 商业分析和敏捷开发都被认为可以用来解决这个问题。然而，两者分别以不同的方式对根因问题进行诊断。下面来看看每一种诊断及其成功的证据。

2.7 商业分析的诊断

商业分析开始于这样的假设：项目失败的根本原因在于沟通，特别是商业干系人和解决方案提供者之间沟通不畅。有大量的研究能够支持这一假设。例如，斯坦迪什集团当时报告了导致项目失败的十大因素。[6] 最重要的两个因素都和沟通不畅直接相关：缺乏用户输入以及需求和说明不完整。[7] 列出的其他四个因素是：不切实际的期望、不明确的目标、不断在变的需求和不切实际的时限。

为了解决这个根本原因，一些 IT 组织开始定义一个新的角色：IT 商业分析师。起初，许多商业分析师是之前的系统分析师。我就是其中之一，我被新的能力深深吸引，因为它包括我作为系统分析师时所喜欢的与干系人互动，却不包含这个角色在技术方面的工作。在技术最前沿深耕多年之后，当时的我身心俱疲，准备转行。

许多以前做开发的人员也是这样做的，但同样有许多人从商业运营转到商业分析。我培训的第一批商业分析师是社会工作者，他们要加入一个项目中担任商业分析师，替掉他们一直在用的管理信息系统。如今，我估计当前的商业分析师中大约有一半来自业务侧。这是好事，因为这意味着对软件产品用户和业务背景有深入洞察的人可以在需求方面发挥引领的作用。

2.8 商业分析简史

数据显示，商业分析方法取得了显著的成功。先来看看增长的指标。2004 年，IIBA 成立一年后，仅仅只有 37 个成员。而如今，它有近 3 万个成员，在 40 多个国家有 120 多个分会。[8] PMI 报告称："商业分析已经成为一种对项目管理至关重要的能力。"[9] 若非商业分析能力提供了重要的价值，我们恐怕看不到如此惊人的增长率和认可度。

软件开发组织本身怎么看待商业分析及其成功之重要性呢？斯坦迪什集团 2015 年的 CHAOS 报告提供了一些见解。这份报告中列出了各个组织所提及的决定项目成败的主要因素。表 2.1 对研究结果进行了总结。

表 2.1　CHAOS 报告中总结的成功因素

成功因素	得分	投入
管理层的支持	15	15%
情绪稳定	15	15%
用户参与	15	15%
流程优化	15	15%
技术资源	10	10%
标准架构	8	8%
敏捷过程	7	7%
执行力	6	6%
项目管理专家	5	5%
明确的商业目标	4	4%

* 资料来源：改编自斯坦迪什集团国际，CHAOS 报告 2015（斯坦迪什集团，2015），11

虽然这项研究中没有明确提到商业分析，但在列出的十大因素中，下面三个与商业分析技能直接相关：[10]

1. 用户参与：包括用户反馈、需求评审、基础研究、做原型和其他建立共识的工具
2. 明确的商业目标：与项目所有干系人和参与项目的人要对项目目标达成共识，并使其与组织目标和战略对齐
3. 流程优化：一个可以提高业务效率的结构化过程

大家可能已经注意到，还有一个名为敏捷过程的成功因素，我们将在本章后面进行讨论。

至于商业分析对成本的影响，又有哪些数据呢？《商业分析基准》[11] 是同类研究中最科学、最严谨的，它发现，相比使用最佳需求实践的组织，使用不良需求实践的组织在做类似规模的项目时，成本高出 62%。[12] 图 2.2 展示了这种增加的成本——研究报告的作者称为"需求溢价"，即随着需求质量的提高，会逐渐减少为零。

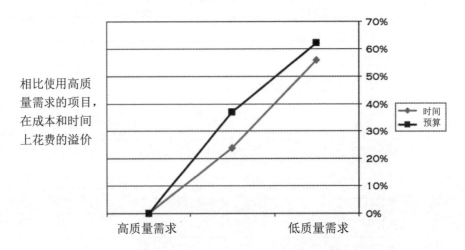

相比使用高质量需求的项目，在成本和时间上花费的溢价

（来源：Keith Ellis, 商业分析基准：商业需求对技术项目成功的影响 [加拿大多伦多：IAG，2009]，9.）

图2.2 商业需求溢价：相比使用高质量需求的项目，超支时间或成本的平均增长。$N = 109$

还有其他好处。报告发现，随着需求发现和管理成熟度的提高，研究中的每项指标都得到了提升。这些指标如下：

- 按时交付的项目占比
- 不超预算交付的项目占比
- 提供所有所需特性的项目占比
- 被视作成功的项目占比

以下是该研究中其他凸显商业分析好处的一些结论。[13]

- 需求能力处于平均水平的公司，卓越性的缺乏导致他们把大约 41.5% 的 IT 开发预算消耗在战略性的项目上。

- 需求能力中等偏上的公司，有 54% 的项目是按时、按预算、按功能完成的，并且，为应用支付的费用少 50%。相反，需求能力差的公司中，项目失败率是成功率的三倍。
- 拥有优秀需求流程的公司中，超过 70% 的项目是成功的。

重要的是，这些好处适用于所有的软件开发方法。因此，如果大家的团队已经体验到敏捷开发的好处，那么通过补充卓越的商业分析能力，团队还能体会到更多的好处。

2.9　来自敏捷的诊断

20 世纪 90 年代末和 21 世纪初，随着商业分析形成体系，另一个关于项目失败的假说也在不断发展。假说指出，失败的根本原因是当时广泛使用的瀑布式开发过程，解决方案是换用一种名为敏捷开发的方法。瀑布式开发是一个预测性的、连续的过程，其中每一步都需要在下一步开始之前完成：首先，事先进行全面的需求和要求分析；然后，创建一个完整的设计，接着是实施、测试，最后发布到生产环境。计划是根据需求和其他因素预先制定的，而成功的依据是按计划行事。当项目失败时，瀑布式解决方案是更严格地执行这个过程：事先做更全面的分析，以确保不遗漏任何关键的需求；对需求的变更进行严格的控制。问题是，无论公司如何努力，这种方法也起不到什么作用。还记得 1995 年那份不尽人意的 CHAOS 报告吗？

敏捷先行者开始怀疑问题出在瀑布对稳定性和可预测性的假设上。他们注意到，在更多情况下，相反的假设才是对的：软件开发经常是在不稳定的、不可预测的条件下进行的。由于客户行为的变化、市场竞争、新技术、新的经验教训和其他种种因素，已经确定好的需求经常会变。相比花太多时间做前期分析和计划，敏捷开发更主张在这些方面尽量少花时间。不再依赖于事先做好的计划，因为计划在制定出来的那一刻就注定会被淘汰。相反，他们提出一种适应性方法，在整个开发过程中运用反馈来修改计划决策，优化敏捷力——一种创造并应对变化的能力——从而在难以确定且千变万化的环境中取得成功。[14] "敏捷"这个形容词可以用来描述对变化有响应能力的开发过程或组织。

敏捷工具箱有很多来源，包括提取自看板的工作流程管理方法；精益软件开发中的减少浪费；Scrum 框架和 XP 中的事件和技术；来自 SAFe、DevOps、持续集成和持续交付（CI/CD）的规模化敏捷。下一章，我们将探讨这些基础方法及其对敏捷分析实践的影响。

2.10　敏捷的历史

敏捷开发不再只是一个有趣的理论，它已经是一个公认的实践。第 14 届敏捷状态调查报告[15] 发现：95% 的受访者表示自己组织采用了敏捷开发方法，61% 的受访者称自己组织至少已经有三年使用经验。51% 的受访者表示，团队中自己有一半以上或全部是敏捷的。在我见过的大多数开发组织中，敏捷都是默认采用的。

如表 2.1 所示，斯坦迪什集团的 2015 年 CHAOS 报告中，敏捷过程也被列入软件开发计划的十大成功因素。表 2.2 汇总了报告中使用敏捷方法和使用瀑布方法的项目成功率。

表 2.2　敏捷解决方案与瀑布解决方案的成功率对比

项目规模	方法	成功	有难度	失败
任意规模的项目	敏捷	39%	52%	9%
	瀑布	11%	60%	29%

* 资料来源：改编自斯坦迪什集团国际，CHAOS 报告 2015（斯坦迪什集团，2015），7

如表 2.2 所示，相比使用瀑布方法，使用敏捷方法后，项目成功的占比增加了两倍多，失败的比例降为瀑布方法的三分之一。

敏捷开发也被证明对生产力有积极的影响，Rally 软件公司 2015 年委托 QSM Associates 做了一项研究，发现："与行业平均水平相比，敏捷项目的生产力提高了 16%。"[16] 值得注意的是，这个指标与 Scrum 作者介绍该框架时提出的更夸张的主张不太相符："当我们说 Scrum 提高了生产力时，通常指的是高出几个数量级的提高，也就是好几倍的提高。"[17]

造成差异的一个原因是，如果逐个功能进行比较，敏捷开发的成本可能和瀑布式开发的成本差不多，因为节省下来的成本大部分被敏捷试错方法带来的返工所抵消。然而，它的好处体现在别的方面：投资的成效。敏捷方法能帮助企业快速确定哪些功能需要开发，然后快速上市最小适销产品（MMP）。在这方面，敏捷是非常成功的。QSMA 的研究结果表明："敏捷项目的交付速度比行业平均水平快 37%。"[18]

数据还表明，敏捷开发还能使产品变得更好。在一项研究中[19]，有 78% 的参与者认为，使用敏捷开发可以提高干系人的满意度。

2.11　敏捷团队为什么要具备高效商业分析能力

商业分析和敏捷开发都很强大，"双剑合璧"之后，其威力可想而知，无异于一个大满贯，研究证明了这一点。根据《商业分析基准》[20]，需求的成熟度与所有开发方法的成功结果密切相关，敏捷开发也不例外。图 2.3 说明了采用敏捷开发方法后组织的项目成功率。

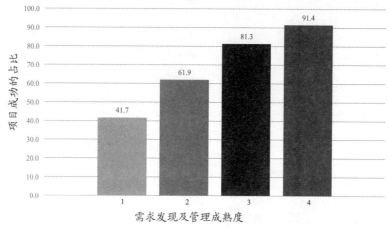

图 2.3　敏捷组织的项目成功占比与需求成熟度的关系。*N* = 437

图 2.3 清楚地表明，如果敏捷团队还不具备强大的商业分析能力，那么就要借此机会引入。举个例子，如果团队的需求成熟度处于最低水平，那么，在达到最高成熟度时，成功率至少会提高一倍。从第 1 级到第 2 级的单步提升，可以使项目成功率提高 49%。[21]

有趣的是，该报告还显示，需求成熟度对项目成功率的影响远远大于软件开发方法对项目成功率的影响。[22] 如果保持成熟度不变，那么使用敏捷方法的组织，相对于瀑布方法，最大的改进是项目成功率增加了 11.6%（成熟度为第 2 级），远远没有单独提高需求成熟度水平时可能达到的翻倍成功率那么高。

2.12　小结

以下是本章涉及的要点。

1. 敏捷开发是 2001 年《敏捷宣言》发表后陆续发展起来的。
2. IIBA 成立于 2003 年。
3. 研究表明，提高商业分析能力的成熟度可以提高按时交付项目的百分比、按预算交付项目的百分比以及交付所有特性的项目的百分比。
4. 研究表明，敏捷团队的成熟度如果一开始处于较低的水平，那么提升成熟度可以使其项目成功率翻倍。

2.13　下一个主题

本章探索了敏捷分析与计划的业务场景。在第 3 章中，我们将探讨商业分析能力背后的基本概念。

注释

1　International Institute of Business Analysis (IIBA), *BABOK v3: A Guide to the Business Analysis Body of Knowledge*, 3rd ed. (Toronto, Canada: IIBA, 2015), 2–3.

2　IIBA, BABOK v3, 2.

3　"About Agile Alliance," 2020, https://www.agilealliance.org/the-alliance

4　Project Smart, *The Standish Group Report: CHAOS* (Standish Group, 1995/2014), 3.

5　Mary Poppendieck and Tom Poppen-dieck, *Lean Software Development: An Agile Toolkit(Boston:* Addison-Wesley, 2003), 32. 作者引用斯坦迪什集团的一项研究，报告称有 45% 的已开发功能从未被使用，有 19% 很少使用。

6　Project Smart, CHAOS, 9.

7　Project Smart, 9.

8　IIBA, "About IIBA," 2020, https://www.iiba.org/about-iiba

9　Project Management Institute, "PMI Professional in Business Analysis (PMI-PBA)®," 2020, https://www.pmi.org/certifications/business-Analysis-pba

10　Shane Hastie and Stéphane Wojewoda, "Standish Group 2015 CHAOS Report—Q&A withJennifer Lynch," 2015, https://www.infoq.com/articles/standish-chaos-2015

11　Keith Ellis, *Business Analysis Benchmark—The Impact of Business Requirements on the Success of Technology Projects* (Toronto, Canada: IAG, 2009), 2–3.

12　Ellis, *Business Analysis Benchmark*。具体来说，该研究发现，一个拥有最佳需求实践的组织在一个最初估计花费 300 万美元的项目上平均花费了 363 万美元，而一个拥有不良需求实践的组织为一个估计花 300 万美元的项目支付了 587 万美元，成本增长了 62%。

13　Ellis, *Business Analysis Benchmark*，8.

14　源自敏捷联盟，敏捷 101（敏捷联盟，2020），https://www.agilealliance.org/agile101/

15　Digital.ai, *14th State of Agile Report*, 2020, 8, https://explore.digital.ai/state-of-agile/14th-annual-state-of-agile-report

16　Melinda Ballou, "As Agile Goes Mainstream, It's Time for Metrics," Rally Software Development, 2008, https://www.broadcom.com/products/software/agile-development/rally-software

17　Ken Schwaber and Mike Beedle, *Agile Software Development with Scrum.* (Upper Saddle River, NJ: Prentice Hall, 2002), viii.

18　QSM Associates, *The Agile Impact Report, Proven Performance Metrics from the Agile Enterprise* (Boulder, CO: Rally Software, 2015), 4.

19　迈克·科恩引用的调查报告称，78% 的参与者认为，使用敏捷之后，干系人的满意度提高了。参见他的著作，*Succeeding with Agile* (Boston: Addison-Wesley, 2010), 16. 中译本《Scrum 敏捷软件开发》。

20　Ellis, *Business Analysis Benchmark*，摘自作者提供的报告研究文件。

21　Ellis, *Business Analysis Benchmark.*

22　报告中提到，使用敏捷与瀑布方法的组织在 2 级成熟度时有着最大的改善效果，项目成功率提高了 11.6%(从 54.77% 提高到 61.94%)。在 3 级成熟度的时候，成功率下降到 4.4%，而处于两个极端(1 级和 4 级)时，敏捷的成功率实际上略低于瀑布的成功率。

第3章 敏捷分析与计划基础 ▉

本章要介绍敏捷分析与计划的基础知识，涉及概念、框架、实践、专业组织以及能力培养方面的术语。针对刚接触业务分析（BA）或敏捷开发的读者，本章将为本书其他部分的内容提供基础性的讲解，主题涉及国际业务分析协会（IIBA）、项目管理协会（PMI）、敏捷联盟、Scrum、精益软件开发、看板、规模化敏捷框架（SAFe）用户故事等。

3.1 目标

本章将帮助大家实现以下目标：

- 理解支撑着敏捷分析与计划以及本书余下内容的概念、框架和实践
- 理解史诗、特性和故事如何用来表示需求
- 理解敏捷计划的两种主要方法：基于流程的计划和时间盒计划
- 理解看板、Scrum 和极限编程（XP）
- 理解敏捷分析对消除精益软件开发 7 大浪费的贡献以及对精益实践的支持

3.2 《敏捷宣言》对商业分析的意义

在前两章中，我们了解到，敏捷环境中的商业分析实践不同于传统瀑布式流程中的实践。为了充分理解敏捷开发对商业分析的影响，我们必须从头开始，了解《敏捷宣言》及其背后的 12 条原则。

3.2.1 《敏捷宣言》

《敏捷宣言》[1] 列出了敏捷开发的四个核心价值观：

> 我们一直在实践中探寻更好的软件开发方法，身体力行的同时也要帮助他人。我们由此建立了如下价值观：
>
> 个体和互动 高于 流程和工具
>
> 工作的软件 高于 详尽的文档
>
> 客户合作　 高于 合同谈判
>
> 响应变化　 高于 遵循计划
>
> 也就是说，尽管右侧各项有其价值，但我们更重视左侧各项的价值。

正如《敏捷宣言》的最后一句话所指出的，《敏捷宣言》强调的是相对而非绝对这个价值观，其目的是尽量减少如流程和文件这样的"右项"，而不是完全弃用。这是一个重要的区别，因为如果你认为敏捷不应该有计划，那么敏捷分析与计划就算不上是什么能力，而是一种自相矛盾的说法。幸运的是，对其实践者来说（以及对你来说，如果你是其中一员的话），情况并非如此。

3.2.2　第一个价值观对分析的影响

《敏捷宣言》的第一个核心价值观是"个体和互动高于流程和工具"。与这个价值观一致的是，敏捷需求沟通和管理是轻量级的，优先考虑与干系人和开发者直接进行个人互动，而不是走正式的程序。

3.2.3　第二个价值观对分析的影响

该宣言的第二个核心价值观是"工作的软件高于详尽的文档。"如果你是一位正在向敏捷过渡的瀑布式商业分析师，这就意味着你要写的需求文档比之前少多了。因为需求是在它们被需要之前及时捕捉和传达的，所以不必为了避免误解而写上许多文档。

3.2.4　第三个价值观对分析的影响

该宣言的第三个核心价值观是"客户合作高于合同谈判。"如果你之前是一位瀑布式商业分析师，那么这个价值观就意味着你与解决方案提供者和商业干系人之间的互动方式会有根本性的转变。你的关注点将转移到帮助商业部门和开发部门在整个开发过程中合作，共同发现需求，而不是事先提供作为合同承诺基础的整个规范文档。

3.2.5　第四个价值观对分析的影响

该宣言的第四个核心价值观是"响应变化高于遵循计划。"这一价值观对需求变更管理和实施计划有着深刻的影响。如果是做瀑布项目，需求和实施计划在实施之前就必须确定好。之后想进行任何更改，都会触发一个正式的变更过程。敏捷项目中，需求不会被冻结，只需要一个轻量级的过程，就可以改动需求。

3.3　12大原则对商业分析的意义

敏捷联盟用以下12条原则来支持《敏捷宣言》。我将用**加粗标出**商业分析重点关注的地方。

1. 我们最重要的目标，是通过及早和持续交付有价值的软件来使客户感到满意。

2. 欣然面对需求变化，即使在开发后期也一样。为了客户的竞争优势，敏捷过程掌控变化。

3. 频繁交付可工作的软件，相隔几星期或一两个月，倾向于采用较短的周期。

4. 业务人员和开发人员必须相互合作，项目中每天如此。

5. 激发个体的斗志，以他们为核心来搭建项目。提供必要的环境和支援，辅以信任，从而达成目标。

6. 不论团队内外，传递信息效果最好效率也最高的方式是面对面的交谈。

7. 可工作的软件是进度的首要度量标准。

8. 敏捷过程倡导可持续开发。产品负责人、开发人员和用户要能够共同维持其稳定持续节奏的步调。

9. 坚持不懈地追求技术卓越和良好设计，由此来增强敏捷能力。

10. 以简洁为本，它是尽量减少非必要工作的艺术。

11. 最好的架构、需求和设计出自自组织团队。

12. 团队定期复盘如何提效并依此来调整个人的行为表现。[2]

原则 1 强调，交付必须要有价值。敏捷商业分析师要帮助团队遵循这一原则，确保团队始终在做价值最高的工作。例如，可以与开发人员协商，探索以较低的成本提供类似价值的替代方案。敏捷原则 2、4 和 6 回顾了宣言中提出的问题：不断变化的需求、客户协作和对交流（而非对文档）的依赖。

原则 3 是持续交付软件。虽然这个原则没有明确提到分析，但它对具体实践有着深刻的影响：由于敏捷的高频交付周期，所以必须把需求分解成足够小的单位，以便在短时间内完成开发。这种分解并不简单。当商业分析师开始在敏捷开发环境中展开实践时，这是他们所面临的最具挑战性的问题之一。第 13 章将详细论述这个问题。

原则 10 是"以简洁为本，它是尽力减少非必要工作的艺术"。敏捷分析师需要践行这一原则，尽量减少预分析，将所有分析推迟到最后负责时刻，也就是进一步推迟的成本将大于收益的时刻。这样做可以减少浪费在有改动或被放弃的需求上的精力。

原则 11 提出自组织团队和团队责任共担。在自组织的情况下，团队根据所做的工作来决定谁来担任哪个角色，而这可能每天都有变化。对你来说，这意味着你或其他具有必要技能的任何团队成员可能前一天还在做分析，但后一天却会去做其他事情，例如测试。

不过，我要指出，这一原则很少以其纯粹的形式落地实践。在没有正式领导者的情况下，往往会出现一个非正式领导者。现在的敏捷团队并不是完全自组织的，而是在服务型领导者（也就是仆人型领导）的指导下进行自我管理。在这种模式下，领导者的目的是提供愿景、为团队成员服务并为他们个人的成长提供支持。[3]

若想进一步了解敏捷领导力，请参见第 17 章的 17.6.1 节以及第 18 章。

原则 12 要求团队进行复盘或者说回顾 / 反思。敏捷分析师需要在团队回顾会议期间，以外部视角向团队成员提供干系人和客户对团队表现有哪些看法，以此来支持这一原则。

3.4 实践、标准和框架

现在，让我们从《敏捷宣言》和 12 大原则转向其他作为敏捷分析和计划的基础的实践、标准和框架。

3.4.1 商业分析标准

敏捷分析是一种更常见的能力——商业分析——的延伸。作为这个领域的专业人士，大家要对基本的概念、标准和专业机构有所了解，它们构成并制定了这个学科的规范。

3.4.1.1 BABOK（IIBA）和商业分析实践指南（PMI）

《BABOK 指南》（商业分析知识体系指南）是 IIBA 的 BA 学科指南，也是其认证体系的基础。最受欢迎的专业认证是商业分析师专业人士（CBAP）认证。作为敏捷商业分析师，你也会对《BABOK 指南敏捷扩展》感兴趣，该指南由 IIBA 和敏捷联盟联合出版，是对敏捷开发环境中的 BA 进行官方的说明。

继 IIBA 之后，PMI 开发了自己的 BA 认证——PMI 商业分析专业人士（PMI-PBI）——并发布了 BA 指南《商业分析实践指南》。PMI 还与敏捷联盟合作，出版了《敏捷实践指南》，主要聚焦于项目负责人和项目团队。国际需求工程委员会（IREB）提供需求工程专业认证（CPRE），一个针对从事需求工程、BA 和测试的人员而设计的认证体系。透露一下：我担任过 IIBA 的《BABOK 指南》和 PMI 的《商业分析实践指南》的审稿人。

IIBA 和 PMI 发布的指南将 BA 的能力分解到不同的专业领域中。正如你将看到的那样，两者有很多相似的地方。

3.4.1.2　BABOK 知识领域

《BABOK 指南》（第 3 版）将 BA 能力分为六个知识领域（KA）：

1. 商业分析计划和监控：计划和协调分析活动
2. 启发和协作：从干系人处获取需求，并在整个生命周期内与他们充分协作
3. 需求生命周期管理：管理和跟踪整个开发周期的需求和变化
4. 战略分析：识别战略业务需求，并制定战略来解决这些问题
5. 需求分析和设计定义：组织、指定和建立需求模型
6. 解决方案评估：评估解决方案的效果

3.4.1.3　PMI 指南领域

PMI 的《商业分析实践指南》定义了商业分析的 5 大 BA 领域：

领域 1——需求评估。分析问题或机会、短期目标、长期目标、商业案例、组织变化

领域 2——商业分析规划。规划商业分析方法；对干系人进行分析

领域 3——需求启发和分析。迭代增量式启发、分析和创造高质量的需求

领域 4——跟踪和监控。管理需求和需求属性；管理需求的变化；追踪需求

领域 5——解决方案评估。对解决方案进行评估

IIBA 和 PMI 指南定义了几个构成 BA 实践的术语，这些术语也是采用实践的分析师的概念基线。下面将对这些术语进行总结。

3.4.2 与需求相关的术语

本书会出现各种 BA 和需求术语。这些术语经常被不同的人以不同的方式使用。为了避免混淆，我们来明确一下它们在本书中的含义。

3.4.2.1 产品愿景说明

产品愿景说明（product vision statement）是一句话或一个短语，描述了创造产品的动机。[4]

3.4.2.2 业务目标

业务目标（business goal）是企业所追求的东西。目标应该是可度量且有时限的。举例来说，一个目标可能与营收、利润率、客户服务或客户留存有关。

业务目标的例子如下。
- 在年底前销售额增长 10%。
- 在 X 日之前，会员人数增长 8%。
- 在年底前建立企业级品类规划能力。

目标可以表达为不同的层次。业务目标是指 C 级（行政人员）或级别更低的理想成果。

3.4.2.3 经营目标

经营目标（business objective）是一个较低层次（即低于企业层次）的结果。经营目标也应该是可度量且有时限的。

经营目标的例子如下。
- 在第三季度前提供推广服务和福利的能力。
- 在 X 之前，由于能够建立本地化分类，商品销售将推动销售总额增长 2.5%。

3.4.2.4 需求

需求（requirement）是"对需要的一种表示……其形式可能是一份文件（或一组文件），

但根据情况可能有很大不同。"⁵ 需求应该是可度量、可测试且有时限的。BABOK 指南描述了四种需求类型：业务需求、干系人需求、解决方案需求和过渡需求。我想再加上一个：用户需求。接下来的几个小节将详细进行讲解。

3.4.2.5　业务需求

业务需求（business requirement）是组织的高层次需求、目标和目的。它们应该是可度量且有时限的。

业务需求的例子如下：

本季度末要提供一份服务目录。

3.4.2.6　干系人需求

干系人需求（stakeholder requirement）描述了"为了实现业务需求而必须满足的干系人的需求。"⁶ 分析通常只是一种中间过程，其详细程度不足以用来设计解决方案。

3.4.2.7　用户需求

用户需求（user requirement）描述了用户使用产品的体验。用户需求应该用户的产品使用体验与解决方案无关。它们是连接高层次干系人需求和更详细的解决方案需求的桥梁。用户故事和用例都可以用来呈现用户的需求。

用户需求本身不应该包含设计或详细的功能说明，但可以将其用作框架，把这些说明附在上面。例如，一个搜索功能的用户故事或用例中可以包含一个性能要求的链接。

3.4.2.8　解决方案需求

解决方案需求（solution requirement）描述了一个解决方案的特点，其细节足以设计出一个解决方案。解决方案需求的两个细分类别是功能性需求和非功能性需求。

3.4.2.9　功能性需求

功能性需求（functional requirement，FR）描述了解决方案所需要的行为。它们通常是从系统的角度来表达的。

功能性需求的例子如下：

- 按产品代码、名称或类别进行搜索的能力
- 遵守指定的业务规则
- 一个前提条件或系统失败时预期会发生的系统行为
- 数据验证规则

3.4.2.10　非功能性需求

非功能性需求（nonfunctional requirement，NFR）之所以称为非功能性需求，是因为它们并不直接指定功能。相反，它们描述了系统在其预期环境中必须有怎样的表现，以及它应该如何对其行为限制做出反应。NFR 也称为服务级需求（SLR）、补充需求和质量需求。有许多不同种类的 NFR，我们来看一些比较常见的种类。

可扩展性（scalability）指的是解决方案扩展以适应需求或范围增加的能力。例如："该解决方案应能承受当前两倍工作量，同时仍能满足性能要求。"

可靠性（reliability）描述的是系统的伸缩性。例如："平均故障间隔（MTBF）不应超过 X。"

可用性（availability）指的是解决方案在需要时执行其约定功能的能力。包括对企业何时以及如何访问解决方案的规范。例如："系统应在 X 年内全天候可用。"

可恢复性（recoverability）描述故障发生后解决方案应如何快速提供服务。例如："发生故障后，应该在 1 小时之内恢复服务。"

容量（capacity）是指解决方案能够管理的数据或服务的数量。例如："系统要保存 5 年的历史数据"以及"系统要支持 1 000 个用户同时在线。"

可维护性（maintainability）是指系统可以轻易更改或修复以及对扩大的用户群或新的业务单元作出反应的能力。例如："该系统可被配置为支持新的业务单元，而不需要额外的编码。"

安全性（security）指的是确保资产、信息和服务的保密性、完整性和可用性的能力。例如："系统将通过 XYZ 单点登录（SSO）来对用户进行身份验证。"

数据完整性（data integrity）是指管理整个企业的数据一致性的能力。例如："所有 API 将遵循架构的最佳实践，以确保数据结构在整个消费系统中是一致的。"

互操作性（interoperability）指的是解决方案可以方便地与其他软件系统一起使用。例如："该解决方案要与 X 兼容。"

可用性（usability）指的是目标用户能有效、高效且满意地使用该解决方案的程度。例如："该解决方案要在成功输入交易详情后提示用户确认金融交易。"

NFR 的其他例子还包括性能要求、行业标准的合规要求和冗余要求。第 8 章将要讨论在敏捷需求过程中如何对 NFR 进行管理。

3.4.2.11　过渡需求

最后一种需求类型是过渡需求（transition requirement），描述解决方案如何部署和发布到生产中的需求，如迁移需求和培训需求。

3.4.2.12　为什么术语这么重要（以及什么情况下不那么重要）

了解这些需求类型的主要好处是可以确保有人（即使不是你）负责捕获相关的需求。尽管如此，没必要花宝贵的时间去争论一个需求是否属于某个类别，只要能确保它包含在某个类别中就行。

3.4.2.13　追踪与目标相关的需求

分析师的一个重要职责是追踪需求项目及其他信息与其他项目的关系。可以通过一个项目追踪到同一类型的项目（例如，目标到目标，需求到需求）、下一级项目（例如，目标到用户需求）以及上一级项目（例如，功能性需求到业务需求）。

图 3.1 是一个增加会员数量的目标和支持该目标的需求与目标之间的关系的例子。

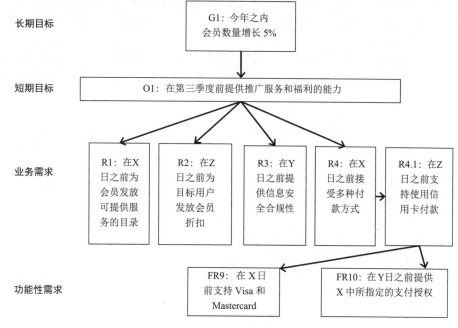

图 3.1　目标与需求的映射

3.4.2.14　假设

假设（assumption）是"一个影响因素，它被认为是真实的，但并没有被证实为是准确的，或者它现在可能是真实的，但未来可能不是"。[7]

在传统的瀑布式需求分析中，假设会在开发前被删除。在敏捷开发中，那些不能事先验证的假设会成为在实验过程中进行测试的假设。

3.4.2.15　约束

约束（constraint）是"一个不能改变的影响因素，它限制了可能的解决方案或解决方案的选择。"[8] 约束可能是商业约束，如成本限制；也可能是技术约束，如对支持平台和编程语言的限制。

3.4.2.16　业务规则

业务规则（business rule）是"在企业控制下的具体的、可行的、可测试的指令，它是指导行为、形成判断或制定决策的标准。"[9]

业务规则本身不是"需求"，因为它们是业务固有的属性：它们独立于软件开发计划而存在。然而，如果要求解决方案必须符合这些规则，那么它们就与需求联系在一起了。

BABOK v3 区分了两种业务规则：行为上的和定义上的。行为上的业务规则是组织选择作为政策事项来执行的规则。行为业务规则的例子是，在对一项索赔进行调整之前，必须对保单进行核实。本书所涉及的行为性业务规则有规定各种输入条件所需响应的决策表。

定义上的业务规则描述了业务概念和对象及它们相互间的关系，还有计算和推导方法（例如，如何推导出学生的最终成绩）。定义性业务规则通常以结构模型（有时被称为业务领域模型）、类图或业务视角的实体关系图（ERD）的形式表达。

3.4.2.17　里程碑

里程碑（milestone）是指重要的事件或成就。

里程碑的例子如下。

（示例）

- 我们将在第一季度末对滑雪和冬季运动项目使用计划工具。
- 到第二季度末，计划工具的使用范围将扩展到旅游和儿童项目。

3.4.2.18　需求单位

在敏捷分析中，把需求分解成可以在短时间内开发完成的小的条目，从一两天到八天不等，取决于实践。如何称呼这些条目取决于使用的框架。Scrum 称之为产品待办事项（PBI）；XP 称之为故事；看板称之为工作项。在用例 2.0[10] 中，它们被称为用例切片（use-case slice）。最常用的术语是"故事"。

大于故事大小限制的需求事项（或工作事项）以表明其大小的名称来称呼。虽然在术语上没有形成共识，但这种用法很常见。这也是我在本书中所使用的方法。

3.4.2.19　从史诗到特性再到故事

图 3.2 说明了史诗、特性和故事之间的关系。史诗被分解为特性，每个特性又被分解为多个故事。

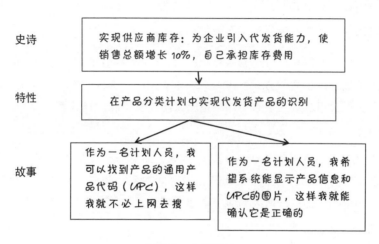

图 3.2　分解史诗

3.4.2.20　史诗

在最初的用途中，史诗（epic）只是指那些比故事更大的需求。然而，现在通常把这个术语留给最大的工作项。下面的定义与这种用法一致：史诗是一个大型的、产品级的工作事项，可能需要多个团队耗费多个季度才能完成。史诗所交付的价值代表了产品影响用户或用户群的能力。例如，史诗可以交付以下内容：

- 用户界面上的某个顶层菜单项（例如，客户管理、供应商、订单）
- 某个产品的某个功能区
- 一个现有能力的扩展
- 一个业务流程或者一个流程或价值流中的一个步骤

- 一个项目
- 内部改进

3.4.2.21　特性

特性（feature）是一个产品级的工作事项，可以由一个或多个团队在一个季度、一个发布周期或一个 SAFe 计划增量（PI）内完成。一个特性应该代表一个用户或一组用户或客户所关心的产品的特征。它不是一个精细的需求，而是一个足以在营销材料中向客户重点强调的重要内容。

上述定义与 SAFe 和 Use Case 2.0 等框架中对特性的定义是一致的。但请注意，其他人可能会以不同的方式使用这个术语。例如，在 XP 中，一个特性就是一个故事；有人可能会用这个术语来指代一组应该同时发布的用户故事。

3.4.2.22　故事

现在让我们回到故事（story）这个术语，给它一个更精确的定义。故事是能够提供价值的工作事项，为了能让团队在短时间内实现故事，它的大小是有限制的。故事的大小限制可能从一两天到两个星期不等，具体取决于方法和团队。

3.4.2.23　用户故事

故事提供价值给用户——也就是想要这个故事的主角——可能是终端用户、技术架构师、赞助人、营销代表或是软件组件。当需要故事的人是用户时，故事就会被称为用户故事（user story）。

用户故事是"用户想要的东西"，[11] 是从用户角度进行描述的。像任何故事一样，用户故事必须要小。

用户故事可以视为对对话的提醒

用户故事不是一种传统意义上的需求。它只是提醒团队要对需求进行讨论，细节会在对话中自然浮现。可以自由决定是否要记录对话的结果。举例来说，可以把对话记录在故事卡上、记录在其他地方或者根本不记录对话，就只是口头交流。

用户故事模板

故事应该用客户的语言来表述。无需遵循任何特定的格式，但有一个模板已经得到了广泛的声誉，因为它抓住了写故事的要点。这个模板被称为"角色-特性-原因"模板，也被称为 Connextra 模板，它看起来是下面这样的：

"作为 [用户角色]，我想要 [功能]，以便 [商业价值]。"

3.4.2.24　验收标准

为每个特性和故事提供验收标准（acceptance criteria），验收标准描述了一些条件，满足这些条件的话，干系人就认为需求可以判定为"完成"。可以用非正式的方式来写验收标准（例如，"我可以通过标题进行搜索"），也可以遵循一个模板，例如第 13 章 13.10.9 节中要讨论的 Gherkin 模板。

3.4.2.25　主题

有时，我们会出于其他原因而对故事进行分组，而不是因为它们都是特性或史诗的组成部分。在这种情况下，可以将它们纳入主题（theme）。主题是一种可以基于任何标准的分组方式。通常情况下，一个主题代表一个交付给客户的商业目标（例如，图像识别、双重认证）。

3.4.2.26　故事估算

故事估算（story estimation）的一种方式是使用故事点，这是一种相对度量工作量的标准。另外，还可以使用基于时间的单位，比如理想开发人天（IDD）。速率指的是一个团队在给定的时间内（例如，在为期两周的迭代内）交付的这些工作单位的数量。

故事点和 IDD 通常用斐波那契数列来分配：0，1，2，3，5，8，13，以此类推。在新创项目开始时，一个故事点通常被设定为大约等于一个 IDD。通常，一个故事最多有 8 个故事点，代表两周间的可用天数，或称迭代（10 个工作日中的 2 个工作日假定因为计划和其他与功能实现无直接关系的工作而不计算在内）。

3.4.2.27　特性生命周期

正如前面所讨论的，一个特性是一个大的需求事项，大到足以对客户产生影响。在敏捷过程中，每个特性都要经历瀑布型生命周期（feature lifecycle）：首先是分析，然后是编码，最后是测试和部署。但与瀑布型生命周期不同的是，这个生命周期是迭代的，而且是"松散的"，因为各个步骤之间有重叠。图 3.3 使用雅各布森提出的特性状态[12] 展示了一个特性的生命周期。

图中展示了以下生命周期：

- 最开始的时候，特性是一个要求完成的事项，已经列入待办事项列表，但还没有激活，没有排序，也没有估算
- 特性的准备工作充分到可以开始实施时，就被认为是"已就绪"了。如果组织实行的是季度计划，那么特性必须在进入"已就绪"状态后再列入季度计划
- 当特性被分配给一个领导小组并且所有需要参与实施的小组都承诺实施该特性时，该特性就被认为是已承诺要完成的
- 特性经过讨论后，就会被认为是已预审的。这种预审讨论通常会在实施前的一到两个迭代中开始进行。然后，该特性会被分解成若干个故事
- 当一个特性的功能被实现，能够满足客户的要求后，这个特性就会被视为"已接受"。进入"已接受"状态并不一定意味着特性的所有故事都已经实施完成，只是意味着已经实施完成的故事足以使特性进入"发布"状态（也就是说，如果发布上市，能为客户提供重要的价值）
- 特性进入"已接受"状态后，可能会迅速过渡到"已部署"状态（前提是有持续交付的能力），它的部署可能也会被推迟，以便在季度末与其他特性一起发布

特性部署到生产环境并交付给用户后，就会被认为是已发布的。一旦特性的价值得到市场的认可，它就会转为已验证状态，然后进入持续改进阶段。

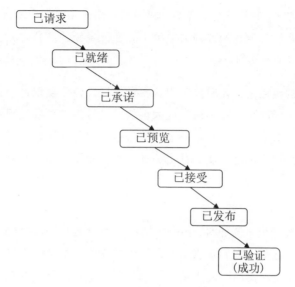

图 3.3　特性的生命周期

3.4.3　敏捷计划

敏捷计划特别具有挑战性，因为它必须适应后期的变更。要做到这一点，就需要尽可能地推迟计划决策，以便能够根据最新的信息做出决策。有两种广泛使用的敏捷计划方法可以实现这一点：一是基于流程的方法（比如看板），在这种方法中，承诺是在每个项目实施之前做出的；二是时间盒式计划（比如 Scrum），在这种方法中，承诺是在计划的开始阶段做出的。正如我们将看到的，一个经验法则是混合使用这两种方法：基于流程的计划适用于较小的、由客户驱动的、只影响到一两个团队的工作事项，而时间盒式计划适用于战略性的、产品级的计划。我们接下来进一步探索这两种方法。

3.4.3.1　基于流动的计划

在单件流计划方式中（例如看板），我们在实施前逐个承诺特性和故事。这种方法很灵活，因为客户可以在实施前重新确定需求的优先级。对于客户驱动的工作事项，它是首选方法，特别是当工作事项涉及可以由一个或两个团队完成的局部改变时（例如改变查看用户信息的选项的故事）。在开发新的产品时，也推荐使用这种方法，因为它可以加快学习进程。

这种方法的缺点是，如果只使用这一种方法，你会发现自己会陷入这样的困境：团队几乎无法同时留出时间来处理大型的产品级工作事项，因为每个团队都有自己的工作节奏。如此一来，战略举措最终可能会被长期搁置。出于这个原因，大多数大型组织都应该为自己的团队留出一些预算，用于进行时间盒式计划，正如接下来所讨论的。

3.4.3.2 时间盒式计划

在时间盒式计划（例如 Scrum 或 SAFe）中，某一特定时期（时间盒）的所有工作事项都事先在同一时间承诺下来。通常定义一个长达一个季度的大的时间盒，而在这个时间盒内小的时间盒大约为一到两周，称为迭代（在 Scrum 中称为 Sprint，即冲刺）。通常情况下，是这样实践的：小组内所有团队在每个季度开始时开会，计划并承诺在该季度内完成多组特性。然后在每个迭代开始时再次开会，承诺团队级要做的故事。

对于涉及多个团队的大型战略计划，这是首选方法，因为它能确保所有团队都在同一时间点上自由处理大型工作事项。有一个例子可以说明能从这种方法中获益的产品级项目：在整个产品中实施一致的用户体验。使用时间盒方法的框架有 Scrum、XP 和 SAFe。Scrum 框架包括冲刺计划，不是季度计划。

然而，对于本地化的、由客户驱动的产品，我不推荐使用季度计划。原因是，季度计划要求在季度初期根据当时的信息做出承诺，而不是在实施前尽量多获得最新信息后再做出承诺。诚然，即使是采用这种方法，各方也应该达成共识：对特性的前期承诺是临时的，而不是绝对的，而且最后一刻的变更也应该是可以的。但在实践中，一旦计划确定，团队往往就不愿意做出改变了。因此，如果客户想根据本季度所了解到的信息增加一个新的特性，那么这个特性往往也得放到下一季度开始时。

更糟糕的是，如果学习发生在一个季度的后半段，那么新特性将再延后一个季度，因为下一个季度的计划已经做好了。

3.4.3.3　为什么最好采用混合计划方法

如前所述，所有工作都使用流程（看板）计划方法的组织会意识到，大型举措最终会被搁置。此外，他们的产品也会变得杂乱无章，因为每个团队都只关注局部问题。另一方面，过于依赖时间盒式计划的组织会面临学习周期过长以及无法基于最新情报来制定决策的困扰。因此，根据经验，大部分大型开发组织最好混合使用这两种方法。

若想进一步了解规模化组织中的敏捷计划，请参见第 17 章的 17.9 节。

3.4.3.4　交付节奏是什么

我们所讨论的一切都与接收有关：将需求项目列入实施计划。对于输出方面——也就是向客户交付可发布的——要考虑的因素非常不同。对于输出，建议更为直接：只要可能，就使用基于流程的方法来交付需求。通过这种方法，每个工作事项一旦完成，就会立刻进行集成和测试，以便客户选择立即将其部署到市场时，它处于可发布状态。为了有把握完成这个任务，组织需要采用持续集成和持续交付（continuous integration and continuous delivery，CI/CD）以及 DevOps 实践。如果不具备这些能力，可能需要等到迭代、季度或发布周期结束时再去集成和测试已经完成的故事。

若想进一步了解 DevOps，请参见第 17 章的 17.5.2.1 节。

3.4.4　敏捷框架

现在我们来谈谈需要了解哪些敏捷框架以及它们对分析与计划的影响。需要注意的是，你的组织很可能结合使用不同方法框架下的最佳实践，而不是限定于严格遵守某一个具体的框架。例如，组织可能使用看板来进行基于流程的规划，并在其中加入每日站会和燃尽图这样的 Scrum 工具来监控进度，使用 XP 故事来确定工作事项。

3.4.4.1　看板

看板是 20 世纪 50 年代为汽车制造业开发的，现在广泛用于软件开发领域。举例来说，看板被列为精益软件开发的 22 种工具之一。看板方法中没有定点迭代的概念，因为项目是逐步取得进展的。

看板的一个重要观念是，简单的规则和可视化可以有效地管理复杂的行为。看板过程是这样的：把每个工作事项（例如，一个特性或故事）以卡片的形式呈现在看板上。为每一个需要区分和跟踪的状态创建一个列（也称为队列）。然后，随着状态的变化，将卡片从左到右移过每列。在一列中，将卡片向上或向下移动以表示相对的优先级。

列与列之间的流动由一些简单的规则来决定：每一列都有一个在制品（WIP）限制。每当一个队列中的项目数量低于 WIP 限制时，相关开发人员就会将队列中最上面的工作事项移到它的左边。一旦队列中的项目数量达到 WIP 限制，就不能再向 WIP 列添加更多事项，除非有的事项被移出队列。

3.4.4.2　Scrum

Scrum 由肯・施瓦伯和杰夫・萨瑟兰联合创建并在 1995 年的 OOPSLA（面向对象的编程、系统、语言和应用）会议上首次提出。Scrum 被描述为"一个轻量级的框架，它通过提供针对复杂问题的自适应解决方案来帮助个人、团队和组织。"[13] Scrum 在《Scrum 指南》中定义，可以在 Scrum.org 免费下载。

Scrum 在大企业的 IT 部门中很受欢迎。它的流行可能是一系列因素的综合作用。

- Scrum 流程为计划和状态报告提供了一个架构。
- Scrum 设定了一个许多大型组织可以接受的开发周期（一两周至一个月）。
- Scrum 有一个推广良好的认证体系。

一些敏捷组织不欢迎 Scrum，因为项目是在迭代（在 Scrum 中称为冲刺）开始时承诺的，而不是之后根据当前优先顺序承诺的。另一个观点是，该框架过度接受较长的交付周期，而不是将 CD（持续交付）视为常态，不过，这个问题已经在 2020 发布的新版《Scrum 指南》中得到了解决。[14]

尽管有这些反对意见，但对大型产品级工作事项来说，Scrum 仍然是一个很好的选择，因为它能使团队在同一个空闲时间（冲刺的开始）做出承诺。如果选择 Scrum，就可以使用时间盒来管理进入迭代（冲刺）的流动。

即使组织没有明确使用 Scrum 框架，也可能使用其中的一些元素和仪式，比如每日站会、产品待办事项列表和回顾会议。接下来，我们将对这些内容进行简要的介绍。

冲刺

Scrum 使用"冲刺"（Sprint）一词来指代一个迭代（在本书中，除非涉及 Scrum，否则我将使用更通用的"迭代"一词）。一个迭代最多为期一个月，并在此期间创建一个可发布的增量。通常来讲，迭代为期一到两周。增量（increment）是软件的一个更新的版本，其中包含冲刺期间实施的所有增强功能以及之前所有迭代的增强功能。

请注意，增量并非必须在每个迭代结束时发布上市，它只是有发布上市的可能性。举例来说，它可能会被发布到预发布环境中，或者被发布到生产环境中，但普通用户群看不到这些变化。之所以决定推迟曝光给用户，可能是该特性的竞争力还不足以公开发布，也可能是在价值流中的其他故事可用之前，单个已经完成的特性并没有市场。

产品待办事项列表

在 Scrum 中，需求位于产品待办事项列表中。产品待办事项列表（The Product Backlog）是"是一份涌现的且有优先顺序的清单，列出了改进产品所需要的内容。Scrum 团队承担的工作均来源于此。"[15]

产品待办事项列表中的每个需求项被称为产品待办事项（PBI）。Scrum 并不限制 PBI 的内容和记录方式。产品待办事项列表是一个动态的工具，在整个开发周期中，需求事项会不断地添加、删除、重新排序和梳理。

Scrum 和商业分析能力

Scrum 不允许为团队成员指定角色，因为这种行为有悖于它对自组织团队的支持。然而，它确实提到了团队在需求分析活动中的责任，比如"与干系人的协作和验证"。[16]

产品负责人和商业分析

产品负责人（PO）负责管理产品待办事项列表并对其进行优先级排序。虽然待办事项列表的管理责任与业务分析师的责任是大部分重叠的，但确定待办事项的优先级并不在业务分析师的责任范围内。

Scrum Master 和商业分析

Scrum Master 这个角色的作用是确保 Scrum 准则得到遵守并为团队清除障碍。与业务分析师重叠的职责包括"帮助找到有效的……管理产品待办事项列表的技巧"和"引导和促进与干系人的协作"。[17] 我们将在敏捷中的业务分析师角色那一节里进一步讨论。

透明性

Scrum 并不通过全面计划来进行控制，而是通过透明性来提供控制。[18] 至于 Scrum 的透明性，比如它要求每个迭代都要展示工作代码，并且，PBI 的进展必须对业务和团队成员可见。

> 最近我了解到，有开发人员跟干系人说，他们看不到产品待办事项列表，因为"在敏捷开发中，我们不用待办事项列表"。后来我发现，他们实际上有待办事项列表，只不过开发人员向干系人隐瞒了，以免时间安排上受到对方的干扰。这是一个不实行透明价值观的典型案例。

完成的定义

完成的定义（DoD）是一组条件，只有满足这些条件，才能认为这个需求单位是完成的。DoD 是每个 PBI 必须遵守的最低条件集，此外，每个 PBI 都有自己的验收标准。常见的 DoD 包括与用户讨论需求、编码、测试以及代码检查，重构和集成。

准备就绪

Scrum 要求，在每轮迭代的计划活动中，选择 PBI 之前，PBI 需要处于准备就绪（readiness）状态。在 Scrum 中，这意味着 PBI 已经有了充分的准备，足以立刻交由团队在一个迭代中处理并完成。

许多组织更进一步定义了正式的就绪定义（DoR），明确规定在团队完成工作事项之前必须具备的条件。DoR 可以在特性层面上定义，说明在一个特性被接受和列入计划之前必须具备什么条件；也可以在故事层面上定义，说明在团队投入一个故事之前必须具备什么条件。

如果组织同时使用 Scrum 和季度计划，那么在季度计划之前，应根据特性 DoR 来验证所有备选特性；在迭代计划之前，应根据故事 DoR 来检查故事。如果组织使用的是基于流程的计划（如看板），那么当每个特性和故事出现在待办事项列表中时，需要根据相应的 DoR 分别进行检查。

迭代目标

迭代目标（Sprint goal）"是迭代的单个目标……迭代目标还创造了连贯性和专注点，鼓励 Scrum 团队协作而不是分开独自行动"。[19] 分析师需要帮助客户和开发团队合作制定迭代目标。如果该目标在迭代开始后的任何时候出现了问题，分析师就要与业务部门和开发人员合作，探索其他方式来交付该目标的方案（例如，将所有或部分 PBI 推迟到以后的迭代中）。

待办事项列表梳理

至于 PBI 实施准备，在 Scrum 中称为待办事项列表梳理（backlog refinement）。不过，在本书的其余部分中，除非特指 Scrum，否则我会使用更通用的"准备"一词（例如，待办事项列表准备、特性准备、故事准备）。Scrum 将待办事项列表梳理定义为"将产品待办事项进行分解并进一步定义为更小、更精确的行为。这是一项持续进行的活动，产品待办事项增添细节，例如描述、优先顺序和规模"。[20] 一个大致的指导原则是，团队花在待办事项列表梳理上的时间不要超过整个迭代时间的 10%。

Scrum 中的"梳理"是 PO 和开发团队之间的持续合作过程。梳理活动包括使 PBI 可行所需要的一切准备工作，比如去除依赖关系和初步设计工作。许多工作都与分析有关：随着实施的临近而逐步增加 PBI 要求和合规标准的粒度。

Scrum 中的梳理旨在充分准备好待办事项列表中的 PBI，使其处于"就绪"状态而列入迭代计划中。如果使用看板方法，还要准备好工作事项。但这要独立进行，因为每个单件都会出现在待办事项列表中，与为迭代准备好一系列工作事项恰好相反。

迭代计划会议

迭代计划会议（Sprint planning）在每个迭代开始之前举行，其目的是确定在接下来的迭代中要完成什么以及如何完成。在本书的其余部分中，我将使用更通用的迭代计划会议来指代这项活动。在这个活动中，团队创建一个迭代待办事项列表——一个关于下一个迭代要完成什么以及如何完成的计划。"完成什么"是由迭代目标和一组迭代需求事项（PBI）来表达的。"如何完成"由实现这些事项的开发者任务清单，以及产品负责人和估算来表达的。开发者任务包括所有关于 PBI 的工作，不仅有设计和编码，还有分析和测试。例如，在会议期间，不但要为当前迭代计划中 PBI 的一切剩余分析工作做计划，还要为接下来 PBI 的分析工作做计划，使其为未来的迭代做好准备。

每日 Scrum

每日 Scrum，通常也称为每日站会，是一个用于计划当天工作内容的短会。它应该在每天的固定时间（通常是早上）举行。所有团队成员开会讨论上次会议后他们为冲刺目标做了什么，在下次会议之前要做什么，以及他们预见到的所有障碍。《Scrum 指南》严格限定每日 Scrum 站会时间为 15 分钟，但如果更新需要更长时间的讨论，就应该延长会议。

请记住，站会的唯一目的是更新，如果有需要，请召开跟进会议来解决站会期间提出的问题。与站会不同，只有那些能为解决方案做出贡献的成员才可以参加跟进会议。

若想进一步了解每日站会，请参见第 17 章的 17.9.9 节。

评审会议和回顾会议

在每个迭代结束时，都要进行迭代评审，大家一起回顾和说明已经完成了哪些工作，并在必要时重新调整产品待办事项列表。

之后，要举行迭代回顾会议来作为支持持续改进的内部会议。商业分析师是回顾会议的重要参与者，负责为团队的表现提供外部视角。

3.4.4.3 极限编程

XP 是一个用于软件开发的迭代增量框架，肯特·贝克在 20 世纪 90 年代开发并在其《解析极限编程》[21] 一书中对它进行了说明。作为一种时间盒框架，XP 与 Scrum 有许多共同之处。两者的区别在于，XP 更注重技术问题，而且它的迭代时间很短，大约只有一周。此外，Scrum 不涉及迭代以外的计划，而 XP 包括季度计划。

XP 的主要实践如下：

- 结对编程——两个程序员一起工作
- 在一个没有隔断的开放空间中以团队方式进行工作
- 精力充沛地工作——可持续的工作时间，避免经常加班
- 松弛——允许有非结构化的时间
- 测试先行——先写测试再写代码
- 持续集成（CI）
- 增量设计——为当前的需求进行设计，并随着业务的发展而增加设计
- 自动化测试

如今，这些主要实践中的许多都得到了广泛的应用，甚至包括那些没有采用 XP 作为框架的组织。

XP 的一些技术与敏捷分析与计划有着直接的关系。这些技术如下：

- 不超过 12 人的小型垂直一体化团队 [22]

- 使用故事作为需求管理的基本单位
- 信息化的工作空间，在这里，观察者可以在 50 秒内了解项目。本书中这种实践的例子包括使用产品画布、故事地图和 GO（目标导向）产品路线图
- XP 的计划游戏准则，规定了季度计划和迭代计划的内容

3.4.4.4 统一软件开发过程（RUP）

统一软件开发过程是 Rational 软件公司在 20 世纪 90 年代末开发的一个迭代增量式过程，是基于 Objectory 过程的开发。Objectory 是伊万·雅各布森（Ivar Jacobsen）在 20 世纪 80 年代末创建的。

在 RUP 中，分析、设计、编码和测试出现在开发的所有阶段，不过相对的工作量随时间而变化。RUP 的生命周期从一个短暂的初始阶段开始，在这个阶段，建商业用例和高级用例模型，创建原型和验证概念。接下来是细化阶段，在这个阶段，大部分（通常高达 80%）需求事先要进行分析，架构也要进行测试和创建。在这个阶段，要确定大部分用例方案。接下来是构造阶段，在这个阶段，剩余的分析、设计和实施活动以迭代、增量的方式进行，要经过多次迭代。最后是交付阶段，在这个阶段，解决方案移入生产环境。

3.4.4.5 用例

用例方法由雅各布森开发，并在他 1992 年出版的《面向对象软件工程》[23] 一书中进行了说明。用例后来成为分析需求的流行工具，成为统一建模语言（UML）标准的一部分。在此基础上，涌现出许多广泛使用的迭代增量式软件开发生命周期框架和方法（如 RUP）。

用例的定义如下："用例是指以各种方式使用一个系统来为特定用户实现特定的目标。综合来看，所有用例的集合提供了使用系统的所有实用的方法，并说明它会提供的价值。"[24] 可以简单地把用例想象成一个用户任务——一个工作单位或者说目标，用户期望通过与系统的交互来完成它。

用例叙述（也称为用例说明）是"对用例的描述，讲述了系统及其用户如何一起工作以实现特定的目标。它包括一个系统及其参与者为实现目标而采取的一系列行动（包括变体）"。[25] 可以根据情况以不同的颗粒度进行具体说明，从简要描述（仅指明用户和目标）到详尽描述（提供全面描述）都可以。

相比单个迭代，一个包含实现目标的所有方法的完整用例，通常需要更多的时间来实现。因此，与其在一个迭代中分配完成整个用例，不如分配完成用例的特定方案。用例方案是用例的完整展现，描述了它可能的应用场景。

雅各布森在《用例 2.0》中对用例方法进行了调整，以适应敏捷开发的需要。它对原始方法的补充之一是发明了用例切片，作为计划的主要原子需求单位。一个用例切片指的是"从用例中选择的一个或多个故事，用于构成一个对客户有明确价值的工作事项"。[26] 为了便于列入迭代计划，用例切片必须小到可以在一个迭代中实现。

用例与用户故事

任何可以成为小型用例切片的需求单位也可以成为 XP 方法中的用户故事。理想情况下，我更愿意看到用例切片被用作敏捷需求的原子单位，因为它总是可以为需求提供一个使用环境（用例）。还有一个原因是，该方法提供了一个单一且统一的框架来整理需求，开发过程中如此，开发结束后也如此，这是用户故事做不到的。然而，在真实场景以及这本书中，我在开发过程中最常用的是用户故事，因为它们在敏捷团队中使用更广泛并有很多敏捷工具的支持。

实施之后更适用于永久性（长期性）文档的需求单位是用例，因为用户故事太小了，无法作为有效的参考。举个例子，假设待办事项列表中的用户故事可能允许购物者订购礼品包装，另一个用户故事可能增加无人机送货的选项，而第三个可能与购物无关。为了便于参考，最好能将待办事项列表中所有与购物有关的故事集中在一起。这正是把它们合并到一个购物项目用例后会发生的事情（将故事收集到特性文件中，也可以达到类似的效果）。

3.4.4.6　精益思想

精益思想是丰田公司大野耐一和新乡重夫在 20 世纪 50 年代开发的。它是精益实践应用中许多准则的起源，比如小批量、及时生产和短周期。

精益思想是敏捷原则的基础，"以简洁为本，是尽力减少非必要工作的艺术。"[27] 在精益思想中，这个指导思想表现为减少价值流中的浪费（muda）。

3.4.4.7　精益软件开发

精益软件开发最早出现在 1992 年，是罗伯特·夏洛特开创的一种通过消除浪费来趋于完美的方法。[28] 许多贡献者进一步为其开发出更多分支，其中，汤姆和玛丽·波彭迪克夫妇在 2003 年出版的《精益软件开发：敏捷工具箱》一书中阐述了他们的框架。[29] 工具箱中包含 7 条精益原则和 22 种思考工具，其中许多都对商业分析和本书的实践指导产生了直接的影响。

第一条核心原则是消除浪费。在精益软件开发中，浪费指的是"任何不能为客户增加产品价值的东西"。[30]

7 种浪费

精益软件开发定义了 7 种浪费：

1. 未全部完成的工作
2. 额外的过程
3. 多余的功能
4. 任务切换
5. 等待
6. 移动
7. 缺陷

让我们研究一下这些浪费以及如何通过有效的敏捷分析与计划来减少这些浪费。

1. **未全部完成的工作**[31] 已经开始进行但可能永远无法在需要时及时完成的工作，会被认为是一种浪费。如果未全部完成的工作在需要的时候已经过时，也会被认为是一种浪费。在敏捷分析中，可以通过及时方法来减少这种浪费：将分析工作推迟到实施前再进行，这时，我们能确定它是及时的，而且，随之而来的开发工作很紧迫，意味着干系人更有可能充分重视项目进展。

2. **额外的过程**　在敏捷分析中，通过使用低开销的过程来管理和变更需求，消除或减少需求签字确认，以及依靠直接交流而不是大量的文件来沟通需求，从而最大限度地减少额外的过程[32]所造成的浪费。

3. **多余的功能**[33]代表着投钱投人开发从未被使用的功能。敏捷分析通过使用有数据依据的方法来决定哪些需求应该投，哪些应该放弃，从而减少这种浪费。多余的功能，这样的浪费也可以通过及时分析来减少，因为只需要对具有现行价值的需求进行分析，而且优先级是根据最新的信息来决定的。

4. **任务切换**　指的是工作人员在不同工作事项之间来回切换时浪费的精力。在敏捷分析中，可以通过定义小型故事来最小化这种浪费，小型故事可以逐个开发，而不是同时进行，还可以通过保持在制品限制处于较低水平来减少这种浪费。

5. **等待**　指的是在其他事发生之前无法工作所造成的浪费。敏捷商业分析师减少等待的方法包括定义最小依赖性故事，以及在实施前特性和故事准备就绪，以便提前识别和管理所有的依赖关系。

6. **移动**[34]代表人和工件的移动。敏捷分析通过使用信息辐射器（公开展示的信息）向团队传达需求信息，以及消除或减少交接和签字，以此来尽量减少移动。下一节将更深入地讨论信息辐射器。

7. **缺陷**　在敏捷分析中，缺陷是通过及早定义验收标准来减少的。这么做能确保开发人员在开始之前就知道该注意哪些测试方案。通过将需求分解成可以快速开发和测试的更小单元，从而尽早在最容易修复错误时候找出错误，也可以减少因缺陷而造成的浪费。

精益软件开发工具

波彭迪克的精益软件开发方法包含 22 种思考工具。本节将重点介绍与敏捷分析和计划强相关的一些工具附带其编号。

工具 1：识别浪费 消除浪费的第一步是识别。在前面对 7 种浪费的讨论中，我们已经了解到敏捷商业分析师是如何帮助团队识别这些浪费的。

工具 2：价值流图 价值流图指的是绘制一个端到端过程中的每个步骤，对其进行优化（例如，通过减少等待时间）。敏捷商业分析师需要为运营中的业务流程绘制价值流图，以便改进它们。也可以在开发过程中绘制价值流图，以识别开发生命周期中的瓶颈和哪些地方效率低下。

工具 3：反馈 敏捷商业分析师需要通过定义简短的、有价值的故事来支持快速反馈，这些故事需要能够在一次迭代中完成实施和测试。

工具 4：迭代法 敏捷商业分析师要支持"在每个迭代中实现一组有一致性的特性"[35]这一指导性原则，通过使用用户旅程、流程图和故事地图等可视化工具，来确保每个迭代中的故事能够很好地结合在一起。

工具 7：选择权思考 选择权思考是指推迟做出不可逆转的决定，直到不确定性降低以及通过探讨替代方案（例如，联合开发两个方案）来留出余地。商业分析师可以通过引导探索提供价值的替代方法以及将需求分析和承诺推迟到最后责任时刻，来实践选择权思考。

工具 8：最后责任时刻（LRM） LRM 被定义为"推迟决策成本超过收益的那一刻，或者不做决定就会失去一个重要选项的那一刻"。[36]敏捷商业分析师实践 LRM 的方式是尽量减少预先分析，将详细分析推迟到临近实施且再推迟就会产生不可接受的成本时再进行。

工具 10：拉动系统 精益开发倾向于使用拉动系统，在这种系统中，员工可以决定接下来要做的工作，而不是依赖难以响应变化的集中式指挥控制系统。精益使用信号（也就是看板）来代表工作事项。当一个工作事项从一个工位推进到另一个工位时，它的看板卡也会推进。每一个工位的员工根据简单的规则，自行决定是否推进工作事项。在敏捷分析中，商业分析师用这种方法来管理特性和用户故事在开发周期中的进展情况。

工具 12：延迟成本 在 SAFe 中，考虑到时效性，所以延迟成本代表的是一个工作事项的价值。时效性指的是一个事项立即开始与推迟一段后开始之间的价值差异。当盈利能力取决于能否率先进入市场时，时效性将是一个至关重要的问题。在敏捷分析中，商业分析师要确定 PBI 的延迟成本，并利用它来确定一个工作事项在产品待办事项列表中的优先顺序。

若想进一步了解延迟成本，请参见第 6 章的 6.5.4.4 节。

工具 20：测试 敏捷商业分析师支持测试的方法是遵循验收测试驱动开发实践，也就是在实施特性和故事之前，协商和制定验收标准，并指导其他的人照做。在特性层面上，敏捷商业分析师要为用户验收测试（UAT）指定验收标准，并描述整个特性必须实现到什么程度才会被认为是已经完成。也可以在故事层面上指定验收标准，以确定某个故事必须通过哪些测试才能被视为已完成。

精益软件开发原则

精益软件开发还包括一系列原则。我们前面研究了其中许多原则对 BA 的影响，比如消除浪费和尽量推迟决定，因此这里将着重介绍提供额外指导的几个原则。

尽快发布。这一原则建议快速向客户交付特性或者尽快交付。速度是重中之重，因为它使得实现其他许多精益原则成为可能，比如"尽量推迟决定"。敏捷商业分析师可以通过指定能快速实施和交付的小故事来为这个原则做出贡献。在产品层面上，敏捷商业分析师要帮助客户和团队定义一个最小适销产品（MMP），使其能够快速发布上市。对于整个团队和组织而言，这意味着使用 CI/CD 和 DevOps 实践来提供业务需要时尽快可靠地交付变更的能力。

内建质量。这一原则意味着软件、架构和界面应该具有一致性，所有部分都作为一个整体紧密地协同工作。敏捷商业分析师实行这一原则的方式是通过故事地图来确保每个迭代中实现的故事都能增加有用的功能。

全局优化。这一原则指出，团队应该专注于优化整个产品，而不仅仅优化与各自专业领域有关的产品的部分功能。敏捷商业分析师可以围绕商业价值（而不是能力）

来组织团队，支持团队对承诺有主人翁意识，以及让同时在做一个产品的全部团队共用同一个产品待办事项列表和产品负责人等实践来支持这一原则。

信息辐射器

信息辐射器是"摆放在大家工作或时常路过之处的显示屏，展示他们想要知道的信息，用不着再问其他人"。[37] 用精益的话来讲，信息辐射器通过减少交接和签字来减少移动所造成的浪费。

信息辐射器的用户不仅包括内部人员，还包括团队以外的人，他们可以在不必打扰他人工作的情况下得到问题的答案。

根据科伯恩的描述，好的信息辐射器具有以下属性：

- 从远处看也清晰可辨
- 一目了然
- 持续更新
- 张贴在公共场所
- （理想情况下）是实物（如挂图或白板），也可以使用大屏显示器（如用于传达状态信息）

与异地团队合作时，需要稍微调整一下实物工件的相关指导原则。在这种情况下，如果可能，成员和干系人应该首先在现实世界中共同做计划。这个阶段使用的是实物挂图。在他们回到各自的工作空间之后，需要将挂图的内容转为数字形式，并发布到网上，以便所有相关人员都能访问同一个版本。

敏捷商业分析与计划过程中，会广泛使用信息辐射器。本书将用到以下几种辐射器：

- 产品画像（或产品画布），用于提供产品概述
- GO（Goal-Oriented，目标导向）产品路线图，用于展示长期实施计划
- 故事地图，用于显示故事在发布（项目集增量）周期内的增量推出情况
- 开发者任务板，用于显示任务分配和任务进度
- 看板，用于显示工作事项的当前状态

3.4.4.8　精益创业

精益创业由埃里克·莱斯提出，并在他的《精益创业》一书中进行了较为详细的描述。[38] 精益创业方法基于验证性学习，即基于市场中控制实验的反馈来做出投资决定。尽管名为"精益创业"，但该方法并非局限于通常意义上的初创企业，它也适用于成熟的电信公司、保险公司甚至政府机构。只要是开发新的产品或服务，精益创业就可以提供帮助。

本书分析指导中包含的精益创业实践。

- 最小可行产品（MVP）：产品从市场中吸取经验或教训。
- 可行性指标：为下一个投资方向提供行动指南。
- 信念飞跃式假设：对产品价值和增长的待验证理论，需要得到快速测试。

3.4.4.9　测试驱动开发、验收测试驱动开发和行为驱动开发

测试驱动开发（TDD）指的是一种编程风格，其中三个活动紧密交织在一起：编码、测试（尤其是单元测试）和设计。[39] TDD 是肯特·贝克在 2002 年出版的《测试驱动开发：实战与模式解析》一书中提出的。在 TDD 中，测试是在开始编程之前编写的，以使开发人员专注于开发。TDD 过程从写单元测试开始，然后是执行测试，看测试是否会失败。编码工作一直持续到软件通过测试，最后重构以清理代码。验收测试驱动开发（ATDD）将这种实践扩展到单元和低级别集成测试之外，进一步包含完整的端到端的用户界面测试。这些测试通常是自动化的。

敏捷商业分析师实践 ATDD 的方式是与业务干系人、质量保证（QA）团队和开发人员合作，在实施前确定特性和故事的验收标准。这些合作通常称为"Triad 会议"。

在编码开始之前，敏捷商业分析师要与其他人合作，在特性文件中为特性的验收标准创建可执行的规范，例如，使用 BDD Gherkin 语法。

若想进一步了解 BDD，请参见第 13 章的 13.10.9 节。更多关于 Triad 会议的内容，请参见第 13 章的 13.6.3 节。

3.4.4.10　DevOps

DevOps 通过尽量减少交付流程中的瓶颈来缩短交付时间。其指导方针的重点是构建 / 测试 / 部署自动化，以便频繁和可靠地进行变更。DevOps 推荐适用于所有规模化的敏捷组织，因为它的实践，特别是它对构建、测试和部署步骤的自动化指导方针，对安全、快速的规模化部署至关重要。它也是实现本书所描述的其他许多敏捷实践和优势的关键。例如，通过自动化缩短开发周期，DevOps 可以加速学习并支持基于事实的 MVP 计划。

DevOps 的指导思想是左移：将测试和部署等活动移到交付流程的早期阶段，以便在更早、更容易进行修正的时候发现问题。敏捷商业分析师要在实施之前为特性和故事定义验收标准，以支持这种实践。这些标准不仅是测试规范的来源，也是一种需求，通过具体的例子来指导开发人员的工作。敏捷商业分析师可以使用 BDD Gherkin 语法在特性文件中指定验收标准，这是一种有利于测试自动化的自然语言格式。

3.4.4.11　SAFe

规模化敏捷框架（SAFe）的创始人是迪恩·莱芬威尔，是一个用来将敏捷、迭代开发应用于大型企业的框架。我们将在第 17 章中更深入地研究 SAFe。由于本书要用到 SAFe 的一些术语，而且即使没有采用 SAFe 框架，有的组织其实也在广泛使用 SAFe 的概念，所以这里先介绍一些术语。

SAFe 的概念和术语

SAFe 计划是围绕着项目集增量（PI）进行的。PI 是一个大约持续 8 到 12 周的计划周期，通常是 4 个 2 周的迭代，再加上一个用于创新和计划的 2 周的迭代。它大致相当于一个季度或发布周期。PI 的好处是，我们可以将计划期（PI 的持续时间）与发布时间表分开。举个例子，我们可以根据 10 周的期限来制定需求实施计划，让团队有足够的时间来承诺和协调大型工作项的计划。与此同时，我们还可以基于业务和市场的考虑，在不同的时间点安排发布。

项目级别代表一个跨团队的长期企业任务。

在 SAFe 中,做同一个任务的团队会组织成一个长期的团队,称为敏捷发布火车(ART)。一个 ART 中的各个团队在每个 PI 中都会同步规划,测试产品概念的完整性,等等。

SAFe 将特性定义为一个工作事项,可以在一个 PI 内由一个 ART(由团队组成的团队)实施。[40]

SAFe 和本书

本书适用于采用 SAFe 的组织。本书使用的术语与 SAFe 术语对照如下。

- 一个季度等同于一个 SAFe 的 PI。
- 本书中描述的季度活动对应于 SAFe 的 PI 活动。
- 书中描述的季度计划和准备活动对应于 SAFe 中通常发生在创新和计划（IP）迭代的 PI 计划活动。然而,书中默认的实践是,这些活动不是在一个预留迭代中进行的,而是与开发工作同时进行,直到一个规划周期结束。
- 本书使用"产品专区"一词来指代专门负责产品子集的团队。它大致等同于 SAFe ART。

3.4.4.12 领域驱动设计

领域驱动设计（DDD）是埃里克·埃文斯[41] 在 2003 年提出的。这种方法最近又流行起来了,可能是为了应对敏捷开发中有时出现的杂乱无章的设计选择。在 DDD 中,业务领域驱动着设计,这样产生的代码将与业务的结构和主干紧密契合,从而使软件在其生命周期中更容易适应不断变化的需求。敏捷商业分析师支持 DDD 方法的途径是提供对商业愿景的分析、干系人的目标和目的以及商业角度的模型,如驱动设计模型的价值流图。包括类图和编码影响在内的对 DDD 的更多考虑,超出了本书的讨论范围。若想进一步了解业务领域面向对象建模,请参见我以前出版的书,书名为 *UML for the IT Business Analyst*[42]。

3.4.4.13 UML 与业务流程建模标记法

UML 是一个广泛的建模标准,涵盖从真实组织和过程中从领域模型到描述设计问题的技术模型的所有内容。该标准中与商业分析师有关的有 UML 领域模型（如 UML 的业务领域类图和活动图）以及用例模型（说明用户对产品或系统的看法）。

业务流程建模标记法（BPMN）是一个使用广泛的模拟业务流程的标准。在本书中，你将学习如何使用 BPMN 模型来构建故事地图，以及反过来使用故事地图来构建 BPMN 流程模型，以供未来的改革举措参考。

若想进一步了解 BPMN，请参见第 10 章的 10.16 节。

3.5　敏捷角色与商业分析师概述

本书大部分内容都侧重于敏捷分析能力，而不是放在角色上。我想在此谈谈这个问题，因为有人可能会有顾虑，特别是有瀑布开发经验的商业分析师，想知道完成敏捷转型后自己会有哪些变化。当然，也可能是负责组织敏捷团队的人，想知道敏捷商业分析师应该如何融入团队。

图 3.4 是敏捷商业分析的相关敏捷角色和职能的概览。

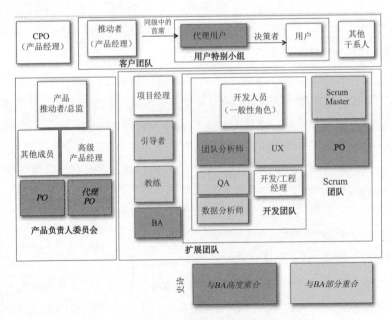

图 3.4　敏捷商业分析

如图 3.4 所示，与 BA 高度重合的角色和职能包括商业分析师、团队分析师（意料之中）、PO 和代理 PO。与 BA 有部分重合的角色包括引导师和教练（"自由人"角色，通常不专属于某个特定的团队）、代理用户（代表一组用户）、用户体验（UX）设计师、Scrum Master、QA 专家和数据分析师。

开发团队包括交付工作项（故事）所需要的全部职能。"开发人员"一词泛指任意一名团队成员。扩展团队包括非专属成员，比如商业分析师，他们服务于多个团队。Scrum 团队指的是开发团队加上 PO 和 Scrum Master。

3.5.1　产品负责人的 BA 职责

大多数敏捷开发组织都有一个与开发紧密合作并为业务代表的角色。这个角色有着不同的名字，包括 PO（产品负责人，这种称呼来自 Scrum 框架）、客户（XP 术语）和产品经理。我把这个角色称为 PO。

PO 有内部责任和外部责任。面向内部的责任如下：

- 制定和沟通产品目标
- 创建、交流产品待办事项并为其排序
- 使开发团队的工作价值最大化
- 确保待办事项列表是透明的、清晰的 [43]

面向外部的责任包括与客户、市场人员、销售代表和战略规划人员沟通。

许多 PO 是因为他们面向外部的能力而被选中的。他们往往是懂业务的产品经理和主题专家（SME），他们在需求管理方面的背景可能很少。填补这种能力空白的方法是为他们提供敏捷分析方面的辅导和培训，或者让精通这种能力的商业分析师来支持他们。通常情况下，没有足够的 PO 来填补团队层面上的角色。商业分析师帮助解决这个问题的方法之一是自行担任团队 PO 或代理 PO，让 SME 担任多个团队的领域 PO。

3.5.2　敏捷团队分析师

在 Scrum 等框架中，团队分析师不是一个正式的、专门的角色。新技术领域中的敏捷团队，分析能力通常由专职分析师以外的人来提供（例如，PO 或开发团队中拥有其他主要专业领域的成员，比如数据分析或 UX 设计）。

大型企业的敏捷团队通常有一位指定的分析师，要么是专属成员，要么是多个团队共用的扩展团队成员。这个角色需要通过获取和管理详细的需求来支持 PO，其职责与传统企业中 IT 商业分析师的职责很相似。本章后面会讨论专职商业分析师这个角色的好处和弊端。

3.5.3　Scrum Master 的 BA 职责

虽然 Scrum Master（Scrum 框架中的一个角色）的主要任务是在 Scrum 过程中指导团队并为团队消除障碍，但这个角色在许多方面都与 BA 重合：

- 寻找产品待办事项的有效管理技术
- 帮助 Scrum 团队理解对清晰简洁的产品待办事项的需求
- 帮助团队在经验主义的环境中建立产品计划
- 帮助团队创造高价值的增量 [44]

3.5.4　代理用户

当有许多不同用户时，可以成立一个用户特别小组来代表一个用户团体，由一位代理用户担任组长，代表该组的需求。因为所需要的能力与 BA 重合，所以商业分析师经常处于这个位置。作为小组代表，代理用户还有最终决策权，传统 BA 不具备这一职能。

3.5.5　产品推动者（总监）的 BA 职责

客户团队（XP 中的实体）包括所有可以确保软件满足干系人需求的每个人。成员可能包括产品经理、代理产品负责人、用户、QA 专家和 UX 设计师。产品负责人委员会（POC）是一个类似的组织，由领导某个项目的团队 PO 和代理 PO 组成。

客户团队或 POC 由产品推动者（又称总监）领导，后者是同级中的首席。产品推动者经常需要解决技术和业务之间的优先级冲突（例如，决定分别花多少时间清偿技术债务和开发新产品时）。因此，推动者通常涉足多个领域。他们中的许多人以前是软件开发人员，现在转到了业务。这也是许多商业分析师的背景，是这个角色的适合人选。

 若想进一步了解 POC，请参见第 17 章的 17.8.8 节。

3.5.6 教练

教练接受安排，与新成立的敏捷团队合作，直到他们能够独立工作。这时，教练逐渐将控制权移交给原有成员（如 Scrum Master）。这个角色有很多方面与 BA 有关，比如指导团队如何表达需求以及何时分析需求。

3.5.7 在什么情况下建议使用专职商业分析师

简短的回答是："通常都建议使用。"原因如下：敏捷组织比瀑布组织需要更多来自业务的资源，因为它要求每个由 7 到 10 人组成的敏捷团队有一个业务决策者，而且他们甚至还要参与整个开发过程，而不仅仅是开发后期才参与进来。业务决策者通常是不够用的，没有足够的产品经理和项目经理来填补这些职位。如果让你负责组织团队，你会怎么做？这个问题有很多解决方案，但大多数都涉及敏捷商业分析师的某种能力。

3.5.7.1 让专职团队分析师担任轮值 PO 助理

旅行家保险公司的安格斯·穆尔最先向我讲述了这个有效的解决方案，从那之后，我就经常向团队推荐这个方案。让商业 SME 担任轮值团队 PO，并授权他们做决定和设定优先事项。这样一来，就可以让更多高级产品经理能在多个团队中担任领域 PO。同时，SME 在团队级 PO 的角色中轮换，以免他们停滞不前，与市场失去联系。

这种方法的缺点是，新手 SME 不断调任团队 PO。在这种情况下，团队分析师可以提供与需求有关的连贯性，并在开发过程中随着 PO 的轮换，对需求进行调整。分析师让每位新 PO 理解为什么故事的优先级如此排序、它们支持什么业务目标、它们之间的依赖关系以及需求管理过程和工具。

3.5.7.2　商业分析师担任代理 PO

一个不同的解决方案是给每个团队分配一位代理 PO，而不是一个全职 PO。代理 PO 与 PO 类似，但代理 PO 权力有限，只能做本地优先级决定。商业分析师通常出任这个角色，因为他们具有必备的需求分析能力。

3.5.7.3　支持共享 PO 的团队商业分析师

规模化敏捷方法（如 LeSS）倡导的另一个解决方案是取消团队级 PO，转而让多个团队共享一位 PO，专注于这一角色面向外部的责任。详细的需求分析交由团队负责，因而团队中必须要有一位分析能力强大的人。

3.5.7.4　其他建议使用专职商业分析师的场景

高效商业分析师在以下场景中也能发挥特别大的价值：

- 复杂的商业计划，比如并购、转型变革和流程再造举措，都需要深度分析能力
- 财务风险极大的第三方或供应商的解决方案
- 在大型的、多团队的计划中，需要有商业分析师来帮助跟踪和管理需求的依赖性，并在各个团队中沟通不同的需求

3.5.8　商业分析师提供需求领导力

敏捷商业分析师的职责是向团队其他成员提供商业分析能力，具体包括：引导有干系人和开发人员参加的需求研讨会；指导其他团队成员进行敏捷需求活动，比如编写、拆分和沟通故事。敏捷商业分析师也参与分析任务，例如征集和定义故事的业务规则。在 Triad 会议期间，敏捷商业分析师与 PO、测试人员和开发人员一起工作，共同实现以下目标：

- 定义特性和故事的验收标准
- 对开发人员进行提问，让他们解释故事需求的哪些方面最可能导致估得过高
- 考虑备案，以较低的成本实现类似业务目标

在整个开发过程中，都需要敏捷商业分析师帮助确保团队当前一直在做对业务价值贡献最大的需求。

3.5.9 商业分析师和商业系统分析师的区别

许多组织都有不同类型的商业分析师，如商业分析师（BA，指具有较高层次业务视角的分析师）、商业系统分析师（BSA，指那些具有较强技术导向的分析师）以及每种类型中不同级别的分析师（如中高级）。我尽量避免花太多时间来区分这些角色，因为这样做有悖于敏捷组织推崇的跨职能理念。不过，一般来说，如果敏捷组织使用了这些子角色，那么偏业务的商业分析师通常就会负责产品愿景、业务案例以及定义业务目标和目的（即一项计划的更高层次的业务需求）。IT 商业分析师或 BSA 则负责更详细的 IT 需求（功能性需求），同时每天都与团队一起工作。BSA通常都得有一些技术背景。举个例子，BSA 可能得按要求将数据字段映射到现有的数据表。

3.6 敏捷商业分析师的软技能

本书的大部分内容都与用户故事和故事地图等工具有关，因此你可能会认为技术就是 BA 的全部。其实不然。BA 在很大程度上需要有人际交往能力。事实上，据我了解，之所以将商业分析师纳入团队，最常见的理由是，他们填补了团队在软技能上的空白。在我工作过的行业中，许多最尖端的技术人才都缺乏这些品质，尽管有堪称典范的资历，但事实证明他们是糟糕的商业分析师。有一位 BA 在 GIS（地理信息系统）方面拥有罕见的技术专长，但他的人际交往很糟糕。另一位 BA 有很强的敏捷项目工作背景，但干系人却认为他很傲慢。我后来没有和他们两个人有过二次合作过，在那之后，我学会了精心筛选软技能。

如果要为敏捷团队物色 BA 的合适人选，请务必确保对方拥有以下软技能。

3.6.1 将潜意识转为有意识

商业分析师和心理分析师这两个名称中都有"分析师"，这并不是巧合。两者的主要工作都是让潜意识变得有意识。优秀的商业分析师可以把深藏于客户和干系人大脑中的知识带入有意识的表达中，使开发人员能够根据这些知识来采取行动。

3.6.2　好奇心

优秀的商业分析师要对人、人的需求及其行为做事方式有天生的好奇心。避免选择那些喜欢主宰对话的候选人。愿意花更多时间提问和倾听的候选人更合适。

3.6.3　变革的推动者

商业分析师是变革的推动者。优秀的商业分析师具有挑战既定假设的意志和自信心，即使自己手头上的问题已经超出他们的责任范围。

3.6.4　政治智慧

如果商业分析师对办公室政治不敏感，就会给自己带来麻烦。我合作过的一位商业分析师负责向一位高管汇报，而这位高管的下属都很怕他。拥有良好政治智慧的商业分析师本应该选择与这位高管的员工私下交谈。然而，这位商业分析师却对高管和员工进行了小组访谈。不幸的是，干系人隐瞒了部分信息，导致制定好的解决方案存在严重的不足。这些不足增加了很多意想不到的成本。

政治智慧还意味着知道什么该说、什么不该说以及该对谁说。谁也不希望商业分析师在没有与团队核实的情况下就出卖机密或者对业务做出不负责任的承诺。

3.6.5　与难缠的人合作愉快

商业分析师很少能够选择哪些干系人和开发人员可以和自己共事。他们需要能够搞定其他人——无论遇到什么样的人。顺便说一下，与父母相处不愉快的人在长大之后，个人生活方面反而有这方面的优势。

3.6.6　谈判技巧

商业分析师必须经常与对立的各方合作，促使他们一起实现共同的目标和需求优先级。无论是商业干系人对产品的优先级有意见冲突，还是业务部门与开发部门的冲突，业务干系人都想优先考虑新特性，而开发人员则倾向于做技术改进。

3.6.7　引导能力

商业分析师需要具备出色的沟通能力和引导能力：他们需要准备能够根据需要来引导需求研讨会，向团队介绍需求，并引导大规模迭代计划活动这样的计划会议。

3.6.8 适应能力

你可能认为敏捷顾问和分析师是世界上适应能力最强的人。毕竟，他们是专门研究敏捷的。但出乎意料的是，他们的观点有时却相当地僵化和教条。这对敏捷商业分析师来说不是一个优势，因为他们经常得在并不理想的敏捷环境中工作。例如，组织中可能没有技术基础设施来实现敏捷短开发周期的 DevOps 实践。这时，需要商业分析师能够灵活地适应并根据现状推荐最佳方法。

3.6.9 勇于提出问题

称职的商业分析师并不害怕有人提出"愚蠢"的问题。这些往往是许多人不理解但又不好意思提出来的问题。优秀的商业分析师知道自己主要的价值并不在于她比其他人更了解业务，而是在于她知道什么时候该问什么问题。

3.6.10 幽默感

商业分析师经常需要处理一些争议（例如，在管理冲突的优先级时，或者在缓解商业人员和开发人员之间的紧张关系时）。幽默往往是打开解决问题之门的金钥匙。

3.7 13 大关键敏捷分析实践及其与瀑布的区别

让我们总结一下敏捷分析的一些关键实践和属性以及它们与瀑布环境下的分析有什么不同。

3.7.1 能力而非角色

在瀑布式开发中，BA 通常由一个专职角色来完成，如业务分析师、IT 业务分析师或 BSA。在敏捷开发中，BA 属于团队能力，但它也可以是一个正式的角色。我们不鼓励正式确定团队中的角色，因为这会导致瓶颈。

3.7.2 引导师而非信使

在瀑布项目中，BA 经常被看作是向开发人员"抛出需求"的中间人。ABA（敏捷商业分析师）的角色不是"传声筒"，而是引导师，负责加强业务干系人和解决方案提供者之间的沟通效率。

3.7.3 拥抱需求变更

在瀑布式流程中，需求在开发前被冻结，并且之后的变更会被严格管控。ABAC（敏捷商业分析师）欢迎在任何时候以最少的步骤变更需求。

3.7.4 与开发人员是协作关系，而不是合同关系

敏捷商业分析师的目标是支持一种协作关系，让客户和解决方案提供者在整个开发过程中协作，以找到最佳解决方案来实现期望中的商业结果，而不是像瀑布式开发那样制定一套全面的需求来作为合同的基础。

3.7.5 准时（JIT）需求分析

敏捷商业分析师要在 LRM（尽可能接近其实施时间）的基础上逐步分析需求。这与瀑布式开发不同，瀑布式开发中是预先分析需求。

3.7.6 对话而非文档

瀑布式开发依靠书面的规范作为向开发者传达需求的主要手段。敏捷商业分析师则主要依靠对话。这就减少了浪费（创建和维护文档的额外负担）、加快了开发过程并提高了应变能力，因为如果没有什么被写下来，改变方向就容易得多。不过，这并不意味着敏捷开发不创建任何需求文件，只是创建得少一些了。

3.7.7 示例规范：验收测试驱动的开发

对于敏捷商业分析师，具体案例和叙述是他们用来解释需求和测试案例的首选。在实施之前，敏捷商业分析师要为每个需求单位制定验收标准，以便这些标准可以作为开发人员的信息输入。验收标准也是确定自动测试和手工测试的基础。

3.7.8 小型需求单位

敏捷商业分析师把需求分成小单元（用户故事），因为可以在短时间内轻松实现和交付。而在瀑布式开发中，不需要进行这种活动。

3.7.9 功能的垂直切片

因为敏捷过程的目的是让每个需求单位为用户提供真正的价值，所以要确定每个需求单位，使其可以提供一个功能的"垂直切片"。例如，一个垂直切片的需求单位

要求跨越架构（UI 层、业务层和数据库层）实现几个领域，而不是实现单个层面上的所有领域，比如图形用户界面。

涉及复杂的产品时，小型敏捷团队往往无法具备足够的能力来完成价值交付。因此，敏捷商业分析师可能需要在一个特性的较高层次上定义垂直片段（多团队），然后将其分割成较小的团队级故事。

3.7.10　轻量级工具

对于需求管理，敏捷分析倾向于使用轻量级的解决方案，而不是开销巨大的解决方案。举例来说，本书将介绍两种管理两个团队之间需求依赖关系的方法。重量级的解决方案是使用需求管理工具来跟踪依赖关系。轻量级的解决方案是派人参加另一个团队的计划会议，每天只需投入大约 15 分钟，就能达到同样的目的。

3.7.11　商业分析师和商业干系人参与整个开发生命周期

因为分析是在项目过程中逐步进行的，所以商业分析师需要让干系人做好准备，让他们参与到整个开发生命周期中，而不是像瀑布式开发那样后期才参与。

3.7.12　混合使用传统 BA 和敏捷 BA 工具

若想成为一名高效的敏捷商业分析师，需要熟悉敏捷需求技术和工具——比如故事地图与用户故事——以及传统的 BA 工具，比如领域建模和业务流程建模。

3.7.13　聚焦于当下

敏捷分析师的工作过程中，很多时候需要在看似最优方案和从敏捷角度看似意识形态更纯粹的方案之间做出选择。我们当然不应该忽视最优解决方案，而是应该更提倡把它作为一个长期的解决方案。但是，对于即时指导，需要根据企业的当前情况，选择为企业提供价值最大化的方案。记住，在任何情况下，敏捷商业分析师的目标都是做好业务，而不是做好敏捷。

3.8　敏捷商业分析的经验法则

每次我和刚接触敏捷的团队一起工作时，都会反复出现许多同样的问题。一个迭代通常要有多少个用户故事？一个故事一般要有多少个验收标准？通常要有多少个故事点？我在附录 A.2.1 中列出了许多经验法则这类问答。记住，这些指导比较宽泛，并不严格。刚开始接触敏捷分析的时候，如果没有敏捷开发指南，那么这些规则就格外有价值，可以作为一个快速参考。它们可以让你了解什么是典型的速率、故事大小、迭代长度和其他参数。做一段时间之后，就把经验当作指南吧，因为实践起来，结果如何要取决于具体情况。

3.9　小结

以下是本章涉及的要点。

1. 敏捷开发中的原子需求单位可以称为产品待办事项（Scrum）、故事（XP）或用例切片（Use Case 2.0）。使用最广的单位是故事。

2. 一个特性是一个需求项，可以由一个或多个团队在每个季度、发布周期或项目集增量中交付。一个故事是一个工作项，它需要小到一个团队可以在一到两周内完成实施。

3. 为了被接受，一个故事必须满足其验收标准以及完成的定义（DoD）。

4. 分析师作可以为专职团队分析师、代理 PO 和扩展团队成员对敏捷组织做出贡献。

3.10　接下来的主题

本章探讨了敏捷 BA 背后的基本概念。第 4 章将重点讨论在敏捷开发生命周期中如何实际应用这些概念和相关技术。

注释

1　Agile Alliance, *The Agile Manifesto*, 2001, https://www.agilealliance.org/agile101/the-agile-manifesto

2　Agile Alliance, "12 Principles behind the Agile Manifesto," 2001, https://www.agilealliance.org/agile101/12-principles-behind-the-agile-manifesto

3　Robert K. Greenleaf Center for Servant Leadership, "The Servant as Leader," 2016, https://www.greenleaf.org/what-is-servant-leadership

4　Roman Pichler, "8 Tips for Creating a Compelling Product Vision," October 8, 2014, https://www.romanpichler.com/blog/tips-for-writing-compelling-product-vision

5　International Institute of Business Analysis (IIBA), *BABOK v3: A Guide to the BusinessAnalysis Body of Knowledge, 3rd ed.* (Toronto, Canada: IIBA, 2015), 15.

6　IIBA, BABOK v3,16.

7　IIBA, 441.

8　IIBA, 444.

9　IIBA, 443.

10　Ivar Jacobson, Ian Spence, and Kurt Bittner, *Use-Case 2.0: The Guide to Succeeding with Use Cases* (London: Ivar Jacobson International SA, 2011).

11　Ivar Jacobson, "Feature State Cards," Ivar Jacobson International, https://s3.amazonaws.com/ss-usa/companies/MzawMDE1MTI2AwA/uploads/Feature_State_Cards_3_9.pdf

12　Ivar Jacobson, "Feature State Cards," Ivar Jacobson International, https://s3.amazonaws.com/ss-usa/companies/MzawMDE1MTI2AwA/uploads/Feature_State_Cards_3_9.pdf

13　Ken Schwaber and Jeff Sutherland,The Scrum Guide: The Definitive Guide to Scrum—The Rules of the Game, Scrumguides.org, 2020, 3, https://www.scrumguides.org

14　"The Sprint Review should never be considered a gate to releasing value." *Scrum Guide*, 12.

15　Schwaber and Sutherland, *The Scrum Guide*, 10.

16　Schwaber and Sutherland, 5.

17　Schwaber and Sutherland, The Scrum Guide, 7.

18　Schwaber and Sutherland, 3.

19　Schwaber and Sutherland, 11.

20　Schwaber and Sutherland, 10.

21　Kent Beck and Cynthia Andres, *Extreme Programming Explained: Embrace Change*, 2nd ed., The XP Series (Boston: Addison-Wesley, 2005).

22　Beck and Andres, *Extreme Programming Explained*, 9. 作者参考了马尔科姆·格拉德威尔的《引爆点》，该书将 12 个人设定为一天中能够愉快交流的极限人数。

23　Ivar Jacobson, *Object-Oriented Software Engineering: A Use-Case Driven Approach* (Reading, MA: Addison-Wesley, 1992).

24　Jacobson et al., *Use-Case 2.0, 4.*

25　Jacobson et al., 51.

26　Jacobson et al., 15.

27　Agile Alliance, "12 Principles."

28　David J. Anderson, "Lean Software Development," 2015, https://msdn.microsoft.com/en-us/library/hh533841(v=vs.120).aspx

29　Mary Poppendieck and Tom Poppendieck, *Lean Software Development—An Agile Toolkit* (Boston: Addison-Wesley, 2003).

30　Poppendieck and Poppendieck, *Lean Software Development*, xxv.

31　Poppendieck and Poppendieck, 5.

32　Poppendieck and Poppendieck, 5.

33　Poppendieck and Poppendieck, 6.

34　Poppendieck and Poppendieck, 7.

35 Poppendieck and Poppendieck, 29.

36 Lean Construction Institute, "LCI Lean Project Delivery Glossary," 2017, https://www.leanconstruction.org/media/docs/LCI_Glossary.pdf

37 Alistair Cockburn, *Crystal Clear: A Human-Powered Methodology for Small Teams*,(Boston: Addison-Wesley, 2004), 54.

38 Eric Ries, *The Lean Startup* (New York: Crown Publishing Group, 2011).

39 "TDD," Agile Glossary, 2015, https://www.agilealliance.org/glossary/tdd

40 "A feature is sized or split as necessary to be delivered by a single Agile Release Train (ART)in a Program Increment (PI)." Richard Kastner and Dean Leffingwell, *SAFe 5.0 Distilled* (Boston: Addison-Wesley, 2020), 270.

41 Eric Evans, *Domain-Driven Design: Tackling Complexity in the Heart of Software* (Boston: Addison-Wesley Professional, 2003).

42 Howard Podeswa, *UML for the IT Business Analyst*, 2nd ed. (Boston: Cengage Learning PTR, 2009).

43 Schwaber and Sutherland, *The Scrum Guide,* 5–6.

44 Schwaber and Sutherland, *The Scrum Guide*, 6–7.

第 4 章
跨敏捷开发生命周期的分析与计划活动

本章将对敏捷分析与计划过程进行概述。首先展示敏捷分析与计划地图，其中描述了敏捷产品开发生命周期中使用的分析与计划工具。这些工具包括活动、工件和事件。图 4.1 说明了敏捷分析与计划中的活动和工具在敏捷开发生命周期中的作用。

全景图的纵向上，以活动区域——相关工作的集群——来划分。例如，季度开端这个区域中包含启动季度的活动，比如季度计划和故事地图。在横向上，全景图分为三条通道：

- 短通道，适用于 6 个月以内的计划范围
- 长通道，适用于两个季度（6 个月）至 5 年的范围
- 大型通道，适用于大规模敏捷组织

本章将通过一个故事来探索每条通道，说明随着开发进展什么时候应该做什么事。

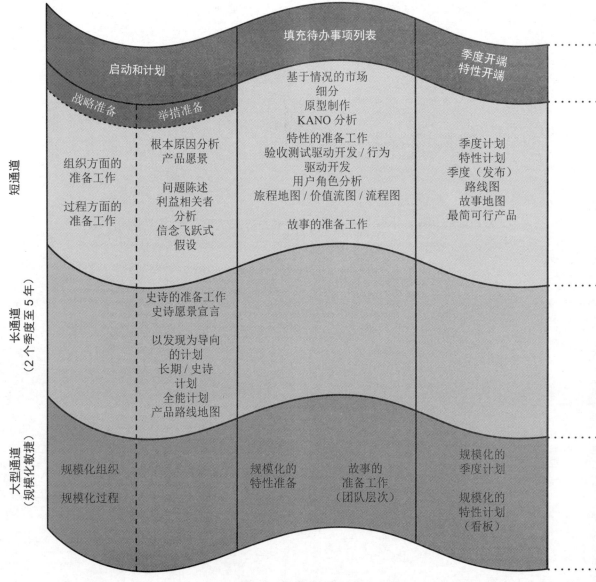

图 4.1 敏捷分析与计划全景图

迭代开端	日常活动		迭代收尾	季度收尾史诗、特性收尾
迭代计划	每日站会 需求分析与记录 编码、构建、测试、交付验收测试驱动开发 / 行为驱动开发 最简可行产品，分割测试 史诗、特性的准备工作 故事的准备工作		迭代评审会 迭代回顾	为正式发布做准备 季度回顾 史诗、特性回顾
				转向或继续
规模化的迭代计划 迭代计划（团队层次）	产品负责人委员会的会议 DevOps	用户特别小组的会议 规模化的特性准备（看板） 集成会议 故事的准备工作（团队层次）	规模化的迭代评审 规模化的迭代回顾 迭代回顾（团队层次）	DevOps 规模化的季度 / 特性回顾

4.1 目标

本章将帮助大家实现以下目标：

- 理解敏捷分析与计划的活动和工件在整个敏捷开发生命周期中是如何相互配合的
- 了解哪些活动适合短期和长期规划，以及规模化敏捷组织额外还需要哪些活动
- 了解如何使用地图来规划特定情况下的分析与计划活动

4.2 敏捷分析与计划地图概述

图 4.1 在垂直方向上划分为区域，在水平方向上划分为通道。每个区域代表一组相关的分析与计划活动、事件和工件。例如，季度开端区中包含故事地图和最简可行产品（MVP），两者都是用来做季度计划的。我之所以称之为区域，而不是阶段，是因为敏捷开发并不是按部就班的：活动和工件不是在下一个活动开始前必须完成，而是逐步完善的。进程也并不总是从左到右的，任何时候都可能逆转。举个例子，如果测试发现需要做更多工作才能满足客户的需求，那么一个故事可能会从测试活动回到详细的需求分析。

然而，一个区域从左到右的位置确实提供了一个大致的方向，即它是在什么时候首次执行的，以及它主要是在什么时候发生的。举个例子，发布路线图虽然是在每个季度开始时创建的，但它会根据需要进行更新。如果一项活动会在两种关键情况下使用，我就会列出两次。比如，故事准备是填充待办事项列表的一个方面，而项目开始后，它也会作为一项日常活动来执行。为了明确这一点，全景图中的"填充待办事项列表"和"日常活动"两个区域都会包含故事准备。

图 4.1 中，每个水平通道代表一个特定的场景。在通道中，可以找到对相应情况有用的活动和工件。例如，在图 4.1 中，大型通道中包括产品负责人（PO）委员会会议，表明该活动与大规模敏捷组织有关。

这些区域和通道构成一个网格：根据项目的位置，可以看出它适用于哪个场景以及它属于哪个区域。举例来说，在图 4.1 中，集成会议位于大型通道中，表明它适用于规模化组织。同时，它又属于日常活动区，表明这些会议是持续进行的。

4.3　区域

图 4.1 中，地图包含 7 个活动区域。

- **启动和计划**：为新产品的开发或现有产品的重大改变做好准备与计划的活动、工件和事件。这个区域还包括提升组织敏捷开发和分析成熟度的活动。

- **填充待办事项列表**：创建和准备待办事项列表中初始工作项（史诗、特性和故事）的活动。

- **季度开端（特性开端）**：如果组织使用的是基于流程的计划（比如看板），那么这个区域就包括计划即将要做的特性相关活动，包括针对估算、团队承诺和交付故事路线图的决策。

  如果组织使用的是时间盒方法，那么这个区域就包括计划下一季度要交付的所有特性相关活动。

- **迭代开端**：这个区域包括启动迭代的活动——一个大约为一到两周的短计划周期。这个区域适用于使用时间盒式计划方法（如 Scrum 或 XP）的组织。

- **日常活动**：这个区域用于持续分析与计划活动，如每日站会和详细需求分析。按照最佳实践来做的话，故事应该在完成后持续交付。交付故事意味着以可部署状态提供。实际部署到生产或上市可以在交付时发生，也可以根据客户的决定推迟到计划好的发布日期。

- **迭代收尾**：一个迭代结束时的最后要完成的活动。这个区域适用于使用时间盒式计划方法（如 Scrum 或 XP）的组织。

- **季度收尾（史诗，特性收尾）**：在一个长计划周期——一个季度、发布周期、史诗或特性——结束时最后要完成的活动。这个区域中还包括正式发布（GA）的准备活动，后者也称为生产发布。

4.4　通道

图 4.1 中，地图包含三个通道，每个通道描述的是特定场景下的活动、事件和工件。

- 短通道适用于下一个季度、发布或计划增量（PI）的计划的场景。一个 PI 是一个大约持续 8 到 12 周的 SAFe 计划周期。为了简洁起见，我经常将"季度"一词用作以下周期中任意一个的简称：日历季度、发布周期或 PI。

- 长通道适用于计划周期为两个季度至五年的情况。
- 大通道适用于规模化敏捷组织，其中一些项目被称为"规模化事件"。规模化事件指的是所有合作团队都有代表参加的活动，比如产品区域中的团队或 SAFe 敏捷发布培训（ART）。如果开发组织仅有一层协作团队，那么这个术语就适用于所有产品的团队。

这些通道并不互斥。如果需要长期计划，那么肯定也需要短期计划。因此，短通道和长通道中的工具都会用到。如果组织规模比较大，并且有长期规划需求，那么所有通道的工具都会用。

> 在针对具体情况量身定制合适的过程时，可以将该地图当作工具检查清单来使用。一旦进入过程，就根据自己在开发周期中的位置（比如迭代收尾），使用该地图来寻找合适的工具。
>
> 这张地图写明了可以考虑的工具。不过，最终选择什么工具取决于自己的具体情况。做一个极简主义者：一种技术仅用于确定它至少能解决一个问题的情况，不要因为它在地图上就用。

4.5 三幕故事

在对过程进行回顾后，让我们说回到 Customer Engagement One（CEO）公司（第 2 章的 2.4 节），看看如何实现。该公司正在开发 CEO，这款应用的作用是让公司能够在单一界面中管理他们与客户在多个平台上的互动。

在这一版故事中，要求大家在这家初创公司的早期履职承担敏捷分析与计划这个任务。在现实生活中，许多人和角色可能履行这些职责，如商业分析师、商业系统分析师（BSA）、团队分析师、代理 PO 和 PO。在这个故事中，我们将诸多名称简化成一个角色：分析师。为了使故事更真实，我们假设你最初担任这一角色，并期望你随着公司的发展而成为这一能力的领导者并能根据业务发展需要雇其他的人。

我们将 CEO 的故事分为三幕，每一幕都分别重点关注地图中的一个通道，并着重介绍通道一些大的活动。我们从第一幕开始，它对短通道（即图 4.1 中的第一行）进行了诠释。

4.6 第一幕：短通道

据你所知，CEO 将以基于免费增值商业模式的方式来开发。用户将得到一个免费下载版本，他们可以使用这个版本，直到合作用户的数量达到预设的最大值。若想超越这个上线，他们就需要升级到高级付费订阅版本。在早期发布版本中，除了免费版本设置用户上限外，免费版本和高级版本的功能将是相同的。计划中，高级版本会增加额外的特性，以供整个企业使用。

营销团队打算使用自下而上的策略来销售产品，首先将产品推给与终端客户打交道的支持人员。根据推测，公司内有足够多的用户想要合作，从而引发向高级版本的转换。

首先关注初步准备和计划，也就是图 4.1 中全景图中的启动和计划区。

4.6.1 初步准备和计划

由于需求的不确定性太大，所以你建议尽快测试原型。测试结果表明，最受欢迎的功能是，无需在各个社交网络之间跳转，就可以管理多个平台的沟通以及分析跨平台趋势。基于对原型的积极反馈，公司获得了开发"CEO 第一代（CEO-1G）"的资金，产品的第一个版本将要投入市场。

开发主管称，CEO-1G 将被建成单体系统，简单到一个由 8 到 10 名成员组成的团队足以包含交付故事所需的所有能力。由于工作量大，所以需要两三个这样的团队（图 4.1 中的组织准备工作）。

你选择的是基于流动（看板）的计划过程，因为在产品存在高度不确定性时，这个过程可以加快学习（图 4.1 中的准备好过程）。你选择了短通道，因为计划需求不至于超过几个月。

由于产品没有愿景宣言，于是在你的推动下，召开了一个研讨会，与干系人一起创建愿景宣言（图 4.1 中的产品愿景宣言）。大家共同制定了以下产品愿景宣言："在任何地方任何情况下，让公司与他们的客户保持联系。"你进行了干系人分析，了解用户、客户、供应商和其他干系人以及他们对产品的目标。这些人包括客户支持人员、市场人员、销售人员和数据分析人员。

接着，你召集商业干系人和开发人员，大家一起探讨那些有待证实的假设，这些假设是决定产品可行性的关键（图 4.1 中的信念飞跃式假设）。大家明确了以下几个假设：

- 支持人员使用该产品与其他人员合作处理来自客户的信息
- 用户邀请的同事足够多，可以触发产品向高级版本的转化
- 足够多的公司将转为订阅模式，使该产品在五年内实现盈利

你建议小组设计 MVP 来测试这些假设。

4.6.2 填充待办事项列表

接下来，你指导市场人员使用基于应用场景的市场细分来预测人们使用该产品的方式。利用这一技术，他们了解到了产品的高层次用途，并按照偏好的顺序，分为以下几种：

- 管理消息：提供回应客户消息的能力（通过支持人员）
- 营销活动：向社区推送营销信息
- 销售：向客户销售商品和服务
- 分析报告：对应用程序的参与度进行数据分析，了解营销活动的效果，等等

你为其中的每一个使用场景分别创建了一个特性，并将其添加到待办事项列表中。你把注意力转移到待办事项列表的第一个特性上：管理消息。为了准备实施该特性，你召开了一个价值流图研讨会（图 4.1 中填充待办事项列表区的特性准备）。参会人员包括商业主题专家（SME）和参与管理消息这一工作流程的用户角色代表。

在你的指导下，小组开发了一个工作流程模型，其中包括以下步骤：
- 系统获取消息
- 一个一级支持人员
  - 查看信息

　　–　处理信息

　　–　根据主题进行标记

　　–　回应信息、解决信息或将其分配给二级人员或队列

- 二级人员可以解决该消息或将其传递给二级人员或队列

按照行为驱动开发（BDD）的实践，你指定了端到端的用户接受度测试（UAT），以验证这一系列步骤可以得到正确执行（图 4.1 中填充待办事项列表区的行为驱动开发）。

你与 PO、团队和干系人会面，评估该特性并制定具体实施计划（图 4.1 中特性开端区的特性计划），重点关注 MMF——该特性能够交付关键价值所需要的最小功能集合。在会议期间，你为管理消息特性确定了以下故事：

- 作为一级支持人员，我想从 X 平台中获取信息，以便看到客户对产品的评价
- 作为一级支持人员，我想以简单的格式查看信息，以便看到客户对产品的评价了
- 作为一级支持人员，我想把信息分配给二级人员或工作队列，以便知识储备更丰富的人可以合作解决它
- 作为二级支持人员，我想把信息分配给三级人员或队列，以便具有必要专业知识的人能够解决困难的技术支持问题
- 作为支持人员（所有级别），我想对分配的信息作出回应，以便推进它的解决方案的落地
- 作为支持人员（所有级别），我想解决被分配的信息，以便问题可以得到解决。

此外还为该特性确定了其他优先级较低的故事：

- 作为支持人员，我想给消息分配一个标签（主题），以便生成基于主题的分析，如此一来，消息就可以被转到具有相应专业知识的人员手中

业务干系人表示，最后一个故事固然可以锦上添花，但作为一个整体的 MVP，即便没有这个故事，也是有价值的。因此，你把这个故事添加到了待办事项列表的底部，并且没有把它纳入特性验收所要求的测试场景中。

在与业务干系人、质量保证（QA）人员和开发人员一同进行的 Triad 会议上，你准备了待办事项列表的第一批故事。你指定了故事的验收标准。开发人员充分理解了故事，能够对其进行靠谱的估算了。

4.6.3　日常活动

计划和协调是在你与其他团队成员每天 15 分钟的站会中进行的（图 4.1 中日常活动区的每日站会）。一天之中，你要和用户会面，分析当前故事剩余的需求并在开发人员实施故事时对它进行测试。当一个用户故事满足验收标准并且开发人员确认完成的定义已得到满足，就可以认为这个用户故事完成了。故事不断集成和测试，其中大部分工作都是自动化的（图 4.1 中的代码、构建、测试、交付）。

特性接近完成时，你就要开始准备待办事项列表中的下一个特性了（图 4.1 中日常活动区的特性准备）。下一个特性是用 MVP 验证客户是否会邀请足够多的同事来触发向高级版本的转化。你与开发团队和 SME 合作，将该特性分解成以下几个故事：

- 作为用户，<u>我希望</u>能邀请我的同事使用该产品，<u>以便</u>获得忠诚度奖励
- 作为潜在的客户，<u>我想</u>对邀请作出回应，<u>以便</u>能开始使用该产品
- 作为数据分析用户，<u>我想</u>按信息主题查看指标，<u>以便</u>能发现可能上热搜的负面留言和评测

开发人员标出了一个障碍。数据分析师的故事依赖于以下故事：

- 作为支持人员，<u>我想</u>给消息分配一个标签（主题），<u>以便</u>可以生成基于主题的分析，如此一来，消息就可以转到具有相应专业知识的人员手中

目前，这个故事在待办事项列表中优先级较低。每个人都同意将这个故事移到待办事项列表的顶部，以消除障碍。

接着，你继续以滚动的方式准备每个接近待办事项列表顶部的故事（图 4.1 中日常活动区的故事准备）。准备故事时，你要与 PO、QA 和开发人员见面，确定验收标准和开发框架。然后，每个故事都要编码、集成、测试并被部署到选定的用户群。

4.6.4 特性收尾：为 GA 做准备

一个特性中的故事足够多，满足其验收标准后，这个特性就会进入 GA（正式发布）阶段。你继续滚动处理出现在待办事项列表中的特性和故事。

4.6.5 季度开端，迭代开端

一段时间过去了，由于情况发生了变化，你正在重新考虑分析与计划过程。首先，产品现在已经与第三方供应商结合，他们需要很长的时间来处理变更请求。另外，营销团队希望产品的发布周期为三个月，使其能有足够的时间来准备和计划营销活动。为了满足这些需求，你建议每个团队保留一部分时间用于按季度计划的活动。团队的剩余时间将预留给基于流动（看板）的工作项，以保持按需及时快速做出反应的能力。

在每个季度开始时，每个开发团队都要召开会议，确定本季度要实施的特性，并制定这些特性的交付计划（图 4.1 中短通道里的季度计划）。他们每两周再召开一次会议，为接下来的迭代做故事计划（图 4.1 中短通道里的迭代计划）。

4.6.6 迭代收尾

在每个迭代结束时，团队、PO 和感兴趣的干系人一起进行迭代评审会议，向干系人展示已经完成的故事。接下来，团队召开迭代回顾会议，探讨哪里做得比较好以及哪些实践需要改（图 4.1 中的迭代收尾）。

4.6.7 季度收尾

在季度末，推动召开季度回顾会议，回顾进展并提出建议（图 4.1 中短通道里的季度收尾）。QA 报告称，他无法满足开发团队创建和运行自动测试的要求。开发团队负责人建议，不要采取增加测试人员的解决方案，而是更好地教开发人员，让他们可以自行创建和运行测试。

4.7 第二幕：长通道

CEO 的免费版本已经构建完成了，其中包含回复客户支持信息的丰富特性。公司现在已经获得长期资金，接下来的三年，将为高级版本开发新特性，以支持市场、销售以及分析报告。现在，团队数量增加了，但产品仍然很简单。大部分情况下，每个团队都能作为一个自给自足的单位来运作。你决定更新过程，添加长通道的技术。

为了制定特性长期计划（图 4.1 中的长期计划），你与干系人进行了会面。在这个活动中，你创建了一个产品路线图，借此概述未来三年的目标、关键日期和要发布的特性。干系人同意在第一个版本中把客户支持能力扩展到更多社交网络。营销特性将在第二个版本中加入，销售和分析报告特性将在第三个版本中加入。

在每个季度开始时，与干系人一起评审产品路线图并按需进行调整。同时，你持续进行日常的分析与计划活动，如"短通道"一节所述。

4.8 第三幕：大型通道

公司已经经营了数年。CEO 应用程序已经从一个简易的单体产品发展成一个拥有多种微服务和多个架构层的复杂系统。现在，一个团队在能力上已经不能涵盖需要的所有特性了。因此，往往需要多个团队紧密合作以交付价值。你决定在分析与计划过程中添加大型通道中的工具，因为它们可以用来支持多个团队的协调。

4.8.1 规模化组织

在你的推动下，召开了一次会议，讨论如何组织团队（图 4.1 中的规模化组织）。一位开发主管认为，应该根据能力来组建团队：一个负责用户体验，一个负责业务层，一个负责数据库层，等等。而你认为，应该围绕价值来组织团队，最大限度地减少协调成本。最终取得的共识是，应该有四组团队，每组都专注于产品的一个不同领域或产品的不同应用场景：

- 客户支持
- 营销活动
- 销售
- 分析报告

每个特性团队都要有业务能力和技术能力，以便交付其产品区域内的特性。组件团队拥有常用的微服务和软件接口。同一产品区域内的团队要相互协作，并在必要时与组件团队协作，共同实现价值交付。

PO 分配如下：每个团队有一个团队级 PO，每个产品区有一个区域级 PO，有一个产品级 PO 来管理整个产品。你重点关注产品层面的需求，并担任客户支持产品区域的首席分析师。

4.8.2　规模化的季度计划

在每个季度开始时，你都要召集产品区域的所有团队，开展为期两天的多团队季度规划会议，确定本季度要交付的特性（图 4.1 中大型通道里的规模化季度规划）。

4.8.3　规模化的迭代计划

每个迭代开始时，你都会把产品区域内所有的团队召集起来，使用大规模计划方法进行规模化迭代计划（图 4.1 中大型通道里的规模化迭代计划）。各个团队紧密合作，计划他们将在下一个迭代中实施的故事。在会议期间，他们定期相互核对，确保其计划的一致性。

当团队决定未来两周要做哪些工作时，特性团队的 PO 提议开发新的特性，而组件团队的 PO 则建议进行技术改进。在产品级 PO 的参与下，你帮助大家取得了共识。在公司经验法则的指导下，大约 75% 的预算将用于特性开发，25% 将用于技术改进。

4.8.4　日常的计划与分析

每天要做的第一件事是召开团队级的站会。站会期间提到的优先级冲突在每周召开两到三次的 PO 委员会会议上解决。

从每个迭代的第二周开始，产品区域的团队分析师就开始专注于为下一个迭代计划会议准备故事。

4.8.5　迭代收尾

在每个迭代结束时，你都要召集产品区域的所有团队进行一次规模化迭代评审和回顾。

4.8.6 季度收尾

在季度末，你要召集产品区域的所有团队进行季度回顾，对上一个季度的情况进行评审，并开始为下一个季度做准备。

4.9 小结

以下是本章涉及的要点。

1. 敏捷分析与计划地图划分成区域和通道。
2. 每个区域（例如，启动和计划，季度收尾）对相关的活动、事件和工件进行了分组。
3. 每个通道都描述了一个场景，其中说明场景中使用的活动和工件以及何时使用它们。
4. 短通道适用于最多需要做三个月的计划且不需要对各个团队进行协调的敏捷项目。
5. 长通道适用于需要长期计划的项目
6. 大型通道适用于需要协调不同团队的大型项目

4.10 下一个主题

本章简要介绍了整个过程。现在，我们要倒回去，重新开始。这一次，我们将停下脚步，学习过程中各个阶段如何选用合适的工具。这就是第 5 章及余下各章的主题。

第 5 章　组织的准备工作

本章将为小型开发组织准备敏捷软件开发提供指导，其中包括为新的敏捷举措做准备，以及组织向更高的敏捷分析成熟度水平过渡的一般性指导方针。图 5.1 中标出了本章将涉及的活动。

本章解释了如何按价值来组织团队，以便每个团队都能向客户和用户提供能力，并尽量减少对其他团队的依赖。本章还解释了为什么不能完全消除团队的依赖性。本章的内容还包括组建特性团队和组件团队的指南，以及为那些刚接触敏捷的非 IT 部门（包括营销团队、财务规划师和合规官）做准备的指南。

本章聚焦于由最多 10 个团队组成且不需要太多的团队间协调的小型敏捷组织。若想了解关于由协作团队组成的规模化开发组织的指南，请参见第 17 章。

若想了解关于规模化敏捷组织的指南，请参见第 17 章的 17.8 节。若想了解关于软件开发之外的企业准备工作的指导，请参见第 18 章。

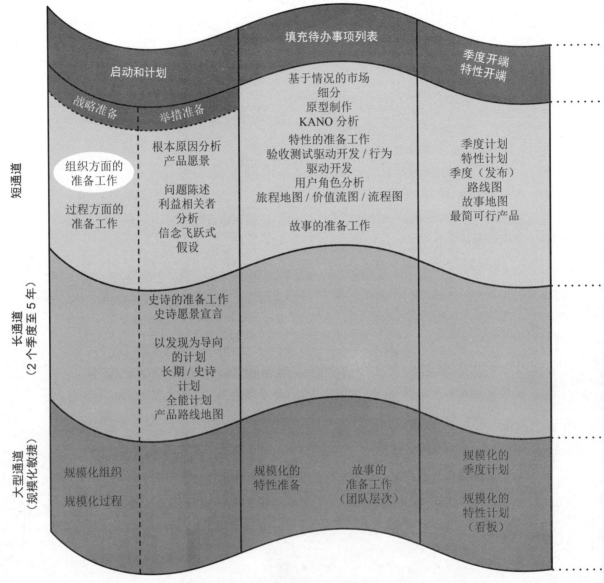

图 5.1　第 5 章所对应的敏捷与计划活动

迭代开端

日常活动

季度收尾史诗、特性收尾

迭代收尾

每日站会

需求分析与记录

编码、构建、测试、交付验收测试驱动开发 / 行为驱动开发

最简可行产品，分割测试

史诗、特性的准备工作

故事的准备工作

迭代计划

迭代评审会

迭代回顾

为正式发布做准备

季度回顾

史诗、特性回顾

转向或继续

规模化的迭代计划

迭代计划（团队层次）

产品负责人委员会的会议

DevOps

用户特别小组的会议

规模化的特性准备（看板）

集成会议

故事的准备工作（团队层次）

规模化的迭代评审

规模化的迭代回顾

迭代回顾（团队层次）

DevOps

规模化的季度 / 特性回顾

5.1 目标

本章将帮助大家实现以下目标：

- 使用目标一致性模型来确定产品或能力是应该在内部开发还是由第三方提供
- 让刚接触敏捷开发的部门和干系人为敏捷开发做好准备
- 确定组织的目标敏捷成熟度和敏捷开发的准备情况
- 知道如果组织没有达到目标成熟度，应该进行怎样的结构调整
- 了解科特提出的加速组织变革的 8 个步骤
- 利用自己对产品使用方式的了解，通过组织跨职能的团队来优化生产力
- 管理刚接触敏捷开发的干系人的期望

5.2 本章在全景图中的位置

如图 5.1 所示，我们将研究"组织的准备工作"，这个活动是作为第一个区域"启动和计划"的一部分而进行的。

5.3 什么是启动和计划

在第 4 章"跨敏捷开发生命周期的分析和计划活动"中，我们将分析和计划工作按照相关联的活动分成了几个区域，也就是图 5.1 中的纵列。启动和计划区涵盖了为新产品开发或现有产品的重大改变而进行的初始分析和计划活动。这个区域的活动包括组织准备、分析和计划过程的校正、产品设想、初步干系人分析以及为企业制定产品路线图。本章将重点关注是组织准备。

这一区域中的许多分析活动都假定企业已经采用了敏捷方法。对于那些在敏捷开发或商业分析方面尚未达到可接受的成熟度的组织，这一区域中也包括使其达到成熟度的活动。

如果组织需要转型，这不太可能在 BA 的正式职责范围之内，但这并不意味着转型完全与 BA 无关。正如本章中将介绍的那样，BA 作为分析师或顾问的有效性在于影响变革，为企业提供更好的结果的能力。本章描述了哪些变革需要支持，并介绍了一些可以用来影响企业变革的方法。想了解更全面的处理方法的话，推荐去阅读专门

讨论这个话题的书籍。比如：

- 《领导变革：转型缘何失败》[1]
- 《ADKAR：企业、政府和社区的变革模型》[2]
- 《变革之心：关于人们如何改变其组织的真实故事》[3]
- 《改变我们变革的方式：取得对重大运营变革的控制》[4]
- 《变革管理：变革中与人有关的那一面》[5]
- 《掌握变革，最大化成功：实现目标的有效策略》[6]

5.4 预先应该花多长时间进行启动和计划

作为一条经验法则，预先花在启动和计划活动上的时间不应超过计划期限的10%。也就是说，如果计划期限是10个月，按照常规，花费在准备和规划上的时间不会超过一个月。在实践中，可以根据需要来决定时间。但是，如果需要花费超过三个月，就要单独启动一个项目来进行启动和计划。

在每个季度或重大变化开始之时，需要重新考虑启动和计划区的活动。例如，由于需求的变化，可能有必要增加特性团队或是重新分配资源。

5.4.1 预期风险越大，越需要进行预先计划

一般来说，一个项目的预期风险越高，就越需要预先分析和计划。例如，一个与外部解决方案供应商签订的高成本、固定合同的项目，会使企业面临高额意外成本的风险：遗漏需求会导致成本超支、错过启动日期以及客户体验的风险。为了减少这些风险，需要扩展启动和计划区的活动，以便在计划中进行全面的风险分析。

5.4.2 前事不忘，后事之师 [7]

在确定花多长时间进行准备和计划活动时，要利用组织中对于类似举措的集体智慧。联系过去参与这些活动的关键人物取得联系，询问他们哪些活动可以放心地推迟到开发阶段，哪些活动在他们看来应该提前进行，不然推迟的代价会阻碍到获得成功结果。

关于过度预先分析的一个最极端的例子是，有家通信公司在决定更换地理信息系统（GIS）之前，要求我的公司评估其需求。没过多久，我就认识到了首要问题：预先分析已经持续了6年，但却没有做出任何决定！正如汤姆·彼得斯（《追求卓越》一书的作者）所说的那样："要偏好行动。"是的，花一定时间来识别和减少风险是至关重要的。但与此同时，必须认识到，你永远不可能掌握到一切。在有些时候，你必须带着自己所知道的直接投入其中，因为进一步拖延决策将会有太高的成本。

5.5 目标一致性模型

在开始开发一个新产品或能力，甚至在创建一个新产品的愿景之前，怎样才能确定开发它是最好的战略呢？答案是将图5.2中的尼尔·尼科莱森的目标一致性模型[8]用作指导。

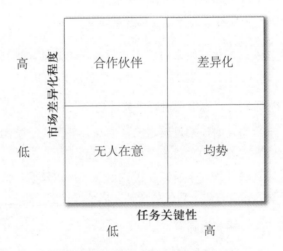

图 5.2　目标一致性模型

这一模型可以用于评估整个产品、服务或是评估产品或服务的能力。

如果已经有了产品或能力，问题在于是否要对其进行改进，就要确定它目前是等于、高于还是低于市场上现有的类似能力的平均水平。如果它低于平均水平，并且正在考虑改进，或者它是一个新产品或能力，就根据任务关键性和市场差异度，确定它属于图 5.2 中的哪个象限。然后使用相应象限的指导方针来决定是要保持均势，还是要在内部开发能力，或将其外包，抑或与其他公司合作开发。

5.5.1　差异化象限（右上角）

这一模型中包含四个根据市场差异化和任务关键性水平划分的象限。图 5.2 右上角的象限适用于高度市场差异化的关键产品或能力。属于这一象限的项目应该由长期团队进行内部开发，因为为了保持产品的竞争力，它们必须不断地被改进。

5.5.2　均势象限（右下角）

图 5.2 右下角的象限对应的是非核心差异化因素的关键能力。对这些项目来说，与市场标准持平就足够了，因为卓越性不太会影响到客户的选择。

这个象限中的项目可以被内部开发，也可以外包。但要衡量一下外包的直接收益和未来成本。请记住，早期作出的选择会对未来的变革成本产生重大影响。

作为通用经验法则，请对象限内的能力使用以下指导方针。

- 对于创新的产品或能力，则使用外包解决方案。通过外包所提供的快速测试市场的能力，可以用低成本实现加速学习。

- 如果不确定因素较少，且预期产量较高，则使用内部解决方案。举个例子，在改进一个拥有庞大客户群的成熟产品时，虽然内部解决方案的前期成本和进入市场的时间要比外包高，但只要产量高，总成本就会降低。

均势能力的一个例子是 eBay 的支付处理。对易趣（eBay）来说，支付处理是一种平价能力，因为它是关键任务，但不是差异化因素。早期，当易趣的商业案例论证得到证实时，它将支付处理外包给了贝宝（PayPal），以便以最小的前期投资迅速提供这一能力。到了 2002 年，易趣的交易量增长到了将服务外包出去不再有财务意义的地步，于是公司通过购买贝宝将这一服务纳入了内部。

许多企业在云服务方面面临着类似的决定，比如 AWS（亚马逊云计算服务）。在产品开发初期，使用这些服务可以加快产品上市的时间，提供可扩展性，并且不需要大量前期投资。然而，一旦业务增长了，这些服务的成本往往会导致天平倾向内部开发那一边。

如果要使用外包解决方案，请探寻降低未来成本的方法，以防在业务量增加时需要更换解决方案。通过从一开始就在设计中建立适应性，可以大大降低成本，比如通过面向服务架构（SOA）和使用传出 API 向第三方服务发送消息等策略。

5.5.3　合作伙伴象限（左上角）

图 5.2 左上角的象限适用于那些并非公司核心任务和竞争力的差异化能力和产品。举例来说，有一家培训公司，它的价值在于其知识内容，也就是提供给客户的课件、练习册等。假设这家公司决定推出一个学习平台。这个平台不是公司的核心竞争力，但它是一个关键的差异化因素。这种情况下的首选方案是通过与第三方长期合作来合作开发服务。这种选择为关键领域的持续创新提供了一个稳定的基础，而不会让公司偏离其核心任务。

5.5.4　无人在意象限（左下角）

左下角的象限适用于任务关键性和市场差异度都很低的能力。在这些能力上花费的资源越少越好。可以考虑将这些能力排除在产品开发之外，因为它们对企业的价值较低。

5.6　准备基础设施

为了充分挖掘敏捷开发的潜力，必须确保有正确的开发和测试基础设施，这些设施需要能够支持 DevOps 和持续集成及持续交付（CI/CD）实践，包括自动化测试、自动化构建和自动化配置。图 5.3 说明了当缺少这种基础设施时会发生什么。不幸的是，我仍然会在一些开发组织中看到这种情况。

在图 5.3 中，用户故事完成后，会立刻进行单元测试和低级别集成测试。通过了这些测试后，故事就会在开发团队的见证下根据验收标准被测试。如果故事没有满足验收标准，或者对用户而言"感觉不对"，它就会被立即送回重做。故事被接受（并且满足完成的定义）后，它就被视为完成了。到目前为止，一切都很好。不过在这种场景下，由于最后的构建和测试步骤涉及很耗时间的手动任务，所以它们被推迟到发布周期的最后进行。

这种方法比纯粹的瀑布式方法要好，因为在这种方法中，底层技术测试是在早期持续进行的，而不是在开发生命周期的末尾进行的。但这并不是最好的方法，因为它将现实生产条件下的测试推迟到了发布周期（最多为三个月）的末期。此外，当企业希望立即实施更改，比如修复错误或是对现有特性的优化时，这种方法并不能提供及时发布这些更改的选择。

延迟集成和发布的手动测试和部署

| 编码 + 编译 | → 单元测试 | 部署以预发布 → | 底层集成测试 | 用户故事测试（验收标准） | 最终构建和测试（UAT） | 部署以生产 → | 部署 |

开发环境　　　　　　　　　　预发布环境　　　　　　　　　　生产

← 迭代期间 →　　　　　　　　← 发布之前 →

图 5.3　没有自动化的测试

因此，我推荐的敏捷方法是使用 DevOps 并结合 CI 和 CD 实践。使用这种方法，一旦一个工作项被编码并通过了最初的测试，它就会自动进行构建和最终测试步骤。这种自动化让更改能够频繁并可靠地交付给客户，而实际的市场部署取决于企业的需求。例如，公司可能希望暂时雪藏一个特性，直到它足够成熟，在市场上具有竞争力，或者直到有足够的支持特性，能让用户有更好的体验。

 若想进一步了解 DevOps 和其他技术实践，请参见第 17 章的 17.5.2.1 节。

5.6.1　从手工测试过渡到自动测试

测试自动化是使公司能够快速且有信心地向市场交付更改的关键。如果组织正在向自动化测试过渡，可以在图 5.4 所示测试金字塔的指导下，确定哪些工作在自动化可以最大化收益。

下图展示了按测试类型划分的测试的相对发生率。测试次数最多的测试类型在金字塔的底部（其他版本的金字塔，如马丁·福勒的版本，可能与图 5.4 有所不同）。[9]

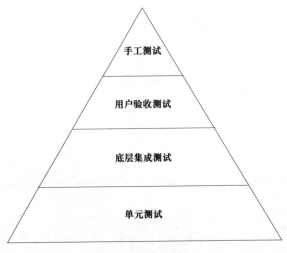

图 5.4　测试金字塔

金字塔的顶端是手工测试。这些测试的次数应该是最少的，因为它们是最耗时且最昂贵的。

接下来是自动化的用户验收测试。这种类型的自动测试应该比金字塔下层的类型少。原因如下：[10]

- 用户验收测试（UAT）往往很脆弱。对用户界面的更改很容易破坏现有测试
- 自动化 UAT 场景的编写成本很高
- 用户验收测试有非确定性行为的倾向（即，对同一测试提供不一致的结果，使其难以诊断出来）

自动化的低级别集成测试可以验证一个软件组件和另一个软件组件之间的连接，比如一个编程单元与其发送的消息的 API 之间的连接。这种类型的自动化测试应该比用户验收测试的更多，因为它们不那么脆弱。自动化程度最高的测试应该是单元测试，原因有以下几点：

- 相比高级组件而言，有更多的低级单元需要测试
- 单元测试在回归测试中经常被重复使用，它是实现可靠的持续交付的关键能力
- 与其他测试类型相比，自动化单元测试的变化较少

使用测试金字塔来指导已经写好的软件向测试自动化过渡：

- 首先，将测试自动化集中在端到端的 UAT 上（在金字塔的顶端），因为相对于其他类型的测试而言，这种测试并不需要有很多个
- 接下来，专注于低级别集成测试的自动化
- 最后，为现有的软件单元创建自动化单元测试（金字塔的底部）

当考虑新软件单元的自动化优先级时，从金字塔的相反方向，也就从下往上地推进。开发人员应该开始创建自动化单元测试和低级别集成测试，并将创建测试当作编码过程的一部分。所有新软件单元应该包含这些测试，并在验收之前通过它们。测试自动化活动预计将占用开发人员大约 50% 的编码时间。商业分析师要与其他人合作来确定 UAT。

5.6.2　构建和发布过程自动化的时机

当过渡到自动化构建和发布流程时，要把投资重点放在新产品上，因为在产品生命周期的早期做出的决定对未来的自动化成本有很大的影响。

- 一个在一开始就设计为使用网络服务（如 AWS）进行构建和发布的系统，在之后的构建和扩展过程中，要花费的成本要比严重依赖人工干预的系统低很多。
- 一开始就设计成网站的产品比设计成移动应用或笔记本应用的产品更容易可靠地发布新版本。前者只需要在服务器端进行更新，而后者则需要用户的参与。有些用户可能不会参与，这就带来了不可靠性。

5.7　组织开发团队

我曾经听过一位软件开发副总裁的退休演讲，他说："如果让我从头再来，我会以不同的方式组织团队。"他意识到自己犯了一个错误，那就是他是按照属性组织团队的，他组织了商业分析师团队、数据层团队、界面团队等。这种方法的结果是团队之间产生了依赖性，因此，当一个团队在向生产交付故事之前不得不等待其他人时，

就会出现推延。本节中，我们将探讨为了减少依赖性并优化生产力，应该按照什么样的准则来组建敏捷团队的准则

5.7.1 组建敏捷团队的准则

请按照以下准则来组建能够快速响应变化的团队：

- 每个人都为客户工作
- 培养集体文化
- 最大限度地提高自给自足的能力
- 自我管理
- 保持团队规模较小
- 偏好全职成员

5.7.1.1 每个人都以客户为中心展开工作

鼓励一种文化，在这种文化中，所有团队成员，无论他们是商业 SME 还是程序员，都为客户工作，而不是为内部干系人或部门而工作。

5.7.1.2 培养集体文化

鼓励集体文化，在这种文化中，整个团队都对实现团队的目标负责，并且每个人都要分担成功和失败的责任，无论职位高低。鼓励团队成员拥有协作心态，每个人都根据自己的技能，而不是自己的正式职位，为共同目标做贡献。

5.7.1.3 最大限度地提高自给自足的能力

尽可能地组建包括提供价值所需的所有能力（技能、知识和才能）的团队。将商业干系人和从业人员纳入到团队中。根据他们的知识和经验的不同，商业干系人可以作为 SME、商业分析师、测试人员或产品负责人参与进来。

通过让团队中包括尽可能多的商业和技术能力，可以减少依赖性以及花在交接上的时间，同时加速决策。团队的跨职能结构也防止了筒仓的出现和创建派别的倾向。

请注意，在许多情况下，团队之间可能需要共享资源。例如，用户体验设计师或商业分析师的工作量可能不足以占用他们的全部时间，所以他们可以被一组团队共用。这些被共享的团队成员构成了扩展团队的一部分。

一些敏捷框架，比如 Scrum，建议通过组织自给自足的团队来消除团队的依赖性，每个团队都囊括交付价值所需要的所有技能。[11] 然而在实践中，由于以下因素，通常不可能消除所有的依赖关系：

- 特性被有意设计成需要充分集成，导致支持它们的特性团队之间的依赖关系
- 产品通常过于复杂，任何一个团队都不可能完全具备交付价值所需要的所有能力
- 组件团队通常用来维护常用的软件组件，导致特性团队和组件团队之间有依赖关系

5.7.1.4 自我管理

每个团队都应该做出战术性决定，并自行决定如何、何时、由谁来完成工作，同时将更重大的战略决策留给高级别的决策者。

5.7.1.5 保持团队规模较小

每个敏捷团队应该由 5 到 10 名成员组成。其中至少有一部分成员应该是多面手，能够足够灵活地在需要的时候参与进来，例如，根据需要执行 QA、BA 和 UX 任务。

5.7.1.6 偏好全职成员

一般来讲，成员应该全身心地投入到一个团队中，这样他们就可以专心致志地完成团队目标，并减少在团队之间流动时切换任务所造成的时间损失。但是，有些成员很可能不得不被共享，原因可能是资源匮乏，或者是某项能力的工作量不够多，没必要配备全职员工。科恩建议团队就简单的分享规则达成共识，比如"任何人都不能被分配到两个以上的项目中"，或者"团队中的每个人都必须至少为团队奉献 x%的力量"。[12]

5.7.2 围绕价值进行组织

应当围绕价值而不是能力来组织团队，如此一来，每个团队都能在对其他团队的依赖性最小的情况下，为终端用户或客户提供价值。图 5.5 是一个小型开发组织中围绕价值组织团队的例子。

在图 5.5 的例子中，产品的规模小到每个团队都能拥有所需要的一切能力。

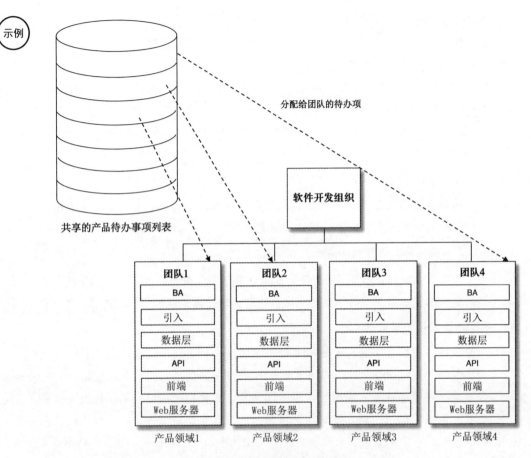

图 5.5　按价值组织的团队

请注意，图 5.5 中每个团队的方框都指的是能力，而不是个人。一个人可能拥有一个以上的能力，而一个能力可能由团队中的多个人执行。

对企业来说，按价值组织团队的好处是可以迅速而可靠地调整产品，以应对不断变化的环境以及新的机会和威胁。

5.7.3 特性团队与通用团队

一般来说，最好的组织策略是建立长期的特性团队，让他们专门负责一个产品区域。产品区域是产品的一个子集，代表着一个高级用例（用法）或特性集。随着时间的推移，团队在其产品区域逐渐积累许多专业知识后，就能够优化性能，减少周转时间。若想了解关于按产品区域划分的团队的例子，请参见第 17 章中的图 17.4。

例外的情况是。在新产品开发的早期阶段，应该组建通用团队。这可以让管理者能根据需求的变化动态地分配资源。但当产品稳定下来，需求更容易预测后，团队就应该组织成长期的特性团队。

5.7.4 扩展团队

产品成熟并变得更加复杂后，一个由 10 名或更少成员组成的小型敏捷团队中就难以囊括所有必要能力了。团队已经不可能完全自给自足了。相反，团队需要协作，往往还需要共享成员，如 5.7.1.6 节所述。

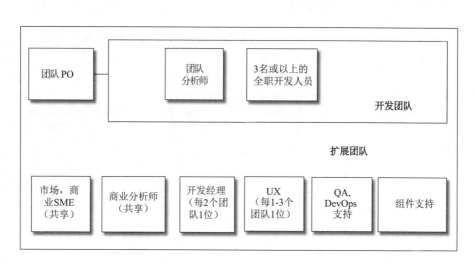

图 5.6　特性团队的结构

图 5.6 展示了一个成熟产品的特性团队的结构，标注了全职的和共享的团队成员。这是一个例子，而不是普遍适用的。每个团队的结构都会有所不同。

图 5.6 中的核心开发团队由一名团队分析师和三名或以上的全职开发人员组成。扩展团队中包括共享成员：他们是市场和商业 SME、高级商业分析师、一位供不超过两个团队共享的开发经理、一位供一到三个团队共享的用户体验设计师、指导团队进行自动测试和集成的 QA 和 DevOps 专业人士以及对团队所用软件组件的提供支持的人员。

参见第 15 章的 15.3 节，进一步了解规模化敏捷组织中如何组建团队。

5.7.5 为什么按能力组织团队对企业不利

正如本章前面提到的，按能力而不是按价值来组织团队是一个常见错误。组织团队听起来像是一个与商业和商业分析师无关的事情，但实际上并非如此，因为糟糕的组织会导致产品上市时间推迟。

图 5.7 说明了原因。它描绘了一个按能力组织的信息传递产品的开发组织。

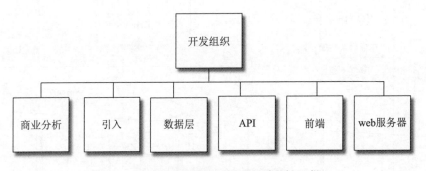

图 5.7　按照能力组织的团队（不建议这么做）

在图 5.7 中，有一个负责高层次 BA 的团队，还有数个负责应用程序的各个技术层的团队：引入（将消息加载到应用程序中）、数据层、API、前端和 Web 服务器。这种安排的问题在于，没有任何团队能够独立提供价值。举例来说，一个增加新消息类型的特性需要执行以下任务：

- BA 团队进行分析
- 引入团队将新消息类型加载到系统中
- 数据层团队让新的消息类型能够存储在数据库中
- 前端团队让新消息能够显示出来

就算这些团队中的任何一个提前完成了工作，这一特性也不能提前发布。只有当所有其他团队都完成了各自的工作，特性才能发布。这种结构也增加了每个特性中的交接和批准的数量。每一次交接都会带来等待批准、计划和为下一个团队分配任务的时间延迟，从而导致将变更请求推向市场的总时间增加。如果团队目前是以这种方式组织的，就应该提倡变革，以防止出现这些负面影响。正如前文所述，这意味着应该按价值将团队组织成特性团队。

5.8 管理干系人对敏捷开发的期望

如果从一开始就对敏捷开发设定适当的期望，那么当问题出现时（这是不可避免的），干系人就更有可能着眼于长期发展。让我们来看看干系人常见期望的例子，并了解如何管理它们。

5.8.1 推迟需求就是拒绝需求的负面期望

刚接触敏捷开发的干系人的一个常见期望是：没有进入第一个周期的需求将永远不会被实施。干系人往往从瀑布式开发的负面经验中学到了这个教训。这会导致干系人把需求项的优先级设置得过高。这种结果对敏捷开发是不利的，因为这种方法的根本在于随着时间的推移分阶段推出需求。

为了在这个问题发酵之前解决它，需要尽早与干系人会面，解释敏捷的权衡：客户能得到缩短上市时间和连续交付特性的好处，不像瀑布式开发流程那样，通常要滞后很长时间。然而，为了获得这些好处，商业干系人必须优先考虑某些需求，因为敏捷开发从本质上讲是增量的。敏捷开发为干系人带来的另一个好处是，他们可以随时改变自己的想法，并根据不断变化的情况重新确定需求的优先级。

为了帮助干系人把注意力集中在最重要的事情上，可以请他们想象一下，如果在开发周期的某一环节，时间或资金耗尽了，他们希望交付哪些核心特性。

有时调换术语会有帮助：与其说对需求进行优先级排序，不如说成对需求进行排序——将对话的主题从价值转变为切实解决问题。

确保干系人也明白，他们不需要为所有特性进行优先级排序。举例来说，他们可以决定先实现特性 X 的一些故事，然后实现特性 Y 的一些故事，接着再实现特性 X 的更多故事。

不过，想让干系人相信敏捷的增量方法是有效的，以及延迟需求并不是拒绝需求的话，最有说服力的方法还是让他们眼见为实。为干系人提供机会，让他们认识那些成功使用敏捷开发的团队和客户。安排经验丰富的敏捷团队在产品演示期间邀请新干系人作为观察员出席。

5.8.2　对生产力的期望

几年前，我和一位高管聊了聊他们公司的敏捷转型计划。他告诉我，干系人对"敏捷能使其产品更快进入市场"非常兴奋。我本应感到高兴，但心中却有些忧虑。商业干系人有时会误以为敏捷承诺的快速交付意味着他们可以在比瀑布更短的时间内得到他们想要的所有需求。实际情况并没有这么简单。举例来说，第 2 章引用了 QSM 的一项研究，这项研究发现敏捷项目的生产力比行业平均水平高出 16%。[13] 这是一个显而易见的好处，但这与 Scrum 早期所期望的让生产力提高"数倍"相去甚远。[14]

另一方面，同一研究发现："敏捷项目比行业平均水平要快 37%。"[15] 敏捷开发如何能在生产力没有相应提高的情况下加快进入市场的时间？答案就在于所交付的东西不同：敏捷开发使企业能够迅速将产品推向市场，但不是整个愿望清单。敏捷开发快速交付的产品是具有有限特性的 MVP（最小适销产品）。要确保干系人明白，这种方法能够加快上市时间，是通过将精力集中在价值最高的特性上，而不是通过在更短的时间内交付相同的特性集。敏捷开发的价值在于了解到并非所有要求的特性都是人们真正需要的，或是成本较低的版本也能完成任务。

另一个常见但不正确的期望是，当一个组织过渡到敏捷开发时，生产力会很快得到提高。实际上，团队需要几个月到几年的时间，才能在敏捷开发方面做得足够好，实现明显的进步。

干系人也可能对快速交付的内容产生错误的期望。许多人期望至少每一到两个星期（典型的 Scrum 冲刺的长度）就能将一次软件更新交付给市场。对于某些更新而言可能是这样的，但对于主要特性来说往往并非如此。虽然在测试环境中的部署是持续进行的，但通常还是需要两到三个月的时间才能向市场部署重大更改。在这种情况下，敏捷开发的好处在于，交付的解决方案将会有以下优势：

- 更有针对性——因为它是基于当前的优先事项和需求开发的
- 更有可能使用户满意——因为它的整个开发过程都有赖于用户的反馈
- 更具成本效益——因为它剔除了低价值的需求，消除了行政上的浪费

5.9　准备好客户与开发者的关系

第 1 章提到，有家公司的会议总是以争吵结束，因为商业干系人不相信开发人员的估算。这个问题的根源在于在商业干系人和开发组织之间的关系。在这个例子中，他们的关系是契约性的。在一个真正的敏捷组织中，他们的关系是协作性的，双方一起工作，随着情况的变化解决问题。

敏捷商业分析师需要让双方在关系中做好准备，尽早就行为规范达成共识。并根据 XP 指南，指导他们将这一共识编入客户和开发团队的权利和责任法案中。在这种背景下，客户指的是代表客户和干系人的实体，例如，Scrum 项目负责人（PO）或客户团队。

5.9.1　客户权利和责任法案

下面是客户权利和责任法案的例子。

客户权利法案

客户对管理产品待办事项列表中的故事并确定其优先级负有最终责任，但须遵守以下条款。

- 客户要在取得干系人的同意，并与开发和运营部门合作的情况下才能这么做。
- 如果无法通过写作解决冲突，可以要求更高级别的角色来做决定。
- 客户可以添加、删除和更改故事和验收标准。
- 客户可以更改优先级和特性而不会受到不当处罚

如果组织使用迭代进行计划（例如，像 Scrum 那样），这些权利将受到以下限制。

客户：

- 在迭代开始后，除非开发团队同意，否则不得将故事、验收标准或功能添加到迭代中。
- 迭代开始后，不能改变迭代的长度。

客户责任

客户同意以下条款。

- 接受开发团队做出的估算。
- 参与团队计划。
- 及时回复开发人员的问题。
- 与开发人员合作，探讨各种方案。

5.9.2 开发人员的权利和责任法案

以下是开发人员权利和责任清单的一个例子。

开发人员权利

开发团队的权利如下。

- 有做出和更新估算的唯一权利。
- 有权将技术性故事添加到产品待办事项列表中。

开发人员责任

开发团队同意以下条款。

- 为每个工作项提供一个潜在可交付的集成增量。
- 接受客户给待办项分配的优先级。
- 保持进展对客户透明。
- 在目标受到威胁时提醒客户。
- 与客户合作，探索替代方案和权衡取舍。

5.10 敏捷财务计划

与传统的瀑布项目相比，敏捷项目中的计划方式有很多不同之处，财务计划人员要为此做好准备。接下来将对这些不同之处进行简要的介绍。

5.10.1 衡量成功

在传统的瀑布式项目管理中，衡量成功的标准是解决方案能否在规定的时间内以规定的成本交付指定的产出（交付物）。敏捷软件项目中不能使用这种方法，因为不存在要交付的基准需求集，敏捷有意使得需求随时可以变。

敏捷举措以预期商业成果[16]为基础来衡量成功与否，而不是以预先规定的产出来衡量。敏捷场景下，不会问："客户是否按时、按预算收到了具有指定特性的产品？"而是问："客户的市场份额是否像预期的那样增加了？"或"是否获得了预期的投资回报？"

5.10.2 以发现为导向的财务计划

传统的财务计划方法依赖于过去的数据来对未来进行预测。当产品很新颖的时候，这种方法就不适用了，因为没有可以借鉴的历史或趋势数据。在这种情况下，财务计划方法需要考虑到不确定性，并将其纳入计划之中。

可以使用的方法之一是以发现为导向的计划。使用这种方法时，并不是根据历史趋势预测净利润，而是要先确定净利润必须达到多少，风险投资才能成功。确定之后，再回过头来确定需要做些什么假设（比如，有关客户将支付的价格和支持成本的假设）。然后，这些假设将驱动着计划制定过程：你需要创建一个尽可能早地测试关键假设的计划。

若想进一步了解以发现为导向的计划，请参见第 18 章的 18.10.2 节和附录 B。

5.11　让营销和分销团队做好准备

如果营销团队刚开始接触敏捷开发，你就需要帮助他们为敏捷开发带来的变化做好准备。让市场人员知道，一个发布周期开始时，可能只有发布日期和目标会被承诺，而特性可能要到接近预定发布日期时才会被确定。因此，市场人员可能要到接近发布日期时才能确定广告文案的内容[17]。这与传统的瀑布式开发不同，在传统的瀑布式开发中，营销团队很早就能获得已承诺的特性清单，有着充分的准备时间。

许多组织中的流程是这样的：市场部门根据商业条件设定发布日期，然后将营销代表作为扩展团队成员派遣到特性团队中。营销代表与开发人员合作，确定在全面发布前需要多少准备时间来进行营销、测试和部署活动。然后，他们从发布日期往前推，设定一个能够留出必要准备时间的截止日期。当截止日期到来时，只有那些被视为完成的特性才可以被包含在发布中并在广告中加以宣传。

让营销团队为开发前端的变化做好准备。向他们说明，他们将需要使用新方法来分析市场，因为传统的调研方法不适用于新颖的产品。产品的类别可能过于新颖，以至于没有同类产品可以拿来比较，并且客户难以对自己想要什么做出可靠的预测。与他们讨论如何使用基于情况的市场细分方法。这个方法的基础概念是"人们其实并不是想买四分之一寸的钻头，他们只想要一个四分之一寸宽的洞。"[18]换句话说，人们并不是真的在寻找产品，而是在寻找完成工作的办法。按照这种方法，调研人员需要实地招募客户并采访他们，以了解他们想要完成的工作、影响他们选择产品的限制因素，以及他们为了完成同样的工作购买过哪些其他产品。

若想进一步了解基于场景的市场细分，请参见第 8 章的 8.4 节。

5.12 准备好渠道和供应链

如果公司是个想要开发新产品的老牌企业，它应该计划改变其现有的分销和供应渠道。一家老牌公司的现有市场、分销渠道和供应链往往并不适用于全新的产品，必须以迭代、敏捷的方式重新开发，就像产品本身一样。

5.13 准备好公司治理和合规审查

公司治理指的是通过监控其进展和支出来对一项举措进行监督，以判断这项举措遵守其计划的程度。合规审查指的是确保举措符合公司内部和外部的标准和准则，例如，ISACA/CMMI 协会的能力成熟度模型集成（CMMI）、电气和电子工程师协会（IEEE）、信息技术基础设施图书馆（ITIL）以及《萨班斯 - 奥克斯利法案》（SOX）。

乍一看，虽然敏捷开发中的一些实践似乎与传统组织的治理和合规审查背道而驰。这些敏捷实践的例子包括较少的文档，较少的正式签字，以及在最后负责时刻再作出决定。尽管存在这种明显的冲突，但只要进行了适当的准备和调整，敏捷开发通常可以与治理和合规条例保持一致。

如果治理官和合规官刚开始接触敏捷开发，请使用以下策略来让他们为敏捷举措做好准备。

5.13.1 挑战合规假设

要乐于挑战关于合规细则的假设。其中的让步和妥协的空间往往会比预期的更多。下面这个真实的例子很有启发性：一家公司计划使用第三方供应商进行新产品的开发。审计师担心这家供应商可能会改变已经商定的需求。这种担忧被表达在以下规则中："供应商登入需求库时，不能更改需求。"首席分析师认为这条规则不容易执行，所以他提出了反对意见。他们最终决定只需要一个"受控的环境"来实现合规性，再加上需求库提供的唯一的、可追踪的登录标识，就足够了。

5.13.2　设计流程后再进行合规审查

关于合规性和敏捷开发的最有用的建议之一来自安德烈·富兰克林，他是药物研发服务（一个受到严格监管的行业）的流程和系统分析专家，他给出了以下指导：不要让审计师决定流程应该是什么。首先按照自己想要的方式设计流程。然后将流程提交给审计师批示。这样的话，从业人员在做他们最擅长的事情，也就是设计流程，而审计师也在做他们最擅长的事情，也就是审核流程是否符合要求。

5.13.3　专注于目标，而不是手段

另一个有效的策略是，尽管敏捷流程使用的是非传统的轻量级方法，但它仍然实现了合规条例背后的目标。

举例来说，有时人们认为测试标准严格地控制着测试过程，而这些标准往往只是定义了测试的目标，比如：必须有一个明确的测试流程；必须遵守测试标准；必须实现低缺陷率。然而，实现这些目标的手段往往有着很高的自由度。敏捷开发中使用的 DevOps 自动化环境通常可以实现这些目标，因为它能让测试有较高水平，从而实现低缺陷率。举个例子，科恩报告说，敏捷框架已经达到了 CMMI 合规的 5 级标准。[19]

在文件方面也是如此：虽然合规所要求的文件类型通常没有商量的余地，但在文件的形式通常比较灵活。即使是以白板设计的照片这一形式呈现的较少的文档，也足以满足合规条例。

关于 ISO 9001，一项关于敏捷组织的研究得出了以下结论："敏捷过程中可以编写文件，这些文件（1）可以作为合规性的证明；（2）可以作为 ISO 9001 的验证和确认的一部分被审查"；（3）"一家公司完全可以在使用敏捷开发的同时保留其 ISO 9001 认证"。[20]

5.13.4　一次性实验

如果未能成功地获得企业级别的针对敏捷开发的治理和合规性调整，可以尝试协商以一次性实验的形式来实现这种治理变化。

5.14　为资源需求的增加做准备

如果组织刚开始采用敏捷开发，就需要提醒各职能部门，为了支持敏捷方法，对人力资源的需求将会增加。如果多个计划和项目都需要资源，组织可能需要经历一个漫长的过程，来根据劳动力的能力评审需求。如项目管理办公室（PMO）之类的中央机构可能需要被调用来帮助分配人才。

以下是支持敏捷开发计划所需的资源数量示例（个别情况会有所不同）：

- 一位商业干系人。此人担任着团队级 PO 角色，为 5 到 10 人的团队做出决策
- 商业 SME。根据需要，商业 SME 可以专属于特性团队，也可以作为扩展团队成员供一组团队共享。商业 SME 必须准备好在整个开发周期中随时待命，而不是像瀑布式开发那样只在末期才参与进来
- 商业分析师。可以专属于一个团队，也可以由一组团队共享

除了这些要求之外，技术能力也是必需的。如图 5.6 中的例子所示，商业分析师可以专属一个团队，或是作为扩展团队的一员由大家共享。

5.15　让企业为敏捷开发做准备

前面的部分着重介绍了为特定的敏捷举措——新产品或重要能力——所做的准备。但是，这些指导方针都假定组织已经在使用敏捷作为产品开发方法上有了一定的成熟度。如果组织并不具有一定的成熟度，那么商业分析师就应该采取措施来影响变革（然而，如果组织的成熟度很高，就没有必要这么做了）。在这个过程中，首先要准备好向更高成熟度的敏捷开发和分析过渡的商业案例。使用本章中的建议来确定当前和目标敏捷水平。还要准备一些行业统计数据和敏捷开发的好处，并找到一位能够支持这项行动的管理人员。

在向敏捷开发过渡的过程中，一项重要的战略计划活动是制定变革管理方法。方法中应该描述了如何将变革传达给组织，如何对人员进行敏捷技术培训，如何管理变革阻力，以及如何定义角色和职责。如果你是一位团队级分析师，这些问题不太可能属于你的正式职责范畴，但它们确实在你的影响范围之内。这是因为，分析师这

一角色是组织内变革的推动者。正是你影响和说服他人的能力（例如，通过隐秘的变革管理）使你有了作用。这种能力往往超出了你的正式职责范围。

我对这个问题有着强烈的感受，因为我所参与的许多组织变革的发生，都是由于受到同行高度重视的有远见的 BA 从业者发挥了巨大的影响力。但值得注意的是，虽然分析师是变革的催化者，但这种变革必须得到整个组织内的高管联盟和各级代表的支持，才能持续下去，而且这种支持必须是一致且长期的。如果没有广泛而深入的承诺，就很难长期保持成功，旧习最终会重新出现——我在其他组织中看到过这种令人遗憾的情况。

如果组织在敏捷开发方面的成熟度已经很高，可能就不需要全面的变革管理过程了。如果需要进行大规模转型，那么就应由全职的变革管理负责人来实施这一过程。以下小节描述了在变革管理方法中可以采用的一些活动。

5.15.1　敏捷流畅度模型

从目前敏捷性级别提升到理想敏捷性级别的第一步，是确定这些级别是什么。使用萧尔和拉森设计的敏捷流畅度模型[21]，对企业当前的敏捷流畅度和目标级别进行分级。敏捷流畅度模型将 4 个连续的级别分别描述为一个区域，如下所示：

- 第 1 区：专注。团队产生商业价值
- 第 2 区：交付。团队根据市场节奏交付价值（即，基于市场需求）
- 第 3 区：优化。团队领导他们的市场
- 第 4 区：强化。团队使其组织更加强大

第 4 区是最高的敏捷性级别，但它不一定对每个组织而言都是正确的目标。你的目标应该是根据实际情况选择合适的目标区域（或选择多个目标区域）。不需要为企业上下都设定同一个目标。以下几节将会给出分配区域的指导性建议。

5.15.1.1　第 1 区：专注

如果团队已经吸收了敏捷的基础知识，并且能够以协作和透明的方式工作，那么就可以分配这一区作为他们的目标。这些团队正在从敏捷实践中获益，但他们的过程

是不可重复的。对于处在企业转型初期、正在尝试敏捷过程的团队来说，第 1 区是一个合适的目标。对于处理短期软件系统的团队而言，这一区域也是一个恰当的目标级别。

5.15.1.2 第 2 区：交付

如果过程是可重复的，效益是可持续的，并且生产力和适应性很高，那么就可以分配第 2 区作为目标。对于将长期从事系统或产品改进工作的团队，这一区域是一个合适的目标。

5.15.1.3 第 3 区：优化

如果组织正在开发颠覆性的产品和服务，则应将目标定为第 3 区，也就是优化级别。若想提升到这一级别，通常需要进行结构性的改变。

若想查看在此区域内结构化组织的指导，请参见第 17 章的 17.8 节。

5.15.1.4 第 4 区：强化

第 4 区，强化，适用于在管理理论和实践上采用创新方法的组织。

若想了解在企业层次上应用敏捷方法的指导，请参见第 18 章。

5.15.2 团队的过渡

如果开发团队以前没有进行过敏捷开发，那么教练应该在最初的几个月中对团队进行指导，之后，分析师或其他全职团队成员，比如 Scrum Master，应该接管这一角色。这个时候，教练应该退居二线，需要根据再回到团队。

根据敏捷流畅度模型，我们的目标应该是将团队的敏捷流畅度提高到目标区域。重点应放在改善团队的结构上。塔克曼模型[22] 描述了团队成熟的各个阶段，可以用来指导团队层面的改进。团队应该被指导着通过这些阶段：组建期（高度依赖领导者）、激荡期（团队成员争夺位置）、规范期（形成共识）、执行期（团队目标一致，自给自足）。

5.15.3 企业层面的过渡

如果组织刚开始采用敏捷开发，或者正在实践敏捷开发，但在方法上遇到了困难，那么就需要一个完整的变革管理过程来改善整个企业的敏捷实践。以下小节将根据科特的 8 步流程，为发起和加速变革提供指导。

5.15.3.1 科特的加速变革 8 步法

约翰·科特描述了加速组织变革的以下 8 个步骤。[23]

- "创造紧迫感"。产生并保持对变革的紧迫感。识别并宣传一个需要立刻抓住，不然可能很快就会消失的绝好机会。解释需要采取哪些步骤来实现这一目标，以及成功的好处和失败的代价。
- "组建指导联盟"。建立一个多元化的联盟来指导转型。寻找变革的推动者。这个联盟应该代表着组织的各个层次、职能和地点。
- "制定战略愿景与举措"。战略举措是"有针对性且协调一致的活动，如果设计和执行得足够快、足够好，将能让愿景成为现实"[24]。愿景可以传达未来相比现在将会有什么改进，激励产品开发人员和干系人，并帮助他们齐心协力地朝着共同的目标迈进。
- "招募志愿军"。在组织内发起以变革愿景为动力的动员活动。科特指出，只要一个组织中有 15% 的人接纳变革，就足以产生动力。在 50% 的情况下，变革是可持续的。[25]
- "通过消除障碍促成行动"。消除那些阻碍和延缓变革的官僚主义实践。找出是哪些障碍妨碍了过去的改进工作。
- "积累短期胜利"。创造并宣传客户和干系人在意的切实的、小型的胜利，以激励志愿者。
- "促进变革深入"。长期保有紧迫感，直到愿景实现。
- "成果融入文化"。创造具有持久性的变革。在现有框架有效的情况下，让变革与现有结构相结合。卓越中心（CoE）能够支持、传播并维持最佳实践。

采用什么方法来集成敏捷实践取决于组织的敏捷成熟度水平。如果组织已经成功地在使用敏捷方法了，那就意味着集成已经开始了。如果组织正在使用敏捷方法，但陷入了困境，就应该请教练来明确和改进实践，同时应该建立一个卓越中心（如果还没有的话）来推广最佳实践。还应该制定变革管理过程，以确定一个（或数个）目标敏捷度，并对组织向期望的未来状态的过渡进行管理。

5.15.3.2　没有敏捷经验的组织

如果组织没有敏捷经验，则应为转型制定一个完整的变革管理过程，并由首席变革经理来领导转型。同时，应该创建卓越中心来支持并维系变革。

同时使用自下而上和自上而下的方法的过渡方法可以得到最好的结果：

- 通过一些试点举措来证明价值主张
- 获得组织高层（最高到 CEO）的行政支持，以便向公司传达转型的战略重要性。按照科特描述的那样，发展一个志愿者团体来推动变革（参见 5.15.3.1 节）
- 让第一批团队对实践进行试验，以了解在什么情况下，哪种实践是最有效的
- 通过卓越中心提供的工具、技术和培训来宣传和维持最佳实践

理想的试点举措是小规模的，而且大体上是独立的——可以由一个团队或一小组团队实施，团队间的依赖性要尽可能地小。给予第一批敏捷团队高度的自由，让他们尝试敏捷开发框架和实践。鼓励他们举办开放日活动，分享他们的经验和成功经验。迭代评审会是举办开放日活动的绝佳时机。

在范围更广的部署中，团队应该专注于改进过程，使其可以被重复，并且具有可持续性。作为敏捷分析和计划的领导者，商业分析师应通过开发技术、工具、实践和过程来支持这一目标。这些工具应该由商业分析或敏捷开发的卓越中心来推广和维护。

不要追求团队间的统一性。举例来说，主要负责处理客户提出的要求的团队可能会选择看板过程，因为它适合用来学习。与之相对的是，负责产品范围的战略举措的团队可能会选择时间盒方法，因为它能确保所有团队都同时有空，一起做出承诺。

在最后阶段，把敏捷过渡扩展到整个开发组织。这一阶段中，要建立一套标准的敏捷分析和计划技术、工具、实践和过程。

5.15.4 过渡的时间线

可能需要 6 个月或更长的时间，才能在敏捷开发方面做得足够好，可以开始实现改进。根据组织的文化、结构和敏捷开发的能力水平的不同，企业全面转型的时间线会有很大差异。以下是我的一位客户的案例学习，可以说明这种转型是如何展开的。这位客户在第 2 年结束时报告了这些结果。

在转型开始时，该组织总共有 1 000 个团队。其中的 500 个是软件团队。除了少数几个团队外，就没有任何敏捷团队了。目标是将 1 000 个团队全部转型。

5.15.4.2 第 1 年和第 2 年

转型是从一个业务领域开始的。过了 6 个月后，企业的其他部分也开始过渡了。到第 2 年年底，该组织至少有 70 个团队过渡到了敏捷开发。

5.15.4.3 第 3 年

该组织计划在第 3 年将另外 35 个团队提升到敏捷流畅度模型的第 1 区和第 2 区。在此期间，组织将专注于实践的标准化。

5.15.5 沟通计划

变革管理计划中应该包含沟通计划。这些计划应该得到活跃且坚定的赞助人和志愿者联盟的支持。沟通计划应该由变革管理计划中的评估（如干系人分析和识别障碍）来驱动。

沟通计划中需要描述将要使用的沟通方法。沟通计划旨在优化团队内部、团队之间以及团队与商业干系人之间的沟通质量。尽可能使用质量最高的模式。这些模式按照优先顺序排列如下：

- 当面交谈
- 视频通话
- 虚拟会议

- 各种异步交流方法，包括：维基、SharePoint、短信、电子邮件以及通过软件应用和服务进行的更新
- 电话会议（音频）

团队正在越来越多地通过异步方法来同步他们的工作：实践 CI/CD 时（正如建议的那样），那么对版本控制和代码库的更新就气到了跨团队沟通变化的作用。对需求的优先级和状态的更改也可以通过需求管理工具来跟踪。

如果团队位于一处，就将当面交流作为首选联系方法，只在必要时使用其他形式。如果团队分布在不同的地方，最好使用视频电话，因为成员可以看到谁在说话，并能读懂肢体语言。次佳选择是召开网络会议，通过文字或语音进行演示和交流。这种会议可以使用如 WebEx 和 GoToMeeting 这样的平台进行。如果对话主要是单向的（如状态更新），那么这是一个不错的选择。只有在不得已的情况下，再去使用电话会议。

5.15.6　敏捷企业过渡团队

如果没有其他机构（如敏捷卓越中心或项目管理办公室），可以创建一个敏捷企业过渡团队来在组织内倡导敏捷实践，并为需要帮助应用实践的人提供资源。这个团队应定期开会（大约每两周一次），并有单独的工作待办事项列表。若想了解关于企业过渡团队的更多信息，可以阅读肯·施瓦伯所著的《企业与 Scrum》。[26]

5.16　确定组织的准备情况

下面的清单总结了本章中讨论过的许多组织问题。可以用它来验证一个组织是否为敏捷开发做好了准备，并找出需要完善的准备不足之处。应该在经验丰富的敏捷实践者的参与下，由变革经理、PMO 或 CoE 进行评估。

组织准备情况检查清单

请使用下面的关键问题清单来确定组织对敏捷举措的准备情况。

□　文化是否欢迎变革和创新，并支持以客户为中心？

☐ 文化是否积极鼓励参与者挑战假设、决定和现状？[27]

☐ 当前的组织结构是否将团队间的依赖性降到了最低？

☐ IT 人员和商业人员是否在同一个团队中？

☐ IT 团队成员是否主要向商业部门报告（相对于 IT 部门而言）？

☐ 是否鼓励团队成员以任何方式贡献自己的力量，无论他们的职位是什么？

☐ 来自商业部门的人员是否乐于领导开发团队并为他们做决定？是否能为每个敏捷开发团队（其中有 5 到 10 个成员）分配一个这样的人才？

☐ 组织的所有部门（资金、市场、供应商关系管理等）是否为频繁的部署和需求的不断变化做好了准备？

☐ 技术基础设施是否到位，足以加快上市时间？是否支持测试自动化？构建和部署过程是否主要是自动化的？

5.17 小结

以下是本章涉及的要点。

1. 使用目标一致性模型——一个对比了任务关键性与市场差异度的图表——为特性制定高级战略（例如，是在内部开发特性，还是通过合作或外包来开发）。

2. 按价值组织团队。每个团队应该尽可能自给自足，自我管理，并且规模较小（5 到 10 个成员）。

3. 通过客户和开发人员的权利法案建立敏捷文化：客户是唯一负责管理产品待办事项列表中的故事并对其进行优先级排序的人；开发团队有做出和更新估算的专属权利。

4. 使用基于情况的市场细分来分析客户可能想要用产品完成什么样的工作。围绕这些工作来组织团队。

5. 持续集成和测试，但要根据商业需求向市场展示特性。

6. 使用敏捷流畅度模型判断组织的敏捷性级别，这些级别包括专注（团队产生商业价值）、交付（按市场不掉交付价值）、优化或强化。

5.18　下一个主题

本章主要介绍组织需要为敏捷开发所做的准备工作。第 6 章中，重点将会放在过程的准备工作上。具体来说，下一章将主要介绍为即将实施的举措构建敏捷分析过程的步骤。

注释

1　John P·Kotter, *Leading Change: Why Transformation Efforts Fail* (Boston: Harvard Business Review, 2012).

2　Jeffrey M. Hiatt, *ADKAR: A Model for Change in Business, Government and Our Community* (Loveland, CO: Prosci Learning Center Publications, 2006).

3　John P. Kotter and Dan S. Cohen, *The Heart of Change: Real-Life Stories of How People Change Their Organizations* (Boston: Harvard Business Review, 2012).

4　Jeanenne LaMarsh, *Changing the Way We Change: Gaining Control of Major Operational Change* (Upper Saddle River, NJ: Prentice Hall PTR, 1995).

5　Jeffrey M. Hiatt and Timothy J. Creasey, *Change Management: The People Side of Change* (Loveland, CO: Prosci Research, 2012).

6　Rebecca Potts and Jeanenne LaMarsh, Master Change, Maximize Success: *Effective Strategies for Realizing Your Goals* (San Francisco: Chronicle Books, 2004).

7　"Whereof what's past is prologue." William Shakespeare, *The Tempest*, act 2, scene 1, line 217, PlayShakespeare.com, https://www.playshakespeare.com/the-tempest/scenes/act-ii-scene-1

8　Niel Nickolaisen, "Breaking the Project Management Triangle," Inform IT, August 20, 2009, p. 2, https://www.informit.com/articles/article.aspx?p=1384195

9　Martin Fowler, Test Pyramid, Martin Fowler.com, 访问日期为 2017 年 11 月 15 日，最初发表于 2012 年 5 月 1 日，https://martinfowler.com/bliki/Test Pyramid.html

10　Fowler, Test Pyramid.

11　举例来说，《Scrum 指南》中如此描述："Scrum 团队是跨职能的，这意味着团队成员拥有在每个冲刺中创造价值所需的一切技能。" Ken Schwaber and Jeff Sutherland, The Scrum Guide: The Definitive Guide to Scrum—The Rules of the Game, Scrumguides.org, 2020, 5, https://www.scrumguides.org

12　Mike Cohn, *Succeeding with Agile* (Boston: Addison-Wesley, 2010), 196–197.

13　QSM Associates, *The Agile Impact Report, Proven Performance Metrics from the Agile Enterprise* (Boulder, CO: Rally Software, 2015), 5, https://www.rallydev.com/sites/default/files/Agile_Impact_Report.pdf. 生产率是作为工具和方法、技术难度、人员情况和集成问题的总和进行度量的。

14　Ken Schwaber and Mike Beedle, *Agile Software Development with Scrum* (Upper Saddle River, NJ: Prentice Hall, 2002), viii.

15　QSM Associates, *The Agile Impact Report*, 4.

16 Michael F. Hanford, "Program Management: Different from Project Management," IBM Developer Works, May 14, 2004, http://www.ibm.com/developerworks/rational/library/4751.html

17 Cohn, *Succeeding with Agile*, 39.

18 Harvard Business School professor Theodore Levitt, as quoted in Clayton M. Christensen, Scott Cook, and Taddy Hall, "What Customers Want from Your Products," *Working Knowledge*, January 16, 2006, https://hbswk.hbs.edu./item/what-customers-want-from-your-products

19 Cohn, *Succeeding with Agile*, 400. Cohn lists Philips Research and Systematic as examples of companies achieving CMMI compliance with agile processes.

20 Tor Stålhane and Geir Kjetil Hanssen, "The Application of ISO 9001 to Agile Software Development" (conference paper, Product-Focused Software Process Improvement, 9th International Conference, PROFES 2008, Monte Porzio Catone, Italy, June 23–25, 2008), p. 14.

21 James Shore and Diana Larsen, "The Agile Fluency Model: A Brief Guide to Success with Agile," thoughtworks, March 6, 2018, https://martinfowler.com/articles/agileFluency.html

22 Denise A. Bonebright, "40 Years of Storming: A Historical Review of Tuckman's Model of Small Group Development," *Human Resource Development International* 13, no. 1 (2010):111–120, https://doi.org/10.1080/13678861003589099

23 John Kotter, *8 Steps to Accelerate Change in Your Organization: With New Insights for Leading in a COVID-19 Context*, Kotterinc.com, 2020, pp. 10–38, https://www.kotterinc.com/wp-content/uploads/2020/06/2020-8-Steps-to-Accecerate-Change-eBook-Kotter.pdf

24 Kotter, *8 Steps*, 18.

25 Kotter, 24.

26 Ken Schwaber, *The Enterprise and Scrum* (Redmond, WA: Microsoft Press, 2014).

27 感谢罗恩·希利提出这个问题。

第 6 章　过程的准备工作

在第 5 章中，我们研究了组织需要为敏捷开发所做的准备工作。本章将讲解如何进行过程准备，并提供选择计划方法、敏捷框架、技术和工件的指导。这一章描述了如何通过自定义产品待办事项列表来调整或校正所选择的过程，包括产品待办项属性的规范，如延迟成本和加权最短作业优先（WSJF）。本章还将讲解如何计划需求可追踪性、确定完成的定义（DoD）和就绪定义（DoR）、预测团队的产能以及设置看板在制品（WIP）限制。

图 6.1 重点标出了本章所涉及的活动。

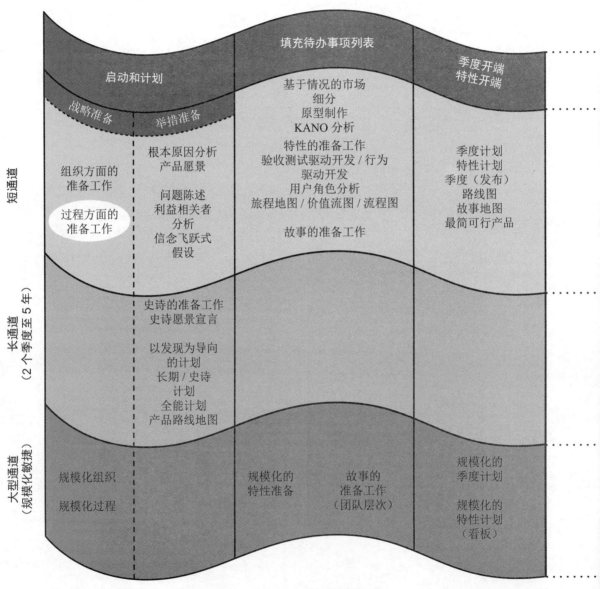

图 6.1　全景图中的第 6 章

迭代开端	日常活动			迭代收尾	季度收尾史诗、特性收尾

每日站会

需求分析与记录

编码、构建、测试、交付验收测试驱动开发 / 行为驱动开发

最简可行产品，分割测试

史诗、特性的准备工作

故事的准备工作

迭代计划

迭代评审会

迭代回顾

为正式发布做准备

季度回顾

史诗、特性回顾

转向或继续

规模化的迭代计划

迭代计划（团队层次）

产品负责人委员会的会议

DevOps

用户特别小组的会议

规模化的特性准备（看板）

集成会议

故事的准备工作（团队层次）

规模化的迭代评审

规模化的迭代回顾

迭代回顾（团队层次）

DevOps

规模化的季度 / 特性回顾

6.1　目标

本章将帮助大家实现以下目标：

- 确定合适的敏捷实践组合，包括对低风险和高风险举措的考虑
- 为新产品的开发建立产品待办事项列表
- 确定用来描述待办项的属性
- 为需求的可追踪性做准备
- 确定 DoD、DoR 和初始看板参数（如 WIP 限制）
- 预测团队的初始产能（速率）

6.2　本章在全景图中的位置

如图 6.1 所示，我们将研究"过程方面的准备工作"。这个活动是第一个区域 "启动和计划"的一部分。

6.3　过程的准备工作

在着手进行新产品的开发之前，必须解决许多关于开发过程的问题。团队应该使用基于流程的方法进行计划，还是应该使用时间盒方法进行计划？他们应该使用哪种估算单位，是故事点还是实时估算？团队是否应该使用特性 DoR？如果是的话，应该指定什么样的条件？这些都是本章所包含的主题。

在下面的章节中，我们将从两个方面来探讨这项准备工作：定制和调整过程。定制意味着使敏捷分析和计划过程适应环境（举例来说，选择合适的敏捷框架、技术和工件）。调整指的是对所选过程进行校正，以优化预期结果。调整活动包括设置产品待办事项列表，确定将要跟踪的 PBI（需求项）属性，计划如何跟踪需求项，指定 DoD 和 DoR，并设置看板来管理需求项（特性和故事）的工作流程。

6.4　根据环境调整敏捷实践

敏捷开发不是万金油：在一种情况下行之有效的实践在另一种情况下可能并不奏效。因此，定制实践就是让它适应环境——通过撤销一个敏捷方法，或是进行扩展，来调整实践。举个例子，对于一个固定合同的项目，可以选择定制一个混合分析和计

划过程——在后端使用持续部署的方法来快速向市场交付可靠的改进，同时在前端使用瀑布式方法来降低风险。不能使用所谓的"万金油"过程，因为敏捷开发是有收益和成本的，而它们会根据情况的不同而变化。对于任何情况，都需要量身打造过程，以实现净收益的最大化。现在，让我们先来看看潜在的成本。

6.4.1　敏捷开发的成本

在敏捷开发中，最初的实施是基于对需求的不完全理解而进行的，期望能够通过若干轮分析、实施和测试，使需求变得清晰。相对于瀑布式方法，这种返工增加了产品开发的成本，因为瀑布式方法是在全面分析之后才实施的。

敏捷开发的另一个弊端是为了消除缺陷（如冗余，不可达代码以及低效代码）而清理或重构软件的成本。敏捷开发会创造重构工作，因为软件早期版本的目的通常是交付知识和速赢，而不是交付市场水平的质量或可维护性。不过，敏捷实践者可以通过不断重构来最大限度地降低这种影响，而不是让工作（也称为技术债务）堆积到难以管理的程度。

6.4.2　敏捷开发的收益

敏捷开发——尤其是敏捷分析和计划——可以降低成本，因为它能使企业迅速确定产品最有价值的特性，并将投资集中到它上面，使其产生最大的影响。敏捷分析还可以减少返工，因为它是在最后负责时刻进行的，与实施时的最新情况非常接近。相比之下，瀑布式分析在被用到的时候可能已经过时了，因为它是在前期进行和完成的。

敏捷开发还能提高企业对变化的快速反应能力，因为它的方法缩短了上市时间。这种方法的另一个好处是，它能创造出符合甚至超过预期的解决方案，因为它将持续反馈融入了产品的整个生命周期中。

6.4.3　寻找成本和收益的最佳平衡点

前几节中讨论的成本和收益会因情况而异。举例来说，如果产品存在极大的不确定性，那么相对于已经成熟的产品而言，迭代增量式开发提供的净收益会更高。在任何情况下，挑战都在于如何找到能在成本和收益之间实现最佳权衡的实践组合。

图 6.2 展示了环境是如何影响分析和计划敏捷性的总体目标水平的。图中的预期敏捷性从低向高增长。

图 6.2　不同环境下的目标敏捷程度

这张图片仅提供了一般指南。评估每一种情况都要根据其本身的利弊。让我们来看看一些具体场景。

6.4.3.1　高风险、固定价格的解决方案

第一种情景是购买商业现货（COTS）解决方案或固定价格的定制解决方案的高风险举措。企业面临的风险可能会很高，原因是前期成本很高，或是没有解决方案供应商的跟踪记录，又或是两个原因都有。这种情景下的目标敏捷性水平较低，因为增量分析会使客户面临不可接受的财务风险：客户将承担交付产品所不支持的任何遗漏需求的全部费用。另一方面，深入的前期分析可以保护企业，因为它可以将买到不能满足其需求的产品的概率降到最低，并将低估的后果转移给解决方案提供商。然而，在可行的情况下，尽量使用增量实施的敏捷实践。举个例子，一个 COTS 电子学习产品可能包含一些会被逐步启用的组件，比如社区公告牌、注册、学术报告和课程开发。增量部署这些组件的优势在于，如果在导航到新软件时出现重大问题，可以减少风险因素。应该将这一优势与另一种方法——大爆炸式的一次性部署——可能带来的好处进行权衡。如果采取后一种方法，可以免除常与部分部署相关的代价高昂的应急方案所带来的困扰。例如，在增量过渡期间，可能需要维护两个系统，

从而发生像重复输入这样的无效行为。

6.4.3.2 对架构和后端系统的更改

当采取对旧有架构或后端系统进行更改的举措时，由于技术原因，目标敏捷性水平会很低。通常情况下，相比一步到位式更改而言，增量式（敏捷方式）地进行架构更改通常会成本更高，效率更低。不过，在这种情景下，建议采用其他的敏捷实践：使用最简可行产品（MVP）的过程来验证信念飞跃式设计假设。使用持续集成和（CI/CD）实践来实现快速、可靠地交付软件更改。

6.4.3.3 对不确定性低的已知产品的更改

对一个已经被充分了解的产品或服务进行更改时，需求的不确定性很低，而且需求是非易失性（不太可能改变），这种情况下该怎么办？这种情景中，需要把目标敏捷性设为中等水平。事先分析中高级需求，以确保解决方案能够涵盖基本能力，并为作出可靠的成本和时间估算提供足够的信息。不过，应该增量式地进行详细的需求分析，以减少实施前的延迟时间，并缩短最有价值的特性的上市时间。在部署方面，要争取达到高敏捷性水平：使用 DevOps 和 CD/CI 实践，以获得又早又频繁的测试和交付的好处。

6.4.3.4 与值得信赖的解决方案提供商合作：维护和改进

对于与值得信赖的开发者——例如，由内部 IT 部门或长期合作伙伴进行的持续维护和改进（M&E）——签订的工料合同，成本效益的计算是不同的。在这种情况下，敏捷性的目标水平应该很高，因为存在信任的基础，而且财务风险会随着时间而分散，而不会在前期承担很大的风险。

6.4.3.5 颠覆性商业模式

图 6.2 中最右边的情景代表着存在极端不确定性的举措。产品、服务或技术可能是非常新颖的，商业模式也可能存在疑问。这种情景需要将目标敏捷性设为最高水平。在这种情况下，不仅仅是软件开发，整个商业生态系统都具有不确定性。受影响的领域可能包括市场部门、分销渠道和供应链。因此，为了将敏捷原则和实践从开发团队扩展到整个公司，企业敏捷性是必要的。在极端不确定性条件下发展业务的企

业敏捷性实践包括精益创业、以发现为导向的计划和基于情况的市场细分。

 若想进一步了解企业敏捷，请参见第 18 章。

6.4.4 确定框架

定制过程的下一步是确定要使用的方法和框架。我们将重点关注分析和计划问题。像 CD 和 DevOps 这样的技术实践也是在这个时候准备的。

 若想查看有关技术实践的指导，请参见第 15 章的 15.8 节。

在第 3 章中，我们研究了基于流程的敏捷过程与时间盒敏捷过程。在基于流程的计划中（如看板），每个工作项在达到待办事项列表的顶部时就会被处理，并在开发生命周期中独立推进。在时间盒方法中（如 Scrum），一段时期内的所有项目都在这段时期开始时被纳入计划中。一般性指导原则是，选择基于流程的方法来计划以客户为导向的特性，因为它能提供更高的适应性。使用时间盒方法来计划大型战略举措，因为当每个人都在同一时间有空时，更容易协调团队。如果团队将同时参与这两种举措，则混合使用两种方法。请记住，这些考量适用于工作事项的接收。工作事项实施完成后，应该按照 CI/CD 实践持续交付。

 若想进一步了解基于流程的计划和时间盒计划，请参见第 3 章的 3.4.3 节以及第 17 章的 17.4 节。

决定方法之后，就该选择一个支持它的框架。如果是基于流程的计划，就选用看板。支持时间盒方法的框架包括 Scrum、极限编程（XP）和规模化敏捷框架（SAFe）。

大多数组织选择了混合过程，使用各种框架中的元素。举例来说，过程可能以看板为基础，然后在此之上增加了 Scrum 仪式，比如每日站会和回顾会议。或者，它也可能以 Scrum 为基础，以两周为工作的计划周期，同时使用看板工具来管理进入冲刺后的故事流程。

6.5 调整流程

确定了框架，也就是将用于分析和计划的工具后，就需要对其进行矫正以优化性能。接下来，让我们看看如何调试过程的可调整参数，如节奏、需求属性和 DoR。

6.5.1 商业分析信息工件和事件

如果还没有做出决定，将需要选择将用于举措的商业分析和计划工件。BABOK v3 将这些工件称作商业分析（BA）信息——"商业分析师分析、转换和报告所用到的广泛而多样化的信息集……任何种类的信息……被用作商业分析工作的输入或输出。"[1] 这些工件包括特性、故事、功能需求、业务规则、商业案例和组织模型。

6.5.2 敏捷 BA 信息工件的检查清单

以下是本书所讨论的敏捷 BA 信息工件的检查清单。可以利用这个清单来考虑要使用哪些工件，但不要指望在所有场合都制作每个工件。

- □ 产品愿景
- □ 产品画布
- □ 愿景宣言
- □ 干系人分析
- □ 长期目标
- □ 短期目标
- □ 信念飞跃式假设
- □ 最小适销特性（MMF）和最小适销产品（MMP）
- □ 产品路线图
- □ 产品待办事项列表
- □ 迭代待办事项列表
- □ 故事地图
- □ 故事：主题、史诗、特性、用户故事、功能探针、错误修复故事、技术故事
- □ 功能性需求
- □ 非功能性需求（NFR）

- □ 业务规则：行为规则（决策表）；定义性规则（数据模型、数据字典）
- □ 业务流程模型
- □ 用例模型
- □ 逆向损益表（用于以发现为导向的计划）
- □ 假设检查清单
- □ 里程碑计划表

6.5.3 定义需求类型

尽早定义需求类型。它规定了统一术语，确保每个人在使用诸如商业需求这样的术语时，都是同一个意思。此外，创建了一套需求类型后，可以把它们当作检查清单，用来确保分析中没有任何遗漏。

6.5.3.1 需求类型的检查清单

请使用下面的检查清单来确定是否已经考虑到了所有需求类型。这份清单中包含了BABOK v3 中的需求类型，并额外添加了用户需求。

- □ 业务需求
- □ 干系人需求
- □ 用户需求
- □ 解决方案需求，有两个子类别：
  - – 功能性需求
  - – 非功能性需求
- □ 过渡性需求

若想进一步了解需求的类型，请参见第 3 章的 3.4.2.4 到 3.4.2.11 节。

6.5.3.2 为什么类型很重要（以及什么情况下不那么重要）

当你陷入琐碎的事务中时，定义需求类型会很困难，我经常看到首席商业分析师在这个问题上苦苦挣扎。举个例子，我听说过（也参与过）一些争论，主题是：既然NFR 是用功能性需求实现，那么这种类型是否还有存在的必要？用户需求应该是一个单独的类型，还是一个干系人需求的子类型，又或者应该是解决方案需求的一个子类型？我学会了不要长时间沉浸在这些争论中，因为它们通常对结果没什么影响。

那么，为什么要为需求类型化而烦恼呢？其实，令人烦恼的并不是如何对需求进行分类，而是做这件事的过程。通过定义类型并验证分析中已经涉及了这些内容，可以减少由于遗漏需求而导致的意外成本的风险（例如，意外的集成、数据转换和过渡成本）。也可以使用需求类型作为以下事项的基础：

- 确定哪些角色将主要负责哪些类型
- 确定每个需求类型如何进行表示
- 指定每个需求类型在开发周期中的测试节点和测试方式

6.5.4　调整待办事项列表的需求

如第 3 章所述，产品待办事项列表是需求项和其他工作的储存库。在新产品开发之初，就需要建立待办事项列表，并根据情况对其进行调整。建立产品待办事项列表时，需要考虑的事情包括确定要跟踪什么样的信息，以及如何组织待办事项列表以支持多个团队。让我们来看看有关如何开展这些活动的一些指导方针。

若想更进一步了解规模化敏捷组织的产品待办事项列表指南，请参见第 17 章的 17.7 节。

6.5.4.1　设置产品待办事项列表的一般性指导方针

在建立产品待办事项列表时，请参考以下指导方针和原则。

单一事实来源

待办事项列表是所有团队的单一事实来源。一个单一的产品级待办事项列表具备以下特征：

- 可以支持整体产品愿景
- 可以简化优先顺序的决定：产品级的产品负责人（PO）可以查看并为各个团队确定优先级，同时各个特性团队可以查看其领域内的项目
- 可以简化对跨团队的依赖关系的跟踪

指定一个 PBI 属性来确定将 PBI 分配给哪个团队。每个团队都可以查看自己的 PBI。迈克·科恩建议将任一团队可查看的项目数量限制在 100 到 150 个之间。[2] 这个最大值是基于 150 定律而得出的，[3] 被认为是一个人能够维护的关系数量的上限。

 若想进一步了解如何为规模化敏捷组织建立产品待办事项列表，请参见第 17 章的 17.7 节。

不同层次的粒度和规模

在任何时候，待办事项列表中的待办项都会有不同的粒度。一般来说，越接近待办事项列表顶端（即越接近实施）的 PBI，细节程度越高。[4] 接近待办事项列表顶端的 PBI 应该是小型的：对一个接近实施的 PBI 的估算不应该超出故事的大小限制。

待办事项列表是动态的

待办事项列表是一个动态的列表，而不是静态的。随着时间的推移，将不断有项目被移除、重新排序、更改和添加到待办事项列表项目中。

待办事项列表是全面的

待办事项列表中包含着以史诗、特性和故事为形式的需求以及其他项目，比如产品目标、错误修复和技术债务的偿还。

6.5.4.2　待办事项列表项目的物理形式

在计划期间，如果团队在同一地点工作，就用实体卡片来代表 PBI；否则就用虚拟卡片。推荐使用卡片是因为它们很直观，易于创建，并且易于移动。它们也让人感觉是临时性的，所以与输入到需求工具中相比，团队不太可能将它们视为一成不变的东西。如果项目规模较小，而且团队成员都在同一个地方，那么在开发过程中也继续使用实体卡片。否则，计划会议结束后，就立刻把这些项目转移到需求管理工具中，以跨团队且跨地点地提供可见性。

6.5.4.3　定义 PBI 的属性

确定要跟踪待办事项列表中的各个项目的什么属性（字段）。考虑以下 PBI 属性清单：[5]

☑ □ 项目类型：特性史诗、用户故事、功能探针等

□ 描述：需求的文本描述（例如，在适当的地方使用角色 - 特性 - 原因的格式）

□ 验收标准

□ 估算

□ 顺序：在待办事项列表中的优先级顺序（由 PO 分配）

□ 价值：项目交付的价值；可以用"以便（so that）"从句表示

□ 加权最短作业优先式的优先级排序（见 6.5.4.5 节）

□ 延迟成本：项目的价值，考虑到时间关键性（见 6.5.4.4 节）

□ 负责人：具有项目的主要专业知识和签字权的人

□ 计划的季度 / 发布周期 / 项目集增量（在时间盒计划中）

□ 指定的迭代（在时间盒计划中）

□ 预计交付时间

□ 指定的团队

□ 指定的开发人员

□ 状态（例如，已就绪，已完成）

□ 依赖性和其他关系：与其他 PBI 和配置项目的依赖性和关系

□ 变更日志：对项目进行修改的记录

6.5.4.4　确定延迟成本

在 SAFe 中，延迟成本表示一个待办项的相对价值。把时间关键性也考虑在内，用以下公式确定一个项目的延迟成本：

[延迟成本] = [用户价值和商业价值] + [时间关键性] + [风险抑制价值和机会促成价值（RR&OE）]，其中：
- 时间关键性是对价值随时间衰减的衡量。
- RR&OE 是指特性在降低风险方面的价值，或是它促成的机会所产生的价值。

在 WSJF 方法的纯粹形式中，为每个术语分配一个相对的点值，与你用故事点估计工作量的方式差不多。

6.5.4.5 确定 WSJF

为了根据延迟成本确定一个项目的优先级，可以根据这个公式计算它的加权最短作业优先（WSJF）值。

$$WSJF = [延迟成本] / [工作持续时间]$$

项目的 WSJF 越高，它在产品待办事项列表中的优先级就越高（换句话说，具有最高 WSJF 的 PBI 被排在第一位）。

WSJF 是由 SAFe 推广开来的辅助工具，用于确定优先级，它十分实用且值得推荐，尤其是对特性而言。但是，要用它来指导决策，而不是让它主宰决策，因为这种方法不能全面地考虑到所有情况，特别是黑天鹅事件[6]——一种相对罕见但影响巨大的、一个特性被严重高估或低估的情况（例如，当重大技术问题在开发过程中才浮出水面时，就可能发生黑天鹅事件）。

一些人建议对 WSJF 进行调整，使其不仅适用于确定优先级，也适用于财务计划。[7] 达尔斯特伦和隆德建议对 WSJF 的方法进行如下调整：

- 为公式中的每个术语建立企业级的标准值
- 使用优先级模型，在战略层面使用绝对的货币价值估算延迟成本，但在运营层面使用相对估算（例如，故事点）

根据他们的报告，这些调整将满足的需求的百分比"在战略层面从 50% 提高到 89%，在操作层面从 85% 提高到 90%"。[8]

6.5.5 确定需求颗粒度

为待办事项列表中的每个项目提供的颗粒度会随着时间的推移而变化的原因是，敏捷需求分析是逐步执行的。应用精益原则：等到最后负责时刻（LRM）再执行分析任务。如果开发组织使用的是基于流程的计划（例如，看板），那么就等到计划实施前 6 周开始准备大型特性，如果是小型特性，则在实施前 2 到 4 周开始。故事要在实施前 1 到 4 周开始准备。

如果组织使用的是时间盒计划（如 SAFe、XP 和 Scrum），那么就要在前一个季度进行到一半左右时开始准备下一个季度的特性（或 SAFe 的 PI）。在计划实施前的一到两个迭代中开始准备故事。

如果不遵守这些准则，将准备工作推迟得太久，会面临团队的生产积极性降低的风险，因为团队无法充分理解需求项目，也就难以可靠地估算它们或正确地实施它们。

因为产品待办项是被逐步准备的，所以它们在粒度上会有很大的不同。下面的颗粒度已经针对用例 2.0 指南中的故事进行了调整，用于指定用例：[9]

- 简要描述
- 要点大纲
- 步骤概述（基本大纲）
- 详尽的描述

接下来，让我们研究一下这些颗粒度以及它们适用于什么场景。

6.5.5.1　简要描述

这一水平适用于待办事项列表末尾的低优先度项目。这一水平中，仅提供项目的简要描述。文本可以是非正式的（例如，"提交订单"），也可以遵循模板（例如，"作为客户，我想提交一个订单，这样我就可以收到我所要求的物品"）。

6.5.5.2　要点大纲

为了达到这种颗粒度，要给出详细到能够估计其规模和复杂程度的项目大纲。确定验收标准，其中需要指明要测试的场景和预期结果。在承诺之前，也就是大约在计划实施前的一到四周（如果公司使用的是 Scrum 这样的时间盒框架，则是一到两个迭代），准备好这一颗粒度的故事。如果团队与商业部门紧密合作，这种目标水平的文档粒度可能就足够了，其余的理解可以通过对话、用户测试以及商业、质量保证（QA）和开发人员之间的讨论来实现。

6.5.5.3　步骤概述（基本大纲）

在这一水平，要提供详细的故事验收标准和低层次的（分步骤的）测试案例规范。如果使用的是用例 2.0，可以通过在用例流程规范中确定步骤来达到这个层次。当与第三方合作，并且第三方与产品没有密切的长期关系时（如离岸第三方解决方案供应商），将这一水平设为目标是恰当的。

如果与解决方案供应商建立了长期关系，如合作伙伴或内部 IT 部门，通常不需要达到这一水平，因为开发人员对业务有着充分的理解，而且很有可能有已经打下了信任的基础。

6.5.5.4　详尽的描述

若想达到这一水平，需要为需求项目添加详细的注释和功能性需求。在以下情况中，可以使用这个颗粒度：

- 沟通与一个特性或故事相关的复杂需求和业务规则
- 当解决方案提供者和企业之间的关系是短期的
- 当法规和合规条例做此要求时

6.5.6　追踪需求和其他配置项目

在一个故事的不同阶段，需要能够回答以下问题：这个故事支持什么目标？都对它进行了哪些测试？如果降低它的优先级，哪些故事会受到影响？这些问题可以通过可追踪性来回答。追踪一个项目就是将它与另一个项目联系起来。每个可追踪项称为一个配置项。

你可以建立一个追踪系统来从一个故事追踪到配置项，例如故事的负责人、干系人、经营目标、测试、图形用户界面（GUI）、软件组件、数据表以及与之有依赖关系的其他故事。

6.5.6.1　提供恰到好处的可追踪性

可追踪性的好处是有代价的——为了保持关系与时俱进所需要的行政工作。在敏捷计划中，这可能需要付出巨大的努力，因为需求是不断变化的。尽可能地使用自动化方法。只有当有目的情况下，再去追踪项目。如果无法确定至少一个重要的问题可以通过追踪项目来找到答案，就不要追踪它。

一旦确定了问题，就确定需要追踪什么才能回答这些问题。

6.5.6.2　在不同方向上提供可追踪性

一项配置可以从三个方向进行追踪：下游（向后）、上游（向前）和交叉流（水平）。接下来，就让我们看看这些可追踪性的种类和它们所提供的好处。

下游（向后）可追踪性

追踪一个项目的下游是将其与开发周期中更靠后的配置项联系起来。例如，可以从一个用户故事的下游追踪到 GUI、测试用例、数据库、微服务以及因用户故事而创建、更改或使用的软件组件。

通过下游可追踪性来回答以下问题：

- 这个故事被分配给哪个团队、哪个版本、哪个迭代？
- 哪些软件组件会受到该用户故事的影响？
- 为用户故事运行了哪些测试用例？测试的结果是什么？
- 针对这个故事采取了哪些行动？
- 在每一天的开始：哪些用户故事已经准备好进行测试了？

上游（向前）可追踪性

追踪一个项目的上游，以将其与先前的项目联系起来。例如，可以从一个用户故事的上游追踪到经营目标、角色、商业干系人、商业流程、特性、史诗以及目标。

通过上游可追踪性来回答以下问题：

- 为什么这个特性会被添加到待办事项列表中？
- 它支持什么经营目标？
- 这个故事只是什么特性？
- 这个特性支持什么业务流程？

交叉流(水平)可追踪性

交叉流可追踪性意味着将类型相似的项目相互联系起来。举例来说,可以从故事上追踪到它们所依赖的其他故事。

提供交叉流追踪故事来回答以下类型的问题:

- 如果推迟实施一个用户故事,会耽误到其他哪些用户故事?
- 如果将故事 X 延后,还有哪些故事会因此而被推迟?
- 如果交付故事 Y,需要对哪些故事进行回归测试?

还可以从一个故事上追踪到它所支持的业务规则,功能性需求和 NFR。此外,还可以追踪配置项的更改历史、由谁更改的以及为什么要更改。

6.5.6.3 确定追踪机制和工具

我们已经理清了需要追踪的关系。如果尚未建立机制,那么下一步就是确定如何实现可追踪性。在开始探讨各种选项之前,先来总结一下典型的分布式敏捷开发大型组织的主要准则。

如果组织正在实施 DevOps/CD,就尽可能通过配置管理系统(CMS)和版本控制来提供可追踪性,以便以最小的开销获得最新的可靠信息。如果 CMS 追踪系统不可用或不合适(例如,它不能提供必要的颗粒度),就使用需求管理工具。

> 在线下举办的计划会议中,最好采用手动追踪方法。举例来说,SAFe 使用红色字符串来追踪故事之间的依赖关系。然而,在团队分散的情况下,就需要将故事和它们的关系输入到 CMS 或需求工具中,以便身处各地的团队成员访问,如前文所述。

现在,让我们进一步探讨这些机制。对各种情况使用最精简的追踪机制,以最小的开销提供所需的信息、准确性和访问。

通过 CMS 追踪

如果开发组织遵循 CI/CD 的最佳实践,那么 CMS 和版本控制将会提供配置项之间的可追踪性的,以及配置项的更改历史。

每个可追踪的配置项在配置管理数据库（CMDB）中显示为一条记录（一行）。
CMS 通过管理数据库中相应记录之间的连接来维护配置项之间的关系。

图 6.3 是一个理赔项目中的配置项之间的关系的例子。这些配置项包括用户故事、请
求者、目标以及软件组件，比如类、服务和子系统。

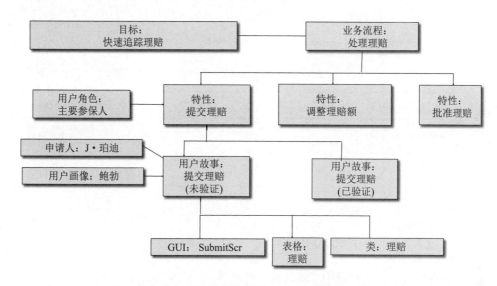

图 6.3　追踪配置管理数据库中的一个理赔项目的配置项关系

从特性到自动化测试（未显示）的可追踪性是通过将行为驱动的开发测试规范组织
到特性文件中来实现的。

若想进一步了解行为驱动开发，请参见第 10 章的 10.9.5 节。

通过需求管理工具追踪

如前文所述，当 CMS 无法使用或是不能提供足够的可追踪性时，可以使用需求管理
工具。除了可追踪性以外，需求管理工具还能提供生成燃尽图和支持看板工作管理
流程和工件的能力。Atlassian 软件公司推出的 Jira 是最受敏捷团队欢迎的工具之一。

若想得到关于选择需求管理工具的指导，请参见第 17 章的 17.10 节。

通过电子表格追踪

如果前面的方法无法使用或是成本过高的话，一个简单的低成本解决方案是使用电子表格应用程序（如 Excel 或 Google 表格）来追踪需求元素。表 6.1 是 BLInK 的追踪矩阵的例子，BLInK 是我们的案例学习中的保险产品，它根据客户的行为为客户提供利益。

表 6.1　产品待办项（用户故事）追踪矩阵

PBI/ 故事	排序	描述	用户	估算	团队	业务规则	用户界面	表
PBI100	1	在发票上接收 BLInK 营销	主要参保人	2	橙队		RF003	
PBI030	2	签约后可享受保费减免	主要参保人	3	橙队	BR012	UI004	订阅表 申请表
PBI022	3	为选定的、预先批准的客户提供 BLInK 的快速报价	经纪人 / 代理人	5	蓝队	BR012	UI030	

表 6.1 显示，故事 PBI1030 支持业务规则 BR012，实现这个故事会影响到订阅数据表和一个应用程序表。

现在，让我们来看看一些轻量级的手动追踪方法。

视觉线索

使用这种方法时，用卡片（或虚拟卡片）来表示故事，并使用视觉线索来表示它们之间的关系。最常见的视觉线索是故事在故事全景图中的位置：故事通常依赖于放在它们上方的故事和它们左边的故事。

其他视觉线索包括在项目白板上使用彩点和红线来表示依赖关系。

若想进一步了解故事全景图中的依赖关系的信息，请参见第 12 章的 12.5.4 节。更多关于红线和彩点的方法，请参见第 11 章的 11.11.3.5 节。

对话

管理依赖关系的最轻量级的手动方法是进行对话。处理关联项目的人直接交流他们的计划和进展。在大规模迭代计划会议上，通过对话来传达不同团队间的依赖关系。当依赖性问题出现时，人们在团队之间走动，以通知受影响的人并解决问题。另一种对话方式是由团队派出代表，旁听与他们密切合作的团队的计划会议，或者与合作团队一起进行计划会议。

若想进一步了解协调从属团队的轻量级解决方案，请参见第 17 章的 17.11 节。

6.5.7　设置过程参数

敏捷分析过程具有可配置的参数，比如节奏、DoD 和 WIP 限制。在举措开始时调整这些参数调整以获得最佳性能，并随着时间的推移再次调整它们。

6.5.7.1　确定节奏

如果团队使用的是时间盒式计划方法（如 Scrum），就需要决定时间盒的持续时间或节奏。如果团队使用的是基于流程的计划框架（如看板），这一步就不适用了，因为工作不是按时间段来计划的，而是按工作项来计划的。

可以选择的两个时间盒分别是迭代和季度。迭代节奏通常为一到两周。一个迭代的最长期限因框架而异。在 XP 中，上限是一个星期。Scrum 设定的上限则是一个月。大多数时间盒框架（如 XP、SAFe 和 Scrum）都建议设定固定的迭代长度（节奏）。[10]

迭代节奏决定了计划的范围，也就是计划要覆盖到多远的未来。然而，它不应该决定故事的交付时间。故事应该在完成后持续交付，而不是在迭代结束后交付。请注意，交付故事就是以可发布的状态提供它；但客户可能会决定推迟将它发布到生产中。

如果开发组织没有采用 DevOps 的实践，那么它可能无法以这种速度可靠地集成和测试故事。在这种情况下，节奏就成了交付的上限。开发部门承诺在每个迭代中至少交付一次可发布的集成增量。

如果有更长期的计划需求，就需要为更长远的期限设置节奏。可以将其设置为一个发布周期的持续时间（1 到 6 个月），SAFe 项目集增量的时长或者一个基于日历的期限（例如一个季度）。为了简单起见，我会把长期计划的范围统称为"季度"。本书中提到这个术语时，它意味着这些变种中的任意一种。

6.5.7.2　设置估算标准（当使用相对估算单位时）

无论采用何种估算方法，都可以使用下面这个方法。它适用于故事点、理想开发人天（IDD）或其他象征性的时间单位（NUT）。[11] 假设单位是故事点——最受欢迎的选择。获得团队对一个故事或一组故事的共识，作为 1 故事点的需求项的标准。如果使用故事点或 IDD，故事的工作量应该是一个具有相应技能的专职开发人员可以在一天内完成的。团队可能还需要建立一个 8 故事点的标准，以便更好地衡量一个故事在 1 到 8 故事点的可接受范围内处于什么位置。

团队建立了标准后，就用斐波那契数字来估算其他故事与它的关系。例如，团队给故事 X 分配了 3 个故事点，表示他们估计实施这个故事的工作量是实施一个标准单位故事的三倍。

在这一点上，值得注意的是关于这些估算单位的秘密。除非使用的是实时估算，否则最终用什么标准来代表一个单位的工作量并不重要。在几个星期或几轮迭代内，团队就会建立在给定时间范围内实际能够交付的单位数量的记录。在一段时间过去后，就会使用这些记录来进行预测，而不会使用与单位故事关联的初始时间。

6.5.7.3　确定初始产能（速率）

团队的产能或称速率，是指团队在一定时间范围内可以交付的估算单位（例如，故事点或 IDD）的数量。分别计算每个团队的速率，而不是计算一组团队的速率。

可以确定不同的估算单位和计划范围的速率。最常见的用法是计量一个团队每周或每个迭代交付的故事点总数。

使用速率来进行预测，不要将其用作绩效指标或用于比较团队。以下是一个简单易用的公式，用于将估算值转换为时间：

（剩余时间）=（剩余估算单位）/速度 × 节奏

例如，假设产品发布待办事项列表中还有 400 个故事点，速度是每个迭代 40 个故事点，节奏是两周 / 迭代，那么剩余时间就是 400/40×2=20 周。

为了获得更准确的预测，可以根据团队的燃尽图来进行预测。

若想获得有关使用燃尽图进行预测的指导，请参见第 15 章的 15.7.5.5 节。

如果团队使用的是时间盒式计划方法（如 Scrum），需要知道团队过去在迭代计划中的速度，因为要用它来预测未来的产能，也就是团队将在即将到来的迭代中交付的估算单位数量。引用莎士比亚的话说，"凡是过往，皆为序章。"[12] 对团队将取得的成果的最佳预测是根据它在过去取得的成果做出的。如果团队曾实施过类似的举措，那么就根据它以前的成就来设定新项目的初始速度，并根据团队人数、假期、可用性等方面的变化进行调整。

如果团队是新成立的，或者以前没有实施过类似举措，就用以下方法之一来预测产能。

确定初始产能，方法 1：基于可用性

尽可能地根据自己的经验进行预测，但如果没有能够参考的例子，可以使用以下公式：

（初始产能）=（总潜在人日）×（可用性）—（松弛）

如果所有成员都全身心地投入到工作中，那么总潜在人日就代表了整个预算。例如，对于一个 8 人团队和一个为期两周的节奏（10 个工作日）而言，潜在人日为 8×10

天 = 80 天。可用性是指在考虑到其他活动和事件所损失的时间的情况下，成员可以用在计划工作上的时间的比例。它考虑到了因其他项目的工作、会议、演示、疾病、假期、计划外的错误修复、行政活动和电子邮件而损失的时间。一个简单的指导性原则是，最开始预测的可用性为潜在时间的 60% 左右，然后就要依靠自己进行测量了。[13] 按照精益的指导，[14] 还应该预留一些松弛时间，以便团队成员在出现瓶颈时能够有时间参与进来，消除瓶颈。

确定初始产能，方法 2：猜测和拆分

预测初始速度的另一种方法[15] 是猜测可以交付多少个故事，并通过将故事分为任务来验证猜测。若想使用这种方法，请按以下步骤进行：

- 要求团队回评审产品待办事项列表（已经完成排序和估算的项目）中的第一批故事
- 要求团队猜测他们在第一轮迭代中能够交付多少个故事
- 要求团队将每个故事分解成单独的任务，并估算执行每个任务的时间
- 将所有选定的故事的任务时间加起来
- 如果任务时间的总和大于迭代中的可用时间，就从列表末尾开始删除故事，直到总任务时间小于等于可用时间
- 将初始产能设置为给剩余故事的故事点之和

这个替代过程可能看似添了很多额外工作，但其实并非如此。无论在哪种情况下，许多团队都会在迭代计划中把故事分解成估算的任务。

在实施开始后调整产能

第一个周期或迭代结束后，请根据以下公式预测未来的产能：

[产能] = [过去的速度] ± [变化的情况]

如公式所示，计算未来的产能时，要以过去的绩效（过去的速度）为基础，根据变化的情况（如假期、生病、团队组成的变化和技术挑战）进行调整。[16]

预测时，要使用团队在过去的 3 或 4 次迭代中的最新速度。不要使用历史平均值，因为团队的表现是有变化的，起初会波动，但在 3 到 6 次迭代后就会稳定下来。

多个团队的估算和速度

当与多个团队合作时，让所有团队在计划开始时会面，就代表 1 故事点估算的一个或多个标准故事达成一致。还可以建立 8 故事点的标准故事。之后，可能要实施接下来的故事的团队会根据这个标准来对故事进行估算。

速度只有在团队层面才有意义。在有多个团队的情况下，每个团队都要跟踪自己的速度，并据此决定团队的产能——团队在迭代中可以接受的估算单位的数量。

估算特性与故事

关于估算的以上考虑主要是针对故事层面的。在估算特性时，团队通常只需要确定交付项目所需的迭代次数或周数。

 若想获得有关估算特性的更多指导，请参见第 11 章的 11.11.2 节。

6.5.7.4　调整完成的定义

DoD 规定了一个故事被视为"完成"之前必须满足的条件。它适用于所有故事。除了 DoD 之外，每个故事还必须满足自己的验收标准，才能被视为完成。通过确定 DoD 并强制所有故事遵守它，组织可以让所有交付需求具有一致的质量水平。

如果还没有 DoD，就和开发组织合作定义 DoD。需要时常评审和更新 DoD，以求达到更高的质量水平。举例来说，在开始向自动测试过渡时，可以在 DoD 中加入以下条件："已经创建并通过了自动化单元测试和低级别集成测试。"在过渡的后期，可以添加另一个条件："已经创建并通过了自动化 UAT 测试。"

在迭代回顾会议 [17] 和季度回顾会议期间，评审 DoD 的效力并考虑如何加以改进。

完成的定义示例

适用于所有组织的标准 DoD 是不存在的，DoD 是根据情况（例如 CI/CD 和 DevOps 的实践程度）而定义的。至少，DoD 应该规定故事已经被客户证明和测试过了。

以下是一个 DoD 示例：

- 编码已经完成
- 代码已经签入
- 已创建自动化测试：单元测试、集成测试、UAT
- 故事圆满地通过了测试：单元测试、低级别集成测试、功能性测试、验收标准、端到端集成测试、系统测试（例如，回归测试、性能测试）
- 合规性、治理和 NFR 已经得到满足
- 代码已被重构

6.5.7.5　调整故事的就绪定义

当一个需求项已经得到了充分理解，足以让团队做出明智的承诺并开始实施，而不需要不当延误或后续返工时，这个需求项就被认为睡觉是已经就绪了。通过在 DoR 中指定条件来正式确定 "足够好" 的含义是个好主意。在看板中，可以通过把一个工作项移到 "就绪" 列来表明它已经满足了这些条件。

如果团队使用的是时间盒计划，就要求故事必须通过 DoR 才能被考虑用于迭代计划。

为了提高团队的生产力，故事应该不仅仅是 "列表中的项目"[18]，它们应该满足额外的条件，比如可估算。为了传播最佳实践并确保准备工作的标准水平，应该在故事的 DoR 中明确这些条件。

就绪定义示例

下面的 DoR 示例包含了 INVEST 准则和其他准则。[19, 20]

INVEST 是编写高质量故事的一种记忆法。这个缩写代表着独立（independent）、可协商（negotiable）、有价值（valuable）、可估算（estimable）、大小合适（sized-appropriately）、可测试性（testable）。若想进一步了解故事的 INVEST 指南，请参见第 13 章的 13.12.1 节。

- 故事是独立的。
- 故事是精炼的。
- 故事被清楚地阐明了。
- 故事是可操作的。
- 故事是可协商的。
- 故事是情景化的。
- 故事是独特的。
- 故事与其他故事是协调的。
- 故事的价值是已知的。
- 故事最近已经被讨论过，并被列为优先事项。
- 故事是可估算的。
- 故事是可测试的。
- 故事是小型的。
- 故事是垂直切分的。
- 故事是没有涉及解决方案的。
- 故事有支持性文件作为补充，包括一个线框图。
- 故事和验收标准已被批准。
- 客户和团队已经确认故事满足了前面的标准。

让我们更仔细地看一下这些 DoR 条件，以加强理解。

故事是独立的。 故事对其他故事的依赖性很小。独立的故事可以减少浪费，因为它们消除了跟踪依赖关系的管理成本。此外，它们还可以防止当一个故事没有及时完成，而另一个故事又依赖于它时产生的延误。

故事是精炼的。 故事已经被充分地分析和理解，可以开始计划和实施了。

故事被清楚地阐明了。 故事的描述方式明确了谁想要它，以及他们想要什么。可以通过使用标准化的模板来满足这个条件，比如 Connextra 模板："作为 [用户角色]，我想要 [功能]，以便 [商业价值]。" 模板有助于提醒故事作者阐明关键问题，但不应过于严格地要求使用它：如果能用另一种方式更清楚、更自然地表达，那么就不值得花精力去把每个故事填进预设格式中。

若想进一步了解故事模板，请参见第 13 章的 13.9.2 节。

故事是可操作的。 故事必须是团队可以立即操作的：

- 它不应该与其他故事有任何未解决的依赖关系，否则会延误实施
- 故事的准备分析和技术工作已经充分完成了，足以让该故事能在实施迭代期间或在预计时间内完成
- **架构跑道**，包括服务通信协议的规范、基础设施的创建和组件的识别，已经进行了充分的准备

故事是可协商的。 故事已经准备好进行协商了。PO 和团队同意，故事的需求不是固定的，而是会在对话的基础上发展的。商业干系人和开发团队充分地理解了故事的价值和成本，可以协商取舍。

故事是有场景的。 需求的背景是明确的。一个背景不明确的故事示例是："作为一名客户，我希望系统能预先向我显示服务费。"很难从这个故事中看出当这个需求被激活时，用户在做什么。为了体现这个故事的场景，要说得具体一些："作为一名网络银行的客户，我希望系统在我进行银行交易的时候能预先显示交易服务费。"

故事是独特的。 故事中的需求不应该与另一个故事中的需求重复。重复会导致对工作量的高估以及重复的工作。

故事与其他故事是协调的。 故事中的需求与其他故事中的需求不矛盾。如果需求中的不协调没有被发现，就导致产品中的不一致，一旦发现，就会导致返工。

故事的价值是已知的。 汤姆和玛丽·波彭迪克引用的统计数据[21]显示，有 45% 的已开发特性从未得到使用过，19% 的特性很少得到使用，而高达 64% 的特性没有价值或价值很小。萨瑟兰[22]报告说，如果要检查一个典型的待办事项列表，至少有三分之一的项目会是"垃圾故事"——任何人都无法看出价值的故事。为了改善这些统计数字，在团队对故事做出承诺之前，必须明确故事的价值。

可以通过 Connextra 模板的"以便"从句来定性地传达故事的价值。也可以通过计算故事的延迟成本——它的总体价值——来定量地说明它,如 6.5.4.4 节所述。

故事最近有讨论过。 仅仅确定一个故事在编写时的价值是不够的。它的价值可能随着时间的推移而改变。为了进入就绪状态,故事必须在近期被讨论过,而且它的价值得到了商业干系人的确认。

故事是可估算的。 故事已经被充分理解了,团队能够在需要时进行估算。故事并不一定真的估算过——只是说它可以被估算。

故事是可测试的。 故事的验收标准已经得到了充分理解,可以指定测试,作出足够可靠的估算,并可以开始实施了。

验收标准预计将会不断变化。产品或特性的不确定性越高,验收标准就应该越笼统,以便给客户留出更多空间,通过试验和错误来确定什么是可接受的。

故事是小型的。 故事的大小在为故事设定的上限之内。一个常见的限制是,大多数故事不能超过 5 个故事点,严格意义上的上限是 8 个点。如果在实践时间盒计划(如 Scrum),还有一个额外规定,即故事必须足够小,以便能在一个迭代中轻松实施。

保持故事规模较小的一个实用建议是,每个故事只包括一个独特的功能。这种实践不仅有助于限制规模,而且还能更轻松地单独计算每个功能的成本和优先级。

故事是垂直切分的。 故事是结构化的,以便垂直切分架构层,尽可能地向用户提供可用的功能,同时减少或消除对其他故事的依赖性。

故事是没有涉及解决方案的。 之所以要以不涉及解决方案的方式编写故事,是为了留出空间,通过试验和错误来确定最佳解决方案。故事应该描述需求和价值,而不是设计解决方案。例如,"作为顾客,我希望能够按类型搜索产品"这个故事就明显优于"作为顾客,我希望系统能够显示产品类型的下拉菜单"。

故事有支持性文件作为补充，包括一个线框图。 团队开始实施故事所需要的其他工件，包括线框图，都是可用的。线框图是屏幕的大致布局，显示了项目和它们的分组方式，但不标明设计方面的选择。

故事和验收标准已被批准。 故事，包括它的功能和验收标准，已经按照商定的审批机制被批准了。这个机制可以是非正式的讨论，也可以是由指定的授权人（如 PO 或超级用户）进行的正式签署。

客户和团队已经确认故事满足了前面的标准。 当我向团队问起他们的 DoR 时，他们通常会向我展示非常清晰明了的 DoR。问题在于，他们并没有使用这些 DoR！规定每个故事在被接收到迭代计划和开发之前，都需要依据 DoR 进行评估。

如何避免在就绪定义中设置门槛

表述不清的 DoR 有着成为门槛机制 [23] 的风险，会将团队推回顺序性的瀑布式方法。为了避免这种倾向，定义条件时不要追求圆满，而要允许并发。与其制定一条通用规则，规定无论在什么情况下，都必须在完成一个特定的活动或工件后，故事才能算作就绪，不如说明这条规则适用的情况，并描述期望的完成程度。举例来说，有这样一个 DoR 条件："如果故事是一个更大的过程的一部分，则该过程应已得到了充分的分析，足以了解对其他故事和过程的其他步骤的影响。"这个条件规定了情况（"如果故事是更大的过程的一部分"）和要求的完成程度（"足以了解"）。

6.5.7.6　调整特性的就绪定义

使用特性 DoR 来指定一个特性在被纳入计划并被承诺之前必须满足的条件。当团队使用基于流程的方法（如看板）时，这种承诺是在每个特性接近待办事项列表顶端时依次进行的。当团队使用时间盒计划时，一组特性会在季度、发布周期或 PI 开始时承诺。

以下特性 DoR 结合了雅各布森 [24] 等人的指导方针。

- 特性对其他特性没有依赖性（或有最低限度的依赖性）。

- 所有依赖团队都已做出承诺：特性交付所依赖的所有团队都已经对特性做出了承诺。除非满足这个条件，否则任何特性都不会被纳入季度（或发布周期）中。

- 特性是可协商的：所有各方都明白，关于特性的一切都是可协商的，包括其优先级、功能、验收标准和估算。对特性的成本和收益有充分的了解，足以在 PI/ 发布计划中协商取舍。

- 特性是有价值的：发布特性将会交付巨大的价值，并且其价值已经在近期与客户的讨论中得到了确认。

- 特性是可估算的：对特性有深入的理解，足以进行估算。特性越临近实现，估算就越准确。

- 特性的大小合适：特性小到可以由一个或多个团队在一个季度内实现，但同时足够重要，发布到市场上会带来价值。

- 特性是可测试的：特性的验收标准是已知的。特性的验收标准表明了特性必须实现到何种程度才可以发布。对于如何将特性作为一个整体（相对于其中的各个故事）进行测试以及将使用什么测试程序，商业干系人、QA 和开发人员均已达成了共识。

- 特性是清晰的：客户可以向团队解释特性。

- 特性是可行的：在估算的时间框架内实现特性是可能的。财务和技术风险被充分理解，并处于可接受的范围内。

- 特性是有负责人的，有人被指定为讨论和批准特性的主要负责人。

- 干系人参与：受特性影响的干系人已被识别，并承诺参与到特性的开发过程中。

- 特性的延迟成本已被理解（若想了解计算延迟成本的相关信息，请参见第 6.5.4.4 节）。

- 对特性进行优先级排序。可以使用 WSJF 方法来确定优先顺序（若想了解计算 WSJF 的相关信息，请参见第 6.5.4.5 节）。

- 如果特性会影响到一个业务流程，则应对该流程有充分的了解，足以确定对其他故事的依赖性以及对流程中的其他步骤的影响。

6.5.7.7　调整工作流参数（看板）

看板方法包含几个可配置的参数，包括目标项目规模、将要跟踪的状态（看板列）以及 WIP 限制。

确定项目规模

看板对工作项的指导性原则是调整它们的规模，以让它们易于理解且可行。看板中的工作项的典型规模从半小时到两天不等，更倾向于规模为一天及以内的项目。

在工作项代表故事的情况下，项目的规模往往更大。正如我们所看到的，一个故事可能需要 5 天的时间来实施（甚至偶尔需要 8 天），因为它需要交付有用的价值，而这并不总能在一两天的时间内实现。

确定看板中的状态（看板列）

看板并没有规定一个工作项必须跟踪什么状态。一个故事的典型状态是"待办"（即，该项目存在于待办事项列表中，但尚未就绪）、"就绪"（满足 DoR）、"进行中"和"已完成"。在"已完成"之前通常还会添加其他状态，包括"代码评审"和"测试"。表 6.2 是一个用来跟踪故事在其生命周期中的状态的看板示例。

表 6.2　看板的例子

待办	就绪	进行中	代码评审	测试中	已完成
PBI101	PBI045	PBI077	PBI057	PBI088	
PBI087	PBI099	PBI127	PBI152	PBI126	
PBI141		PBI131		PBI044	

若想了解结合使用看板与时间盒迭代计划的相关例子，请参见第 14 章的图 14.5 和图 14.6。

确定 WIP 限制

确定了看板列后，就需要为每一列设置 WIP 限制。

保持"进行中"列的 WIP 限制低于团队成员的数量，以减少效率低下的情况。这种实践限制了同时处理多个任务的需要，并留出了松弛时间，这样就更可能会有人能帮助解决瓶颈问题。

当使用时间盒计划时，确保"就绪"列的 WIP 限制（包含排队等待迭代计划的故事）不超过团队成员的数量。假设每个成员负责一个故事，那么任何超出成员数量的数字都会导致已就绪的故事多于团队能够处理的故事。反过来说，这意味着你为迭代准备的已就绪故事比需要的多——违背了最后负责时刻的原则。

从现有的工作方式开始：同通过渐进的变革来追求改善

在设定 WIP 限制时，要遵循看板原则："从现有的工作方式开始"和"认同通过渐进的变革来追求改善"[25]开始时，让开发过程自然地进展，跟踪工作项在看板上的动向，而不出手干预。让这个过程运行一段时间后，通过观察每个状态下的项目数量来设定 WIP 限制。持续地更改 WIP 限制和工作项规模，以减少项目在每个状态下花费的时间。

6.6　使用价值流图优化过程

开发过程启动后，就可以用价值流图来寻找消除浪费的机会了。

使用这种精益技术时，首先要确定一个工作项（如用户故事）在开发过程中所经历的步骤，然后研究它在每个阶段花费的时间。图 6.4 是通过这种分析得到的价值流图的示例。

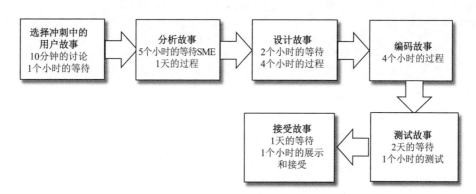

图 6.4　实施用户故事的价值流图

图 6.4 显示了开发过程中的两个重要浪费源："分析故事"阶段中的 5 个小时（当分析师等待 SME 出现时）和"测试故事"阶段中的 2 天（当一个故事等待被测试时）。第一个问题可以通过预先管理干系人对参与分析的期望并与管理人员合作以获得需要的时间承诺来改善。第二个浪费项目可能表明团队需要更多的测试人员。

6.7　确定过程的准备程度

使用下面的检查清单来确定敏捷计划和分析过程是否准备就绪。创建计划来解决任何剩余的不足之处。

☑
- ☐ 是否已经开发或选定基本流程（如看板或 Scrum）并根据实际情况进行了定制？
- ☐ 产品待办事项列表是否已经建立完毕，并且准备好被使用了？
- ☐ 是否已经建立了需求类型和属性的标准？
- ☐ 是否建立了一个可追踪的过程？
- ☐ 是否已经建立了过程中要用到的 BA 工件和事件？
- ☐ 是否已经设置或初始化了看板工作流参数和工件（例如，WIP 限制）？
- ☐ 对于时间盒计划，是否已经确定了节奏？
- ☐ 是否建立了共同的 DoD？
- ☐ 是否建立了共同的 DoR？

6.8　小结

以下是本章涉及的要点。

1. 故事可以后向追踪到特性、经营目标、业务流程等；横向追踪到其他故事；前向追踪到测试、软件组件等。
2. 设定 DoD 以表明一个故事在被视为已完成之前必须满足的条件。
3. 设定 DoR 以表明在计划中对故事做出承诺之前必须满足的条件。
4. 根据之前的速度来预测产能并根据情况的变化进行调整。

6.9 下一个主题

本章重点讲解了过程的准备工作——用于分析和管理需求的敏捷过程的准备工作。
在第 7 章中，我们将通过与干系人和开发人员合作、设立产品愿景以及它对客户和
业务的影响来开始这一过程。

注释

1　International Institute of Business Analysis (IIBA), *BABOK v3: A Guide to the Business Analysis Body of Knowledge*, 3rd ed. (Toronto, Canada: IIBA, 2015), 14–15.

2　Mike Cohn, *Succeeding with Agile* (Boston: Addison-Wesley, 2010), 331–333.

3　Aleks Krotoski, "Robin Dunbar: We Can Only Ever Have 150 Friends at Most," *The Guardian*, March 13, 2010, https://www.theguardian.com/technology/2010/mar/14/my-bright-idea-robin-dunbar

4　Ken Schwaber and Jeff Sutherland, *The Scrum Guide: The Definitive Guide to Scrum—The Rules of the Game*, Scrumguides.org, 2020, 10–11, https://www.scrumguides.org

5　Scrum offers the following guidance: PBI details include "description, order, and size. Attributes often vary with the domain of work." See Schwaber and Sutherland, *The Scrum Guide*, 10.

6　"SAFe and Weighted Shortest Job First (WSJF)," Black Swan Farming Inc., 2017, https://blackswanfarming.com/safe-and-weighted-shortest-job-first-wsjf

7　Gustav Dahlström and Jesper R. Lund, *Is It SAFe to Use WSJF for Prioritisation in Financial Software Development? A Case Study of Prioritisation Needs at a Swedish Bank*(master's thesis, KTH Industrial Engineering and Management Industrial Management, 2019), 5,http://www.diva-portal.org/smash/get/diva2:1372030/FULLTEXT01.pdf

8　Dahlström and Lund, Is It SAFe, 5.

9　Ivar Jacobson, Ian Spence, and Kurt Bittner.*Use-Case 2.0: The Guide to Succeeding with Use Cases* (London: Ivar Jacobson International SA, 2011), 47–48.

10　"它们是固定时长的事件，为期一个月或更短，以保持一致性。" Schwaber and Sutherland, *The Scrum Guide*, 7.

11　"Points (estimates in)," Agile Alliance *Glossary*, 2020, https://www.agilealliance.org/glossary/points-estimates-in

12　William Shakespeare, *The Tempest, act* 2, scene 1, line 217, PlayShakespeare.com, https://www.playshakespeare.com/the-tempest/scenes/act-ii-scene-1

13　Mike Cohn, *User Stories Applied: For Agile Software Development* (Boston: Addison-Wesley Professional, 2004), 104. 科恩提到的范围是迭代中的开发天数的三分之一到二分之一，但 60% 左右更为典型。

14　Mary Poppendieck and Tom Poppendieck, *Lean Software Development: An Agile Toolkit* (Boston: Addison-Wesley, 2003), 81.

15　Mike Cohn, "How to Estimate Velocity as an Agile Consultant," Mountain Goat Software, July 25, 2013, https://www.mountaingoatsoftware.com/blog/how-to-estimate-velocity-as-an-agile-consultant

16 虽然松弛作为过去的速度和变化的情况的一个组成部分间接地包含在在上述公式中，但有一种观点认为，在根据过去的速度预测产能时，应明确地减去松弛，以确保团队并不总是在产能的峰值下运作，并将未知因素纳入到考虑中（卡尔·魏格斯在与作者私下交流时如是说）。

17 Schwaber and Sutherland, 10.

18 Jeff Sutherland, "Scrum: What Does It Mean to Be Ready-Ready?" (OpenViewVenture, 2011), https://www.youtube.com/watch?time_continue=3&v=XkhJDbaW0j0

19 Sutherland, "Scrum."

20 For example, Roman Pichler, "The Definition of Ready in Scrum" [blog post], December 16, 2010, http://www.romanpichler.com/blog/the-definition-of-ready

21 Mary Poppendieck and Tom Poppendieck, *Lean Software Development: An Agile Toolkit* (Boston: Addison-Wesley, 2003), 32. The statistic is attributed to the Standish Group.

22 Jeff Sutherland, "Scrum: What Does It Mean to Be Ready-Ready?" (OpenViewVenture, 2011), https://www.youtube.com/watch?time_continue=3&v=XkhJDbaW0j0

23 Mike Cohn, "The Dangers of a Definition of Ready" [blog post], Mountain Goat Software, August 9, 2016, https://www.mountaingoats oftware.com/blog/the-dangers-of-a-definition-of-ready

24 Ian Spence, "Preparing Features for PI Planning—What Does It Mean for a Feature to Be Ready?" Ivar Jacobson International, https://www.ivarjacobson.com/publications/blog/preparing-features-pi-planning-what-does-it-mean-feature-be-ready

25 "Kanban," Agile Alliance Glossary, 2020, https://www.agilealliance.org/glossary/kanban/#q=~(infinite~false~filters~(postType~(~'page~'post~'aa_book~'aa_event_session~'aa_experience_eport~'aa_glossary~'aa_research_paper~'aa_video)~tags~(~'kanban))~searchTerm~'~sort~false~sortDirection~'asc~page~1)

第 7 章 设定愿景

本章将探讨的是设定愿景活动。在设定愿景时，干系人阐明了对产品或努力将实现的未来状态的愿景，并说明了启动举措的原因。在开发新产品或实行重大变革时，就需要设定愿景。每个季度都要重新审视愿景，并根据不断变化的环境，比如一个新的市场机会或因意料之外的监管变化而失去的机会。图7.1标出了本章涉及的活动。

本章将从过程的第一步——根本原因分析——开始讲起。根本原因分析是一系列方法，用于从一个影响的起因追溯到的最根本的原因。影响的一个例子是客户留存率低。根本原因可能是低效的客户服务过程。本章涉及的根本原因分析技术包括五问法和因果图。本章解释了如何使用这种分析来指导制定产品愿景宣言、史诗愿景宣言和问题陈述。识别出根本原因有助于将开发投资引导到对结果有着最大影响的领域。

在举措中尽早开展干系人分析，并随着发现更多干系人并更充分地理解他们的需求，不断地更新和发展它。本章的内容包含开展干系人分析并用它指导沟通计划的相关指南、模板和检查清单。

本章接着将涉及的是识别信念飞跃式假设。这些假设是愿景所依赖的关键假设，它们必须是有效的，这项许诺才能得以实现(例如，用户将付费订阅一项新服务的假设)。信念飞跃式假设要在早期识别和测试，这样公司就可以决定是要将资源投入其中，还是要转向另一个假设。本章将会讲解使用最简可行产品（MVP）过程来实现这一目标的敏捷方法。MVP是用来学习的拟开发产品或特性的低成本版本或复制品。客户与MVP交互，然后他们的反馈被用来测试假设、特性、变更和设计方案。

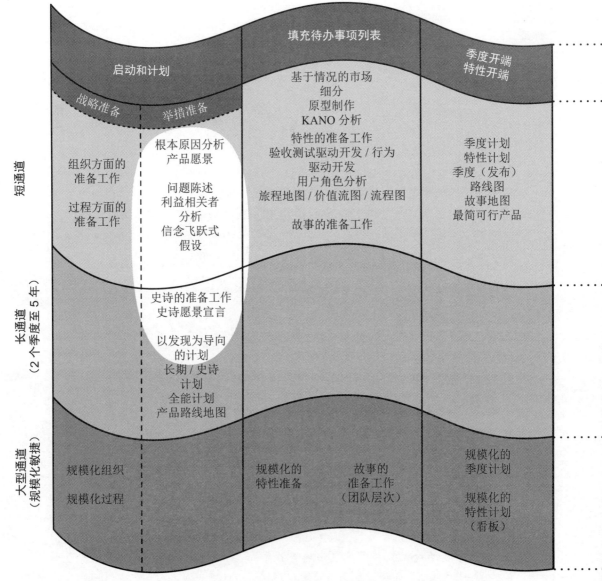

图 7.1　全景图中的第 7 章

迭代开端	日常活动			迭代收尾	季度收尾史诗、特性收尾
迭代计划	每日站会　　需求分析与记录　　编码、构建、测试、交付验收测试驱动开发 / 行为驱动开发　　最简可行产品，分割测试　　史诗、特性的准备工作　　故事的准备工作			迭代评审会　　迭代回顾	为正式发布做准备　　季度回顾　　史诗、特性回顾
					转向或继续
规模化的迭代计划　　迭代计划（团队层次）	产品负责人委员会的会议　　DevOps	用户特别小组的会议　　规模化的特性准备（看板）	集成会议　　故事的准备工作（团队层次）	规模化的迭代评审　　规模化的迭代回顾　　迭代回顾（团队层次）	DevOps　　规模化的季度 / 特性回顾

本章的最后是指定指标的准则，以验证假设并衡量长期目标和短期目标的进展情况。这一部分中，将会解释如何定义可行性指标——可以用来做出有数据依据的决策的指标。

这一章也标志着贯穿全书的 BLInK 案例学习研讨会的开始。在你逐步探索开发生命周期的各个阶段时，每个研讨会都将提供敏捷分析和计划工具的概况。

7.1 目标

本章将帮助大家实现以下目标：

- 识别根本原因和需求
- 阐明产品或史诗的愿景宣言
- 撰写问题陈述
- 分析干系人、长期目标和短期
- 探索信念飞跃式假设
- 指定用于验证假设的可行性指标

7.2 本章在全景图中的位置

图 7.1 标出了本章将涉及的第一个区域"启动和计划"中的愿景设定工具。这些工具包括根本原因分析、产品愿景宣言、史诗愿景宣言、干系人分析、问题陈述、信念飞跃式假设和基于情况的市场细分。

7.3 产品愿景设定和史诗的准备工作概览

在设定愿景时，干系人阐述对未来的共同愿景和开展这项努力的原因。这项活动是在产品层面上进行的（产品愿景设定），以沟通构建产品的理由。愿景设定也会在史诗层面上进行，以阐明重大变革举措的理由，并为史诗的计划和实施做好准备。

设定愿景主要发生在项目的开始阶段，但根据情况的变化（例如，产品的假设不再成立，或是出现了新的机会或威胁），每个季度都要重新审视这些活动。

负责产品愿景设定的通常有以下人员：

- 产品总监
- 产品 VP
- 首席产品官
- 产品级产品负责人（PO）
- 高级商业分析师

初级商业分析师通常不参与产品愿景的构建，但他们也有责任向团队传达产品愿景和目标。

设定愿景是实现任何需要持续为之努力的大胆目标的基本活动，例如耐克公司提出大胆的挑战，即"在 [环境] 影响减半的同时，使营收翻倍"。[1]

设想的目标可能是针对以下对象：

- 企业（企业愿景设定）
- 产品（产品愿景设定）
- 史诗或变革举措（史诗愿景设定）

在本章中，我们将重点讨论产品和史诗愿景设定。

愿景设定的成果是一份愿景宣言。对于内部而言，产品愿景宣言可以激励团队，并支持有凝聚力的产品的开发。对于外部而言，产品愿景宣言可以在项目初期向投资者和早期采用者（早期传播者）传达产品的潜在价值，并带动对客户的推广信息。同样，史诗愿景宣言和问题陈述也传达了采取变革举措的原因。

7.3.1　产品愿景示例及其重要性

几年前，我和一个顾问团队合作，负责为某个公共交通机构选择事件管理方案。这些事件的范围很广，小到时间表延误，大到伤亡事故（其中，自杀是一种特别常见且令人不安的事件类型。我和团队一起查看监控系统的时候，正巧目睹有人自杀）。

在我向顾问团队说明了设定愿景的好处后，他们意识到，尽管已经进入了初步分析阶段，但他们从未进行过这个重要的步骤。于是，他们说服经理召开了一个有干系人参加的愿景研讨会。在研讨会上，参会人确定的产品愿景与顾问所设想的截然不同。参会人表达的对解决方案的愿景是：把客户支持人员从占据他们大部分时间的琐事中解放出来，让他们能专注于那些最好由人工来处理的任务。另一方面，顾问团队一直假设愿景是一个万能的工具，可以管理支持人员可能需要处理的任何事件。这一认识大大节省了费用，因为这意味着团队现在可以排除那些需要与警察和政府系统集成的事件类型。事实证明，这些事件类型在最初的成本估算中占了大头。

7.3.2　愿景设定检查清单

当你作为商业分析师参与这项举措时，产品愿景可能已经定义好了，也可能完全被忽略了，就像前面的例子那样。如果你没有参与初始分析，那么首先要做的应该是检查产品愿景设定的过程中是否有任何被跳过的步骤。使用附录 A.4 中的检查清单来确认情况是否如此。

商业分析师是变革的推动者。如果发现在产品愿景设定的过程中遗漏了重要步骤，就有责任提出自己的担忧，强调不执行这些步骤所带来的风险。尽管你可能没有权力对这些问题采取行动，但你可以影响那些有行动决策权的人。

7.3.3　初步识别干系人

尽快确定受举措影响的主要个体和团体以及会影响到举措的人，比如审批人员。关键干系人包括受举措影响的领域中的商业主题专家（SME），还有 PO、赞助商和指导委员会成员。

干系人的识别和分析是持续进行的。随着举措的进展，预计将会发现更多干系人，并更深入地了解他们的需求。我们将在 7.9 节中对这些活动进行更全面的研究。

7.3.4　引导技巧

产品愿景设定和根本原因分析研讨会通常是通过 PO 或商业分析师主持的小组引导来进行的。作为引导师，你为这些活动贡献的软技能与本书中涉及的分析技术起码同等重要。干系人活动引导技巧可以在附录中找到。

关于引导活动的技巧，请参见附录 A。

7.4 根本原因分析

如果诊断不出问题的**真正**原因，问题就无法解决。在开发过程的早期阶段使用精益六西格玛的根本原因分析技术来帮助诊断。例如，在两家银行合并后，尽管一再努力修复，但数据不一致的问题仍然总是出现。根本原因分析将问题追溯到了两家银行的系统之间的数据重复。这个问题可以通过规范化数据或合并系统得到解决。

有时，干系人提出的需求实际上是对解决方案的提议。在这种情况下，就要使用根本原因分析来确定根本需求。例如，我以前有一个客户是做软件咨询的，他们希望改进其合规审核员使用的软件系统。审核员告诉分析师，他们需要一个在竞品中看到过的报告特性。根本原因分析揭示了他们的真实需求：降低公司没有赶上合规审查的最后期限，从而导致失去竞标政府合同的机会的风险。这个问题被正确地识别出来后，团队就能够把改进的重点放在软件系统进行合规审查所需的特性上，从而大大降低错过最后期限的风险。类似的方法也可以用来将机会追溯到核心利益（例如，从新的移动支付技术带来的机会追溯到为客户提供更高的便利性）。

表 7.1 是对根本原因分析方法的概览。

表 7.1 根本原因分析简述

是什么？	根本原因分析：一组用于揭示出现症状的根本原因的技术。该方法包括一系列工具，如五问法（反复问为什么）和因果图
什么时候？	在一项举措开始时
为什么？	确保真正的问题得到解决，使症状不再复发
提示	在引导活动期间实时创建分析工件，以便参会者能在发现因果关系时可视化
可交付成果	根本原因、五问法图表、因果图、因果树状图

我们来看一下三种根本原因分析工具：

- 五问法
- 因果图
- 因果树状图

7.4.1　五问法

"五问法"正如其名，就是反复问"为什么？"直到找到根本原因。"五"这个数字并没有什么神奇之处，它只是一个粗略的近似值，即需要问这么多次"为什么"才能找到根本原因。

举个例子，假设干系人提出了收入减少的问题。你问出了第一个为什么："为什么会减少？"你了解到，这主要是由于自愿流失（客户主动选择离开公司）的增加。接下来，你问："为什么自愿流失会增加？"你了解到，这是因为客户忠诚度很低。于是你再次追问为什么。你了解到，竞争对手有更强大的客户忠诚度计划。图 7.2 显示了根据这次对话创建的"五问法"图表。

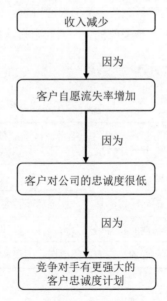

图 7.2　收入下降的"五问法"图表示例

该图显示了从"收入下降"这个问题追溯到它的根本原因"竞争对手有更强大的忠诚度计划"的原因链。同样的方法可以用来从表达出来的愿望追溯到最根本的需求。

由于根本原因分析是新产品开发时的最先进行的分析活动之一，所以我们的案例学习也很适合以它作为开场。在探索敏捷分析与计划地图（见第 4 章"跨越敏捷开发生命周期的分析与计划活动"，图 4.1）的过程里，我们在本书的大部分内容中，都将持续跟进这个案例。

BLInK 案例学习 1：五问法

背景介绍

在本书的前言中，我们认识了 Better Living （BL）公司，一家提供个人和商业保险产品的公司。商业保险产品向雇员提供由雇主赞助的团体健康保险。雇员们参加团体保险方案。所有参加方案的人都支付一个团体费率，这个费率是根据年龄、地域和吸烟习惯等因素为该团体设定的。保费由雇主赞助，雇员支付任何剩余费用。

行业报告显示，在过去的 15 年里，为雇员和家庭提供团体健康保险的费用几乎翻了三倍。[2] 为了减缓这种增长，联邦政府（在这个虚构的例子中）已经通过立法，允许保险公司为参保者提供保险福利，比如选择更健康的生活方式就可以降低费率。这给保险公司提供了一个开发基于使用量的创新保险（UBI）产品，在健康行为的基础上实现福利的个性化。

要求

作为一名高级商业分析师，你按要求去推动召开产品经理、市场主管、赞助商和其他商业干系人的会议，以确定利用新立法所提供的机会的潜在利益。

提示

在活动中使用"五问法"的方法来组织自己的问题。在活动中使用五问法图表记录现场的回答。

准备工作

为会议做准备时，请回顾以下业务领域术语（它在本案例学习和后续案例学习中都会被使用）。

业务术语

- 团体保险：为一群人（例如，一个组织的雇员）提供的保险。
- 保单所有人：为保险单付费的人。
- 参保人：保险单所涵盖的人
- 损失率：支付给参保人的总金额除以收入的总金额。

具体过程

首先提问参会人，提供基于行为的保险产品的机会为什么能使 BL 获益。干系人回答说，这能提供关于参保人行为数据的宝库。

你问："为什么行为数据能使企业获益？"然后你了解到，这是因为它能提高 BL 对不良健康事件的预测能力。

你问："为什么更好地预测健康事件的能力对企业有益？"然后你了解到，这能让 BL 更可靠地预测不同保费价格点的损失率。

你问："为什么可靠的损失率预测能使企业获益？"然后你了解到，准确地预测损失率是行业内竞争力和盈利能力的关键。如果损失率太低，客户就会被竞争对手抢走。如果太高，就会在每个客户身上亏钱。

可交付成果

可交付成果 1："五问法"图表

根据干系人对问题的回答，你在这一步骤中创建了如图 7.3 所示的可交付成果。你识别出根本利益是由于更准确的损失率预测而增加的商业竞争力和盈利能力。

案例学习回顾

通过本次根本原因分析可以得知，公司的核心商业利益源自随着预测损失率的能力的增强而提高的竞争力和盈利能力。这一分析将有助于指导未来开发对生成丰富数据集的特性，改善财务预测。

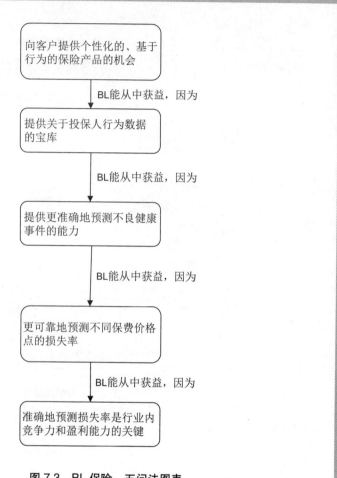

图 7.3　BL 保险：五问法图表

7.4.2　因果图

每当询问为什么的时候，都可能会得到一个以上的答案，而且这些答案可能会导致更多的问题以及更多的答案。尽管五问法方法简单易行，但它并不能映射多个原因，而因果图却可以。当"为什么"这个问题有多个答案时，就可以使用因果图。

因果图也称为"石川图"或"鱼骨图"。图 7.4 是这种图表的模板之一。

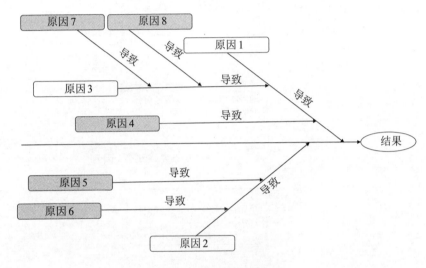

图 7.4　因果图模板

7.4.2.1　引导技巧

首先画一条水平线（脊柱），线的一端画一个椭圆形（鱼头，如图 7.4 的最右边所示）。要求干系人明确关键结果——促使举措开展的症状。这个结果可以是一个你想追溯到其根本原因的不良症状，一个追溯到根本利益的现有机会，或者一个追溯到核心需求的口述愿望。在因果图的头部标明结果，如图 7.4 所示。

现在，询问干系人为什么会出现这种结果。每发现一个原因，就从脊柱上延伸出一条新的线。在新线的顶端标上原因，如图 7.4 中的原因 1 和 2 所示。

接下来，向干系人询问这些项目发生的原因，并将答案映射到图 7.4 中的原因 1（显示是由于原因 3 和 4）和原因 2（与原因 5 和 6 有关）中。

继续对每一个原因提问，直到走到死胡同。举例来说，原因 7 和 8 就是死胡同。再问"为什么"也不会产生有用的知识了。例如，任何更深层的原因都超出了组织的影响范围。

因果图中的死胡同就是根本原因。在图 7.4 中，灰色部分的就是根本原因：4、5、6、7 和 8。

7.4.2.2　因果图示例

假设你召集了一个干系人小组来研究收入下降的原因。你很快了解到原因有很多种，所以使用因果图进行了分析。图 7.5 展示了会议期间绘制的因果图。

图 7.5 显示了收入下降的两个根本原因：市场已经饱和以及竞争者有更强的忠诚度计划。公司可能决定通过寻找新市场和加强忠诚度计划来解决这些原因。

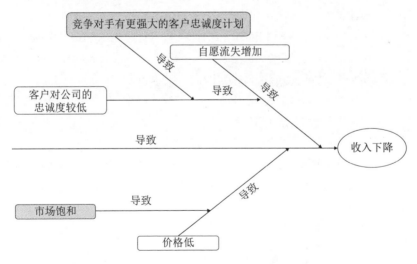

图 7.5　收入下降的因果关系图示例

BLInK 案例学习 2：因果分析

背景介绍

近期的行业报告强调了公众对日益增长的医疗费用的担忧。BL 公司正在想法吸引新的客户，以及通过提供新产品来消除这些担忧，从而提高客户留存率。

要求

你按要求推动商业 SME 召开会议，以确定医疗费用上涨的根本原因。

以下是这项活动的可交付成果：

- 可交付成果 1：追踪医疗成本上升的原因的因果图
- 可交付成果 2：根本原因清单

提示

当结果可能有一个以上的原因时，就使用因果图而不是五问法，就像这个医疗费用上涨的案例一样。

具体过程

人员到齐之后，你画出因果图的脊柱，在其头部写上"不断上涨的医疗费用"。

提问干系人："为什么医疗成本在上涨？"一位数据分析师回答说，这是因为每个人的平均索赔数量增加了。你在图中标出这个原因。

其他人指出，每个医疗事件的平均费用也在增加。你把这个原因加到图上。接着提问："为什么平均费用会增加？"你得到的唯一答案是这与价格因素有关，而 BL 无法影响到这些因素，所以你结束了这条问题分支。

针对第一个原因，你问："为什么平均索赔数量增加了？"干系人回答说，这是因为参保人的健康水平下降了。你持续进行这个过程，直到所有的分支都走到死胡同——表明找到了所有根本原因。

可交付成果

可交付成果 1：因果图

图 7.6 是根据分析得到的因果图。

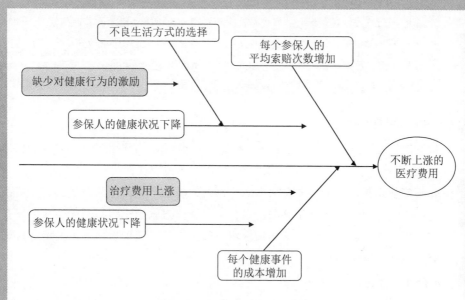

图 7.6 根据分析得到的因果图

可交付成果 2：根本原因清单

- 缺少对健康行为的激励
- 个人治疗（药物和手术）的成本上升

案例学习回顾

在这两个根本原因中，缺少对健康行为的激励被确定为 BL 能产生最显著影响的领域。公司将研究通过激励健康行为的产品帮助客户降低医疗成本，从而吸引并留住客户的机会。

案例学习结语

在调查了医疗费用上涨的根本原因，并对开发个性化产品的机会进行了先前的五问法分析之后，BL 决定继续开发新的商业产品：BLInK，Better Living through Insurance Knowledge（通过保险知识改善生活）。这个新产品使用个性化数据来鼓励客户采取健康的行为方式。对参保人的好处是，医疗费用由于健康状况的改善而降低了，同时，健康行为会得到奖励，比如降低健身房的会员费。对保险公司的好处是，由于从该产品中获取了许多数据，损失率预测更加准确了，从而提高了盈利能力。

7.4.3　因果树状图

你可能已经注意到，在图 7.6 中，参保人的健康状况下降出现了两次。之所以会出现重复，是因为它是两个不同结果的原因。因果图没有任何明确的机制能表示这种关系，也不能显示其他类型的复杂关系——例如，多个原因必须同时发生，才能造成这个结果。因果树状图解决了这些不足。如果需要对原因交织在一起的几个现有问题进行分析的话，就可以使用因果树状图。因果树状图还能帮助干系人确定有可能同时解决多个问题的改进领域。

7.4.3.1　图例

图 7.7 是一个因果树状图示例，改编自高德拉特发明的原始样式。[3]

图中的每个圆角矩形都代表一个实体。实体是一个项目，根据它与其他实体的关系，它可能是一个原因，一个结果，或两者都是。每个箭头都从一个原因指向一个结果（例如，在图 7.7 中，C 导致了 A）。如果一个结果有着不止一个原因，就会有一个以上的箭头指向它。当这些箭头不加修饰时，它们代表"OR（或）"关系，意思是任何一个实体都会导致这个结果。举例来说，如果 B 或 E 发生，那么 UDE 2 就会发生。当两个或更多箭头被一个椭圆（也可以用条形）圈住时，就表示着"AND（和）"关系，意思是必须具备所有原因才能产生结果。

因果树状图中包含被称为不良影响（UDE）的特殊实体。[4]UDE 的例子是高缺陷水平、不理想的周转时间、低市场份额、bug 以及任何没有按预期运作的功能。可以用括号来表示受 UDE 影响的干系人。例如，UDE1：（病人）无法获得医疗报告。

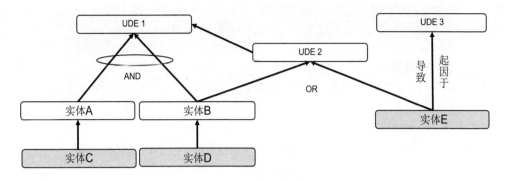

图 7.7　因果树图例

7.4.3.2　创建图表

开始分析时，要求干系人识别企业的现有症状。当这些症状被发现时，把它们作为 UDE 添加到树状图的顶部附近。对于每一个 UDE，确定关注它的干系人（例如，客户、企业或雇主）。

从这些 UDE 开始追溯，要求干系人确定它们的原因，然后在发现原因时将其添加到树状图中。

如果一个结果有一个以上的原因，询问这些原因是否需要同时发生，才会导致这个结果出现。使用合适的记号来记录反应。如果无法发现更多原因了，就与干系人一起评审树状图，并将死胡同实体列为根本原因。

> 始终选择能够处理需要的复杂度的根本原因分析工具，但不要大材小用。如果只需要考虑一个问题，使用五问法进行初步分析。如果需要做更深入的研究，就使用因果图。如果有多个相互关联的问题，就使用因果树状图。

BLInK 案例学习 3：因果树状图

背景介绍

之前的因果分析在 BL 内部引发了一场对话，对话中讨论了公司正在处理的其他争议和问题，以及是否有可能在接下来的举措中把它们也解决掉。

要求

你得按要求把干系人聚集在一起，以扩大根本原因分析的范围。

以下是此次活动的可交付成果。

- 可交付成果 1：因果树状图，映射出会议期间提出的不良影响的根本原因
- 可交付成果 2：一份 UDE 清单和受其影响的干系人
- 可交付成果 3：一份根本原因清单和它们导致的 UDE 的清单

准备工作

为会议做准备时，将之前创建的因果图（见图 7.6）中的原因和结果转变成新的可交付成果——因果树状图——的草稿。

提示

在这个活动中使用因果树状图，因为需要检查多个极有可能相互关联的问题。在会议开始时，回顾在会议前做准备时创建的因果树状图草稿。在评审的基础上，根据需要对因果树状图进行修改。向干系人询问他们所知道的任何其他问题，并将这些问题作为 UDE 添加到模型中。询问这些 UDE 为什么会出现，并描绘出由此得到的关系。如上节所述那样继续，直到找到所有根本原因。

具体过程

评审树状图的草稿。你要求参会人从 BL 公司和其客户的立场出发，列举他们知道的任何其他所有问题：

- BL 公司财务部的 WA 代表报告称，企业对盈利能力的下降感到担忧
- 承保人提到了不理想的损失率——支出与收入的比率

- 一位数据分析师提出了公司另一个令人不安的趋势——每个用户的平均赔付金额的增加

你在因果树状图上把这些呈现为 UDE。

接着，向参会人询问客户问题：

- 一位客户关系经理提出，雇主们将缺勤率的增加视为主要问题
- 一位市场部经理指出，参保人越来越担心自己的健康状况下降

你把这些 UDE 添加到了图表中。

接着，你对树状图上的每一个 UDE 问"为什么？"然后把你发现的每个原因和它们与其他实体的关系加到图中。

你问是什么原因导致了第一个 UDE，盈利能力下降，然后了解到它是由三个问题造成的：

- 损失率不理想（你之前把这个项目识别为 UDE）
- 定价的竞争力不足以吸引和留住客户
- 品牌忠诚度低

你问干系人，这些原因中任何一个本身是否就足以降低盈利能力：

- 干系人表示，损失率问题导致了盈利能力的降低
- 不过，他们也提出，最后两个问题——定价的竞争力不足和品牌忠诚度低——必须同时存在，才能降低盈利能力

你"圈住"了这些原因，表示 AND 关系。

你继续这个过程，对每个实体询问"为什么？"，直到走到死胡同（根本原因）为止。

可交付成果

可交付成果 1：因果树状图

图 7.8 显示了在这次会议中绘制的树状图。

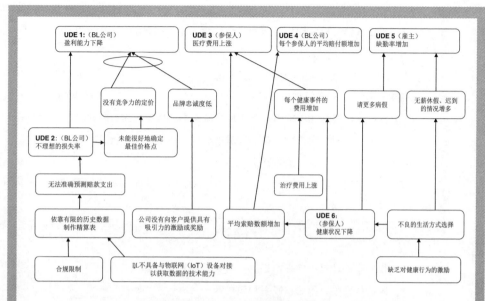

图 7.8 BLInK 因果树状图

可交付成果 2：UDE

以下是确定的 UDE：

- UDE 1：（BL）盈利能力下降
- UDE 2：（BL）不理想的损失率
- UDE 3：（参保人）医疗成本上升
- UDE 4：（BL）每个参保人的平均赔付额增加
- UDE 5：（雇主）缺勤率增加
- UDE 6：（参保人）健康状况下降

可交付成果 3：根本原因清单

识别出以下根本原因：

1. 合规限制——导致 UDE 1 和 UDE 2
2. BL 不具备与物联网（IoT）设备对接以获取数据的技术能力——导致 UDE 1 和 UDE 2

3. 公司没有提供具有吸引力的激励或奖励——导致 UDE 1

4. 缺乏对健康行为的激励——导致 UDE 3、UDE 4、UDE 5 和 UDE 6

5. 治疗费用上涨——导致 UDE 3

案例学习回顾

该分析加强了 BLInK 的商业案例—扩大了它要解决的问题的范围。分析将产品开发指向了提供丰富数据源的特性方向，这些数据源可用于精算表、鼓励健康行为，并有助于制订更有吸引力的奖励计划。

案例学习结语

会议结束后，干系人评审了他们的结论。他们排除了根本原因 1"合规性"，因为最近的立法已经不再将合规性视为关注领域。

在评审拟议 BLInK 项目时，你注意到，为了通过为健康的选择提供福利来鼓励健康行为，产品将会使用订户的健康数据。你推动了对这一项目对其余根本原因的影响的评审。

根本原因 2、3 和 4 都被认为是 BLInK 会产生积极影响的领域。该产品将提供从物联网设备收集数据所需的技术能力。此外，它将向客户提供一个有吸引力的奖励计划，从而提高忠诚度，并为健康选择提供激励。

根据分析得出的结论是，BLInK 有可能改善以下 UDE 的结果：

- UDE 1：（BL）盈利能力下降
- UDE 2：（BL）不理想的损失率
- UDE 3：（参保人）医疗费用上涨
- UDE 4：（BL）每个参保人的平均赔付额增加
- UDE 5：（雇主）缺勤率增加
- UDE 6：（参保人）健康状况下降

7.5 指定一个产品或史诗

可以使用 Connextra 模板总结通过对新史诗或产品的根本原因分析而得到的认识。例如，在 BLInK 案例学习中，你认识到该产品的核心利益是，通过更准确地预测损失率来提高竞争力和盈利能力。用 Connextra 格式可以这样表达："作为一家团体保险公司，我想收集生活方式相关数据，以便改善对损失率的预测。"这种表述用一句话就确定了主要受益者、主要功能和有益结果。另一个史诗的例子是："作为一名供应链经理，我想引入代发货能力，以便在没有库存成本的情况下提高销售总额。"

为史诗指定较高的验收标准，描述完成的最低要求是什么。下面的例子表达了必须要实现的商业目标："遗留系统可以淘汰掉。"

> 史诗：改进客户忠诚度计划。
>
> 验收标准：实施这一史诗意味着遗留系统可以被淘汰了。
>
> 我们将在第 10 章的第 10.9 节中更深入地研究史诗和特性的验收标准。

7.6 问题或机会陈述

问题或机会陈述是对产品或变革举措（如史诗）的商业案例的一个不太凝练但信息量更大的总结。

- 什么（What）是根本问题（或机会）？
- 它对谁（Who）有影响？
- 问题发生在哪里（Where）？
- 它是在什么情况下（When）发生的？
- 我们为什么（Why）要关注它？

问题陈述可以用一段话、一个商业案例的一个部分来阐明，也可以用如以下模板所示的两句话：

[什么？] 的问题 / 机会将影响到 [谁？][在哪里？][在什么情况下？]，会造成 [对客户或业务的影响—也就是"为什么"] 的影响。

在模板中，影响指的是不理想的结果或症状；问题是这些结果的根本原因。

可以再添加一个转向解决方案的句子，如："一个成功的解决方案将会 [好处]。"
在规模化敏捷框架（SAFe）中，类似的格式用作史诗假设的一部分，如下所示：

"对于 [做某事（背景，或在什么情况下）] 的 [客户（谁）] 来说，[解决方案] 是一个 [什么（如何）]，它能 [提供什么价值]；与 [竞争对手，现状] 不同，我们的解决方案 [在哪方面做得更好（为什么）]。"[5]

SAFe 史诗假设模板包含以下项目：[6]

- 开始日期
- 史诗名称
- 史诗负责人
- "对于……来说"模板，如前所述
- 商业成果（目标）
- 将用于验证假设的主要指标
- 非功能性需求

BLInK 案例学习 4：问题陈述

背景介绍

在先前的根本原因分析研讨会之后，你邀请干系人前来参加起草 BLInK 问题陈述的会议。

要求

目标可交付成果是：问题陈述

提示

使用五问法的问题（谁、什么、在哪里、在什么情况下、为什么）来组织与干系人的对话。讨论之前的案例学习的成果。写出分析中确定的根本原因，作为问题陈述中的问题。将 UDE 识别为影响。

具体过程

你与干系人回顾了之前的分析结果，将问题陈述模板用作指导提问的模板。首先向干系人提问："BLInK 要解决什么样的根本原因？"干系人一致认为有以下原因：

- 医疗成本上涨
- 每位参保人的平均赔付额增加
- 缺勤率增加
- 健康状况下降

接下来，你问："谁会受到这些症状的影响？"参会人一致认为，正如之前的分析所指出的那样，受到这些根本原因影响的干系人是雇主、参保人和企业（BL）。你了解到，全国范围内的所有这些干系人都受到了影响。

你询问这些问题在什么情况下会影响到干系人，并了解到他们每天都会受到影响。当你查看在之前的分析中所发现的 UDE 时，你问为什么干系人会关注这些问题。

可交付成果

本次创建的可交付成果如下所示：

可交付成果 1：问题陈述

医疗保健成本上涨，每个参保人的平均赔付额增加，缺勤率上升，以及健康状况下降等问题每天都在影响着雇主、用户和企业（BL），具体造成的影响是健康状况下降，普通用户的医疗保健成本呈两位数增长，而雇主则因员工的缺勤而损失了生产力。一个成功的解决方案将激励健康行为，从而减少医疗费用和因病缺勤，同时为 BL 公司提供更准确的数据，以确定保费的价格，并在市场上获得竞争优势。

案例学习回顾

问题陈述传达了对 BLInK 预计要解决的问题以及将从中受益的干系人的共同理解。

7.7 产品画像

接下来，我们将把这段时间以来增进的理解发展为产品愿景宣言、客户目标、干系人分析以及其他各种信息丰富的 BA 信息工件。为了促进对产品的共同理解，这些工件应该对商业干系人和开发组织的成员透明可见。产品画像是一个公开发布的图表（或称信息辐射器），它提供了这种透明性。它还可以通过解答关于产品的关键问题来减少因为干扰而损失的时间。

表 7.2 提供了这一工具的概览。

表 7.2　产品画像

是什么？	产品画像：展示在公共空间中概览，提供了产品简况。基于罗曼·皮希勒的产品画布改编而来
什么时候？	在刚开始为新产品或重大变革做准备时创建画像。根据需要对其进行更新
为什么？	促进透明性 减少对团队的干扰
提示	使用画像来引导愿景研讨会，从左到右地通过模板来支持客户驱动型分析。把它张贴在公共场所并经常进行更新
可交付成果	产品画像包括愿景宣言、干系人、目标、假设、度量标准、设计草图和特性

产品画像模板

图 7.9 是一个产品画像模板。该模板基于罗曼·皮希勒的产品画布改编而成，[7] 其中还加入了精益创业和其他来源的元素。根据自己的需要对其进行调整。

在愿景研讨会上，将产品画像用作一种辅助手段，从上到下、从左到右地推进。按照这个顺序：愿景、干系人、目标、目的、假设、指标等。通过这种方式，产品画像支持的是一个以客户为中心的过程。

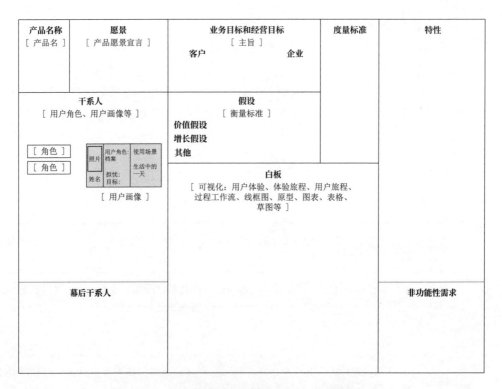

图 7.9　产品画像模板（改编自皮希勒的产品画布）

使用产品画像中的白板区域来交流在产品分析和设计过程中所开发的视觉工件。与文字相比，图片更有优势：它们利用了人类在处理视觉输入时使用"平行处理"的天赋。白板中可能包含以下工件：

- 客户和用户旅程
- 过程模型
- 线框图和其他用户界面设计项目
- 图表和表格

7.8　拟定产品和史诗愿景宣言

根本原因分析是向后追寻，以了解问题的根本原因。

7.8.1　产品愿景宣言

产品愿景宣言是向前看的，它描述了当产品被部署到市场上时，用户将体验到的变化，以及公司希望通过开发产品达到的目的。阐述产品愿景宣言和支持目标是属于产品级 PO 和商业分析师的责任。团队级的分析师负责将产品的愿景和目标传达给团队，并确保需求支持它们。

7.8.2　史诗愿景宣言

同样，史诗愿景宣言描述了一个史诗——对一个现有产品的重大改变——完成后的未来状态。在问题陈述的格式中，可以用史诗愿景宣言来代替最后一句话："一个成功的解决方案将……"在 SAFe 史诗假设的模板中，使用史诗愿景宣言进行电梯演讲。阐述史诗愿景宣言是区域级 PO 或产品级 PO 的责任，这取决于变革的范围。团队级分析师负责向团队传达史诗愿景及其目标，并确保需求支持这些目标。

7.8.3　优秀的产品和史诗愿景宣言所具备的特征

产品愿景宣言应该表达产品最鼓舞人心的长期目标，而不是更世俗的目标。[8] 参照全部潜能计划（见第 9 章"长期敏捷计划"，第 9.4 节），它应该是大胆和创新的（例如，在三到五年内成为在客户服务方面做得最好的公司或显著扩大市场份额）。同样地，史诗愿景宣言应该表达实行变革举措的鼓舞人心的理由，而不是描述一个增量式改进。

愿景宣言应该是简短的，以便于人们记住并在整个组织和市场中传播。约翰·科特指出，优秀的愿景宣言具有以下特性：[9]

- 可传播
- 理想的
- 有画面感
- 灵活
- 可行的
- 易于想象
- 简单

敏捷的愿景宣言阐明了一种观点，即通过观察客户如何使用产品来发现新的特性，而不是预先确定什么特性会有用。这种观点为涌现留出了充分的空间。为了给涌现留出余地，不要在愿景宣言中指定特性，而是要侧重于产品或变革存在的理由。例如，Instagram 的产品愿景宣言是"捕捉和分享世界精彩瞬间。"请注意，这一宣言描述了产品的价值，但并没有具体说明这些时刻是以照片、视频还是虚拟现实的形式被捕捉的。这种缺乏具体性的做法是故意的，因为这就不会对产品的发展施加不必要的限制。如果 Instagram 的愿景宣言中指定了照片这种形式，它将限制产品在用户、企业和产品开发人员心目中的潜在范围。

产品愿景宣言的设计应该是具有持久性的。然而，如果公司希望从根本上调整产品的方向，以应对市场或公众对产品的看法的变化，愿景宣言就应该被修改。例如，Facebook 在 2017 年将产品愿景宣言从"让世界更加开放互联"[10] 改成"赋予人创建社群的权力，让世界融合在一起"。[11] 正如这个例子所说明的，仅仅改变愿景宣言是不够的。这种变化必须渗透到产品和开发组织的文化转变中。

7.8.4　愿景与使命宣言

有些组织有愿景和使命宣言。产品愿景宣言描述了设想中的未来，而使命宣言则侧重于描述为了达到这一目标，公司每一天要做什么事情。换句话说，愿景宣言是理想，而使命宣言是实践。正如国际商业分析协会（IIBA）前任代理首席执行官阿兰·阿森诺特所说，这就是拥有一个健康环境的愿景和各个房间的日常清洁和消毒任务之间的区别。

示例

例如，鞋类电商美捷步（Zappos）有一个十分令人向往的愿景："未来的有一天，美国所有零售交易中的 30% 将是在线交易。人们购物时将会选择具有最佳服务和最佳选择的公司。Zappos.com 将成为这样的网上商城。"[12] 它的日常使命体现在它的口号"以服务为动力"（POWERED by SERVICE）[13] 和它的核心价值观之一"通过服务交付惊喜"（Deliver WOW through service）[14] 中。使命宣言传达了公司日常运营中强烈的服务导向。

- 在实践中，这些细枝末节并不总会被遵守。例如，优步的使命宣言是"为每个人、为您想去的每个地方，提供出行的方式。"[15] 这句话更多的是对未来的理想化愿景，而不是对当下（尽管这正在迅速变化）的实践性指导。

BLInK 案例学习 5：产品愿景宣言

背景介绍

你已经完成了对 BLInK 产品的根因分析，确定了产品想要解决的问题。

要求

作为一名高级商业分析师，你按高管要求主持愿景研讨会，为 BLInK 制定产品愿景宣言。

准备工作

准备以下可交付成果并将它们分发给参会人：

- UDE 清单和受其影响的干系人（前面案例学习 3 的可交付成果 2）。
- 根本原因及它们所导致的 UDE 的清单（前面案例学习 3 的可交付成果 3）。
- 问题陈述（前面案例学习 4 的可交付成果 1）。

具体过程

在会议开始时，你解释了如何创建优秀的产品愿景宣言，提供了示例，并回顾了输入工件。你要求干系人设想 BLInK 成功推出后的场景。情况将会有怎样的改善？

一位干系人提出，通过激励健康行为，BLInK 可以降低缺勤率（雇主遇到的问题），改善健康状况，降低医疗费用（解决员工的担忧），同时减少支出，一位干系人提出，通过激励健康行为，BLInK 可以降低缺勤率（雇主遇到的问题），改善健康状况，降低医疗费用（解决员工的担忧），同时减少支出，提高利润率（BL 公司的担忧）。为了专注于最重要的担忧，你对干系人提出了质疑。

可交付成果

在会议期间，完成以下可交付成果。

BLInK 产品愿景宣言："激励客户做出健康的选择，并在他们做出这样的选择时予以奖励。"

案例学习回顾

产品负责人和各级商业分析师将向整个开发组织、商业干系人，以及客户传达产品愿景宣言，以指导产品的开发和营销工作。

7.9　干系人分析和参与

干系人指的是对某项活动有影响或受其影响的任何个人或团体。干系人分析是一个过程，用于识别干系人并分析他们的需求、态度、影响以及举措对他们会有影响。干系人参与包括制定与干系人合作和沟通的策略和时间表以及执行这些策略的持续性活动。

商业分析师是干系人分析和参与过程的主要负责人。需要承担的责任包括发展、进行和管理过程；确定参会人和时间表，并建立维护干系人分析信息的程序。[16] 作为确定产品或举措需求的第一步，进行全面的干系人分析，以确保考虑到了所有干系人。

干系人分析和参与包括以下活动：[17]

1. 识别和分析干系人
2. 计划干系人的合作
3. 计划干系人的沟通
4. 促进并开展持续的协作和分析

7.9.1　识别和分析干系人

第一步是识别干系人。在设定愿景时，就已经在问题陈述中开始这么做了。如果你是像我这样的外部顾问，识别的过程可能始于一位干系人，也就是首先与你联系的人，比如赞助商或产品推动者。然后，这个人把你引向下一个受访者，后者又把你引向其他人。

7.9.1.1　干系人检查清单

然而，如果仅仅依靠这个过程，可能会遗漏重要的干系人。例如，在我 BA 职业生涯的早期，我过于关注产品的用户，以至于忽略了与将评审我的建议的指导委员会进行访谈。结果，在我的最终演讲中，我对他们提出的关于项目的财务理由的问题毫无准备。由于遗留软件不再受支持，我觉得财务理由非常显而易见，不需要特地提及。如果我事先想到要采访委员会成员，我就不会在演讲时被打个措手不及了。幸运的是，产品推动者救了场，他解释了为什么没有其他选择，只能继续前进。从那时起，我就养成了使用检查清单的习惯，以确保我考虑到了每一种类型的干系人——尽管我并不期望将他们全部包括在内。若想了解关于干系人的类型及其对分析的贡献的信息，请参见附录 A.5。识别干系人的其他信息来源包括公司网站、公司内部团体、组织结构图、流程图和以前的活动文件。[18]

7.9.1.2 干系人名单、角色和责任表

通过调查每个干系人对举措和产品的参与情况来完善干系人的分析。表 7.3 是一个关于干系人名单、角色和责任的例子，它是用来记录干系人分析结果的工件。

使用诸如用户角色模型研讨会和用户角色等技术来进一步完善干系人分析。

若想了解角色的相关信息，请参见第 10 章的 10.12 节。若想了解用户角色建模的相关信息，请参见第 10 章的 10.18 节。

7.9.2 计划干系人的合作

接下来要做的是确定每个干系人或干系人类型将如何与开发团队合作。

在以下几个方面取得一致：

- 协作的场所：即参与的方法，比如需求研讨会、焦点小组、维基、预定的会议（真实的和虚拟的）、网络会议、电话会议
- 地点
- 预期参与形式（例如，作为一名积极的合作者，测试人员）
- 时间预期（例如，全职团队成员，每周一小时）
- 响应速度（例如，当天回应紧急问询）

提示

不要等到举措开始时才解决预期的问题，而是要尽早解决。我从之前的一位客户那里学到了这个教训，他在整个项目期间总是来打扰我，让我为即将到来的会议提供进度报告。更糟糕的是，这份耗时的工作是我在设定时间表时没有计划到的。通过预先管理预期来防止发生冲突。

（示例）

表 7.3 干系人名单、角色和责任

干系人群体（用户群体，业务职能，职务，职称等）	联系人	角色中的排名	所在地	主要影响：对干系人的影响 水平	主要影响：参与举措的情况 水平	与举措相关的主要职能（如投资人、股东、供应商、代理用户）	对变革的态度（例：赞成，反对）	干系人的期望	团队对干系人的期望
新产品开发经理	R. Hamdi	1	达拉斯	H	H	赞助人		改进分析，实现数据知情决策	
首席财务官	H. Groot	3	洛杉矶	L	H	指导委员会成员（批准预算，监督进展）			
市场人员	J. Gupta	10	纽约，达拉斯	H	M	商业 SME，用户		有能力在多个平台上开展活动	

7.9.3　计划干系人的沟通

使用前面的分析来创建一个干系人沟通计划，其中要指定以下内容：

- 信息要求——干系人需要从团队那里获得的信息（例如，状态更新）以及团队需要从干系人那里获得的信息
- 沟通的场所或方法（例如，总结报告、状态更新会议、电子邮件、维基、网站）
- 沟通的时间和频率
- 所需的粒度级别
- 受众级别（专家、普通）
- 偏好的沟通风格（正式、随意）

若想了解关于选择最佳沟通方式的准则，请参见第 5 章的 5.15.5 节。

干系人造成和受到的影响矩阵

用干系人造成和受到的影响矩阵来确定沟通策略。表 7.4 展示了矩阵中的四个象限。

表 7.4　干系人造成和受到的影响矩阵 [19]

干系人造成的影响	高	确保干系人的关切得到解决。让干系人及时了解问题和总体进展情况	定期向干系人协商特性、商业目标和指标的相关信息。让干系人及时了解问题和整体进展
	低	沟通可以是总结性的（例如，官宣或公告）	向干系人征询对新特性或变革将影响他们的目标领域的看法
		低	高
		干系人受到的影响	

根据每个干系人或角色的参与性质，将其置于相应的象限内，然后利用相应部分的指导性原则，为每个干系人规划沟通策略，如表 7.4 所示。

7.9.4　引导并持续开展参与和分析

执行计划。促进干系人和团队之间的合作，并按照计划中的描述与干系人进行沟通。干系人分析是一个迭代且持续的过程。如果更深入地了解了干系人和发现新干系人，可以根据需要更新信息和计划。

BLInK 案例学习 6：识别干系人

背景介绍

确定了主要干系人后，接下来要做的就是分析他们与举措的关系，并制定与他们沟通的策略。

要求

你按要求为 BLInK 的风险项目提供以下成果：

- 干系人名单、角色和责任（草案）

提示

回顾在案例学习第 3 部分中创建的因果树状图（可交付成果 1，图 7.8）。找出有关干系人和影响他们的 UDE 的部分。重点关注产品所要解决的 UDE。这些将表明干系人的利益所在。然后查看附录 A.5 中的干系人检查清单，看看是否有遗漏的干系人。在干系人名单、角色和责任表（表 7.3）的草稿中记录了解到的情况。这时不要急着完成表格或是加上所有列。

具体过程

为了得到干系人的名单，你和参会人一起查看了根本原因分析的结果和干系人检查清单。干系人包括投保人和雇主。你了解到，团体保险计划的投保人通常就是雇主。你与 SME 取得了共识，将他们视为同一种角色类型，并以投保人作为主要名称。

你调查了受到影响的其他干系人，将结果记录在干系人名单、角色和责任表中。接下来，你和参会人一起评审了名单——使用干系人造成和受到的影响矩阵（表 7.4）对干系人进行了分类。最后，你们对每个象限进行了讨论，并确认了对其中的干系人采用的高级沟通策略。

可交付成果

可交付成果 1：BLInK 干系人名单、角色和责任

经过初步分析，你制作了表 7.5。

表 7.5　BLInK 干系人名单、角色和责任

姓名（主要联系人）	干系人角色（类型）	对干系人的影响	干系人对举措的参与（责任与权限级别）
M. Grande	投保人（雇主）：支付保单费用	降低保费；减少缺勤率	已征询
R. Hinkle	主要参保人（雇员）：保单中的主要人员	降低医疗费用；改善健康状况	已征询
H. Groot，F. Hill	参保人（又称投保人、成员）：任何在保单中的人	降低医疗费用；改善健康状况	已征询
Norman，Z. Branitsky	经纪人：销售保单，代表买方	来自新业务的收入增加	已征询
X. Krieg	代理人：销售保险单，代表一家或多家保险公司	来自新业务的收入增加	已征询
A. G. Houseman	承销商：裁定保险申请，确定承保范围和保费	更有针对性的定价和承保范围	已征询
M. Lautrec	法律和合规审核员		批准
Y. Hendles	精算师：分析财务风险	由于有了更丰富、更个性化的数据集，预测和风险评估更加准确。	已征询，已告知
Z. Nguyen	供应商	负责设备和数据服务的工作	已征询，已告知
R. Yang	赞助人	提高了盈利能力和损失率；降低了每个用户的平均赔付率	正式批准
V. Chretien	产品负责人		负责对产品待办事项列表进行优先级排序

> **案例学习回顾**
>
> 干系人分析的结果是，你现在能够构建一个纳入了所有关键客户和干系人的意见的沟通计划了。

7.10 分析业务目标和经营目标

下一步是将产品或史诗愿景宣言转化为业务目标和经营目标。思考企业和最终客户的视角：通过开发产品或实施变革举措，公司能得到什么？对购买者和用户有什么好处？

既然接下来要重点讨论业务目标和经营目标，那么就来回顾一下第3章对它们的介绍。业务目标指的是企业希望达成的目标，比如：

> 在今年内建立企业范围内的品类规划能力。

经营目标是低于企业层面的结果（例如，在第三季度前提供推广服务和福利的能力）。这个目标可以是一个学习目标，例如，设定目标以测试这样的假设：如果用户在试图分享自己没有看过的文章或视频时会受到警告，那么就可以激励他们在分享之前查看内容并形成自己的观点。公司应该在其生命周期内保持持续学习的心态。

业务目标和经营目标应该是可衡量的和有时限的（例如，业务目标是在年底前将销售额提高 10%）。

若想进一步了解业务目标和经营目标，请参见第 3 章的 3.4.2.2 和 3.4.2.3 节。

7.10.1 将基于情况的市场细分作为业务目标和经营目标的基础

使用基于情况的市场细分来确定客户要用产品做什么工作——产品的高层次用途（例如，发起一次营销活动）。例如，一个游戏应用程序的工作或客户目标是照看幼儿，以便他们的父母可以有一些私人时间。

产品建立起来之后，继续使用基于情况的市场细分，以发现产品的新用途，并改进它们现有的实施方式。例如，在前文中提到的游戏应用发布后，进一步的市场分析显示，客户希望通过该产品完成一项新"工作"：父母希望保护他们的孩子，让他们上网时不会看到有害的内容。这个洞察是一个史诗——一项变革举措——的基础，其目标是在特定期限前为整个平台提供保护。

若想进一步了解基于场景的市场细分，请参见第 8 章的 8.4 节。

如前所述，业务目标和经营目标必须是可衡量的。定义用于衡量进展的指标。根据全部潜能计划准则（见第 9 章的 9.4 节），确定代表现实结果的指标，如增加的市场份额和复合年均增长率（CAGR），而不是过程指标，如编写代码的总行数或速度。前面例子中的游戏程序的成功指标可能是：孩子哭闹的平均时间减少 50%。

7.10.2　在故事范式中表示业务目标和经营目标

接下来要讲的是如何在故事范式中表示业务目标和经营目标。这样做的好处是可以使用一个单一范式来追踪从目标到详细需求项的完整演变过程。然而，如果组织已经有了管理业务目标和经营目的有效方法，就没必要再改变它。

7.10.2.1　将用户功能表示为史诗和特性

如果业务目标和经营目标是实现一个高层次用途（用户可以用产品做的工作），那么根据项目的估算，创建一个史诗或特性来交付它。一个史诗可能需要多个团队耗费多个季度完成。一个特性则必须能在一个季度内实现；它可能是由多个团队完成的。

7.10.2.2　将其他业务目标和经营目标表示为主题

将任何其他业务目标和经营目标表示为一个主题。主题（theme）是一种机制，用于跨组织界线、产品区域和产品地将史诗、特性和故事按任何主题进行分组。一个史诗、特性或故事可能属于多个主题。

例如，假设我们要在所有与客户的交流中突出一个新的目标。这个目标本身并不是用户使用产品所做的事情，但它会影响到他们使用的许多功能，例如生成客户发票和续订。因此，把这个目标视为一个主题，把更改功能的工作当作史诗、特性和故事。

BLInK 案例学习 7：构建业务目标和经营目标

背景介绍

现在，已经确定了 BLInK 的干系人，邀请他们参加一个探索性会议，讨论开发产品的业务目标和经营目标。

要求

你按要求主持与引导会议，从两个视角对产品的业务目标和经营目标展开调查：客户的视角和 BL 公司的视角。

以下是这一步的可交付成果。

可交付成果 1：客户方面的业务目标和经营目标（含度量标准）

可交付成果 2：企业方面的业务目标和经营目标（含度量标准）

可交付成果 3：指标列表

具体过程

召集赞助方、项目经理、产品经理、客户关系经理和市场主管开会。首先，总结之前根因分析所发现的不良影响（UDE）。你注意到健康状况不佳和医疗费用上涨的问题，并建议将改善健康状况和降低费用设为参保人目标。

你请那些对市场有了解的人考虑这些以及其他客户目标，并要求业务干系人描述企业方面的目标。确定了产品的业务目标和经营目标后，你推动展开了关于将被用作成功指标的度量标准的讨论。

可交付成果

客户方面的业务目标和经营目标（含度量标准）

- 减少保费缴纳（投保人）。度量标准：保费变化的百分比（M7）
- 赋予客户控制保费的权力（参保人）。度量标准：满意度调查（M14）

- 降低医疗方面的花费（参保人）。度量标准：参保人年度支出（M15）
- 改善健康状况（参保人）。度量标准：每个人的索赔次数（M4）；每个参保人的年平均索赔额（M5）

可交付成果 2：企业方面的业务目标和经营目标

- 减少流失率。度量标准：自愿流失率（M10）
- 增加市场份额。度量标准：市场份额（M11）
- 减少损失率。度量标准：损失率（M3）
- 减少索赔的数量。度量标准：每份保单的索赔额（M12）
- 提升风险预测能力。度量标准：损失率（M3）
- 吸引客户。度量标准：增长率（M13）

可交付成果 3： 度量标准清单

- M3：损失率
- M4：每个人的索赔次数
- M5：每个参保人的年平均索赔额
- M7：保费变化的百分比
- M10：自愿流失率
- M11：市场份额
- M12：每份保单的索赔额
- M13：增长率
- M14：满意度调查
- M15：参保人年度支出

案例学习回顾

产品的业务目标和经营目标将被用作特性的优先级排序的指导。度量标准将被用来评估项目的成功与否。

7.11 分析信念飞跃式假设

下一步是考虑如何验证产品的愿景和价值主张。在传统的产品开发中，这可以通过使用历史数据进行预测来实现。但如果产品很新颖，就不能使用这种方法，因为没有同类型产品的历史数据可供参考。在这种情况下，验证商业案例需要用一种实验性的循证方法——进行低成本的 MVP 实验来对支撑愿景的假设进行测试。

7.11.1 什么是精益创业

信念飞跃式假设和 MVP 是埃里克 • 莱斯设计的精益创业方法中的关键工具。在你表示"这不适合我的组织，我们不是创业公司"之前，让我们先明确一下这个术语。精益创业企业是"在极端不确定的情况下，以开发新产品与新服务为目的而设立的组织。"[20] 关键因素并非企业的年龄，而是产品的不确定性程度。事实上，与我合作的许多精益创业组织并不是普遍意义上的创业公司。它们属于主流业务领域，比如保险、电信、金融和政府。但它们都参与了精益创业，因为它们所开发的产品是有新意的。以下是精益创业的一些真实的例子。

- 一家电信公司开发了一个自助服务网站，供客户定制自己的计划，而客户是否想要使用该网站存在着极大的不确定性。

- 一家保险公司正在开发利用物联网设备的数据来确定费率和福利的产品（像本书介绍的 BLInK 案例那样）。在这种情况下，客户是否愿意抛开隐私问题，存在着极大的不确定性。

- 一个政府机构正考虑提供贷款风险评估服务。这对该机构来说是一次精益创业，因为它一直以来都在免费提供这种服务，作为其核心产品申请过程的一部分。虽然有数据表明客户会需要这项服务，但仍然极度不确定客户是否会为此付费。

7.11.2 什么是信念飞跃式假设

MVP 过程中的第一步是识别信念飞跃式假设——关于产品的关键假设，这些假设必须为真，举措才能获得成功。在第 9 章和第 12 章中，你将学会用这些假设来驱动 MVP 计划，目的是尽快以较低成本测试关键假设。

对变革举措的假设

测试假设并不只发生于新产品开发的初始阶段。而是在产品的整个生命周期中，持续地运行实验来测试假设。举例来说，Twitter 目前正在对一个共享项目的特性进行试验：用户会看到一个观点相似的帖子，一个观点略有不同的帖子，以及一个完全不同的帖子。[21] 学习目标是对这样的假设进行测试：如果用户看到这些不同的观点，他们会想进一步地了解文章或观看完整的视频。先进行受控实验的好处是，可能有其他假设和影响是公司没有预料到的。实验能将这些影响暴露出来，这样就可以在更改被大范围发布之前解决这些问题了。

7.11.3 价值假设

精益创业方法确定了两大类信念飞跃式假设：价值假设和增长假设。价值假设是关于产品价值的关键的、未经证实的假设。

以下是价值假设的例子。

- 客户一旦看到这个产品就会想使用它，他们只是还不知道自己有这样的需求，因为这个产品是同类产品中的首创。
- 顾客会愿意忍受比现在低质量的产品，以换取低价格或高便利性。
- 顾客将大量使用该产品。

7.11.4 增长假设

有的产品尽管可以为顾客提供价值，但它们的增长率仍然可能不够高，无法获得成功。快速增长对于新进入者尤其重要，因为他们需要在现有企业有机会作出反应之前迅速占领市场。项目若想获得成功，增长假设必须为真，在精益创业中，这种假设被称为信念飞跃式增长假设。

以下是增长假设的例子。

- 每个用户至少会推荐 X 名用户（病毒式公司模式）。
- 买家和卖家将会达到合适的比例（市场公司模式）。

7.11.5 确定度量标准

通常情况下，团队只会在特性实现后再考虑度量标准。但这对开发决策来说为时过晚了，因为到那时，关键的决策早已做出了。在商业分析师的支持下，PO 有责任说服干系人和开发人员在过程初期就指定度量标准，这样数据就可以为投资提供参考。这些度量标准应该随着时间的推移而完善，例如，随着对 MVP 进行计划和测试的过程而完善度量标准。

确定用于验证假设和衡量业务目标和经营目标的进展的度量标准。使用衡量结果的标准，而不是衡量过程步骤的标准。例如，衡量质量、成本和再入院率，而不是完成医疗程序的时间。

精益创业为定义可操作的指标提供了指导，与看似昭示着改善但实际上并不具有说服力的虚荣指标相反，这些指标可以分离出变化的影响。让我们来看看这些准则吧。

7.11.5.1 虚荣指标

假设一家报社决定启动一个提高广告收入的项目。为了评估项目的可行性，报社核算了活动之前、期间和之后出版物每月的广告收入。果然，收入上升了。于是，他们得出结论：这个项目取得了成功。他们这样做对吗？

答案是"不一定"。收入上升可能有其他原因，比如竞争出版物停刊了。他们选择的指标虽然能使人们对项目感到满意，但并不能证明什么。在精益创业中，这样的指标被称为虚荣指标。

7.11.5.2 可操作的指标和分割测试

与虚荣指标相反，可操作的指标为企业提供了可以用来做决策的测量。前面的指标示例的问题在于，它没有屏蔽环境中发生的其他事情的背景噪音。要做到这一点，需要在与测试组相同的环境中增加一个对照组，只是它不会经历我们要测量的干预。这种方法称为分割测试或 A/B 测试。

回到报纸的例子上来，我们可以将新项目暴露给一小组（群）客户，而不暴露给另一组，并衡量每个组的广告收入增长之间的差异。如果测试组的收入有净增长，而对照组没有，那么增长一定是由新项目带来的，因为环境变化对两组都有影响。

也可以对两个以上的小组使用这种方法。例如，可以测量两个组的转换率——各个组接触到的是用户界面的不同变化——然后将这些测量结果与没有经历任何变更的对照组进行比较。

检验价值假设的指标包括以下内容：

- 日活跃用户数或月活跃用户数（测量黏性）
- 从免费试用升级到订阅的转换率
- 打开的频率
- 平均会话长度
- 花在应用程序中的总时间（每天、每周、每月）
- 参与留存率（在一定时期内回归应用的初始用户的百分比）

为了屏蔽环境因素，要进行分割测试，并留意测量测试组和对照组之间的数值差异。

增长指标包括以下几个：

- 推介率：每个用户的平均推荐次数

  净推荐者（Net promoters，NP）= 推荐者 % － 批评者 %，[22] 其中：
    - 推荐者的百分比 = 对："在 0 到 10 的范围内，你有多倾向于向朋友或同事推荐本产品"这一问题的回答是 9 或 10 的客户的百分比
    - 批评者的百分比 = 回答 0 到 6 的客户的百分比

研究表明，高 NP 值和增长之间存在关联[23]。高 NP 也意味着获取客户的成本低（CAC），因为现有客户能免费地进行大部分营销：

- 月度活跃用户（MAU）的增长率，MAU= 当月至少访问过一次网站或使用过一个应用程序的不重复用户
- 跳出率：访问后立即离开的客户的百分比

7.11.5.3　改进工作的可操作指标

前文中的关于指标的指导性原则也适用于产品建立后的持续改进过程中。指定可操作指标来衡量提议的特性或修改的价值。随着特性的开发，与用户一起测试解决方案并收集可操作指标。使用这些数据来评估特性的替代方案的有效性。在验收测试期间，收集和分析可操作指标，以验证该特性，并决定是否要包含和支持它。

7.11.6 以发现为导向的计划中的假设

在处理创新产品时，财务规划师和产品开发人员面临着同样的挑战：当产品和市场存在极大的不确定性时，该如何制定计划？以发现为导向的财务计划将 MVP 方法延伸到了财务计划领域。财务规划师从被认为是风险投资成功所必需的结果开始向后推演，以确定必须作出的财务假设或预设。然后，规划师设计战略，并尽可能快地在市场上测试这些假设。这个过程的步骤如下：[24]

- 确定所需的未来结果（目标）
- 通过编制逆向损益表，确定为实现这些目标而必须做出的预设
- 建立计划，根据轻重缓急对这些预设进行测试
- 实施计划：测试各项预设
- 学习：根据测试结果做出战略投资决策

通过这个过程发现和测试的财务预设的例子包括以下内容：

- 生产成本
- 获取客户的成本
- 客户愿意为产品支付的价格
- 包装和运输成本
- 产品寿命

若想查看对于以发现为导向的计划的更详细的说明，请参见第 18 章的 18.10.2 节以及附录 B。

7.11.7 预设检查清单

在假设检查清单中提供更多关于假设或预设的信息。表 7.6 展示了一个例子。

表7.6　假设检查清单

ID	预设	度量标准（目标）
1	销售回报率（ROS）会很高	ROS（≥16%）
2	决定离开的客户会更少	自愿流失率（减少 10%）

7.11.8　使用里程碑计划表来计划预设测试

使用里程碑计划表来对预设测试的时间进行计划。表 7.7 展示了里程碑的一些例子。

若想查看完整的例子，请参见附录 B。

表 7.7　里程碑计划表

已完成的里程碑事件	待测试的预设
原型已创建	（A1）10% 的价格优势将足以吸引客户离开现有供应商。
试生产	（A2）生产成本可以保持在 100 美元 / 单位以下。

BLInK 案例学习 8：分析预设

背景介绍

在分析了业务目标和经营目标之后，你准备研究预设（信念飞跃式假设）。为了实现这些目标，这些预设必须为真。你邀请干系人参加头脑风暴会议，以识别这些预设并确定用来测试它们的指标。

要求

以下是该分析的可交付成果：

- 可交付成果 1：预设检查清单（写明指标）
- 可交付成果 2：指标列表

具体过程

你回顾了产品的业务目标和经营目标（见案例学习 7 的可交付成果）。你要求干系人考虑，为了实现这些目标，哪些预设必须是有效的。

对于提高预测能力的目标，你发现了一个价值假设："客户在试用六个月后会想继续使用这个项目。"对于改善健康的目标，你发现了一个价值假设："行为会因为这个项目而得到改善。"参会人继续讨论目标及其相关假设，直到想不出新的预设为止。

接下来，你推动展开了对预设的评审。你要求干系人按照关键性顺序排列它们，目的是让那些排在前面的预设最早被测试。之后，你讨论了用于测试已确定的预设的指标。

可交付成果

可交付成果 1：预设检查清单

价值假设

（A1）客户在六个月的试用期后愿意继续使用。（M1）

（A2）行为将得到改善。（M2）

（A3）预测风险和赔付款的准确度将提高。（M3）

（A4）由于参与，健康将得到改善。（M4，M5）

（A5）客户会对产品一见倾心。（M6，M16）

（A6）保费将降低。（M7）

（A7）如果能立即看到好处，客户就可以克服不愿意分享数据的心理。（M8）

增长假说

（A8）参保人会推荐其他人。（M9）

（A9）广泛使用后，接受度会增加。届时将不再需要大量即时折扣。（M8，M13，M16）

（A10）BLInK 将使客户留存率提升。（M10）

可交付成果 2：指标列表

指标

- M1：BLInK 续费率
- M2：生活方式评分
- M3：损失率
- M4：每人的索赔次数
- M5：平均索赔金额
- M6：回复率
- M7：保费变化百分比
- M8：渗透率
- M9：推介率
- M10：自愿流失率

- M13：增长率
- M16：试用转换率

7.12　小结

以下是本章涉及的要点。

1. 根本原因分析是一套技术，用于从影响追溯到其最根本的原因。该方法包括"五问法"和因果关系图。
2. 产品愿景宣言是对产品被目标市场使用的未来的简短描述。
3. 尽早进行干系人分析，并在整个开发周期内持续这个过程。
4. 将业务目标和经营目的表现为主题。
5. 将客户目标表现为史诗和特性。
6. 信念飞跃式假设必须为真，产品才算是可行的。在项目之初就确定这些假设，这样就可以计划尽快在市场上验证它们。

7.13　下一个主题

在第 8 章中，我们将研究与填充待办事项列表相关的活动——确定和规范与产品相关的特性及其他工作事项。

注释

1　"NIKE, Inc. Sets Bold Vision and Targets for 2020" [press release], Business Wire, May 11,2016, https://www.businesswire.com/news/home/20160511005885/en/NIKE-Sets-Bold-Vision-Targets-2020

2　Howard Podeswa, *UML for the IT Business Analyst: A Practical Guide to Object-Oriented Requirements Gathering*(Boston: Thomson Course Technology, 2005).

3　James F. Cox and John G. Schleier, *Theory of Constraints Handbook* (New York: McGraw Hill, 2010).

4　Cox and Schleier, *Theory of Constraints*, 394–395.

5　Richard Kastner and Dean Leffingwell, *SAFe 5.0 Distilled: Achieving Business Agility with the Scaled Agile Framework* (Boston: Addison-Wesley, 2020), 154.

6　Kastner and Leffingwell, SAFe 5.0 *Distilled*, 154.

7　Roman Pichler, "The Product Canvas" [blog post], July 16, 2012, https://www.romanpichler.com/blog/the-product-canvas

8　Roman Pichler, "8 Tips for Creating a Compelling Product Vision," October 8, 2014, https://www.romanpichler.com/blog/tips-for-writing-compelling-product-vision

9　John Kotter,8 Steps to Accelerate Change in Your Organization, Kotter Inc., 2020, https://www.kotterinc.com/wp-content/uploads/2020/06/2020-8-Steps-to-Acceperate-Change-eBook-Kotter.pdf

10　Nick Statt, "Mark Zuckerberg Just Unveiled Facebook's New Mission Statement," The Verge, June 22, 2017, https://www.theverge.com/2017/6/22/15855202/facebook-ceo-mark-zuckerberg-new-mission-statement-groups

11　Facebook, "About," https://www.facebook.com/pg/facebook/about

12　Zappos.com, "About Zappos," https://www.zappos.com/marty/c/about-zappos

13　Zappos.com, "What We Live By: Our Core Values," https://www.zappos.com/about/what-we-live-by

14　"How to Write Mission and Vision Statements for B2B: And Why It Matters," Blender, https://www.themarketingblender.com/vision-mission-statements. See especially "Vision Statement Examples (A to Z)"and "Mission Statement Examples (A to Z)."

15　Uber Newsroom, "Our Mission," Uber Technologies Inc., 2018, https://www. 优步 .com/en-CA/newsroom/company-info

16　Alain Arseneault, in an editorial note to the author, July 2020.

17　International Institute of Business Analysis, "Plan Stakeholder Engagement," in BABOK v3: A Guide to the Business Analysis Body of Knowledge, 3rd ed. (Toronto, Canada: IIBA, 2015),31–35. 书中的步骤来自 BABOK v3 第 3.2 节中的活动。

18　Arseneault, 私聊 , 2020.

19　IIBA, BABOK v3, 345.

20　Eric Ries, The Lean Startup (New York: Random House, 2011), 34.

21　来自对杰克•多西的采访。Michael Barbaro, "Jack Dorsey on Twitter's Mistakes," The Daily[podcast], August 7, 2020, https://podcasts.apple.com/ca/podcast/the-daily/id1200361736?i=1000487397342

22　Frederick F. Reichheld, "The One Number You Need to Grow," Harvard Business Review, December 2003, https://hbr.org/2003/12/the-one-number-you-need-to-grow

23　Reichheld, "The One Number You Need."

24　基于克里斯坦森和雷诺描述的过程，对步骤的数量和活动做了一些改变。Clayton M. Christensen and Michael E. Raynor, The Innovator's Solution (Boston: Harvard Business Press, 2003), 227–229. 中译本《创新者的解答》。

第8章
填充待办事项列表：发现并对特性进行分级

前几章涉及为产品或变革举措制定愿景。本章将解释如何识别和分析支持愿景的初始特性集，并在产品待办事项列表中种下第一批种子。图8.1重点标出了本章涉及的活动、事件和工件。

本章从使用基于情况的市场细分来发现产品的高级用例开始。例如，社交网络的高级用例包括"和我的朋友保持联系"和"让我看看新闻"。每个用例在待办事项列表中都被表示为一个史诗或特性，具体取决于它的大小。本章还要介绍如何使用"角色－特性－原因（Connextra）"模板在产品待办事项列表中表示这些项目。

本章要解释如何评估待办事项的价值和成本，以及如何利用这些措施来确定项目在待办事项列表中的优先顺序。本章还要描述如何使用卡诺分析法对客户价值进行分级，确定延迟成本（项目的总价值），并用这些结果来确定项目的加权最短作业优先级（WSJF）——决定它的优先顺序的指示之一。

本章最后要对在敏捷分析框架内指定和管理非功能性需求（NFR）提供指导。

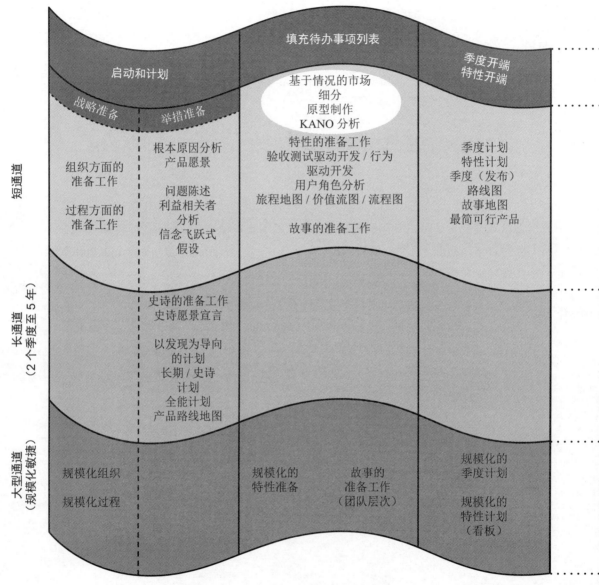

图 8.1　全景图中的第 8 章

迭代开端

日常活动

季度收尾史诗、特性收尾

迭代收尾

每日站会

需求分析与记录

编码、构建、测试、交付验收测试驱动开发 / 行为驱动开发

最简可行产品，分割测试

史诗、特性的准备工作

故事的准备工作

迭代计划

迭代评审会

迭代回顾

为正式发布做准备

季度回顾

史诗、特性回顾

转向或继续

规模化的迭代计划

迭代计划（团队层次）

产品负责人委员会的会议

DevOps

用户特别小组的会议

规模化的特性准备（看板）

集成会议

故事的准备工作（团队层次）

规模化的迭代评审

规模化的迭代回顾

迭代回顾（团队层次）

DevOps

规模化的季度 / 特性回顾

8.1 目标

本章将帮助大家实现以下目标：

- 使用基于情况的市场细分的结果，用特性填充待办事项列表
- 使用卡诺分析法对提出的特性进行客户价值评估
- 使用 WSJF 和延迟成本来帮助做出排序决策
- 知道如何在敏捷过程中管理 NFR

8.2 本章在全景图中的位置

如图 8.1 所示，我们将在填充待办事项列表区域考察以下项目：基于情况的市场细分、原型设计和卡诺分析法。

8.3 概述：填充待办事项列表

如果你像大多数分析师一样并不直接参与更高层次的愿景设定和计划，那么就要从"填充待办事项列表"区的活动开始积极负责确定初始特性集、它们对客户的价值以及它们在待办事项列表中的优先级排序。

待办事项列表的第一批项目需要被进一步地准备，以便为计划和实施做好充分的准备。我们在第 10 章中讨论了如何准备特性，在第 13 章中讨论了如何准备故事。

8.3.1 定义：史诗和故事

由于接下来要讨论大型工作项，所以我们先来回顾一下第 3 章中提供的一些相关定义。

- 史诗是一个大型工作项。它可能需要多个团队花费多个季度才能完成，并横跨多个产品区域。它应该代表产品的高层次能力，会影响一个用户或一群用户。例如，一个史诗可以提供一个顶级菜单项（例如，订单）、产品的一个功能区、现有能力的扩展、一个业务流程、一个项目或内部改进
- 特性是一个工作项，可以在一个季度内由一个或多个团队完成。一个特性应该代表一个用户、客户或他们的群体所关心的一个产品特质

8.3.2 应该预先填充多少个特性

一个经验法则是，为了避免过度计划和分析，将最初的特性集限制在 15 到 20 个。这也是可以使用卡诺分析法进行分析和优先排序的项目数量。我们将在第 8.11 节中学习卡诺分析法。

不确定性越高，产品越新颖，就越不应该预先分析和确定其特性。如果产品是新颖的，允许特性的需求通过客户的使用而出现和发展。因为产品的概念可能会随着时间的推移而发生很大的变化，所以初始分析要集中于近期的特性，同时推迟对待办项的分析。另一方面，如果产品已经很成熟，而且不确定性很低，那么在开发周期中不太可能需要大幅更改需求（或放弃需求）。在这种情况下，进行更广泛的前期分析是更好的选择，因为它能提供更多信息，而这些信息正是制定成本估算和实施决策的基础。这能够减少返工的需要，否则，当早期实施是在不完全理解需求的情况下进行的时候，就会需要返工。

8.3.3 邀请谁来参加填充待办事项列表的工作

一条规则是，不要邀请投资者参加填充待办事项列表研讨会，因为他们的注意力往往集中在目标和达成目标的计划上，而不会集中在产品需求上。请考虑邀请以下人员参加：

- 将直接或间接受益于产品特性的干系人
- 负责确定优先级和批准权的人
- 将从事开发工作的人（为了获得他们对估算和替代方案的意见）

需要考虑的角色如下：

- 产品负责人（PO）委员会成员
- 高级产品经理
- 产品级 PO、区域级 PO 及团队级 PO
- 工程师
- 开发经理
- 开发人员、QA、分析师和其他团队成员可以采取小组会议、个别访谈或信息讨论的形式来征求意见。

8.4　用基于场景的市场细分来探索特性

在没有现有产品可供比较的情况下，该如何预测一个新产品的哪些特性会受到客户的重视呢？克里斯坦森[1]的建议是利用基于情况的市场细分，这是最先在第 7 章中介绍的技术。这个过程从实地调查开始，以确定客户购买产品是为了做什么工作，也就是客户在决定购买产品时的目标（期望的结果或好处）。每项工作都代表了产品的高级能力或用途。确定了这些工作后，就与客户和干系人一同写作，以探索完成这些工作需要哪些具体特性。

举例来说，考虑前文中提到的 CEO 案例学习——一个管理公司在社交媒体平台上与客户互动的产品。实地调查表明，客户关系专家会使用该产品来及时了解客户对产品的评价，以便公司在负面评价传开之前就做出回应。在进一步调查用户为此会比较重视哪些特性时，你确定了以下项目：

- 提供在社交媒体平台上汇总所有关于产品的标签提及的能力
- 使用 AI 能力来自动标记有利和不利的提及，以便对它们进行分流
- 当不利的提及有可能病毒性扩散时，提醒支持人员

8.5　发现初始特性的其他方法

使用后面几章将讨论的敏捷分析技术和工具时，也会发现一些特性。例如，通过流程建模，可以在一个端到端的业务流程中确定用户任务，以申请一个新的服务产品。一个任务是让终端客户提交服务申请。另一个任务是让审批人批准。这些任务代表了系统的用例（用途）。由于一个完整的用例所需要的工作量通常比用户故事所允许的最大工作量更多，所以它通常被归类为特性。回顾一下，一个特性可能需要多个团队花费最多一个季度的时间来实现；而一个用户故事必须能够由一个团队来实现，并且不能超过 8 天（或更少，取决于实践）。

若想进一步了解关于生成特性的分析和计划技术的更多信息，请参见第 10 章的 10.14 节、10.15 节、10.16 节和 10.17 节。

8.6 特性的独立性

定义特性，使它们尽可能地相互独立。这样做可以极大地简化需求管理，因为这样就能在不必担心对待办事项列表的其他项目的影响的情况下，对特性进行优先排序和重新排序。

上文中提到的 CEO 特性就是个独立特性的好例子，因为它们能按照任意顺序实施。假设第一个特性，即跨平台合计标签提及的能力，还没有实现，而且现在只支持一个平台。然而，第二个特性，即自动标记有利的和不利的提及，仍然可以被实施，可以为用户提供价值。即使这两个特性都没有实现，最后一个提醒支持人员的特性也仍然可以实施并提供价值：只不过它会在人工标记和单一平台的基础上被建立。

8.7 使用"角色 – 特性 – 原因"模板来表述史诗和特性

第 2 章中介绍了 Connextra（又称"角色 – 特性 – 原因"）模板，它可以用于任何规模的项目：史诗、特性或故事。

> **Connextra 模板**
>
> 作为 [用户角色]，我想要 [功能]，以便 [商业价值]。

然而，并不是必须要用这种格式来写。永远要使用最有效的方式。无论是否使用模板，都要确保对它的元素有一个共同理解：谁是用户、他们想做什么以及他们为什么要这样做（价值）。

在一个大型工作项中，通常会在计划会议期间用简短的、非正式的措辞开始讲话，把这些工作项转移到电子产品待办事项列表中时，再把它们转化为 Connextra 模板。这种时候最好使用模板。否则，大家四散离开后，工作项的原始意义就有可能会丢失——尤其是距离实施还有很长时间的情况下。模板可以确保在工作项被捕获时就预先保存好关键信息。

8.8 阐明涌现的特性

如果产品的涌现度很高，那么为了给解决方案上留下尽可能多的灵活性，对特性的描述最好集中在期望的结果上，而不是集中于能力本身。举个例子，与其这样阐明一个特性："作为客户，我想在我的订单到达工作流程的每个新阶段时都得到提醒"，不如这么说："作为客户，我想确保我的订单正在被处理"。后者留出了更多的实验空间。客户可能认为他们想要的是提醒，但如果有机会试验各种选项的话，他们可能会发现实时跟踪订单的图表才是自己真正想要的（客户最终会得到什么，将取决于在该特性的预算时间内可以实现什么）。

8.9 特性的物理表现形式

在同一地点办公的小型团队应该用实体卡片来编写待办事项列表。拥有多个不在同一地点的团队的大型组织则应该首先把大家召集在一起，用实物卡片进行计划。然而，正如前文所讨论的那样，他们应该把卡片转移到电子产品待办事项列表中，以便向身处各地的成员提供对同一需求列表的实时访问。

第 17 章中，将进一步探讨多个团队的产品待办事项列表。

BLInK 案例学习 9：填充产品待办事项列表

背景介绍

你邀请与市场有密切联系的用户代表和商业干系人为 BLInK 的特性进行头脑风暴。

要求

本次活动计划将有如下可交付成果：

- 可交付成果 1：按顺序排列的初始特性列表

准备工作

你为参会人准备了说明 BLInK 的业务目标和经营目标的讲义（见第 7 章的案例学习 7 中的可交付成果 1 和 2）。

具体过程

你回顾了 BLInK 的愿景宣言、业务目标和经营目标，这些都写在分发的讲义中，并张贴在产品画像上。你利用业务目标和经营目标来推动讨论，询问参会人产品需要包含哪些特性，以便于企业和客户实现他们的目标。确定好这些特性之后，你推动展开了关于顺序的讨论，把那些需要最先实施的项目列在了清单的最顶端。

可交付成果

可交付成果 1：按顺序排列的特性列表

- 和其他成员一起玩竞技类健身游戏，以赢得额外的健康奖励和福利。
- 在本地的超市兑换健康物品的奖励（与连锁店合作）。
- 健康行为、推荐给他人和续约都可以获得健康奖励，以便兑换健康产品。
- 兑换健康福利的奖励（健身房、瑜伽课程、运动装备、牙科/眼科检查、疫苗接种、流感疫苗）。
- 利用行为数据准确地估算风险和成本。
- 如果我做出健康的选择，我可以获得保险费的折扣。
- 同意加入 BLInK 后，我可以立即获得奖励性福利。
- 会员可以在试用期过后取消 BLInK，同时保留已获得的福利。
- 在试用期过后继续使用，可获得福利。
- 获得有关我的健康目标进展的报告和建议。

8.10　特性属性

在填充待办事项列表时，需要根据决定跟踪的项目是什么来考虑项目的 PBI 属性。
在第 6 章中，介绍了常见的产品待办项（PBI）属性：

- 描述
- 验收标准
- 估算
- 订单

- 价值（项目所交付的价值；可以用"以便"从句来表示）
- WSJF 优先级
- 延迟成本

 若想进一步了解待办项的属性，请参见第 6 章的 6.5.4.3 节。

为了确定特性在待办项中的排序（序列号），需要知道它的相对优先级，也就是 WSJF。为了确定它的 WSJF，要知道实现它所需要的工作量以及它对客户和用户的价值。接下来就来看看如何使用卡诺分析法来确定这一价值吧。

8.11　用卡诺分析法确定客户和用户价值

卡诺分析法[2] 是由狩野纪昭开发的一种方法，它使用专门设计的调查来研究拟议的特性，以评估它们对客户和用户的价值，并确定开发它们需要花费多少工作量（如果有的话）。以下是对卡诺过程的概述：[3]

- 选择目标特性
- 选择客户
- 创建调查问卷
- 创建原型
- 内部测试调查问卷
- 进行问卷调查
- 对特性进行分级

下面来研究一下这些步骤。

8.11.1　选择目标特性

首先，选择调查中要包括的特性。建议的卡诺调查的特性数量为 15 到 20 个。[4] 只包括那些客户将体验并获益的特性。排除其他工作项（例如，重构代码的技术工作项）。

8.11.2　选择客户

下一步是选择要调查的客户。样本量可能会有所不同（例如，50 到 300 个）。[5] 在选择客户时，请参考以下准则：

- 根据目标市场细分对客户进行分组。例如，一个社交网络应用可能有两个截然不同的市场：商业和个人。而二者对特性的看法也截然不同：商业客户主要使用它来拓展客户；个人用户使用它来和朋友交流。不要把这两种客户都囊括在同一个调查中

- 把接触产品的程度不同的客户分开。将已经在使用该产品（或竞争对手提供的类似产品）的客户与没有使用过该产品的客户区分。他们的期望可能有很大的不同。刚接触该产品的人眼中的惊喜特性，在经常使用该产品的客户眼里可能是一个很糟糕的特性

8.11.3　创建问题

接下来要做的是创建将出现在调查问卷上的问题。为每一个特性创建一个功能具备和功能缺失问题。[6] 每个问题都应该只涉及一个特性。功能具备问题是"如果拥有 X 特性，你会有什么感觉？"功能缺失问题是"如果没有 X 特性，你会有什么感觉？"

请受访者对每个问题选择以下回答之一：

- 我喜欢这样

- 我认为应该如此

- 我持中立态度

- 我可以忍受

- 我不喜欢这样

自述重要性问题

原来的一对问题通过会添加第三个问题，它被称为自述重要性问题。对于每个特性，都有一个这样的问题："产品支持 X 特性有多重要，或者会有多重要？"受访者被要求在回答时在 1 到 9 的范围内打分（1= 完全不重要；9= 极其重要）。

8.11.4　创建原型

正如写作的首要原则所说的那样："要展示，不要讲述。"在卡诺分析中，最好为问卷中的每个特性提供一个原型。原型在评估全新市场的创新时特别有价值，因为客户在开始使用一个产品之前，很难想象自己会如何使用该产品。然后，最好的选

择是在问题集上方展示一个线框图或草图，然后下面是文字。如果只使用文字，就要说明客户可以用该特性做什么，而要讲述产品的属性。例如："如果你能在需要时立即和我们的支持人员交谈，你会有什么感觉？"比如："你认为我们拟议的'立即对话'按钮怎么样？"更好。

8.11.5　内部测试调查问卷

首先，在内部测试问卷，要求团队成员和其他人完成问卷并给出评价。重新表述任何让人感到困惑或会导致矛盾结果的问题（例如，受访者喜欢和不喜欢某项特性的情况都占多数）。

8.11.6　进行调查

在网上、通过电子邮件、在测试实验室或当面分发调查问卷。收集答复。

8.11.7　对特性进行分级

对于每份问卷，根据受访者对两个卡诺问题（功能具备和功能缺失）的回答，给每项特性分级。分级时可以使用表 8.1 这样的普利奥特[7]表，原始卡诺评估表的一个修改版。[8]

表 8.1　修改后的卡诺评估表[9]

		功能缺失				
		1：我喜欢这样	2：我认为应该如此	3：我持中立态度	4：我可以忍受	5：我不喜欢这样
功能具备	1：我喜欢这样	Q	E	E	E	P
	2：我认为应该如此	R	Q	I	I	B
	3：我持中立态度	R	I	I	I	B
	4：我可以忍受	R	I	I	Q	B
	5：我不喜欢这样	R	R	R	R	Q

这些等级分别代表以下含义：

Q：存疑（结果不明确）

B：基本（受访者默认这种特性会存在）

E：兴奋（一个"哇哦"特性）

I：无差异（受访者不关心）

R：反向（受访者不想要该特性）

接下来，通过选择在整个问卷中出现次数最多的等级，给每个特性分配一个最终等级。通过设计更清晰的问题集并将其添加到后续调查中，可以重新评估任何存疑较多的特性。如果有两个或更多的等级的数量并列第一，则应用以下规则：基本型胜过期望型，期望型胜过兴奋型，兴奋型胜过无差异型。[10] 表中按照从左到右覆盖的顺序列出了这些等级，如果出现并列，则最左边的等级优先。

表 8.2 中包括两个例子。特性 1 得到了 5 个"基本"等级和 5 个"期望"等级，它被分配的等级是最左边的等级——"基本"。特性 2 得到了 7 个"兴奋"等级；这比其他任何等级都要多，所以它被指定为兴奋型。

表 8.2 卡诺评分表

特性	基本	期望	兴奋	无差异	反向	存疑	等级	自述重要性问题（1 到 9）
特性 1	5	5	2	1	1	1	基本型	
特性 2	3	2	7	2	1	0	兴奋型	
...								
...								

要对某一特性的自述重要性问题进行评分时，只需计算该特性在所有问卷中的平均分即可。

给每个特性都分配了卡诺等级后，就根据它们所分配的等级按照以下顺序创建一个列表：基本型、期望型、兴奋型、无差异型、反向型及存疑型。如果两个特性被赋予相同的等级，则将自述重要性等级最高的特性排在前面。排序后的列表展现了待办事项列表中的特性的相对客户价值和用户价值，若想了解对价值有贡献的其他因素，请参见 8.12.1 节。

8.11.8　解读卡诺等级

分配给特性的卡诺等级提供了对客户偏好的见解，如后文所述。

8.11.8.1　基本型

基本型特性也称为预期特性、默认需求和不满意因素。基本级代表着必须具备的特性——一种非常基本的特性，客户甚至不会去要求它，因为他们认为这是理所当然的。例如，预订航班时的一个基本型特性是飞机上有洗手间。顾客不会因为有这一特性而选择某一航班，但会拒绝选择没有这一特性的航班。

使这个等级的特性达到顾客的预期。对这一等级的特性的改进不应该被优先考虑，因为它们不太可能影响顾客的购买决定。

8.11.8.2　期望型

期望型特性也称为可变需求、一维特性、提出的需求、意愿需求和满意因素。在基本型特性达到可接受的水平后，企业应该优先考虑改善期望型特性的举措。期望型特性代表着客户通常会提出的愿望和特性。它们也被称为可变需求，因为期望和客户评价之间存在关联：期望越能够被满足，客户对产品的评价越高。期望型特性的例子是有竞争力的价格（价格越有竞争力，评价越高）和速度。

8.11.8.3　兴奋型

兴奋型特性也称为魅力型特性、愉悦因素、潜意识需求、潜在要求以及"哇哦"特性。它们体现了一种待客之道，即 omotenashi 精神——日本的一种建立在预测他人需求的基础上的接待原则。马尔科姆·格拉德威尔讲述了一个案例，与丰田汽车公司的 Lexus LS 的早期销售有关。[11] 为了处理最初销售的 8000 辆汽车中的两三辆汽车上发现的缺陷，丰田给每位客户都寄了一封信，说有人会来取车并会留下一辆备用车。丰田公司不仅免费修理了这些车（正如预期的那样），还清洗完这些车后再加满油并在前座留下一份礼物之后才归还给客户。在另一个例子中，一家航空公司在起飞前调查了乘客的圣诞礼物愿望，并在航班到达时送上了个性化的礼物。这些都是兴奋型特性的例子——让顾客"哇哦"的特性。客户不会想到要求这些特性，但当他们得到这些特性时，会感到惊喜和兴奋。

虽然在一般情况下，应该优先考虑的是基本型特性和期望型特性，而不是兴奋型特性，但还是应该试着在早期版本中添加一些兴奋型特性。在开发新市场的创新时，这一点尤其重要，因为这样可以测试价值假设，即人们一旦看到产品的表现，就会喜欢上它，并建立一个最初的热情顾客群体。

8.11.8.4 无差异型

无差异型特性的是那些客户对任何一种方式都不关心的特性。显而易见，这些特性不应该被优先考虑。

8.11.8.5 反向型

还有两个有用的类别诞生于分析过程之中，尽管它们不被认为是正式的卡诺等级，这两个类别是：反向型和存疑型。

反向特性是客户不希望包含在产品中的特性。当受访者表示自己不喜欢某项特性的存在，而偏好该特性不存在时，就会给出这个等级。许多 Instagram 用户（比如作者本人）会将它的"精选新鲜事"特性列为这一类别。

8.11.8.6 存疑型

当受访者对特性的功能具备和功能缺失问题给出了相互矛盾的回答时，就属于这一类别。比如对功能具备和功能缺失问题都回答喜欢（或不喜欢）。如果一个特性被划分到这一等级，这可能意味着需要重新考虑问题的措辞。

8.11.9 满意度与满足度图

图 8.2 描绘了随着满足的需求越来越多，客户对产品的满意程度的变化曲线。每个卡诺类别都有一条单独的轨迹。举例来说，达到预期的水平后，基本型特性的满意度就会保持不变，而期望型特性的满意度会随着特性的实现变得更加全面而持续上升。

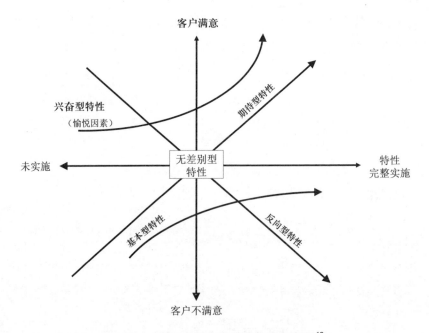

图 8.2　卡诺分析法：满意度与满足度图 [12]

8.11.10　愉悦的自然衰减（及相反情况）

一个特性的类别并不是永久不变的。一个曾经是兴奋因素的特性一旦变得普遍后，通常就会变成一个基本型特性——由最初的 iPhone 引入的许多特性都发生过这种现象。这种随时间而发生的变化被丹尼尔·扎卡里亚斯称为"愉悦的自然衰减" [13]。

与此相反，由于低阶破坏和其他市场变化，客户的期望有时会被降低，导致曾经的基本型特性变成了一个兴奋因素。比如航班上的免费餐食和免费行李——这些曾经的默认特性，如今若是有航空公司免费提供的话，会被视为兴奋因素。

8.11.11　连续分析

迈克·蒂姆科建议使用连续分级系统来代替卡诺评估表所提供的不连续的等级。这个方法很复杂，但有专门为此提供的表格能作为辅助。若想进一步了解连续分析，请见"理解客户定义质量的卡诺方法"。 [14]

BLInK 案例学习 10：卡诺分析法

背景介绍

有了 BLInK 的拟议特性清单后，下一步就是进行卡诺分析来评定其价值。

要求

你按要求设计卡诺调查问卷，以探索顾客对以下 BLInK 拟议特性的态度：

- 健康行为、推荐给他人和续约都可以获得健康奖励，以便兑换健康产品
- 兑换健康福利的奖励（健身房、瑜伽课程、运动装备、牙科/眼科检查、流感疫苗）
- 如果做出健康的选择，我可以获得保险费的折扣
- 会员可以在试用期过后取消 BLInK，同时保留已获得的福利
- 和其他成员一起玩竞争性的健身游戏，以赢得额外的健康奖励和福利
- 在当地超市兑换健康物品的奖励
- 获得有关我的健康目标进展的报告和建议（摘要、指标、建议等）
- 同意加入 BLInK 后，可以立即获得奖励

向包含 150 人的客户小组发放这份调查问卷，并将结果汇总到卡诺分级表格中。在这些结果的基础上给每个特性分配一个卡诺等级。最后，按照以下顺序根据特性等级创建一个特性排序表：基本型、期望型、兴奋型、无差异型、反向型和存疑型。如果两个特性的等级相同，那么自述重要性评价得分更高的那个特性的优先级更高。

以下是这一步骤的可交付成果：

- 按照建议的优先级写明特性的卡诺分级表格

具体过程

设计一份卡诺调查问卷，其中每个特性都有三个卡诺问题。调查完成后，给每个特性分配一个卡诺等级。最后，根据特性的卡诺等级对其进行排列。

可交付成果

可交付成果：卡诺分级表格

表 8.3 展示了由此得到的卡诺分级表格，其中包含根据卡诺等级排列的 BLInK 特性列表。

案例学习回顾

作为卡诺分析的结果，现在已经有了确定客户价值和确定特性优先级的基础。在其他条件相同的情况下，基本型特性将优先于期望型特性，而期望型特性将优先于兴奋型特性。根据精益创业的指导性原则，你建议尽早添加一些兴奋型特性。

表 8.3　BLInK 的卡诺分级表格（最终版）

特性	基本	期望	兴奋	无差异	反向	存疑	等级	自述重要性问题（1～9）
健康行为、推荐给他人和续约都可以获得健康奖励，以便兑换健康产品	75	45	22	8	0	0	基本型	8
兑换健康福利的奖励（健身房、瑜伽课程、运动装备、牙科/眼科检查及流感疫苗）	85	43	15	7	0	0	基本型	7
如果做出健康的选择，我可以获得保险费的折扣	50	60	0	30	0	10	期待型	9
会员可以在试用期过后取消 BLInK，同时保留已获得的福利	52	70	0	28	0	0	期待型	8
在试用期过后继续使用，可获得福利	40	89	20	1	0	0	期待型	6
和其他成员一起玩竞争性的健身游戏，以赢得额外的健康奖励和福利	25	45	50	20	2	8	兴奋型	3
在当地超市兑换健康物品的奖励	39	20	70	20	1	0	兴奋型	2
获得个人健康目标进展的报告和建议（摘要、指标、建议等）	30	15	80	20	5	0	兴奋型	1
同意加入 BLInK 后，可以立即获得奖励性福利	20	40	55	15	10	10	兴奋型	9

8.12　对待办事项列表中的史诗和特性进行排序

特性的基本属性之一是它在待办事项列表中的顺序。待办事项列表的顺序决定了实施的顺序：待办事项列表顶部的项目最先被实施，底部的项目最后被实施。为待办事项列表项目排序是 PO 的职责，同时还有商业分析师的帮助。

项目在待办事项列表中的位置反映了它的相对优先级（优先级最高的项目最先被实施）。当最开始考虑特性时，应该给它们分配大致的优先级。例如，高（必有），中（应有）和低（锦上添花）。做了一些初步的分析和估算后，就能通过考虑特性的总价值和它的成本来更准确地确定优先级了。

首先要做的是确定特性的客户价值。为此可以使用前文中讲述的卡诺方法。首先列出基本型特性，然后是期望型特性和一些兴奋型特性，然后分析卡诺调查的结果。而在每个特定的等级中，根据自述重要性问题的评分对特性进行排序。[15]

在其他条件相同的情况下，可以用这样得到的顺序来排列待办事项列表中的特性。但是，其他条件通常都是不同的。项目的位置也取决于其他因素，比如实施特性的成本和推迟该项目将导致的机会成本。因此要使用延迟成本或 WSJF 方法来将这些因素纳入考量，如下文所述。

8.12.1　确定延迟成本

根据以下公式，一个特性的全部价值用其延迟成本表示：

延迟成本＝用户价值和商业价值＋时间关键性＋风险抑制价值和机会促成价值（RR&OE），其中：

- 用户价值指的是项目对最终用户或客户的价值。这可以通过调查来确定（例如，使用本章所讲述的卡诺方法）
- 商业价值指的是为投资开发该特性的组织带来的价值
- 时间关键性是对特性的价值随时间衰减的一种度量标准
- RR&OE 指的是特性在风险抑制和机会促成方面的价值

在做计划时，前面的公式中要使用每个术语的相对值。使用类似的用于估算故事大小的基于故事点的方法。例如，为一个大小为 1 故事点的 RR 特性确定标准，然后根据这个标准为其他特性分配 RR 值，使用修改版斐波那契数列：0，0.5，1，2，3，5，8，13，20，40，80，100。

由此得到的延迟成本就是对该特性总价值的测量结果。

8.12.2　确定 WSJF

为了确定特性的优先级，需要对它的总价值（延迟成本）和实现特性的成本进行权衡。这个度量标准被称为加权最短作业优先（WSJF）。

根据公式计算 WSJF：

$$WSJF = 延迟成本 \div 工作持续时间$$

工作持续时间是对实现该特性的估算，通常是用故事点来衡量的。在估算时，要确保每个人都遵守 XP 的计划游戏的规则，也就是只允许真正做这项工作的人给出估算。这意味着开发人员，而不是企业，对某件事情需要多长时间才能完成有最终决定权。

若想进一步了解如何估算特性，请参见第 11 章的 11.11.2 节。

将 WSJF 值用作待办事项列表项目排序的基础，把 WSJF 最高的项目放在最上面。

WSJF 是一种确定实施顺序的重要方法。它的主要好处在于，它能够提醒你去考虑那些应该在确定优先级的决策中发挥作用的组件因素。然而，注意不要太过相信计算结果，因为这个方法并没有考虑到每一种情况。

8.12.3　确定优先级的相关提示

以下是确定特性优先级的提示和指南。

8.12.3.1　使用目标一致性模型

不要忘记解决最关键的问题：一个特性究竟是否应该被开发，还是说公司应该转而依靠第三方服务或合作伙伴。

在第 5 章中，我们学习了如何在产品层面上使用目标一致性模型来评估这个问题。在产品层面上，可以使用目标一致性模型，根据特性的任务关键性和市场差异化程度来决定是否要内部开发特性。

若想进一步了解目标一致性模型，请参见第 5 章的 5.5 节。

8.12.3.2　在举措开始时使用大致的估算

新产品开发或变革举措的开始阶段中，在填充产品待办事项列表时，请开发人员大致估算一下待办事项列表的顶端特性（最多 15 到 20 个）的工作量。因为这时的估算只会被用来为确定优先级的提供参考信息，而不是用于预测，所以粗略估算一下就够了，比如说几天（对于任何需要两周以内的时间的事情）、几周（对于任何需要花费两周到一年的事情）和几年。另一种方法是使用 T 恤衫的尺寸，比如特小号、小号、中号、大号、特大号、双特大号。

8.12.3.3　估算和确定优先级齐头并进

大多数人都希望能拥有高端产品，但因为成本太高，所以不会优先考虑购买它们。WSJF 方法中包含着这一原则，它使用价值和成本来确定一个项目的优先级。因此，根据经验，要在商业人员和开发人员在场的情况下，同时进行优先级排序和估算。如果估算对于一个有价值的特性来说太高了，干系人可以当场协商，讨论怎样的更改能降低该特性的成本，从而提高其优先级或 WSJF 值。

同时做这两件事的缺点在于，商业干系人不会对开发者关于估算的内部讨论有太多兴趣。为了避免这个问题，让商业干系人先开会设定大致的初始优先级，然后要求开发人员提供合理的成本估算。然后，商业干系人在考虑到这些估算的情况下，重新确定特性的优先级。

8.12.3.4 对支持高优先级战略目标的特性进行优先级排序

通常最好在前期为那些支持战略目标的特性进行优先级排序，并将估算工作推迟到接近实施的时候再进行。例如，在我们的 CEO 案例学习中，管理层决定支持将产品与第三方供应商集成的特性，以加强两家公司之间的合作关系。你添加了一个与产品集成的特性，并给它设置了高优先级。但要在更接近实施的时候，再去确定具体哪些特性将被包括在内，并估算它们的工作量。

8.12.3.5 对市场与技术风险进行优先排序

从我在职业生涯的早期使用统一软件开发过程（RUP）进行迭代开发以来，对风险的优先级的看法一直在演变。那时候，我们通常最先实施那些会暴露技术风险的特性。如今，由于开发工作往往具有市场的不确定性很高的特点，我们倾向于优先考虑市场风险——理由是，如果产品没有市场，那么技术是否可行根本不重要。如果市场的不确定性很高，那么在早期的 MVP 版本中，就要优先考虑那些能够及早暴露市场风险的特性（例如，通过实现 "美味多汁的部分"）。[16] 然而，如果市场的不确定性很低，而拟议的技术的不确定性很高，则要优先考虑暴露技术风险的特性。

8.12.3.6 优先考虑新开发和偿还技术债的恰当组合

并非所有摆在团队面前的工作项都与新特性的开发和 bug 修复有关。有些工作项应该以技术改进为目标，比如偿还技术债——稳定代码，使其将来能被更容易、更安全地维护。一般性原则是，当为即将到来的工作进行优先级排序时，最好保持一个分工比例，即 75% 的时间用于新特性和 bug，25% 的时间用于技术改进。举例来说，假设企业决定要通过大力发展新特性来应对市场挑战。公司可以允许技术债在一段时间内积累，以实现这一目标。一旦技术债达到不可接受的水平，组织就会改变分工比例，花更多时间稳定代码。当债务还清后，组织会将新特性与技术改进的比例恢复为 75：25。

8.12.3.7 别忘了运营成本

在确定特性的优先级时，不仅仅需要考虑与开发相关的成本，还必须考虑运营成本。例如，一个为首选客户提供奖励积分的特性，其编码和部署的成本可能不高，但实现成本很高。

8.13 编写特性验收标准

在敏捷分析和验收测试驱动开发（ATDD）的指导下，在实施前指定特性验收标准，这样它们不仅可以用作测试的基础，也可以用作向开发者和干系人传达需求的实例化规范——向开发者和干系人传达需求场景。

下面是对特性验收标准的概要说明例子。这种程度的细节适用于纳入季度计划的特性。

> **特性**
>
> 作为事件经理，我想从单一界面管理事件，以便查看各种来源的问题并为它们进行优先级排序。
>
> **验收标准**
>
> 我可以查看和管理日程安排的推延。
>
> 我可以查看和管理非紧急事件。
>
> 我可以根据定义的属性过滤／分类／排列所有事件。

验收标准规范是商业分析师所负责的一个更大型的活动——特性的准备工作——的一部分。在将特性纳入开发计划之前，应该事先对其进行准备。如果组织正在实施季度计划，那么必须在计划中的季度计划会议之前完成所有特性的准备。如果组织实施的是基于流程的计划，那么在特性纳入开发计划之前，应该逐一进行准备。

若想了解指定特性的验收标准，请参见第 10 章的 10.9 节。

若想进一步了解 Triad 会议的内容，请参见第 13 章的 13.6.3 节。

8.14 分析非功能性需求和约束

并非所有需求都会产生可观测的功能性。有些需求，比如安全和性能需求，是和产品质量有关的。正如第 3 章中讲的那样，这些需求被称为非功能性需求（NFR）。第 3 章还介绍了约束的概念——"不能改变"的影响因素以及"对可能的解决方案或解决方案选项的限制"。[17]确保在准备开发的过程中，计划测试合规性时，确定好

NFR 和约束。NFR 和约束可以记录在一个单独的工件中，比如 RUP 的补充要求或服务水平要求（SLR）规范中。它们都被包含在模板右下角的产品画像中。

NFR 可以通过合规性审查或运行系统测试来验证（例如，系统测试来验证性能 NFR）。如果一个 NFR 适用于所有故事，请将其包含到已完成的定义中。

8.14.1　NFR 是否会被列入待办事项列表？

如果 NFR 需要工作才能完成，就把它添加到待办事项列表中；如果不需要，则无需添加。例如，一个规定应用程序必须用特定编码语言编写的合规性 NFR 只需要一个简单的检查：代码要么合规，要么不合规。然而，另一个 NFR 要求系统能够容纳 100 万用户，而目前的系统只支持 10 万用户。这就需要进行开发工作。在后一种情况下，要在产品待办事项列表中增加一个扩展系统规模的技术故事，以说明为满足要求所做的努力。

8.14.2　NFR 和约束检查清单

使用附录 A.6 中的检查清单，以确保自己不至于遗漏任何关键的 NFR 或约束。

BLInK 案例学习 11：完成产品画像——确定特性的优先级和指定 NFR

背景介绍

有了 BLInK 的卡诺分级电子表格（表 8.3）在手，你现在计划与干系人和开发人员一起评审结果。首先，你将和参会人会面，讨论调查问卷中调查的特性。然后，你将要求开发人员提供粗略的估算。

你已经根据这些特性的卡诺等级为它们分配了初始序列。你将建议参会人根据他们对估算成本的了解来调整这个顺序。同时，你将鼓励参会人考虑提前实施一些兴奋型特性。

最后，你将评审 NFR 和约束清单，以确定哪些（如果有的话）适用于 BLInK 项目。

要求

以下是这项活动的可交付成果：

- 可交付成果 1：带有粗略估计的特性序列

- 可交付成果 2：NFR 和约束
- 可交付成果 3：更新后的产品描述

具体过程

在大多数情况下，参会人都决定维持最初的卡诺排序不变。而 BLInK 的即时激励特性是个例外：因为这是一个兴奋型特性，具有很高的自述重要性，并且费用较低，干系人都倾向于把它的优先级提高。你警告他们，虽然这个特性的开发成本很低，但它的运营成本很高，因为每个 BLInK 的客户都能得到好处。尽管如此，商业干系人还是提高了这个特性的优先级，因为这个激励措施被认为能在克服因隐私问题而产生的阻力上起到关键作用。

干系人建议增加一个在卡诺分析（该分析侧重于面向客户的特性）中被排除的特性，以支持内部经营目标：使用个人化的行为数据准确估算风险和成本的能力。该特性被添加到产品待办事项列表中。

可交付成果

本次会议产生了以下可交付成果。

可交付成果 1：带有粗略估算的特性序列

- 同意加入 BLInK 后，可以立即获得奖励性福利。（几天）
- 健康行为、推荐给他人和续约都可以获得健康奖励，以便兑换健康产品。（几周）
- 兑换健康福利的奖励（健身房、瑜伽课程、运动装备、牙齿 / 眼睛检查、疫苗接种、流感疫苗）。（几个月）
- 利用行为数据准确地估算风险和成本。（几个月）
- 做出健康选择可以获得保险费的折扣。（几周）
- 会员可以在试用期过后取消 BLInK，同时保留已获得的福利。（几天）
- 试用期结束后继续使用对话，可获得福利。（几天）
- 与其他会员玩竞争性的健康游戏，赢得额外健康奖励和福利。（几周）
- 在本地的超市兑换健康物品的奖励（与连锁店合作）。（几周）
- 获得有关我的健康目标进展的报告和建议（总结、度量标准、建议等）。（几个月）

可交付成果 2：NFR 和约束

- 全国保险监督协会（NAIC）的公司治理年度披露（CGAD）模型
- 劳工部（DOL）信托规则（"规则"）
- 符合外部设计文件 X1

可交付成果 3：更新后的产品画像

图 8.3 显示了愿景研讨会结束后的产品画像。

BLInK愿景宣言	业务目标和经营目标		衡量标准	特性
激励客户做出健康的选择，并在他们做出这样的选择时予以鼓励	**客户**	**企业**	BLInK续保率	立即获得奖励
	减少保险费	减少流失率	生活方式评分	获得健康奖励
利益相关者	赋予客户控制保费的权力	增加市场份额	损失率	
	降低医疗方面的花费	减少损失率	#每人的索赔次数	兑换健康福利的奖励
投保人	改善健康状况	减少索赔的数量	平均索赔金额	利用行为数据准确地估算风险和成本
主要参保人		提升风险预测能力	回复率	获得保险费的折扣
参保人		吸引客户	%保费变化百分比	
	假设		渗透率	可以在试用期过后取消BLInK，同时保留已获得的福利
经纪人	**价值假设**		推介率	
代理	客户在六个月的试用期愿意继续使用；行为将得到改善		自愿流失率	试用期结束后继续使用可获得福利
核保师（UW）	预测风险和赔付款的准确度将提高		市场份额	玩竞争性游戏，赢得奖励
精算师	由于参与，健康将得到改善		每份保单的索赔额	在本地超市用奖励兑换健康物品
供应商	客户会对产品一见倾心		增长率	获得建议和进展报告
	保费将降低		满意度调查	
幕后利益相关者	如果能立即看到好处，客户就可以克服不愿意分享数据的心理		参保人支出	
产品VP（审批人）业务转型VP（赞助人）法律和合规审核员			试用转换率	**NFR**
	增长假设			NAIC的公司治理年度披露（CGAD）模型
客户关系经理	参保人会推荐其他人			DOL信托规则
	被广泛使用后，接受度就会增加。届时将不再需要大量即时折扣			
	BLInK将使用客户留存率提升			

图 8.3　BLInK 产品画像

案例学习回顾

　　分析的结果是，团队现在有了一个按照优先级排列的、粗略估算的特性列表，可以用来填充产品待办事项列表。

8.15 小结

以下是本章涉及的要点。

1. 使用卡诺分析来确定客户价值，并根据以下类别对特性进行分级：基本型、期望型、兴奋型和无差异型。

2. 基本型特性是客户默认存在的特性。客户不会选择没有该特性的产品，但特性的表现超出预期水平并不意味着客户满意度会变得更高。

3. 对期望型特性而言，客户的满意度会随着表现的提升而提高。

4. 兴奋型特性是客户并不指望，但如果包含在产品中就会让他们感到兴奋的特性。

5. 无差异型特性是顾客不关心的特性。

6. 延迟成本是对项目总价值的衡量，包括用户（客户）价值、商业价值、时间关键性、风险抑制和机会促成价值。

7. WSJF 是根据项目的总价值（延迟成本）和工作持续时间得出的，对项目的相对优先级的衡量。

8.16 下一个主题

本章和之前的章节主要是对业务目标、经营目标、假设和特性的分析。在第 9 章中，将会研究如何计划假设测试以及如何计划未来三五年内交付的拟议特性、长期业务目标和经营目标。

注释

1 Clayton M. Christensen and Michael E. Raynor, *The Innovator's Solution: Creating and Sustaining Successful Growth*(Boston: Harvard Business Press, 2013), 77–79.

2 Hasan Akpolat, Six Sigma in Transactional and Service Environments(Burlington, VT: Gower, 2004), 22–23. Also see Peter S. Pande, Robert P. Neuman, and Roland R. Cavanagh, *The Six Sigma Way: How GE, Motorola, and Other Top Companies Are Honing Their Performance* (New York: McGraw-Hill, 2000), 193, 194.

3 本过程基于丹尼尔·扎卡里亚斯描述的步骤改变而成。"The Complete Guide to the Kano Model: Prioritizing Customer Satisfaction and Delight," Folding Burritos, https://foldingburritos.com/Kano-model

4 Cary-Anne Olsen-Landis, "Kano Model — Ways to Use It and NOT Use It," IBM Design, March 23, 2017, https://medium.com/design-ibm/Kano-model-ways-to-use-it-and-not-use-it-1d205a9cf808

5 Measuring U, "Kano Modeling: The Method," https://measuringu.com/approach/Kano-modeling

6 Ori Zmora, "Feature Grading: An Introduction to the Kano Model," User Focus, September 1, 2014, https://www.userfocus.co.uk/articles/Kano-model.html

7 David Walden (Ed.), "Kano's Methods for Understanding Customer-Defined Quality," Center for Quality of Management Journal2, no. 4 (1993): 28–36 (special issue on Theoretical Issues of Kano's Methods), http://walden-family.com/public/cqm-journal/2-4-Whole-Issue.pdf

8 弗雷德·普利奥特通过更改对角线上的两个等级修改了 Kano 表。普利奥特的版本指明，当受访者对拥有和不拥有某项特性的答案相同时，无论是积极的还是消极的，分级都应该是"存疑"（不可靠）和"无差异"（客户并不关心）。对角线上的一个例外是，当受访者对拥有和不拥有某项特性都持中立态度时，分级是"无所谓"。

9 Walden, "Kano's Methods," 34.

10 Zacarias, "The Complete Guide to the Kano Model," 11.

11 Malcolm Gladwell, "Revisionist History Presents: Go and See" [podcast], Pushkin Industries,2016, https://podcasts.apple.com/gb/podcast/revisionist-history-presents-go-and-see/id1119389968?i=1000467526588

12 根据钱德勒·穆纳格瓦拉萨的图改编而成。"Excite and Delight Your Customers by Using the Kano Model," Agile Connection, April 28, 2014, https://www.agileconnection.com/article/excite-and-delight-your-customers-using-Kano-model

13 Zacarias, "The Complete Guide to the Kano Model," 11.

14 Walden, "Kano's Methods," 17–25.

15 Walden, "Kano's Methods," 17–25.

16 Mike Cohen, *User Stories Applied: For Agile Software Development* (Boston: Addison-Wesley Professional, 2004), 101–103.

17 International Institute of Business Analysis (IIBA), *BABOK v3: A Guide to the Business Analysis Body of Knowledge*, 3rd ed. (Toronto, Canada: IIBA, 2015), 444.

第 9 章　长期敏捷计划 ▋

本章将会研究一个产品或史诗在未来两三个季度到五年的长期计划。本章首先将会介绍全部潜能计划——一种在三五年内计划转型变革的方法。然后将会对使用最简可行产品（MVP）——通过市场实验来测试假设，并确定产品中应包含的最高价值特性——进行计划的敏捷方法进行概述。此外，本章还包括对有效实施 MVP 所需要的能力的概述，比如持续交付能力。图 9.1 中标出了本章所涉及的活动、事件和工件。

本章将会探讨长期计划的部署策略和选择，其中包括对何时使用窄而深的方法与宽而浅的方法，以及何时推迟部署（例如，因为特性在市场上还没有竞争力）的指导性原则。

组织考虑过这些策略和选择后，下一步要做的就是制定一个详细的计划。本章将讲解如何使用产品路线图来指导对话，并确定整个计划期间的季度业务目标、经营目标、假设、度量标准和特性。

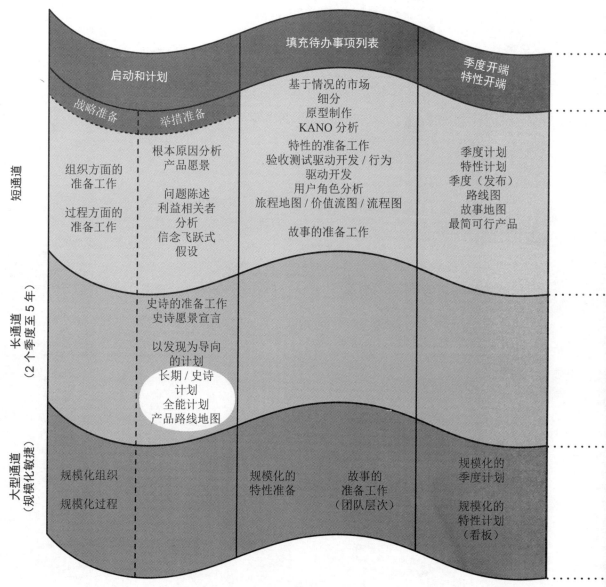

短通道

长通道
（2 个季度至 5 年）

大型通道
（规模化敏捷）

填充待办事项列表

启动和计划

季度开端
特性开端

战略准备　举措准备

基于情况的市场
细分
原型制作
KANO 分析

组织方面的
准备工作

过程方面的
准备工作

根本原因分析
产品愿景

问题陈述
利益相关者
分析
信念飞跃式
假设

特性的准备工作
验收测试驱动开发 / 行为
驱动开发
用户角色分析
旅程地图 / 价值流图 / 流程图

故事的准备工作

季度计划
特性计划
季度（发布）

路线图
故事地图
最简可行产品

史诗的准备工作
史诗愿景宣言

以发现为导向
的计划
长期 / 史诗
计划
全能计划
产品路线地图

规模化组织

规模化过程

规模化的
特性准备

故事的
准备工作
（团队层次）

规模化的
季度计划

规模化的
特性计划
（看板）

图 9.1　全景图中的第 9 章

日常活动

季度收尾史诗、特性收尾

迭代开端

迭代收尾

每日站会

需求分析与记录

编码、构建、测试、交付验收测试驱动开发 / 行为驱动开发

为正式发布做准备

季度回顾

迭代评审会

迭代计划

最简可行产品，分割测试

史诗、特性的准备工作

迭代回顾

史诗、特性回顾

故事的准备工作

转向或继续

用户特别小组的会议

规模化的迭代评审

DevOps

产品负责人委员会的会议

规模化的迭代计划

集成会议

规模化的特性准备（看板）

规模化的迭代回顾

规模化的季度 / 特性回顾

迭代计划（团队层次）

DevOps

故事的准备工作（团队层次）

迭代回顾（团队层次）

9.1　目标

本章将帮助大家实现以下目标：

- 了解如何使用全部潜能计划来实现转型变革
- 理解 MVP 过程
- 理解有效实施 MVP 需要具备哪些能力，包括 DevOps 和持续交付
- 了解宽而浅的部署方案与窄而深的部署方案以及何时使用它们
- 知道什么时候应该推迟部署特性。
- 推动召开使用产品路线图的长期计划研讨会。

9.2　本章在全景图中的位置

如图 9.1 所示，我们将探索"启动和计划"区的以下几项：长期计划、史诗计划、全部潜能计划和产品路线图。

9.3　长期计划、史诗计划和 MVP 概述

长期计划的计划范围是两三个季度到五年。长期计划所涵盖的举措可能是跨产品和价值流的（例如，重新设计整个产品的用户体验的举措）。全部潜能计划方法适用于这个计划范围。下一节将研究这个方法。

根据计划中的需求项的大小，将他们作为史诗、特性和故事来管理。这些项目不一定要被包含在一个高层次工作项中；它们可以简单地作为产品或产品区域层次的产品待办项。不过，可以把它们包含在一个史诗中，例如，SAFe 组合史诗[①]——一个高成本的举措，可以延伸到多个项目集增量（PI；季度）和价值流中。

长期敏捷计划这个说法听起来好像有些矛盾，因为敏捷原则更倾向于"响应变化高于遵循计划"。的确如此，但如果一个公司希望完成远大的目标，往往需要长期计划。例如，一个企业可能在其业务领域中看到了一个重要的市场机会，并意识到自己无法成为主导者，除非对自己想做出怎样的产品有一个大胆的愿景，并制定一个计划来实现。此外，如果没有产品的长期愿景和计划，零散的改进会导致用户体验的碎片化。

敏捷的长期计划与传统计划的不同之处在于，它使用的是适应性的方法，而不是预测性的方法。与瀑布式计划不同，敏捷式计划不是预先就确定好的。它是一种最佳预测——期望它能根据不断变化的情况进行修正。

敏捷计划与瀑布计划的另一个不同之处在于，它并不会预先规定需要优先处理哪些特性。它依赖于 MVP 实验——客户所交互的产品的低成本版本。计划中的第一个季度包括 MVP，在投入大量资源之前验证关于产品或变革举措的假设，并确定第一个市场发布版本的最小特性集或最小适销特性（MMF）。MMF 是如果发布到市场后会被客户认为有价值的最小特性版本。这个过程的价值在于，它能让公司将开发资源集中在一小部分高价值的特性上，而不是好高骛远地试图实施大量客户很少使用的特性。

在每个季度初，商业分析师都要与团队和干系人一起回顾长期计划，提醒大家在短期季度计划中应该考虑到的更远大的产品计划。在这个时候，也可以根据学到的知识、经验和市场的变化来修改长期计划。例如，干系人和开发人员可能会同意由于考虑到意外的技术挑战而推迟时间安排，由于考虑到意外的机会而重新确定目标和特性的优先级，或者在现有的假设作废的情况下转向一个新的假设。当一个史诗的假设作废时，根据新的假设创造一个新的史诗。[2]

9.4 全能计划

公司使用全部潜能计划来实现我们所讨论的时间范围（最多三五年）内的大胆目标。例如，一家私募股权公司可能会使用全部潜能计划来使被收购的公司在五年内把年收入从 50 万美元的提高到 1 亿美元的收入。

按照这种方法，组织为未来三五年设定了大胆的目标，并确定了前 12 至 18 个月可实现的速赢。一个大胆目标的例子是："在五年内将股东总回报率（TSR）从第 4 位提升到前四分之一。"一个速赢的例子是："通过转用数字发票，在一年内减少 12% 的成本。"该计划在早期阶段使用前文所述的 MVP 过程，以测试假设并确定将要开发的特性。作为一名分析师，你对这个计划并没有决定权，但你确实促进了它的实施，并为它的成功做出了贡献。在 9.4.4 节中，将进一步讨论你所作的贡献。

首先，让我们来概括一下这个方法。该计划包含如下几个阶段：[3]

- 第一阶段：制定大胆的目标
- 第二阶段：创建详细的计划
- 第三阶段：交付速赢

9.4.1 第一阶段：制定大胆的目标

第一阶段通常会持续 4 到 6 周。在这一阶段中，组织设定大胆的目标，并确定 3 到 5 个有高优先级的举措，如下文所述。

9.4.1.1 设定大胆的目标

公司立即设定了大胆的目标，以传达转型变革正在发生。以下是几个例子：

- 在 5 年内将市场份额从 10% 扩大到 80%
- 在 3 年内将收入提高 75%
- 在 4 年内成为《财富》500 强公司

9.4.1.2 选择 3 至 5 项优先级高的举措

接下来，公司要对业务进行全面分析，重点关注表现最好和最差的领域以及进行颠覆性改进的机会。最终决定了 3 到 5 个大赌注：大赌注是会产生重大或快速的影响的举措。

影响重大的大赌注的例子如下：

- 并购（M&A）
- 扩张到新的地理区域
- 产品创新

下面几个例子是会快速产生影响的大赌注的例子：

- 采购
- 定价创新
- 卓越运营举措
- 产品创新

9.4.2 第二阶段：创建详细计划

第二阶段通常需要 8 到 10 周的时间。在这一阶段，企业要为实现大赌注制定详细的计划。

首先，公司对第一阶段中选定的 3 到 5 个大赌注进行详细评审，然后为每个大赌注制定一个实施计划。一个典型的大赌注可能需要 12 到 18 个月的时间来实施。在敏捷分析中，产品创新的大赌注是作为史诗来管理的。在第二阶段中，要为这些大赌注史诗制定详细的实施计划。

在这一阶段中，公司还会建立机构，比如项目管理办公室（PMO），以支持和 0 维护大赌注举措，并培养人才。这个机构会评估受变革影响的关键领域中的管理人员的能力，以确定他们是否与计划的目标相一致。通过培训或替换资源，公司会对任何缺陷做出快速反应。追求的是企业家精神，而不仅仅是职能能力。

9.4.3 第三阶段：交付速赢

第三阶段通常要花 12 至 18 个月。在这一阶段中，公司会推出 3 到 5 个影响较大的举措——大赌注。公司利用早期胜利来建立对全部潜能计划的信心，并为长期投资提供资金。该计划使用 MVP 方法来测试假设并了解客户的偏好。然后，公司利用学习到的经验来构建产品。

在计划覆盖的整个期间，管理机构（如项目管理办公室）会追踪大胆目标的进展状况，比如在 3 年内将收入增加 75% 的目标。这些指标必须衡量真实的结果（例如，质量和成本目标），而不是过程（例如，完成任务的时间）。建立一个在偏离计划时发出警告的系统，以便迅速进行修正。

9.4.4 业务分析师对成功的全部潜能计划的贡献

在"CEO 议程：全能计划"这一视频中，贝恩合伙人詹姆斯·艾伦和其他人一起讨论了希望成功执行全能计划的领导者的首要任务。商业分析师对计划提供支持，并且是计划成功的基础。让我们看看贝恩公司确定的一些关键成功因素，商业分析师对这些因素的贡献。[4]

- **知道哪里是战场**：成功的领导者知道自己公司应该涉足哪些产品、市场和渠道。[5]商业分析师要使用诸如市场细分等工具来寻找合适的市场以及卡诺分析和 MVP 过程等技术来寻找合适的产品和特性。

- **知道如何取胜**：成功的干预措施能调动正确的能力，利用正确的资源达到正确的地方，并能让团队对任务感到兴奋。[6]商业分析师通过向团队传达产品愿景宣言和概要目标，并帮助他们将愿景和目标转化为产品需求，为后者做贡献。

- **比竞争对手更了解客户和他们的需求，并更好地满足这些需求**：[7]商业分析师通过进行缜密的干系人和需求分析做出贡献，并通过根本原因分析了解核心需求。商业分析师利用 MVP，让客户接触到产品的低成本版本，以此来了解他们的偏好。

- **持续培养客户关系**：另一个关键因素是不断征求反馈意见，并让组织吸纳得到的反馈，使组织能够适应、改变和进步，更好地服务于客户。[8]商业分析师为这一成功因素做贡献的方法是定期从 MVP 实验中收集和分析客户反馈，以及持续收集并分析数据，以提供有关未来的需求和优先级调整的信息。

- **管理内部风险**：[9]在成功实施全部潜能计划的 12% 的 CEO 中，最相关的成功因素是预测和缓解风险的能力。商业分析师支持这种能力的方法是，推动进行事前验尸，以预测转型过程中可能出现的问题，并制定应对计划。作为这个过程的一部分，商业分析师要利用风险因素检查清单，在事前验尸中进行评估。商业分析师要根据从过去的变革举措中出现的障碍中吸取的教训，定期更新这个清单。例如，清单中可能包括这样的问题："我们是否已经说服组织相信目前的状况是不可接受的？"并设置高、中、低风险的评估结果。

- **安排**：成功的领导者不仅知道要采取什么措施，还知道在考虑到相互依赖性的情况下，如何安排这些措施的顺序。商业分析师为此做出贡献的方式是追踪不同工作项之间的依赖关系，或是与干系人合作，为制定用于实施计划的工作流程模型。

- **并购（M&A）战略**：那些收益排在前四分之一的公司（相对于其他同类公司而言是前四分之一）都有强大的并购战略。[10]他们会开展全面的财务和商业尽职调查。此外，他们还拥有经过深思熟虑的并购计划，所以他们知道这些公司将如何并购在一起。商业分析师为并购计划做贡献的方式是分析收购和被收购公司的现有流程，找出差距并对未来的流程进行建模。

9.5 使用 MVP 来验证计划背后的假设

如前所述，敏捷史诗和长期计划在产品开发的早期阶段使用 MVP 过程来测试假设并确定要构建的特性。每个季度都要根据客户的反馈意见重新审视这个计划，并在必要时进行修改。还可以使用 MVP 过程来对新的特性和解决方案进行低成本的市场测试，然后再以较高的成本来开发这些特性和解决方案。我们已经对这个过程有了一些了解。在本节中，我们将要进一步研究它。

9.5.1 概述

实行 MVP 方法的第一步是确定信念飞跃式假设——关于产品的关键假设，这些假设必须为真，产品或举措才可行。在第 7 章中，我们学会了如何发现这些假设。下一步是计划使用 MVP（用于学习的低成本版本）在几个"构建－测量－学习"周期内对假设进行测试。利用这个过程中得到的反馈来验证假设，并确定首先侧重于哪些特性，重点关注每个特性提供重要价值所需要的最小功能。正如前文所讲的那样，这些特性就是 MMF。

这个方法的重点在于避免一股脑地实现一堆很少有人用的特性。这个方法的策略是针对早期传播者，快速发布一个最基本的产品。[11] 早期传播者是那些遇到了产品所能解决的关键问题的人，他们正积极地寻找解决方案，并且愿意忽略产品最初的缺陷，因为他们相信产品的愿景。在实施计划的过程中，从这个最初的群体开始发展市场。持续使用 MVP 来测试对新特性、新市场和设计方案的假设。

9.5.2 什么是 MVP

MVP 方法的发明者埃里克·莱斯针对最简可行产品给出的定义是："MVP 是产品的一个版本，它能够以最小的投入和最少的开发时间实现'构建－测量－学习'这个完整的循环。"[12]MVP 是"一个实验，用于学习如何建立一个可持续的业务"。[13]

MVP 方法的核心观点是，如果想知道客户需要什么，最好把产品放在他们面前，让他们实际使用，而不是纸上谈兵。客户可以在受控的测试实验室中与 MVP 交互，或者作为市场中的 beta 测试参与者。他们甚至可以购买它。

莱斯使用 MVP 过程开发了 IMVU 这个游戏应用程序。[14] 在游戏的第一个 MVP 中，化身都是静止的，因为公司没有创造无缝移动体验所需的技术。客户反馈表明，他们非常重视化身的移动。相比发布一个没有竞争力的特性，公司决定转而用 MVP 测试一个低成本的替代方案——瞬移。瞬移是一个很容易实现的解决方案，因为化身只需要消失并重新出现在另一个地方，不需要走过中间的路。客户不仅接受了这个解决方案，而且认为它比公司主要竞争对手所提供的解决方案更高级。

9.5.3　MVP 过程

MVP 过程的步骤可以总结为如下几步：

* 确定要学习什么
* 确定要测量什么
* 确定要构建什么
* 构建
* 测量
* 学习
* 转向或继续

9.5.3.1　确定要学习什么

确定产品愿景背后的信念飞跃式假设。如第 7 章的 7.11 节所讲的那样，确定价值和增长假设。信念飞跃式价值假设的一个例子是假设供应商会想要销售该产品。然而，对广告商将为客户的注意力付费的假设并不是信念飞跃式假设，因为它得到了历史证据的充分支持。[15]

9.5.3.2　确定要量化什么

确定要收集的量化标准，以验证信念飞跃式假设。如第 7 章的 7.11.5 节所述，定义可操作指标，而不是虚荣指标。例如，对于"顾客会重视产品"这一价值假设来说，每天返回产品的顾客百分比就是一个可操作的指标。

9.5.3.3　确定要构建什么

确定 MVP，明确它将包括哪些特性卡测试假设。

9.5.3.4　构建

尽快建立 MVP 的原型。它应该包括学习所需要的特性的低成本版本。它可能不包含可销售产品所需的许多基本特性。

9.5.3.5　测量

如前所述，将 MVP 放在客户面前——在测试实验室或市场中。甚至可以尝试销售 MVP 版本，以确定客户是否认为产品的价值足以让他们愿意付费。在此期间，收集可操作指标，以验证假设、测试设计方案并确定客户最重视的特性。

9.5.3.6　学习

对反馈进行评估，并利用它对下一版本的 MVP 进行调整，如果信念飞跃式假设被推翻，则停止。

9.5.3.7　转向或继续

利用 MVP 带来的反馈来决定是转向还是继续。如果信念飞跃式假设已经作废，就停止投资或转向新的假设。如果信念飞跃式假设被证实，则继续开发 MMF。

9.6　有效实施 MVP 的能力

为了实现前面几节所讲述的 MVP 过程和快速反馈循环，组织必须具备必要的能力。举例来说，组织必须拥有将学习视为有效商业利益的企业文化，以及能够实现频繁且可靠的构建-测试部署循环的技术。组织必须具备以下能力：

- 技术能力，如必要的开发和部署环境
- 开发和交付方法，例如，DevOps、持续集成（CI）和持续交付（CD）
- 部署选项和潜在问题，例如知道何时使用宽而浅或窄而深的实施策略、何时推迟部署以及何时连续部署
- 支持协作的文化

在下面的几个小节中，我将介绍前三项能力。在第 18 章中，将研究企业文化。

关于发展支持 MVP 实验和敏捷开发的文化的指导方针，请参见第 18 章的 18.6 至 18.9 节。

9.6.1　技术能力

为了实现 MVP 流程所要求的"构建－测量－学习"周期的短暂运转，组织需要拥有必要的环境类型，而且必须能够经常部署到这些环境中，并有信心将人工干预降到最低。通常情况下，这些环境是虚拟的。使用自动化技术按需设置环境，只需有限的人工交互。

图 9.2 是一个例子，说明更改在被部署到生产的过程中可能经过的环境类型。

图 9.2　部署环境类型

上图展示了一种可能的配置；配置也可能有所不同。箭头描述了一个更改在环境类型中的大致进展，但这并不是单向的。例如，为了应对错误，它可能会从预发布环境回到开发环境。

图 9.2 中的三种环境类型如下所示。

- 开发（dev）环境：开发人员访问的环境。部署到开发环境的服务可以从开发人员在本地机器上创建的代码的本地版本中访问。单元测试和低级别的集成测试都是在这个环境中运行的。
- 预发布环境：接下来，代码被部署到预发布环境。自动集成测试以及手工测试 / 验收测试，都在这个环境中运行。如果代码没有通过测试，就会回滚，开发人员继续在本地工作。预发布环境和开发环境是分开的，以免在测试期间误报故障。
- 生产环境：所有自动和手工测试都通过之后，这些更改就会被部署到生产环境中。PO 可以决定在这个时候对用户公开发布更改。也可以选择保留访问权，直到特性足够丰满，具有竞争力。在这种情况下，新的功能可能会部署到生产中，但会隐藏起来，不会公开使用（例如，把它放在一个特性切换之后）。

其他配置和环境也是可能的。例如，有时会建立性能测试环境来进行性能和容量测试。

9.6.2 部署和交付方法

MVP 方法取决于"构建 - 测量 - 学习"周期的快速运转。这就需要一种部署和交付方法，使产品的版本能够频繁且安全地发布。这样的能力不仅可以加速 MVP 的学习，还可以缩短上市时间，更快地修复 bug，并增强公司对反馈和市场条件变化的快速反应能力。下面来看看提供这种能力的几个部署和交付实践：DevOps、CI 和 CD。

9.6.2.1 DevOps 方法

DevOps 主要通过自动化和云服务，减少从构思到部署的时间，从而加速构建 - 测量 - 学习的循环。它涉及文化和技术实践，包括 CI/CD，下面的章节中将进一步探讨。

若想进一步了解 DevOps，请参见第 17 章的 17.5.2.1 节。

9.6.2.2 持续集成

持续集成（continuous integration）提供了使用自动化单元和集成测试来频繁地、有把握地集成多个开发人员的工作的能力。自动化 CI 不包括部署和高级集成测试。

9.6.2.3 持续交付

持续交付（continuous delivery）是一套快速、可靠、可持续地将软件变更部署上市的实践。CD 通过添加用户接受度测试和部署到生产环境中的实践（使用最低限度的人工参与）来扩展 CI。

在 CD 方法中，更改一经产生就会被立即交付。这意味着它们是潜在可部署的：它们可以部署到生产环境中，但需要得到企业的批准。在 9.6.3 节中，我们将研究在什么情况下最好推迟部署已交付的特性。

交付与部署

正如本节所解释的，交付变更和部署变更之间是有区别的：

- 交付一个产品或变更是以潜在可部署的形式提供它
- 部署一个产品或变更意味着上市、打开并将其投入使用。可以将其部署到任何物理或虚拟环境中，比如预发布或生产环境

追根溯源：CI/CD 的工作原理

CI/CD 实践对敏捷组织的表现而言至关重要，所有商业分析师（即使是那些没有技术责任的人）至少应该从技术角度对其工作原理有一个高层次的理解。实施方式会有所不同，不过以下是对一个典型场景的概述。

两个版本的控制管理系统 Git 和 GitHub，在编辑代码时用来跟踪变更。开发人员使用 Git 来管理和跟踪本地的变更。开发人员使用 Git 来创建一个分支，也就是一条独立的开发线。开发人员也会在 GitHub 上创建一个合并请求，要求将这些变更与 master 分支——产品的主版本——合并。合并请求可能需要一个或两个开发人员的批准。在执行时，该请求将开发人员的分支与 master 分支合并，并运行自动集成和系统测试。

至此所描述的过程实现了 CI。CD 过程扩展了这种持续的、自动化的能力，通过构建、测试和部署步骤来推进变更。举例来说，每当一个开发分支通过 CI 过程与 master 分支集成时（即一个分支与 master 分支合并），GitHub 就会通知 CD 服务器（通常使用网络钩子）。CD 服务器通过启动构建、测试和部署步骤来响应。这些步骤是高度自动化的，只需最低限度的人工干预。

举个例子，在通过自动化测试后，可能需要人工批准才能部署到生产中，但部署步骤本身是自动化的。

若想进一步了解 DevOps/CI/CD，请参见第 17 章的 17.5.2.1 节。

9.6.3 部署选项和潜在的问题

制定详细的长期实施计划时，需要在部署选项之间做出决定并解决潜在的问题。

- 你将如何确定部署的时间？你是在变更可用后立即将其部署到市场上，还是推迟部署，抑或是将其部署到一个小白鼠产品上，以保护品牌？
- 你将如何逐步实现产品计划中的特性？你会采取宽而浅的方式还是窄而深的方式？

在本节中，我们将探讨这些问题。

9.6.3.1 在哪种情况下计划推迟部署或立即部署

如前所述，CD 交付的产品有可能在持续的基础上发生变化。让我们看看一些常见的变更类型，以及立即部署还是推迟部署符合企业利益。

当特性不能提供足够的价值时

推迟部署变更的最常见的原因之一是，它是一个更大的价值流或工作流程的一部分，但它本身并不能为客户提供足够的价值，所以没有用处或没有竞争力。以下例子进行了说明。

假设 CEO 公司想增加一项能力，为客户的常见问题创建标准化的答复。客户服务代表（CSR）将能够在处理客户的支持问题时查看并选择这些答复。将要交付的第一个特性实现了一个流程，用于创建和保存答复和对应的标题（问题），比如“我的包裹怎么样了？”虽然这个特性是潜在可部署的，但它本身并没有提供价值，因为用户无法使用存储的回复。推迟部署该特性是符合商业利益的选择，因为如果部署了该特性，它将被客户视为业余的解决方案，危及品牌声誉。

在最终向市场部署特性之前，CEO 公司应该等待多久？让我们假设，在实施了第一个创建和保存回复的特性之后，待办事项列表中还剩有如下特性：

- 查看保存的回复
- 搜索回复列表中的关键词
- 编辑已保存的回复
- 删除回复

其中的第一个特性，即查看所有已保存回复，能够增添一些价值，但还不够有用。只有当第二个特性让搜索可用后，该特性集才足够丰富，可以向选定的客户发布封闭测试版，如果取得成功，就部署上市。

值得注意的是，尽管向市场的部署被推迟了，但每个特性仍然可以被用户使用和测试，因为它已经处于可用状态了。例如，可以将特性部署到测试实验室，以获得客户的反馈，或者被包含在一个实验性产品中（下一节将要探索这样做的选项）。

商业分析师通过将每个特性指定为贯穿软件前端和后端的"全栈"工作项，来支持交付可发布的特性的能力。

在前面CEO案例中，部署被推迟了，因为客户会认为这些变更是一个业余的解决方案。然而，有一些方法可以在不危及品牌声誉的情况下，获得频繁的客户反馈所带来的学习的好处。下面，来看看其中的两个方法：实验性产品和种子客户。

部署到实验性产品中

一个选择是创建一个实验性产品——专门用来测试新特性的副产品。一旦特性在副产品中得到了证实，它们就会被添加到主产品中。而在副产品完成了自己的使命后，它就被牺牲了。通过这种方式，企业可以从快速学习中获益，而就算出了问题，品牌也不会受到影响。

举例来说，谷歌的政策是随着时间推移慢慢改变 Gmail。2014 年，为了在不影响 Gmail 声誉的情况下迅速在市场上测试新特性，谷歌创造了 Inbox——一个针对早期采用者的实验性产品。变更在 Inbox 中得到了证明后，它们就被添加到了 Gmail 中。最终，在 2019 年 4 月，[16]Inbox "牺牲"了。在完成其学习职能后，它从谷歌的产品线中消失了。

部署给测试版客户

另一个选择是，先向精心挑选出来的一组封闭的种子客户发布产品，并根据他们的反馈进行改进。使用种子客户不仅对高度创新的特性很重要，而且也是推出任何新特性或改进措施的一个重要步骤。

若想进一步了解 beta 测试，请参见第 16 章的 16.5.3 节。

为了说明种子客户的用途，让我们假设 CEO 公司正在考虑为其产品增加一项新特性：
"作为市场人员，我可以在一处查看来自多个来源的对广告活动的反响。"这项特
性对拥有多个 Facebook 主页并且流量较高的公司的用户来说特别有价值——以至于
即使实施的功能有限，他们也会使用它。因此，CEO 在其数据库中搜索具有目标特
性的客户（那些在拥有多个主页且流量较高的公司工作的人）。CEO 与被选中的客
户联系，询问他们是否想要试用领先技术，以及是否介意提供反馈意见。那些积极
回复的客户就成为了种子客户。种子客户可以在公众之前使用新的功能，而 CEO 则
可以在不影响品牌声誉的情况下快速学习。

部署主要特性和增强功能

大多数公司在发布周期结束时才部署主要特性和增强功能，时间段通常为 3 个月，
但也可能长达 6 个月。市场部、销售部和运营部通常更喜欢这种节奏，因为这为他
们提供了应对重大变革所需的准备时间。

部署 bug 修复和小的改动

bug 修复交付后立即部署，以便用户能够迅速受益。如果一组 bug 修复相互关联，
则应一起部署。

频繁部署小的改动，以交付速赢，并为更大的改进建立信心和资金支持。

监管限制对部署的影响

为守规而开发的特性可能需要推迟到法规生效之时。尽管如此，还是要尽快提供一
些特性来建立信心，以便在时机成熟时能够顺利进行全面部署。

由于技术限制而推迟部署

推迟部署的一个常见原因是，组织的测试、构建和部署过程大多是人工操作，而且
太过耗时，无法频繁且安全地将更改发布到生产环境中。在实行 CI/CD 实践之前，
唯一行得通的选项可能是将更改排成队列，并在每个季度发布周期结束时一起部署

它们。正如本书所述，商业分析师有责任满足人们的需求：支持组织尽可能高效地使用其现有过程，但同时也要成为变革的推动者，倡导向 CD 实践的转变。

因为对破坏流程的担忧而推迟部署吗？

我经常看到一些团队推迟部署某项特性，直到它所属的大型工作流程也完成了调整。他们这么做，通常是担心单独部署该特性会破坏各步骤之间的信息流。然而，这不应该成为推迟部署的理由。为了理解为什么，来看看两种更改：一种是在应用程序编程界面（API）中增加共享数据项，另一种是删除共享数据项。增加一个项目不会造成数据链错误，因为现有的客户端并不指望有新的数据存在。虽然它们无法使用新的数据，但也不会因为它的存在而受到损害。不过，删除一个共享项似乎有着更大的风险。然而，这可以通过几种方式来解决。

如果项目是从客户端为第三方公司的 API 中删除的，可以通过对 API 进行版本管理来解决这个问题。通知第三方客户端，它们必须在指定期限内转移到新的版本，在指定期限过后，旧的版本将不再被支持。一般来说，客户端有两年的时间过渡到新版本，之后旧版本将不再被支持。

一个著名的删除共享数据的例子是：Facebook 出于对隐私问题的考虑，决定停止与第三方客户端共享"喜欢"信息。在这个特殊的案例中，客户只有两周的时间来适应 Facebook 的 API 中的数据被删除的情况，因为这些信息被认为根本就不应该分享。

当一个数据项从内部使用的微服务的 API 中删除时，会采取不同的方法。在这种情况下，考虑到维护多个 API 版本的费用，通常最好把所有人都转移到新版本中。为了防止数据链的断裂，首先要更改 API 的客户端，让它们停止使用相关数据。之后，数据项就可以从 API 中安全地移除了。

消除客户对部署频率的顾虑

某位开发经理最近和我谈到了他的团队对敏捷开发的不良反应。他们公司的软件系统在很大程度上依赖于一个合作伙伴提供的第三方软件服务。自从这位合作伙伴转向敏捷开发后，公司的内部团队对频繁的更新所带来的干扰十分不满。他们渴望回到敏捷之前那段日子，那时，新版本交付得没有这么频繁，大概一年只会交付一次。

就像前文所描述的情景一样，答案在于 API 版本化，而不是放慢部署速度。合作伙伴应该继续频繁地部署新 API，但同时支持旧的版本几年，以让客户公司能以舒适的速度过渡。同时，根据 CD 实践，客户公司应该使用存储库来指导部署，以使用合适的 API 版本。

9.6.3.2　何时使用窄而深或宽而浅的实施方法

考虑详细的长期实施时，需要确定将使用何种方法来推出特性。在这方面有两个主要选择：窄而深和宽而浅。下面就一起来探索这些选项，并了解何时使用它们。

窄而深

在窄而深方法中，首先专注于为一个"点解决方案"（point solution）提供深入的功能，然后再向外扩展。一个点解决方案是一个狭窄的开发环境。它可能集中于以下几个方面：

- 将被支持的众多交付平台中的一个
- 产品的一个用例（例如，使用 CEO 应用程序来推出一个营销活动）
- 一个特定的子市场（例如，私人银行客户与企业客户）
- 一个特定的产品系列（例如，将一个新的保险项目限制为团体保险产品，而不包含个人保险）

效益如何呢？

窄而深方法的主要好处是，通过首先专注于一个案例，能够在对用户需求有了坚实了解的前提下构建产品。同时创造了一个热心的核心用户群，并以此为基础发展市场。

这个方案还能组建一支由组织各个层面的高水平专家构成的内部团队——从产品开发到客户服务。这优化了反应能力，因为专家通常比多面手更有效率。另一个好处是能更快地进入市场，因为开发人员不必在一开始就为大众化解决方案而付出极大的努力。

宽而浅

在宽而浅方法中，首先要致力于向市场推出一个综合解决方案，将多种产品的能力集成在一起。起初，这种解决方案的表现往往不如更狭窄的产品。然而，它提供的好处与它的广度特别相关。

综合解决方案的例子包括那些在多个交付渠道、平台、市场和产品系列中实施的解决方案。这种广度可以通过内部开发、第三方服务、伙伴关系和收购的任何组合来实现。

效益如何呢？

对用户而言，宽而浅方法的主要好处是高效。用户能够在一处进行操作，而不是反复地在不同的应用程序之间切换。另一个好处在于，综合性的解决方案为数据提供了"真北"——单一的真实信息源，消除了在不同解决方案中出现的数据差异。这种方法还提供测试方面好处：同样的功能可以在多个平台上同时测试，减少了因环境切换而造成的时间浪费。

什么时候使用哪种方法

至于在特定情况下使用哪种方法，并没有什么硬性规定。尝试两种方法，看看哪种方法效果最好。不过，有一些问题能够帮助做出选择。

- 公司的形象是什么？如果公司以专业性闻名，则最好采用窄而深方法；如果公司是以多面性闻名，则采用宽而浅方法。
- 产品的关键差异化因素是什么？如果产品的差异化因素是它能在宽广的范围内工作（例如，跨越不同的输入源、渠道、产品类型、客户类型），则倾向于采用宽而浅方法。如果差异化因素是产品为核心用户群提供的丰富特性，则采用窄而深方法。
- 谁是产品最重要的客户？如果这些客户愿意牺牲深度来换取在一站式产品所带来的好处，那么就使用宽而浅方法。如果不愿意，就使用窄而深方法。
- 什么是最关键的假设？使用首先测试这些假设的方法。例如，对于价值假设建立在产品之广度上的产品，使用宽而浅方法。这样一来，就可以快速地测试这项提议的技术可行性。

Facebook 使用窄而深战略来发展公司的，它的早期发展集中于为一个小而忠诚的大学生客户群提供丰富的用户体验。随着时间的推移，这些早期采用者的热情将产品推向了更广大的市场。

在 CEO 公司案例学习中，公司选择宽而浅方法进行最初的开发，因为这款产品的差异化在于它能够从单一界面管理客户的参与。CEO 可能将首先专注于为两个信息源提供一小组特性，以验证综合性产品的可行性。

对于最初的版本，公司可能会选择两个信息源，电子邮件和 Zendesk，一个基于云的票务系统。第一次发布将交付具有最低限度功能的版本，支持这两个信息源端到端的工作流，具体如下：

- 获取信息
- 查看信息
- 分流信息
- 标记信息
- 回应信息
- 指派信息
- 处理消息

关于使用哪种方法的决定并不总是绝对的。有时，最好对某些项目采用窄而深方法，而对其他项目采用宽而浅方法，或者在产品开发的不同阶段使用不同的方法。

以上讨论只是对这一主题的简要介绍。如果有兴趣了解更多内容，建议去调查专门研究这个问题的资料，比如戈德曼的文章 [17] 和福斯卡等共同撰写的文章 [18]。

前文提到，全能计划的第二阶段是创建详细的实施计划。我们已经探索了指导计划发展的方法，下面就来谈谈计划的实际创建吧。

9.7 产品路线图概述

使用产品路线图来计划以下项目的实施：

- 产品

- 全部潜能计划中的大赌注
- 长期史诗
- 季度或发布周期

表 9.1 提供了对这一工件的简要介绍。

表 9.1　产品路线图简述

是什么?	产品路线图：产品计划的概览，描述了业务目标、经营目标和其他计划项目是如何在计划范围内展开的。适用于对产品和史诗的长期（最多 5 年）计划。也用于季度计划
什么时候?	在计划期开始时创建长期产品路线图。在每个季度初以及在情况发生变化时对其进行审查
可交付成果	长期计划包括时间表、目标、经过测试的假设、度量标准和每个中期计划周期中的特性

图 9.3 所示的模板改编自罗曼·皮希勒的 GO 产品路线图。[19]

计划范围：［路线图所涵盖的时期］
中期阶段：［一列所涵盖的时间（例如，一个季度、发布周期、项目集增量、日期范围、迭代、X个月）］

中期阶段				
名称				
业务目标和经营目标				
已测试的假设				
衡量标准				
里程碑，事件				
按顺序排列的特性				

图 9.3　产品路线图模板

商业分析师在计划活动中使用产品路线图作为促进工具，并在事后作为信息辐射器来交流这些计划。可以在每个季度初审查路线图，并在情况发生变化时对其进行修订。

9.8 规划中期阶段

将长时间的计划范围拆解为中期阶段或时间线。一个中期阶段可以代表一个季度（3个月）、一个发布周期、一个 PI 或任何其他周期。在 SAFe 中，项目集增量被定义为"计划周期，在此期间，敏捷发布火车（ART）以工作、测试软件和系统的形式交付增量价值。PI 通常长达 8 到 12 周。一个 PI 通常包含 4 个开发迭代，然后是 1 个创新和计划（IP）迭代"。[20]

下一个任务是规划每个中期阶段。规划更靠后的中期阶段时，不需要那么多的细节。将产品路线图用作引导工具：顺着这一列，询问参会人每个项目的情况，具体如下：

- 确定中期时间表
- 拟定中期业务目标和经营目标
- 确定假设和度量标准
- 确定事件和里程碑
- 确定特性

以下小节将对这些步骤进行详细说明。

9.8.1 确定中期时间表

从商业干系人和开发人员那里取得关于中期时间表或发布日期的共识。可以指定一个季度（如第二季度）、一个日期、一个日期范围或者是前一次发布后的 X 个月。后者的好处在于，就算错过了一个时间节点，也不必修改后面的时间线。

提醒干系人注意，这是一个敏捷计划，是欢迎变化的。只有路线图上的日期是真正的承诺，其他的都是当下的最佳预测。计划中的内容会随着学习和条件的变化而改变。

根据干系人在瀑布开发方面的经验，他们可能期望会有更多约束性承诺，而这种承诺方式意味着一种重大的文化转变。商业分析师在解释敏捷方法的商业利益方面起着至关重要的作用，这些商业利益包括缩短上市时间、更高效地分配资源以及提高透明性——最重要的是更好的产品，因为它们是通过客户的持续反馈来构建的。

9.8.2 拟定临时目标和目的

业务目标和经营目标驱动着计划。首先要讨论中期（如第一季度）的业务目标和经营目标。要求干系人除了考虑企业和客户的目标外，还要考虑学习目标。早期的学习目标使公司能够测试假设并确定 MMF——客户最重视的特性。告知干系人，中期目标将要进行定期评审，并在必要时进行修改。

当指定一个业务目标和经营目标时，不要给特性命名，以免限制发展。措辞得当的季度目标的例子如下所示：

- （学习目标）测试价值假设：客户愿意忽略隐私问题以换取即时利益
- （学习目标）测试价值假设：顾客会频繁使用该特性
- （企业目标）将自愿流失减少 X
- （客户目标）第一时间提供回应
- （企业／客户目标）将产品的可用性扩大到 X 地区

目标可以由多个特性支持。例如，减少自愿流失的目标是由使客户能够赚取和兑换奖励的特性支持的。请注意，目标"减少流失"中并没有指明这些特性。它关注的是结果，也就是特性的原因。

9.8.3 确定假设和度量标准

敏捷计划使用持续的反馈来测试关于产品、特性和设计方案的假设。路线图将这种实践融入到了模板中。推动展开对下一个项目的讨论——在这段时间内要测试的假设。然后讨论为了验证假设并衡量实现目标的进展情况，要收集哪些指标。

在所选择的度量标准对验证的假设是有意义的这方面，获得干系人的共识。确保进度指标追踪的是实际上的结果（例如，流失率）。

若想进一步了解确定价值、增长假设与度量标准，请参见第 7 章的 7.11 节。若想得到关于验证假设指标的指导，请参见 7.11.5 节。

9.8.4　确定事件和里程碑

确定中期的重要事件和里程碑。里程碑是发生在某个时间点上的成就，用于标记进展。里程碑的例子包括批准资金、启动营销活动、在市场上发布增量以及完成用户验收测试。事件指的是任何其他事件，例如合规性审计。

9.8.5　确定特性

最后，确定将在这段时间内实施的特性，包括那些将在 MVP 中进行原型设计和测试的特性。

商业分析师有责任向干系人说明，所有特性和实施的时间表都只是最佳预测，而不是承诺。指导参会人通过关注特性提供的价值来表述特性，而不是根据特性将被如何实施来表述。例如："作为旅客，我可以指定我想住的酒店的星级"就优于"我可以从一个下拉列表中选择一个星级"。

若想进一步查看如何编写史诗和特性，请参见第 8 章的 8.7 节。

BLInK 案例学习 12：长期计划——创建产品路线图

背景介绍

在分析 BLInK 的愿景、业务目标和经营目标后，重点转移到了制定实现这些目标的长期计划上。

要求

你的任务是推动召开和干系人和开发人员的长期计划研讨会。参会人包括项目和产品经理、客户关系经理、高级产品经理、首席产品负责人（CPO）/ 总监、架构师、开发团队的 PO、开发经理和开发团队（UX、分析师、程序员等）。

这项活动的成果是 BLInK 的产品路线图。对于长期计划中的每次发布，路线图中都会标出以下各项：

- 发布的业务目标和经营目标
- 假设
- 指标
- 特性

提示

执行以下步骤：

- 准备工作：确保在长期计划制定会议中可以看到产品画供干系人参考
- 回顾愿景、目标和假设：在计划会议上，首先要回顾产品画像，并对以下项目进行探讨：业务目标、经营目标、假设和特性
- 审查计划范围
- 审查实施策略（例如，窄而深和宽而浅）
- 规划中期阶段：从第一个中期阶段开始（如第一季度），在对应的列中，从上至下地询问目标、最有风险的假设、度量标准、里程碑和特性。对其余各列重复这个过程。越靠后的阶段，需要的细节越少

具体过程

回顾产品愿景、目标和假设。

某位高级产品经理回顾了最近的市场变化和战略目标的变化。大家一致认为不需要对产品画像进行修改。

评审计划范围。

干系人一致认为，计划着眼于下一年，中期阶段计划为三个月，时间上和发布周期一致。

评审实施策略。

干系人同意先使用窄而深方法，首先专注于开发一组丰富的团体保险特性。提供给客户的奖励将首先集中在 Better Living （BL）公司自身可以提供的福利上。未来，奖励将包括一些与第三方（如医疗／牙科服务提供商和连锁杂货店合作伙伴）合作的福利。

规划中期阶段。

参会人强调了客户由于隐私问题而不愿意分享自己的数据的风险。你建议将对这一假设的测试设为第一季度发布的主要目标。干系人同意了。

接下来，你询问了客户方面的业务目标和经营目标。你了解到，第一次发布中，至少应该交付一个客户目标，也就是注册 BLInK。市场人员报告说，初步分析表明，在注

册时提供即时折扣可能足以让客户克服不愿意分享数据的心理。干系人一致认为，在本季度中，将会根据 MVP 实验的反馈制定出具体的激励措施。

沿着路线图继续向下，你把重点放在了假设上。参照产品画像，你向参会人询问应该在第一季度测试哪些信念飞跃式假设。经过讨论，得到了按重要性排序的假设列表，如下所示：

- 如果能立即体现出好处，就能克服对分享数据的抵触情绪
- 客户会认可基于行为的定价方式
- 行为将得到改善
- 健康将得到改善
- 用户将推荐其他人

开发人员确认，在第一季度创建 MVP 来测试这些假设是可行的。

沿着路线图继续向下，你们讨论了将用哪些指标来测试假设和衡量目标进展。首先要测量的是以下假设：如果立即显示出好处，客户就能克服不愿意分享数据的心理。参会人同意，验证这一假设的一个有意义的指标是渗透率，它的公式定义如下：

包含 BLInK 的保单总数 ÷ 保单总数

这个指标将用于衡量各种激励措施，以确定哪些措施最有效。继续这个过程，讨论其他假设和目标以及如何对它们进行测量。

最后，要求参会人考虑要开发哪些特性来测试这些假设，并实现为本次发布所确定的目标。你要求开发人员提供粗略的估算，以确定优先级，并与商业干系人一起对特性进行了排序。

一致认为，下面两个特性最重要：

- 向同意使用 BLInK 的人给予即时激励（几天）
- 健康行为能够获得奖励（几周）

你接着列出了本次发布中的其他特性。并对路线图中剩余的中期阶段重复了以上过程。

可交付成果

可交付成果 1：BLInK 产品路线图

图 9.4 和图 9.5 展示了 BLInK 未来四个季度的产品路线图。

计划范围：12 个月，1 月 1 日至 12 月 31 日

中期计划周期（一列）：1 个季度 =1 个发布周期

发布日期	3 月 31 日	6 月 30 日
发布名称	BLInK1：MyBlinK	BLInK2：MyDiscount
发布目标	• 了解客户在得到适当的激励时是否愿意分享数据 • 让客户能够注册 BLInK 并立即开始赚取奖励	• 确定客户在试用期结束后是否愿意继续使用 • 为 BLInK 客户提供基于行为的保费折扣
测试的假设	（A7）如果能立即看到好处，客户就可以克服不愿意分享数据的心理 （A5）客户会对产品一见倾心 （A2）行为将得到改善 （A4）由于参与，健康将得到改善 （A8）参保人会推荐其他人	（A1）客户在六个月的试用期后愿意继续使用 （A2）行为将得到改善 （A6）保费将降低
衡量标准	• 自愿流失率（O1，A10） • 渗透率（包含 BLInK 的保单总数 / 总数）（O2）（A7） • 平均索赔率：索赔总数 / 保单数（O4） • 生活方式评分（A2，O3） • 急诊室收容次数；索赔数；健康索赔费用（A4，O4） • 回复率（A5） • 推介率（A8） • 增长率（O6） • 调查：客户赋权率（O8） • 生活方式风险因素；急诊室就诊次数（O10）	• BLInK 续用率（O1） • 自愿流失率（A10） • 生活方式评分（A2） • 平均保费变化（A6，O7） • 损失率（O5）
里程碑，事件	• 制作原型 • 发起营销活动 • 第一个版本部署到市场	• 长期资金得到保障 • 部署新的风险模型 • 第二个版本部署到市场
特性	• 加入 BLInK 的能力（几个月） • 同意加入 BLInK 后，可以立即获得激励（几天） • 健康行为可以获得健康奖励（几周） • 定期为客户提供健康方面的反馈（几周） • 兑换健身房，瑜伽课程的奖励（几周） • 推荐朋友可以获得奖励（几天）	• 试用期结束后继续使用可获得福利。（几天） • 利用行为数据分析风险和保费价格的模型（几周） • 向客户提供 BLInK 保费的月度折扣（几周） • 会员可以在试用期过后取消 BLInK（几天）

图 9.4　BLInK 产品路线图（Q1 和 Q2）

计划范围：12 个月，1 月 1 日至 12 月 31 日

中期计划周期（一列）：1 个季度 =1 个发布周期

发布日期	9 月 30 日	12 月 31 日
发布名称	BLInK3：MyGames	BLInK4：MyPartner
发布目标	• 证明行为可以通过奖励健康的选择而得到改善 • 顾客可以通过游玩激励正向行为的游戏来获得奖励	• 与食品零售商合作，通过奖励计划促进健康的选择 • 提高计划的社区知名度
测试的假设	（A2）行为将得到改善	（A3）预测风险和赔付款的准确度将提高 （A6）保费将降低 （A9）被广泛使用后，接受度就会增加（届时将不再需要大量即时折扣） （A10）BLInK 将使客户留存率提升
衡量标准	生活方式评分（A2）	• 自愿流失率（O1）（A10） • 市场渗透率（O2） • 损失率；预测与实际结果（疾病、死亡）（A3） • 平均保费变化（A6，O7） • BLInK 渗透率（A9）
里程碑，事件	• 第三个版本部署到市场	第四个版本部署到市场
特性	• 兑换牙科和眼科检查的奖励（几天） • 游戏化：与同龄人竞争（步数等）（几周） • 每日奖励（几天）	• 与大型杂货连锁店合作（几周） • BLInK 续约福利（几天） • BLInK 分析报告（盈利能力、趋势分析）（几周）

图 9.5　BLInK 产品路线图（Q3 和 Q4）

案例学习回顾

在这次研讨会上，你促进了企业和解决方案提供商之间的合作，共同制定了一个长期计划。你确定了每个版本的业务目标和经营目标，并展望了为支持这些目标要实施哪些特性。你确保所有各方都明白计划是暂时性的，可以根据产品在使用过程中的测试情况进行修改。

9.9　在较短的计划范围中使用产品路线图

路线图是一个简单的计划工具，它将工作项按照相对的优先级排在一维列表中。本章着重介绍了它在长期计划中的应用。也可以将路线图用于较短的计划范围（例如，计划一个发布周期内的迭代或计划一个特性的推出）。

为了表明特性之间的关系，可以使用故事地图，这是一种更细化的计划工具，第 12 章将进行深入探讨。

9.10　小结

以下是本章涉及的要点。

1. 全能计划是一个通过设定未来三五年的大胆目标来改造组织的计划。它包括对三五个大赌注的详细计划，这些赌注将在 18 个月内取得速赢。
2. 计划使用 MVP 来测试信念飞跃式假设和预设，以确定产品中要包含的 MMF，并测试解决方案的选项。
3. 使用窄而深策略，通过在产品的狭窄范围内开发丰富的特性集，来建立忠实的追随者群体。
4. 如果商业案例建立在产品的广度的基础上，则使用宽而浅策略。
5. 使用产品路线图进行长期计划。其中包含时间表、业务目标和经营目标、假设、度量标准和整个计划范围内的特性。这个计划是一种预测，而不是一种承诺。

9.11　下一个主题

在本章中，我们重点讨论了长期计划。在第 10 章中，将聚焦于即将到来的季度或特性集以及为其做准备时要进行的分析工作。

注释

1　Scaled Agile，"Epics,"August 20, 2020, https://www.scaledagileframework.com/epic
2　Scaled Agile，"Epics."

3 Daniel Schroer, Till Boluarte, and Steffen Simon, "How Full-Potential Plans Help PE-Owned Companies Outperform in Medtech," Boston Consulting Group, 2019, https://www.bcg.com/en-ca/industries/health-care-payers-providers/how-full-potential-plans-help-pe-owned-companies-outperform-in-medtech

4 James Allen, Rob Markey, Manny Maceda, Julie Coffman, Patrick Litré, Laura Miles, Raj Pherwani, Michael Mankins, Henrik Poppe, and David Harding, "The CEO Agenda: Full Potential Plan," Bain and Co., September 30, 2016, https://www.bain.com/insights/the-ceo-agenda-full-potential-plan-video

5 Allen, et al., "The CEO Agenda."

6 Allen, et al., "The CEO Agenda."

7 Allen, et al., "The CEO Agenda."

8 Allen, et al., "The CEO Agenda."

9 Allen, et al., "The CEO Agenda."

10 Allen, et al., "The CEO Agenda."

11 Steven Blank, "Perfection by Subtraction—The Minimum Feature Set" [blog post], WordPress, March 4, 2010, https://steveblank.com/2010/03/04/perfection-by-subtraction-the-minimum-feature-set

12 Eric Ries, *The Lean Startup* (New York: Random House, 2011), 77.

13 Ries, *The Lean Startup*, 75.

14 Ries, 108.

15 Ries, 81.

16 "Inbox by Gmail," Wikipedia, August 16, 2019, https://en.m.wikipedia.org/wiki/Special:History/Inbox_by_Gmail

17 戈德曼的文章虽然侧重于网络广告，但也提出了与敏捷战略计划有关的重要论点。Aaron Goldman, "Narrow & Deep or Wide & Shallow: How Does Your Tech Partner Roll?" Inside Performance, March 27, 2013, https://www.mediapost.com/publications/article/196700/narrow-deep-or-wide-shallow-how-does-your-tec.html#axzz2OmYyNuax

18 P. Fauska, N. Kryvinska, and C. Strauss, "Good & Service Bundles and B2B E-Commerce by Global Narrow-Specialized Companies," 15th International Conference on Information Integration and Web-based Applications & Services (iiWAS2013), December 2013, Vienna, https://doi.org/10.1145/2539150.2539169

19 Roman Pichler, "The GO Product Roadmap," November 25, 2013, http://www.romanpichler.com/blog/goal-oriented-agile-product-roadmap

20 Richard Kastner and Dean Leffingwell, *SAFe 5.0 Distilled: Achieving Business Agility with the Scaled Agile Framework* (Boston: Addison-Wesley, 2020), 274.

第 10 章　季度和特性的准备工作

在前两章中，我们研究了特性的计划和规范。本章的重点是为开发特性做准备时要进行的分析活动。如果团队使用的是基于流程（看板）的方法，那么当每个特性接近待办事项列表顶端时，就会开展特性的准备工作。如果使用的是时间盒式计划方法，那么在季度计划会议之前就要准备好下一季度的特性集。图 10.1 标出了本章所涉及的活动、事件和工件。

首先，本章将解释特性准备的商业案例。其中包括一份准备活动的检查清单，以及将这些活动作为功能探针在待办事项列表中管理的指南。本章的其余部分为特性准备中的分析活动提供了详细指导。其中包括对以下内容的说明：特性验收标准、最小适销特性（MMF）、绘制旅程、价值流图、过程分析、用例建模以及用户角色建模研讨会。

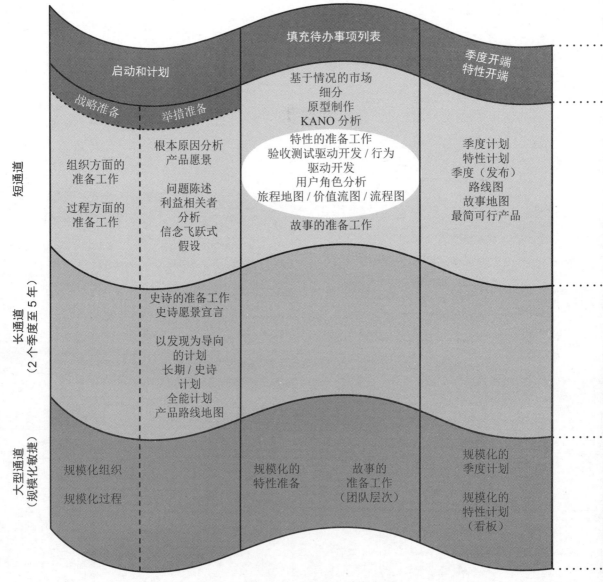

图 10.1　全景图上的第 10 章

迭代开端

日常活动

季度收尾史诗、特性收尾

迭代收尾

迭代计划

每日站会

需求分析与记录

编码、构建、测试、交付验收测试驱动开发 / 行为驱动开发

最简可行产品，分割测试

史诗、特性的准备工作

故事的准备工作

迭代评审会

迭代回顾

为正式发布做准备

季度回顾

史诗、特性回顾

转向或继续

规模化的迭代计划

迭代计划（团队层次）

产品负责人委员会的会议

DevOps

用户特别小组的会议

规模化的特性准备（看板）

集成会议

故事的准备工作（团队层次）

规模化的迭代评审

规模化的迭代回顾

迭代回顾（团队层次）

DevOps

规模化的季度 / 特性回顾

10.1 目标

本章将帮助大家实现以下目标：

- 通过有效的特性准备，支持高产团队和持续可靠的交付
- 根据 ATDD/BDD 指定最小适销特性（MMF）和特性验收标准（AC），以实现快速学习和快速交付
- 使用旅程地图、价值流图、数据流图和业务流程模型和标记法（BPMN）过程模型评估一个过程或业务领域的当前状态并确定其未来状态

10.2 本章在全景图中的位置

如图 10.1 所示，我们将在"填充待办事项列表"区检查以下项目：史诗的准备工作、特性的准备工作、验收测试驱动开发（ATDD）/ 行为驱动开发（BDD）、角色分析、旅程地图、价值流图和流程图。

10.3 特性概述

接下来要重点研究特性，所以现在先快速回顾一下一些基本的概念。

特性是一个产品级的工作项，可以由一个或多个团队在一个季度或发布周期内完成。特性可以用 Connextra 格式来表达——例如，"作为会员，我想收到消息和通知，以便对需要我立即关注的问题作出反应。"

一个特性比一个故事大，但比一个史诗小。它们之间的关系可以总结如下：

　　史诗 > 专题 > 故事

特性往往以史诗的形式开始。正如我们之前在第 7 章中所学到的，史诗是一个产品级工作项，可能需要多个团队在多个季度内完成，并且可能跨越产品区域、业务领域和价值流。一个史诗示例是，在一条产品线上引入送货上门服务，以增加 20% 的销售收入。第 7 章解释了如何通过阐明史诗愿景和信念飞跃式假设来准备史诗。本章还探讨了用于确定最小适销特性（MMF）——要开发的高价值特性——的 MVP过程。下一步是准备接下来的特性。本章主要讨论的就是这部分准备工作。

正如前几章所讨论的那样，要将大型工作项分解为故事——能交付价值但工作量不超过几天的小型工作项，以便缩短反馈周期并使工作顺利进行。如果是这样的话，为什么不干脆取消史诗和特性，把所有的需求都视为故事呢？如果团队只负责小的改进和 bug 修复的话，确实可以这么做。但是，团队通常要按要求处理超出用户故事的最大规模的项目。需要更大的容器——史诗或特性——来封装它将交付的高层次功能和目标。史诗和特性还包括验收标准（AC），描述了故事在端到端工作流中串联起来时的产品行为。规模大于故事的工作项的例子如下所示。

- 交付一个新的或改进的价值流或过程　创建一个新过程或价值流的工作项——或者重新设计一个现有的过程——通常超出了用户故事的最大规模，必须作为特性被管理。特性准备活动可能包括价值流图和当前及未来过程的建模。

- 成熟产品的非微不足道的变化　当一个产品还很年轻的时候，增加新功能是相对容易的，因为新功能可能不会影响到太多现有功能。然而，随着产品的成熟，积累了更多的能力和组件后，增加或更改一项能力就变得越发困难了，因为它可能会影响到许多现有的部件。因此，变更请求必须被归类为一个特性。

考虑 Customer Engagement One（CEO），我们的案例公司 CEO 正在开发的应用程序。假设该产品的第一个版本允许客户支持人员查看来自两个信息源的信息，每个信息源都有自己的格式和规则。如果产品负责人（PO）想添加第三个信息源，比如电子邮件，只会影响一个功能——查看。这个需求可以在几天内实现，所以它可以作为一个用户故事被管理。

现在，假设 CEO 已经成长为一个成熟的产品，具有接收、查看、分流、标记、回应、指派和解决消息的特性。这时想增加一个新消息源会困难得多，因为所有现有的特性都要进行调整。这种类型的变更现在需要几周的时间来实施，并有多个团队参与。因此，要把它当作一个特性（或史诗，如果它跨越了几个季度），而不是一个用户故事。

用例是产品或系统的一种用途，它的大小通常根据用户通过与产品的单次交互能实现的目标进行调整。用例的示例如下所示：

- 提交一份大学申请
- 开设一个账户
- 下一个订单

各个用例代表各种交互方式，包括解决方案必须支持的成功和不成功的情况。实现一个用例的所有场景的工作量通常超出了故事的最大规模。因此，要把用例作为特性来管理，把每个情景或相关联的一系列情景作为一个故事来管理。举例来说，"下一个订单"这个用例需要表示为一个特性。该特性的用户故事包括如下以非正式的格式表达的内容：

- 下一个订单（基本流程：没有选项）
- 下一个加急订单
- 下一个延期交货订单

10.4 特性准备的好处

有时，我必须说服团队相信敏捷开发中不仅允许进行特性准备，而且还鼓励将其纳入计划之中。通过在季度计划会议开始前准备特性，可以促进改善能力的规划：开发人员能够估算地更加准确，因为他们清楚地了解要求是什么。此外，通过在实施特性前进行准备，可以使团队的生产力大大提高。开发人员可以直接开始研发解决方案，而不必等待关键信息或技术准备工作。协作团队可以放心地并行工作，因为特性的验收标准（AC）和过程模型规定了各部分将如何被组装。集成错误出现后很快就会被发现，因为特性的验收标准也被用作规范和执行自动化高级集成测试的基础。

10.5 特性的准备活动

本章的重点是准备工作，而下一章的重点是计划工作。两者并没有严格的界限，但一般来说，计划工作是关于承诺的——确定将交付哪些特性和目标，并获得合作团队完成这些工作的承诺。准备工作则指使一个项目为计划和实施做好准备的工作。

特性准备的成果是已就绪的特性——适合于季度计划，并且能够在没有不当延误或返工的情况下实施。举例来说，一个已就绪的特性是有优先权的，并且能够在三个月内由一个或多个团队完成。

特性的准备活动包括分析和技术准备。分析活动可能包括以下清单中所列出的事项：

特性准备中的分析活动的检查清单

- ☑ ☐ 确定特性和 AC
- ☐ 背景分析
- ☐ 干系人分析
- ☐ 画像分析
- ☐ 旅程地图
- ☐ 价值流图
- ☐ 流程建模
- ☐ 用例建模
- ☐ 用户角色建模研讨会
- ☐ 初步拆分为故事

本章涵盖了以上列表中的所有项目，但最后一项除外。第 13 章，将详细讲解如何把特性分解成故事（又称故事拆分）。

需要明确的是，并不需要对每个特性都进行以上检查清单中的所有准备活动。本章仅仅提供了可以考虑进行的活动的指导，但只做情况所需要的活动即可。

第 13 章的 13.13 节提供了将特性拆分成用户故事的指南。若想查看为规模化举措准备特性的附加指南，请参见第 17 章的 17.9.12 节。

技术准备包括起草解决方案设计，创建和测试概念验证和原型，并准备好架构跑道——这项任务包括服务通信协议的规范、组件的识别和基础设施的创建。虽然本书的重点是分析问题，但也会介绍在技术准备中会使用的一些模型，商业分析师需要熟悉它们。具体如下：

- 环境图
- 协作图
- 数据流图
- 方块图

10.6 特性准备的时间安排

什么时候开始准备特性？精益准则是等到最后负责时刻（LRM）——即任何进一步的推延都会导致不可接受的成本的时刻。如何应用这一原则取决于所使用的计划方法。

在看板系统中，当每个特性接近待办事项列表的顶部时，就要开始准备了。大型特性的准备时间大约为 6 周，小型特性的准备时间为 2 到 4 周。

如果团队使用的是另一种计划方法——时间盒，那么就在当前季度过了一半（6 周）时开始为下一季度准备一组特性。有些组织会预留一个迭代来准备这些特性，例如 SAFe 的创新和计划（IP）迭代[1]，但一般不建议这样做。第 17 章将会陈述对预留迭代（又称强化迭代）的正方和反方论点。

10.7 评估准备情况

使用附录 A.7 中的检查清单来评估团队是否已经准备好进行季度计划了。检查清单中的条件包括：已经确定愿景、路线图和受影响的用户，并且足够多的特性（大约 10 到 20 个）已准备就绪。

使用特性就绪定义（特性 DoR）

使用特性的就绪定义（DoR）来确定一个特性是否准备好被纳入季度计划或（在看板中）被推进到开发阶段中。

以下是第 6 章中讲过的特性 DoR 条件：
- 特性的大小合适：特性小到可以由一个或多个团队在一个季度内实现

- 特性对其他特性没有依赖性（或有最低限度的依赖性）
- 特性是有价值的
- 所有依赖团队都已做出承诺
- 特性是可估算的：对特性有深入的理解，足以进行估算

 若想进一步了解查看特性 DoR，请参见第 6 章的 6.5.7.6 节。

10.8 准备工作的核算：任务和探针

提出需要进行准备性分析后，如何在计划中核算这些工作呢？如果分析将在当前迭代中进行，就把它表示为一个开发者任务。开发者任务是由一位团队成员完成的工作项目（开发者这个词比较有欺骗性。分析、设计、测试和编码都是开发者的任务）。开发者任务会被贴在开发者任务板上。

 第 15 章的 15.4 节、15.6 节、15.7.3 节和 15.7.5 节中，将详细讨论开发者任务和开发者任务板。

如果打算把分析工作推迟到未来的迭代中，就必须将其添加到产品待办事项列表中。但是，不能把它表示为用户故事，因为它不会产生工作代码。而是要把这个分析作为功能探针来管理，也就是所谓的使能故事。第 13 章将要进一步讨论功能探针问题。图 10.2 是一个示例。

示例

[5]
功能探针：
作为分析师，我想调查定价规则，以便订购产品的故事能被启用

验收标准
1. 一组影响定价的输入条件
2. 由客户验证的业务规则，说明如何根据输入条件对产品进行定价

图 10.2　功能探针的例子

图 10.2 展示了调查定价规则的功能探针。"以便"从句传达了它所提供的价值：探针使订购产品的故事能被启用。这个探针分配了 5 个故事点，表示对分析的估算和时间限制。

确定了准备特性所需的分析活动后，下一步就是执行这些活动。下面的章节提供了执行特性分析规范、角色分析、旅程和价值流图以及过程和案例建模的指南。

10.9 阐明特性及其验收标准

与商业代表、开发人员和测试人员（有时称为"Triad"）会面，以清楚地传达需求的方式来描述特性。第 8 章的 8.7 节中，提供了使用"角色-特性-原因"（Connextra）模板来阐明特性的指导性原则。指导干系人和团队使用该模板，但不要强迫他们使用，因为这样得到的结果是不自然的，有碍理解。

随后，指定特性 AC。AC 在敏捷分析中扮演着核心角色：它们是需求和用户验收测试（UAT）的基础。对于第一次发布的特性，只需要指定恰到好处的 AC 来定义 MMF——在客户眼中意义重大的最低功能要求。

商业分析师要支持特性 AC 的规范化。要按照 ATDD 的指导性原则，确保在开始研发特性前指定 AC，这样它们就能作为实例化的需求规格被使用。AC 让开发人员知道必须交付多少功能才能发布该项目——为他们提供所需的信息，以为产能规划提供特性的估算。AC 也可以作为测试场景来验证解决方案。这些场景描述了当用户故事在更大型的工作流程或价值流中被串联起来时，产品必须如何表现。一个常见的方法是在 Gherkin 语法的特性文件中指定 AC，这样它们就可以被测试自动化工具（比如 Cucumber）解读。

AC 和估算密不可分，所以应该鼓励干系人与开发人员和 QA 专家共同讨论它们，这样就可以进行权衡了。这就是第 13 章中讨论的 Triad 方法背后的原理。

若想进一步了解 Triad，请参见第 13 章的 13.6.3 节。

10.9.1 阐明史诗验收标准

阐明史诗的验收标准，在高层次上传达对完成工作的最低要求。在第7章中，我们看到了下面这个史诗的例子。它的验收标准传达了史诗的商业目标："遗留系统可以被淘汰了。"

> **史诗**：改进客户忠诚度计划
>
> **验收标准**：实施这一史诗意味着遗留系统可以被淘汰了。

下面的验收标准示例规定了一个史诗的最低能力。

> **史诗**：作为计划师，我想引入代发货能力，以便在没有库存成本的情况下提高销售总额。
>
> **验收标准**：
>
> 提供识别符合代发货条件的产品的能力。
>
> 启用对所有符合代发货条件的产品的财务报告（销售额/单位、销售率、库存所有权）。
>
> 识别符合代发货条件的产品什么时候不再可供销售。
>
> 提供对符合代发货条件的产品进行清仓（降价）价格调整的能力。

> **史诗**：实施支付平台。
>
> **验收标准**：完成这个史诗可以让多种支付方式能够互换使用。

10.9.2 阐明特性验收标准

和史诗的验收标准一样，特性的验收标准不需要涵盖所有可能发生的情况。而是要先指定一个 MMF，它只包含了特性能被客户视为有价值所需要的最低限度的功能。

下面是一个前文中讲到的属于史诗的特性的例子："作为规划师，我想引入代发货能力，以便在没有库存成本的情况下提高销售总额。"其中的简短描述性文本阐明了它的验收标准，这种描述性文本也被称为场景标题。

特性：在品类规划中启用代发货产品识别。

验收标准：

场景：确定一个代发货产品。（成功）

场景：确定一个不符合代发货条件的产品。（失败）

场景：搜索满足搜索属性的代发货产品。

下面是第 8 章中出现过的一个例子。

特性：

作为事件经理，我想从单一界面管理事件，以便查看各种来源的问题并为它们进行
优先级排序。

验收标准：

我可以查看和管理日程安排的推延。

我可以查看和管理非紧急事件。

我可以根据定义的属性过滤 / 分类 / 排列所有事件。

10.9.3　分析师的贡献

作为一名敏捷分析师，你支持 ATDD 的方式是通过促进干系人、QA 和开发人员就
AC 进行 Triad 对话，以及通过如上文所述的方式指定 AC。你参与特性 AC 的方式包
括以下几种：[2]

- 拥有特性文件——或者作为一个整体的团队拥有这些文件
- 负责编写 AC、场景标题和 Gherkin 的 given/when/then 规范——或者你负责编
  写 AC 和场景标题，QA 专业人士负责编写 given/when/then 规范

10.9.4　在 Triad 会议中分析 AC

通过召开和商业干系人（代表客户）、测试人员和开发人员的合作会议，即 Triad 会
议，逐步分析史诗和特性的验收标准。

在将一个特性投入开发之前，促进三方人员的讨论，用业务的语言指定高级验收标准。

通过 AC 和对话，干系人、测试人员和开发人员都理清了需求。继续进行 Triad 会议，用更具体的测试场景来完善 AC。

若想进一步了解 Triad 会议，请参见第 13 章的 13.6.3 节。

本章的重点是特性的准备工作，但也有必要准备故事和它们的 AC。第 13 章中，将会深入讨论故事的准备工作以及 AC。

10.9.5 用 BDD Gherkin 语法阐明 AC

Gherkin 语法广受欢迎，因为它对干系人、测试人员和测试自动化工具而言，很容易解读。通常情况下，先非正式地编写故事的 AC；然后，在故事临近开发阶段时，在 Gherkin 特性文件中指定测试场景。Gherkin 中含有一些关键字，如 given、when 和 then，用于确定测试场景的标准化内容。

Gherkin 模板

场景：<< 场景标题 >>

    Given << 前置条件 >>

    When << 当 >>

    Then << 后置条件 >>

举例来说，假设你创建了以下特性来引入代发货功能。

特性：引入代发货功能

作为计划师，我想引入代发货功能，以便在没有库存成本的情况下提高销售总额。

验收标准：

- 提供识别符合代发货条件的产品的能力。
- 提供对符合代发货条件的产品进行清仓（降价）价格调整的能力。
- 启用对所有符合代发货条件的产品的财务报告（销售额 / 单位，销售率，库存所有权）。
- 识别符合代发货条件的产品什么时候无货。

> 以下是一个 Gherkin 场景规范的示例：
>
> **场景**：提供识别符合代发货条件的产品的能力
>
>   **假设（Given）**我以 ××× 的身份登录
>
>   **当（When）**我查询产品 SKU：UPL1283
>
>   **那么（Then）**我应该看到"该产品符合代发货条件"。

10.9.6　为端到端工作流指定 UAT

如果特性或事件会导致过程或价值流需要更换或重新设计，则应指定端到端测试，以描述产品在整个工作流中的行为方式。按照 ATDD 的指导，在实施前完成这项工作。举例来说，前面"引入代发货能力"的例子中，指定了以下场景，用于测试该特性的端到端工作流：

- 识别符合代发货条件的产品
- 对它执行降价操作
- 创建财务报告
- 识别该产品何时不再可用

可以用各种工具来指定测试。如前文所述，一种推荐的方法是在 Gherkin 特性文件中指定它们。如果要在不熟悉特性文件的情况下使用它们，请阅读下面的技术说明。否则，可以直接跳到下一节。

使用特性文件指定端到端的 UAT

使用这种方法时，在实施之前（并在添加新验收标准和故事后继续），将特性故事的 AC 规范收集到一个特性文件中，以便一起执行它们（例如，前面例子中的四个场景）。

对特性文件的不同部分进行标记，以控制要激活哪些部分。这样做可以让你预先指定 AC 场景，并在对应的用户故事准备好后再激活它们。

开发人员在源代码中为场景编写步骤定义。特性文件被存储在仓库中，置于版本控制之下，并在组建期间自动执行。在特性部署完成后，可以重新使用自动化测试来进行回归测试。随着特性 AC 的发展，及时修改特性文件中的规范。[3]

10.10　背景分析

《商业分析知识体系指南》（第三版）中，将背景定义为："影响、被影响以及提供对变化的理解的情况……背景是与环境中的变化有关的一切。背景中可能包括态度、行为、信仰、竞争者、文化、人群、目标、政府、基础设施、语言、损失、过程、产品、项目、销售……以及符合定义的任何其他元素。"[4]本章将重点讨论态度、行为、信仰、文化、人群、目标和过程。

10.11　干系人分析

如果对顾客和他们的动机没有足够的了解，就不可能创造出符合（或超出）他们期望的产品。因此，要先从干系人开始分析，也就是那些会被计划中的特性影响的人。

第 7 章中，介绍了在举措开始时进行的初步干系人分析。这种分析会随着时间的推移而不断地被完善。首先，我们把分析的重点放在接下来的某个特性或（如果团队按季度计划的话）下一季度的特性组将会影响到的用户上。在下一节中，我们将会研究如何通过使用用户角色来完善这一分析。在本章的后面部分中，将要探讨另一种干系人分析技术——用户角色建模研讨会。

若想进一步了解干系人的分析，请参见第 7 章的 7.9 节。

10.12　角色分析

角色是用户或客户的一个假想的代理人或原型——一个有背景故事和产品使用动机的人。在设计产品时，角色被用作用户的替身。角色非常实用，因为创作者都知道一个简单的道理：为一个人创作比为所有人创作要容易得多。表 10.1 总结了角色技术和它的用途。

表 10.1　角色简述

是什么？	角色：用户的代理人
什么时候？	在季度准备和特性准备期间创建角色，关注那些在变革中被优先考虑的用户
为什么？	具体的案例让用户分析变得鲜活了起来，这是数字无法做到的
提示	• 从数据和访谈中衍生出角色，不要凭空创造 • 在确定特性的优先级、创建旅程地图和编写用户故事时，要参考角色
可交付成果	写有个人简介、目标和高级用例的用户角色

10.12.1　用户角色的历史

阿兰·库珀在他的《交互设计之路》[5] 一书中提到，在发明用户角色的时候，他在开发 Plan*IT 这个项目管理的关键路径工具。当他在采访干系人的需求时，他深入地了解了一个用户。当她不在身边时，他发现想象自己与她对话非常有帮助。当用户不在的时候，这个想象中的人就成了用户的代理人。虽然库珀当时还没有为其命名，但他已经创造了他的第一个角色。

后来在 1995 年，当库珀在研发一款商业智能工具时，当要求开发人员描述产品将会如何被使用时，库珀对他们的回答方式感到非常震惊。开发人员虽然会解释产品中包含的所有选项，但无法描述特定的某人可能如何使用这些选项。当库珀亲自采访用户时，他发现可以根据用户对产品的高层次用法他们分成三组。他为每组用户创建了一个代理人——也就是角色。一个角色使用该工具来创建模板，另一个角色使用他人创建的模板来创建报告，第三个角色优化模板，但并没有创建模板。在考虑特性时，库珀牢牢记住了这些角色。他在向团队介绍设计时经常提到这些角色，很快整个团队都开始使用这些角色。最终，产品包含三个不同的界面——每个界面都是站在一个角色的角度设计的。

你可能已经注意到，在这个"用户角色"起源故事中，库珀创造的每个角色都代表着对产品有各自独特的使用方法，而不是一个特定的用户类型或人群。每个人都会用产品做别人没有做的一些事情。

根据我在开发组织中的工作经验，对用户角色的评价好坏参半。我合作过的大多数团队都不使用用户角色（或者不经常使用），认为这种技术过于牵强。另一些人则发现它对预测不同类型用户的需求非常有用。比如在一家金融公司为两种不同类型的借款人开发一个界面时。我的建议是用这种技术进行试验，看看它在你所处的环境中是否有用。

如果感觉角色很不自然，可以尝试使用一个真实的用户而不是一个虚构的角色。不要过多地阐述背景故事；简单为美。

10.12.2　用户角色示例

让我们用一些例子来说明用户角色的使用方法。

10.12.2.1　CEO 案例学习中的角色

让我们说回 CEO 公司。公司正在创建一个集成式客户参与平台。根据最初的市场测试，CEO 发现有四种不同的用户，他们以独特的方式使用产品。为了将这些使用方式拟人化，你创建了以下用户角色：

- 客户服务代表 J：J 是 CEO 的客户之一，Magnum Robotics 的客户服务代表（CSR）。他使用这款产品进行日常的客户支持。这款产品对他的主要吸引力在于，它能将收到的所有支持信息集中到一个收件箱中
- 市场人员 M：M 在 Magnum Robotics 的市场部门工作。她使用这款产品来发起和管理广告活动。对她来说，最棒的特性是可以从一个界面中在多个平台上发布公告
- 销售经理 T：T 负责管理 Magnum Robotics 的产品和服务的销售。对于 T 来说，这款产品的主要吸引力在于能够跨越多个社交媒体平台查看和分析销售情况
- 数据分析师 A：A 是 Magnum Robotics 的数据分析师。她使用这款产品来分析社交媒体上的品牌提及情况。A 最喜欢的是这款产品能在开始病毒性传播前就捕捉到趋势性问题

为下一次 CEO 发布进行季度准备的期间，在思考要优先考虑哪些业务目标、经营目标和特性时，要参考用户角色。例如，可以决定优先考虑乔治偏好的目标和特性，因为分析表明，在早期采用者中最受欢迎的用途之一就是客户支持。从长远来看，预测表明产品的数据分析特性具有最高的增长潜力。在未来的版本中开发这些特性时，阿亚拉将被优先考虑。

10.12.2.2　主流商业应用中的用户角色

以下是最近与我合作的团队在主流商业领域使用用户角色的一些例子。

名为 J 的主要借款人，名为 G 的共同借款人

与我合作的一家金融公司的团队目前正在针对借款人开发自助服务网站。他们创建了一个用户角色，J，代表贷款中的主要借款人，另一个用户角色，G，代表共同借款人。在设计界面时，他们问："J 应该看到什么？""G 应该看到什么？"举例来说，J 应该看到一个添加共同借款人的选项；G 则不应该。这些用户角色帮助团队梳理出不同类型的用户的详细的需求和规则。这些用户角色也指导着两个版本的用户界面的设计：一个是为主要借款人设计的，另一个是为共同借款人设计的。

P、J 和 T——保险客户

一家保险公司正在为客户开发快速报价网站。它的团队目前正在使用以下用户角色。

- P 是一个低风险商业保险客户。他租了一处商业地产来经营一家发廊。他想为自己的发廊购买小型商业保险。
- J 是一个中风险客户。J 是 P 的建筑物业主。J 正在为这栋建筑物寻求财产保险。
- T 是一个高风险客户。她是一个机械操作工，在建筑物上使用重型机械。T 正在寻求购买财产和责任保险。

用户界面中，将会对不同类型的风险提出不同的问题。团队正在通过用户角色来理清谁能看到哪些问题。例如，"你出租了多少个单元？"这个问题只与业主有关。

10.12.3　创建用户角色

下面将会对识别和指定用户角色的步骤进行说明。步骤如下：

- 研究用户
- 根据使用方式，将用户分成几组
- 细化用户角色

10.12.3.1　研究用户

使用数据分析、调查和访谈来探索现有用户是如何使用产品的。举例来说，数据分析会突显一个客户子集，其中的客户是与拟议特性类似的特性的高频用户。利用这个子集的属性来定位个体客户，并采访他们的需求和他们使用产品的方式。在第二步中，利用这些简介和分析数据，为这个子集开发出一个用户角色。

用户角色的另一个信息来源是基于情况的市场细分（在第7章中讨论过）。利用这种方法，可以通过实地调查客户来分析他们用产品所做的工作。每项工作都是一个高级用例，可以用一个用户角色来表示。

10.12.3.2　根据使用情况将用户分成几组

根据产品的高级用例，将用户分为不同组。一组有一个代表角色。每个用户角色的使用方式都与其他角色不同。每个高级特性通常有三四个用户角色，其中一个是季度或发布周期的主要用户角色。

10.12.3.3　细化用户角色

描述每个角色在购买或使用产品时的目标。用一些个人背景来丰满角色，比如角色的所在群体、心理状态、痛点和价值观等相关方面。最后，确定该角色使用产品的场景。

10.12.4　记录用户角色

指定每个用户角色时，都应该提供足够的信息，让团队能够描绘出一个人，他或她的背景故事，以及相对于其他用户角色，他或她对产品的独特看法。图10.3和图10.4是两个指定用户角色的模板示例。图10.3是比较正式的模板；图10.4是非正式的模板。

示例

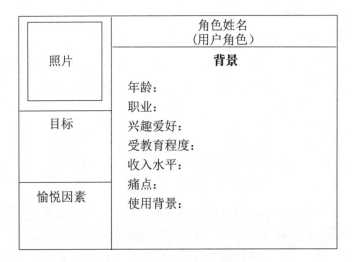

图 10.3 正式的用户角色模板

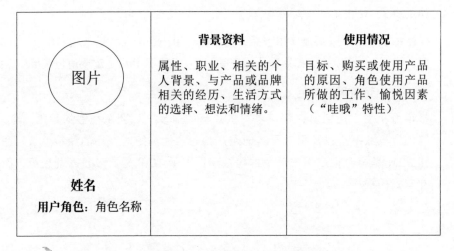

图 10.4 非正式的用户角色模板

识别角色在使用产品时的目标。这个目标可能是一个高层次结果，例如降低成本，或者是用户使用产品所做的工作（高级用例），例如管理我的财务。

识别角色的愉悦因素——客户不会期望，但在发现时会很高兴的兴奋型特性或称"哇哦"特性。

若想进一步了解卡诺分析和愉悦因素，请参见第 8 章的 8.11 节。

痛点是阻碍到角色的问题。例如，市场人员玛格达的痛点是她难以在多个社交媒体平台上同步发布推文。

指定使用背景——角色在或是会在什么情况下使用。例如，当玛格达希望在多个社交媒体平台上向客户发布相同的产品公告时，她就会使用 CEO。

根据需要，添加其他个人信息（例如，职业和受教育程度），以帮助充实用户界面和用户角色的优先级。

10.12.5 使用用户角色

定义用户角色后，就可以以各种方式使用它们，如以下各节所述。

10.12.5.1 使用用户角色来确定优先级

在讨论在季度或发布周期内要优先考虑哪些特性时，可以参考用户角色。例如，通过询问"经理需要什么？"来确定要为经理优先考虑哪些特性。

10.12.5.2 使用用户角色指导用户界面设计

利用用户角色来指导用户界面的设计。考虑为每个角色创建一个不同的用户界面，以支持使用产品的不同方式。询问每个角色希望查看和更新哪些信息。

10.12.5.3 使用角色来指导旅程地图

确定在接下来的季度或变革举措中要处理的一个或多个主要用户角色。在绘制旅程地图的过程中，参考主要用户角色，探索客户在面对介绍、购买、使用和推广产品时的行为、思考和感受。

10.12.5.4　在用户故事中使用角色

在用户故事中指定一个用户角色，提供更生动的受益用户的形象。在 Connextra 模板中加入用户角色，如下所示：

* 作为 [用户角色]，我想要 [特性]，以便 [原因]。

例如："作为参保人迈克，我想自定义我的戒烟计划，以便按照自己的节奏来戒烟。"

BLInK 案例学习 13：用户角色

要求

作为团队分析师，要求你主持一个为 BLInK 开发用户角色的研讨会。本次事件的成果如下。

可交付成果 1：代表关键用户的 BLInK 用户角色。

准备工作

你邀请市场 SME、产品经理、数据分析师、销售人员和团队。你要求他们准备好讨论从市场调查和深入访谈中了解到的客户情况。

具体过程

在研讨会上，你了解到 BLInK 的潜在客户可以分为两组，如下所示。

第 1 组

第一组是 Better Living（BL）公司的现有客户，他们可能会因为对健康的普遍关注而被动员购买 BLInK 保险。市场研究表明，这组客户代表最大的潜在早期采用者。

分析表明，这个群体中的大多数人都是白领。他们称自己经常久坐。在调查中，他们强烈同意锻炼和改善饮食是"非常重要的"。他们倾向于将自己为长期利益而推迟短期满足的能力评为"非常差"。

根据市场分析师，卡诺调查问卷显示，对于这个目标市场而言，在注册时提供即时好处且无需承担任何义务，将是个"哇哦"特性。

第 2 组

另一个潜在客户组是那些目前不是 BL 客户但在提供 BL 团体保险的公司工作的人。卡诺分析表明，戒烟计划对这一目标市场来说是一个兴奋型特性。人口统计学数据显示，这一组中的大多数人从事蓝领工作。

你为第 1 组和第 2 组创建了用户角色。干系人同意将初始发布聚焦于第 1 组（现有 BL 客户）的需求上——市场分析发现，这一子集对产品的早期版本的兴趣最大。

可交付成果

可交付成果 1：用户角色

图 10.5 是为代表第 1 组（关注健康状况下降并对使用 BLInK 来改善健康状况感兴趣的 BL 客户）而创建的用户角色。

阿伊莎 （主要参保人）	阿伊莎 55 岁，就职于 RxCRO 公司，是一名商业分析师，她参加了 BL 集团的人寿保险计划。她的医生告诉她，如果她不加强锻炼并改善饮食，她就可能会患上严重的疾病。她想听从医生的建议，但缺乏以短痛来换取长期收益的动力。	阿伊莎对该计划激励她提高膳食质量和加强锻炼感到兴奋。她会经常使用 BLInK 中的膳食和营养计划以及团体锻炼课程。 阿伊莎会对注册后不需要进行长期承诺就能立即获得好处感到惊喜。

图 10.5　BLInK 用户角色：阿伊莎

　　由于这个类别的潜在客户的数量很多，阿伊莎将成为战略性用户角色——第一个版本的首要侧重点。

　　图 10.6 所展示的是第二个用户角色，迈克。他代表的是那些会将 BLInK 用作戒烟动力的客户。

 **迈克** （主要参保人）	迈克 25 岁，工程师。他的雇主MacDougal's 提供了 BL团体健康保险，但迈克目前不是BL客户。他是一个重度吸烟者，他担心自己的烟瘾会带来长期的不良影响。他不喜欢互助团体和其他公共戒烟计划。正如他经常说的："我不是一个爱参加集体活动的人。"	迈克正在寻找一个可以私下参与的戒烟计划。他将对BLInK的可自定义计划及其丰富的针对戒烟的个人激励措施感到兴奋。

图 10.6　BLInK 用户角色：迈克

案例学习回顾

　　在本次研讨会中，你创建了两个用户角色，分别代表着使用 BLInK 项目的两种方式。这些角色现在可以用于探索客户的旅程、特性和设计方案。

10.13　旅程、流程和价值流图的概述

研究过产品的用户之后，分析的重点现在将转向用户与产品的接触方式。我们将探索在此背景下使用的以下工具：

- 旅程地图
- 价值流图
- 流程分析（流程建模）
- 用例建模

使用这些技术来分析当前状态，确定未来状态，并进行差距分析。

旅程地图分析客户在不同渠道（例如，使用社交媒体、电子邮件、网站和私信）接触到品牌或产品时的思考、感受和行动。使用这种技术来确定客户和产品之间的接触点以及关键时刻，趁此机会给客户留下深刻的印象。

接触点可能会触发一个业务流程，也可能发生在一个流程之中。例如，客户提交订单这一接触点会触发接收和管理订单的流程。使用价值流图来优化向客户交付价值所需的物料流或信息流（例如，对一个事件的回应）。价值流图显示了步骤的顺序和每个步骤的指标，例如在一个项目上活跃地工作所花的时间和等待的时间。

与价值流图不同的是，流程模型包含更丰富的元素集，用于指定工作流规则。使用流程建模来分析必须按照定义的规则连贯一致地进行的工作流。流程模型是工作流的直观展示。例如，先用流程建模来分析两家正在进行合并的银行当前的欺诈检测流程。然后，再进行差距分析，找出不一致之处，并开发未来状态的流程模型，以弥补这些差距。

10.14 旅程地图

接着，让我们从全局性的模型——旅程地图开始讲起。假设现在已经确定了一个目标用户，并把她表现成了一个用户角色。致使该角色购买和使用产品的一系列事件是什么？这就是旅程地图所讲述的故事。表10.2简要介绍了旅程地图和它的用途。

表 10.2　旅程地图简述

是什么？	**旅程地图**：一个提供深入视图的模型，它展现了一个客户在一段时间内与公司或产品的接触。旅程地图描述了客户是如何决定购买产品、使用产品并成为忠实的固定客户的
什么时候？	在准备大型变革举措（史诗或大型特性）、季度或发布周期时，创建旅程地图
为什么？	• 让客户的行为数据"活"起来 • 提供对客户动机的见解 • 指出关键时刻，在这种时刻做出干预可以显著地改变客户对品牌的看法
提示	旅程地图的用途如下： • 凸显机会，创造正向的关键时刻 • 找出在渠道、设备和部门之间的转换中的差距 • 提供协调一致的客户体验，无论渠道、设备或部门是什么
可交付成果	旅程地图：客户的阶段、行动、接触点、思考和感受

10.14.1　客户旅程地图的概述

客户旅程地图是一个模型，它提供了一位客户在一段时间内与公司或产品的接触的全方位视图。客户旅程地图描述的是以下几项：

• 客户采取的步骤

• 客户与公司（或产品）之间的接触点

• 客户在每个步骤和每次转换中的目标、思考和感受

地图上描述的客户体验应该以市场调研数据为基础，以便准确地反映客户的态度。旅程地图的价值在于，像用户角色一样，它让这些数据"活"了起来。通过讲述客户与产品互动的故事，旅程地图提供了对顾客动机的见解，并凸显了改善顾客体验的机会。

10.14.2　客户旅程地图：抵押贷款案例

下面是一个旅程地图的例子，它是由一个目前正在为申请家庭抵押贷款建立自动化的自助服务网站的团队绘制的。网站的目标是通过自动化减少银行方面的成本，以及通过吸引更多客户来增加收入。客户不会被强迫使用这个新系统，但理想中，有相当一部分客户会因为这个系统提供的便利而自愿使用它。团队正在为两个用户角色——现有客户 M 和潜在客户 J——开发客户旅程地图。

M 代表着已经在银行有抵押贷款的现有客户。她的旅程地图描述了当她需要续贷时，她转移到自助服务网站的过程。通过旅程地图，小组想要发现能最大限度地提高客户从旧系统到新系统的转换率的机会，以及缓和过渡过程的机会。

J 代表着目前与银行没有业务往来的潜在客户。她的旅程地图描述了她在搜索有竞争力的抵押贷款和使用新网站提交抵押贷款申请时所经历的各种阶段。团队希望能通过分析 J 的旅程，创造出能够增加新客户数量的客户体验。

10.14.3　旅程地图的组成部分

绘制旅程地图并没有单一的、通用的模板。然而，有以下这些常见的组成部分：

- 镜头或用户角色
- 阶段
- 接触点
- 思考和感受
- 机会（痛点，关键时刻）

图 10.7 是一个包含常见要素的旅程地图模板示例。

图 10.7 中的阶段表示高层次的客户活动（例如，调查和购买）。每一行描述了客户体验的各个方面（例如，思考和感受）。下面就来看看这些元素的含义以及如何使用它们来绘制旅程地图。

阶段	调查	研究	做出决定	购买	使用	推荐
目标						
行为						
思考						
感受						
接触点[设备]渠道；任务						
机会，关键时刻						

图 10.7 包含以活动为基础的阶段的旅程地图模板

10.14.3.1 确定地图的范围

绘制旅程地图的第一步是确定其范围。旅程地图的范围示例如下：

- 从客户第一次接触品牌到停用为止的整个客户生命周期
- 做出购买决定前经过的步骤
- 对一个事件或事故报告的反应

10.14.3.2 镜头或用户角色

镜头是一个"滤镜"[6]，我们通过它来体验客户旅程。如果目的是探索一个客户子集的体验，并根据客户的期望进行衡量，那么就指定一个用户角色作为镜头。也可以将以下内容用作镜头：

- 一个用户角色（例如，销售代理或经理）
- 目标市场
- 业务流程中的参与者（例如，审批人）

以上所有例子中的镜头都代表着市场的一部分。如果目标是探索所有客户共有的接触点呢？这种情况下，需要明确评估接触点的角度，比如公司承诺授权其客户服务专业人员"做对客户有好处的事"。[7]

10.14.3.3 阶段

接下来，确定旅程中的各个阶段，或者说阶段。如何命名这些阶段并没有规定。这些阶段可以用高层次的客户活动（例如，调查）或高层次的目标和结果（例如，找到最合适的价格）来命名。或者，阶段可以是一个客户状态（例如，忠实客户）或客户生命周期的一个阶段。以下是以客户生命周期阶段为基础的旅程地图阶段的例子。"5 个简单的步骤了解客户生命周期管理流程"[8]中提到了前 5 个阶段：

- 接触：公司向潜在客户推广自己（例如，通过广告和电子邮件）
- 获取：潜在客户与公司之间进行了初次接触
- 转换：潜在客户被转化为客户；达成交易
- 保留：客户与公司持续进行业务往来
- 忠诚：客户是公司的积极推广者
- 流失：客户流失了，无论是出于自愿还是其他原因。将流失阶段包括在地图内，以确保考虑到变更对已流失客户的影响（例如，终止的客户不会再收到通知）

以下是以客户活动为基础的旅程地图的示例阶段：[9]

- 调查：客户调查竞争对手的属性，比如价格、特性、评分和评论
- 研究：顾客研究本产品或服务的特性
- 决定：顾客决定购买本产品或服务
- 购买：顾客为产品付款或以其他方式完成订购产品的交易（例如，通过承诺按月付费）

- 使用：顾客使用本产品。使用体验让客户建立了对公司和产品的忠诚度
- 推荐：由于得到了良好的客户体验，客户推荐其他人使用本产品
- 离去：客户离开公司（例如，注销账户或取消订阅）

将以上示例用作大致的指导，需要注意的是，实际的阶段名称可能根据地图的性质和范围而有所不同。

10.14.3.4　行动（行为）

接下来，调查客户在每个阶段所采取的行动，例如以下几项：
- 给公司发电子邮件
- 与朋友交谈
- 在网上搜索产品
- 给客户服务部门打电话
- 下订单
- 报告一个事件

用文字或图片来描述这些行动。与图片相比，文字的好处在于它更容易记录。使用图片来表现非连续流程（例如，循环或并行）。

10.14.3.5　接触点

定义每个阶段的接触点。接触点是客户与公司或产品的一次交互。根据设备、渠道和任务来描述每个接触点的特点。

设备指的是在互动过程中使用的设备，如笔记本电脑、移动设备或平板电脑。每个设备可以支持多个渠道。

渠道是用于互动的机制，如网站、应用程序、私信、社交媒体平台、在线聊天或电子邮件。

任务是在渠道里执行的具体用户活动，例如"提交订单"。

10.14.3.6 思考和感受

当客户在旅程地图中的接触点与产品互动时，提供对客户动机的见解。他们的理性思考是什么？例如，他们是否在比较公司和竞争对手在服务方面的声誉？

描述顾客的感受。例如，客户可能觉得不被尊重，因为周转时间太短了。

对想法和感受的见解有助于确定在本季度或发布周期内应关注哪些接触点。

10.14.3.7 机会（痛点，关键时刻）

确定能够改善体验的机会，如痛点和关键时刻。关键时刻是客户对公司或产品留下深刻印象的关键互动。

10.14.4 使用旅程地图

将旅程地图用于以下分析目的：

* 为对产品开发的投资提供信息——旅程地图帮助商业干系人做出更好的投资决策。因为它能提供一个跨渠道的客户体验的整体视图，并突出关键时刻
* 找出在渠道、设备和部门之间的转换中的差距
* 跨接触点地提供协调一致的客户体验
* 发现提高转换率（从浏览者到购物者）和推荐率的机会
* 当客户报告一个问题或事件时，改善客户体验
* 创建故事地图。故事地图是用于规划即将到来的季度或特性集的工具。将旅程地图中的"行为"用作构建故事地图的主干的基础。主干部分是按照用户任务的典型执行顺序排列的
* 标出改进流程的需要——例如，地图可能表明，由于在报告一个事故的接触点上经历了漫长周转时间，客户产生了不满。相对地，这也标志着需要分析和改进公司的事故管理流程

实施变革后，重新审视旅程地图。干预措施是否起到了作用？是否有一些接触点仍然需要改进？根据新数据，修改旅程地图。重复这个过程。

BLInK 案例学习 14：旅程地图

背景介绍

企业已经决定，下一个版本的重点将是将现有 BL 客户转化为 BLInK 项目的用户。

要求

作为团队分析师，你被要求主持一个创建旅程地图的研讨会。

旅程地图将探索优化客户体验的机会以最大限度提高转换率。研讨会的可交付成果如下：

- 可交付成果 1：描述从潜在客户转变为客户的旅程地图

准备工作

你邀请市场 SME、产品经理、数据分析师和团队前来参加研讨会。

作为会议的输入，你将之前为项目创建的用户角色（图 10.5 和图 10.6）以及产品路线图中本次发布的拟议目标和特性张贴了出来。

在开始会议之前，你根据图 10.8 中的模板，准备了一张空白的旅程地图。

具体过程

你首先说明这次会议的目的—创建一个旅程地图来指导产品的开发。

旅程地图的准备工作

首先，你推动展开了对范围的讨论。参会人一致认为，他们希望这个地图能够展示直到赢得客户忠诚度为止的 BLInK 客户生命周期。

确定镜头

接着，你讨论了镜头的问题。你回顾了阿伊莎这个角色，她是一个对改善饮食和运动感兴趣的现有 BL 客户，而迈克是一个重度吸烟者，他目前不是 BL 客户。

与会人员一致认为，发布的重点应该是现有 BL 用户。因此，阿伊莎这个用户角色被选为镜头。

由于非现有客户的旅程是相当不同的，因此需要为迈克这个角色创建另一个旅程地图。不过，迈克的旅程地图将被推迟到后面的版本中，那时再进行分析会更好。

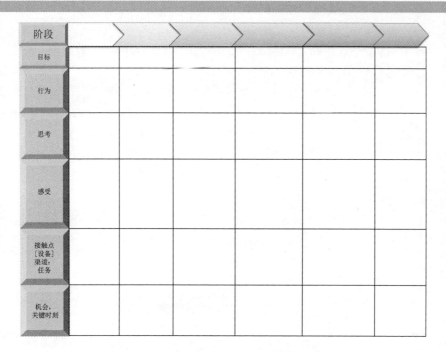

图 10.8　未给阶段命名的用户旅程地图模板

确定阶段

接下来要确定的是旅程的各个阶段。参会人同意根据阿伊莎的高层次目标来命名这些阶段。如下所示：

- 调查市场，了解改善她的饮食和运动水平的现有选择
- 评估解决方案，看它是否适合她
- 开始试用。在没有做承诺的义务的情况下，接受试用计划的提议
- 试用。在 6 个月的试用期间使用 BLInK
- 加入。承诺加入 BLInK 项目
- 售后。成为 BLInK 项目的忠实推广者

分析各阶段的情况

在确定了各个阶段之后，你推动展开对阶段 1—调查市场—的每一行的讨论。你回顾了客户在这个阶段的目标。主要目标是研究改善健康的办法。市场人员提出一个接触点：BL 将通过电子邮件与阿伊莎联系，并提供包含更多关于该项目的信息的链接，以便阿伊莎深入了解。你要求小组考虑阿伊莎在这个接触点的想法和感受。你从数据分析师那里了解到，阿伊莎想改善自身的健康状况，但目前缺乏动力，无法迈出第一步。参会人指出，这是一个关键时刻，要用一个能立即激励客户采取积极行动的福利来刺激客户。你以这种方式继续探索其他阶段，直到完成旅程地图。

可交付成果

得到了以下可交付成果：

可交付成果 1：阿伊莎的用户旅程地图

阿伊莎的用户旅程地图如图 10.9 所示。

阶段	调查市场	评估解决方案	开始试用	试用 (6个月的试用期)	加入	售后
目标	调查改善健康状况的办法	决定BLInK是否适合自己	接受试用	开始使用BLInK来改善健康状况	决定在试用期后继续使用BLInK	保持健身目标
行为	网络搜索与同事交谈回应邮件邀请	参加工作中关于BLInK的午餐会议	访问网站申请免费试用验证申请	走更多路 输入三餐 追踪每日进展 在健身房锻炼身体	选择加入长期计划	继续锻炼加入食品零售商项目推荐其他人
思考	这个计划的效果如何？成本和收益如何？我能获得什么奖励？	我要花多久才能获得收益，改善健康状况？我能获得什么奖励？	我为什么要立刻这么做？能方便地退出计划吗？	我正在向健身目标迈进吗？我燃烧了多少卡路里？我获得了多少奖励？	我达成目标了吗？我获得了哪些经济福利？如果我决定退出，该如何取消计划？	我的体重在增加吗？我怎样才能长期坚持下去？
感受	这个计划的效果如何？成本和收益如何？	保险公司并不真正地关心我的利益担心隐私受到侵犯	这次会和我以前的每次尝试一样失败对参加下可能会后悔的计划感到犹豫不决	对在多年的忽视之后开始锻炼计划感到不安	对迄今为止的进展感到满意但仍然担心自己以后会对做出的决定感到后悔	对自己的进展非常高兴，以至于想要将这个计划告诉其他人
接触点 [设备] 渠道: 任务	电子邮件："了解更多信息"链接到门户网站，电子邮件：活动报名应用程序：安装；通知	午餐会议（线下）	门户网站，应用程序：报名参加免费试用	[电子]秤：体重追踪器[健身追踪器]：步数计算，卡路里应用程序：查看健身水平；管理目标	6个月后自动转换门户网站，应用程序：管理我的账户	[销售点（条形码）]应用程序：追踪卡路里；每周优惠活动电子邮件：特殊优惠活动
关键时刻	重点突出包容的，反身材攻击的文化重点突出即时福利	已经获益的演讲由受信任的第三方提供隐私保障	签约时立即并永久地降低费率	提供市面上最优惠的健身会员折扣	加入后可免费咨询饮食和运动方面的问题没有取消罚金	推荐人可免费获得装备合作零售商每周都会提供折扣

图 10.9 BLInK 用户旅程地图（阿伊莎）

> **案例学习回顾**
>
> 　　通过分析，你了解到现有 BL 客户很关注数据隐私的保护，并认识到提供即时福利将是这个接触点的兴奋型吸引点。这些见解将有助于为即将发布的版本和后续版本的特性进行优先级排序。

10.14.5　旅程地图的更多信息

若想查看关于用户旅程的更多信息和例子，请参见"用户旅程"[10]、"客户旅程地图示例"[11]和"如何创建用户旅程地图"[12]。

10.15　价值流图

价值流图是一种精益模型，用于凸显和减少浪费，缩短周期事件，优化流程。[13]价值流是一个端到端的工作流，从触发点开始（例如，客户申请获取一个产品），到价值交付结束。其中包括了交付价值的步骤顺序和执行这些步骤所需要的人员。运营价值流向产品的终端用户交付价值（例如，将产品交付给客户）。开发价值流交付解决方案，以实现预期价值流（例如，交付一个订单处理系统）。[14]

价值流图在形式上和线框图相似，展现了由箭头连接的步骤或工位的进展情况。价值流图还包括每个工位所花费的生产时间和非生产时间的指标。表 10.3 对这一技术进行了简要介绍。

表 10.3　价值流图简述

是什么？	价值流图：一个精益 SAFe 工具，用于对以交付价值为终点的工作流程进行建模和测量
什么时候？	在准备优化一个业务流程时
为什么？	识别浪费，以便及时消除
提示	利用分析和访谈来收集有关活动时间的指标
可交付成果	价值流图，确定流程的步骤，在每个步骤中的工作时间和等待时间

制作价值流图的原因如下所示：

- 流程优化和重新设计
- 流程自动化
- 合规性要求（例如，遵循通用数据保护条例 [GDPR] 的要求，在收到主体访问请求 [SAR] 后的一个月内作出回应）

当使用价值流图进行流程优化时，首先创建当前状态的模型，以突出显示瓶颈和改进机会。然后开发未来状态的模型，以模拟和评估拟议解决方案。

开发价值流图

创建价值流图时，首先要确定工作流程中的步骤或工位（例如，提交订单、组装订单、订单提货）。接下来，采访每个工位的工作人员，并收集指标。追踪每个工位花在活跃工作（开展增加价值的活动）和等待（代表着浪费）上的时间。

调整流程以减少浪费。再次收集指标，并分析结果以衡量干预是否有效。重复上述步骤，直到流程得到优化。

图 10.10 展示了一个处理订单的价值流图。

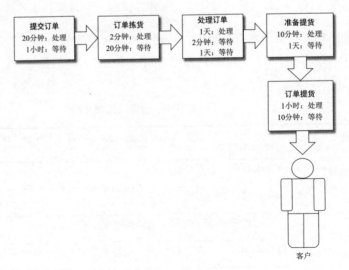

图 10.10　下订单的价值流图

从图 10.10 可以看出，一个普通订单的周转时间约为 3 天，其中只有 44 分钟是在活跃处理订单。其余都是浪费。最有希望减少周转时间的步骤是组装订单和准备提货，因为流程中的大部分浪费都发生在这两个步骤。

10.16 业务流程建模

价值流图的建模元素足以表明整体的工作流程。然而，在限制着这些步骤的时间规则和条件方面，它们缺乏细节。当必须严格遵循一个工作流程时（例如，为了遵循政府的指导方针），就需要使用业务流程模型来表现这些细节。下面就来看看最广泛使用的标准之一：业务流程模型和标记法（BPMN）。表 10.4 对这一技术进行了简要介绍。

表 10.4 流程模型一览

是什么？	**业务流程模型：**一个业务流程的代表，通常以图表的形式呈现。该模型显示了流程中的工作流（活动的顺序）
什么时候？	为优化流程或实施新流程做准备时
为什么？	为了进行差距分析 为流程优化举措做准备 为了合并两个流程（例如，因为企业合并） 为了记录标准操作程序
提示	不要好高骛远。只需要为接下来的一、两个季度或发布周期进行分析
可交付成果	公共和私有流程模型。公共模型描绘了流程的外侧（接触点）。私有模型描述了内部步骤

10.16.1 将过程参与者聚集在一起

一个过程通常需要多个参与者来执行。虽然每个人或许都了解自己在过程中负责的部分，但他们对其他方面的了解可能比较有限。这对商业分析师而言是个挑战，因为商业分析师必须从这些不相干的观点中整理出整个过程的综合情况。这就像盲人摸象的寓言一样，一群盲人分别触摸了大象的一部分，然后描述自己摸到了什么。

解决这个问题的最有效方法是让所有过程参与者的代表聚集在一起，以便当场汇总并协调他们的观点。

10.16.2　什么情况下需要流程建模

我写这本书的目的之一是将"经典"但有价值的分析工具，比如流程建模，重新介绍给尚未使用过它们的敏捷团队。使用流程建模的原因如下：

- 准备端到端 UAT：对端到端流程进行建模，以确定集成点，并为集成测试和端到端 UAT 指定场景

- 为流程优化 / 重构做准备：对当前流程进行建模，以突出显示瓶颈和提高效率的机会。然后，创建期望状态模型来对拟议解决方案进行模拟和评估

- 当改变更大型的流程中的一个步骤时：对一个完整流程进行建模，以评估一个更改对工作流程中的其他步骤的影响

- 合并流程：对将合并的每个流程进行建模。展开全面分析，以确定差异并提出解决方案。为合并后的流程创建一个期望状态模型。合并流程的背景如下：
  - 使用不同系统或流程的公司之间的合并
  - 用单一信息源取代多个数据来源
  - 消除因为支持多个系统而产生的开销
  - 设计新业务流程

- 当外包一个现有的服务或流程时：创建模型，沟通内部系统和第三方服务之间的消息和数据流

- 物联网（IoT）开发：使用流程图，如方框图和统一建模语言（UML）协作图[15]来确定设备将会如何交互

- 记录标准操作程序：使用流程模型来分析和沟通标准操作程序，以支持可重复性

10.16.3　截图并不能代表流程模型

人们很容易把现有系统的截图用作当前状态的流程模型，但它们的作用其实并不相同，下面的故事说明了这一点。一家通信公司请求我的公司为其评审其替换地理信

息系统（GIS）的需求系统。许多业务流程都用到了该系统，例如计划安装通信塔。我们的顾问询问他是否能查看受影响的流程的模型。有人向他保证，这些模型是存在的，但他从来没有亲眼见过，所以他注意到这个疏漏是一个需求风险。我们后来了解到，这些所谓的模型其实是屏幕截图。不幸的是，屏幕截图并不能替代过程模型。从某种意义上说，它们过于详细了——因为很难将它们所展示的用户界面与其他解决方案进行比较。同时，它们也不能提供足够的信息——因为它们只显示了用户的经历，而没有说明幕后发生了什么。这种疏忽导致了集成需求的遗漏。公司在购买了解决方案后，发现系统只支持异步集成，而他们需要的是同步（实时）集成。公司不得不为此付出沉重的代价。如果花上几天时间对使用 GIS 的流程进行建模，就可以在分析中发现缺失的集成需求，从而将其纳入规范中。

10.16.4　根据目的做恰到好处的分析

尽量不要在现状模型上花费太多时间；把大部分精力放在期望状态模型上，因为那才是价值所在。

根据情况调整分析的水平。如果建立流程模型是为了了解发布计划的依赖关系，那可能不需要有精确的工作流逻辑。但是，如果正在重新设计业务流程，其中必须一贯地执行工作流规则，那就需要建立更详细的模型。

10.16.5　包含以及不包含泳道的模型

大多数流程建模标记法都提供为每个参与者保留一列或一行的选项。这些被称为泳道。带有泳道的流程模型有时被称为泳道工作流或多功能流程图。每项活动都被放在执行该活动的参与者的泳道中。参与者可以是人类或软件系统。

10.16.6　BPMN

使用得最广泛的绘制业务流程工作流模型的标准[16] 是 BPMN，由对象管理组织（OMG）维护。但值得注意的是，最受欢迎的实践——至少根据我自己非学术性的观察——是根本不使用任何标准，而是依靠非正式的流程图符号，比如菱形和箭头。

这种实践对许多商业分析目的而言已经足够了，但如果对精确性的要求比较高，请使用标准，因为它不容易引发误会。

之所以选择 BPMN 标准而不是其他标准，是基于以下原因：

- BPMN 具有丰富的符号集，与大多数其他标准相比，BPMN 可以优雅地处理范围更广的情况
- BPMN 被广泛地使用——这意味着它在软件工具和了解这些模型的分析师方面拥有强大的支持

BPMN 提供了许多为流程建模的方法。其中最主要的是公共流程模型和私有流程模型，前者提供高层次的外部试图，后者提供更详细的内部视图。通常情况下，先使用公共流程模型，如果有必要，可以逐渐将其完善为私有流程模型。

10.16.6.1　BPMN 公共流程模型

BPMN 公共流程模型是一个流程的外部视图。它侧重于企业和外部实体之间的接触点，同时隐藏内部步骤。外部实体可以是所讨论的组织（或系统）之外的任何组织、个人或系统（例如，客户、供应商、外部系统或第三方软件服务）。

所讨论的组织（或系统）被表示为一个池，与之互动的外部实体也是如此。一个池显示为一个大矩形。

消息流（以有三角形箭头的虚线表示）表示池之间的通信。一个消息流可以代表一个服务请求，也可以代表电子或手动（例如，传统邮件）的信息传递。

公共流程模型实例

图 10.11 是一个公共流程模型的例子，它描绘了处理保险索赔的流程。它展示了公共流程模型的主要元素。

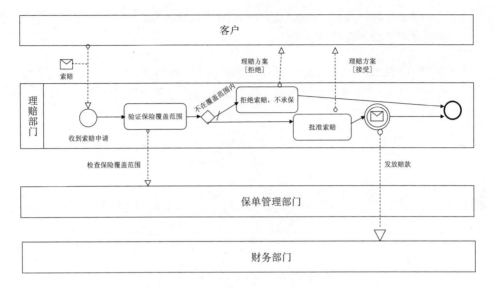

图 10.11　理赔系统的公共 BPMN 模型

图中有四个池：正在开发的理赔系统、客户、保单管理系统和财务部门。一个细圆圈代表着流程的起点。这个元素被称为"开始事件"。终点——指的是"结束事件"——用加粗圆圈表示。模型中可以包含一个以上的开始和结束事件。例如，一个补货流程可能有两个开始事件：它可以被内部用户调用，同时会在库存低于特定水平时自动触发。它也可能有两个终点，一个成功结束，另一个则不成功。

每个圆角矩形描绘着一个活动。实线箭头代表顺序流，表示时间进行的方向。菱形是一个关口——流程中的决策点。为了让模型更易于理解，我在以下例子中添加了一个网关，但公共模型中通常是没有网关的。

图 10.11 中的模型描述了外部实体是如何经历管理索赔的业务流程的。第一个接触点是当客户向保险组织提交索赔申请时。收到索赔申请的时候，这个流程就会被触发。下一个接触点发生在验证保险覆盖范围的步骤中：理赔部门向保单管理部门发送消息，要求检查覆盖范围。在流程结束前的其他接触点，理赔部门向客户发送有关理赔方案的信息。最后，在索赔在保险覆盖范围内的情况下，理赔部门向财务部门发

送消息，以发放赔款。流程中还有一些内部步骤，但公共模型中并不包含这些步骤，因为外部实体不会经历它们。

图 10.12 是我们一直关注的 CEO 案例的公共流程模型示例。CEO 的一位分析师在为发布做准备时创建了这个模型，该模型将产品与两个第三方实体——Zendesk 和电子邮件——集成在一起。

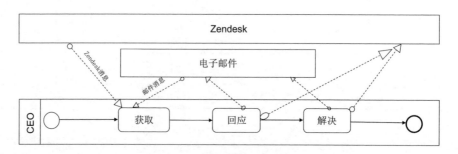

图 10.12　CEO 的 BPMN 模型

该模型提供了恰到好处的信息，足以确定 CEO 和第三方实体之间的接触点，这些接触点的整体顺序，以及它们之间可能存在的依赖关系。例如，"解决"依赖于"回应"，而"回应"又依赖于"获取"。

BLInK 案例学习 15：BLInK 公共流程模型

背景介绍

在之前创建的旅程图中（图 10.9），你确定了一个接触点：报名参加免费试用。商业干系人现在想在第一次发布中实施这个接触点。本次发布的目标是实现它所触发的整个端到端流程——即使只是一个狭窄的场景——直到终端客户收到已激活的 BLInK 设备为止。设备可以是任何用于传输健康数据的物品（比如运动手环、支持应用程序的手机）。

要求

PO 要求你对这个过程进行初步分析，为第一个发布周期做准备。团队将使用这些成果来设计概念证明，以验证拟议的一体化机制的可行性。预期的可交付成果如下：

- 可交付成果 1：用于处理 BLInK 申请的 BPMN 公共流程模型

具体过程

你邀请产品经理、流程负责人和对设备厂商和接口有深入了解的 SME 参加小组研讨会，分析端到端的 BLInK 申请和激活流程。

在研讨会上，你得知供应商将负责管理设备和详细的数据收集和分析。BL 公司将只会收到这些信息的摘要。当 BL 公司收到一个主要参保人的申请和健康状况评估时，这个流程就开始了。供应商在验证设备的资格方面发挥着一定作用。在承保步骤结束时，BL 公司会向供应商发出初始化设备的请求。随后会再向供应商发出向设备输送数据的请求。

可交付成果

以下是本次会议中创建的可交付成果：

可交付成果 1：BLInK 公共流程

图 10.13 展示了"报名参加 BLInK 项目"这一流程的 BPMN 公共流程模型。

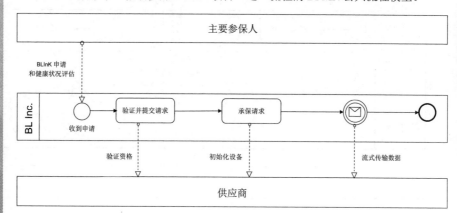

图 10.13　"报名参加 BLInK 项目"流程的 BPMN 公共流程模型

案例学习回顾

作为流程分析的结果，你确定了若想实行这一解决方案，必须有能力在提供三种服务时与供应商对接—验证资格、初始化设备和开始传输数据。

10.16.6.2 BPMN 私有流程模型

如果流程的变化导致解决方案必须支持的新的或改变后的内部步骤，该怎么办？在这种情况下，在开始实施之前，要分析这些步骤是如何连接的，这样才能确保在组合它们的时候能互相契合。为此，需要构建一个私有流程模型，因为它包含内部步骤。

私有流程模型实例

图 10.14 展示了一个拟议的期望状态索赔流程，客户通过一个自助服务网站提交索赔申请。

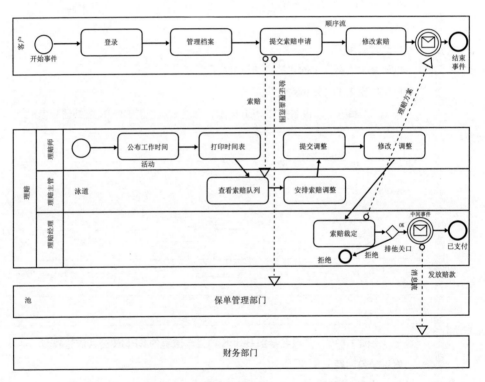

图 10.14 索赔流程的私有 BPMN 模型

顶部的池是客户的工作流程模型。客户登录并管理她的资料。接下来，她提交一个索赔申请。在这个用户任务中，核验保险范围的消息被发送到保单管理部门（例如，检查保险是否涵盖索赔的类别）。另外，索赔在这个时候被发送到理赔部门，并由理赔主管接手。

从理赔部门的角度来看，第一步是理赔师公布自己的工作时间，以便被分配一个索赔申请。接下来，他们会查看当天的时间表。理赔主管通过自助服务网站查看客户发起的索赔。主管会安排理赔师处理索赔。理赔师对索赔进行审查，提交调整，并可能对其进行修改。然后，理赔经理作出最终裁定，这时会向客户发送一条关于理赔方案的消息。如果索赔已被批准，则向财务部门发出付款的消息。

10.16.6.3 BPMN 建模元素

图 10.14 中包含 BPMN 模型的一些主要组件，具体如下：

- **开始事件**：启动流程。可以有多个开始事件，流程的每一种触发方式都对应着一个开始事件（例如，一个流程可以是为了响应客户请求而激活的，也可以是内部触发的）
- **结束事件**：结束流程。可以有多个结束事件，每个对应着一个可能的结果（例如，交易成功、交易被拒绝和交易被取消）
- **中间事件**：在流程中发送事件或接收一个事件的时候。可以将一个符号放在事件中，以描述事件的类型（例如，信封符号可以用在一个中间事件里表示一个消息的发送或接收）
- **顺序流**：表示元素的执行顺序
- **活动**：在一个流程中执行的工作。它可能是一个任务——一个原子步骤——也可能是一个被分解成任务的复杂的子流程
- **排他关口**：决策
- **消息流**：表示两个池之间的通信
- **池**：独立的组织，外部软件系统或组件
- **泳道**：表示一个池（组织）内的过程参与者

请注意图 10.14 是如何模拟整个端到端的价值流的：它以客户的目标——请求处理索赔——开始，以目标得到满足而结束。这正是分析流程时应该首先考虑的范围，因为从客户的角度看，只有达成目标后，流程才算结束。

如果在流程中发现了一个复杂的活动，请用折叠子流程图标（正方形内加一个加号）将其表示为子流程。在子流程的图表中详细描述它。

图 10.15 展示了更多 BPMN 符号，需要向模型添加更多细节时，这些符号很有用。

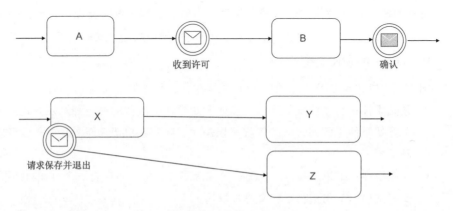

图 10.15　BPMN 事件

图 10.15 中展示的符号包括以下内容：

- **捕获事件**：表示收到了一个事件（例如，一条消息）。举例来说，上图中的"收到许可"就是一个捕获事件。为捕获事件建模时，在符号的中心放置事件图标的线描版

- **发送事件**：表示在过程中的某一刻，一个事件被发送了出去。例如，数据被传输或一个数字请求被发送到一个软件接口。要表示发送事件时，在事件的中心将图标画成实心符号，如图 10.15 中的"确认"所示

BPMN 提供了对捕获事件的时机细节进行建模的能力。例如，在图 10.15 的上半部分中，活动 A 完成于流程响应"收到许可"消息之前。该活动不会被中断——即使消息是在活动过程中到达的。

然而，在图 10.15 的下半部分中，是立即响应传入的消息的：在活动 X 的任意时刻，如果"请求保存并退出"的消息到达，活动就会被中断，Z 就会被执行。另一方面，如果消息没有到达，X 会继续进行，直到完成，接着是活动 Y。请求保存和退出这一捕捉事件被称为边界事件。正如其名，它被画在它所中断的活动的边界（边缘）上。

BLInK 案例学习 16：BLInK 私有流程模型

背景介绍

在第一次发布中，团队将实施申请 BLInK 项目的流程。

要求

你被要求对 BLInK 的申请过程进行建模，以便充分地了解它，足以开始进行发布计划。分析的可交付成果将被用来对在接下来的发布周期中实施用户任务进行计划。

- **可交付成果 1**：为注册 BLInK 项目的端到端流程建立 BPMN 私有流程模型

准备工作

你决定使用之前创建的加入 BLInK 项目的公共流程模型（见图 10.13）作为本次分析的参考资料。

采用精益方法，你计划只做恰到好处的流程分析来支持发布计划的需求。你将专注于活动的整体顺序和交接，但暂时不进行详细的工作流程分析。

第一个版本将向客户提供可操作的 BLInK 设备。因此，你将分析范围设定为从提交 BLInK 申请到交付工作设备为止的所有步骤。

具体过程

你首先采访 SME，了解了处理 BLInK 申请所需要的参与者。你了解到，参与者包括主要参保人（外部参与者），以及承保人、精算师和代理人（内部参与者）。从之前的分析中，你了解到设备供应商也参与了这个流程，他们负责验证资格，初始化设备，并向设备发送触发器，开始流式传输数据。

你召开了流程分析研讨会，邀请了产品级 PO、流程负责人以及承保人、精算师、代理人、团队 PO 和供应商的 SME 代表。

根据他们的意见，你构建了流程的综合模型。你了解到，客户的第一个接触点与收到 BLInK 申请和健康状况评估的代理人有关。代理人使用供应商的服务对请求进行验证。如果客户先前有设备使用方面的负面记录，服务就会使请求无效，也就不会发放设备。如果请求是有效的，代理人就会将其提交给下一个步骤，也就是承保。

承保人在对申请进行承保后，会向供应商发出初始化设备的请求，紧随其后的是开始流式传输数据的信息——到这一步，流程就结束了。精算师报告称，他们需要在 BLInK 申请的承保开始之前设置 BLInK 风险和定价规范。

可交付成果

创建了以下可交付成果：

可交付成果 1：BPMN 私有模型—加入 BLInK 项目

图 10.16 展示了"加入 BLInK 项目"这一流程的 BPMN 私有流程模型。

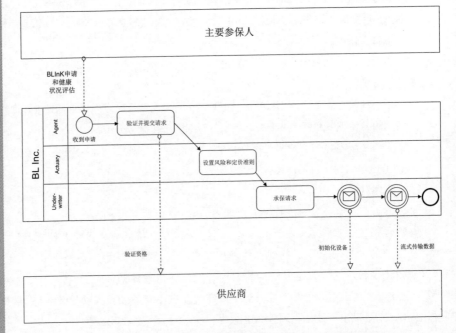

图 10.16　"加入 BLInK 项目"流程的 BPMN 私有流程模型

案例学习回顾

在这个研讨会上，你进行了恰到好处的初步分析，了解了为下一次发布计划的流程，也就是管理 BLINK 应用程序的主要用户活动和交接。你所创建的可交付成果将在发布（季度）计划中用来开发故事地图，并规划用户任务的逐步实施，以支持该流程。

10.17 用例建模

用例模型由图表和支持规范组成。用例图是一张将用户角色和外部系统与他们对产品的使用方式联系起来的图片。换句话说，用例图显示着谁在做什么。在一个从系统角度绘制的用例图上，每个用例代表一个用户任务——用户在与软件系统或产品的一次交互中期望实现的工作单元（或目标）。以上定义适用于比典型的用例。用例也可以为更高或更低层次的目标而定义。一个产品的全部用例代表着该产品的所有使用方式。每个用例都可以在用例说明——可能包含文本和图表的文件——中进一步加以描述。

在敏捷开发中使用用例建模的最好方法是先开发模型，并利用它来计划和推动开发，在开发过程中修改模型。这是我过去在与统一软件开发过程（RUP）团队合作时经常使用的方法。我相信这个方法仍然很实用，因为它提供了产品使用方式的概览，和一个可以用来构建并组织特性和故事的框架。把每个用例都表示为一个特性，举个例子，为它创建一个 Gherkin 特性文件。将较小的工作项表示为用户故事或用例切片（用例 2.0 中的术语）。不过，在实践中，我观察到这个过程通常是反过来的：用例模型和规范是在实施之后创建的，以备将来参考。这虽然也有用，但并不是理想方法。至少，分析师应该努力确保在每个故事完成后就更新图表和规范，而不是等到产品发布后再更新。

如果正准备对现有产品进行更改，请检查一下用例模型是否已经做好。如果是的话，就评审。它们有助于确定哪些用户会受到产品变化的影响。这些规范表明当前支持着哪些流程以及是如何支持的。更新模型以标明未来的状态，包括将会被支持的新用例和用户角色。

10.17.1 用例建模示例：索赔

让我们回到图 10.14 中描绘的索赔处理流程的私有模型。基于流程模型，创建一个用例模型，总结解决方案将支持的用户任务（用例）。这一用例模型如图 10.17 所示。

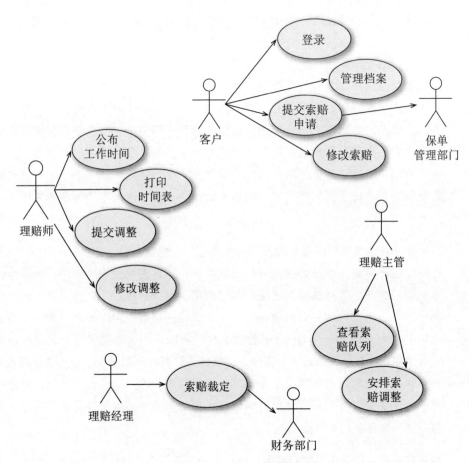

图 10.17　索赔用例模型

10.17.2　用例模型的元素

图 10.17 展示了用例图的主要建模元素。每个与产品或系统交互的用户角色都被建模为一个参与者，用火柴人表示。也可以使用通用对象符号——矩形。任何与产品或系统互动的外部系统也都显示为一个参与者（例如，保单管理部门和财务部门）。

将每个用户的任务建模为一个用例，用椭圆来表示。画一个从参与者指向用例的箭头，以表示该参与者是主要参与者——启动任务的实体。画一个从用例指向参与者的箭头，表示用例被触发后将涉及的次要参与者。

在向系统中添加新的用户任务和新用户时，要不断地更新用例模型，以便在未来的维护和改进（M&E）计划中继续使用它们。

10.18　用户角色建模研讨会

用户角色建模研讨会是一种小组访谈方法，它采用沉默式头脑风暴，为即将到来的计划周期确定用户角色。[17] 一个典型的用户角色模型研讨会的时长是一个小时。被邀请参加研讨会的人员包括 PO、开发团队全员、流程负责人以及了解将受到拟议变更影响的用户的其他 SME。

在研讨会上，将开展以下步骤：
1. 对角色进行头脑风暴
2. 整理角色
3. 集成角色
4. 完善角色

1. 对角色进行头脑风暴

这个步骤大约需要 15 分钟。向参与者分发空白的便利贴。告诉大家，任何人都可以在便利贴上写下一个角色，并将其贴到墙上。这时不允许进行其他讨论。使用"爆米花规则"来决定何时应该停止：如果过了一定的时间都没有人在墙上张贴更多角色，就结束。

图 10.18 展示了事件管理系统的用户角色在此时可能是什么样子。

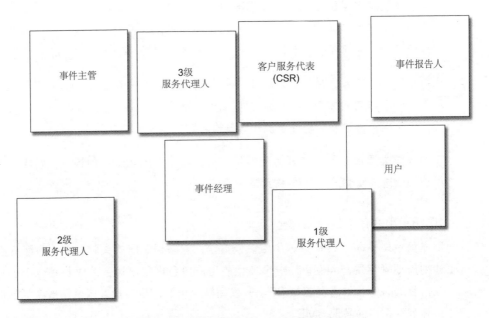

图 10.18　事件管理系统的初始用户角色

2. 整理角色

这个步骤大约需要 15 分钟。请参会人排列卡片，将相关联的角色归为一组。角色在职能方面的重叠越多，在物理上的重叠就越多。

图 10.19 显示了此刻角色是如何排列的。

请注意，用户和事件报告人的卡片几乎完全重叠，表明它们很可能指的是同一个角色。1 级服务代理和客户服务代表的角色也是重叠的，事件经理和事件主管也是如此。3 级服务代理只有小部分重叠。

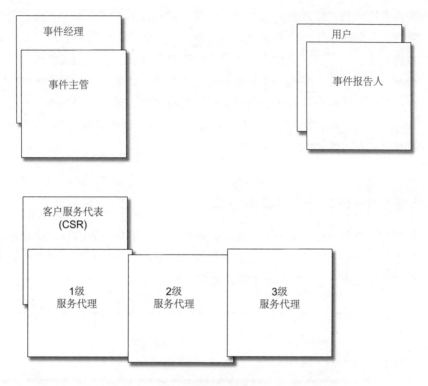

图 10.19　整理后的事件管理系统的用户角色

3. 集成角色

首先关注那些完全重叠的卡片，要求每张卡片的作者描述他 / 她的角色以及它与其他角色的不同之处。如果发现有一些角色是完全相同的，请参会人决定要哪个是主要角色。其余的角色名可以作为别名列出，也可以直接丢弃。

接下来，再看看那些有部分重叠或是位置相近的卡片。询问他们的作者，每个角色能够完成哪些用户任务。如果任务是相同的，就只保留一张卡片。如果有一部分共同任务和一部分特定角色才能完成的任务，就保留这些卡片，并添加一个通用角色来代表共性（在 UML 标准中，这种新角色称为泛化参与者）。举例来说，零售客户和批发客户这两个角色可能有一些共同的使用方式，但也有一些每个角色特有的使用方式。你添加了一个新的参与者"用户"来代表一个通用客户。创建通用角色的价值在于，如果有一个用户故事是两种客户都重视的，你将能够表明"作为客户，我想……"，而不是称"作为零售或批发客户，我想……"对于其他需求工件和规则也是同理。这种实践也有助于进行优先级排序，因为一个能满足多个用户（由通用角色代表）需求的特性或故事可能比一个只能满足子类型需求的故事更有价值——在其他所有条件都相同的情况下。

先把代表着本次变更或发布范围之外的角色的卡片放在一边；它们将会在未来计划后续更改和发布时派上用场。

图 10.20 说明了这些角色此刻是如何被集成的。事件主管和客户服务代表卡已经被移除了。此外，用户的便利贴也被移除了，取而代之的是事件报告人，因为后者能更好地描述这一角色和产品之间的关系。

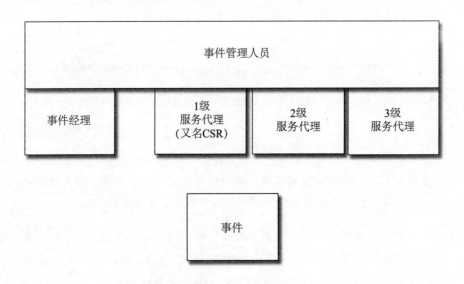

图 10.20　集成后的事件管理系统的用户角色

我们创建了一个新的角色，即事件管理人员，来代表从事事件管理的任何人——事件经理或任何层级的服务代理。这个角色应该会比较实用，因为该业务领域中的每个人都需要访问许多特性。

4. 完善角色

修改和整理了用户角色后，下一步是通过调查和记录它们的属性来对其进行完善。用户属性的例子如下所示。

- 使用产品的目标：用户想通过软件达到什么目的？客户购买产品来做什么工作？
- 使用频率：用户使用该应用程序的频率是多少？
- 领域专业知识水平：用户对业务领域的理解程度如何？
- 添加其他专门针对产品的用户属性（例如，在一个人力资源网站上，添加一个属性，以指定用户在搜索的工作类型的属性，比如全职或兼职）。

表 10.5 展示了前文中研究的事件管理产品的角色属性。

表 10.5　细化后的用户角色表

用户角色	使用频率	对产品的技术熟练程度	领域专业知识水平	使用产品或系统的目标
事件经理	每天	中等	高	管理工作流。确保系统中没有遭遇瓶颈的事件
1 级服务代理	每天	低	低	迅速应对事件—要么自己处理，要么将其分配给有能力的人
2 级服务代理	每天	中等	中等	对特定产品提供协助
3 级服务代理	每天	高	低	提供第三方技术专长

BLInK 案例学习 17：角色建模研讨会

背景介绍

你按照要求主持一个用户角色建模研讨会，以确定会受到接下来的 BLInK 发布的影响的用户角色。你的目标是覆盖所有参与激活新 BLInK 参保人端到端流程的用户。

要求

通过这项分析活动将会得到以下可交付成果：

• **可交付成果 1：** 带有完善说明的用户角色卡

准备工作

你决定邀请一个多元化的团体来参加用户角色建模研讨会，以确保所有用户都被考虑在内。由于参会者人数众多，你选择使用沉默式头脑风暴，来高效地提取团体的集体知识。

准备好议程，其中列出用户角色建模研讨会的四个步骤：

1. 对角色进行头脑风暴

2. 整理角色

3. 集成角色

4. 完善角色

在研讨会开始时，你向参会人说明这个过程，并分发了便利贴。

具体过程

在步骤 1 "对角色进行头脑风暴"中，与会人员张贴了涵盖了广泛潜在用户的用户角色，包括制定承保政策的人、执行它们的人、向雇员提供保险的雇主、以及购买团体保险的雇员。图 10.21 显示了步骤 1 中张贴的用户角色。

图 10.22 显示了步骤 2 "整理角色"之后的卡片。

用户角色建模研讨会的其余步骤将一直进行下去，直到大家就完善后的用户角色集达成一致。

图 10.21　步骤 1：头脑风暴后得到的 BLInK 的初始用户角

可交付成果

可交付成果 1：用户角色

对于接下来的发布，小组已经确定并描述了如图 10.23 所示的用户角色。

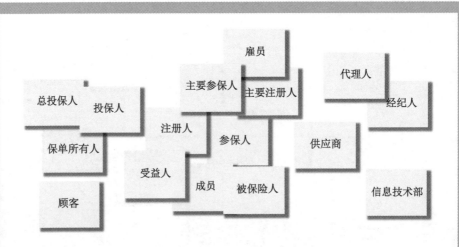

图 10.22　步骤 2：整理角色后得到的 BLInK 的用户角色

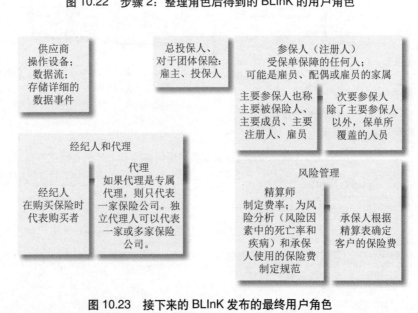

图 10.23　接下来的 BLInK 发布的最终用户角色

图 10.24 展示了在这次工作会议上确定的其他用户角色，但发现这些角色超出了接下来的发布的范围。

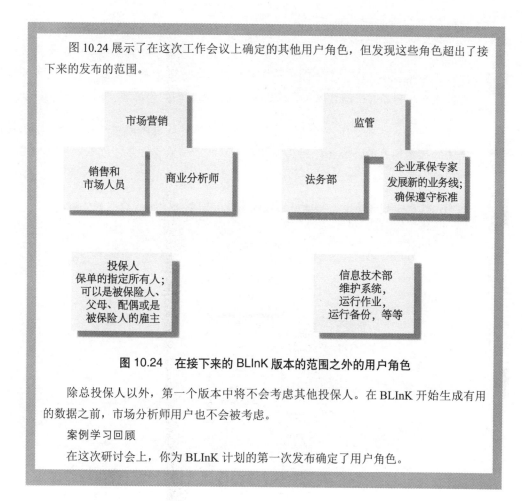

图 10.24 在接下来的 BLInK 版本的范围之外的用户角色

除总投保人以外，第一个版本中将不会考虑其他投保人。在 BLInK 开始生成有用的数据之前，市场分析师用户也不会被考虑。

案例学习回顾

在这次研讨会上，你为 BLInK 计划的第一次发布确定了用户角色。

10.19 回顾架构

分析师的职责并不总是停留在需求上。分析师也可能被要求将这些需求映射到软件组件上，并评审设计方案，特别是对于商业系统分析师而言。下面的小节将讨论在为即将到来的变革做准备时，可能会要求商业分析师进行评审的其他模型。

10.19.1　环境图

创建或评审环境图以分析一个系统的高级数据集成需求并为其建模。环境图也被称为 0 级数据流图（DFD）提供了一个系统在其环境中的概要视图。它指明了系统的数据输入和它们的来源，以及系统的数据输出和它们的目的地。

背景图可以从商业或技术的角度绘制。业务角度的环境图描述了进出企业组织的数据流。技术角度的环境图描述了设计中的软件产品或组件与外部软件实体和用户之间的数据流。

图 10.25 是一张环境图，描绘了拟议的索赔管理系统的高级数据集成需求。

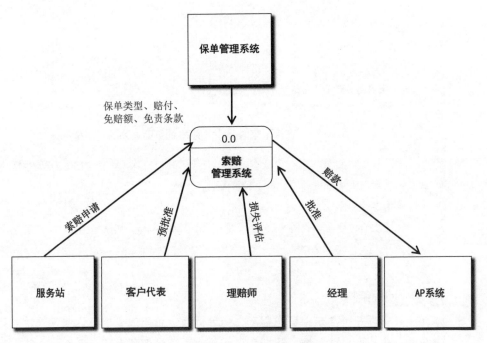

图 10.25　期望状态下的索赔系统的环境图

我们所讨论的软件系统是由一个流程图标——圆角矩形——代表的。阴影矩形代表外部实体，也就是系统外的对象，比如人类用户和外部软件系统。连接线或箭头被称为数据流，也就是信息传输的管道。指向系统的箭头表示数据输入。例如，图中显示，输入数据"损害评估"是由理赔师提供的。

从系统中发出的箭头表示其数据输出。例如，系统生成一个付款电子金融交易（EFT），并将其发送给应付账款（AP）系统。

10.19.2 UML 协作图

一个环境图着重于数据集成问题。然而，实时通信的系统和服务并不只是互相传递数据。它们传递消息——对数据的请求——例如，向评级服务传递同步消息，以根据社会保险号码查询客户的信用等级。消息集成的需求可以用高级 UML 协作图来建模。若想了解关于协作图的更多信息，请参见《商业分析师手册》[18] 或对象管理组织的网站 www.omg.org 上的官方标准。

10.19.3 数据流图

1 级 DFD 用于模拟数据在系统或软件产品的主要流程中的传输。正在设计中的系统被分解成小组件，每个组件代表系统的一个流程。数据流图显示了数据在各个流程之间流动的情况。

图中也可以显示数据库。数据库是保存数据，以备后用的地方。数据库通常以数据表的形式实现。

1 级 DFD 中的每个流程都可以被分解为 2 级 DFD 中的子流程，还可以根据需要下放到更多级别中。

10.19.3.1　1 级 DFD 示例

图 10.26 是我们在图 10.25 中看到的索赔处理系统的 1 级 DFD。先前在环境图（见图 10.25）中展示过的外部实体系统再次出现在了 1 级 DFD 上。DFD 上的圆角矩形代表系统所实施的流程：

- 提交索赔——向系统提交索赔申请
- 审查索赔——对索赔进行初步审查（例如，确保填写了所有必要信息）
- 定损——评估索赔所涉及的损失
- 批准赔付——最终批准对客户的索赔进行赔付

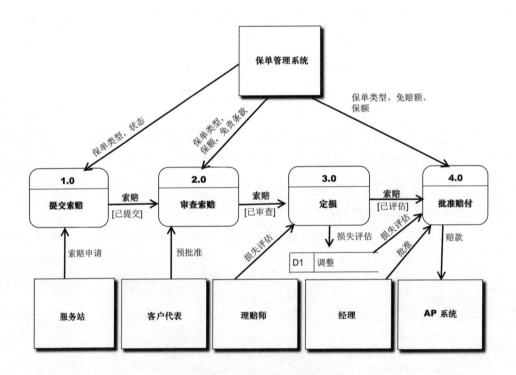

图 10.26　期望状态下的索赔系统的 1 级 DFD

在环境图中，数据流指明了数据在哪里被输入到流程中，又从流程中的哪里输出。
上图还包含数据库 D1：调整。它显示为一个开口矩形。

正如这个例子所示，1 级 DFD 阐明了数据是在哪里被生成和使用的，与环境图相比更加细化。这种额外的细节让人能识别出流程之间的依赖关系、数据遗漏和数据需求中的差距。

举例来说，图 10.26 表明，数据项"损失评估"是由流程"定损"输出的，而这个数据是由流程"批准赔付"所要求的。在传统的实施计划中，会在实施批准特性之前实施评估特性。然而，在敏捷计划中，可能会决定先实施批准特性，以提供一次"速赢"，或计划一个 MVP。在这种情况下，从图中可以看出，我们需要创建一个变通方案，以解决缺失损失评估数据的问题，而这本来是由评估特性提供的。

10.19.3.2　DFD 模型的好处

将 DFD 用于以下目的：

- 识别受数据的变化影响的流程
- 为数据转换和迁移做准备
- 识别数据的依赖关系
- 追踪数据错误的来源
- 确保把会被某处需要的每项数据都在某处收集起来

10.19.4　架构（方块）图

架构模型与 1 级 DFD 非常相似，它指明了构成了一个大系统的组件以及它们之间的联系。在 DFD 中，这些组件是流程和子流程。在架构图中，它们也可以代表其他对象，例如，软件服务、应用编程接口（API）和物联网设备。这通常可以通过简单的方块图来完成，但也可以使用更正式的图，比如 UML 协作图。若想进一步了解协作图和其他 UML 模型，请参见《面向 IT 商业分析师的 UML》。[19]

图 10.27 展示了一个相互连接的物联网家庭设备网络的架构方块图。它指明了组件的高层次集成点：一个温控器从一个移动应用接口（HouseMate API）下载 HVAC 计划，并将能源使用数据报告给 API。火灾 / 烟雾探测器将低电量警告和警报通知给 API。探测器还可以发送消息，打开洒水器，并能够拨打紧急电话。

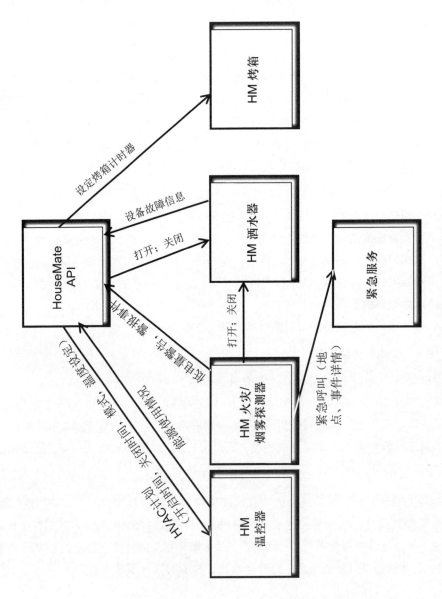

图 10.27　家庭物联网设备网络的架构图

BLInK 案例学习 18：架构图地图

背景介绍

为了解决技术风险，BLInK 团队正计划为训练期间在健身房使用的物联网设备设计并测试概念验证和原型。

要求

你按要求与干系人和设计师会面，为设备准备高层次的集成需求。将会得到以下可交付成果：

- 可交付成果 1：在健身房使用的 BLInK 物联网设备的架构方块图

具体过程

首先，要求小组确定要纳入哪些健身房物联网设备，以及它们需要能和哪些软件组件（应用程序、API 等）进行通信。

据你了解，第一次实施的计划是将客户进出时刷卡所要用到的健身房 kiosk 读卡器纳入物联网网络。锻炼用的健身器材也将被连接到物联网中。

高层次设计是这样的：物联网设备将通过互联网使用网络 API 访问 BLInK 的数据和服务（比如活动分析），该 API 将被称为 BWAPI（BLInK 网络应用程序接口）。它们还可以使用 BMAPI——BLInK 的移动 API——直接与客户的移动设备进行通信。

你建立了互联设备和接口的模型，然后把小组的注意力转移到了它们的连接上。原本的计划是让 kiosk 读卡器通过网络（通过 BWAPI）向 BLInK 发送每次在健身房停留的时长的数据，以便让顾客在离开健身房时不需要随身携带移动设备。

但你了解到，对健身器材的计划是让它们直接与用户的移动设备进行通信（通过 BMAPI），以检索健身程序并发送运动数据，如器材型号、消耗的卡路里、运动时间和步数。客户的移动设备中的应用程序将通过网络向 BLInK 上传运动数据。

可交付成果

可交付成果如下所示：

可交付成果 1：健身房环境下的 BLInK 架构图

由本次分析得到的可交付成果如图 10.28 所示。

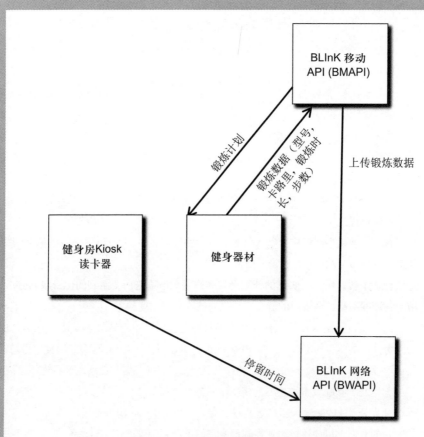

图 10.28　健身房环境下的 BLInK 结构图

案例学习回顾

　　有了在本次活动中创建的高级模型后，设计师就能以此为基础开始设计概念验证并创建原型，以确定使用拟议解决方案连接设备的可行性了。如果在初始测试中发现了意料之外的问题，团队将进行调整或转向一个新的设计，以免在一个不可行的设计上浪费太多精力。

10.20　小结

以下是本章涉及的要点。

1. 按照 ATDD/BDD 的实践，在实施之前指定 AC 以指导开发人员。如果在使用 Gherkin，就在 Gherkin 特性文件中，在特性层面上指定 AC 场景。

2. 在确定特性的优先级以及设计用户界面时，通过用户角色来进行个性化的用户分析。

3. 使用旅程地图来了解客户与品牌或产品互动时的想法和感受。

4. 在设计、改变或优化一个流程或流程的一部分时，使用价值流图和流程图。

5. 使用环境图和数据流图来为数据集成需求建模。

10.21　下一个主题

本章侧重于在将特性纳入实施计划之前进行的初步分析。在第 11 章中，将会讨论计划过程本身——如何确定下一季度将交付的目标和特性。在这一过程中，这些特性中的第一个故事也会得到拆分和准备。若想获得故事如何准备、拆分和编写的指导，请参见第 13 章。

注释

1　Richard Kastner and Dean Leffingwell, *SAFe 5.0 Distilled: Achieving Business Agility with the Scaled Agile Framework* (Boston: Addison-Wesley, 2020), 262.

2　Ian Tidmarsh, "BDD—An Introduction to Feature Files," Modern Analyst, https://www.modernanalyst.com/Resources/Articles/tabid/115/ID/3871/BDD-An-introduction-to-feature-files.aspx

3　Tidmarsh, "BDD."

4　International Institute of Business Analysis (IIBA), *BABOK v3: A Guide to the Business Analysis Body of Knowledge,* 3rd ed. (Toronto, Canada: IIBA, 2015), 13.

5　Alan Cooper, *The Inmates Are Running the Asylum: Why High-Tech Products Drive Us Crazy and How to Restore Sanity* (Indianapolis: Sams–Pearson Education, 2004).

6　Chris Risdon, "The Anatomy of an Experience Map," UIE, November 30, 2011, https://articles.uie.com/experience_map

7　"做对客户有利的事"是美国运通公司的企业价值观之一。参见对美国运通公司全球服务网络执行副总裁雷蒙德 • 乔巴的采访。Micah Solomon, "American Express's Customer Service Approach: What Customers Care about Today," Forbes, December 15, 2017, https://www.forbes.com/sites/micahsolomon/2017/12/15/american-expresss-customer-service-secrets-consulting-with-amex-on-what-makes-a-difference/#31065f9b40ff

8　Jessica Wise, "Understanding the Customer Lifecycle Management Process in 5 Easy Steps" [blog post], Live Help Now, July 2, 2019, https://www.livehelpnow.net/blog/understanding-customer-lifecycle-management-5-easy-steps

9　Visual Paradigm, "What Is Customer Journey Mapping?" https://www.visual-paradigm.com/guide/customer-experience/what-is-customer-journey-mapping. Also see Margaret Rouse, Lauren Horwitz, and Jesse Scardina, "Customer Journey Map," Tech Target, June 2017, https://searchcustomerexperience.techtarget.com/definition/customer-journey-map

10　Christine Churchill, "The Customer Journey" [blog post], Customer Service Institute of America (CSIA), October 20, 2017, https://www.serviceinstitute.com/2017/10/20/the-customer-journey

11　Roxana Nasoi, "6 Customer Journey Mapping Examples: How UX Pros Do It" [blog post], CXL Institute, August 31, 2018, https://cxl.com/blog/customer-journey-mapping-examples

12　Megan Grocki, "How to Create a Customer Journey Map," UX Mastery, September 16, 2014, https://uxmastery.com/how-to-create-a-customer-journey-map

13　"What Is Value Stream Mapping (VSM)?" American Association for Quality, 2020, https://asq.org/quality-resources/lean/value-stream-mapping

14　"Identify Value Streams and ARTs," Scaled Agile Inc., September 28, 2019, https://www.scaledagileframework.com/identify-value-streams-and-arts

15　若想进一步了解 UML 图表，请参见霍华德·波德斯瓦所著的 *UML for the IT Business Analyst: A Practical Guide to Object-Oriented Requirements Gathering*, 2nd ed. (Independence, KY:Cengage, 2009)。

16　Object Management Group, Business Process Model and Notation (BPMN ™), January 2014, https://www.omg.org/spec/BPMN

17　Mike Cohn, *User Stories Applied: For Agile Software Development* (Boston: Addison-Wesley Professional, 2004), 33.

18　Howard Podeswa, *The Business Analyst's Handbook*(Boston: Course Technology PTR, 2008).

19　Podeswa, *UML for the IT Business Analyst*.

第 11 章　季度和特性计划

本章将涵盖季度计划和特性计划。它适用于使用计时计划方法的团队，包括季度、发布和项目集增量(PI)计划(SAFe)。它也适用于使用基于流程的单项计划方法(例如，看板)来计划一个特性——一个可能需要多个团队花费三个月完成的大型需求项——的团队。基于流程的特性计划与季度计划类似，只是其范围是接下来的一个特性，而不是接下来的季度中的所有特性。图 11.1 中标出了本章所涉及的活动。

本章首先将指导何时该使用哪种方法——季度计划或基于流程的特性计划——以及在哪种情况下不应使用这两种方法，而是应该将计划限制为较短的期限（迭代和故事）。

本章解释了敏捷计划中承诺的意义，以及将季度计划和特性计划视为一种假设和预测的观点。本章还包括了根据极限编程（XP）的计划游戏而创建的一般性原则，以及交付活动产出的详细指南，其中包括目标说明、产能规划以及估算、路线图和承诺。

本章将为引导师 - 分析师提供指导，包括计划活动的进入条件、邀请对象、主题和活动的可交付成果。本章将详细解释如何进行特性估算，包括如何使用故事点、理想开发者日（IDD）、计划扑克、德尔菲估算和斐波那契数列估算特性。本章最后提供了如何在开始开发后评审和修改计划的指南。

下一章将会继续提供季度计划方面的指导，更深入地探讨敏捷计划中使用的另外两种技术：最简可行产品（MVP）和故事地图。

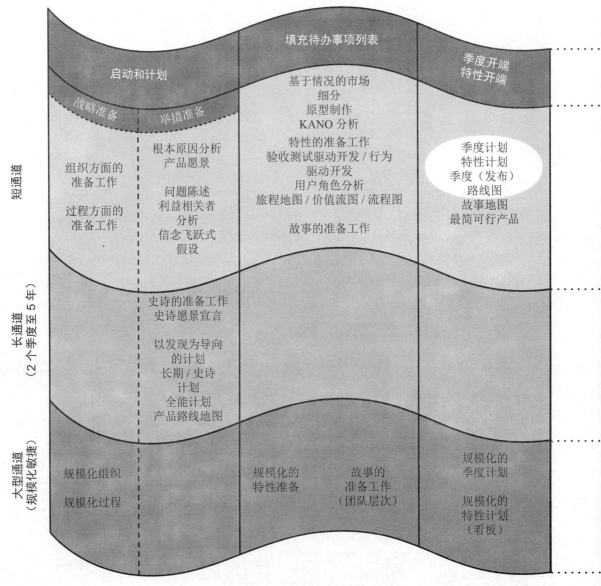

图 11.1　全景图上的第 11 章

迭代开端	日常活动		迭代收尾	季度收尾史诗、特性收尾
	每日站会			
	需求分析与记录			为正式发布做准备
	编码、构建、测试、交付验收测试驱动开发 / 行为驱动开发		迭代评审会	季度回顾
迭代计划	最简可行产品，分割测试		迭代回顾	史诗、特性回顾
	史诗、特性的准备工作			
	故事的准备工作			
				转向或继续
规模化的迭代计划 迭代计划（团队层次）	产品负责人委员会的会议 DevOps	用户特别小组的会议 规模化的特性准备（看板） 集成会议 故事的准备工作（团队层次）	规模化的迭代评审 规模化的迭代回顾 迭代回顾（团队层次）	DevOps 规模化的季度 / 特性回顾

11.1　目标

本章将帮助大家实现以下目标：

- 了解应该何时使用季度计划，何时使用基于流程的方法（看板）
- 引导季度和特性计划会议
- 将 XP 的计划游戏的规则应用到季度计划中
- 为计划周期内的特性确定优先级
- 理解如何以及何时使用实时估算单位、故事点和 IDD
- 使用计划扑克和德尔菲估算法来估算计划中的特性
- 为接下来的季度、版本、PI、特性或特性集创建路线图
- 开始开发后，如何修改季度和 / 或特性计划

11.2　本章在全景图中的位置

如图 11.1 所示，本章研究了季度计划、特性计划和季度路线图——"季度开端 / 特性开端"区域中的项目。

11.3　季度计划的概述

季度计划是预测下一季度（范围）将交付什么，并为实现这一目标制定路线图的行为。本书中使用的术语"季度计划"是一种简称，它囊括了季度计划、周期相似（大约 2 到 6 个月）的计划、发布计划和 PI 计划。

在季度计划活动中，合作团队（例如，产品区域或敏捷发布火车 [ART] 中的团队）与商业干系人会面，计划季度的范围，让实施计划中的特性所需要的工作量与团队的产能相匹配。还要为季度制定实施路线图，其中指明业务目标、经营目标以及何时交付特性。

敏捷季度计划不是静态的。而是会根据新的学习、数据、不断变化的行为和市场情况进行修改的。我们将在 11.12 节中讨论更新季度计划的准则。

11.4 基于流程的特性计划简述

如果团队使用的是单项的、基于流程的方法（比如看板），那么他们的计划就是以每项特性为基础的：所有要合作完成一项特性的团队都要参与该特性的计划会议。一个特性是一个工作项，可能需要多个团队和花费最多一个季度的时间来实施。也可以计划一个特性集。特性集是一组相关联的特性，它们需要同时发布。可以通过创建一个更高级的特性或史诗来代表一组特性。另外，也可以对特性进行标记，以表明它们属于同一个特性集。

和季度计划一样，特性计划活动包括确定工作范围，指定业务目标和经营目标，以及制定实施计划。不过，这些活动的范围是一个特性，而不是为本季度排定的所有特性。

11.5 在哪些情况下建议或不建议进行这种计划

先来讲讲在什么情况下不建议进行这种水平的计划吧。不实践季度计划的好处在于，可以根据最新的信息做出决定。因此，在创新产品的早期开发阶段，最好将计划限制在较短的计划范围（迭代和故事）内，因为在这一时期，适应新的经验教训的能力是最重要的。

产品逐渐成熟后，就更适合更长的计划周期——对接下来的一个季度或特性的规划。进行这种长期计划的原因有以下几点：

- 市场人员是以季度为基础进行计划的，他们需要大量的准备时间（超过几周）来准备新特性的营销活动
- 销售代表需要提前了解新的、已被承诺的特性，以便将这些特性用作促使客户续订和购买的激励措施
- 产品包含许多功能和子系统，需要许多团队在几周或几个月内完成一个普通的更改请求。在这种情况下，需要在季度或特性层面上进行规划，以便团队能够协同起来，实现解决方案
- 变革计划很有野心，需要数周才能完成，而不是几天就能完成的（例如，重新设计一个业务流程）

- 一个新特性可以用小 chunk（故事）来实施，但会需要开发数周的时间，直到它足够丰富，具备竞争力

另外，正如我们在第 9 章中所了解的，一家公司可能看到了一个重要的市场机会，但只有当它制定长达 3 到 5 年的计划时才能成功利用这个机会。在这种情况下，公司要制定一个长期战略计划，并利用它来指导季度计划。在制定季度计划时，应根据需要对长期计划进行修改，以适应新的信息和不断变化的优先事项。

11.6 在哪种情况下使用季度计划与基于流程的特性计划

季度计划（时间盒）和基于流程（看板）的特性计划方法所关注的计划周期是大致相同的（大约三个月），并且涉及的活动也比较类似。不过，二者在时间安排上有很大的不同。团队使用季度计划（一种时间盒方法）时，他们会在同一时间对下一季度的所有特性进行计划、优先级排序和承诺，这为干系人提供了推广变革举措的机会，也为产品负责人（PO）提供了对整个产品的工作进行优先级排序的机会。使用季度计划也意味着团队可以在同一时间计划需要多个团队参与的复杂举措。相比之下，当组织使用基于流程的方法（如看板）时，就很难找到一个所有必要团队都有空的时间，因为团队的工作节奏并不一致。这就是为什么在开展规模化、多团队举措的组织应该实行季度计划。

不过，季度计划的缺点是，它可能会妨碍到敏捷性：它让团队致力于一个季度中的所有特性，而不只是一个特性。诚然，在敏捷计划中，承诺是暂时性的。然而，计划被制定完毕之后，团队往往不愿意去改变它。因此，如果在这一季度出现了更有价值的特性或故事，往往要等到下一个计划周期才能解决。当在季度末有新的特性出现时，如果已经对下一个季度的计划做出了承诺，那么这个新特性可能会被推迟到下下个季度。

与之不同的是，基于流程的方法允许商业干系人在每个待办项到达待办事项列表顶端时，临时改变优先级。这就是为什么基于流程的特性计划比季度计划更适合那些

主要负责处理客户提出的要求或在进行创新开发的团队——在这些情境中，可以根据客户反馈迅速更改优先级。

一个经验法则是，混合采用两种方法是最好的。将部分预算分配给季度计划，另一部分分配给基于流程的特性计划（看板方法）。这样一来，团队就可以在开展长期战略举措的同时，保持对客户反馈的快速反应能力。每个组织都应该通过实验来找到正确的组合方式——并且应该随着时间的推移更改组合方式。

第 17 章的 17.4 节中，将会说明在规模化敏捷开发的背景下对时间盒计划和基于流程的计划的考量。

11.7　如何进行敏捷季度计划

敏捷季度计划应该在学到的经验教训和不断变化的条件的基础上持续地发展，而不应该在计划周期开始时就固定不变了。尽管存在着这一准则，但按季度制定计划的企业仍有可能会被阻碍变革的瀑布式实践所困。如果组织已经决定实行季度计划，那么请遵守以下准则，以支持而不是压制适应性的方式开展活动。

- 创造拥抱变革的文化。
- 依据数据做出决策。
- 指定结果，而不是产出。
- 把计划看作是一种假设，而不是一个合同。

下面就来探索各条准则。

11.7.1　创造拥抱变革的文化

培养干系人和开发者拥抱变革的文化。设定一个期望，即计划可以而且应该根据新学到的经验教训和不断变化的条件而改变。

若想进一步了解如何创建敏捷文化，请参见第 18 章。

11.7.2 依据数据做出决策

在整个计划周期中，根据从 MVP、客户和数据分析处得到的频繁反馈，修改计划并重新审视关于计划中应包括哪些特性的决策。

11.7.3 指定结果，而不是产出

根据真实世界的结果而不是产出来评估成功。例如，是否成功取决于是否达到了目标流失率，而不是交付物是否满足了一组预先确定的需求说明。

11.7.4 把计划看作是一种假设，而不是一个合同

计划是一个根据当前预设做出的，对可能会交付的东西的假设[1]。季度计划不应该被看作是在规定的时间内交付特性和里程碑的合同。季度计划包括测试假设的 MVP，并且可以根据客户的反馈进行调整。当各方对计划做出承诺时，意味着他们同意该计划代表了当前的最佳预测。

11.7.4.1 为什么计划是一种预测

把计划当作一种预测，而不是一种承诺。坚定的事前承诺会抑制组织根据学习、数据、不断变化的市场条件、团队的表现（速度）和意料之外的技术难点来进行路线修正的能力。

11.7.4.2 为什么有时计划又是一种承诺

但有时，商业干系人需要开发人员更坚定地做出承诺。如前所述，市场人员可能需要一个坚定的承诺（而不仅仅是预测），以便为特性准备客户和营销材料。销售代表也可能需要这样的承诺，以便使用计划中的特性来完成销售和续约。作为一名敏捷分析师，请记住你的首要目标是做好业务，而不是做好敏捷。虽然商业分析师应该帮助干系人理解可更改的计划的好处，但在任何情况下，适应性的程度最终都取决于商业净值。一个经验法则是，当一款创新产品处于早期开发阶段时，灵活性比可预测性更重要。在这种情况下，季度计划应该被看作是一种预测，并随时可能变化。当产品成熟，有了庞大的客户群后，可预测性对企业来说就会变得更加重要，所需的承诺水平也会提高。

在本章的后半部分中，将会研究如何在保留适应性的同时满足承诺需求（参见11.11.3.3 节）。

11.8 XP 的计划游戏指南

XP 计划游戏的规则中阐明了 XP 对发布和迭代计划的指导方针。这些规则适用于所有敏捷计划师，而不仅仅适用于那些实践 XP 的人。

11.8.1 计划游戏概述

计划游戏在肯特·贝克的《解析极限编程》[2] 第一版中介绍为估算和确定故事优先级的过程。计划游戏有两个版本：发布计划游戏和迭代计划游戏。每个版本都有自己的一套规则，但二者的基本原则和步骤是相同的。发布计划游戏为下一次发布中的特性的选择、估算、优先级和风险评估提供了指导。而迭代计划游戏侧重于下一次迭代中的故事。在本章中，我们将重点讨论发布计划游戏。XP 的指导方针是针对发布计划的，但它们同样适用于本书中所使用的术语——季度计划。

季度 / 发布计划游戏被分为三个阶段：
- 探索
- 承诺
- 指导

前两个阶段发生在季度开始的时候。在第一个阶段，探索中，计划得以提出。在承诺阶段，小组就计划达成共识。11.11 节提供了对这些阶段的 XP 指导方针。

第三阶段，指导，在计划需要根据不断变化的情况进行调整时被触发。11.12 节的指南中包含这个阶段的规则。

11.8.2 角色概述

计划游戏中只有两个角色，分别为业务和开发，两者各自有明确的责任。

11.8.2.1　商业角色

商业角色包括商业干系人，他们决定了产品中要包含哪些功能。商业角色可以由赞助人、市场人员和专家用户来扮演。扮演这个角色的人应该对客户和终端用户的需求有着充分的了解。

11.8.2.2　开发角色

开发角色包括参与实施的各个方面的人，包括分析、用户体验（UX）、系统设计、编码和测试。

11.8.3　计划原则概述

在贝克后来的作品中，他放弃了游戏范式[3]，但在"客户和程序员的权利法案"中保留了游戏范式的基本概念。[4] 以下计划原则来自 XP 的发布计划游戏和它的权利法案：

- 任何人都可以写故事
- 开发角色负责估算故事
- 商业角色对故事进行优先级排序
- 任何人都可以提出问题
- 计划不是静态的

下面要详细讲解这些原则。

11.8.3.1　任何人都可以写故事

任何人只要觉得需要一个故事，就可以写一个故事。[5] 例如，商业干系人和他们的代表，如商业分析师，写用户故事；架构师和工程师写技术故事，比如减少冗余的故事；团队分析师写功能探针（也被称为使能故事）。

11.8.3.2　开发估算故事

做工作的人——并且只有做工作的人——才能估算一项工作的工作量。XP 的"程序员权利法案"[6] 指出："你（程序员）有权做出和更新自己的估算。"

这一规则有助于避免在商业干系人决定估算时可能出现的过度承诺。过度承诺是不可避免的偶发事件，但不应该让它成为标准实践，因为如果最后期限很紧迫，就不会有什么好选择。尽管可以增加程序员，但让新的开发人员赶上进度是需要时间的，而这会让现状变得更糟。也可以要求开发人员加班，但如果经常这样做，会导致开发人员精疲力竭，甚至会跳槽。还可以交付更少的特性，以低质量发布计划中的特性，或是推迟发布——但这些办法都不会使客户满意。避免发生这种情况的解决方案是，一开始就要依靠那些最了解情况的人所做的估算，也就是从事这项工作的开发人员。

11.8.3.3　商业角色对故事进行优先级排序

开发人员可能会提出风险和技术问题，但对于优先级的最终决定权被掌握在客户手中（通常要经过技术方面的批准）。在 XP 的 "客户权利法案"[7]中，这被表述为："你（客户）有权改变自己的想法，替换功能，以及更改优先级，而不需要支付高昂的费用。"这条规则极为关键，我听一位高管提过，他实施这条规则的决定是他的公司对其变更过程所做的最重要的改进，以前，都是由信息技术组织（IT）决定变更的优先级的。

当解决方案的提供者来自内部时，这条规则往往会被违反。IT 部门告知商业干系人，自己将在什么时候开始实施他们的要求——理由是，由于开发部门最了解技术方面的问题，所以应该由它来做最终决定。这么做是错的。

举例来说，考虑这样一个技术故事：重新设计数据库，使其能更高效地处理大型表格。由于知道以后实施这一改变的成本会更高，开发部门可能希望优先考虑这一工作，即使这样做会导致提供用户功能的特性延后。然而，最终决定必须由商业部门做出，因为只有它才知道将新用户功能迅速推向市场所带来的商业利益是否大于推迟技术改进所造成的额外成本。

> 商业分析师在传达技术故事的商业利益方面起着至关重要的作用。了解了技术故事的商业利益之后，商业决策者就可以根据一个共同的度量标准—商业方面的价值（或成本）—来评估和确定用户和技术故事的优先级。

11.8.3.4　任何人都可以提出问题

鼓励每个人提出问题，无论他们的专业领域是什么。商业角色可以问为什么开发人员的估算这么高，并挑战他们探索成本较低的解决方案。开发人员可以向商业干系人询问有关功能的问题，并提出存在技术风险的可能。然而，对于这些问题的最终决定权仍然属于他们各自的领域。商业部门对优先级有最终决定权，而开发部门对估算有最终决定权。

11.8.3.5　计划不是静态的

敏捷计划的目的不是限制团队在给定的期限内交付一系列特性，而是利用最新的信息来支持协调与合作。计划制定完毕后，应该随时根据变化进行调整。

11.9　季度计划：时间安排方面的考虑

如前所述，要在当前季度过半时开始准备下一季度的特性。在当前季度末启动规划过程（产能规划和路线图）。在版本之间预留一个强化迭代（也称为稳定迭代或 IP 迭代）的组织通常会在强化迭代期间进行季度（版本）计划，但只推荐将其用作补救措施。

计划活动可以是在专门的一段时间中进行的正式活动，也可以是在一系列对话中发生的非正式会谈。季度计划可能需要四个小时到两天的时间。在计划一项长期举措中的首个季度时，通常需要较长的时间。对于一个规模化举措而言，季度计划的时间一般为一天半到两天。

本章侧重于由独立团队组成的小型组织的需求。若想查看关于规模化组织的季度计划指南，请参见第 17 章。

11.10　计划活动的准备工作

任何会议的成功秘诀都在于准备。参考以下指南，为季度或特性计划活动做准备。

11.10.1　验证进入条件

确保季度 / 特性计划的所有进入条件都在计划活动前得到了满足。必须准备好足够的特性，并能满足团队在该季度的产能，同时考虑到特性的优先级可能会被重新排序，要准备一些额外特性。一般要有 10 到 20 个已就绪特性。一个就绪的特性必须被充分地理解，足以进行计划。至少，它必须是可估算的，优先级高的，有价值的，并且可以在一个季度内实施。更正式地说，如果存在就绪定义，那么特性就必须满足特性就绪定义（DoR）。

若想进一步了解特性 DoR，请参见第 6 章的 6.5.7.6 节。

如果拟议变更举措一开始是一个史诗，那么就把它分解成其初始特性。按照前文中的指南，准备好接下来的特性。请记住，同一史诗的特性不一定要一起被实施。季度计划可能包括一个史诗的几个特性，以及其他史诗的几个特性。

在引导计划活动时，确保材料（比如白板或记事贴）可用，并根据需要准备好远程会议应用程序。其他进入条件还包括：已确定产品 / 愿景宣言和路线图。

若想查看包含这些条件和其他进入条件的季度和特性计划检查清单，请参见附录 A.7。

11.10.2 准备邀请名单

邀请受变化影响的商业干系人和开发人员。如果团队使用的是基于流程（看板）的方法，则只邀请与正在考虑的特性有关的团队。如果团队实行的是季度计划（时间盒方法），那么就应该邀请产品区域（或 SAFe ART）中的所有团队。

若想查看应邀请参加计划活动的人员的综合检查清单，请参见附录 A。

11.10.3 确定计划范围

确定活动的计划范围——计划会议将涵盖的时期。当团队使用时间盒方法时，典型的选择是一个季度（3 个月）、一个 8 到 12 周的 PI 或一个发布周期（通常是 2 到 6 个月）。如果团队使用的是基于流程的计划方法，那么计划范围就等于对实施计划中的特性或特性集的估算时间。

11.10.4　准备输入和可交付成果

准备输入和可交付成果的清单。活动的输入可能包括含有 10 到 20 个已就绪特性的产品待办事项列表、长期产品路线图、旅程地图、流程模型、价值流图、用户角色和其他在特性准备期间开发的分析工具。

 若想查看关于季度和特性计划输入的综合检查清单，请参见附录 A。

准备一份会议所产出的可交付成果的清单。根据情况提供模板和示例。可交付成果包括季度业务目标和经营目标、风险、季度路线图和季度（发布）待办事项列表。季度待办事项列表列出了对接下来的计划周期所承诺的特性。若想查看计划中的其他可交付成果的清单，请参见附录 A.10。

11.10.5　逐步完善特性和验收标准

敏捷开发中的特性分析是一个渐进的过程。这意味着特性和验收标准的粒度会随着时间的推移而增加。表 11.1 提供了在敏捷过程中逐步完善需求项分析的一般性准则（参见《敏捷开发的艺术》）。

表 11.1　随着时间的推移细化特性

特性将在何时实施	相关的完善程度
下一个季度	特性已经就绪并得到了承诺：该特性已经被确定，估算，并确定了优先级。它有一个负责人（一个专门负责回答有关该特性的问题的人），团队和产品负责人对其有着充分的理解，并且可以在一个季度内实施。已经设定了高层次的特性验收标准。特性的大多数组成故事已经确定
2 至 4 周内（两次迭代）	特性已被预览：特性已被拆分成了格式正确的故事。正在按照故事的 DoR 的标准准备故事
1 到 2 周内（一次迭代）	故事的验收标准已经确定。故事的估算值（故事点、IDD）已被分配
1 周或更短时间内	详细的需求已经得到讨论；写好测试案例；故事符合 DoR

表 11.1 描述了一个典型的进程，但应该根据实际情况进行调整。举例来说，表 11.1 假定团队遵循实际估算特性的常见实践。但正如我们将在本章后面看到的那样，一些组织采用了不同的实践，他们不是逐步提高估算特性的精确程度，而是使特性越来越容易估算。

11.11　计划议题（议程）

以下是在只有一个团队参与的情况下计划活动引导的推荐议题清单。

若想进一步了解产品级（多团队）的季度计划会议议程，请参见第 17 章的 17.9.4.8 节。

计划不一定要在一个正式的场合中进行。可以通过几次非正式的对话进行计划。如果计划活动是非正式的，使用以下清单和准则来确定讨论中要涵盖的主题。如果计划活动是正式的，可以将以下项目用作议程的基础：

- 综述
  - 评审商业案例、愿景、假设、长期路线图
  - 制定业务目标和经营目标
  - 评审拟议特性
  - 确定计划范围（发布日期）和预算
  - 评审输入工件
- 探索
  - 阐明并估算特性
- 承诺
  - 对季度业务目标和经营目标作出承诺
  - 修改优先级
  - 对范围预测（对将要交付的特性的预测）做出承诺
  - 对路线图做出承诺
  - 管理风险和依赖性
  - 评审实践
  - 批准计划

- 计划回顾
  - 召开季度 / 特性计划回顾会议

让我们来看看应该如何推进各项议程。

11.11.1　综述

在活动开始时，对计划周期进行简述，如以下各节所示。

11.11.1.1　回顾商业案例、愿景、假设、长期路线图

邀请高级商业主管来描述商业状况、新的发展和客户需求。根据情况评审商业案例和产品或企业愿景宣言。如果有产品画像的话，将其用作可视化的概览。

如果季度计划或特性计划是长期举措或史诗的一部分，回顾长期计划（例如，产品路线图，史诗路线图）及其目标，以便指导小组制定季度计划。如果有必要，这也是一个修改长期计划的好时机（例如，由于出现了新的威胁或机会）。

11.11.1.2　制定业务目标和经营目标

接下来，与小组合作，为计划范围（例如，下一个季度或发布周期）指定业务目标和经营目标。如果有长期产品路线图，请查看它为本季度规定的业务目标和经营目标，并根据需要进行调整。

在指定季度业务目标和经营目标时，请参考以下准则。

- 将学习目标包括在内。
- 对业务目标和经营目标的承诺高于对特性的承诺。
- 指定注重结果的目标。

下面几个小节将详细介绍这些准则。

将学习目标包括在内

将学习目标包括在内，尤其是在创新产品和特性的早期开发阶段（举例来说，测试用户会频繁使用产品的假设就是一个学习目标）。

对业务目标和经营目标的承诺高于对特性的承诺

对业务目标和经营目标的承诺比对特性的承诺更重要。向干系人解释清楚，尽管计划中包含的特性预计会有变化，但一定会尽全力实现计划中的业务目标和经营目标。不过，即使是业务目标和经营目标，也可能会在计划周期内发生变化。

指定注重结果的目标

正如前文所建议的那样（见第 11.7.3 节），用真实世界的结果来表述业务目标和经营目标，而不是用可交付成果、采取的行动或符合内部流程的目标指标来表述。注重结果的目标将重点放在商业价值上，同时为可交付成果留出了空间，以根据学习进行改变。

注重结果的目标的例子如下所示：
- 在两年内使项目的注册人数增加 15%
- 在指定日期前实现对某项法规的遵守
- 在部署后的第一个月内，将 90% 的申请人的端到端周转时间缩短到一天
- 在指定日期前将服务处电话 / 客户的百分比减少 10%

以下是基于结果的颠覆性创新目标的例子：[8]
- 在两年内将使用在三年前还不存在的产品和服务的客户数量增加 X%
- 在一年内将三年前还不存在的产品和服务的收入百分比提高 X%

注意，确保季度目标与战略性业务目标和经营目标一致。业务目标和经营目标应该是 SMART 的：具体的、可衡量的、可达到的、现实的 / 相关的、有时限的。

11.11.1.3 拟议特性概述

邀请客户（PO）来简要介绍一下计划周期内的特性。讨论作为计划基础的假设（预设），以及将在计划的第一个开发周期中对假设进行测试的 MVP。若想查看关于计划 MVP 的指南，请参见第 12 章。

11.11.1.4　确定计划范围（发布日期）和预算

与商业干系人和开发人员合作，以就计划范围——计划所涵盖的时期——达成共识。可以指定一个发布日期，一个相对的时间（例如，Y 事件之后的 X 周），迭代次数，或者指定一个日期范围，并在临近发布时确定具体日期。有时，商业限制条件可能对发布日期起着决定性的作用（例如，当必须在给定的最后期限前实现合规性时）。

如何预测一个特性将在何时交付

如果正在计划接下来的一个特性（例如，在看板计划中），可以用燃尽图来预测其交付日期。根据特性的估算故事点，用图像映射未来的状况。利用燃尽图，可以根据过去的进展情况进行预测。另一个好处是，用需求管理工具生成燃尽图时，通常可以自动从故事点转换到时间。通过参考图表，还可以向干系人强调，完成日期是基于不断变化的数据得出的预测，而不是一个坚决的承诺。

若想进一步了解如何用燃尽图进行预测，请参见第 15 章的 15.7.5.5 节。

不过，如果需要的话，可以使用以下转换公式（故事点到时间）来快速估算完成时间。

完成时间 [周或迭代的数量] = 估算的总工作量 [故事点] ÷ 速度 [每周或每个迭代是几个故事点]

确定产能

下一步是确定团队的产能或预算。根据团队过去的速度来预测产能，同时根据不断变化的情况进行调整，比如假期、病假和团队构成方面的变化。速度可以用不同的单位来衡量，如在一个迭代、一周或一个月内交付的故事点。如果团队使用的是时间盒式计划方法（如 Scrum 或 XP），就用每个迭代交付的故事点数量来衡量速度。如果使用的是基于流程的方法（如看板），就用每周交付的故事点数量或工作项数量来衡量速度。看板进度指标包括周期时间和在制品（WIP）。

若想进一步了解看板使用的指标，请参见第 15 章的 15.7.8 节。

测算过去的速度主要是为了进行预测。也可以用速度来标记表现问题，以便解决它们。但是，不应该将速度用作批评或奖励团队表现的指标。

速度最好根据"咋日天气"（一个由阿利斯泰尔·科博恩（Alistair Cockburn）创造的术语）来确定，而不是根据长期的平均值。近期的速度是个更好的预测器，因为随着开发的进展，团队的生产力往往会发生变化——通常是提升。然而，一两个星期的时间对于预测而言又太短了。大多数团队会使用过去的 6 到 8 周（3 到 4 个迭代）的平均数。速度一开始有波动是正常的，但在 3 到 6 次迭代（6 到 12 周）之后，速度就会稳定下来。

若想查看确定速度的相关指导，请参见第 6 章的 6.5.7.3 节。

11.11.1.5　评审输入工件

评审事件的任何剩余输入工件。如 11.10.4 节所述，这些工件可能包括旅程地图、流程模型和用户角色。解释每个工件能为计划提供哪些信息。

同时，回顾并讨论在以前的计划回顾会议和季度回顾会议中确定的任何项目。估算其余工作项，并将它们添加到当前的季度待办事项列表中。

11.11.2　探索

探索为接下来的计划周期安排的特性，具体如下。

11.11.2.1　阐明并估算特性

按照优先级顺序（最高优先级在前），逐一处理每个拟议特性。请商业干系人对每个特性其进行解释。评审特性描述，如果没有被清楚地阐述出来，就指导干系人使用"角色 – 特性 – 原因"（Connextra）模板："作为 [用户角色]，我想要 [特性]，以便 [原因]。"不过，如果需求不适合用这种格式表述，就不要强行使用模板。与业务干系人、测试人员和开发人员合作，阐明验收标准，以便开发人员能充分地理解它们，从而达到计划的目的。当特性临近实施时，指导他们使用 Gherkin 语法表述 AC 场景。

若想查看关于使用角色 - 特性 - 原因（Connextra）模板来指定特性的指南，请参见第 8 章 8.7 节。若想查看关于指定特性验收标准的指南，请参见第 10 章的 10.9 节。

接下来，请开发人员根据对需求和验收标准的深入理解，完善对特性的估算工作。把估算所花费的时间限制在每个项目两分钟之内。要求估算者标记每项估算的相关置信度。下面的小节中，将提供对估算特性的指南。

商业分析师鼓励商业干系人积极参与估算过程。指导干系人和开发人员探讨如何通过删除低价值的验收标准，或使用能交付同等价值但成本更低的解决方案，来降低过高的估算值。如果特性不能被估算，就把它分成更小的部分并对这些部分进行估算。

在接下来的小节中，我们将探索估算需求项的指导性原则。这些指导性原则适用于任意规模的项目——无论是特性还是故事。

11.11.2.2　估算的目的

为了未来而使用估算。估算的目的是根据团队产能规划合适的工作量，并提供对完成时间的最佳预测。估算不应该被用作判断团队过去的表现的手段（这样做只会导致未来的估算膨胀）。

11.11.2.3　应该在估算上花多少时间

第一季度之初的初始估算可能需要几天时间来完成。此后，在下面每个季度，把花在估算上的时间限制在每个项目两分钟左右。探索是否有可能完全取消估算活动（见 11.11.2.7 节中的无估算方法）。

11.11.2.4　估算中包括哪些工作

要估算的工作不仅包括编码，还包括交付特性所需的所有其他工作，例如由团队分析师进行的需求获取和记录，还有编码、重构和测试工作。然而，非专属商业分析师所进行的分析工作不包括在估算中，因为它会不被计入团队的预算（这部分工作被包括在一般间接成本中）。

11.11.2.5　估算的最佳实践

参考以下准则来进行高效的特性估算。

- 后见之明是最好的先见之明。
- 以有能力的开发人员为基础进行估算。
- 专注于价值。
- 随着时间的推移完善估算。

事后回顾是最具先见之明的行为

道明银行证券公司敏捷转型的敏捷实践负责人达娜·米切尔向我讲述了这一准则：事后回顾是最具先见之明的行为。事后回顾提供了最准确地进行测量和学习的机会。最好的估算是根据团队过去处理类似问题的经验得出的。

团队积累了一些实践经验后，无论采用的是哪种估算方法，估算的准确性都会提高。当有经验的团队遇到估算问题时，通常不是方法出了问题，而是发生了黑天鹅[9]事件——在这种非典型的情况下，团队遇到的障碍与预期大相径庭。比如一个近期的案例是，一个团队一直在估算风险方面保持着良好记录，但在开始处理一个由组件团队提出的技术故事时，他们却遇到了麻烦。这个技术故事的目的是重构代码——集中对一个组件的引用，以便将来在不会引入错误的情况下，能更容易地对该组件和访问它的方式进行修改。当团队开始处理这个故事时，他们在整个系统中发现了许多未曾预料到的引用。这导致成本比原来的估算高出了几个数量级。

以有能力的开发者为基础进行估算

前文中提到的一条计划游戏的规则是，应该由做工作的人来估算工作。如果特性已经被分配给了开发人员，就由他们提供估算。如果还没有分配特性，估算者应该假定一个具有适当能力的开发者会实现它。

使用计划扑克从一组估算者中快速获得共识。第 11.11.2.8 节中，将会进一步地讨论计划扑克。

专注于价值

作为引导师，要确保如果客户对估算提出异议[10]，估算者不会被迫收回[11]并更改估算。

实行这样的规则：只有实际完成工作的人才能估算工作，安排的工作不能超出预算（即团队的预期产能）。通过专注于价值来避免冲突。要求开发人员解释该特性所带来的商业价值。如果客户仍然希望降低预算，则要探索成本较低，但仍能交付类似价值的解决方案。询问开发人员哪些方面大大增加了该特性的成本。讨论能否通过减少低价值需求来降低成本。在这种情况下，将特性及其验收标准拆分为两个较小的特性或故事——高价值的标准放在计划开发的特性中，低价值的标准放在被延后的特性中。

随着时间的推移完善估算

对一个项目的估算精度只需达到当时所需水平即可。随着特性越来越接近实施，逐步完善估算。举例来说，在最开始输入并准备产品待办事项列表中的特性时，指定数周/数月或数个迭代。在季度计划活动中，使用更精细指标，比如故事点或 IDD 来使安排的工作和可用产能相匹配。当一个特性发生变化时（例如，增加或删除了功能或验收标准），要重新进行估算。

11.11.2.6 估算单位和方法

常用的估算单位包括以下几种：

- T 恤衫尺寸
- 天数、周数、月数
- 迭代次数
- 时间估算：实际时间（人日）和理想时间（IDD）
- 故事点
- 完全不做估算

T 恤衫尺寸

当只需要进行粗略估算时，例如当需求项第一次被添加到待办事项列表中时，可以使用 T 恤衫尺寸。尺寸可以包括 XS、S、M、L、XL、XXL 和 XXXL。

天数、周数、月数或迭代数

在为季度计划（或特性计划）准备特性时，要细化估算，让它的精度达到足以被用来确定范围（确定计划中包含的特性）的水平。以下估算单位对于这个目的而言是足够精确的：实施所需天数、周数、月数或迭代数。

理想时间（IDD）

基于时间的估算单位是最透明的，它表明实施一个需求项所需要的人日或人时。如果团队在实行结对编程（XP 的一种实践，程序员两两合作），则用结对小时或结对日——一对开发人员完成故事所需的时间——来衡量工作。

基于时间的估算可以代表实际的或理想的时间，IDD 测量的是假设开发人员 100% 的时间都用于实现该项目的情况下，需要花费的时间。举个例子，一个 IDD 可能要花费 3 天的实际时间，因为开发人员只用了三分之一的时间来完成这个故事。

故事点

故事点是一种相对的度量标准：它们并不直接表明一个故事要花多少时间，而是规定了相对于另一个故事而言，实现这个故事需要多长时间。

若想使用故事点，在活动开始时，让团队成员设定 1 个故事点和 8 个故事点（选择性地设定）的标准。对于 1 个故事点的标准，团队选择一个故事，这个故事需要一个专属开发人员花一天时间完成。设置 8 个故事点的标准也是很有用的，它代表了用户故事的最大规模，超过这个规模的需求项会被归类为特性。

预测一个特性或故事的交付时间时，可以使用燃尽图或转换公式，如 11.11.1.4 节所述。

故事点应该衡量复杂度还是工作量

在敏捷社区中，关于故事点估算应该衡量相对工作量还是复杂程度的问题，存在着争议。我的观点是，点数应该衡量工作量，因为这正是进行产能规划和预测时间线——估算的主要用途——所需要的。复杂度是一个重要的变量，因为它影响着工作量和估算的准确性（特性越复杂，估算的不确定性就越高）。然而，即使一个特性并不复杂，它也可能需要很多普通开发工作，以至于实现它所需要的时间比实现一个复杂特性更长。在规划范围时，需要和产能相匹配的是工作量，而不是复杂性。

什么是最好的估算单位？实时，IDD，还是故事点

简单来说，估算单位的选择并不那么重要，因为可以根据需要将故事点转换成时间。甚至可以将这种转换自动化，这样客户就会将估算视为耗时，无论内部使用的单位是什么。两个被广泛使用的单位——故事点和 IDD——本质上是等同的。罗恩·杰弗里斯是故事点数估算的发明者，他认为自己在发明故事点估算时，很可能想到的是 IDD。[12]

每种方法都有各自的一些优点和缺点（我们很快就会说到），但更重要的是估算是基于什么得出的。估算应该以经验为基础。

考虑到这一点，单位的选择确实会产生一些差异。让我们来看看现有选择的利弊吧！

- 实时估算

真正的实时估算（相对于 IDD 和点数）具有透明性的优点：它们的意义不言自明，无需转换。出于这个原因，肯特·贝克在他的《极限编程解析》一书的第一版中推广了故事点。但是，他在第 2 版中却反其道而行之，建议用时间估算来代替故事点估算。[13] 同样，杰弗里斯在 2019 年的一篇文章中表示："我想说可能是我发明了故事点，如果是这样的话，我现在感到很抱歉。"[14] 公平地说，杰弗里斯目前倾向于反对所有估算方法。

尽管贝克早在 2004 年就推翻了自己的观点，但许多 XP 实践者仍在遵循着最初的指导。正如我们将在下一节中看到的，他们这样做往往有充分的理由。

- 故事点

故事点估算的一个所谓的好处是，如果表现与预期不符，只需要改变一个因素：速度。故事点估算本身不需要修改，因为它们是相对的，而不像实时估算那样是绝对的。不过，这个好处并不是很重要，因为修改可以自动进行。

总体来看，我更喜欢故事点。但我一开始其实并不喜欢它们，因为它们缺乏透明性。过去，当团队告诉我他们喜欢故事点，因为故事点提供了一些"回旋余地"时，我的回答是"我可以看出这对开发者有何影响，但我看不出这对客户有何影响。"

我不再认为这个问题很黑白分明了。经验告诉我，故事点通常能提供文化方面的好处，可以压倒透明性方面的争议。经理们报告说，采用故事点估算有利于培养团队精神，使每个人都专注于团队的成功，而不是个人的成功。

相比之下，使用实时估算时，计划会议经常演变成充满争议的对立局面。干系人会质疑开发人员的估算；他们很难接受一个要求需要这么多天才能完成。当团队改用故事点估算时，这些争端就消失了。

与实时估算相比，故事点能减少冲突的原因之一是，故事点与时间不同，通常只在团队层面进行跟踪，而不是在个人层面。举例来说，团队追踪团队的速度——每次迭代交付的故事点的数量——但并不追踪个体的速度。因此，使用故事点估算时，对生产力负责的是整个团队，而不是个体。

故事点估算的争议度更低的另一个原因是，故事点是相对的。干系人发现，接受一个故事相对于另一个故事所需要的实施时间要比接受它的实际实施时间容易得多。故事点估算避免了在这个问题上发生冲突，因为它把重点放在了团队在季度开始时有把握的事情上——相对工作量，而推迟了对团队没有把握的事情的讨论——绝对（实际）工作量。

最后，这两种方法之间存在着一个微妙但重要的文化差异：故事点衡量的是故事；人时衡量的是人。正如 TD 的米切尔所解释的那样，在季度计划中使用实时估算强化了开发人员是资源（成本）而不是人的概念。

由于透明性的问题，我仍然对采用故事点估算有一些犹豫。当然，在使用实时估算时遇到了上文中提到的问题，可以尝试使用故事点估算，看看它是否能改善情况。

当然，所有这些都建立在要进行估算的假设上。有一些方法可以完全避免估算，我们将在下一节讨论。

斐波那契数列

估算——不管是以故事点还是以 IDD 来衡量——通常是用斐波那契数列分配的。在斐波那契数列中，每个成员的价值都等于前两个成员的总和。斐波那契数列是 {1，2，3，5，8，13，21，34，……}。

斐波那契数很适用于故事点估算，因为数字之间的差距会随着其数值的增加而增大。估算者可以考虑一个项目是 1 还是 2，但不能考虑它是 21 还是 22。这么做是恰当的，因为第一个差距代表了 100% 的差异，而第二种情况下的差异只有大约 5%。大多数团队使用的都是斐波那契数列的修订形式——将较高的数字四舍五入，这样它们就不会显得比实际更精确。修订后的序列中的数字：？、0、0.5、1、2、3、5、8、13、20、40、80、100

这些数值的解释如下所示：

- ？：无法估算这个故事。
- 0：实施这个故事只需要微不可察的工作量（例如，一个小修复）。
- 0.5：需要一定工作量，但比 1 要少。
- 1：标准的故事规模，其他故事都是以此为标准来衡量的。
- >1：相对于 1 的工作量。例如，2 的工作量是 1 的两倍。
- 5：大多数故事的上限。
- 8：一个用户故事的绝对上限。如果一些故事很难拆分，则允许它们达到这一规模。
- ≥ 13：一个特性或史诗。在进入迭代计划之前，该项目必须要拆分。

你可能想知道为什么拆分工作项的分界线是 8 而不是 10——开发人员在两周中的实际工作天数（一个常见的迭代长度）。原因是除了实施故事以外的活动（比如计划、演示和回顾会议）通常至少要消耗其中的两天。

11.11.2.7　无估算方法

归根结底，估算仍然是一种浪费，因为它并没有增加产品的价值。最理想的是完全消除它。一些团队已经开始尝试这种方法，并取得了鼓舞人心的成果。杰弗里斯也赞同无估算方法,[15] 他认为,最好把多出来的时间用于弄清楚如何得到功能的薄切片,以交付速赢。剩下的问题是,如果不进行估算的话,该如何预测范围?

在没有估算的情况下进行预测的秘诀在于准备。只要需求项的准备工作做得够好,让开发人员充分理解自己所参与的工作,那么实际上就不需要对任务进行估算(公平地说,这个过程中会涉及一些估算,但只是最低限度的)。与估算不同的是,这种分析并不算是成本,因为这种理解会直接反馈到开发中。以下是这种方法的使用说明:

- 在长期计划会议中,请开发人员提供对特性的粗略估算,例如,完成各个特性所需要的迭代次数。在制定季度计划之前,PO 根据考虑中的特性的相对优先级对它们进行排序。分析师要通过与干系人、测试人员和开发人员的讨论,为计划中的特性做准备

- 在季度计划会议上,让每位开发人员默默地预测团队在本季度内能够完成产品待办事项列表中的多少待办项。每个人都预测完毕之后,他们同时揭示自己的回答,并讨论各自的理由

只要特性准备得够好,第一轮或第二轮的预测往往会出奇地相近,并且通过简短的讨论就能解决二者之间的差异——特别是当团队有一些可参考的经验时。此外,获得的预测至少和使用故事点获得的预测一样准确,而且还没有估算故事和跟踪速度所造成的浪费。在迭代计划中,也可以使用类似方法来确定迭代的范围。

11.11.2.8 使用德尔菲估算的计划扑克

估算特性时(就像大多数团队所做的那样)面临的一个挑战是,当估算者意见不一致时,该如何处理。这个问题可以使用德尔菲估算来解。德尔菲估算是一种使专家意见达成共识的方法,它被证明能使意见迅速趋同,并改进估算。[16] 德尔菲估算的原理如下所示:

- **匿名性**:匿名性可以减少群体思维的影响。要求估算者以非公开的形式提交答复——例如,在线或正面朝下地放置估算卡片

- **控制反馈**:从提供非典型估算(最低和最高)的估算者那里获得反馈。推动展开支持和反对估算的辩论

- 统计学形式的小组回答：在每个周期结束时，计算出平均估算值，并将其输入下一个周期。使用算数平均值（mean）而不是平均数（average）

在满足预先设定的条件时（例如，在 X 个周期后，在达成共识后，或在结果不变时），停止这一过程。在这个过程结束时，将最后一个周期的中间数用作估计值。几轮之后，估算值通常会融合成单个值。

在敏捷计划中，德尔菲估算通常是以计划扑克的形式呈现的。这种方法可用于计划季度中的特性，计划迭代中的故事，或估算单个工作项。接下来将讲解计划扑克的典型规则。

准备工作

PO 有一副扑克牌，每张牌上都标明了计划周期内正在考虑的一个特性（或故事）。

估算者得到的是空白卡牌，用于打分。作为备选方案，一些团队使用手机上的计算器应用程序来记录分数。使用任何能提供匿名性的媒介。

步骤概述

计划扑克的步骤可以总结为以下几个。

1. 讲解故事
2. 无声估算
3. 揭示
4. 合作（协商）
5. 反馈循环

各步骤细节如下。

1. **讲解故事** PO 从牌堆中挑选一张特性卡，并向估算者描述它。估算者根据需要提出问题，以提供有把握的估算
2. **无声估算** 每个估算者用斐波那契数字无声地估算该特性。估算者将分数写在卡片上并将其正面朝下放置。另一种方法是让估算者在手机的计算器应用程序中输

入估算值

3. **揭示**　引导师要求估算者把卡片翻过来。引导师确定平均估算值、低估算值和高估算值，并向小组公布这些估算值

4. **合作（协商）**　主持人要求做出最低和最高估算的人解释他们的评估。举个例子，一个估算者可能由于对不为他人所知的需求、解决方案或技术困难的假设而提供了一个异常高的估算。然后，小组花几分钟的时间辩论，并在估算超出预算时合作寻找其他的解决方案

分析师支持合作的方法是与技术团队探讨估算过高的原因，并寻找低成本的替代方案。在这个时候，可以向估算者提出如下问题：

* 你们中是否有人曾经做过与此非常相似的事情？（有专业知识的人所做的估算会比没有专业知识的人的估算更可靠——假设有专家被分配到该特性上的话。）

* 特性的哪方面对估算的影响最大？哪些验收标准的成本最高？

* 特性和特性验收标准的哪些方面可以快速实施？发布该特性的最低限度 AC 是什么？

* 其他公司是如何实施类似特性的？

* 是否存在能提供类似商业价值的速赢？

如果估算值高于预算允许的范围，考虑将特性拆分成更小的项目。将验收标准分配给所拆分后的特性，将价值最高的验收标准分配到为下一季度规划的特性中。

5. **反馈循环**　将平均估算值和辩论反馈到下一个周期中。返回步骤 1。重复这个过程，直到估算值趋于一致。一般来说，这最多需要 3 个周期。

11.11.2.9　估算其他类型的故事

本季度的所有待办事项都应该被估算。这些项目包括用户故事和特性，以及与提供新能力无关的工作项，比如探针、bug 修复和技术故事。我们将在第 13 章中深入研究这些工作项，现在先从估算的角度预览它们。

估算探针

功能探针代表了对接下来的特性或故事的分析工作。探针可能被认为是故事的一个子类型。举例来说，SAFe 称其为"使能故事"。人们对探针的价值有着普遍共识，但对是否应该估算它们，却没有统一的说法。一个经验法则是，如果从事这项工作的分析师是专属团队成员，他的时间被包括在预算中，那么就应该估算功能探针。然而，如果探针将由不属于团队的人实行（例如，非专属商业分析师），就不要估算，因为它不耗费团队的预算。这项工作将作为一般间接成本的一部分，以另一种方式核算。

估算 bug 修复

如果一个缺陷的优先级很高，开发人员应该立即开始处理它。除非开发人员认为这样做可能会导致不得不放弃季度计划中的项目，否则没有必要对高优先级的 bug 修复进行估算。[17]

不要跟踪或估算小的、独立的 bug 修复；花时间在这笔开销上是不值得的。一个通用经验法则是，如果实施一次 bug 修复需要半天或更多的时间，那么就为其创建一个估算，因为它可能会影响到计划中的其他项目。把打算一起发布的小型 bug 修复收集到一个故事中。

估算技术故事和非功能性需求

到目前为止，我们重点讨论的是对面向客户的特性的估算。计划期间还需要考虑并估算其他会消耗团队预算的工作项。其中包括技术故事和非功能性需求（NFR）。技术故事与增加用户功能无关，而是涉及一个技术问题，比如删除不可达代码，以免出现 bug 并提升可维护性。NFR 涉及质量需求，比如安全、数量和合规性需求。

11.11.2.10　迭代计划中的估算

虽然本章的重点是在季度和 / 或特性计划期间估算特性，但类似的准则也适用于迭代计划中的故事估算。不过，估算单位可能有所不同，特别是在迭代计划的第 2 部分。在刚开始进行迭代计划时，故事点或 IDD 的精度足以用来确定初始范围。但是，在迭代计划的后半部分——将故事分解为开发者任务——需要使用实时单位（例如，小时数）。较高的精度水平适合规模较小的工作项（开发任务）。此外，不必考虑本章前面所提到的有关实时估算对客户 – 开发人员关系的负面影响，因为客户往往并不会参与这一部分的计划活动。

11.11.3　承诺

在计划活动结束时，商业代表和团队要对计划做出承诺。采取以下行动：

- 对季度业务目标和经营目标做出承诺
- 修改优先级
- 对范围预测（交付的特性）做出承诺
- 构建路线图
- 管理风险和依赖关系
- 审查实践
- 批准计划

以下小节将对这些步骤进行说明。

11.11.3.1　对季度业务目标和经营目标做出承诺

促进商业决策者和开发人员对业务目标和经营目标的最终评审。如有必要，修改业务目标和经营目标，让双方达成共识。

11.11.3.2　修改优先级

在刚开始进行季度计划时，可能会用宽泛的术语对特性进行优先排序，比如 XP 优先级："必须有"、"增加重要价值"和"锦上添花"。为了便于季度计划，通过排序来表达优先级。现在，特性已经被探索和估算，干系人得到了更丰富的信息，足以完善有关优先级的决定。指导干系人使用加权最短工作优先（WSJF）的方法，根据价值和工作量来为优先级决定提供信息。如第 6 章所述，该方法最重要的方面是它能指导决策者考虑用户和商业价值、时间关键性、风险抑制和机会促成，以及估算成本（工作时长）。WSJF 值应该为决策提供参考。然而，它们不应该主宰决策，因为这一方法并没有考虑到所有情况。

若想查看计算 WSJF 和延迟成本的指南，请参见第 6 章的 6.5.4.4 和 6.5.5.5 节。

确保在重新排序后，待办事项列表中的已就绪特性足够多，和团队的产能相匹配，同时再额外添加一些特性，以备不时之需。

平衡用户特性和债务偿还

在计划整个产品的工作时，通常会有两个相互冲突的优先级：面向客户的特性的优先级与系统方面的质量改进的优先级，例如提高可扩展性或安全性的技术故事。如果天平过于倾向前者，可能会导致质量降低，还有技术债无法控制地积累。为了避免这种结果，要与 PO 和商业干系人合作，确定特性与技术债偿还的最佳目标比例。特性与债务偿还的通常比例约为 3 : 1，但组织应该通过试验来找到合适的平衡点。

11.11.3.3　对范围预测的承诺

确认了特性的顺序后，就要对范围预测——本季度将交付的特性——做出承诺。根据特性的优先级将其纳入计划，直到达到团队的最大产能。商业决策者确认该范围是否支持本季度的业务目标和经营目标，团队则确认估算的总工作量是否不会超过其产能（预算）。

平衡承诺与适应性的关系

如前文所述，在敏捷季度计划中，对范围做出承诺意味着团队同意，计划中的特性是对将交付的特性的最佳预测，而不是对交付这些特性的保证。然而，正如我们所注意到的（见 11.7.4.2 节），商业方面的约束往往要求更高的承诺水平。商业分析师要支持干系人和开发人员定义一个满足商业限制条件的承诺水平，同时不能对变化和学习的反应能力造成过度损害。采用以下策略：

- 承诺特性，而不是深度　开发人员承诺特性，但不承诺将要提供的特性的深度。开发人员需要确认特性的验收标准是对将要交付的特性的最佳预测。然而，所有各方都同意，如果时间紧迫，他们将协商更改验收标准，以便在不推迟发布日期的情况下交付具有其价值最高的需求的特性
- 区分已承诺特性和目标特性　已承诺特性是团队全心全意地致力于交付的特性。目标特性代表的是一个拓展目标——团队计划提供但无法做出保证的特性。团队

承诺每种类型各交付特定的百分比（例如，100% 的已承诺特性和 70% 的目标特性）。这种实践使团队能够为商业干系人提供关于最高价值特性的可预测性，同时保留与低价值特性相关的灵活性

11.11.3.4　构建路线图

下一步是构建实施计划，也就是路线图——关于在计划范围内如何实施特性的计划，以及将要达到的里程碑。在本节中，我们将研究为这一目的而使用的以下工件：

- 最简季度计划
- 季度（发布）路线图
- 项目板
- 季度（发布）看板

下一章中将会研究在这种情况下使用的更具细节的工件——故事地图。

> **提示**
> 在能满足团队和干系人需求的前提下，使用最简单的计划工件。

最简季度计划

实施计划可以以多种形式呈现。最简单的是一个一维需求项清单，按实施顺序进行估算和排序。表 11.2 显示了这种形式的示例模板。发布计划也可以使用同样的格式。在发布计划中，需要指明发布业务目标和经营目标，并列出发布周期中的预测特性。

表 11.2　季度计划：最简模板

交付日期（如果适用）：
季度业务目标和经营目标：
里程碑（事件、日期 / 时间表）：
本季度的特性预测（根据优先级排序，已估算）：
计划在下一季度推出的特性：

当计划中的工作项代表了局部变化，可以在不降低其价值的情况下按任意顺序交付时，就可以使用表 11.2 中的最简格式。

季度路线图

当可以根据它们各自的条件看待每个特性或故事时，可以使用上述最简模板。但如果总和的价值大于它这部分价值，情况就不是这样了。如果单个特性能为更大的价值流或目标做出贡献，则使用以下模板之一，以便查看计划周期内将交付的特性的组合，并规划交付真正价值的速赢。

- 季度路线图
- 项目板
- 故事地图

接下来的章节中，将会介绍前两个模板。故事地图将留到下一章介绍。图 11.2 是一个季度路线图的例子。

计划范围： 一个季度或发布周期

时间表	1~2周	3~4周	5~6周	7~8周
名称				
业务目标和经营目标				
测试的假设				
衡量标准				
里程碑，事件				
特性（按顺序排列）				

图 11.2　季度（发布）路线图模板

该模板与第9章中的长期产品路线图很像,但它适用于更短的计划范围——一个季度。图 11.2 中的一列对应着季度中的一个时间段（例如，两周或一个迭代）。每个时间段都有目标、里程碑和按照顺序排列的特性。

如果举措涉及多个团队，那么计划的可交付成果中也应该指出哪个团队负责什么。请看本章后面的图 11.4，它展示了一个提供这种附加信息的示例模板。

11.11.3.5 管理风险和依赖性

小组就风险展开讨论，并制定一个计划来解决这些问题。引导风险分析研讨会的分析师需要确保干系人和开发人员考虑所有可能破坏计划的风险类型。这些风险如下：

- 技术风险（例如，会出现昂贵的、意料之外的技术问题）
- 市场风险（例如，客户由于隐私方面的顾虑而不接受该产品）
- 财务风险（例如，产品无法以有利润的价格出售）
- 估算风险（例如，实际工作量比预期工作量的要多得多）
- 征求意见的风险（例如，SME 没有时间或不能及时作出反应）

为每个风险项指定一个风险应对方案，描述风险管理策略。应对方案如下所示：[①]

- 避免：处理风险产生的原因并消除风险。例如，为了消除技术风险，创建一个概念验证方案来验证技术假设
- 缓解：接受发生风险的可能性，但制定一个后备计划，以在风险发生时削弱它的影响。举个例子，可以开发一个备选解决方案
- 转移：将风险转移到另一个机构。例如，将财务风险转移给保险公司
- 接受：接受发生风险的可能性
- 上报：将风险上报给更高权级

识别依赖关系

未发现的依赖关系是一种风险，因为它们可能引发计划外的集成问题，或产生意料之外的后果，导致错误和返工。此外，依赖关系可能导致瓶颈并推迟发布。举例来说，如果特性 X 依赖于特性 Y，而特性 Y 还没有完成，那么特性 X 就不能发布。通过确

定并跟踪依赖关系，可以更好地消除或管理这些风险，协调团队，并计划集成测试。

将依赖关系可视化的一个选择是用红线连接依赖项目，如图 11.3 所示。SAFe 项目板中使用的就是这种方法。

若想进一步了解项目板，请参见第 17 章的 17.9.4.6 节。

计划范围：例如，一个季度、发布周期、程序增量或特性
中期计划周期：例如，两个星期。

日期或时段	1~2周	3~4周	5~6周	7~8周	9~10周
名称					
业务目标和经营目标	目标				
测试的假设	假设				
衡量标准	衡量标准				
里程碑，事件	里程碑或事件				
特性（按顺序排列）	特性				

图 11.3　带有依赖关系红线的季度路线图

也可以通过使用彩色卡片和圆点来表示团队之间的依赖关系，如图 11.4 所示（但在本书纸质版中看不出来）。

计划范围：一个季度或发布周期

时间表	1~2周	3~4周	5~6周	7~8周
名称				
业务目标和经营目标				
测试的假设				
衡量标准				
里程碑，事件				
特性（按顺序排列）	特性A ○	特性D ○ ○	特性G ○	特性J ○ ○
	特性B ●	特性E ●	特性H ●	特性K ● ●
	特性C ○ ●	特性F ○	特性I ○ ●	特性L ○ ●

图 11.4 带有依赖关系圆点的季度或发布路线图

图 11.4 中的每个团队都对应着一种颜色。特性卡片有着不同的颜色，卡片的颜色表明了负责该特性的主要团队。在计划期间，团队依次浏览路线图上的卡片，在注意到他们所依赖的特性的地方添加彩色的圆点。举例来说，在第 1~2 周，黄色团队负责特性 B；红色团队则依赖于特性 B。

若想进一步查看有关管理依赖关系的轻量级解决方案，请参见第 17 章的 17.11 节。

11.11.3.6 评审实践

接下来，与团队合作，明确分析、设计和其他开发实践以及将在本季度中使用的工具（例如，自动化测试实践和需求管理技术）。至少讨论一个在上一次的季度回顾会议中确定的具有高优先级的行动项目。对解决这一问题的计划做出承诺。

确定用何种手段在整个季度期间跟踪进展。表 11.3 是一个看板模板示例，从工作项进入季度计划开始，一直到交付给客户为止，看板会持续跟踪这些项目。

表 11.3　季度看板的模板

初始（已进入）	已讨论	已确定优先级	已分配给团队	已完成	已交付

11.11.3.7 批准计划

小组批准会议记录和可交付成果，并对接下来的步骤做出承诺。提醒参会人，批准计划意味着他们同意目标和范围与业务目标一致，并且是可以实现的，计划的特性和时间表代表着当前的最佳预测。

11.11.4 计划回顾

在会议结束时，推动展开对计划会议期间的对与错的回顾。对未来如何提高季度计划效率征求建议。至少对一个高度优先的行动项目做出承诺，并在下一次季度计划会议上评审该项目的进展。

BLInK 案例学习 19：创建发布路线图

要求

在初次会议后，商业干系人和开发人员就下一次发布中的特性的清单达成了共识。你将主持一个跟进会议，以计划如何在发布周期的各个迭代中逐步实施这些特性—目的是在每次迭代中优化价值交付。

本次活动的可交付成果如下：

- 可交付成果 1：指明里程碑 / 事件的发布路线图，以及发布周期内每个迭代的按顺序排列的特性集

准备工作

根据初始发布计划的结果，你准备了以下事件输入。

事件输入

优先级最高的 16 个特性（每个项目需要一个团队花费大约两周的时间）：

1. 在 CSR 联络中加入 BLInK
2. 提供即时折扣
3. 绑定交易
4. 初始化设备
5. 赚取奖励
6. 为申请人快速提供报价
7. 验证资格
8. 向供应商发送申请信息
9. 添加 BLInK 批单，但有一定的限制
10. 授权注册
11. 参保人可以在线提交活动
12. 创建信息面板
13. 提交健康评估

14. 接收建议

15. 分析报告（例如，对疾病、死亡及索赔数的影响）

16. 向客户提供总结报告

使用图 11.3 中的季度路线图模板，基于迭代顺序，在各行中指定里程碑和特性。

具体过程

首先，向团队征询了里程碑和事件。得到的讨论结果如下。

里程碑

- 发起活动

- 提供即时折扣

- 部署到经纪人

- 部署到核保师

- 快速报价部署到客户门户网站

接下来，你浏览了计划发布的特性列表，并指导与会人员将其分配到迭代中。你指导参会人计划速战速决，例如，在第一次迭代中为整个价值流实施一个精简方案。

你要求小组用红线来识别需求之间的依赖关系。与会人员根据这些依赖关系来评审计划。你指导与会人员寻找依赖性比较突出的特性。你推动干系人和开发人员展开合作，通过为特性进行重新排序和计划变通方案来解决依赖性问题。

可交付成果

可交付成果 1：BLInK 发布路线图

图 11.5 是计划会议期间制定的计划草案。里程碑和事件，比如发起活动，显示在最上面那行中。下面几行显示的是特性。连线表示依赖关系。举例来说，授权注册依赖于验证资格的能力。

案例学习回顾

在本次研讨会中，你与团队和干系人共同制定了一个发布计划，预测了发布周期中的每个迭代的特性和里程碑。

里程碑/事件	第1次迭代	第2次迭代	第3次迭代	第4次迭代
特性	发起活动 即时折扣已部署 提供即时折扣 在CSR联络中心加入BLInK 绑定交易 初始化设备	部署到经纪人 赚取奖励 为预批申请人提 供快递报价 验证资格	部署到核保师 担保人可以在线提 交活动 授权注册 参加BLInK批审, 但有一定的限制 添加BLInK批审, 但有一定的限制 创建信息面板	快递报价部署到客 户(门户网站 提交健康评估 接收建议 分析报告(例如, 对疾病、死亡) 素赔数的影响) 向客户提供总结 报告
		向供应商发送申 请信息		

图 11.5　BLInK 的发布路线图与依赖关系

11.12　在季度开始后评审季度计划

根据不断变化的情况评审和修订季度计划（见第 11.12.1ˉ11.12.4 节）。这个过程在 XP 计划游戏中被称为修改（steering）。在进行评审时，推动进行简化版的季度计划，将重点放在以下任务上：

- 请 PO 说明会对季度计划造成影响的最新变化
- 对长期计划中的未来季度进行修改
- 评审当前的季度业务目标和经营目标，并根据需要进行修改
- 根据最新绩效指标修改季度计划中的特性，使剩余工作与剩余产能相匹配
- 讨论、确定优先级，并估算添加到季度待办事项列表中的新特性

以下小节中，将会说明在哪些情况下会触发季度计划评审会议。

11.12.1　迭代开始时

如果团队使用的是时间盒式计划方法，比如 Scrum，他们会在每个迭代开始时召开迭代计划会议。对季度计划的评审就是在这个时间左右进行的。通过在前一个迭代的故事得到证实后评审季度计划，小组能够估算其余工作并确定它们的优先级，使故事能够被客户接受，以应对接下来的待办事项。如果在迭代计划会议开始时评审季度计划，还可以向团队传达季度业务目标和经营目标，以便在计划期间考虑到这些目标。

根据更新后的估算、绩效指标和更改后的优先级来修改季度计划。估算添加到季度待办事项列表中的任何新故事，并确定其优先级。

11.12.2　速度修正

当绩效与预测的速度相差甚远，并影响到目标和特性的计划交付时，就要修改季度计划。无论绩效是低于预期还是高于预期。根据情况更改实施计划和里程碑。

增加、拆分或放弃特性，以适应新速度。如果绩效低于预期，确定在不危及目标的情况下，可以放弃计划中的哪些特性或验收标准。如果绩效高于预期，确定可以将哪些特性或验收标准添加到计划中。

11.12.3　新特性

每当在一个季度期间增加或扩展特性时，都要重新评审季度计划。与商业干系人、开发人员和测试人员会面，以估算新特性并确定其优先级。为了给新特性腾出空间，确定季度计划中的哪些现有特性必须被放弃或削减。除非在预算范围内，否则不能将任何特性添加到计划中。

11.12.4　计划被废弃

如果由于情况变化或预测不准确，整个计划都被废弃了，请按照第 11.11 节所讲的那样，创建一个新季度计划。

11.13　小结

以下是本章涉及的要点。

1. 敏捷季度计划是一种假设，而不是一种坚定的承诺。它根据当时已知的情况，预测计划期间将完成的目标、特性和里程碑。
2. 在进入季度计划时，特性应该符合特性的 DoR（例如，它们的工作量被限制为一个季度以内就能完成）。
3. 只有那些做工作的人（开发人员）才可以估算；只有商业角色才可以确定优先级。其他人可以提出问题。
4. 在计划扑克和德尔菲估算中，每位估算者私下对项目进行评分，然后同时公布自己的评分。打出低分和高分的估算者提供的反馈被用作下一轮的输入。
5. 估算需求项的可选项包括故事点和 IDD 以及无估算。

11.14　下一个主题

第 12 章将使用两种基本技术继续进行季度计划：故事地图和 MVP。

一维的特性列表，比如本章中讲到的路线图，并没有显示出操作顺序——在计划工作流中的特性时，这些信息是至关重要的。下一章将介绍的故事地图提供了这一能力。季度计划的第一个开发周期包含 MVP 实验，用于测试信念飞跃式假设和确定本次发布中的最小适销特性。下一章还包含计划这些 MVP 的广泛指导方针。这些工具是相辅相成的：故事地图可以帮助计划师在季度中的指定时间段内将 MVP（以及交付的产品）可视化。

注释

1　Mike Cohn, *User Stories Applied: For Agile Software Development* (Boston: Addison-Wesley Professional, 2004), 236.

2　Kent Beck, *Extreme Programming Explained: Embrace Change* (Boston: Addison-Wesley Professional, 1999), 51–53.

3　举例来说，计划游戏并没有出现在后来的《解析极限编程》第 2 版中，贝克在第 1 版之后写的另一本书，《规划极限编程》中，也没有详细地讲述它（虽然有顺便提到它）。

4　Kent Beck and Martin Fowler, *Planning Extreme Programming* (Boston: Addison-Wesley Professional, 2000), 5.

5　根据计划游戏最初的规则，只有商业角色可以这样做。如今，敏捷组织允许任何人写故事。

6　Beck and Fowler, *Planning Extreme Programming*, 5.

7　Beck and Fowler, 5.

8　Eric Ries, *The Lean Startup* (New York: Random House, 2011), 35.

9　Nassim Nicholas Taleb, *The Black Swan: The Impact of the Highly Improbable* (New York: Random House, 2010).

10　Mike Schultz, "4 Things to Do When Clients Pressure You for Lower Fees" [blog post], RAINGroup, 2020, https://www.rainsalestraining.com/blog/sales-objections-sales-techniques-to-fight-price-pressure

11　Schultz, "4 Things to Do."

12　Ron Jeffries, "Story Points Revisited," May 23, 2019, https://ronjeffries.com/articles/019-01ff/story-points/Index.html

13　贝克现在表示："我目前更喜欢使用实时估算法。" Kent Beck, "Planning: Managing Scope," in Extreme Programming Explained: Embrace Change, 2nd ed., The XP Series (Boston: Addison-Wesley, 2005).

14　Jeffries, "Story Points Revisited."

15　Jeffries, "Story Points Revisited."

16　Norman Crolee Dalkey, "Delphi," Rand Corporation, 1967, 5, https://www.rand.org/pubs/papers/P3704.html

17　感谢罗恩·希利贡献这条原则。

18　"Plan Risk Responses," Project Management Professional (PMP) program, GreyCampus, https://www.greycampus.com/opencampus/project-management-professional/plan-risk-responses

第 12 章　MVP 和故事地图

本章将继续探索季度和特性计划，并侧重于在此期间使用的两个工具：最简可行产品（MVP）和故事地图。图 12.1 标出了本章所涉及的活动。

本章将从 MVP 计划开始讲起。本章将描述如何使用 MVP 来测试假设。本章探讨了许多 MVP 的类型，例如高逼真 [①]MVP——一个快速版本，它提供一个与真实产品类似的前端，但在后台使用的是变通方法。本章将介绍使用 MVP 测试假设，进行调整，并做出转向或继续的决定的指导性原则。本章还将探讨如何利用 MVP 来确定最小特性集，以满足用户需求，并为产品、举措或史诗创造舒适的用户体验。[1]

本章的第 2 部分将会探讨故事地图——用于在端到端工作流程、价值流或用户旅程中对计划的特性进行可视化的技术。本章还将说明如何使用故事地图来计划 MVP，提供速赢，并在每次迭代或中期向最终用户提供价值。本章还将讲解如何使用诸如旅程地图、流程模型和用例模型等输入工件构建故事地图的"脊柱"，也就是地图的顶部区域。此外，本章还包含构建故事地图的"肋骨"——指定特性和故事的实施时间的区域——的指南。本章将讲解如何把用例（用户任务）拆分为故事。还将说明如何在地图上放置故事，以表明它们的操作顺序、它们所属的用户任务（特性）以及它们将在何时实施。

---

① 译注：原文为 smoke and mirrors，这个词来源于以前的魔术表演，魔术师经常用烟雾和镜子在舞台上制造消失或出现这样的视觉效果。

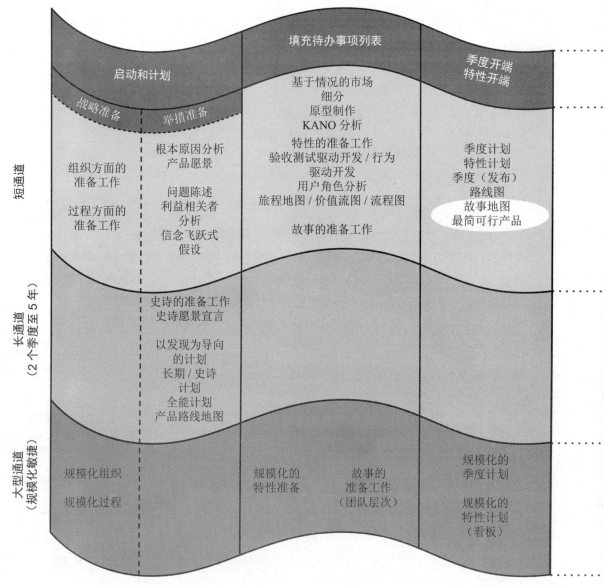

图 12.1　全景图中的第 12 章

迭代开端	日常活动		迭代收尾	季度收尾史诗、特性收尾
迭代计划	每日站会 需求分析与记录 编码、构建、测试、交付验收测试驱动开发 / 行为驱动开发 最简可行产品，分割测试 史诗、特性的准备工作 故事的准备工作		迭代评审会 迭代回顾	为正式发布做准备 季度回顾 史诗、特性回顾
				转向或继续
规模化的迭代计划 迭代计划（团队层次）	产品负责人委员会的会议 DevOps	用户特别小组的会议 规模化的特性准备（看板）	集成会议 故事的准备工作（团队层次）	规模化的迭代评审 规模化的迭代回顾 迭代回顾（团队层次）	DevOps 规模化的季度 / 特性回顾

12.1 目标

本章将帮助大家实现以下目标：

- 计划 MVP，以测试信念飞跃式假设
- 创建故事地图，用它来计划故事的实施和交付
- 在故事地图的脊柱部分指明操作工作流程
- 在故事地图的肋骨部分指明特性的实施顺序

12.2 本章在全景图中的位置

如图 12.1 所示，本章将研究"季度开端 / 特性开端"区域中的故事地图和 MVP。

12.3 MVP 和故事地图：这些工具是如何相辅相成的

季度 / 特性计划（上一章的主题）的主要目的是制定一个指明了在计划范围内该如何交付目标和能力的计划。对敏捷计划和传统计划而言均是如此。不过，敏捷计划的不同之处在于，它的目标——尤其在新产品的开发初期中——往往是通过 MVP 来验证的学习目标。MVP 是产品或特性的实验性版本，旨在测试假设并交付学习。从这个过程中吸取的经验教训被反馈到敏捷计划中，影响着后续的目标和将要交付的特性。

MVP 和速赢往往需要对尚未实施的步骤采用变通方案。故事地图提供了一种便利的方式来查看每个时间段内的端到端工作流程，以便干系人和团队能直观地看到需要采取变通手段的差距。除了用于 MVP 计划外，故事地图也是计划特性的实用工具，它有利于支持工作流程和定期（例如，至少每个迭代或每一到两周）向客户交付重要价值。

本章将对这两种工具进行介绍。先从 MVP 计划开始。

12.4 MVP 计划

当产品是一个面向全新市场的创新产品时，是无法可靠地预先确定特性的优先级的，因为在客户真正看到产品之前，往往不知道自己想要什么。本书前面介绍的精益创

业方法[2]解决这个问题的办法是对客户进行实验——"通过快速扼杀没有意义的事情，并加倍努力去做哪些有意义的事情，来真正缩短坡道的长度"。[3]

12.4.1　什么是 MVP

最简可行产品（MVP）是产品或特性的低成本、实验性版本，用于测试假设，并确定它是否值得被权力投资。根据精益创业的发明者埃里克·莱斯的说法，MVP 是"产品的一个版本，它能够以最小的努力和最少的开发时间实现'构建 – 测量 – 学习'的完整循环"。[4] 它是一个用于学习的版本——一种测试假设，并决定在可上市产品中包含的最小特性集的手段。产品的最小可发布版本被称为最小适销产品（MMP）。

12.4.2　MVP 案例学习：Trint

只有当看到 MVP 过程的真实案例时，才能真正理解为什么它对创新产品开发的成功而言至关重要。我在探索 Trint 公司的故事时体会到了这一点。Trint 公司由艾美奖获奖记者、驻外战地通讯员（和我的好朋友）杰弗里·考夫曼（Jeffrey Kofman）创立。像许多处于后期创业者一样，考夫曼力图解决一个他非常了解的问题，这个问题在他曾经的大半职业生涯中一直困扰着他：每次当考夫曼不得不通过点击"播放"、"停止"、"录制"和"倒带"来转录采访内容时，他不明白为什么自己仍然在使用一个自 1960 和 20 世纪 70 年代以来几乎没有变化的过程。为什么不使用人工智能（AI）来实现语音到文本的自动转换呢？他知道原因：记者不能冒着失实的风险。由于 AI 会出错，所以除非有查验内容的方法，否则记者不会使用基于 AI 的产品。那么，真正的问题就是如何利用自动语音转文字，达到 100% 的准确度。

考夫曼知道，如果他能解决这个问题，产品就能取得成功。此外，他还知道，如果他的团队能为记者——考夫曼知道他们是非常严格的——解决这个问题，他们就能为任何人解决这个问题。因此，他得出结论，该产品最重要的信念飞跃式假设是，公司能够找到一种让用户即时纠正错误的方法，以交付可以被验证和信任的文本。在考夫曼看来，他的团队需要在 AI（自动语音转文字组件）之上创建一个层，以便让 AI 部分完成转录的重任，而用户能专注于更快的任务：搜索、验证和纠正。他认为，通过使用这种方法，他可以将一项通常需要几个小时才能完成的任务缩短到几分钟甚至几秒钟。根据本书之前的几章，可以看出考夫曼的所采取的步骤是 MVP 过程的开端：阐明问题、愿景和产品的信念飞跃式假设。

为了创建 MVP，考夫曼组建了一个开发者团队，他们在使用手动输入的文本对音频转文本进行校准方面有着丰富经验。考夫曼向他们提出挑战，要求他们开发一个 MVP 版本，将语音自动转换为文本，并允许用户对其进行编辑。

Trint 公司的第一个 MVP 只用了三个月就完成了。考夫曼决定将他有限的启动资金投入用户实验室测试中。在测试日时，他带了一群记者来参加测试。有趣的是（和通常情况一样），第一个 MVP 是"错误的"。虽然记者们很喜欢这个概念，但他们使用产品时很费劲，在编辑和播放模式之间来回切换非常麻烦。在最初的设计中，空格键既是模式切换按键，在编辑过程中又是空格字符，使用户感到困惑。正如考夫曼告诉我的："好的创新产品应该解决工作流中的问题；而这是在创造新的问题。"因此，利用 MVP 的反馈，他要求开发人员创造有着更好的工作流程的新用户体验。

MVP 不仅仅是测试，还是一个过程。2016 年初，项目进行到 15 个月的时候，Trint 公司开发出了一个更完善的 MVP 版本。考夫曼已经准备好验证假设了，也就是该产品有一个广阔的市场。那时，产品已经能够提供用户所需要的大部分核心功能，例如搜索文本以找到采访的关键部分的能力。然而，它仍然缺乏彻底完成上市准备所需的关键组件。例如，没有付费或定价机制。

通过他在新闻界的人脉，考夫曼让大家知道，他们将在为期一周的 beta 测试中免费开放该产品的使用权限。当 beta 测试刚开始时，事情进行得很正常，直到美国国家公共广播电台有位很有影响力的记者发布了一条热情洋溢的推文，使用量猛增。在用户达到一万人时，系统崩溃了。公司花了两天时间才将系统重新上线，但这次测试毫无疑问地证明了这款产品是有市场的。

如今，考夫曼认为那次 MVP 实验室测试可能是公司早期采取的最重要的行动，因为它使得开发人员在浪费大量的时间和金钱在失败的解决方案上之前，就调整了方向。如考夫曼所说，从中可以得到这样的教训："必须让真人来测试你的想法。"也就是那些真正会使用你这个产品的人。

在前几章中，我们研究了如何确定信念飞跃式假设，这些假设必须经过测试和验证，产品才具有可行性。现在，我们将把重点放在下一步：计划用于测试这些假设的MVP。

12.4.3　MVP 实验的场所

因为 MVP 只是一个测试版本，所以首先要考虑的是在哪里进行测试，以及由谁来参与 MVP 测试。下面就来探索一些选项。

12.4.3.1　在实验室进行测试

用户测试实验室可以是内部的，也可以由第三方独立运营。测试实验室为测试提供了最安全的场所，使其适合于高度监管的主流商业部门的测试，比如对错误的容忍度极低的银行或保险业。因为实验室环境提供了一个深入了解用户对产品的体验的机会，它也是在创新产品的开发初期进行 MVP 测试的理想场所。在这种时刻，了解客户的动机和他们使用产品的方式至关重要。

测试人员应该是真正的用户。不过，在需求比较稳定的情况下，可以使用代理人（例如，非常熟悉市场的产品经理）。

为了找出潜在的法规问题，还需要有一些熟悉产品法规的测试人员，比如法律和合规专家。

12.4.3.2　直接在市场中测试 MVP

通过在市场中对目标群体中的真实客户进行 MVP 测试，可以得到最可靠的反馈。这种方法适用于面向全新市场的颠覆式产品，因为在这种情况下，第一批采用者往往愿意为了新颖性而不计较缺失的特性。这个方法也适用于低端颠覆，因为在这种情况下，客户愿意用质量的降低来换取更低的价格或更高的便利性。

12.4.3.3　暗部署

另一种在 MVP 特性测试期间限制负面影响的方法是暗部署（dark launch），也就是在扩大发布范围之前，隐蔽地将其提供给一小群选定的用户。如果特性不受欢迎，可以在它影响产品声誉之前将其撤回；如果客户喜欢，它将被开发完成，纳入产品中，并得到支持。

12.4.3.4 beta 测试

beta 测试是一个"几乎准备就绪"的版本——大部分已经完成，但可能仍然缺少一些为上市就绪版本所计划的特性。beta 测试是由广大的客户群通过执行真实任务对 beta 版本进行的现实世界测试。其目的是在大范围发布之前发现 bug 和问题，比如可用性、可扩展性和性能方面的问题。

在向市场发布产品或更改之前，使用从 beta 测试中获得的反馈和分析来修复剩余的故障并解决用户的投诉。分割测试也可以在这个时候进行。在分割测试中，一组用户接触的是 beta 版本，而对照组则不然。

若想进一步了解分割测试，请参见第 7 章的 7.11.5.2 节。

beta 测试不仅仅是针对 MVP 的；在大范围发布所有新特性和重大变化之前，在内部 alpha 测试之后的最后一个测试步骤都应是 beta 测试。

若想进一步了解关于 beta 测试，请参见第 16 章的 16.5.3 节。

12.4.4 MVP 类型

在计划 MVP 时，目标是将产品或特性的一个版本拼凑在一起，以尽快低成本达成设定的学习目标。以下是实现这一目标的策略。一个 MVP 可以包含任意策略：

- 差异化 MVP
- 伪装式 MVP
- 可行走的骨架
- 价值流骨架
- 礼宾式 MVP
- 运营 MVP
- 预购 MVP

以下章节中将会详细介绍这些 MVP。

12.4.4.1　差异化 MVP

在新产品开发的初期，最常见的策略是开发低成本的版本，把重点放在产品的差异化因素上。这就是前文中的 Trint 公司早先采取的方法。利用既有组件，Trint 公司能够在短短三个月内拼合出一个 MVP，展示产品的差异化特性（语音到文本的自动转换和编辑）并验证其价值。

另一个例子是谷歌文档，它的前身是 Writely。Writely 是山姆・施莱思（Sam Schillace）的一项实验，目的是了解通过将 AJAX（浏览器中的 JavaScript）的内容编辑功能与文字处理技术结合起来，可以创造出什么样的编辑器。[5]Writely 的早期版本侧重于产品的关键差异化因素——其速度、便利性和协作能力——而忽略了许多其他文字处理特性，比如多种多样的格式和页码。当时的假设是，用户会特别喜欢这些差异化因素，以至于忽略其他方面的不足之处。有趣的是，文档中的实时协作——这已成为一个差异化特性——在当时并没有被视为一个重要特性；它被包括在内只是因为这似乎是最自然的解决多人处理文档的问题的方式。

原始产品的第一个版本很快就完成了，使用浏览器的大部分编辑能力和 JavaScript 来合并本地用户和其他用户的修改。[6]随着时间的推移，公司添加了更多的文字处理特性，因为这些特性对用户而言显然是必不可少的，同时也是为了开辟新的市场。Writely 推出后仅仅一年，就被谷歌收购了第一个月，谷歌内部大约有 90% 的人都在使用它。

12.4.4.2　伪装式 MVP（或称旋转椅）

伪装式 MVP 方法为用户提供了一种非常接近真实但实际上是一种幻象的体验，就像电影《绿野仙踪》中在幕后操纵的巫师所创造的幻象一样。

我的一个客户，一家有线电视公司，用这种方法为客户提供一个 MVP 前端，让他们配置自己的计划。网站在一个沙盒中运行，与运营系统断开了连接。在幕后，一个内部支持人员查看输入，并将其旋转到现有的内部系统以处理请求。客户对这个诡计浑然不觉。这一 MVP 允许公司先测试客户希望定制自己的计划这一假设，再投资开发这项能力。

12.4.4.3　可行走的骨架

可行走的骨架，或者说贯穿式应用，通过实施低成本的端到端方案——一个贯穿了拟议解决方案的架构层的薄垂直切片——来验证技术（架构）假设。如果行走的骨架是成功的，企业将投资于按照拟议解决方案来构建真正的产品。如果不成功，技术团队就会回到设计阶段，转向一个新技术假设。

例如，在 Customer Engagement One（CEO）的案例学习中，组织规划了一个端到端场景：从社交网络应用中获取文本信息，使用拟议的数据库解决方案保存信息，检索信息，并以列表形式查看信息。另一个例子是 Trint，它的第一个 MVP 包含了从语音到文本到编辑的端到端场景，用于验证产品的架构设计。

12.4.4.4　价值流骨架

价值流骨架实施了贯穿一个运营价值流——以价值交付为终点的端到端工作流——的简易场景。它和技术性可行走的骨架的不同之处在于，它验证的是市场假设而不是技术假设。它涵盖着一个端到端业务流，但并不一定使用拟议的架构解决方案。

交付特性的直观顺序是根据它们的使用顺序决定的。举例来说，最先交付的特性可能是为一个网上商城的产品线添加新产品的特性，然后再交付接收库存、下订单和完成订单的特性。这种顺序不仅可以将依赖性问题降到最低，而且还可以使用户在等待系统其他部分交付的同时开展有价值的工作。在我早期的程序员生涯中，通常会采取这种方法。但这种方法的问题在于，它会导致终端客户要经过长期滞后才能收到价值（例如，一个完成的订单）。在快速进入市场会带来很大优势的商业环境中，这种滞后是不可接受的。另一个问题是，这可能会导致公司开始从客户处获得收入的时间延后。

价值流骨架可以避免这些问题，它能交付速赢，实现端到端价值流的简易版本，不过功能通常会有所删减。

价值流骨架的第一个版本侧重于价值流的端点——客户提出请求的入口点和客户获得价值的终点。对于缺失的步骤，通常会采用变通方法。例如，一个网上商城的第一个 MVP 允许客户购买一些选定的产品。产品说明和价格是被硬编码到界面中的，而不是从数据库中提取的。这样就降低了开发成本。只向一个地理区域提供产品则简化了 MVP 实施的业务规则和交付机制。尽管 MVP 很简易，但它既为企业提供了学习价值，又为终端客户提供了真正的价值——他们已经可以通过这个早期版本订购和接收产品了。随着业务的增长，MVP 随之发展，能处理更多产品并覆盖更广泛的地理区域。

12.4.4.5　礼宾式 MVP

礼宾式 MVP[7] 的基本理念是：为少数人构建胜过为多数人构建。早期的版本针对的是对产品非常热爱的小规模子市场，从实践中获得的教训被用来扩展产品。礼宾式 MVP 的一个例子是 Food on the Table，[8] 位于德州奥斯汀的这家公司，最初的客户群中只有一位家长。这家公司每周在一家咖啡馆与家长见面一次，了解家长的需求并接受订单。订单是手工填写的。这个过程被重复应用到其他几位客户身上，直到公司学到的知识足以开始构建产品。

正如这个例子所说明的，可以通过选择一位真实客户来开始礼宾式 MVP 方法。若想找到第一个客户，可以开展市场调研，通过分析来确定想要的客户画像，并邀请符合画像的客户担任 MVP 测试者。或者，也可以从先前表示对产品感兴趣的人中选择第一个客户。这个客户将得到"礼宾待遇"——由一位高级管理人员（例如，产品开发副总裁）与客户密切合作，随着对情况的了解的深入，添加和调整特性。

在这个阶段，内部过程通常要依靠人工。一家公司可能会花几周时间以这种方式与第一个客户合作，了解这个人需要什么和不需要什么，然后再选择下一个客户。这个过程不断重复，直到学到了足够多的知识，并且人工操作不再可行——这时就该构建和部署产品了。

12.4.4.6　运营型 MVP

创建 MVP 并不一定是为了验证软件的假设和特性；也可以是为了测试运营假设和变更。在一个真实的例子中（为了保护公司，我就不说名字了），一家公司创建了一个 MVP 来测试涨价对销售的影响。MVP 向一部分客户展示了较高的价格，但在后台，客户实际上被收取的是正常的、较低的价格。在达成学习目标后，客户收到了一封电子邮件，告知客户他们之前是测试组的一员，并没有真正地收取额外费用。

12.4.4.7 预购 MVP

验证顾客愿意为创新产品买单的价值假设的最可靠且最经济实惠的方法是在产品真正准备就绪之前就提供一种订购方式。MVP 可以很简单，比如它可以是一个宣传视频或演示原型。可以采用一个简化的订购过程，比如通过电子邮件附件订购，通过电话订购，或者是一个带有硬编码选项的在线订购网站。这种类型的 MVP 可能不需要任何故事，或者可能需要一些小型故事，例如，建立一个用于下订单的简单前端。

我自己的 Noble 公司在考虑开发一款能够对一个组织的商业分析实践进行全面评估的软件时就使用了这种方法。我们开发的 MVP 是一个产品的副本。我们向客户展示了它，试图创造预售。我们了解到的情况是，客户的兴趣不大，不足以真的把产品做出来。尽管这次测试失败了，但我认为这笔钱花得很值。想象一下，如果我们是在大规模投资之后才了解到这一点，就不妙了。

Dropbox 的 MVP 战略发挥得更好。Dropbox 发布了一个产品视频，[9] 其中展示了其主要特性。视频受到了来自潜在客户的关注，并得到了大量反馈。这为构建产品提供了理由，并带来了关于特性和潜在问题的重要建议。第一个市场版本中吸纳了这些建议。

12.4.5 MVP 的迭代过程

不能只创建一个 MVP 并只测试一次。MVP 的过程是迭代的。其步骤如下所示。

1. 建立一个 MVP 以测试假设。

- 指定一个 MVP 来测试一个或多个信念飞跃式假设，比如可以使用前一节中讨论的任意 MVP 类型。

2. 调整。

- 在客户使用产品的过程中，根据客户的反馈，对产品进行增量式的调整。

3. 决策点：继续还是转向。

- 在调整了一段时间后，决定是继续使用当前业务模型还是转向另一个假设。

12.4.6　转向

转向指的是在原有假设失败的基础上转向不同的假设。公司可能会由于前文所述的
MVP 过程而决定在临近开发时进行转向。另外，无论在产品生命周期中的哪一阶段，
只要发现产品没有市场，就应该立刻将产品转向新的市场或用途。[10] 曾经是欧洲最
大的航空公司（基于乘客数量）的瑞安航空就是一个例子。[11] 早在 1987 年，当该公
司意识到财务上陷入困境后，便转向了低端的、颠覆性的盈利模式。这一模式所依
据的假设是，客户愿意以餐点和其他福利需要额外付费为代价来换取低廉的票价。
当客户向该航空公司蜂拥而来时，这一假设得到了证实。[12] 最近，为了应对英国脱欧，
该公司再次进行了转向，这次是离开英国，转向立足于英国以外地区的增长这一商
业模式。[13]

建设性的失败

转向代表着一个失败的假设，但从瑞安航空的案例可以看出，失败往往是具有建设
性的。事实上，现在的许多成功的公司都是从这些失败中走过来的。例如，Flickr 就
诞生于一个产品——《永不结束的游戏》（Game Neverending）——的失败。[14] 当
最初的产品失败后，公司进行了转向。公司利用所获得的社区价值和为游戏开发的
社交特性（比如标签和分享）方面的经验教训，将其转变成了一个成功的照片分享
应用程序。另一个例子是团购网站（Groupon）。它最初被设想为社会变革的理想主
义平台，后来却转变成了一个面向寻求优惠的人的平台。

12.4.7　逐步地规模化 MVP

一个高效的产品开发方法是，从一个人工 MVP 开始，随着产品的发展，逐步实现自
动化和规模化。鞋类电商美捷步（Zappos）就使用了这个方法。

这家公司的创始人谢家华如此描述这一过程："我爸爸告诉我……我认为你应该集中精力去搞鞋的事情……所以，我说好吧，……我去了几家商店，拍了一些鞋的照片，做了个网站，上传了照片，并告诉鞋店，只要我卖出了鞋，我会来这里付全款的。他们说好，随便你。于是，我就这样做了，做成了几笔买卖。"[15]1999 年，美捷步签下了十几个品牌，都是棕色的舒适款男士鞋。随着越来越多的知名品牌（比如以马丁靴闻名的 Doc Martens）加入，公司和市场都在增长，与此同时，美捷步自动化并规模化了它的业务系统和流程。

12.4.8　使用 MVP 来建立 MMP

利用 MVP 过程，公司可以通过实验来快速并低成本地验证哪些特性会带来最大的变化。这些特性被称为最小适销特性（MMF）。一个 MMF 是一个如果发布到市场上，会被客户认为是有价值的最小的特性版本（最低限度的功能）。MMF 可以通过各种方式交付价值，比如通过差异化竞争、创造收入或节约成本。总体而言，MMF 定义了最小适销产品（MMP）——"具有的特性集最小，但仍能满足用户需求并创造舒适的用户体验的产品"[16]。

BLInK 案例学习 20：创建 MVP

背景介绍

你召集干系人和开发人员，想要明确要在第一季度测试的 BLInK 假设，并为用来验证这些假设的 MVP 做计划。

要求

研讨会的可交付成果如下：

- 可交付成果 1：假设——对产品商业论证至关重要的信念飞跃式假设（或假设）
- 可交付成果 2：MVP——将用于测试假设的 MVP 的高层次说明

输入

- 第 7 章的案例学习 8 中的可交付成果 1：预设检查清单

具体过程

小组讨论了对产品的商业论证而言最关键的假设。他们一致认为，最紧要的信念飞跃式假设是，如果能立即看到好处，客户就可以克服不愿意分享数据的心理（A7）。商业干系人和开发者进行了头脑风暴，以找出测试这一假设的快速且低成本的方法。

可交付成果

可交付成果 1：假设

假设：如果能立即看到好处，客户就可以克服不愿意分享数据的心理（假设 A7）。

可交付成果 2：MVP

第一个 MVP 将是一个价值流骨架，使客户能够订购和接收 BLInK 产品。其中将包括一个有着即时折扣的快速报价特性，用于测试关于客户能克服不愿意分享数据的心理的假设。

案例学习回顾

在研讨会上制定的计划将让 Better Living（BL）公司能够测试信念飞跃式假设，即客户愿意放弃一定程度的隐私性，以换取即时的经济奖励。如果这个假设被证伪，就没有必要进一步向该产品投资了，至少在其愿景不变的情况下。现在已经拟好了一个 MVP 的草案，以尽快地用最小的成本来验证这个假设。

12.5　故事地图

故事地图通过故事在二维平面上的位置来表达故事之间的关系。

12.5.1　杰夫·巴顿的故事地图

杰夫·巴顿版本的故事地图——我把它简称为故事地图——为执行故事的操作顺序和开发故事的实施顺序提供视觉线索。故事地图可以帮助团队在计划期间直观地看到端到端的价值流，了解每个故事的使用环境，并看到计划中的故事之间的依赖关系。表 12.1 总结了何时以及为何要用故事地图。

表 12.1　故事地图简述

是什么?	**故事地图**: 用于进行季度和特性计划的图表,其中指明了工作项(特性和故事)的操作和实施顺序
什么时候?	如果计划中的特性和故事隶属于更大型的业务流程或工作流(例如,在创建或重新设计一个流程时),在季度和特性计划期间创建故事地图。在迭代计划期间,以及在故事被添加到计划中或被从计划中删除时,评审和修改故事地图
为什么?	<li>规划端对端场景,向终端客户交付真正的价值</li><li>找出工作流程中的可能需要处理的差距</li><li>计划 MVP 和速赢</li><li>将故事的使用环境可视化</li><li>视觉化的依赖关系</li>
提示	以非正式的形式绘制故事地图。当要把故事从地图上转移到产品待办事项列表中时,再使用正式格式(例如 Connextra)
可交付成果	故事地图,其中包括用户任务、中期目标以及在整个计划范围内逐步实施特性和故事的计划

12.5.2　故事地图的好处

前一章的工件将需求项以单维列表的形式呈现,并按照计划实施的顺序排列。如前文所述,这个解决方案对于规划局部的变化是有效的,但并不适用于规划具有广泛影响的复杂举措。

举个例子,假设你计划开发一个涉及多个用户的订餐程序,其中包括一个终端客户、餐厅工作人员、一个调度员和送餐员。作为计划师,你需要计划的关键点上将整个订餐过程可视化,以便为 MVP 和速赢计划制定端到端的场景。这些都是一个简单的列表无法表达的。现在,假设产品负责人(PO)正在考虑在当前的季度待办事项列表中增加一个指定加急配送的故事。作为一名分析师,你要向 PO 提出建议,说明新故事对运营价值流中其他故事的影响。例如,增加一个加急配送选项可能会影响到结账故事、调度员的故事和送餐员的故事。不幸的是,一个简单的列表并不能为解答这些问题提供视觉线索。故事地图可以提供这些线索,它根据故事的操作顺序——它们执行的顺序——在价值流或工作流中将其水平排列。

故事地图有助于在精益软件开发所建议的计划范围内频繁规划"协调一致的特性集"。[17] 因为故事地图能帮助客户和团队设想计划中的特性如何在计划时间段内(例如,在每个迭代结束时)结合在一起。

故事地图不仅能让我们很容易看到工作流中的哪些步骤将要执行,而且还能看到它们之间的差距:全景图中的差距表明需要改变计划或制定变通方案。

12.5.3　剖析故事地图

接下来将对故事地图的元素和区域进行研究。

12.5.3.1　故事地图中的卡片

图 12.2 展示了故事地图的常见元素,其中针对 MVP 计划做了一些调整。

故事全景图中的卡片代表故事、用户和其他感兴趣的项目。这些卡片的颜色对应着它们所属的类型。实际使用的颜色会有所不同。图 12.2 中的模板使用了以下卡片和颜色(在本书的印刷版中没有显示出来)。

- 主要卡片:
  - 角色(中蓝色):角色卡代表任何与产品或系统交互的人或实体(如软件组件),例如,角色、用户角色、软件服务、系统、子系统、软件接口或设备
  - 用户任务 / 用例(桃红色):用户任务(或用例)卡代表用户与产品或系统进行一次交互(例如,提交订单)的目标
  - 特性(浅粉色):特性卡代表一个超出故事的大小限制的工作项
  - 用户故事(黄色)

- 可选项目:
- 中期 / 迭代目标(淡蓝色):中期目标是一个高层次的目标,要在计划周期的一个中间阶段中达成。在时间盒式计划方法中,中期目标称为迭代目标,在 Scrum 中则称为冲刺目标
  - 活动(绿色):活动卡代表了一个广泛的用户目标(例如,管理供应商)。活动是选择性的,因为它们的主要目的是推导出用户任务。

- 变通方法（橙色）：变通方法卡指明了需要用临时性修复方法（例如，通过人工手段）完成的缺失的任务。变通方法卡能帮助商业和开发部门可视化差距，并计划如何处理它们。除非需要开发团队参与，否则不用估算变通方法卡。

- 预设 / 假设（米色）：假设卡突出显示了信念飞跃式假设，和在计划范围内要验证的其他假设。

- 探针（灰色）：这些卡片代表实现将来故事或特性的工作项。

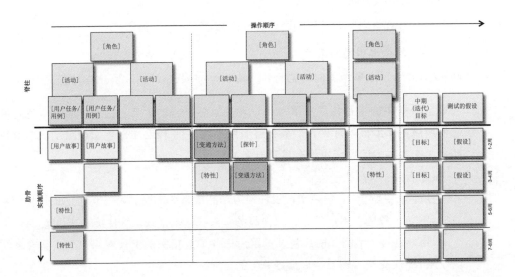

图 12.2　故事地图模板

12.5.3.2　故事地图的区域：脊柱和肋骨

图 12.2 展示了故事地图的两个区域。上面的区域是脊柱，下面的区域是肋骨。脊柱部分列出了用户的任务，或者说用例，它们将按照操作顺序——用户执行任务的顺序——得到产品的支持。敏捷分析师有责任在待办事项列表中表示用户任务。将每个用户任务（用例）表示为一个特性，因为实现它的所有场景所需的工作量通常超出了一个故事的最大规模。肋骨区域为支持脊柱用户任务的故事制定了实施计划。

为了理解这些区域的名称，请想象一个正面朝下横放的骨架。在贯穿骨架脊柱的脊椎骨类似于在地图上部区域的用户任务。从脊椎骨向下延伸的肋骨对应着它们所支持的用户任务下面的用户故事。

肋骨部分的每一行都代表着计划范围内的一个中间时段。如果团队使用时间盒式计划方法（如 Scrum、SAFe 和 XP），那么时间线就是一个固定长度的迭代或冲刺，通常为一到两周。

每一行内的是为相关时间线计划的工作项——故事、特性和探针。靠上的行中工作项在靠下的行中的工作项之前实施。

作为一种补救性实践，没有能力全面实施持续集成和持续交付（CI/CD）的组织可以安排一个专门用于处理预发布工作的强化迭代，这一迭代期间不开发新特性。在这种情况下，将强化迭代作为肋骨部分中的最后一行。这一行中不应该包含用户故事，但可能包含分析、beta 测试、系统测试、最终调整、重构和其他不增加新功能的工作项。

12.5.4　地图中的依赖关系

使用故事地图来确定并表示需求项（特性和故事）之间的依赖关系。一般原则是，由于工作流规则（必须先完成一个故事左边的项目，才能开始处理这个故事）和数据依赖性（故事要使用的数据通常由左边的项目产生），一行中的每个故事都依赖于它左边的故事。这只是一个指导性原则，而不是规定，因为地图只提供了一个粗略的近似流程，而不是一个精确的流程模型。

在故事地图的任何一列中，一个故事可能依赖于它上面的项目，因为该故事可能建立在该功能的早期实施之上。

12.5.5　故事地图示例

图 12.3 是一个索赔管理系统的故事地图示例。

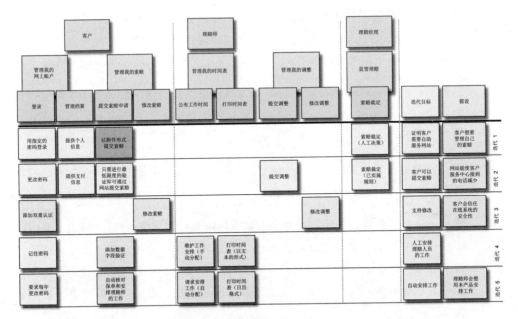

图 12.3　索赔的故事地图示例

脊柱的最上面一行中的项目代表与产品交互的角色（用户角色），按照他们使用产品或系统的通常顺序排列：客户（提交索赔）、理赔师（评估索赔）以及理赔经理（进行最终裁定）。

位于每个角色下面的那行是活动——角色所从事的高层次工作，按通常的执行顺序排列。这一行是选择性添加的。在图 12.3 中，客户的活动是"管理我的在线账户"和"管理我的索赔"。

在每个活动下面的是支持该活动的单个用户任务（用例），按照大致执行顺序排列。举个例子，在图 12.3 中，一个客户首先登录，管理她的个人资料，提交索赔，并修改它。一个理赔师公布可用时间（接收工作分配的条件之一），打印日程表，并提交和修改调整。最后，索赔经理对索赔进行裁定，结束工作流。

12.5.6 在地图上编写故事时的注意事项

由于在故事地图中，故事的位置能传达很多信息，所以只需要用寥寥数字描述故事，而不会影响其含义。例如，在图 12.3 中，很明显，"自动核对保单"这一故事（最后一行）是在用户提交索赔时被应用的，而且用户是客户：没有必要把事无巨细地把这些信息写在卡片上。当在计划期间构建故事地图，地图和故事还不稳定的时候，这种简洁性是极为有用的。

计划完毕后，准备把故事从地图上转录到电子待办事项列表中时，通常最好使用正式格式，如"角色 - 特性 - 原因"（Connextra 模板），以防止在转录过程中丢失背景信息。

12.5.7 构建脊柱

下面几节将要说明如何创建故事地图脊柱。

12.5.7.1 确定叙事流

第一步是确定地图所要讲述的故事。故事地图可能涵盖了从潜在客户到忠诚客户再到流失客户的一个客户旅程。或者，它可以描述一个运营价值流或业务流程，比如提交和完成一个订单的端到端流程。

12.5.7.2 构建脊柱的参考资料

用户角色、旅程地图、业务流程建模、干系人分析和基于情况的市场细分（通过分析客户对产品所做的"工作"）都为构建故事地图的脊柱提供了宝贵的参考。下文将对以下输入工件进行研究：旅程地图、业务流程模型和用例模型。

- 旅程地图的输入　当将旅程地图用作参考时，将其阶段转为故事地图中的用户活动。将其接触点任务转化为故事全景图中的用户任务，保留它们在旅程地图中的顺序。
  与干系人合作，检查旅程全景图中的关键时刻。讨论在这些时刻增加或更改用户任务，以改善用户体验，因为关键时刻代表着对客户的态度产生重大影响的高价值机会。

若想查看旅程地图的相关指南，请参见第 10 章的 10.14 节。

- **业务流程模型的输入**　将业务流程模型用作脊柱的参考时，首先要把流程模型中的池和泳道转变为故事全景图中的角色卡。根据步骤的范围，将工作流的步骤转变为活动和用户任务卡（一个用户任务可以在一次互动中完成；一个活动代表一组相关联的用户任务）。参照流程模型中的泳道，把每张卡片放在适当的角色卡下。

  举例来说，对于第 10 章的图 10.14 中描述的索赔私有流程模型，为客户、理赔师、理赔主管、理赔经理、保单管理部门和财务部门创建一个角色卡（后两者可能代表系统角色）。对于客户，创建用户任务来登录、管理档案、提交索赔和修改索赔。图 12.3 的上半部分展示了由此得到的脊柱。

若想查看流程建模的相关指南，请参见第 10 章的 10.16 节。

- **用例模型的输入**　也可以使用用例图来创建脊柱，这是在特性准备期间或以前的开发工作中开发的工件。

若想查看索赔用例模型示例，请参见第 10 章的图 10.17。

将用例模型中的角色转移到故事全景图中的角色卡上。然后把每个用例从用例图中转移到地图中的用户任务卡上。参照用例图，将每个用例置于其主要角色的角色卡下。

请记住，用例图中并没有显示出顺序，所以为了解决这个问题，必须使用其他工件（例如，业务流程模型）或与主题专家（SME）讨论。

12.5.7.3　确定脊柱范围

将受影响的流程或价值流的所有任务囊括在脊柱范围内，以便轻松地识别出可能会受到影响的工作流步骤，包括那些并非变革目标的步骤。

在规模化举措中，参考以下准则。当在项目层面上进行计划时，当合作团队同步他们的季度计划时，使用脊柱中囊括了所有团队的所有用户任务的整体故事地图。这个故事地图将为所有团队提供完整产品的概况。

将整体故事地图中的工作项分配给各个团队。每个团队使用团队层面的故事地图或其他任意工具（比如路线图）制定内部计划。在第 17 章"规模化敏捷"中，将更深入地探索规模化敏捷。

12.5.7.4　在脊柱中指定行动者

在脊柱中指定角色的准则是各个用户角色分别用一张角色卡来代表。尽管这个规则很简单，但却有许多细节会让实践者感到困惑。团队经常会就地图中的角色向我提出问题，以下是我对这些问题的回答。

- *在地图上应如何为角色排序*　将角色按照他们与部署产品进行交互的大致顺序排列。角色卡片应该代表主要角色——启动（或触发）下面的活动和用户任务的人。从工作地图、流程模型和用户角色建模研讨会中，可以找到这些角色的来源。

- *如果一个角色参与了工作流中的多个节点，该怎么办？* 在构建脊柱时，不需要描绘极为精确的工作流，因为创建故事地图的目的仅仅是帮助指导规划，而不是为业务流程进行严格的建模（在这方面有更好的工具，比如第 10 章中讲解的业务流程建模标记法 [BPMN]）。因此，即使一个角色多次在工作流中出现，也可以根据用户对流程的主要贡献，使用一张角色卡。但是，如果这样做会使阅览者感到困惑，那么在工作流中，每当用户开展一项活动时，就在脊柱上添加一张角色卡。例如，在一个事件管理流程中，一位 1 级服务台代理人注册了事件，之后事件由 2 级和 3 级代理人处理。最后，一开始注册事件的 1 级代理人关闭事件。由于 1 级代理人参与了流程中的两个节点，需要创建两张 1 级代理人卡。把一张 1 级代理人卡放在地图的最左边，也就是流程开始的地方，另一张放在最右边，也就是流程结束的地方。

- *产品或系统本身是一个角色吗？* 如前文所述，外部软件组件被表示为角色，但当前在构建的系统又该怎样呢？一般性经验法则是，不要把设计中的系统表示为角色。举个例子，不要为一个订单系统创建一个系统角色卡，即使它在提交订单的用例中发挥了验证屏幕输入并存储订单的作用。这是因为订单系统并不是交互的主要角色。交易并不是由它发起的，而是由用户发起的。

然而，如果设计中的系统发起了一项任务，那么就应该为它张贴一张角色卡，并将它触发的任务集中在这张角色卡下方。举例来说，发布中可能包含这样一个特性：当库存水平低于一个触发点时，自动下达补货订单。为了在地图上为其建模，要创建一张系统角色卡，并将补货故事放在卡片下方。在这种情况下，需要指明系统角色，因为它是触发用例的主要角色。如果不为系统留出一列，就没有地方放置这个故事了。

12.5.7.5 确定脊柱活动

按照角色开展活动的大致顺序来安排活动，把每个活动放在发起活动的角色下方。

活动代表一个通过一组用户任务来完成的广泛用户目标。用户任务（或用例）代表一个范围较窄的用户目标，通过与产品或系统的一次互动完成。举个例子，"管理我的账户"活动是通过"创建账户"、"查询我的账户"、"编辑我的账户信息"和"删除我的账户"等用户任务完成的。在图12.3中，"管理我的时间表"活动是通过"公布工作时间"和"打印时间表"这两个用户任务完成的。

活动卡是选择性使用的，因为它们只是达到目的——发掘用户任务——的一种手段。不过，它们是很实用的引导工具，因为对干系人而言，在分析具体的交互之前，先考虑角色所做的大动作往往更简单。但要是发现活动卡不能增添足够的价值，可以略过它们，直接从角色跳到用户任务。

12.5.7.6 确定用户任务

与干系人合作，确定操作工作流中的用户任务。与干系人一起评审输入工件。正如本章前面所讨论的那样，旅程地图的接触点上，流程模型的步骤中，以及用例图上的用例中都指明了用户任务。把各个用户任务放在发起它的角色下面的它所支持的活动下方。

一个用户任务的范围有多大呢？限制用户任务的规模，使其交付用户可以通过与产品或系统的单次交互完成的一个目标。

BLInK 案例学习 21：构建故事地图的脊柱

背景介绍

你的任务是推动召开故事地图研讨会，为第一季度的第一个 BLInK 发布做计划。

要求

可交付成果如下所示。

- 可交付成果 1：BLInK 故事地图的脊柱部分

输入

准备以下从之前的分析工作中得到的资料：

- BLInK 产品路线图（见第 9 章 "长期敏捷计划"，图 9.4 和图 9.5 中的 BLInK 产品路线图）

- BLInK 发布路线图（见第 11 章 "季度和特性计划"，图 11.5 中的带有依赖关系红线的 BLInK 发布路线图）

- BLInK 旅程地图（见第 10 章 "季度和特性的准备工作"，图 10.9 中的阿伊莎的旅程地图）

- "加入 BLInK 项目" 流程的 BPMN 私有流程模型（见图 10.16）

- 接下来的 BLInK 发布的最终用户角色（见图 10.23）

- 预设检查清单（见第 7 章的案例学习第 8 部分的可交付成果 1）

具体过程

引导活动的具体过程如下所述。

回顾产品路线图

以长期产品路线图为指导，回顾本次发布中的以下目标和假设：

发布目标

- 了解客户在得到适当的激励时是否愿意分享数据

- 让客户能够注册 BLInK 并立即开始赚取奖励

测试的假设

参会人评审了预设清单，并选择在计划期间测试以下内容：

- （A7）如果能立即看到好处，客户就可以克服不愿意分享数据的心理
- （A5）客户会对产品一见倾心
- （A2）行为将得到改善
- （A4）由于参与，健康将得到改善
- （A8）参保人会推荐其他人

与会人员均认为不需要对这些工件进行修改。

回顾旅程地图

你回顾了旅程地图，将参会人的注意力引向"开始试用"阶段，因为它是一个关键时刻，可以通过即时提供降价让客户克服对分享数据犹豫不决的心理。你建议用一个早期学习目标来证明假设 A7—如果能立即看到好处，客户就可以克服不愿意分享数据的心理。为此，你添加了以下目标：

- 在申请 BLInK 时，为客户提供一个降低了费率的快速报价

故事地图的范围

接下来，你转向了故事地图脊柱的范围，你要求参会人考虑它应该包含多少个旅程地图阶段。参会人一致认为，它应该涵盖从最初与客户接触到交付福利和奖励并收集分析数据的客户旅程。

回顾用户角色建模研讨会的成果根据用户角色模型，你确定的角色有：主要参保人、经纪人 / 代理人、供应商、精算师和承保人。

回顾流程模型

通过回顾 BLInK 流程模型，你注意到了以下用户和用户任务：

- 代理人的任务：验证和提交请求
- 精算师的任务：设置风险和定价规范
- 承保人的任务：对请求进行承保

你了解到，前面粗略描述为"对请求进行承保"的任务实际上是两个独立的用户任务。

- 授权注册
- 绑定交易

角色在故事地图中的位置

接下来，你与干系人一起浏览工作流，以确定角色在地图中的位置。你决定，地图将从申请 BLInK 的主要参保人开始。接下来，你按照角色参与申请过程的顺序放置了角色—接受申请的经纪人 / 代理人，验证资格的供应商，制定风险评估规范的精算师，以及根据这些规范评估申请的承保人。为了说明设备初始化，你在地图的最右端放置了一张额外的供应商卡片，以便在流程结束时收集分析。

完成脊柱

最后，参考流程模型所显示的顺序，就活动和用户任务展开了讨论。如果没有流程模型，就通过讨论探索活动和任务。

可交付成果

以下说明概述了本次活动的可交付成果。

可交付成果 1：BLInK 故事地图脊柱

图 12.4 展示了研讨会结束时的故事地图脊柱。

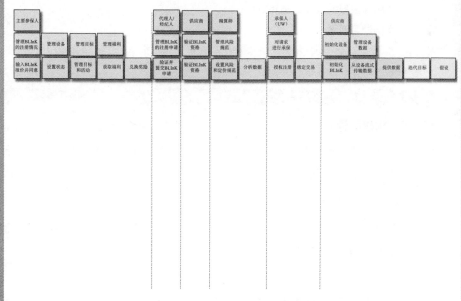

图 12.4　BLInK 的故事地图骨架

以下是对图 12.4 中的一些用户任务的说明。

- 输入 BLInK 报价并同意（主要参保人）

主要参保人输入健康评估并获得快速报价。用户同意加入 BLInK，表明他们想要这个设备。报价已提交并预先验证过。

- 验证并提交 BLINK 申请（经纪人 / 代理人）

经纪人验证申请，清理报价，添加批单，并绑定交易。

- 验证 BLInK 资格（供应商）

供应商根据申请人以前的记录，验证申请人是否有接收设备的资格。

- 初始化 BLInK（供应商）

供应商创建一个 BLInK 凭证，声明被保险人已加入基于行为的保险跟踪。

- 从设备流式传输数据（供应商）

供应商从设备上收集详细数据。

- 提供数据（供应商）

供应商根据要求提供摘要数据。

案例学习回顾

在本次研讨会中，构建了一个脊柱，它将作为一个架构，被用来按照故事地图中的操作顺序布置用户故事。

12.5.8 构建肋骨

故事地图的脊柱为计划提供了一个架构。而计划本身——对将在何时交付什么的说明——是在肋骨中表述的。肋骨被分为几行，每行代表计划期间的一个时间段，例如，一周、两周、一个迭代（冲刺）。

根据计划的实施顺序将故事放置在行中，为第一个时间段安排的故事在最上面一行。把每个故事放在它所支持的用户任务下方。

12.5.8.1 确定实施顺序

故事在全景图中的垂直位置表示它们的计划实施顺序。我们在第 8 章的 8.12 节中研究了实施顺序的决定因素。来回顾一下这些因素以及为故事地图中的故事的垂直位置提供参考的相关因素。

- 加权最短作业优先（WSJF）
- 延迟成本
- 学习价值（有助于风险抑制和机会促成 [RR&OE] 和商业价值）
- 技术风险（被包括在 RR&OE 中）
- 功能性需求与非功能性需求（NFR）（影响时间关键性，RR&OE）
- "美味多汁的部分"优先（影响用户和商业价值）
- 频率（影响用户价值）
- 创收（被包括在商业价值中）
- 依赖关系（影响 RR&OE）
- 加权最短作业优先和延迟成本　在确定实施顺序方面，WSJF 是一个广受欢迎的实用工具。为了计算 WSJF，需要衡量它的延迟成本（对企业的总价值），然后用它除以估算工作时间（实施项目的成本）。然后根据项目的 WSJF 值对其进行排序，价值最高的项目在第一位。正如本书前面所讲的那样，应该讲 WSJF 值用作排序决策的参考，但不应该只靠它来决定工作项在待办事项列表中的位置，因为这个公式并没有考虑到所有情况。该方法最重要的方面是提醒决策者考虑有助于做出优先排序决策的因素：用户价值、业务价值、时间关键性、风险抑制和机会促成（RR&OE）以及工作持续时间。以下各节将解释这些因素。

若想查看计算 WSJF 和延迟成本的相关指南，请参见第 6 章的 6.5.4.4 节和 6.5.5.5 节。

- 学习价值（RR&OE，商业价值）　一个为故事设置较高优先级的原因是它能提供学习价值（例如，一个开发 MVP 的故事，它能验证用户将为服务付费的假设）。这个故事有助于降低风险，因为它避免了向无效假设投资。MVP 也有助于商业和用户的价值，因为它能确定哪些是要投资并纳入产品中的最高价值特性（MMF）。

- **技术风险（RR&OE）**　另一个为特性或故事设置较高优先级的原因是，它能降低技术风险。举例来说，有一个"行走的骨架"故事能在整个系统架构中实现一个简单场景。应该为这个故事设置高优先级，因为越早实施它，就能越早发现设计错误，并且修复的成本也越低。

  在我作为分析师的早期职业生涯中，当时的指导意见（例如，根据统一软件开发过程 RUP）主要集中在技术风险上。然而，精益创业通常会将市场风险放在首位。我如今遵循的一般性准则是：优先解决风险最高的故事。如果产品的市场存在极大的不确定性，那么就要优先考虑市场风险，因为如果没有市场，就根本没有必要解决技术问题了。如果技术方面的不确定性很高，因为技术很新颖（无论是对市场还是团队而言），但市场方面的不确定性很低（举个例子，因为产品类型已经很成熟了），则优先考虑技术风险。

- **功能性与非功能性需求（时间关键性，RR&OE）**　另一个考虑因素是，这个项目是提供用户功能的用户故事，还是实现非功能性需求（NFR）的技术故事，比如可扩展性、安全性和性能需求。让事情复杂化的是，利益冲突时常发生——商业部门倾向于功能故事，以便更快地将产品推向市场，而软件工程师则倾向于技术故事，因为他们知道如果将来再改造系统，成本会增加（也就是时间关键性）。在第 11 章的 11.11.3.2 节中，我们对这个问题进行了深入的探讨，提出了平衡这两种工作并达到目标比例的建议。一个经验法则是，当为创新产品的工作项排序时，根据前文中对于市场风险的论点，应优先考虑功能性需求而不是 NFR。如果产品没有市场，就没有必要遵守可扩展性等 NFR 了。使用涌现式架构方法，为当前的条件建立恰到好处的架构，而不过度地计划未来。

  对于金融、保险和电信等受严格监管且拥有庞大的客户群的企业的软件开发计划来说，情况则有所不同。在这种背景下，对不遵守 NFR 的容忍度通常很低（甚至是零容忍），这些 NFR 包括安全性、可靠性、可用性、数量和压力需求。此外，由于现有客户群很庞大,解决方案往往需要能够立即规模化运作。在这种情况下,为实现了必要的 NFR 的故事设置高优先级。

- "美味多汁的部分"优先(用户和商业价值) 对故事进行排序,以求尽早交付"美味多汁的部分"。"美味多汁的部分"(由科恩创造的术语)[18] 是"哇哦"特性——让用户群体产生高度热情的差异化能力。"美味多汁的部分"不仅提供了用户价值,而且还交付了商业价值——正如我们在 Trint 的案例中看到的那样,在一位有影响力的用户发了一条推特之后,Trint 的使用量大增,使得投资者有信心支持产品的全面开发。

- 频率(用户价值) 在其他条件相同的情况下,优先考虑实施常用功能的故事,而不是那些实施不常用功能的故事。

- 创收(商业价值) 如果一个故事能交付商业价值,那么即使它不能提供太多用户价值(例如,一个实施服务收费的故事或一个生成高价值用户数据的故事),也要优先加以考虑。

- 依赖关系(RR&OE) 为故事设置高优先级的另一个原因是为了防止依赖关系错误。举例来说,假设故事 A 从一个组件的 API 中删除了一个参数,而故事 B 和 C 从该组件的客户端排除了被删除的参数。在这种情况下,需要将 B 和 C 排在 A 之前,以防止交付故事 A 时出现错误。

12.5.8.2 用户 – 任务和时间段视图概览

有两种被广泛使用的方法(或称视图)可以用来构建肋骨。在用户 – 任务视图中,首先与团队和干系人合作,将用户任务(用例)拆分成较小的用户故事,然后将故事分配到用户任务下面,将优先级最高的故事放在最上方。在时间段视图中,从代表第一个时间段(例如,迭代 1)的顶部开始,逐行进行。首先指定迭代目标,然后回过头来规划实现目标所需要的每个用户任务的最小切片。

在实践中,可能会来回使用这两种方法,但为了便于说明,我们将逐个展开讨论。

12.5.8.3　用户 – 任务视图

在用户 – 任务视图中，逐个处理脊柱中的用户任务。把每个用户任务拆分成用户故事，每个故事的规模都不能超出上限（通常是 8 个故事点）。然后，根据用户任务的实施顺序，将故事垂直放置在用户任务下面的一栏中。下一章将会提供将特性拆分为用户故事的详细指南。本章中，我们将重点讨论如何分解代表用例或用户任务的特性。

一个用例或用户任务通常被划分为特性（而不是故事），因为它包含了多个场景（路径）。例如，"下订单"这一用户任务包括用信用卡支付、账户支付和各种交付选项等场景。实现它们所需的工作量超出了一个故事的上限。假设你遵循本书建议的验收测试驱动的开发实践，已经把这些场景记录成了特性验收标准。那么当拆分特性（代表用户任务）时，把它的标准分配给拆分出的故事。

如果使用的是用例模型，每个用户任务都被建模为一个用例的话，在拆分用例时，要把它分解为用例切片或用户故事（在用例 2.0 标准中，一个用例切片大致等同于一个用户故事）。每个切片或用户故事实现一个或多个用例流程中记录的场景或一组相关联的场景。举例来说，将用例 "下订单" 切分为以下用例切片 / 用户故事：

- 作为客户，我想通过信用卡付款来下订单
- 作为客户，我想用 Google 支付来支付我的订单

给引导师的提示：计划简单场景

用户任务 / 用例的第一个用户故事通常是一个交付快速学习的 MVP，或者是一个有助于交付速赢的故事（或者两者兼具）。为了计划这个故事，要求干系人首先探索实施用例的基本流程（也称为日常场景）的简单场景——一个实现用户目标的精简场景，没有选项，并且只有最低限度的错误处理。

例如，"下订单"用户任务的第一个故事是一个基本流程的最小版本，其中的订单是在没有付款的情况下被提交的。客户事后用电子邮件转账的方式付款。

12.5.8.4 时间段视图

使用时间段视图时，要从顶部开始逐行处理肋骨部分，如下所述。

拟定中期目标（冲刺目标）

第一步是为全景图中的每个时间段（每一行）制定目标。一个时间段代表一个中间时段，比如一周或一个迭代。把集中分析接下来的时间段上，因为未来的目标预计会随着开发的进行而改变。中期目标指的是将在时间段中交付的目标。在 Scrum 中，它被称为冲刺目标。

中期目标表达了一个统一的目的，激励团队协作[19]，并为时间段中的内容提供指导。中期目标的例子如下所示：

- 检验假设的学习目标：如果举措具有高度不确定性，那么第一个中期目标应该是通过验证信念飞跃式假设来交付学习（例如，验证用户将频繁使用产品的假设的目标）

- 实现高层次功能的目标：一个中期目标可以代表一个将在时间段中交付的高层次的功能（例如，使客户能够管理一个活动）

- 实现经营目标的目标：一个中期目标可以表达一个经营目标（例如，发展一个新的用户群，增加市场份额）

- 解决风险的目标：一个中期目标可以与解决架构风险有关，例如，通过建立一个横跨式应用程序来解决风险

选择能够支持目标的故事

下一步是选择能够支持中期目标的故事，并将它们排列成一行。把这些故事放在其对应用户任务下方。

例如，有一行的中期目标是："使客户能够获得奖励和福利。"团队创建了一个"购物奖励积分"的用户故事，并把它放在用户任务"下订单"之下的那一行中。

为横跨式应用程序指定故事

如前文所述，指定一个中期目标，通过建立一个横跨式应用程序（行走的骨架）来解决架构风险。精益软件开发建议横跨式应用涵盖完整的软件应用，即使可能只实施一小部分场景。横跨式应用中的故事应该通过验证组件是否在按计划为其预期目的进行集成，"在系统中埋点"[20]。

举例来说，假设一个小组正在开发一个用于执行金融交易的自助服务网站。该网站将支持不同的产品，每个产品都有自己的业务规则。对于第一个迭代中的横跨式应用，该小组计划实施从初始预订到交易执行的横跨系统架构层的故事，但只针对单一场景和一个产品。

BLInK 案例学习 22：为 MVP 指定故事

背景介绍

在构建了 BLInK 故事地图的脊柱后，你转向了肋骨部分。团队正在使用有固定迭代时长的时间盒式计划。你召集干系人和开发人员来规划第一次迭代中的目标和特性，旨在创建一个 MVP 来验证关键假设。

要求

研讨会将得到以下可交付成果：

- 可交付成果 1：BLInK 故事地图（包含 MVP、中期目标和假设的早期草案）

具体过程

你要求小组讨论第一个迭代的 MVP 过程。

拟定中期目标和假设

小组共同决定为迭代制定以下高层次目标："收集市场信息，评估兴趣。"

大家一致认为，当前最需要证实的信念飞跃式假设是："（A5）客户会对产品一见倾心"和"（A7）如果能立即看到好处，客户就可以克服不愿意分享数据的心理"。

虽然不那么紧迫，但干系人想开始测试假设列表中的假设 A10（见第 7 章的 BLInK 案例学习 8），即"BLInK 将使客户留存率提升"。

计划 MVP

为了达成这些学习目标，小组计划了如下 MVP：

MVP 将是一个价值流骨架，使客户能够订购和接收 BLInK 产品。营销 BLInK 的方式将是向客户发送含有经纪人或代理人的联系信息的短信。将会向经纪人提供快速报价能力，以验证这一假设：如果能立即看到好处，客户就可以克服不愿意分享数据的心理。对于 MVP 没有涵盖的故事地图中的其他内部用户任务，将使用变通方法。

可交付成果

可交付成果的概述如下所示。

可交付成果 1：BLInK 故事地图

图 12.5 展示了通过本次会议得到的可交付成果。

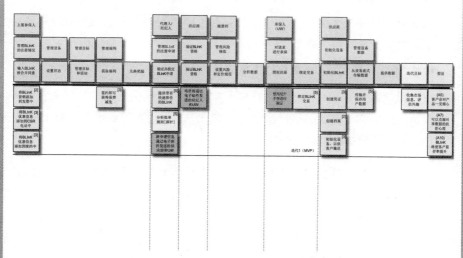

图 12.5 带有 MVP 的 BLInK 故事地图草案

在图 12.5 中，确定了三个向客户介绍产品的故事—通过发票、续约和客户服务代表（CSR）的脚本。这些故事被放置在地图的左边。MVP 包含经纪人快速报价特性，以便让客户能从签约时的保费减免中获益。

> 验证申请通常需要与供应商集成，这将通过变通方法实现：承保人将使用离线过程来评估申请，并将评估结果输入系统。因为这种变通方法将在接下来的迭代中被替换，所以计划用探针来提前分析相关的业务规则。
>
> 速赢中还包含激活设备和数据流所需的步骤，这样增量就能为客户和企业交付真正的价值。
>
> **案例学习回顾**
>
> 在本次研讨会中，你开发了一个 MVP，以测试这样的假设：客户会对这个产品一见倾心，并愿意为了眼前的利益而忽略隐私问题。如果 MVP 取得了成功，它将为公司正朝着正确的方向发展提供保证；若是不然，则表明公司应该考虑改变方向。

12.5.9　其他形式的故事地图

也可以使用其他类型的故事地图来表示故事之间的关系，比如以用户角色为基础的地图和低保真的界面地图。

12.5.9.1　以用户角色为基础的故事地图

在以用户角色为基础的故事地图中，故事放置在使用它们的用户角色之下。也可以根据用户职位（例如，银行出纳员和客户）来创建类似的地图。图 12.6 是一个以用户角色为基础的故事地图的例子。

使用这种类型的地图作为引导工具时，首先要把用户角色或用户职位贴在墙上。邀请参会人头脑风暴一下每个角色会使用的特性和故事。任何人都可以写故事。故事的作者可以随时要求开发人员提供对一个工作项的粗略估算，以确定它是否有资格成为一个故事或特性。用颜色区分规模（例如，黄色代表故事，粉红色代表任何规模超出故事的上限的东西）。

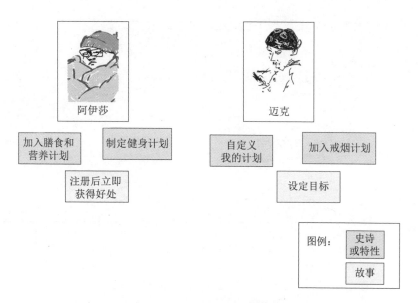

图 12.6　以用户角色为基础的故事地图

在绘制地图的过程中，要反复询问参会人，每个角色是否拥有它所需要的所有能力。

12.5.9.2　低保真的界面地图

低保真的界面地图 [21] 是用户界面的一个粗略的工作流模型，它显示了用户查看界面组件的顺序。全景图中的界面组件可以代表任何用户界面元素，比如屏幕、标签、窗口或下拉菜单。图 12.7 是一个界面地图，它描述了 CEO 案例学习中的内部支持人员所使用的用户界面。

图 12.7 中的界面地图表明，用户首先登录的是主页，其中包含用户认证、新闻和即将举行的活动等部分。从主页中，用户可以导航到三个组件（例如，屏幕）：管理活动、管理客户消息和查看分析。在管理活动中，用户可以导航到创建活动，并从那里进入创建事件；或者，用户可以从管理活动中选择一个现有活动，直接进入创建事件。

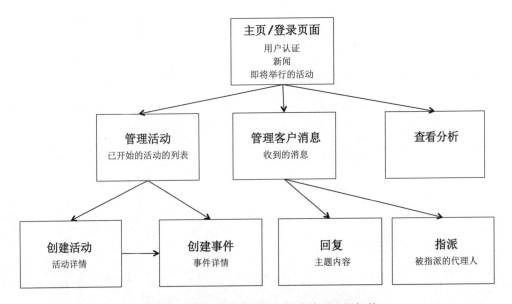

图 12.7 CEO 案例学习的低保真的界面图初稿

低保真的界面地图主要用于用户界面的高级设计，但它也显示了一些特性和故事。例如，图 12.7 建议了一个管理活动的特性，它由两个较小的特性或故事组成：创建活动和创建事件。

12.6 小结

以下是本章涉及的要点。

1. MVP 是"产品的一个版本，它能够以最小的努力和最少的开发时间实现'构建 – 测量 – 学习'的完整循环"[22]。

2. 在礼宾式 MVP 中，企业首先与几个选定的客户密切合作，了解他们的需求。

3. 伪装式 MVP 为客户提供了接近真实产品的体验。但其实是在幕后使用变通方法来营造功能完整的假象。

4. 在故事地图中，使用从左到右的位置来表示操作顺序。

5. 在故事地图中，使用从上到下的位置来表示实施顺序。

12.7　下一个主题

在本章中，我们研究了故事地图。当团队为中期阶段（行）计划工作项时，经常会遇到规模方面的问题：一个时间段的预算不足以实施计划中的特性，因此必须将其必须拆分成更小的故事。

另一个问题是，当计划会议结束，准备将故事转移到需求库时，没有人希望丢失故事地图所传达的视觉信息。第 13 章要讲解在编写故事时该如何保留准备和计划期间获得的理解。

注释

1　Roman Pichler, "The Minimum Viable Product and the Minimal Marketable Product," Pichler Consulting, October 9, 2013, https://www.romanpichler.com/blog/minimum-viable-product-and-minimal-marketable-product

2　Eric Ries, *The Lean Startup*(New York: Random House, 2011).

3　Brad Smith (CEO, Intuit), as quoted in Ries, *The Lean Startup*, 35.

4　Ries, 77.

5　Ellis Hamburger, "Google Docs Began as a Hacked-Together Experiment, Says Creator," The Verge, July 3, 2013, https://www.theverge.com/2013/7/3/4484000/sam-schillace-interview-google-docs-creator-box

6　Hamburger, "Google Docs."

7　Eric Ries, *The Lean Startup* (New York: Random House, 2011), 180.

8　Eric Ries in Lee Clifford and Julie Schlosse, "Testing Your Product the Lean Startup Way," Inc., July 17, 2012, https://www.inc.com/lee-clifford-julie-schlosser/lean-startup-eric-ries-testing-your-product.html

9　Drew Houston, "Dropbox Original MVP Explainer Video," 2007, https://www.youtube.com/watch?time_continue=12&v=iAnJjXriIcw

10　Clif Gilley, "Do You Have to Build an MVP to Pivot?" [blog post], Quora, December 16,2013, https://www.quora.com/Do-you-have-to-build-a-MVP-to-pivot

11　感谢我的编辑罗恩·希利给我讲这个案例。

12　Geoff Daigle, "Case Studies from Amazon, Yahoo, and Ryanair Reveal How Growth Teams Should Use Data + Feedback," Thinkgrowth.org, August 21, 2017, https://thinkgrowth.org/case-studies-from-amazon-yahoo-and-ryanair-reveal-how-growth-teams-should-use-data-feedback-d7b410a005f8

13　Alistair Smout and Kate Holton, "UPDATE 2—As Brexit Bites, Ryanair to Pivot Growth Away from UK for Next 2 Years," Reuters, April 6, 2017, https://www.reuters.com/article/britain-eu-ryanair-hldgs/update-2-as-brexit-bites-ryanair-to-pivot-growth-away-from-uk-for-next-2-years-idUSL5N1HE1YQ

14　Reid Hoffman, "The Big Pivot—with Slack's Stewart Butterfield," Masters of Scale with Reid Hoffman[podcast], November 14, 2017. https://player.fm/series/masters-of-scale-with-reid-hoffman/the-big-pivot-wslacks-stewart-butterfield

15 Jay Yarow, "The Zappos Founder Just Told Us All Kinds of Crazy Stories—Here's the Surprisingly Candid Interview," Business Insider, November 28, 2011, https://www.businessinsider.com/nick-swinmurn-zappos-rnkd-2011-11?op=1

16 Roman Pichler, "The Minimum Viable Product and the Minimum Marketable Product," October 9, 2013, https://www.romanpichler.com/blog/minimum-viable-product-and-minimal-marketable-product

17 Mary Poppendieck and Tom Poppendieck, Lean Software Development: An Agile Toolkit (Boston: Addison-Wesley, 2003), 29.

18 Mike Cohn, User Stories Applied: For Agile Software Development (Boston: Addison-Wesley Professional, 2004), 101–103.

19 Ken Schwaber and Jeff Sutherland, The Scrum Guide: The Definitive Guide to Scrum—The Rules of the Game, Scrumguides.org, 2020, 11, https://www.scrumguides.org

20 Poppendieck and Poppendieck, Lean Software Development, 36.

21 Cohn, User Stories Applied, 50.

22 Ries,The Lean Startup, 77.

第 13 章　故事的准备工作

表现优异的敏捷团队的成功秘诀是高效的故事准备。准备充分的故事意味着更精确的估算，更好的迭代计划，更少的返工，以及更少的障碍和延迟。本章为这一活动提供了指导。从实施第一个故事的举措开始，这一活动贯穿了产品的整个生命周期。图 13.1 重点标注了本章所涉及的活动。

本章首先将概述用户故事的基本原理。我们将会回顾故事、特性和史诗之间的区别，并解释定义故事的 3 个 C。本章还将探讨分析师在故事规范中的作用，并为引导故事准备过程中的 Triad 会谈提供了指南。

本章将提供使用"角色 - 特性 - 原因"（Connextra 模板）来记录这些对话结果的指南。其中将会解释如何使用行为驱动开发（BDD）的 Gherkin 语法编写格式良好的故事并指定其验收标准（AC）。然后，本章还将扩展说明如何编写其他类型的故事，如功能探针和 bug 修复故事。

本章还将根据理查德·劳伦斯和规模化敏捷框架 （SAFe）的模板，提供将需求项拆分成小型故事的广泛指导方针。本章最后将讲解如何分析和指定业务规则，以及接下来的故事的相关测试场景。

本章将继续进行贯穿全书的案例学习，其中包括示例解决方案。

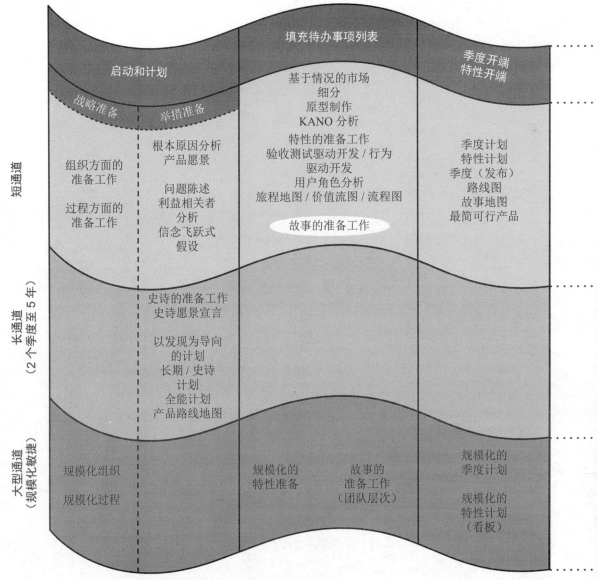

图 13.1　全景图中的第 13 章

迭代开端

日常活动

季度收尾史诗、特性收尾

迭代收尾

每日站会

需求分析与记录

编码、构建、测试、交付验收测试驱动开发 / 行为驱动开发

最简可行产品，分割测试

史诗、特性的准备工作

故事的准备工作

迭代计划

迭代评审会

迭代回顾

为正式发布做准备

季度回顾

史诗、特性回顾

转向或继续

规模化的迭代计划

迭代计划（团队层次）

产品负责人委员会的会议

DevOps

用户特别小组的会议

规模化的特性准备（看板）

集成会议

故事的准备工作（团队层次）

规模化的迭代评审

规模化的迭代回顾

迭代回顾（团队层次）

DevOps

规模化的季度 / 特性回顾

13.1　目标

本章将帮助大家实现以下目标：

- 编写优秀的用户故事，使之能被团队有效利用
- 在故事准备 Triad 会议期间，促进客户、开发人员和 QA 之间的协作
  使用角色 – 特性 – 原因（Connextra）故事模板编写故事
- 使用 BDD 的 Gherkin 语法指定故事的验收标准
- 指定非特性故事（例如，非功能性需求 [NFR]、功能探针和 bug 修复）
- 使用劳伦斯和 SAFe 模板将大型工作项目分割成故事
- 使用决策表分析故事的业务规则

13.2　本章在全景图中的位置

如图 13.1 所示，本章将研究故事的准备工作——一项发生在计划开始时的活动（见"填充待办事项列表"区域），并且在开发开始之后滚动式地持续进行——正如"日常活动"区所显示的那样。

13.3　故事准备概述

商业分析师可以通过准备接下来的故事来为团队的优异表现做出贡献。因为准备充分的故事有着较小的规模，并且被充分地理解，可以在没有不当延迟和返工的情况下开始实施。故事准备发生在开发周期中的不同时期：

- 它发生在一个举措、史诗或季度之初，准备第一个要实施的故事时
- 如果团队采用基于流程的计划（例如，看板），那么当每个故事接近待办事项列表的顶端时，故事的准备工作都会开展。如果团队采用的是时间盒式计划方法（比如 Scrum、XP），则在每次迭代计划会议前，为下一次迭代中的故事组进行准备
- 有新故事被添加到待办事项列表中时，也会进行故事的准备工作

故事的准备工作包括分析和设计。本章将重点介绍故事准备的分析方面，以使故事进入就绪状态。例如，其中讲解了如何确保故事是可测试的，且规模较小。

13.4　故事的基本原理

故事是敏捷分析和计划的原子需求单位，是跟踪和管理需求的最低层次。由于本章将完全集中在这个核心单位上，让我们首先回顾一下故事的基本原理。

13.4.1　什么是故事

故事是一个能够交付价值的工作项，其规模受到了限制，以便一个团队能在短时间内——通常是在 8 个故事点或理想开发者日（IDD）之内——实施它。应该用客户的语言来编写故事。不过，"角色－特性－原因"（Connextra）格式得到了广泛使用和推荐（见 13.9.2 节）。

一个故事交付的价值可能如下：

- 用户价值——用户直接体验到的功能，比如创建自动支付的能力
- 商业价值，比如提高效率
- 学习价值，例如用 MVP 来测试用户会频繁使用产品的假设
- 能带来商业机会的技术优势，如可扩展性

故事有许多不同的类型，根据它们所交付的价值种类来区分。最常见的类型是用户故事——向最终用户交付价值的故事。

13.4.2　替代术语

故事这个术语源自极限编程（XP）。这一术语在敏捷开发中被广泛使用，所以我在本书中将其用作一个原子需求单位的默认名称。然而，还有一些其他大致等同的说法。看板使用的是工作项。在 Scrum 中，这个原子单位被称为产品待办项（PBI）。故事这个词比这些替代词更有限制性，因为故事必须交付价值，并有特定的规模限制。用户故事这个术语的限制性更强，因为它特指为终端用户交付价值的项目。用例 2.0 标准使用了用例切片这个说法。它大致等同于用户故事，因为它指的是用户功能。然而，用例切片在形式上受到更多限制，因为它必须与产品的用例（用途）相关联。

13.4.3　规模分类法

正如上一节所指出的，故事意味着较小的规模。如果工作项超出了故事规模的上限，它就被称为史诗或特性。业界对这些术语的使用并不统一。我在本书中是这样使用这些术语的：

史诗 > 专题 > 故事

让我们回顾一下图 13.2，这是一个出现在第 3 章中的例子。

史诗是一个能交付商业价值的超大型工作项，它可能需要多个团队花费多个季度来实施，比如图 13.2 中的史诗："实现供应商库存：为企业引入代发货能力，使销售总额增加 10%，而不需要花费库存所有权费用。"注意这个史诗涉及的是产品范围的目标，而不仅仅局限于一个部门。

一个史诗被分解成若干个特性。特性是一个或多个团队可以在一个季度内完成的工作项。如前文所述，故事是一个团队可以在短时间内（例如，一到两周，一个迭代，8 个故事点或更少）完成的工作项。

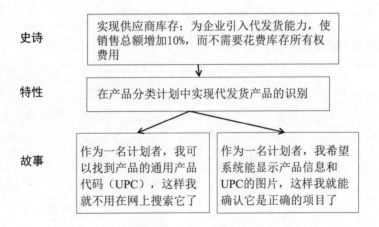

图 13.2　从史诗到故事

一个故事可以支持一个以上的特性，而一个特性可以支持一个以上的史诗。

也可以定义其他中间层次，比如项目和组合层次的史诗，但为了避免事情变得太复杂，我将把规模的分类限制为史诗、特性和故事。

13.4.4　名称里有什么

无论把需求单位称为故事、PBI，还是其他常被使用的术语，都不是那么重要。重要的是对如何切分需求——而不是如何称呼切片——而这正是本章中最为关注的。

尽管如此，命名还是有一定的重要性的。设定命名标准可以加强沟通（例如，当你提到史诗的时候，每个人都知道什么意思）。而且，正如下面这个真实故事所说明的那样，术语有时可以改善团队行为。

最近，一位经理向我抱怨说，她无法让她的团队开展初步分析，因为顾问告诉他们，这样做不"敏捷"。这导致许多故事在开发过程中被搁置，因为人们不得不等待分析完成，而这本应该早些进行的。当我向她介绍功能探针时，她的眼睛亮了起来，仿佛这是我能给她的最有用的建议。我只是传授给她了一个术语，但这很有帮助，因为她现在可以回到她的团队中，要求他们创建功能探针——一个部分团队成员听说过的敏捷工件。这给了分析足够的可信度，使其能被小组看作是敏捷的。

13.4.5　用户故事示例

本章的后面部分中将会研究指定故事的指导性原则，但如果你以前没有使用过它们，为了让你有所了解，这里提供两个例子：

* 作为服务提供者，我想在市场上发布服务，以便客户可以查看我的产品
* 作为服务代表，我想提交带有手动预先批准的索赔，以便为客户加快索赔过程

下面是图 13.2 中右下角的用户故事添加了 AC 后的版本。

> 作为计划者，我希望系统能显示代发货产品的产品信息和通用产品编码（UPC）图片，这样我就能确认它是正确的项目了。
>
> **验收标准**
> 我可以看到产品的图片。
> 我可以看到产品的属性，包括颜色、尺寸、评分、类型、发行商。
> 我可以在同一列表下查看该产品的所有卖家。

13.5 故事的 3C

一个用户故事有三个组成部分——称为"3C"——它们共同表达了用户故事的需求：

- 卡片（Card）
- 对话（Conversation）
- 确认（Confirmation）

13.5.1 卡片

一个故事由一张卡片来表示。它可以是一张实体卡片（肯特·贝克推荐的形式），也可以采取数字化形式，输入到电子产品待办事项列表 / 需求库中。在计划期间，故事最开始的形式通常是实体卡片，之后再被转移到电子产品待办事项列表中，这样随时随地都可以方便地查看和跟踪它们。

卡片上的文本应该使用用户的措辞，从用户角度来描述能力。如前所述，模板经常用来规范措辞，但这并不是必须的（本章后面部分中将会讨论使用模板的准则）。

必须确定故事卡的优先级。优先顺序是通过排序来表达的。位于列表顶部的卡片先于其下的卡片实施。

13.5.2 对话

文本描述旨在提醒对需求开展对话。需求本身通过对话和补充性的工件来沟通。

13.5.3　确认

每个故事都规定了需要满足什么条件，才能被客户视为"已完成"。这些条件被表述为故事的验收标准（AC）。例如，"在网上订票"这一故事的 AC 是："在演出前两周或更早的时候购票可以获得早鸟折扣。"故事的 AC 条件高于完成的定义（DoD）中所列的条件。我们在 13.10 节中进一步研究故事的 AC。0

 若想进一步了解 DoD，请参见第 6 章的 6.5.7.4 节。

13.6　谁对用户故事负责

产品负责人（PO）对故事负主要责任。PO 对故事是否正确反映业务需求有最终决定权，并且是唯一负责确定故事的优先级并在待办事项列表中为其排序的人。分析师负责支持 PO 履行这些职责。

13.6.1　故事由谁来写

团队中的任何人都可以创建故事，[1, 2] 但是 PO 要为故事负责（Scrum）。[3] XP 指南中略有不同，产品经理[4]——大致相当于 Scrum 的 PO——在团队中的用户[5]的帮助下编写故事。无论故事的作者是谁，均由 PO 来确定其优先级。

为了确保团队和商业决策者之间的良好沟通，任何人在添加故事时都要遵循以下准则：[6]

- 故事必须被添加到主要产品待办事项列表中，以便将它和其他工作项一起进行优先级排序
- 添加故事时必须告知 PO 和开发团队
- 必须将故事生命周期中的重要事件通知给首席商业分析师和 PO。这种通知可以是自动化的（例如，通过在 Jira[7] 中将商业分析师和 PO 指定为字段变更、重新分配和评论的观察者）

分析师通常负责通过与商业人员、QA 和开发人员——通常被称为 Triad（见第 13.6.3 节）——协作来编写故事的 AC。由 PO 核定 AC 是否正确和充分，而这个过程中通常需要等待其他干系人的同意。

13.6.2　分析师的附加价值

团队经常因为在故事写作的各个方面遇到困难而来寻求我的帮助。他们发现自己难以让故事足够小，无法满足敏捷开发的需要。他们不知道如何写出"好"的故事，并且常常因为在实施前没有充分地准备故事，而遭遇推迟。指望 PO——他们可能来自商业部门，没有需求工程方面的背景——来弄清楚这一切，是个极高的要求。作为一名分析师，可以通过以下方式在为 PO 执行这些任务时提供关键支持：

- 在季度（特性）计划之前，准备特性，指定它们的 AC，并将它们拆分成更小的故事
- 在协商、写作和准备故事方面为 PO 提供支持，并将其纳入数字化待办事项列表。实施开始后，当发现新的场景和错误条件时，继续添加和完善 AC
- 促进业务干系人、测试人员和开发人员之间持续的三方讨论，以完善故事
- 促进故事实施计划的发展，以最大化整个生命周期中交付的价值
- 与开发人员和 QA 协作，根据他们的 AC 测试故事
- 首席分析师和商业分析卓越中心（CoE）提供故事模板和示例。他们还与团队、PO 和 QA 合作，指定故事的 DoR

13.6.3　Triad 框架

Triad 是一个进行待办事项列表准备的框架。Triad 不是一个事件，而是一个概念，即在处理需求时，总应有三位参与者在跟踪需求：商业、开发和 QA（测试）的代表。商业分析时通常也被包括在内（见 13.6.3.4 节）。当三方人员聚在一起讨论故事时，他们协作开发它的基本要素：项目的 AC，估算的工作量和优先级排序。

13.6.3.1　Triad 框架的好处

Triad 框架确保三个关键小组——商业、开发和测试——在讨论故事时保持一致。商业部门知道需求是什么，开发部门创建解决方案，测试人员根据对需求的共同理解

对其进行测试。这些小组很容易会陷入筒仓，导致沟通断频。Triad 这种机制通过将这些小组聚集在一起，来防止筒仓的出现。

Triad 减少了摩擦，因为它把三种责任紧密相连的能力放在一起。商业部门想在一个故事中添加需求的话，会影响到估算——这是开发人员所负责的。修改后的成本估算会影响商业人员为故事设定的优先级，和它在待办事项列表中的排序。新的需求也会影响到故事的 AC 和场景，而这测试人员的专业领域。测试人员也很善于思考边缘案例，这些案例会获取需求，而后者是商业人员负责编写的。此外，添加到故事中的任何 AC 都会影响开发人员提供的估算。与其在处理故事时在这三方之间奔波，不如让他们聚在同一个房间里。

13.6.3.2　时间安排方面的考虑

对故事的初步讨论是在编写故事时进行的。之后，每 2 到 4 周进行一次 Triad 会谈，或者（如果团队使用的是 Scrum 或 XP 这样的时间盒框架）在计划实施故事的一到两个迭代中进行。

时不时地举行小型会议，根据要讨论的故事选择参会人。Triad 小组的每次会谈不应超过一个小时。

故事的实施开始后，随着故事的开发和演示继续召开 Triad 会议，以提供并收集反馈。如果实施没有满足商业需求，故事将被送回开发部门，并继续进行演示，直到商业决策者认为故事满足了 AC。

13.6.3.3　输入和可交付成果

对 Triad 的输入如下所示：

* 已经过估算并按照优先级排序的一个或多个接下来要处理的待办项
* DoR（如果有的话）

Triad 的可交付成果如下所示：

* 已就绪的故事
* 更新后的故事，包括它们的估算、优先级和 AC

13.6.3.4　应该邀请谁

Triad 会议不应该是全队参与的活动。只有那些与要讨论的一个（或多个）故事有关的人才能参加。至少要有三位参会人，每个人代表 Triad 的一个角度：商业、开发和测试。分析师的参与是为了促进 其他各方之间的协商或代表商业方面。根据所讨论的故事的性质，额外邀请主题专家（SME）（例如，UX 设计师和安全专家）。

每个角度的领导角色都应该有代表——例如，首席 QA、首席开发人员、首席业务分析师、PO，以确保相关的高级干系人在会后能就故事达成共识。另一个原因是，技术和 QA 主管比初级人员更有可能对 PO 提出不同意见。[8] 此外，他们的持续参与能让他们更熟悉需求，从而提高效率。

邀请更多能为这些角度做出贡献的人参加会议，无论他们的正式职位是什么（例如，任何对用户需求有深入了解的人）。根据所讨论的需求的性质的不同，每次会议所邀请的人可能不同。

下面的小节更详细地说明了每个角度所做出的贡献。

商业角度

商业方面需要被代表，因为它知道需求是什么。商业干系人贡献了对故事需求的深入了解，这让开发人员可以更好地估算故事，让测试人员可以创建测试案例。干系人也能够提供真实的 AC 示例。商业决策者根据故事的 AC 测试故事，以确定它是否已被完成。

测试角度

根据经验，测试人员知道推出一个特性时，可能会出现什么问题。并且他们经常会想到商业部门想不到的边缘案例，比如服务器故障。通过与商业干系人讨论测试场景中的预期系统响应，这种输入反过来又有助于获取需求。

开发角度

开发人员负责估算工作量，以及与商业干系人协作，探索以更低的成本实现故事价值的其他方法。开发人员还要帮助指定 AC 和测试方案。他们了解哪些情况会被代码同等对待，不需要单独测试。他们知道哪部分代码是脆弱的，可能需要更密集的测试。同样，他们也知道哪些情况会被单元测试所覆盖（例如，验证输入字段），因此不需要在 AC 中重复。

分析师角度

作为第四位贡献者，分析师，负责促进 Triad 协商。分析师支持商业人员质疑关于需求和假定解决方案的假设，并确保探索替代方案。分析师也贡献了敏捷需求管理的能力，包括编写故事，制定 AC，启发和需求分析技能。分析师也可以作为商业代表（例如，代替 PO）参加 Triad 会议。

13.6.3.5　为 Triad 活动中的分析师提供的指导性原则

在 Triad 会议期间，使用下面的问题清单来探讨需求，并为接下来的故事指定 AC。[9]

向 PO 提出的问题

以下问题清单是针对 PO 提出的。

- 为什么需要这个项目？
- 该项目是否与其他已经实现的项目类似？
- 该项目是否与目前产品待办事项列表中的其他项目类似？
- 请说一说该系统或产品必须处理的基本情况。你能提供具体的例子吗？
- 我们是否已经考虑到了所有可能发生的错误？
- 我们是否忽略了任何用户选项，例如选择加快交付的选项，和仅向高级用户提供的选项？
- 我们确定的 AC 是否覆盖到了系统的所有预期操作？

向开发者提出的问题

以下问题清单是针对开发者提出的。

- 在能开始编码之前，你还有什么需要了解的？
- 是否有任何需要处理的依赖关系？
- 我们是否考虑到了每个可能发生的技术错误？

— AC 是否与单元测试中已经涵盖的测试重复了（例如，数据验证测试）？

— 软件的哪些部分最容易出现错误？

— 故事的哪些方面和 AC 占据了大部分成本？你是否探索过成本更低的替代方案？

— 对故事的 AC 的更改对估算有什么影响？

— 在创建估算时，你对解决方案做了哪些假设？

— 是否有成本更低和 / 或更快的选择也能交付故事的价值？

— 是否有任何尚未完成的任务需要在开发开始前完成？

要问 QA 的问题

以下问题清单是针对测试人员提出的。

— 是否有任何边缘案例是我们没有想到的。

— 是否有 AC 或其他测试重复了已经被自动化测试覆盖的场景（如冒烟测试）？

— 你已经得到开始构建测试案例所需的全部信息了吗？

— 是否还有什么实施之前需要进行的与测试有关的任务，比如建立测试数据库？

— 你对故事中所涉及的测试场景的理解是什么—其他人是否有同样的理解？

13.7　实体形式的故事与电子形式的故事

大多数在研发大型产品的开发组织都以电子形式记录他们的故事。这有几个重要的原因。电子待办事项列表是所有团队的单一信息来源，这使得跟踪团队间的依赖关系和总体进展更加容易，并最大化了整个产品的价值。此外，企业往往需要跟踪故事的更新和它们的属性（例如，估算和 AC），以便有可核查的商定内容的记录。实体卡片很难提供这种能力，因为任何人都可以随时在不通知他人的情况下对其进行修改人。

然而，应该尽可能地使用实体卡片，因为它们更直观，感觉没那么贵重，而且比它们所对应的电子版本更容易移动。使用实体卡片的理想环境是 1 到 4 个团队参与的一项小型举措。也建议在大型项目的计划过程中使用实体卡片，即使在团队分散于各地的情况下。如果可能的话，在计划阶段开始时，各团队聚集到同一地点，使用实体故事卡来制定计划。在计划活动结束后，分析师将故事转移到电子待办事项列表中，以跨地点地提供可见性。

13.8　为故事属性指定值

在第 6 章中，我们学会了在准备需求管理过程中定义需求属性。现在，当把每个故事输入到产品待办事项列表中时，要为这些属性指定值。

正如第 6 章所讨论的，属性可能包括以下几种：

- 项目类型（例如，用户故事，功能预研或探针）
- 描述
- 验收标准
- 估算
- 顺序（待办事项列表中的顺序，由 PO 分配）
- 加权最短作业优先（WSJF）
- 延迟成本：将时间关键性纳入考虑的项目价值
- 负责人
- 状态（例如，已准备，已完成）
- 依赖关系和其他关系
- 变更日志：记录对项目的更改

若想进一步了解 PBI 属性，请参见第 6 章的 6.5.4.3 节。

13.9　撰写故事描述

一些敏捷实践者认为，不遵循 Connextra 模板的故事不是真正的故事。事实上，并没有任何规定称必须遵循模板来写故事的描述——但有时这么做是个不错的选择。下面就来探讨一下模板应该在什么情况下使用吧。

13.9.1　在什么情况下应使用（以及不应使用）故事模板

计划过程中，在故事非常不稳定时，不要使用模板。而是要使用简短的描述，比如"提供折扣"或"添加提示"。只要每个人都明白故事的含义，这种时候使用简短的描述就更有效，因为这么做能避免为"正确"的措辞争论而浪费时间。此外，如果故事被贴到故事地图上（如第 12 章所述），它们在全景图中的位置就能传达出许多背景信息。

在计划过程结束时，将故事输入电子待办事项列表中时使用模板——在之后的任何时候添加故事时也是如此。在这些情况下，考虑故事的措辞是很重要的，因为它的原意可能会随着时间的推移而丢失。虽然故事确实只是对进行对话的提示，但如果不记得故事的内容，就无法开展关于故事的对话了。

当仅凭对话无法传达需求的时候，建议使用模板。这些情况可能包括以下几种：

- 团队不在同一地点
- 干系人不能随时回答问题
- 开发者是第三方供应商，对业务的熟悉程度很低
- 在实施故事之前，会延迟很长一段时间

首席分析师，或者敏捷分析中的 CoE 负责人，应该带头开发并采用故事模板，并在适当的时候在组织内宣传其作用。

但是，模板的危险在于，它们可能很快就变成了束缚。如果故事不能以模板的形式自然描述，就不应该把它强加到模板中。

13.9.2 "角色－特性－原因"模板

本书的前面部分中曾介绍过最常用的模板："角色－特性－原因"模板，也称为 Connextra 模板（以最早使用它的英国公司为名）和 Who-What-Why（何人－何事－为何）[10] 模板。该模板广泛用于用户故事，但也被推荐用于其他故事，比如技术故事，因为它能传达工作项的商业利益。

Connextra 模板通过提醒故事作者在创作时确定最关键的方面——需要故事的干系人是谁、他们想要什么以及为什么——来保留并传达故事的意图，并以清晰、标准化的方式来表达。

模板有多种变化，通常在一些小问题上有所不同，如是否使用"想要"、"需要"或"能够"这些词。典型的格式如下：

> 作为 [who]，我想要 [what]，以便 [why]。[11]
>
> 例如，"作为服务代表，我想对事件进行分流，以便加急处理优先级高的事项。"

13.9.2.1　Who 子句

对于 Who 子句，指定需要这个故事的干系人。通常情况下是以用户角色（User Role）命名。用户角色是一类以相同方式使用产品的用户（例如，客户、销售代理、发货人、主管或指导员）。或者，也可以以角色（persona）命名（例如，"作为平面设计师乔迪，我想……"）。

13.9.2.2　What 子句

What 子句描述了能力。它应该以用户为中心，指出用户想用产品做什么，而不是描述产品的某个属性或组件。例如，"作为临床监查员（CRA），我想查看一个数据点的状态"通常优于"作为 CRA，我想用一个红绿灯图标来用颜色表示一个数据项的状态（绿色 = 接受；红色 = 拒绝）"。后者不必要地限制了设计：可能有一种比使用建议的图标更好或更经济方式能表示状态。另一方面，如果市场人员已经说服了 PO，红绿灯图标是唯一可以接受的实现方式，那么这个设计项就变成了商业约束。在这种情况下，应该把它放在故事描述的前面和中间的位置。

本书前面提到过一个团队，他们的故事描述写得不清楚，以至于有时没有任何人（包括作者）能够想起他们的原意。为了避免这个问题，在写 What 子句时，要清楚地说明故事的相关产品、业务对象、子产品或用途。例如，不要指定"作为客户，我想按照目的地搜索"，而是要指定"作为客户，我想按目的地搜索航班"。

13.9.2.3　Why 子句

Why 子句（"以便"）指定了故事的价值。Why 表达了比 What 更高层次的目标。它是 What 的缘由，如以下例子所示：

- 作为会员，我想查看我每天的使用时间的统计，以便监控自己在网络上花费的时间。

Why 子句中表达的目标可能是一个质量目标——将一些用户已经可以做的事情做得更好（例如，更快或者更方便）的能力。质量目标的例子如下所示：

- 作为借款人，我想在网上提交抵押贷款申请，以便更快地得到答复，与通过传统方式提交相比。
- 作为司机，我想在网上更新我的驾照，以便不必浪费时间在车管局排队等候。

另外，Why 子句中所表达的目标也可能是为了实现后续的用户任务：

- 作为客户服务人员，我想查看客户的交易历史，以便对客户的计划提出修改建议。

在初步设计和确定优先级之前和期间，Why 子句是最有用的。故事进入开发团队后，它的价值就会降低，因为故事的优先级已确定并已得到承诺后，开发人员往往就对它的由来没有什么兴趣了。但是，我建议保留这个子句，因为它有助于定义完成故事时必须达成的高层次目标，不同于 AC 中表达的低层次条件。当团队需要在半路调整计划，时间非常紧迫时，这一点就很有用了：当团队考虑用更快、更经济的方法来达成故事的高层次目标时，这一子句能够引导团队。此外，Why 子句还提醒了团队和 PO 迭代中其余故事的商业价值——在为了满足时间安排而需要将一些故事延后时，这样的信息非常有用。

13.9.2.4　When 子句（选择性使用）

When 子句是一个选择性使用的子句（它不是标准的角色-特性-原因模板的一部分），可以用它来传达需求的使用环境。When 子句指出了用户在使用该特性时在执行的任务（用例）。请看以下例子："作为客户服务人员，我想（when）在接听服务电话时查看客户的下一个续订日期，以便向订阅期即将结束的客户提供续订奖励。"请注意这个例子中的 When 子句是如何添加背景信息的，如果没有它，就很难看出故事的背景。

一些实践者建议使用 When 子句来替代 Who 子句，认为它能提供更多关于需求的信息。例如："当我接听服务电话时，我想查看客户的下一个续订日期，以便……"由此生成的需求项被称为工作故事，而不是用户故事。[1213] 我的观点是，囊括任何有助于传达与需求有关的重要信息的子句，并舍弃无法提供这种信息子句。我同意在用户角色很明显的情况下（例如，电商网站的客户），工作故事是用户故事的理想替代品，但我不认为这两个子句必须永远是不可同时存在的：有时传达出需要一个需求的人是谁以及他们何时会使用它是非常重要的。

13.10　指定故事的接受标准

故事的第 3 个 C，即确认（confirmation），是对故事被确认为已完成所需要满足的条件的共识。对故事的确认是通过它的验收标准来指定的。

为每个故事分别指定 AC。请记住，除了 AC 之外，故事还必须满足 DoD，才能算作已完成。

13.10.1　故事验收标准示例

验收标准既能非正式地表达，也可以遵循正式格式，如 Gherkin 语法。通常情况下，一开始先非正式地写一个故事的验收标准。之后，用 Gherkin 语法在特性文件中明确它们。以下是一个非正式用户故事 AC 的例子：

> **故事**：作为服务提供者，我想在市场上发布服务，以便客户可以查看我的产品。
>
> **验收标准**
> 我可以发布服务（成功）：经过认证的服务提供者发布服务。客户门户网站中可以查看发布的服务。

我们在 13.4.5 节中看到了下面这个非正式 AC 的例子：

> **故事**：作为计划者，我希望系统能显示代发货产品的产品信息和通用产品编码（UPC）图片，这样我就能确认它是正确的项目了。
>
> **验收标准**
> 我可以看到产品的图片。
> 我可以看到产品的属性，包括颜色、尺寸、评分、类型、发行商。
> 我可以在同一列表下查看该产品的所有卖家。

Gherkin 语法广泛用于指定交流场景，因为所有相关方（商业干系人、测试人员和开发人员）都能理解它，这确保了关键信息能够被传达，并且可以被自动化测试工具解读。这些规范通常被包含在 Gherkin 特性文件中。我们将在 13.10.9 节中进一步探索 BDD Gherkin 语法。

若想进一步了解如何在 Gherkin 特性文件中指定 BDD AC，请参见第 10 章的 10.9.5 节和 10.9.6 节。

13.10.2　由谁来编写验收标准？

分析师的大部分责任都与验收标准有关，因为它们既是测试又是需求说明。通常，分析师负责编写验收标准的文字描述和场景，与此同时，分析师或 QA 还要与其他人合作编写 Gherkin 规范。PO 的主要责任是确保 AC 是正确的，[14] 并确认它们得到了满足，不过经常需要征得其他干系人的同意。

若想了解分析师在 AC 中的作用，请参见第 10 章的 10.9.3 节，在特性的背景下对此进行了讨论。

正如 13.6.3 节所述，商业干系人、QA（测试人员）和开发人员应该合作确定 AC：商业干系人提供需求和真实案例方面的知识；QA 提供寻找边缘案例的专业知识；开发人员提供测试场景并估算验收标准的变化对成本的影响。分析师要支持商业人员在验收标准和成本之间进行权衡。

13.10.3 何时创建和更新验收标准

验收标准规范是故事准备的一部分。它应该在故事被接受进入开发阶段之前，以及在（如果团队使用的是时间盒方法）迭代计划之前开始。必须尽早指定验收标准的原因是，它们影响着用于计划的估算，并能在实施开始后指导开发人员的工作。

在实施之前和实施过程中，持续完善和添加 AC。例如，对于用户故事"作为客户，我想预订一个度假屋"，最初指定的是以下 AC：

- 测试用信用卡付款（通过）
- 测试信用卡付款被拒绝的情况（失败）
- 测试度假屋在要求的日期不可用的情况（失败）

在临近故事的实施时，你了解到了更多与最后一个 AC 有关的信息，并在 Gherkin 特性文件中指定了以下场景：

场景： 测试度假屋在要求的日期不可用的情况（失败）

> **假设**（Given）度假屋在要求的时间段内不可用
>
> **当**（When）我试图预定它时
>
> **那么**（Then）我可以看到与要求的日期相近的备选空房列表

无论何时，包括故事被接受进入开发阶段后，只要团队发现了需求差距，就可以增加验收标准。请记住，如果增加（或删除）了故事的验收标准，应该对它的估算和优先级进行评审并根据情况做出修改。

13.10.4 以实例说明问题

验收标准不仅仅是测试，它们也是一种实例化需求。它们通过提供具体例子来传达需求，以驱动需求并阐明理解。

实例化需求准则背后的见解是，相比于试图用一般性规则来解释需求，描述具体的情况更不容易引起误解。因为 AC 不仅是测试的参考，还是实例化需求，所以需要在编码之前就指定它们，以便指导程序员的工作。

实例化需求有以下几个优势:

- 通过阐明应该包括哪些场景,它能避免对范围产生误解
- 验收标准对于拆分故事而言很有用。相比于任务分解而言,它们为拆分提供了更好的依据
- 通过尽早编写商业层面的验收标准,测试人员能在编程开始之前就开始为其创建测试用例

专注于 AC 也有助于消除浪费。检查具体例子有助于展开有意义的讨论,即故事中究竟是否应该包括这些场景。举例来说,假设在一个讨论管理事件的故事的会议上,开发人员提供的估算是 13 个故事点。当分析师让小组集中关注具体例子时,开发人员注意到涉及与外部各方沟通的 AC,比如救护车服务,占据了估算的大半部分。用户透露,这些场景极少发生,完全可以人工处理,因此不需要被囊括在故事中。删去这部分 AC 后,开发人员对故事的估算变成了 5 个故事点,这不仅解决了故事规模的问题,还消除了低价值的开发工作。

故事的第一个 AC 指定了一个成功的场景。为了减少精力的浪费,它可以是推断出来的,而不是被记录下来的。另外,也可以指定它,这样将其用作一个检查清单项目和一个更详细的测试规范的占位符。在下面的例子中,"提交索赔"故事的成功场景为指定正面测试的后置条件提供了一个占位符。成功的后置条件是,索赔状态被设置为"已预批准",索赔放置到等待调整的项目队列中。

> **用户故事**:作为服务代表,我想提交带有手动预先批准的索赔,以便为客户加快索赔过程。
> **验收标准**:
> **服务代表手动批准索赔**:(成功)索赔状态被设置为"已预批准",索赔被放置到调整队列中。
> **服务代表手动拒绝索赔**:(失败)索赔状态被设置为"已拒绝"。

通过稍微改写故事描述来表述第一个 AC 是很常见的做法(例如,将"我想"改为"我可以")。如果要这样做,请确保不要重复故事描述中的"以便"从句,因为它和

AC 没有关系。例如，考虑这个故事："作为顾客，我想看看有哪些可用时间段，以便进行预约。"将 AC 指定为以下内容："我可以看到有哪些可用时间段。"不要指定为："作为顾客，我想看看有哪些可用时间段，以便进行预约。"

13.10.5 验收标准的范围应该有多大

不要试图在验收标准中涵盖所有可能出现的场景。把注意力集中在最能获取和说明需求的场景上。许多其他测试，比如详细的输入字段验证测试，将由程序员和测试人员来完成（例如，通过单元测试）。正如戴尔·埃默里（Dale Emery）所说，验收标准应该覆盖"所有重要的东西，而不包含任何不重要的东西"。[15]

AC 不应该限制设计。例如，不要指定"系统显示带有当前账户余额的弹出式窗口"这样的预期操作，而应该说"系统显示当前账户余额"。后一种说法为客户和开发人员留出了空间，让他们能够尝试各种解决方案，看看哪种最有效。

13.10.6 每个故事有多少条验收标准？

不要给一个故事设置太多个验收标准。一个经验法则是，每个故事的验收标准不能超过 5 到 7 个。[16] 还有一个有力的观点是把每个故事限制在一个验收标准上，以单独为每个需求确定优先级，并进行估算。然而，这种限制必须和管理待办事项列表中的更多故事的额外成本相平衡。

如果一个故事的规模超出了上限，就将其拆分，并把 AC 分配到拆分出的数个故事中。将应该被交付的场景分组到同一个用户故事中。根据 AC 拆分故事比根据开发任务（实现故事的详细工作项目）拆分故事更好，因为用前一种方法拆分出的故事实施了完整的用户场景——向用户交付了真正的价值。另外，根据 AC 而不是任务拆分的故事的优先级更容易被确定，因为每个故事都是按照功能而不是开发工作分类的。若想查看根据 AC 拆分故事的相关例子和进一步的指导，请参见 13.13.3.13 节。

13.10.7 格式良好的验收标准的特点

指定具有以下特征的故事 AC：

- 可测试的
- 完整的
- 简洁的
- 达成共识的

下面进一步探讨这些属性。

13.10.7.1　可测试的

验收标准应该是可测试的：指定验收标准时，需要能清楚地确定一个故事是符合还是不符合这些标准。

不可测试的验收标准和修正后的可测试验收标准的例子如下所示：

用户故事：提交交易

验收标准（不可测试的）

已确认的交易：当交易被系统接受时，用户会得到通知。

验收标准（可测试的）

已确认的交易：当交易被系统接受时，用户会收到跟踪号码和交易细节的确认信息。

这条规则的例外情况是，由于故事非常新颖，你故意在 AC 中留出回旋余地，以便在开始实施之后，通过学习来确定验收标准。若想进一步了解关于这种情况的更多信息，请参见 13.10.8 节。

13.10.7.2　完整的

验收标准应该涵盖对业务具有重要性的所有场景。其中应该包括正面测试（成功达成用户目标）、负面测试（未达成目标）和边缘案例。

13.10.7.3　简洁的

AC 应该只包含测试人员在测试故事时需要知道的内容。精简至上。

13.10.7.4　What 而不是 How

一般性原则是，AC 应该描述需要发生什么（what），而不是应该如何（how）完成。[17] 例如，AC 应该表明："用户可以选择接下来的三个可用航班中的一个"，而不是"用户可以从下拉列表中选择接下来的三个可用航班"。然而，正如前文讲解用户故事时提到的那样（见 13.9.2.2 节），如果"how"是一个限制条件，那么就应该包括它。举例来说，如果商业决策者坚持要求使用下拉列表，那么在 AC 中应该强调这一点。

13.10.7.5　达成共识的

仅仅写下 AC 是不够的。商业干系人、测试人员和开发人员之间应该对它们的含义有共同的理解。

13.10.8　涌现式验收标准

对于创新产品或特性而言，客户可能无法事先说出它需要满足什么条件才能被视为可接受的。在这种情况下，指定涌现式 AC。这种标准留出了更多回旋余地，因为它们是在开始实施后，通过试验和错误来确定的。

举例来说，一个涌现式 AC 可能会规定："当我成功发送一条消息后，我将收到消息已经送达的证据。"只有在团队和客户尝试各种了方法后，才能明确证据的形式究竟是什么。在高度创新的情况下，分析师可能会使用更加涌现的表述："我确信信息已经送达"，以便为满足客户的根本需求留出最多的创造空间。开始实施后，团队会与用户一起测试各种方案，以确定在估算范围内最能为客户提供信心的解决方案。如果发送信息最终状态的确认消息足以提供信心，那么 AC 就得到了满足。另外，经过试验和错误后，客户可能会认识到，为了提供信心，实时跟踪信息是不可或缺的。如果在故事估算结束时，客户想要的信心比它能提供的更多，那么 PO 可以创建一个新故事。

13.10.9　使用行为驱动开发（BDD）Gherkin 格式

许多组织使用模板来指定 AC 场景，因为它正式化了他们需要知道的关键要素。最流行的格式是 BDD Gherkin 模板，也被称为"Given-When-Then"。如前文所述，使用 Gherkin 时，首先要写出非正式的故事 AC，然后在开始开发之前在 Gherkin 特性文件中正式指定它们。该模板还提供了一个额外好处：自动化测试工具可以识别它的关键字。下面的模板包含了 Gherkin 模板最常用的关键词。

> **Gherkin 模板**
>
> **场景：** << 场景标题 >>
>
>   **假设（Given）** << 前置条件 >>
>
>   **当（When）** << 触发器 >>
>
>   **那么（Then）** << 后置条件 >>

该规范的要素如下：

- 场景标题概括测试场景的内容
- 前置条件描述了在测试场景开始前必须为真的条件
- 触发器描述了启动场景的事件或条件
- 后置条件描述了在测试场景完成后必须为真才能通过测试的条件
- 其他有用的关键字包括**特性**，表示着特性文件的开始；以及**背景**，指定了所有场景通用的给定步骤

下面是一个使用 Gherkin 语法编写场景的例子。

场景： 为经过测试的车辆更新执照（成功）

      假设（Given） 我的保险信息已通过核实

      并且（And） 车辆已通过规定的排放测试

      并且（And） 已核实有足够的资金

      当（When） 我确认提交了我的执照更新申请

      那么（Then） 我就可以看到执照到期日延长了一个更新周期

13.10.10　由谁在何时测试验收标准？

验收标准是由客户在实施故事的过程中进行测试的。在演示故事的时候（例如，在迭代评审中），应该已经完成了这种测试，并且故事应被视为已完成。

最后的集成和系统测试也应该持续地在每个故事完成进行，遵循持续集成和持续交付（CI/CD）和 DevOps 实践。如果要推迟将故事发布到生产阶段（例如，直到该特

性在市场上具有竞争力），那么一些最后的测试步骤可以推迟到发布周期结束时再进行（例如，最后的 beta 测试）。

13.11　不属于用户故事的故事

一般来说，当敏捷开发者说到故事时，他们指的是用户故事——用户想要的东西。但是，团队中所有与实现用户需求无关的工作项又如何呢？这些工作项包括初步分析和设计系统升级以及合规性工作。在计划团队的工作量时，我们该如何将这些活动纳入考虑呢？

答案有两个（而且它们并不是互斥的）。一个是接受不一定要将故事用于每种需求或工作项的事实（当然，甚至根本不必使用）。如果组织已经有了管理 NFR 和 bug 修复工作的流程和工具，并且它们运行良好，就没有必要改变它们。

另一个选择是把所有工作项都当作故事来处理，认识到一个故事所交付的价值并不总是用户价值。例如，一个实现新服务收费的工作项提供了商业价值，尽管它没有为客户带来好处。把所有工作都当作故事的一个好理由是，这么做能简化确定优先级、计划和进度跟踪的过程，因为只需要考虑一种类型的项目（故事）。

我们已经深入研究了一种类型的故事：用户故事，也就是用户想要的东西。现在让我们来看看其他类型的故事。

13.11.1　什么是探针或使能故事

探针（spike），也称为使能故事，"支持着扩展架构跑道所需的活动，以提供未来的业务功能"（SAFe）。[18] 它是一个用于调查要构建什么以及如何构建的工作项——小型投资，用于评估可行性并将资源导向未来的开发工作。[19]

为了避免太多瀑布式的预先分析，鼓励同时进行分析和实施。举例来说，完成了一个小的、初步的探针后，开发人员就可以开始开发了——同时，研究继续与开发同步进行。

13.11.1.1　探针是一个故事吗

探针被视为故事，因为它是一个能交付商业价值的工作项。然而，它并不是用户故事，因为它并没有向用户交付这种价值（尽管它经常使未来的用户故事能够交付这种价值）。它的目的是阐明问题、收集信息或执行其他任务，以使价值交付成为可能（例如，通过未来的用户故事）。

13.11.1.2　探针为什么会被发明出来

使用故事的敏捷团队中的经理和分析师经常问我："该如何计算分析时间？"答案是，这取决于在什么时候进行分析。与开发同时进行的分析任务要被纳入故事的总估算中。管理它们方式与管理其他和故事相关的开发者任务一样，例如测试和编程。

但是，那些作为故事准备的一部分，在实施开始前进行的分析，比如业务规则分析，又该如何处理呢？通常情况下，事先必须至少进行一些这样的分析，以可靠地估算故事，而且最重要的是，确定是否有开发故事的价值。[20]

由于用户故事必须交付用户价值，而仅靠分析是不行的，所以需要在待办事项列表中为这些工作提供另一种占位符。方法是指定一个探针（使能故事）来交付其他类型的价值。

13.11.1.3　Spike 一词的起源

似乎没有人确切地知道 Spike（探针）一词的由来。在一个起源故事中，[21] 该术语影射了攀岩。有时，攀岩者会在上方某处的岩石上打入一个钉子。虽然钉子本身并不能把攀登者 推上山，但它却使攀岩者能在之后向上爬。还有人 [22] 认为，这个词可能是指新闻业的实践，即如果一个故事还没有准备好出版，就把它钉住（或者说扣留）。另一种解释是，它是燃尽图中的性能尖峰的视觉参考。

在下面的章节中，我们将研究不同种类的探针或使能故事。请记住，对如何称呼它们还没有一个共识。先从功能探针开始讲起，因为它们最直接地解决了在敏捷环境中如何核算商业分析工作的问题。

13.11.2　功能探针

功能探针是一个工作项，通过初步分析（例如，市场研究、探索和评估替代方案、业务规则分析和工作流建模）来使实现其他用户故事成为可能。如果团队使用时间盒式计划方法（如 Scrum），那么团队可能会用功能探针来在季度计划前准备一个特性，或在迭代计划前准备用户故事。

13.11.2.1　时间安排方面的考虑

一个经验法则是，如果团队使用的是时间盒式计划方法，那么就应该在功能探针所启用的用户故事的计划迭代前的一到两个迭代中执行功能探针。没有什么规定表明功能探针不能和它对应的用户故事安排在同一个迭代中（有的团队确实是这么做的）。然而，很少有这么做的必要。如果打算在同一个迭代中调查并实现用户故事，完全不需要创建探针；只需在故事估算中囊括分析任务即可，就像其他非编码活动一样（比如原型设计和测试）。

在敏捷开发中，"坏味道（bad smell）"一词有时用来描述与敏捷性有关的深层问题的症状。有些人认为，对功能探针的过度依赖就是一种坏味道，并且这意味着会滑向瀑布方法。然而，我不认为经常使用探针有什么不妥。事实上，我鼓励分析师使用探针，因为当一个故事在准备充分后再进入开发阶段时，团队的工作会更有效率。另外，如前文所述，探针为估算、计划和确定优先级提供了有价值的参考——包括被分析的用户故事究竟是否值得实施。

13.11.2.2　描述功能探针

和其他故事一样，对于功能探针的文字描述并没有什么严格的规定。既可以非正式地指定一个探针，也可以使用前文讲过的"角色－特性－原因"（Connextra）模板。举例来说，可以指定以下探针：作为开发人员，我想对分析定价规则，以便估算"下订单"这一用户故事。"以便"从句说明了研究的价值——为什么需要进行研究。

13.11.2.3　功能探针的验收标准

一般性经验法则是，要为探针指定 AC。AC 表明了干系人对探针的需求得到满足所必须符合的条件。然而，并不总是需要为探针指定 AC，因为有些探针在其估算时间耗尽后就被视为完成了。如果在时间耗尽后还有更多工作需要完成，那么这个项目就会被退回到待办事项列表中，以将它和其他工作项一起重新进行优先级排序。

然而，即使在这种情况下，指定 AC 也有一定的价值，因为它们指明了研究人员何时能结束分析，即使时间还没有用完。例如，"充分地了解用户故事 X 的复杂性，可以为产能规划提供合理的估算"这一 AC 在能够估算故事后就被满足了。

下面是一个功能探针的例子。

功能探针：故事"提交抵押贷款申请"的研究过程工作流

验收标准

抵押贷款申请的私有流程模型已被创建并已由 X 验证。

13.11.2.4　使用限定词来避免瀑布

正如本章所述，敏捷开发倾向于并发，而不是瀑布式的顺序方法。支持这种实践的一种方法是在探针的 AC 中添加限定词。限定词描述了在进行探针时的预期分析深度——在开始实施后，剩余的分析将与用户故事同时进行。例如，假设开发人员在开始编码之前，需要知道一部分（但不是所有）关于事件的业务规则。在这种情况下，AC 可能会指明："业务规则是为在所有事件中占比 80% 的事件类型制定的。"以下是其他带有限定词的 AC 的例子。

功能探针：为用户故事"评估风险"研究风险评级

验收标准

已经创建并验证了一个表明如何确定风险等级的决策表，或者以下条件为真：

了解到的知识已经足以评估可行性，并说明了在开发开始后，商业人员将如何研究风险等级。

功能探针：为用户故事"下订单"研究定价规则

验收标准

对定价规则有足够的了解，可以在迭代计划中可靠地估算故事。

13.11.2.5 是否应该估算功能探针

很多团队都很纠结是否需要给探针分配故事点。这个问题实际上有两个部分：是否要估算探针？如果是的话，应该用这个估算来做什么？产能规划、测量速度、限制花在分析上的时间，或者作为确定优先级的参考？ SAFe 的指导性原则是这样的：像对待所有其他的工作项一样对待使能 [探针]，"要进行估算、可见性和跟踪、在制品（WIP）限制、反馈和结果展示。"[23] 然而，在实践中，指导性原则应该有更多细节。

先来看看第一个问题：是否应该估算探针。只有在研究人员（如分析师）是时间被纳入产能规划的团队成员的情况下再进行估算。如果（在大部分情况下）研究人员的时间并没有被纳入团队产能规划，那么就不要估算探针。举例来说，研究人员可能是 PO 一个非专属高级商业分析师或一位 SME。如果为了满足发布时间安排，需要在指定时间内完成工作，那么仍然应该创建探针并确定其优先级（即使不估算它），以便记住需要在计划中完成这个工作。

再来看看第二个问题：要用估算做什么。以下指导性原则适用于这种情况：将估算作为优先级排序的参考，因为如果不知道所需的工作量，就无法确定优先级。在迭代计划中设定迭代范围时，如果研究人员的时间被囊括在团队的预算中，则应估算探针。

在计算速度时，如果研究人员是专属于团队的，则应包括探针故事点。需要注意的是，尽管有这样的指导性原则，但在计算之前的速度时，不进行探针估算是很常见的做法。通常的理由是，只有向客户交付价值才能算作进展，而这就将探针排除在外了。然而，尽管从客户的角度来看，探针期确实不算进展，但这一点与是否要将其纳入速度计算问题无关，因为测量速度的主要目的是为了预测，而不是为了衡量过去的进度。

最重要的是要保持一致：如果产能规划中包括探针估算，那么在计算之前的速度时也需要包括它们。举例来说，如果在过去的一个迭代中，团队交付了 45 个故事点，其中 5 个是探针贡献的，那么团队在下一个迭代中的产能就是 45 个故事点，而不是40 个。

13.11.3 技术探针

技术探针（或故事）是处理技术问题的工作项。这种项目有资格成为故事，因为尽管它是技术性的，但它最终能交付商业价值，举例来说，由于遵守合规性 NFR 而获得政府的合同。技术探针往往是由架构师和软件工程师创建和实施的。我们来看看它的一些子类型。

13.11.3.1 技术研究探针

技术研究探针（或故事）是对解决方案的技术方面进行研究的工作项。下面是这种探针的一个例子。

技术研究探针：创建概念验证

探针

创建一个概念验证，以测试拟议内联网系统的设计架构。

验收标准

一个在节点之间传输数据的概念验证已经被测试，可以用来评估设计的可行性。

13.11.3.2 技术债偿还探针

在敏捷开发中，急于向用户交付价值有时会导致质量的降低。举例来说，软件可能会积累一些冗余、记录不全的、无法访问的、结构不好的或没有自动化测试的代码。修复这些问题的未完成工作被称为技术债。技术债偿还探针（或故事）可以偿还这些债务，以使未来实现更改和能力成为可能。

理想情况下，根本不应该允许堆积技术债；开发人员在工作中就应该清理代码。然而，现实情况是，即使是在管理得最好的团队中，当临近最后期限时，这种工作也是最先受到影响的事务之一。这就导致债务随着时间的推移而堆积起来。如果发生这种情况，就采取技术债务偿还探针，将它们清除掉。

13.11.3.3 运营基础架构探针

运营基础架构探针（或故事）是改善运营基础架构的工作项，以符合 NFR 和不断变化的需求。

使用运营基础架构探针的原因之一是，在敏捷开发中，技术性 NFR（如性能和容量需求）往往会被推迟到产品的价值在市场上得到验证之后再考虑。因此，敏捷架构随着时间的推移而自然涌现——完全能满足当前需求，并会随着需求的增长而逐步构建。举例来说，一个产品的第一个版本是为低交易量设计的。随着产品使用量的增加，交易量可能会超过容量，这时为了适应预期交易量的增长，就可以使用运营基础架构探针，以改善基础架构。

13.11.3.4　开发基础架构探针

开发基础架构探针（或故事）是改善开发环境的工作项，例如通过将测试以及部署过程自动化。这些故事可以通过使开发流程更为丝滑——使其能更快、更安全地将变化交付给市场——来使未来实现其他故事成为可能。

13.11.4　bug 修复故事

bug 修复故事是修复一个或多个 bug 的故事。如果出现了不同寻常的 bug（需要一个小时或更长时间修复），并且将在发现它后的下一个迭代中进行修复，那么就要创建一个 bug 修复故事。一般来说，bug 修复故事的长度为半天到数天。把那些需要一起修复的小 bug 合并成一个故事。

如果要在发现 bug 的迭代中直接修复它，就不用费心创建 bug 修复故事了。这不值得。这种类型的修复是间接计算的：它们降低了团队的速度，因为它们减少了可以用于处理功能故事的时间。

13.12　编写高质量故事的指导性原则

用户故事的概念确实很简单，它是用户想要的东西。但并不是所有故事都一样。看一看产品待办事项列表，就会发现一些故事太大，无法在预定时间内实施，一些故事的依赖性很高，一些故事包含多余的或不一致的需求，还有一些故事的价值存疑。诸如此类的故事有碍于团队的绩效，因为它们会导致团队把时间浪费在对商业没有价值（或价值很小）的工作上。在下面的小节中，我们将探讨如何通过避免这些障碍，来编写支持高绩效的故事。

13.12.1 投资

分析师在需求方面起着领导作用。这个责任的一个重要部分是指导客户和团队构建高效能的用户故事。本节将探讨格式良好的故事所具备的特质。对于这些特质，一个流行的记忆方法是比尔·威克的 INVEST 缩写，本书中对其进行了一些调整。

用户故事应该具有以下特点：

- 独立（Independent）：用户故事对其他故事的依赖性极低（在实践中，完全的独立往往是不可能实现的，第 17 章的 17.3.1 节将会讨论其原因）
- 可协商的（Negotiable）：用户故事已经被充分理解，足以开始协商了。预期中，随着时间的推移，故事的需求和优先级将会讨论和更改
- 有价值的（Valuable）：用户故事为用户交付实际的价值：用户可以做一些他们以前做不到的有用的事情
- 可估算的（Estimable）：用户故事已经得到充分理解，足以被可靠地估算了。不过，并不一定真的要估算这个故事。它只是需要能够被估算出来
- 规模小（Small）：用户故事必须小到可以由一个团队在短时间内实施（例如，估算为 8 个或更少故事点，可在一个迭代中交付）
- 可测试的（Testable）：评估用户故事是否完成的 AC 已经得到理解

 INVEST 品质与故事的 DoR 条件有所重叠。若想进一步了解 DoR，请参见第 6 章的 6.5.7.5 节。

13.12.2 INVEST IN CRUD

INVEST 缩写只是基础，不是上限。为了使团队有极高绩效，在构建用户故事时，故事不仅要具备 INVEST 属性，还要具备以下"IN CRUD"特质：

- 独特（Individual）：故事是独特的，不同于产品待办事项列表中的其他故事
- 不涉及解决方案（Nonsolutionized）：故事专注于功能，而不是设计解决方案（例外情况：如果设计是一个约束条件的话，需要提到它）
- 一致（Consistent）：用户故事与待办事项列表的其他用户故事是协调一致的

- 强化（Reinforced）：根据需要，故事已经用辅助工件进行了强化，例如，线框图、决策表、业务规则
- 明确（Unambiguous）：故事的意图是明确的。避免使用"用户"和"产品"这样的通用术语
- 已讨论过的（Discussed）：为了确认故事的价值，商业决策者和团队近期已经讨论过故事了

13.13　拆分故事的模式

一个用户故事必须小到可以在几天内完成。同时，它必须为用户交付价值。同时完成这两项工作有时是很有挑战性的。在这种情况下，敏捷分析师能发挥相当大的作用，为团队提供必要的支持和指导，将大型项目拆分成小而有价值的故事。

以下指南集成了理查德·劳伦斯（Richard Lawrence）[24] 和 SAFe[25] 的故事拆分模式。

13.13.1　如何使用这些模式

下面的每个模式都描述了项目的估算超出故事上限的一个场景。首先确定和你想拆分的项目最相符的模式，然后使用所提供的矫正措施，将其分成更小的故事。

13.13.2　突破僵局

如果有一种以上的方法可以将一个项目拆分为更小的故事（例如，适用的模式大于一个），请应用下面的破局规则。

破局规则 1：选择产生低优先级故事的拆分方式

选择产生一个或多个低优先级的故事的拆分方式，因为它把浪费暴露了出来。将低价值的需求分离到它们自己的故事中，可以独立于工作项的其他部分来计算它们的成本并确定其优先级，甚至可以完全将它们从待办事项列表中删除。

一个"购买产品"特性被估算为 13 个故事点。目前正在考虑的提案有两个，每一个提议都能将用户故事缩减到允许的规模限制之内。

提案 1

- 用户故事 A：购买家居产品。[5 个故事点] 优先级：高
- 用户故事 B：购买商用产品。[8 个故事点] 优先级：高

提案 2

- 用户故事 C：购买不受管制的家居产品。[3 分] 优先级：高
- 用户故事 D：购买不受管制的商用产品。[5 分] 优先级：高
- 用户故事 E：购买受管制的产品。[5 分] 优先级：低

在提案 1 里，虽然没有明确指出，但故事 A 和 B 中包含受管制的产品。在其他条件相同的情况下，提案 2 更可取，因为它暴露了低优先级需求（受管制项目）在总估算中占的份额，而这在提案 1 中是不可见的。

破局规则 2：选择能产生许多小型用户故事而不是少数几个大型用户故事的拆分方式

选择能产生许多小型故事的拆分方式，而不是产生大型故事的拆分方式。小型故事的好处是，它们使单独计算成本和确定需求的优先级更容易了。

破局规则 3：选择能产生更多规模一致的故事的拆分方式

我们从看板中知道，当工作项的规模一致时，工作流是最优化的，因为当一组小型工作项中出现了一个大型工作项时，就会出现瓶颈。

13.13.3 模式

使用下面的模式将大型工作项（特性和史诗）拆分成规模较小的故事。首先找到合适的模式；然后应用建议的矫正措施。

模式 1：工作流步骤

在这个模式中，一个规模超出上限的工作项囊括了端到端流程或价值流中的步骤。

矫正措施如下：创建一个实施该流程的快速、低成本版本的故事，将重点放在其端点上，并使用一个或两个简单场景。如果有必要，可以依靠变通方法，以保持估算处于较低水平。创建额外的故事来填补空白。下面是用这种模式拆分的工作项的一个例子。

工作流步骤模式

原始工作项（拆分前）：购买一个产品

得到的故事（拆分后）如下：

- 使用人工订单履行流程处理一个产品的本地订单。这个故事仅为一个产品的订单提交和交付确认进行了自动化，中间步骤是依赖变通方法完成的
- 后续故事逐步取代变通方法，并逐步增加场景和产品供应

模式 2：业务规则

在这种模式中，工作项包含复杂的业务规则，导致估得很高。

矫正措施如下：为每个可能的场景创建一个故事。在故事的 AC 中描述场景所需要的操作（按照业务规则的规定）。

业务规则模式

原始工作项（拆分前）：为一个学生注册

得到的故事如下：

- 为一个全日制新生注册（AC：全日制新生被收取全额费用）
- 为一个返校的全日制学生注册（AC：返校的全日制学生将在第一年被收取较低费用）
- 为一个非全日制学生注册（AC：非全日制学生被收取非全日制的费用）

13.14 节将进一步探索业务规则分析。

模式 3：初始工作量大

在这种模式中，一个大型工作项支持多种类型的业务对象，比如不同类型的消息、事件或产品类别。大部分时间都将花在实现第一个对象上——无论它是什么。

矫正措施如下：创建并估算一个故事以实现第一个对象，但不要指定具体是哪个。创建并估算其他类型的故事。

初始工作量大的模式

原始工作项（拆分前）：审查一个索赔。

得到的故事如下：

- 作为理赔师，我想审查一种索赔类型（药品、医疗、牙科、批准的服务）
- 作为理赔师，考虑到至少有一种类型已经被实施了，我想审查所有索赔类型（药品、医疗、牙科、批准的服务）

例子中的"考虑到"子句表达的是一个前提条件。第二个故事假定第一个故事已经完成。另外，也可以在故事的 AC 中或是通过跟踪故事的依赖关系来传达这个前提条件。

模式 4：多用例场景

在这种模式中，一个大型工作项囊括了同一用例的多个场景（一个用例是一个用户任务）。

矫正措施如下：为每个场景创建一个故事。首先，与干系人合作，确定最简单、最直接的方案——乐观路线（也称为基本流程或常规流程）。为它创建一个故事。然后为每个备选方案创建一个故事（在案例规范中，这些都是在备选流程中指定的）。

多用例场景的模式

原始工作项（拆分前）：（用例）在拍卖市场中出价。

得到的故事如下：

- 基本的出价（单一值）
- 以预设的最高价出价
- 出价时附带有效期

模式 5：数据的复杂性

在这个模式中，数据或数据分析的复杂性导致了大量额外的工作：

- 数据来自多个来源（例如，收集短信、iMessage、Facebook、IGDirect）
- 根据不同业务规则处理输入（例如，以地区为单位的征税）
- 数据是非结构化的
- 分析报告必须支持数据的多种视图

矫正措施如下：为最简单的数据和分析创建一个向客户交付价值的故事。然后为每一种数据变化创建一个额外故事。

数据复杂性的模式

原始工作项（拆分前）：分析选民的偏好。

得到的故事如下：

- 根据综合指标（例如，总点赞数）分析选民的偏好
- 根据选民在社交媒体上的互动来分析他们的偏好
- 根据选民的好友的行为来分析选民的偏好

模式 6：复杂的 UI

在这种模式中，一个大型工作项中包含一个复杂的用户界面，它在估算中的占比很高。

矫正措施如下：为最简单的用户界面创建一个故事，以实现用户目标。然后增加故事以开发更复杂的界面。

复杂的 UI 的模式

原始工作项（拆分前）：追踪我的食物订单。

得到的故事如下：

- 作为客户，我可以追踪我的订单，并且订单的位置发生变化时会有文本更新
- 作为客户，我可以在实时更新的地图中追踪我的订单

模式 7：NFR 实现

在这个模式中，故事的 NFR 在估算中的占比最高（例如，性能、可靠性、响应时间和可用性目标）。

矫正措施如下：创建一个初始故事，在不满足 NFR 的情况下提供所需的功能，然后添加故事以符合 NFR。

即使第一个故事不够有力，不足以被正式发布到市场上，但通过让用户及用户代表对其进行内部测试，它仍然可以提供学习价值。

实施 NFR 的模式

原始工作项（拆分前）：翻译文本图片。

得到的故事如下：

- 作为用户，我想把任何文本图片转换成我选择的语言（注意，转换时间可能会很长）
- 作为用户，我希望在三秒钟内完成转换

模式 8：多个用户目标

在这种模式中，一个大型工作项囊括了多个不同的用户目标。标志着这种模式的一个关键词是用户故事中的"管理"一词。例如，"管理我的订单"中包含以下独立的用户目标：

- 提交我的订单
- 取消我的订单

矫正措施如下：为每个独立的用户目标创建一个用户故事。使用开发人员的 CRUD 缩写（与前面提到的例子无关）来生成故事，以管理对象。为以下每一项创建一个故事：

- 创建 / 添加 / 插入该对象。
- 读取 / 查询 / 查看该对象。
- 更新 / 更改 / 修正该对象。

- 删除 / 取消 / 移除该对象。

如果这些故事仍然超出了故事规模的上限，就进一步地拆分。下面是一个根据这种模式拆分工作项的例子。

多个用户目标的模式

原始工作项（拆分前）：管理我的档案。

得到的故事如下：

- 创建我的资料

- 查看我的资料

- 更新我的资料

- 删除我的资料

模式 9：不确定性

在这个模式中，由于需求或技术具有高度不确定性，开发人员为项目提供了较高估算。

矫正措施如下：创建一个功能探针或技术研究探针来调查不确定的领域。再创建另一个故事来实施需求。在完成探针并了解到更多信息后，再对需求或技术进行估算。

不确定性模式

初始工作项（拆分前）：向客户提供折扣。

得到的故事如下：

- 功能探针：根据客户的交易历史研究折扣规则

- 用户故事：提供客户折扣

模式 10：集成能力

在这个模式中，一个大型工作项囊括了与多个软件实体的集成，比如内部组件、第三方服务、外部系统和 API。

矫正措施如下：为与每个实体的集成单独创建一个用户故事。

集成能力的模式

原始工作项（拆分前）：使用三个不同的保险 API 填写处方并评估保险范围。

得到的故事如下：

- 使用保险 API 1 填写处方
- 使用保险 API 2 填写处方
- 使用保险 API 3 填写处方

模式 11：多设备、多平台

在这种模式下，因为必须支持多个设备和软件平台，所以工作项的规模很大。

矫正措施如下：为每个设备或平台单独创建一个用户故事。

多设备、多平台的模式

原始工作项（拆分前）：查看消息。

得到的故事如下：

- 作为客户，我可以在我的安卓设备上查看消息
- 作为客户，我可以在我的 iOS 设备上查看消息
- 作为客户，我可以在我的 Mac 上查看消息
- 作为客户，我可以在我的 PC 上查看消息

模式 12：多个用户角色

在这种模式下，特性需要为不同类型的用户提供不同的界面。

矫正措施如下：为每个以独特方式使用该特性的用户角色（user role）或角色（persona）创建一个故事。

多个用户角色的模式

原始工作项（拆分前）：浏览一篇新闻报道。

得到的故事如下：

- 作为青铜级的订阅者，我想以有限的访问次数浏览新闻。
    - ◆ 验收标准：每月浏览十次后被阻止访问
- 作为白银级或黄金级的订阅者，我想以无限制访问的方式浏览新闻。
- 作为黄金级订阅者，我想浏览新闻、背景故事和知名记者的播客。

模式 13：验收标准过多

在这种模式中，一个规模超出上限的故事有大量 AC。

矫正措施如下：根据故事的验收标准拆分项目。为原始特性中的每一个 AC，或者为每一组应该一同发布的相互关联的 AC，创建一个用户故事。一个经验法则是，为每个故事指定的 AC 不超过 5 到 7 个。

验收标准过多的模式

原始工作项（拆分前）：发布评论。

验收标准如下：

- AC 1：我可以输入并发布评论
- AC 2：评论通过了 AI 评估服务的审核（发布）
- AC 3：评论未通过 AI 的审核（拒绝）
- AC 4：评论被 AI 审核标记为需要人工审核（在发布前被送到管理员处进行审核）
- AC 5：评论是由被封禁的用户输入的（拒绝）
- AC 6：评论是由受信任的用户输入的（评论直接被发布，不需要经过审核）

得到的故事如下：

- 故事 1：不经过验证，直接发布评论（注意：在第一个故事中，评论是被立即发布的。管理员将定期审核这些帖子，并根据需要手动删除它们）
- 验收标准如下：
    - ◆ AC 1：我可以输入并发布评论

示例

- 故事 2：拒绝被封禁的用户发帖
- 验收标准如下：
    - AC 5：评论是由被封禁的用户输入的（拒绝）
    - AC 6：评论是由受信任的用户输入的（评论直接被发布，不需要经过审核）
- 故事 3：由 AI 审核评论
- 验收标准如下：
    - AC 2：评论通过了 AI 评估服务的审核（发布）
    - AC 3：评论未通过 AI 的审核（拒绝）
- 故事 4：标记人工审核。
- 验收标准如下：
    - 交流 4：评论被 AI 审核标记为需要人工审核（评论在发布前被送到管理员处进行审核）

接下来尝试做个模式测试。

你觉得自己能够发现模式吗？通过检查以下大型工作项的案例，来测试一下自己的理解吧。看看自己是否能识别出模式，如果能的话，就根据前文中的指导性原则提出拆分建议。

测验

案例 1：响应团队

一家电信公司的 SME 要求提供为事件分配响应小组的特性。我们知道业务逻辑依赖于许多因素，但还不能确定这些因素是什么。因此，为了安全起见，开发人员给出了较高的估算。

案例 2：修改保单

保险政策 SME 要求提供修改保单的特性。可能的修改有很多类型。开发人员估计，该工作项超出了故事规模的上限。他们试图按照修改类型来拆分工作项，但却发现很难单独估算每个故事的工作量，因为无论首先完成哪种类型，它的开发都是最昂贵的。

案例 3：下订单

商业 SME 在迭代计划中与开发人员就一个特性展开了讨论。该特性使用户能够下订单，其中包括延期交货和拆分订单的场景。对该特性的估算超出了故事规模的上限。

案例 4：BeeWatch

BeeWatch 正在开发一款应用，允许用户追踪全国各地的蜂巢的目击报告和状态。组织需要一个管理蜂巢的特性，以便用户可以报告新的目击事件并进行更新。该特性超出了故事的最大规模。

案例 5：Sentinel

Sentinel—开发病毒追踪应用的公司—的工程师已经实施了一种能力，可以追踪用户与谁有过密切接触，这些密切接触者又和谁有过密切接触，以及以此类推的更高分隔度。这些信息目前被用来向和受感染者接触过的用户发出警报。商业干系人现在希望有一个特性，允许用户以由相连的点组成的可视化地图的形式来查看自己的扩展网络。地图中需要显示谁与谁接触过，以及这些人又与谁接触过。用户应该能够放大查看网络中的任何一个人，以查看他们与任何分隔度的联系。该特性超出了故事的最大规模。

测验答案

请注意，这里只标明了一种模式和拆分方式的示例解决方案，但其他模式和拆分方式可能也适用。

案例 1： 响应小组

模式 9：不确定性

故事

- 探针：研究指派响应小组的业务逻辑

验收标准：对逻辑有着充分理解，足以进行估算。输入条件是已知的（影响响应的因素）。可能的结果是已知的。迭代过程中将确定每个场景的具体规则

- 用户故事：指派响应小组。

案例 2：修改保单

模式 3：初始工作量大

用户故事

- 修改保单（首次修改：受益人变更；添加福利；增加保险金额）
- 在考虑到第一种修正类型已被实施的情况下，修改保单（其余的修改）

案例 3：下订单

模式 4：多个用例的场景

用户故事

- 下订单（基本流程）
- 下拆分订单
- 下延迟交货订单

案例 4：BeeWatch

模式 8：多个用户目标

用户故事

- 发布一个新蜂巢
- 查找所在地区的蜂巢
- 更新已知蜂巢的信息
- 从注册表中删除一个蜂巢

案例 5：Sentinel

模式 6：复杂的 UI

用户故事

- 以文字形式查看我的密切接触者网络
- 以地图形式查看我的网络

13.14 用决策表分析业务规则和 AC

对具有复杂业务规则的用户故事进行分析是很有挑战性的。如何确定 AC 中已经捕获了所有相关场景？如何与干系人一起验证其正确性？如何将这些规则以一种不会引起误解的方式传达给开发人员和测试人员？一个答案是使用决策表。长期以来，测试人员一直使用决策表来在编码后指定测试方案。我第一次使用决策表的时候也是这么做的——但我很快就知道，事先在需求获取期间将它们用作一种引导工具才是最有价值的。

决策表适用于结果取决于相互关联的因素的组合的故事或特性。举例来说，在一个订购产品的用户故事中，系统可能会根据以下因素向客户提供折扣：

* 订购的数量
* 产品是否有特色
* 订单的总价

在这种情况下，系统的行为——它所提供的折扣——会根据一系列条件发生变化。这种类型的规则被称为行为性业务规则。决策表通过具体例子来表达这些规则，而不是通过描述底层业务逻辑。这是一种向干系人、开发人员和测试人员传达规则的好方式，因为它明确了预期结果，并为测试人员清楚地列出了测试场景和响应，而且该技术背后的数学逻辑能确保所有场景都得到处理。

表 13.1 提供了决策表的概览。

表 13.1　决策表简述

是什么？	决策表记录了一个系统对各种输入条件的组合的响应方式。在所需的响应取决于必须同时考虑的几个因素的情况下，使用决策表来描述业务规则（例如，裁定贷款申请的规则）
什么时候？	• 在需求获取期间，分析师使用决策表来组织访谈并记录复杂的业务规则的需求 • 在实施过程中，开发人员参考决策表进行编码 • 测试人员使用决策表来设计测试案例。表中列出测试场景并定义了预期结果
为什么？	• 为复杂的业务规则提供完整的、一致的、易于核实的文件 • 简化并组织访谈 • 确保所有条件组合都被考虑在内 • 得到高度适用于测试的文件
可交付成果	• 一个描述相关场景及其结果的表格。可以存放在业务规则库中，并通过故事或特性的 AC 来引用

13.14.1　行为性业务规则

国际商业分析协会（IIBA）对业务规则的定义是："一个具体的、可测试的指令，它是指导行为、形成判断或作出决定的标准。"[26] 正如第 3 章所讨论的那样，业务规则本身并不是需求，但它们往往是需求的基础，因为系统或产品可能需要支持这些规则。

业务规则被分为两种主要类型：定义性业务规则和行为性业务规则。定义性业务规则规定了一些必须为真或不为真的条件[27]（例如，每个保单都有且只有一位保单所有人的规则）。行为性业务规则（决策表所使用的那种）管理日常的业务行为，规定了能或不能对输入条件和事件采取的行动。下面是一个操作性业务规则的例子：

> 如果已经超过了保险公司保单规定的最高年度赔付额，则保险索赔被拒绝。

13.14.2　决策表示例

表 13.2 是在一个房产共享平台上预订度假房的故事的决策表示例。一家目前为其客户提供其他共享服务的公司开发了这个网站。

表 13.2 中的业务规则规定，客户预订时是否需要缴纳预付款是根据客户过去与该公司的互动情况决定的。

如表 13.2 所示，决策表被分为两个区域：条件（上半部分）和行动（下半部分）。条件区域的每一行专门针对一个输入条件，也就是一个影响结果的因素。例如，在表 13.2 中，第一行代表"逾期付款的发生率"这一条件，这是影响预约的处理方式的因素之一。下半部分的每一行代表一个行动，也就是一个可能的响应。例如，在表 13.2 中，最后一行代表的行动是"客户必须支付定金以保留预订"。

表 13.2 中的每一列都描述了一个独特的情况，或场景，以及预期的系统行动。例如，在第 1 栏的场景中，客户延迟付款的情况占比 0% ～ 20%，客户逾期的平均天数为 0 ～ 15 天。预期的结果是，客户可以在不预付费用的情况下保留预订。综合起来，表 13.2 中的 6 种情况代表了输入条件的所有可能的组合。

表 13.2　用户故事的决策表：预订度假房产

	场景	1	2	3	4	5	6
条件	1. 逾期付款的发生率（0%~20%；>20%）	0%~20%	0%~20%	0%~20%	>20%	>20%	>20%
	2. 过去一年中每张发票的平均逾期天数（0~15；16~30；31~365）	0~15	16~30	31~365	0~15	16~30	31~365
行动	客户可以在不预付费用的情况下保留预订	X					
	客户需要预先支付全额款项以保留预订			X		X	X
	客户需要支付定金以保留预订		X		X		

13.14.3　决策表的优势

如表 13.2 所示，决策表为多种阅读者提供了清晰的规范——将对其进行编码的开发人员、根据它创建测试用例的测试人员，以及可能被要求验证它的任何干系人。

决策表的基础是这样的见解：人们往往更善于做出决定，而不是解释这些决定背后的逻辑。引导师使用决策表解决问题的方式是确定所有相关的场景，然后询问干系人在每种情况下应该采取什么行动。由此产生的场景和行动就是故事的 AC。因为决策表阐明了每个场景中应该发生什么，所以负责验证其正确性的 SME、使用它来指导编码的开发人员、或使用它来开发和运行测试场景的测试人员都不会有所误解。

决策表还有其他一些优势。通过将规则集中到一个中间工件中，决策表突出显示了合并规则、废除规则、甚至是指出规则之间的不一致之处的机会。最重要的是，它提供了一个全面的规则和场景列表，便于企业决定哪些规则应该实施以及该何时实施：一些场景可能会被纳入第一个故事中，一些可能会被推迟到以后的故事中，而另一些可能永远不会被实施。

13.14.4　如何使用决策表获取规则

下面的章节解释了在获取业务规则时如何将决策表用作一种引导工具。

13.14.4.1　指定条件

首先，询问受访者有关影响其响应的输入条件和事件。然后要求他们描述每个条件的相关值或值组。所有可能的值都要包括，无论是有效的值还是无效的值。这些值或值组被称为该条件的等价类。一个等价类中的所有项目必须被系统等同地处理。例如，在表 13.2 中，"平均逾期天数"的一个等价类是 0 到 15 天。这意味着无论平均天数是 0、4、15，还是指定范围内的任何其他数字，结果都是一样的。

把所发现的条件和它们的等价类列在表格顶部的条件区域。

在表 13.2 中，"过去一年中每张发票的平均逾期天数"这一条件有以下等价类：0 ～ 15 天，16 ～ 30 天，31 ～ 365 天。它们代表了该条件的所有可能值。那么，无效的值或天数，比如负数或高于 365 的天数该怎么处理呢？在前面的决策表中，我们假定输入的数据已经被预先筛查过，不包含这些错误了。然而，如果这些无效的值是可能存在的，那么还有另外两个等价类需要处理：小于 0 的逾期天数和大于 365 的逾期天数。

在这种情况下，最好先在一个单独的表格中处理这些场景，因为如果逾期天数是无效的，那么评估另一个输入条件——逾期付款的发生率——就没有意义了。为此，需要使用条件－响应表，如表 13.3 所示。

表 13.3　预订度假房的条件－响应表

条件	响应
过去一年中每张发票的平均逾期天数 <0	因错误而拒绝
过去一年中每张发票的平均逾期天数 >365	因错误而拒绝
过去一年中每张发票的平均逾期天数在 0 到 365 之间	前往表 13.2（决策表）

表 13.3 表明，若输入的数据有误，预订应被拒。若没有错误，就应用表 13.2。

当条件互斥时，就使用条件 – 响应表。当条件能同时存在时，就使用决策表。

13.14.4.2　指定行动

接下来，请受访者列出企业可能采取的所有行动。在表格左下角的行动部分中列出这些行动，如表 13.2 所示。

13.14.4.3　指定场景

下一步是构建场景。总场景数是根据以下公式确定的。

> 场景总数 = 条件 1 的等价类的数量 × 条件 2 的等价类的数量 × 条件 3 的等价类的数量…

举例来说，在表 13.2 中，第一个条件有 2 个等价类，第二个条件有 3 个；场景总数为 2×3 = 6。这就是要填写的列的数量。

当条件是简单的"是或否"问题时，"除以 2"的规则对填写单元格而言很有效。在最上面一行的一般单元格中填上 Y，另一半填上 N。举例来说，考虑一个有 3 个"是或否"条件并且有 8 列（2×2×2）的表格。在最上面一行的前四列中填写 Y，然后在后四列中填写 N。对于第二行，再次除以 2（4÷2=2）。依次在两个单元格中填写 Y，两个填写 N，然后再填写两个 Y，在填写两个 N。对于第三行，再次除以 2（2÷2=1）。依次填写一个 Y，一个 N，一个 Y，直到所有单元格都填写完毕。

如果任何输入条件有两个以上的等价类，就需要调整方法了。可以使用任何方法，只要最终能填满全部所需列，而且每个场景（每一列）都是独特的。

对于表中的每一列，向受访者描述场景，并询问他们哪一种或哪几种行动适用。用"X"标记预期行动。

将每一列指定为项目的 AC。例如，表 13.2 中的第一列可以用 Gherkin 语法如下指定：

> **假设**（Given）逾期付款的发生率为 0% ～ 20%
> **并且**（And）平均逾期天数为 0 ～ 15 天

当（When）我要求预订时

那么（Then）我可以在不预先付款的情况下成功预订

另外，AC 也可以简单地说明，系统或产品的响应如决策表所示。

请注意决策表是如何发挥双重作用的。它向开发者明确表述了业务规则，同时也为故事指定了测试场景。

BLInK 案例学习 23：完成故事地图

背景介绍

你之前为下一次发布创建了故事地图的脊柱，并在地图上放置了第一个迭代中的故事（此时的故事地图见第 12 章的图 12.5）。为了完成故事地图，你再次和小组成员会面了。你计划在发布周期的早期迭代中集中精力拆分工作项，以便在接近实施时处理后期的特性。

要求

可交付成果如下：

- 可交付成果 1：BLInK 故事地图，第 1 次发布

具体过程

使用本章和前一章所讲述的指导性原则和模式来拆分和编写故事，并将它们映射到迭代中。

可交付成果

以下是本次研讨会的可交付成果：

可交付成果 1：BLInK 故事地图，第 1 次发布

图 13.3 显示了研讨会结束时的 BLInK 故事地图。

案例学习回顾

在本次研讨会中，你用故事地图计划了发布，使之能尽早向用户交付价值。你使用了模式和其他指导性原则，将大型特性拆分成了能在一个迭代中实现的有价值的故事。

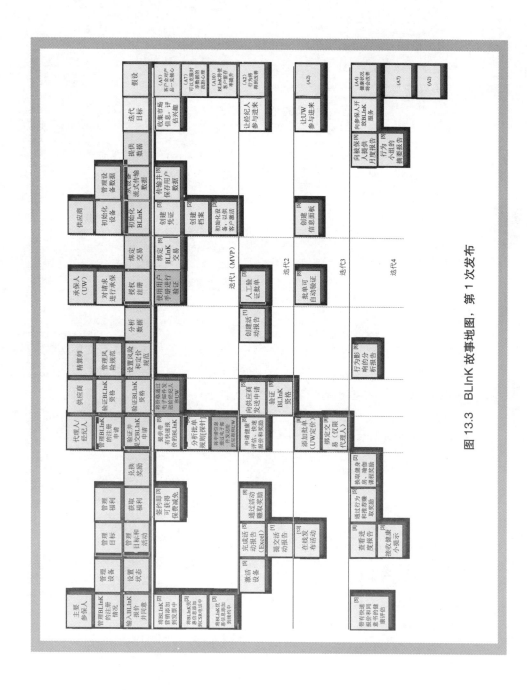

图 13.3　BLInK 故事地图，第 1 次发布

13.15　小结

以下是本章涉及的要点。

1. 用户故事使用 3 个 C 来传达需求：卡片、对话、确认

2. 用户故事的 Connextra 模板的格式是"作为 <<who>>，我想要 <<what>>，以便 <<why>>。"

3. 将 AC 用作实例化需求以沟通需求，以及用作测试的基础

   AC 场景的 BDD 的 Gherkin 格式如下所示：Given-When-Then

4. 遵循 INVEST 指导性原则构建用户故事。它们应该是独立的、可协商的、有价值的、可估计的、规模小的和可测试的。

5. 创建一个功能尖峰来研究功能性需求。

6. 使用劳伦斯和 SAFe 的模式，将大型工作拆分成小故事。

7. 当结果取决于输入条件的组合时，使用决策表来捕捉行为性业务规则。

13.16　下一个主题

如果团队使用了时间盒式计划方法，那么当迭代中的所有故事都准备就绪时，就可以进行迭代计划了。在活动期间，团队预测将在计划期间完成的工作，并决定如何实施这些故事。如果团队使用单个项目的基于流程的方法（比如看板），那么计划过程大体类似，但一次只重点关注一个故事，而不是迭代中的所有故事。在第 14 章中，将要介绍如何在这两种情况下计划故事。

注释

1　科恩表示："在优秀的敏捷项目中，应该期望每个团队成员都能写出用户故事示例。" Mike Cohn, "User Stories," Mountain Goat Software, https://www.mountaingoatsoftware.com/agile/user-stories

2　Roman Pichler, "10 Tips for Writing Good User Stories" [blog post], March 24, 2016, https://www.romanpichler.com/blog/10-tips-writing-good-user-stories

3　Ken Schwaber and Jeff Sutherland, *The Scrum Guide: The Definitive Guide to Scrum—The Rules of the Game* (Scrumguides.org, 2020), 6.

4　Kent Beck, "The Whole XP Team: Product Managers," in *Extreme Programming Explained: Embrace Change* (2nd ed.), The XP Series (Boston: Addison-Wesley, 2004).

5　Beck, "The Whole XP Team."

6 由罗恩·希利提出。

7 Dan Radigan, "Using Watchers and @mentions Effectively in Jira," Jira Software, June 10,2013, https://www.atlassian.com/blog/jira-software/using-watchers-and-mentions-effectively

8 由罗恩·希利提出。

9 这些问题结合了迈克·科恩的指导意见。Cohn, *User Stories Applied: For Agile Software Development*(Boston: Addison-Wesley, 2004), 68.

10 Mike Cohn, "Why the Three-Part User Story Template Works So Well," Mountain Goat Software, May 28, 2019, https://www.mountaingoatsoftware.com/blog/why-the-three-part-user-story-template-works-so-well

11 Cohn, "Why the Three-Part User Story Template Works So Well."

12 Alan Klement, "Replacing the User Story with the Job Story," Medium, November 12, 2013, https://jtbd.info/replacing-the-user-story-with-the-job-story-af7cdee10c27

13 Mike Cohn, "Job Stories Offer a Viable Alternative to User Stories" [blog post], Mountain Goat Software, October 29, 2019, https://www.mountaingoatsoftware.com/blog/job-stories-offer-a-viable-alternative-to-user-stories

14 参见科恩的用户故事测试指南。Cohn, *User Stories Applied*, 67–74.

15 Charron, "George Dinwiddie on the Three Amigos."

16 Charron, "George Dinwiddie on the Three Amigos."

17 Steve Povilaitis, "Acceptance Criteria" [blog post], Leading Agile, September 9, 2014, https://www.leadingagile.com/2014/09/acceptance-criteria

18 Richard Kastner and Dean Leffingwell, *SAFe 5.0 Distilled: Achieving Business Agility with the Scaled Agile Framework* (Boston: Addison-Wesley, 2020), 269.

19 Andrew Fuqua, "What's a Spike, Who Should Enter It, and How to Word It?" *Leading Agile*, September 13, 2016, https://www.leadingagile.com/2016/09/whats-a-spike-who-should-enter-it-how-to-word-it

20 由罗恩·希利提出。

21 这一参考资料是 2001 年和 2002 年 XP 全球大会的参会人员所报告的。http://agiledictionary.com/209/spike and https://www.quora.com/What-is-the-origin-of-the-term-spike-in-Agile-software-development-practice

22 由罗恩·希利提出。

23 SAFe, "Enablers," Scaled Agile Framework, last updated June 30, 2020, https://www.scaledagileframework.com/enablers

24 Richard Lawrence, "Patterns for Splitting User Stories," *Agile for ALL*, October 28, 2009, https://agileforall.com/patterns-for-splitting-user-stories/

25 Dean Leffingwell, *SAFe 4.5 Reference Guide: Scaled Agile Framework for Lean Enterprises*, 2nd ed. (Boston: Addison-Wesley, 2018), 487.

26 International Institute of Business Analysis (IIBA), *BABOK v3: A Guide to the BusinessAnalysis Body of Knowledge*, 3rd ed. (Toronto, Canada: IIBA, 2015), 240.

27 IIBA, BABOK v3, 241.

第 14 章　迭代和故事计划 ▌

在第 13 章中，我们研究了如何使故事做好准备，以满足短期计划的需求。本章将主要就这种计划展开讨论。实行基于流程的计划的团队（比如看板）在每个故事进入待开发阶段时都会对其进行计划；实行时间盒式计划的团队（比如 Scrum）会在迭代计划会议上一同安排即将到来的迭代（大约 1 到 2 周）中的所有故事。本章将会对这两种方法进行介绍。图 14.1 重点标出了本章所涉及的活动。

本章首先将概述迭代 / 故事计划的目标、输入和可交付成果。接下来，本章将带领读者了解计划的两个方面。第 1 部分是计划要交付什么（迭代目标和故事），第 2 部分是确定如何完成工作（这些内容和 Scrum 指南中的冲刺计划主题 1-3 相对应）。

对于计划的第 1 部分，本章将解释如何根据过去的进展情况来确定团队的产能，设定迭代目标，并预测将要交付的故事。然后，本章将会探讨第 2 部分。其中将会描述如何将故事分解为开发人员的任务，并使用开发人员任务板来跟踪任务层面的进展。接下来，本章将探讨如何使用任务估算来验证预测，并解释分析师角色在范围协商中所发挥的作用。本章还将提供用于跟踪故事层面的进展的看板的几个例子。最后，本章将提供在迭代计划会议后促进特性预览（滚动式前瞻）的指导性原则。

本章将继续进行贯穿全书的案例学习，其中包括可用于个人和课堂研讨会的示例解决方案。

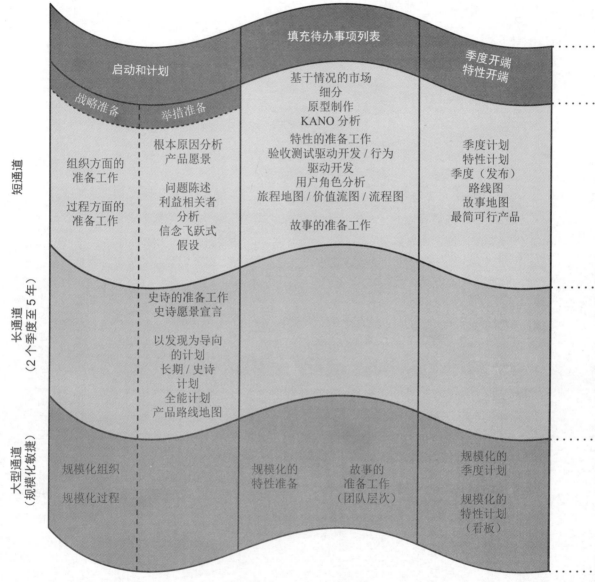

图 14.1　全景图中的第 14 章

日常活动

迭代开端

季度收尾史诗、特性收尾

迭代收尾

每日站会

需求分析与记录

编码、构建、测试、交付验收测试驱动开发 / 行为驱动开发

为正式发布做准备

迭代评审会

季度回顾

迭代计划

最简可行产品，分割测试

迭代回顾

史诗、特性回顾

史诗、特性的准备工作

故事的准备工作

转向或继续

规模化的迭代计划

迭代计划（团队层次）

产品负责人委员会的会议

DevOps

用户特别小组的会议

规模化的特性准备（看板）

集成会议

故事的准备工作（团队层次）

规模化的迭代评审

规模化的迭代回顾

迭代回顾（团队层次）

DevOps

规模化的季度 / 特性回顾

14.1　目标

本章将帮助大家实现以下目标：

- 引导迭代计划会议
- 与产品负责人（PO）和团队合作，制定迭代目标
- 预测将交付的故事
- 指导团队使用敏捷工具来跟踪迭代工作，包括迭代待办事项列表、开发人员任务板和看板
- 引导特性预览（滚动式前瞻会议）

14.2　本章在全景图中的位置

如图 14.1 所示，本章将研究迭代计划，这是"迭代开端"区中的一项活动。本章还将囊括在基于流程的计划框架（如看板）中对单个故事的计划。

14.3　迭代和故事计划概述

当团队实行基于流程的单个项目计划（如看板）时，他们会在每个"已就绪"故事出现在队列中时，单独将其接受进入开发阶段（假定这不会超出开发的在制品 [WIP] 限制）。在这种情况下，计划故事的目的是确认团队（或开发人员）的产能是否足以接下这份工作，预测交付时间表，并计划实施它所需要的开发人员任务。

另一方面，使用时间盒方法的团队（如 Scrum、极限编程 [XP]）在每个迭代开始时，在迭代计划期间将故事作为一个块进行规划。正如本书前面所提到的那样，迭代是一个计划周期，可能持续一周到一个月不等。它的长度通常为一到两周（在 Scrum 中，迭代被称为冲刺，迭代计划被称为冲刺计划）。一般性准则是，迭代的长度应该是固定的，以便团队能在稳定的节奏下与其他团队同步工作。

迭代计划由两部分组成（在 Scrum 中称为主题 1、2 和 3）：

- 第 1 部分：预测将完成的任务（Scrum 主题 1 和 2）
- 第 2 部分：计划实施（Scrum 主题 3）

第 1 部分主要适用于实行时间盒式计划的团队（如 Scrum、XP）。在这一部分中，PO 和团队就迭代目标达成一致，并预测将在迭代过程中交付的故事。第 1 部分只部分适用于基于流程的计划，因为后者只需要计划一个故事。

第 2 部分同等程度地适用于所有团队，无论他们实行的是基于流程的计划还是时间盒计划。在这一部分中，团队决定如何实施故事，详细到个体开发者任务这一等级。最后，PO 和团队对计划进行确认。

作为一名分析师 / 计划师，你对迭代和故事计划做出贡献的方式是扮演事件的引导师和团队成员的角色。像团队中的其他成员一样，你要确定自己将为故事执行的任务并进行估算。在第 2 部分中，当客户和开发人员在探索解决方案的选项时，你要对他们之间的协商提供支持。

14.4　与会人员

PO 和开发团队要参与到迭代计划中——包括所有为计划中的故事工作的人（例如，程序员、分析师、UX 设计师和架构师）。还可以邀请其他与会人员，比如商业主题专家（SME），如果需要他们的商业或技术专长的话。

14.4.1　合规性故事

合规性故事是一个工作项，其目的是使组织、流程或产品符合合规条例，无论是通过软件还是人工方式。它可能包括创建报告，和审计师开会，以及为了证明符合兼容性需求而开展的测试活动。[1] 例如，一个符合 ISO9001：2000 和 ISO9001：2008 标准的合规性故事可能涉及保存故事卡片和其他敏捷工件的图像。[2]

对一次性工作项（只为产品安排了一次的工作）使用合规性故事。如果合规性工作必须对每个用户故事都执行，就不要为它创建合规性故事。用另一种方式来表示它（例如，把它添加到 DoD 中，或者合适的情况下，通过自动化测试来解决）。

14.5 时间

花一天时间 [3] 来计划第一次迭代。计划活动的持续时间应该随着开发的进展而减少，逐渐稳定在 1 到 4 小时左右。

14.6 迭代计划的投入

下面的检查清单说明了迭代计划的输入：

- 产品待办事项列表——为两个左右的迭代准备了足够多的已就绪故事
- 季度（发布）路线图
- 就绪定义（DoR），如果有的话；完成的定义（DoD）
- 过去的表现（速度），如果可用的话
- 团队成员在接下来的迭代中的可用性
- 过程改进 [4] 任务——上一次迭代回顾会议期间添加到迭代待办事项列表中

14.7 迭代计划的可交付成果

迭代计划的主要可交付成果是迭代目标、迭代待办事项列表和开发者任务板。接下来，将对这些内容进行详细介绍。

14.7.1 迭代目标和迭代待办事项列表

每个团队都有自己的迭代待办事项列表，它有三个组成部分。[5] 前两个组成部分明确了迭代目标（团队将交付的价值），和迭代范围（为迭代计划的故事），它们是在前文中提到的第 1 部分中确定的。迭代待办事项列表中的故事数量将根据故事的规模、迭代的长度和团队的产能而变化。一个典型的范围是，两周的迭代有 6 到 9 个用户故事。

前文中提到的第 2 部分中确定了迭代待办事项列表的第三个组成部分，它是交付迭代目标和选定的故事的计划，其中包括由工作分解而成的小型的、单人的开发者任务和它们的负责人。这些任务在开发者任务板上被张贴并追踪。

14.7.2 开发者任务板

开发者任务板中列出了在计划期间要执行的任务，以及每个任务的信息，如其负责人、估算出的总时间以及剩余时间。任务包括那些从故事中分解出来的任务，以及与故事无关的任务。图 14.2 是一个开发者任务板的例子。

并非所有故事都需要被分解到同一个等级。临近实施的故事（只差几天）应该被分解为一天或耗时更短的开发者任务。如果故事已经很小了（一到两天），并且可以由一位团队成员独立实施，那么可能甚至不需要分解。把所有故事都限制在这种规模的组织通常会跳过分解步骤，因为他们的故事已经非常细化了。

一个故事的开发者任务应该包括实施它所需要完成的所有剩余工作，包括分析、测试、原型设计、用户体验设计、编程和重构。一个开发者任务可以支持一个以上的故事，也可以与迭代中的故事完全无关。任务版中，至少应该有一个开发者任务是在上一次迭代回顾会议中确定的具有高优先级的过程改进项目。

14.7.3 增量

在时间盒式框架中（如 Scrum），每个迭代都以改进后的产品——也就是一个增量——的形式交付价值。增量是一个"坚实的垫脚石"[6]，也就是产品的一个可使用的版本，其中包含所有在迭代过程中被认为已经完成的故事。回顾一下，故事被视为已完成，需要同时满足一般性 DoD 和故事的验收标准。

实践者有时会犯的一个错误是，因为故事是同时进入迭代的，所以他们推定故事也必须同时退出迭代。比较推荐的方法是在迭代的整个过程中持续地交付故事，以加快学习，并在集成问题还比较容易解决的时候，尽早把它们暴露出来。根据 DevOps 和持续集成/持续开发（CI/CD）实践，在各个故事可用时，以可发布的状态——编码、集成和全面测试均已完成——交付它们。客户可以决定是要立即发布（如果它是一个小改动）还是要推迟部署（如果它是一个重要的改进）。

若想进一步了解 DevOps、CI 和 CD，请参见第 17 章的 17.5.2.1 节。

14.8　计划的规则

在迭代计划期间，应用我们在第 11 章 11.8 节中学习的计划游戏规则。只有客户（即商业决策者）才能为迭代中的故事确定优先级。只有做工作的人（开发人员）可以决定要在一个迭代中承担多少工作。在下面的小节中，我们将研究这些规则在迭代计划的第 1 部分"预测将完成的工作"和第 2 部分"计划实施"中是如何发挥作用的。

14.9　第 1 部分：预测将完成的任务

第 1 部分的目标是预测团队在接下来的迭代结束时将完成什么。这一步骤中将产生以下几个可交付成果：

* 已确认的迭代目标
* 被纳入迭代待办事项列表的故事——已经过估算和排序

在第 1 部分中，PO、分析师和开发团队都需要在场并积极参与。分析师要引导并支持计划和范围的协商。PO 讲述故事和优先级；团队估算产能并接受故事进入迭代。

第 1 部分的推荐议题列表如下所示：
* 更新
* 预测产能
* 评审 DoR 和 DoD
* 拟定迭代目标
* 讨论故事
* 预测将交付的故事

以下小节中将会讲解如何引导这些项目。

14.9.1　更新

引导师(例如, 你、分析师或 Scrum Master)对会议进行介绍, 提出会议的目标、规则、时间盒、议程和可交付成果。PO 和团队提供关于市场变化、优先级变化、团队成员变化、技术挑战以及任何其他可能影响迭代工作计划的问题的最新信息。

小组回顾季度计划（路线图），并在必要时根据最新情况修改它。举例来说，如果进展慢于预期，那么可能需要更改时间表。PO 提供会影响到季度计划的问题的最新情况，比如待办事项列表中的新项目和修订的优先级。PO 和团队就新项目展开讨论，团队对其进行估算，PO 对其进行评审并在待办事项列表中为其进行排序（第 11 章的 11.11.2.1 节中描述了特性估算方法）。

接着，小组评审当前季度的季度（发布）目标，然后评审长期产品路线图中的未来季度目标。

随后，PO 介绍迭代目标，并简要介绍支持该目标的计划功能。会议期间将更深入地对目标和范围进行评审和修改。

14.9.2 预测产能

团队使用第 6 章中所讲述的方法对迭代的产能进行预测（见 6.5.7.3 节）。概括地说，预期产能是在过去的速度的基础上，根据变化的情况进行调整后得到的，如下所示：

产能 = 速度 ± 变化的情况

使用团队近期的速度（过去的 3 或 4 次迭代），而不是历史平均水平。根据变化的情况进行调整，比如假期、疾病、团队所在地的变化和技术挑战。一些实践者喜欢进一步降低计划的产能，以给未知的意外因素留出余地。

对于第一个迭代，没有过往经历可以参考时，可以用以下方式大致地估算出以人日为单位的初始速度或产能：

速度 = 总潜在人日 × 可用性 — 松弛

总潜在人日代表的是所有成员全力投入计划中的工作时的总产能。可用性指的是成员能花在计划的工作上的时间和因其他活动（比如会议、演示、疾病、假期、计划外的 bug 修复、行政活动和电子邮件）而损失的时间的比例。按照精益的指导性原则[7]，预留出一些松弛，让成员有一些空闲时间，以便团队成员在出现瓶颈时能够有时间参与进来，并消除瓶颈。

第 6 章还提供了预测第一个迭代的产能的一个替代方法。在这种方法中，团队首先考虑在迭代结束时，将有多少个待办项被完成，然后再将这些故事的估算值相加以确定产能。

 若想查看对于确定速度和产能的更多指导，请参见第 6 章的 6.5.7.3 节。

14.9.3　评审就绪定义和完成的定义

在第 6 章中，我们学会了创建故事 DoR（参见第 6.5.7.5 节）。如果已经在使用故事 DoR 了，就请 PO 和团队评审它，并根据需要对它进行修改。提醒小组，只有在满足 DoR 的情况下，故事才能被接受进入迭代计划和开发阶段。举例来说，随着 CI 实践的逐步推行，"单元测试已经编写完毕"的条件被添加进来。请注意，如果条件要求团队做更多工作，比如创建自动化测试的话，那么 DoD 条件的增加可能会改变估算。在这种情况下，如果这些工作并不是很重要，那么更改 DoD 时可能会遇到来自 PO 的阻力。[8]

迭代待办事项列表中的所有故事在被视为已完成并被接受和纳入产品之前，不仅要满足它们的验收标准，还必须满足 DoD。

14.9.4　拟定迭代目标

PO 提出一个迭代目标，它表达了团队在迭代结束时将交付的价值。目标所交付的价值可以是用户价值（例如，新的能力）、商业价值（例如，节约成本）或学习价值（例如，验证信念飞跃式假设）。

迭代目标有多种用途。它对故事的选择起着指导作用，让团队成员齐心协力，并在迭代开始后指导着权衡取舍。项目负责人和开发团队合作编写迭代目标。如果目标是在季度计划中预先指定的，则在必要时进行评审和修订（举例来说，在需要应对延迟和技术挑战时）。

对迭代目标的承诺比大多数敏捷承诺要坚定得多。根据精益的指导性原则，实施开始后，就要禁止改变迭代目标，以免频繁变换[9]。它并没有看上去这么严格，因为迭代可以短至一周，而在这期间出现新优先事项的可能性很小。但是，当团队在中途意识到自己无法达到目标，想要缩减目标时，该怎么办？在这种情况下，最好还是不要取消迭代，而是在指定时间结束迭代，并将剩余的故事归入产品待办事项列表中，和其他工作项一起进行优先级排序。但需要注意的是，虽然这是个推荐补救措施，但《Scrum 指南》另有建议：Scrum 要求，如果目标明显无法实现，则应取消迭代。[10]

14.9.5 讨论故事

按照故事的优先级，PO 带领开发团队探索拟议的故事，逐一描述每个故事并解释它是如何为迭代目标做出贡献的。引导师要让开发团队和 PO 之间就每个故事展开讨论。目的是学到恰好够用的知识，以能够在第 2 部分中将故事分解成开发任务[11]。确保小组至少讨论一个在上一次迭代回顾会议上确定的高优先级的过程改进任务。为了在迭代中解决改进任务，确保它被包括在迭代待办事项列表中。

请团队提出他们想做的事情（例如，提高性能和可靠性的技术故事）。决定优先事项时，商业部门和团队之间应该进行协商，但如果他们不能达成共识，则由 PO 决定。一个经验法则是，计划花在面向用户的能力上的时间和花在技术改进上的时间的比例为3 : 1。

分析师的附加价值

来自商业方面的 PO 可能会觉得，很难将技术工作的优先级排在交付用户价值的故事之前。分析师支持 PO 的方式是通过与开发团队合作，以商业术语阐明技术故事的价值，从而使 PO 能公平地将这些故事与用户故事进行比较。

举例来说，我用来编辑这段文字的语法检查程序的功能非常强大。然而，从我每次使用这个应用程序时鼓噪的风扇和漫长的响应时间可以看出，它的代码的效率很低。虽然我对这家公司内部没有什么了解，但它似乎极度重视特性开发，以至于忽略了非功能性需求（NFR）。眼下，这可能是个明智的选择，因为它建立了一个新市场，尽管客户有所不满，也没有其他产品可用。然而，一旦出现竞争的威胁，情况可能就不一样了。分析师可以帮助 PO 根据一个共同的标准——商业影响——来做出这类决策。

14.9.6 预测将被交付的故事

接下来，团队要确定迭代的范围——预测将要交付的故事，并将它们输入到迭代待办事项列表中。只有团队能决定自己的产能。PO 不能指示团队必须承诺多少个故事。

按照精益的拉动（pull）机制，接受故事进入迭代，直到达到团队的产能上限。这通常是通过添加故事，直到总估算故事点达到团队的预期产能来完成的。另一个选择是使用无估算方法。在这种情况下，要求团队成员预测他们认为在迭代期间能够完成多少待办项。只要事先准备好故事，这种方法就很有效。

若想进一步了解无估算方法，请参见第 11 章的 11.11.2.7 节。

如果 PO 希望在已经达到团队产能上限的情况下把更多故事拉到迭代中，那么计划中的其他东西必须删减。举例来说，可能要将一个故事推迟到下一个迭代中，或者故事的一些验收标准可能会被拆分并推迟。分析师通过引导 PO 和团队之间就范围进行协商来支持这个过程，目的是在最大化迭代过程中交付的价值。

14.10 第 2 部分：计划实施

第 2 部分的目标是确定团队将如何交付迭代目标和实施迭代所计划的故事。

14.10.1 应该邀请 PO 参与第 2 部分吗

简短的回答是："是的，应该邀请 PO。"以下是详细的说明。有些团队告诉我，因为会议的主要目的是处理内部事务，所以他们不邀请 PO 参与第 2 部分。这种说法有一定的道理。尽管如此，最好还是要邀请 PO，以便在团队计划工作时，PO 可以回答与设计方案和权衡有关的问题。分析师需要避免这么做可能造成的干扰，通过确保 PO 明白他们的参与是支持性的，他们是来回答问题的，而不是来质疑开发人员对任务耗时的估算的。

有趣的是，是否邀请 PO 这个问题很快就会变得毫无意义。根据我的经验，大多数邀请他们的团队都报告说，在几个迭代之后，PO 就不来了，因为他们觉得不值得花这个时间。

14.10.2 对第 2 部分的概述

团队将计划中的故事分解成较小的开发者任务，每个任务都可以由一位成员在短时间内完成（通常在一两天内）。团队成员认领任务，并以人时为单位进行估算。接下来，他们把自己承诺的总时间加起来，并确认这在可用产能的范围之内。根据需要对范围进行调整，以避免过度承诺。这一部分产生的可交付成果是迭代待办事项列表，其中列出了迭代计划中的故事和开发者任务。

使用基于流程的计划方法（例如，看板）的团队实行的步骤与上一段中所描述的相同，只不过是在每个故事进入队列中时实行的，而不是同时对一个迭代中的所有故事实行的。

如前文所述，有些团队将故事的规模限制在一天或更短的时间内。在这种情况下，故事通常已经被分解得小到足以满足迭代和故事计划的需要，不必进一步分解为开发者任务。

分析师的贡献

分析师对第 2 部分做出贡献的方式和其他团队成员一样——识别和确定自己所负责的开发者任务。回想一下，开发者任务包括交付故事所需要完成的所有任务，而不仅仅是编码。第 2 部分中要完成的分析任务包括当前迭代中的用户故事的剩余分析任务，以及为接下来的迭代中的故事做准备的功能探针。

14.10.3 第 2 部分的步骤

第 2 部分的步骤概括如下。要灵活应变。使用以下内容作为指导，但要根据自己的需要来调整方法：

- 确定开发者任务

- 认领任务
- 估算任务
- 协商
- 承诺

14.10.3.1　确定开发者任务

从迭代待办事项列表中的第一个故事开始，引导团队讨论如何协作实施它。这个时候，用户体验设计师与 PO 和用户协作开发一个设计草案，提供有凝聚力的、易于使用的工作流。团队将故事分解成开发者任务，将完成故事所需的所有活动涵盖在内，包括分析、设计、编码和测试。一个开发者任务可以支持一个以上的故事，也可以不支持任何故事。如果开发人员对故事的了解不够充分，不足以分解它，他们可以请 PO 和分析师进行澄清。

并非每个故事和任务都需要被分解到同一等级。在未来几天内不会被开发的开发者任务只需要被分解到可以估算的程度即可。当故事还有几天就要实施时，将其分解为耗时一天或更短的几个任务。

当讨论过迭代待办事项列表中的所有故事后，询问是否有遗漏任何任务。留意那些与故事无关的任务。举例来说，"分析端到端工作流"这一开发者任务可能与任何特定的用户故事无关，但是与一系列用户故事有关。当过于关注单个故事时，就很容易遗漏这样的任务。确保开发者任务中也包括至少一个在上一次迭代回顾会议中确定的重要的过程改进项目。

开发者任务板

使用开发员任务板来计划和跟踪迭代中的开发任务。任务板上列出了故事和任务、工作安排、估算和进度测量。

表 14.1 提供了这一工件的概览。

表 14.1　开发者任务板简述

是什么？	开发人员任务板：用于计划在迭代期间如何实施故事的计划工件
什么时候？	在迭代计划第2部分中创建开发者任务板。每天随着工作的进展对其进行更新。在执行任务的前几天，将任务分解为耗时一天或更少的单个开发者的项目
为什么？	• 一个对开发起着指导作用的行动计划 • 一个可以在开始实施后跟踪故事进度的机制 • 分解，以使范围预测更加准确
提示	在活动期间使用实体任务板。如果团队成员分散于各地，可以在活动后将其转换为电子形式
可交付成果	带有已经过估算的任务的开发者任务板

图 14.2 是一个开发者任务板的例子。

PBI/故事	开发者任务	负责人	估算（小时）	已花费的时间	剩余时间
提交索赔	引出数据验证需求	芭芭拉	4	0	4
	测试案例	简	1	0	1
	创建用户界面	穆尼尔	8	0	8
	搜索保单	苏克西	2	0	2
	编写索赔记录	苏克西	2	0	2
	执行测试	简	2	0	2
指派理赔师	创建用户界面	苏克西	1	0	1
	与日历集成	穆尼尔	8	0	8

图 14.2　处理索赔的开发者任务板

在迭代开始时，所有故事的"已花费的时间"均为 0。迭代开始后，团队成员就会更新"已花费的时间"和"剩余时间"。

你可能想知道为什么要有三个与时间相关的列，因为第三个列中的值应该可以根据其他两列确定。原因是，最初的估算可能很低。在这种情况下，剩余时间将大于估算和已花费的时间之间的差。与此相对的，过高的估算会产生相反的效果。通过跟踪预测和实际时间，成员可以监测他们自己的偏差，并使用这些信息来更准确地估算未来的开发任务。

开发者任务卡

在计划阶段，用人工手段表示开发者任务，比如图 14.3 中的开发者任务卡。

日期		团队成员：	估算：
故事ID：	任务说明	注意事项	
任务跟踪			
日期	行动	备注	

图 14.3　开发者任务卡

如果团队不处于同一地点，那么在计划期间确定好任务后，就可以将它们转移到电子表格中进行集中式跟踪了。

14.10.3.2　认领任务

请团队成员认领开发者任务。理想情况下，所有的任务都是自行分配的。在实践中，往往至少会有一部分没有人愿意认领的任务必须由经理分配。

14.10.3.3　估算任务

接下来，团队成员要估算完成他们所认领的任务所需要的时间。估算应以小时为单位，而不是以故事点或天为单位。PO，如果在场的话，应该在会议的这一环节中扮演一个被动的角色。

如果对某项任务的理解不够透彻，无法进行估算，引导师会要求团队进一步地分解它，直到彻底理解为止。如果为了创建估算，开发人员需要更多关于故事的需求或验收标准的信息，他们可以向 PO 提问。

我知道有些团队会先估算任务，再处理任务分配问题。然而，最好还是先进行任务分配，因为这样可以让真正做那项工作的人进行估算，从而得到更可靠的估算。这也符合 XP 的指导性原则。[12]

14.10.3.4　协商

要求团队将开发任务板上的开发任务的总估算时间加起来，并确认它是否在其产能之内。同时，要求团队成员单独确认他们所认领的任务的总估算时间是否在他们个人的产能之内。成员还应该估算他们的任务在整个迭代中的分布。举例来说，测试人员可能会发现，测试任务集中在迭代的最后阶段。如果一个团队成员的负担过重，讨论是否有其他选项，比如将任务重新分配给另一个团队成员或提供额外的支持。如果总估算时间超出了团队的产能，与团队和 PO 协作，探索在不过度透支团队的情况下实现同一目标的折中方案。

分析师在支持这种协作和确保它按照计划游戏的规则进行的方面起着关键作用。举例来说，在协商过程中，PO 质疑开发人员的估算是不恰当的做法。但是，PO 询问故事的哪些方面导致了高估算，并协商以较低成本交付故事价值的替代方法是恰当的做法。

对团队透支的补救措施有以下几种：

- 使用成本较低，但能提供类似功能的技术解决方案（例如，用文字 UI 代替图形界面）
- 减少或取消一些开发者任务
- 通过删除验收标准来缩小故事的规模
- 从迭代待办项列表中删除整个故事，并将其推迟到未来的迭代中

确保在协商过程中遵循计划游戏规则。只有团队可以决定自己能承担多少工作，也只有客户可以决定故事在待办事项列表中的顺序。

14.10.3.5　承诺

PO 和团队评审迭代目标并视情况进行修改。团队承诺交付迭代目标，并保证在可能无法实现迭代目标时及时提醒客户。

团队预测在迭代期间将交付的故事。客户明白这是当前的最佳预测，在迭代开始之后，它可能需要被更改和取舍（例如，由于意料之外的技术难点）。

团队承诺如下：[13]

- 交付迭代目标
- 交付符合客户期望的增量
- 专注于对业务有最高价值的工作
- 利用频繁的用户反馈来调整和改进解决方案
- 在开发过程中一直与客户协作
- 实行持续改进

分析师的附加价值

分析师在管理干系人对敏捷计划中的承诺的含义期望方面起着至关重要的作用，使每个人都明白，计划只是一个最佳预测，它可能会发生变化，而且并不一定能交付计划中的所有故事。

BLInK 案例学习 24：开发者任务板

背景介绍

迭代计划的第 1 部分已经完成了，并已经选定了迭代中的故事。没有对迭代 1 的故事地图中的故事进行任何更改（若想查看 BLInK 故事地图，请参见第 13 章中的图 13.3）。

要求

你按要求引导开展迭代计划的第 2 部分。本次活动的可交付成果如下所示：

- 可交付成果 1：BLInK 开发者任务板

具体过程

你遵循本章提供的第 2 部分的指导性原则。团队将故事分解成开发者任务，在开发者任务板上张贴任务，认领任务，并对其进行估算。然后，你要指导团队成员确认经过估算的工作是否在他们的产能之内。

可交付成果

产生的可交付成果如下所示：

可交付成果 1：BLInK 开发者任务板，迭代 1（草稿）

图 14.4 是在讨论了前两个故事之后的开发者任务板草稿。

案例学习回顾

在本次研讨会中，团队把为迭代选定的故事分解成了开发者任务。这使他们对工作有了更深入的理解，并在此基础上进行了估算，并制定了详细的工作计划。

故事	任务	负责人	估算(小时)	已花费的时间	剩余时间
在发票上收到 BLInK的营销信息	采访市场SME，以了解 应包括的信息	芭芭拉	4		
	编码，单元测试	纳比尔	8		
	UAT	苏克西	3		
签的后可获得保费减免	分析减免保费的业务规则	芭芭拉	6		
	UI 设计	穆尼尔	4		
	与保单管理系统集成	苏克西	8		
	创建交互式减幅表	简	2		
	编码，单元测试	纳比尔	3		
	UAT	简	2		

图 14.4　BLInK 开发者任务板

14.11　设置看板

使用看板来管理和跟踪故事的进展。如果团队在使用看板框架或其他基于流程的方法，在故事通过开发中的各个阶段时，使用看板来管理故事流。如果团队使用的是时间盒方法，如 Scrum、SAFe 或 XP，则使用看板来管理故事在迭代中的进展。也可以用它来管理一个季度或发布周期内的特性。表 14.2 提供了看板的概览。

看板跟踪着看板卡从左到右地在其列中移动的过程。在敏捷开发的背景下，每个看板卡代表一个特性或故事。看板上的每一列代表一个可跟踪的故事状态。

表 14.2　看板简述

是什么？	看板：用于管理和跟踪故事的工作流的公告板
什么时候？	在一个季度或一个迭代中，使用看板来跟踪特性和故事的生命周期。更新看板以反映进展
为什么？	• 对待办事项列表中的每个故事的进展提供透明的报告 • 可使用简单的拉式系统来管理工作（项目拉到右边，直到达到 WIP 限制）
提示	使用阻碍和快速跟进区域来强调高优先级的项目
可交付成果	显示了所有故事在计划范围内的状态的看板

如果要在迭代计划的第 2 部分使用看板，首先将所有为迭代计划的故事放在最左边的“待办”列中。然后，要求团队成员选择自己想做的故事卡，将所选的故事向右推进，以表示它的新状态。任何一列达到了 WIP 限制后，就不允许再添加任何项目，直到有卡片从该列中移出。

若想进一步了解如何设置看板和确定看板参数，比如 WIP 限制，请参见第 6 章的 6.5.7.7 节。

看板中的列

看板中的列（状态）没有什么标准的命名格式。第 6 章中的表 6.2 提供了一个用于跟踪故事生命周期的列的例子。如果团队使用的是基于流程的框架，比如看板，那么就使用这种类型的看板（该表只是一个示例；实际的列名可能有所不同）。

如果团队使用的是诸如 Scrum 这样的时间盒框架，就使用看板来管理迭代过程中正在开发的故事的工作流。下面的案例学习中包括了两个示例，可以作为模板来使用。

图 14.5 是一个比较简约的版本，其中只有三个主要的列：待办、WIP 和已完成。在 WIP 下还为阻碍（blocker）——因为存在障碍而无法进展到“已完成”状态的故事——设置了一个分栏。受到阻碍的故事旁边会附有注释，说明阻碍的性质和状态。阻碍一栏提醒团队注意障碍，这样就可以轻松地发现问题并迅速加以解决。图中显示了两个这样的阻碍：SME 不可用阻碍了一个故事，而另一个故事则被缺陷所阻碍。

图 14.6 是一个扩展版看板的例子，其中有许多个状态列。为迭代计划的所有故事一开始都在"待办"列中。一位团队成员（通常是分析师）选择一个要分析的故事，并把它移到 BA WIP（商业分析工作进行中）列。当完成了分析工作，可以开始开发时，分析师会把故事移到"待开发"列。通过这样的中间待办列，可以更容易地发现那些处于停滞状态，等待被团队成员选择的故事。接下来，一位团队成员从"待开发"列中选择一个故事，并将其移至"开发 WIP"列。如果有障碍物阻碍了故事的进展，故事就会被转移到"阻碍"列中。

故事开发完成后，就会从"等待部署"移动到"测试中"再到"测试 WIP"最后到"已完成"。

图中还包括另一个团队认为有益的特性——快速通道列，用于那些需要在迭代中加急处理的故事。

BLInK 案例学习 25：看板

背景介绍

你按要求提出一种机制来在迭代期间管理和跟踪故事。你选择使用看板。团队和 PO 不是很确定自己的需求，并希望你能提供几个选项。

要求

本次活动的可交付成果如下所示：

- 可交付成果 1：BLInK 看板——选项 1（极简版）
- 可交付成果 2：BLInK 看板——选项 2（扩展版）

具体过程

你开发了两个方案，一个是有少数几个状态的极简方案，一个是更细化地进行跟踪的扩展方案。你向 PO 和团队介绍了这两个方案。你要求团队讨论需要解决的各种工作流问题，并评估各个方案能对解决这些问题起到什么作用。你建议团队成员使用能满足他们需求的最精简的方案，或者将最有用的元素合并到一个新的看板设计方案中。

可交付成果

本次研讨会的成果如下所示：

可交付成果 1：BLInK 看板—极简方案

图 14.5 展示了 BLInK 的极简版看板，其中包含一些可能会在迭代过程中出现的故事的示例。

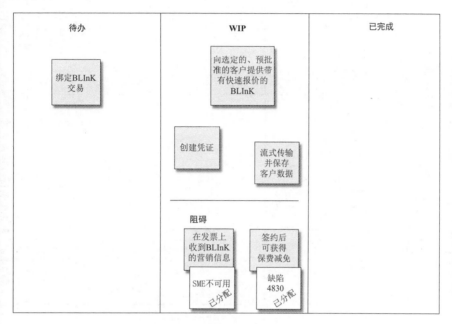

图 14.5 BLInK 看板（极简方案）

可交付成果 2：BLInK 看板—扩展方案

图 14.6 是一个扩展版看板方案，它出现在迭代的开始阶段。

案例学习回顾

扩展方案突出了工作流步骤，参会人很中意这一点，因为这使他们能更清楚地看出工作在哪一步堆积了起来（举例来说，无论是在分析、开发还是测试中）。他们也喜欢快速通道，因为它可以帮助他们了解优先级高的故事的进展情况。他们选择了选项 2。

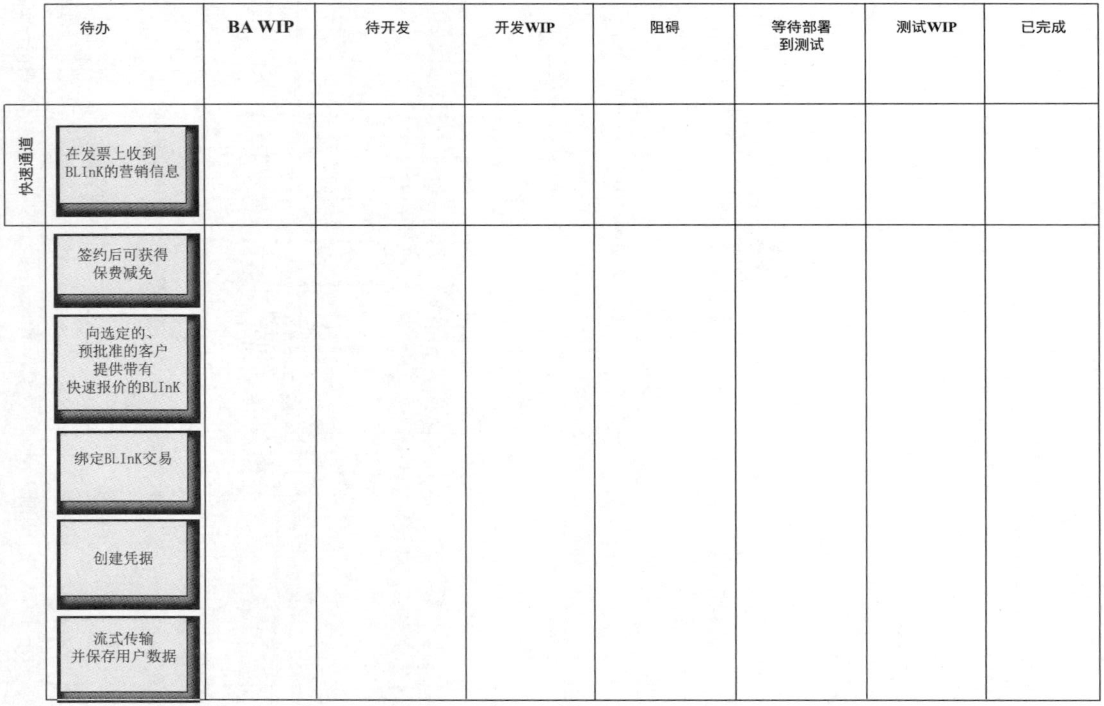

待办		BA WIP	待开发	开发WIP	阻碍	等待部署到测试	测试WIP	已完成
	客户期望想要							
	在发票上收到BLInK的营销信息							
	签约后可获得保费减免							
	向选定的、预批准的客户提供带有快速报价的BLInK							
	绑定BLInK交易							
	创建凭据							
	流式传输并保存用户数据							

图 14.6　BLInK看板（扩展方案）

14.12　扩展迭代计划

目前为止，本章都聚焦于单个团队的计划需求。那么，拥有众多协作团队的规模化敏捷组织该怎么办？在这种情况下，计划思路和单个团队的计划基本相同，不过有一些调整。首先，所有团队的代表会面，为自己的团队选择故事。接下来，团队各自计划迭代。最后，他们再次会面，协调他们的最终计划。

若想查看规模化举措的迭代计划的相关指导，请参见第 17 章的 17.9.5 节。

14.13　特性预览会议

特性预览会议——也称为滚动式前瞻会议 [14]——是一个只有十分钟的小会，其目的是检视接下来的项目，以便提前对障碍有充分的了解，从而能及时解决这些问题。

参会人包括开发团队和 PO（客户）。这一活动的输入是团队的预测产能和一个已按照优先级排序的、可估算的产品待办事项列表。可交付成果是一个包含接下来的故事和障碍的列表。

14.13.1　特性预览的目标

特性预览的目标是确定实施前需要考虑的准备工作、依赖关系和障碍。讨论应该保持在高层次上，并把重点放在提出问题，而不是解决问题上。举例来说，不要在这个会议上把故事分解为开发者任务。

14.13.2　时间安排方面的考虑

如果团队使用的是基于流程的方法，比如看板，就滚动进行特性预览，展望排在未来几周的故事。

如果团队使用的是时间盒，比如 Scrum，则在迭代计划会议后立即进行特性预览，展望当前迭代后面的一到两个迭代的故事。为了定位这些故事，在产品待办事项列表中找到当前迭代中的项目后面的第一个项目。然后，从这个项目开始向后选择故事，将它们的故事点相加，直到达到预期速度的两倍。这些就是将在特性预览会议中讨论的故事。

14.13.3　为什么要提前两个迭代

为什么要展望后两个迭代？一个不就够了吗？让我们通过一个例子来解释这么做的原因。假设在迭代 1 开始时的特性预览会议上，团队注意到了团队之间存在依赖关系。它的一个故事——故事 X——在另一个团队完成故事 Y 之前，是不能开始处理的。你提醒了另一个团队，但他们已经制定好了这个迭代的计划，因此在迭代 2 之前无法开始处理故事 Y。这意味着你的团队要到再之后的迭代——迭代 3——才能实施故事 X。这就是为什么要在实施之前预览两个迭代中的故事。

不过，需要注意的是，如果团队使用的是看板方法，就不需要提前那么多了。因为在实施之前，随时能很容易地重新确定一个故事的优先级。完全不需要等到迭代结束。

14.14　小结

以下是本章涉及的要点。

1. 在迭代计划第 1 部分"预测将完成的任务"中，指定迭代目标并预测迭代期间将交付什么。
2. 在迭代计划第 2 部分"计划实施"中，确定工作的完成方式。故事通常会在此期间被分解为开发者任务。
3. 迭代待办事项列表中包含了为迭代选定的故事和实施它们的计划。
4. 使用开发者任务板来估算和管理开发者任务这一级别的工作。
5. 设置看板来跟踪故事的进展。
6. 举行简短的特性预览会议，提醒团队注意接下来可能出现的障碍。

14.15　下一个主题

本章带你了解了迭代和故事计划。第 15 章将聚焦于故事被接受后进入开发后的日常分析活动。

注释

1 Ivar Jacobson, Ian Spence, and Kurt Bittner, *Use-Case 2.0: The Guide to Succeeding with Use Cases*, Ivar Jacobson International, 2011, 42, https://www.ivarjacobson.com/sites/default/files/field_iji_file/article/use-case_2_0_jan11.pdf

2 Mike Cohn, *Succeeding with Agile: Software Development Using Scrum* (Boston: Addison-Wesley, 2009), 399.

3 The Scrum Guide advises a "maximum of 8 hours for a one-month sprint." (Ken Schwaber and Jeff Sutherland, *The Scrum Guide: The Definitive Guide to Scrum—The Rules of the Game*, 2020, 9, https://www.scrumguides.org. Cohn advises 1 hour to 1 day (Mike Cohn, *Succeeding with Agile: Software Development Using Scrum*[Boston: Addison-Wesley, 2010], 334).

4 Schwaber and Sutherland, *The Scrum Guide*, 11.

5   Schwaber and Sutherland, 11.

6 Schwaber and Sutherland, 11.

7 Mary Poppendieck and Tom Poppendieck, *Lean Software Development: An Agile Toolkit* (Boston: Addison-Wesley, 2003), 81.

8 由罗恩·希利提出。

9 精益软件开发中的"thrashing（颠簸）"这一术语是从硬件开发中借鉴来的，它指的是快速、低效的内存交换。

10 Schwaber and Sutherland, *The Scrum Guide*, 8.

11 Mike Cohn, "Sprint Planning Meeting," Mountain Goat Software, September 21, 2019, https://www.mountaingoatsoftware.com/agile/scrum/meetings/sprint-planning-meeting

12 Kent Beck, "Steering Phase," in *Extreme Programming Explained: Embrace Change*(Reading, MA: Addison-Wesley, 1999), 54.

13 Barry Overeem, "Myth 2: The Sprint Backlog Can't Change during the Sprint," October 30, 2017, https://www.scrum.org/resources/blog/myth-2-sprint-backlog-cant-change-during-sprint

14 Cohn, *Succeeding with Agile*, 334.

第 15 章　滚动式分析和准备：日常活动　■

前面几章研究了在举措开始时进行的分析和准备工作。本章的重点是实施过程中的分析任务。这些任务在故事被接受进入开发阶段时滚动式发生。图 15.1 中重点标出了本章所涉及的活动。

本章包括了在日常工作中更新和检查进度的引导师指南。它解释了如何使用开发者任务板、看板、燃尽图、燃起图和累积流程图来跟踪任务和故事的进展。本章还将描述如何使用漏斗图和行为趋势漏斗（behavior-trended funnel）来分析客户行为。此外，本章还将提供实施可追踪性、更新持久性商业分析（BA）信息（如用例模型）以及持续集成、测试和交付故事的指南。

接下来，本章转向未来的工作项，解释如何在实施之前滚动式准备史诗、特性和故事。

本章还将解释如何在迭代过程中管理范围变化。最后，本章将提供结束迭代的指南，包括引导迭代评审和回顾会议的指南以及用于衡量和评估进展的工具。

本章将继续进行贯穿全书的案例学习。

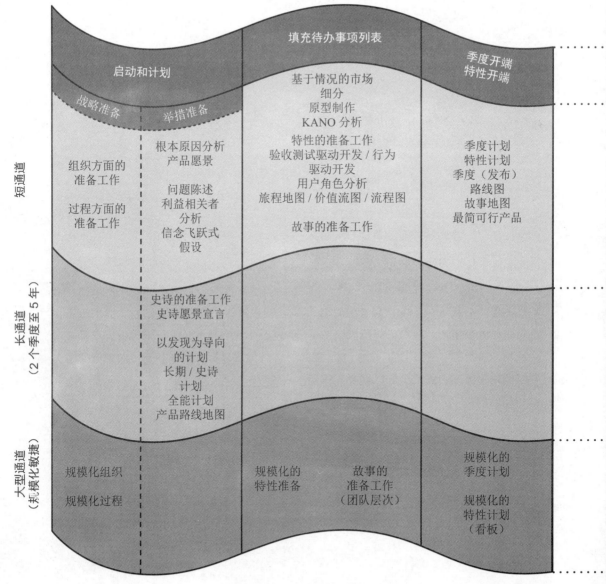

图 15.1　全景图中的第 15 章

日常活动

季度收尾史诗、特性收尾

迭代开端

迭代收尾

每日站会

需求分析与记录

编码、构建、测试、交付验收测试驱动开发 / 行为驱动开发

最简可行产品，分割测试

史诗、特性的准备工作

故事的准备工作

迭代计划

迭代评审会

迭代回顾

为正式发布做准备

季度回顾

史诗、特性回顾

转向或继续

规模化的迭代计划

迭代计划（团队层次）

产品负责人委员会的会议

DevOps

用户特别小组的会议

规模化的特性准备（看板）

集成会议

故事的准备工作（团队层次）

规模化的迭代评审

规模化的迭代回顾

迭代回顾（团队层次）

DevOps

规模化的季度 / 特性回顾

15.1　目标

本章将帮助大家实现以下目标：

- 在开发开始后，进行滚动、增量式的故事分析
- 举行并参与每日站会和跟进会议
- 跟踪需求的进展，诊断问题，并预测完成时间
- 了解如何解读燃尽图、燃起图和累积流程图，并有效地利用它们
- 知道如何测试故事和验证它们的价值主张，使用分割测试和漏斗指标来衡量结果和分析行为
- 管理迭代过程中的范围和优先级的变化
- 准备 BA 信息的持续更新，比如流程和用例模型
- 准备好产品待办事项列表中接下来的特性和故事
- 引导并参与迭代评审 / 演示会议和迭代回顾会议

15.2　本章在全景图中的位置

如图 15.1 所示，本章研究"日常活动"和"迭代收尾"区域内的故事的准备工作和其他活动。日常活动包括每日站会；需求分析和记录；编码、构建、测试和交付；最简可行产品（MVP）和分割测试；史诗、特性和故事的准备工作。

15.3　滚动分析的概述

前面的章节介绍了在举措开始时待办事项列表的初步填充和准备工作。在即将开始实施时，故事将被充分地准备，足以被可靠地估算，并且可以在没有障碍的情况下开始开发。分析工作则并没有完成——这是为了留出学习的空间，避免浪费而故意为之的，以防需求改变或故事的优先级被降低。

开始实施后，仍然要在设计分析故事的同时继续分析故事。还要在产品待办事项列表中的后续故事、特性和史诗向队列的顶端推进的同时，做好它们的准备工作。

为了对此时的分析工作有大致的了解，让我们来看看在开发工作开始后，敏捷分析师的日常是什么样的。

15.3.1 敏捷分析师的一天

每天的工作都开始于每日站会——一个使团队成员步调一致以及报告进展状况的会议。如果团队刚开始接触敏捷开发，你可以引导最开始的几次会议，并指导其他人接手。在会议期间，团队成员向团队汇报计划的最新情况，并与其他人协调，根据不断变化的情况做出调整。例如，在一次会议上，团队成员提到意料之外的技术难点导致了延误。为了解决这个问题，你在跟进会议中与产品负责人（PO）和开发人员会面，协商将故事的验收标准，甚至是整个故事推迟，以赶上时间安排。

按照持续集成和持续交付（CI/CD）实践，随着各个故事完成编码和单元测试，构建－测试－交付周期持续地进行着。客户——用户或用户代表——根据其验收标准对每个故事进行测试。如果客户对故事不满意，就会进行另一轮的分析、编码和测试。在客户认为故事足够完整，可以在客户选定的时间发布，并且故事满足完成的定义（DoD）的情况下，故事就被视为已完成并交付给客户。"交付给客户"意味着解决方案是可靠的，并且处于可以由客户决定是发布到市场还是投入生产的状态。不过，客户可能会因为各种原因决定将故事的发布延后（例如，因为特性还不够丰富，没有竞争力，或者还缺少其他必要的价值流步骤）。

当前故事的工作接近尾声时，把注意力集中在产品待办事项列表中的接下来要开发的项目上。在本例中，假设你的团队使用的是时间盒框架，比如 Scrum 或极限编程（XP）。在这种情况下，你要检查的项目是那些在待办事项列表中排在未来的一两个迭代中的项目。你要向 PO 确认这些项目的价值，以确保它们仍有较高的优先级。准备好这些故事，以便在计划和实施时，它们处于已就绪状态。

在一个史诗或季度的中间点，开始为下一个史诗或季度做准备（参见第 10 章）。随着接下来的特性越来越临近实施，你要让它们处于特性就绪状态。举例来说，把它们拆分成它们的主要故事。如果团队实行的是季度计划，就要在季度计划会议前准备好本季度的所有特性。在这个过程中，一旦发现有新的或改变了的 BA 信息值得保存下来以备将来参考时，就把它记录下来——举例来说，通过更新特性文件和业务流程模型。

无论团队使用的是基于流程的计划方法，比如看板，还是时间盒方法，都要以类似的方式进行分析。这两种计划方法之间的主要区别在于，在基于流程的计划中，团队只接受单个文件中的项目进入开发；与此相对地，使用时间盒式计划时，团队在迭代计划期间一次性地接受一组故事。使用时间盒方法会丢失一些敏捷性，因为计划被写下来后再更改它会面临更大的阻力。然而，时间盒式计划的好处在于，由于所有团队的开始和结束时间都是一样的，所以它能简化在整个产品中进行协调和为工作进行优先级排序的过程。

最后，团队展示工作，并举行回顾会议，以便持续改进。如果团队使用的是时间盒方法，就在每个迭代结束时开展这些活动。

以上对实施开始后的滚动式分析进行了简要介绍。下面的小节将更详细地介绍该过程。

15.3.2　分析任务概述

持续进行的分析任务可能包括以下内容：

- 进一步细化验收标准和开发测试案例
- 开发线框图、低保真的和高保真原型
- 征求意见和反馈——包括一对一和小组访谈、工作跟踪、问卷调查和数据分析
- 研究现有文件的
- 需求分析，包括输入和输出的规范、数据验证规则、业务规则分析、流程分析和数据建模
- 监控任务和故事的进展
  在编码-构建-测试-交付的周期中对故事进行测试和验证
- 管理迭代开始后的范围变化
- 更新 BA 信息文档（如流程模型、用例模型等）
- 需求追踪
- 史诗、特性和故事的准备工作

本章的重点是需求分析、进度监控、故事测试、验收标准、范围变更、BA 信息以及特性、故事和其他需求工件的跟踪和准备。

15.4 更新任务进度

像对待其他与故事相关的开发者任务一样对待分析任务（记住，开发者任务不仅包括编码，还包括其余所有被算在团队预算中的工作）。在执行分析工作之前，至少要提前几天将其分解为耗时一天或更短的开发者任务，并在开发者任务板上跟踪它们的进度。若想查看更新开发者任务板的指南，请参见本章的第 15.7.3 节。

15.5 Traid 指导性原则

在 Traid 会议的背景下继续获取和分析故事的需求，如第 13 章中讨论的那样。确保在讨论故事的时候有以下视角在场：商业、质量保证（QA）和开发。

若想进一步了解 Traid，请参见第 13 章的 13.6.3 节。

15.6 可以对开发者任务采取的行动

你和团队可以对一个开发者任务或故事采取以下行动：[1]

- 执行任务：如果任务在你的能力范围内，你可以认领任务并执行它
- 更新和检查进度：定期更新开发者任务的已花费时间和剩余时间。每天更新故事和工作日志（描述所做工作的简短说明）——举个例子，可以使用 Jira 或其他电子待办事项列表工具
- 补救：如果做出了过度承诺，可以要求采取补救行动来解决这个问题。补救行动包括减少故事的验收标准，删除开发者任务，将任务转交给另一个团队成员，为一个团队成员提供额外的支持，以及将一个故事推迟到另一个迭代中
- 测试：当需求被实施后，客户根据其验收标准测试故事。如果客户对符合验收标准的故事感到不满意，故事就会被送回，以进行进一步的分析、开发和测试循环
- 蜂拥而上：如果一个价值很高的故事面临着不能及时交付的风险，团队可以蜂拥而上，一起做这个故事，并在必要时放弃价值较低的工作。这种蜂拥而上的工作方式强化了这样一个概念：整个团队共同负责要交付给客户的价值[2]

15.7 监控进展

通过每日站会等活动以及开发者任务板和燃尽图等工件，团队成员定期向彼此的汇报最新情况并检查进度。

15.7.1 每日站会

每天，团队都会召开一次快速会议，也就是每日站会（在 Scrum 中称为每日 Scrum）。每日站会是一个进行短期规划、协调和状态更新的活动，也是一个重要的检查和调整（inspect-and-adapt）工具。它是一个简单的日常机制，用于发现像团队成员超负荷工作和未被充分利用这样的问题，以便迅速采取纠正措施。这一事件的指导性原则如下所示。

15.7.1.1 自我管理

每日站会是一个自我管理活动，它没有领导者。作为一个整体，团队共同决定如何开展活动，并负责执行它。分析师或 Scrum Master 可以主持第一次会议，作为指导团队的一种方式。之后，任何一个团队成员都可以担任主持人。

15.7.1.2 目标

每日站会通过传达团队的共同目标[3]和强化进展是团队共同承担的责任这一原则来支持团队的集体观念。每日站会的主要目标是协调团队的工作，讨论当下的障碍，并提出未来可能会出现的风险，以便及时解决这些问题。每日站会的目的是识别出这些项目，而不是解决它们。如果团队使用时间盒式计划方法，那么站会的目的也包括检查迭代目标的进展情况。[4]

15.7.1.3 时间安排方面的考虑

尽量在每天的同一时间和地点召开会议。可以偶尔改变时间和地点，但这种情况应该极少发生。和普遍的观念不同，这一活动并不一定要在早上举行——尽管这是一种常见的做法，可以为开始一天的工作做好准备。然而，另一些人更喜欢把每日站会安排在一天的最后，以回顾当天的工作并为第二天的工作做计划。

会议地点应该选在展示了工作的地方（例如，在看板或开发者任务板前）。一般来说，为了保持讨论高度集中并精力充沛地开展，每日站会不应超过 15 分钟。但是，如果需要的话，可以延长会议时间，以确保每个团队成员都有机会发言（不过，需要注意的是，这个建议与 Scrum 指南相悖，后者严格规定了 15 分钟的时间限制）。

15.7.1.4　引导技巧

> 通过以下方式来保持每日站会做到言简意赅：
> - 让小组专注于发现问题，而不是解决问题，除非问题能够被迅速解决
> - 将与解决方案有关的长时间讨论和超出范围的议题转移到其他会议中（例如，转移到跟进会议中）
> - 实行"两只手规则"：任何团队成员都可以举手，表示讨论正在偏离主题。如果有第二个人举手，就意味着讨论应该结束了

15.7.1.5　哪些人应该参加每日站会

由于每日站会是一个加强协作的内部会议，所有团队成员都应该出席，包括测试人员、程序员、用户体验设计师和分析师。其他人也可以参加，但只能以旁观者的身份参加。

那么 PO 呢？

虽然每日站会是个内部会议，但 PO 可以作为旁观者参加。让 PO 参加的好处是，他们可以迅速了解障碍，并能够解答问题。一些团队选择不邀请 PO 的原因是担心 PO 会主导活动，把它变成一个进度报告会议。但一开始最好还是要邀请 PO，如果他们的参与被证明是破坏性的，就停止这种做法。这个问题往往会自行消失。许多团队报告说，一开始还坚持要参加每日站会的 PO 通常来了几次就不来了，因为他们意识到自己并没有什么在场的必要。

有趣的是，《Scrum 指南》最开始把参会人限定为"开发团队"，[5] 导致 PO 被排除在外。然而，它后来却改变了立场，允许 PO 在特定情况下参加每日站会。[6]

15.7.1.6　向团队汇报最新情况

团队成员向其他成员汇报他们的工作的最新情况。这个过程的重点在于讨论，而不是提问。虽然没有什么强制性的议题，但每个团队成员通常都会依次谈及以下三个问题：

- 自上次会议以来，我完成了什么？
- 在下一次会议之前，我将进行哪些工作？
- 对于当前或未来的工作，我预见了哪些可能会让团队难以实现目标的障碍？

有些团队喜欢最先解决障碍的问题，因为它是最为紧迫的。把未来的工作也囊括在问题中，是为了确保成员能在了解到接下来的故事时，立即提出问题，而不是等到故事进入开发阶段后再提出。

如果一个问题能被快速解决，团队就在会议期间制定解决方案。否则，主持人就将问题记录在改进板上，以待另行讨论（例如，在每日站会之后的跟进会议上）。若想查看指南，请参见下一节。

根据任务板展开讨论

举行每日站会的另一种方式是根据任务板展开讨论。使用这种方法时，主持人从一个故事推进到另一个故事，而不是从一个人到另一个人。可以使用前文中提到的三个问题的变体：

- 团队昨天完成了这个故事中的什么工作？
- 团队今天将进行这个故事中的什么工作？
- 有什么障碍会使团队难以在计划的时间内完成这个故事或未来的工作？

首先讨论最紧迫的项目。如果使用的是看板，就从被指定为阻碍的故事和优先级较高的项目开始（在图 15.3 的看板例子中，这些是"阻碍"一栏和"快速通道"中的故事）。然后，从最接近完成的项目开始，从右到左，从上到下，依次讨论其余的项目。[7] 所有成员都可以参与对任何故事的讨论。

这种方法的好处是，它的重点在工作上，而不是在各个成员身上，并且它鼓励团队积极地讨论和合作。这种方法与机械式的"我做了 X，我要做 Y"形成了鲜明对比，在使用另一种方法时，很容易出现后面那种情况。缺点是可能无法听到所有人的意见，因为内向的成员可能不愿意发言。

15.7.1.7　预测

在状态更新之后，团队要衡量进展并更新预测。这可以使用各种工具来完成，包括看板、开发者任务板、每日燃尽图和累积流程图。本章后面将深入讨论这些工具。如果团队使用的是时间盒方法，比如 Scrum，也可以在这个时候更新迭代待办事项列表。

在会议结束前，主持人要询问成员们是否还有其他想要提出的问题。

15.7.2　跟进会议

保持每日站会简短经验的策略之一是每天都安排一个更有针对性的跟进会议。感兴趣的团队成员一同召开跟进会议，以解决站会中提出的待解决问题。在每天的同一时间，为跟进会议保留大约 30 到 40 分钟。[8] 也可以在此期间对开发者任务板进行更新。

接下来让我们研究一下用于跟踪和检查进度的工件。

15.7.3　更新开发者任务板

在第 14 章中，我们学会了如何在迭代开始时创建开发者任务板。它列出了开发者任务和信息项目，比如任务的总估算和任务的剩余时间。第 14 章中的图 14.2 就是一个在迭代计划中创建的例子。开始实施后，团队成员要定期更新开发者任务板，至少要每天更新一次。可以在完成任务时临时更新，也可以在计划的时间更新，比如在每日站会或跟进会议中。

图 15.2 延续了图 14.2 的例子，展示了迭代期间的开发者任务板。

故事	开发者任务	负责人	估算 （小时）	已花费 的时间	剩余时间
提交索赔	引出数据验证需求	芭芭拉	4	4	4
	测试案例	简	1	1	1
	创建用户界面	穆尼尔	8	5	4
	搜索保单	苏克西	2	3	0
	编写索赔记录	苏克西	2	0	2
	执行测试	简	2	0	2
指派理赔师	创建用户界面	苏克西	1	1	1
	与日历集成	穆尼尔	8	1	7

图 15.2　更新后的开发者任务板

图 15.2 显示，开发者任务"创建用户界面"的估算为 8 个小时，尽管已经花费了 5 个小时，但剩余时间还有 4 个小时。这并不是算错了，而是一开始的估算太低了。同样地，在"搜索保单"任务上已经花费了 3 个小时，比估算的 2 个小时要高。通过将最初的估算和实际情况结合在一起，开发者任务板帮助团队成员利用以往的经验来改善他们未来的预测。

15.7.4　更新看板

看板是另一个可用于检查进度的可视化工具。正如我们在第 14 章中所看到的，它被用来管理和跟踪故事在开发过程中的状态。看板对于团队来说非常有用——无论团队在使用基于流程的看板框架，还是在使用诸如 Scrum、XP 或规模化敏捷框架（SAFe）这样的时间盒方法。

如果团队采用的是基于流程的框架，那么故事就会在产能有空余时在看板的各列中不断被拉动。如果团队使用的是时间盒框架，那么所有故事都在同一时间进入迭代，但迭代开始后，故事就会连续在看板中被拉动。图 15.3 是 BLInK 案例学习中，迭代中期时的看板示例。

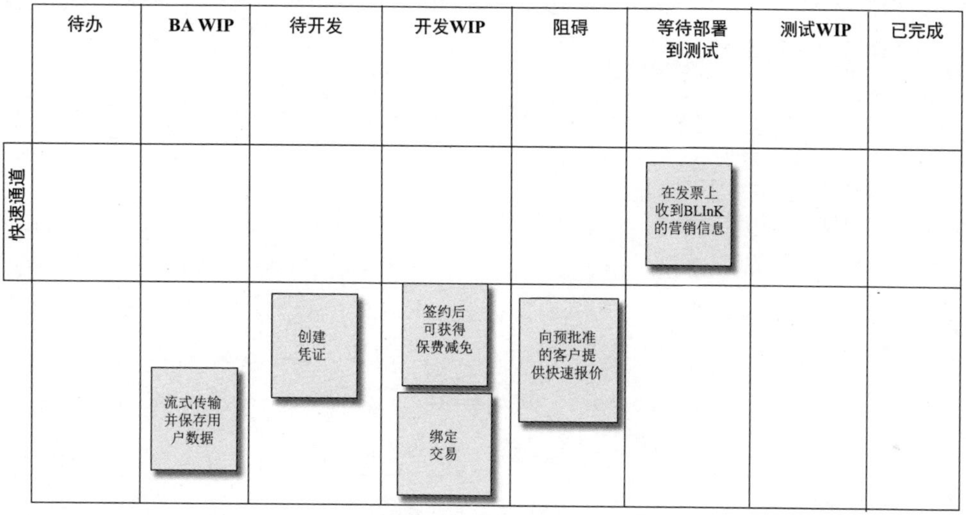

	待办	BA WIP	待开发	开发WIP	阻碍	等待部署到测试	测试WIP	已完成
快速通道						在发票上收到BLInK的营销信息		
		流式传输并保存用户数据	创建凭证	签约后可获得保费减免 绑定交易	向预批准的客户提供快速报价			

图 15.3 BLInK 看板

该图显示了故事在某个特定时间点的状态。举例来说，"流式传输并保存用户数据"这一故事处于 BA WIP 状态（或队列），表明 BA 工作正在进行中。"创建凭证"处于待开发状态：BA 工作已经完成，但故事的实施尚未开始。

15.7.4.1 在看板中推进故事的看板规则

应用以下规则来在看板中移动故事：

- 规则 1：只要不违反规则 2，任何有能力推进某个故事的人都可以将其向右移动
- 规则 2：队列中的项目数量不能超过为该列设置的最大在制品（WIP）限制

- 规则 3：也可以向左移动项目（例如，当一个项目在测试失败后被退回到开发中时）

15.7.4.2 看板的状态的生命周期（状态迁移图）

图 15.4 中的状态迁移图展示了一个故事在图 15.3 所示的看板的各个状态（列）间移动的生命周期。这张图是故事在看板上如何推进和回退的一个例子。实际的状态迁移可能有所不同。

图 15.4 中的每个圆角矩形都代表着故事的一个状态——由它所在的看板队列（列）来表示。该图叙述了以下情况

所有被选中进行开发的故事都从最左边的队列——"待办"——开始。如果团队使用时间盒计划（如 Scrum 或 XP），这些故事就是在迭代计划期间进入迭代待办事项列表中的故事。假设"BA WIP"队列还未达到上限，一个有空的分析师（即具有分析能力的人）会拿起"待办"列中最上方的故事，将其移至"BA WIP"队列中，并开始处理它。如果"BA WIP"队列已满，分析师可以协助其他团队成员。

对一个故事进行了充分的分析，足以开始开发后，分析师就会把这个故事移到"待开发"队列中，然后故事待在那里，直到被软件工程师认领，被移到开发 WIP 中。当故事位于"开发 WIP"队列中时，分析将会继续进行，UI 原型被设计并向用户展示，自动测试被创建，故事被编码，单元测试，并根据其验收标准进行验证。

如果故事遇到了障碍（例如，技术问题或难以联系干系人），它就会进入阻碍状态并被标记。这个状态对应的是图 15.3 中的"阻碍"列。根据 15.6 节中描述的补救步骤的指导方针来处理被标记的故事。举例来说，可以缩小故事的规模，为提供更多与干系人联系的机会，或者提供技术援助。障碍被消除后，故事就会回到"开发 WIP"中。

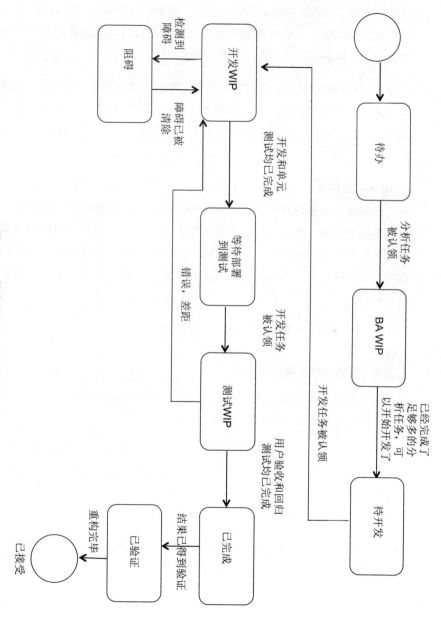

图 15.4　故事状态迁移图示例

当代码通过了所有低级别的技术测试后，故事就会进入"测试 WIP"，此时客户——用户或用户代表——会根据验收标准对故事进行测试。如果客户认为该故事还不能被发布，它就会被退回"开发 WIP"中。

在故事通过验收测试后，它就会被移到"等待部署到测试"队列中，等待最终测试。接下来，它被部署到测试，并被移到"测试 WIP"列。在这一状态下，故事要经过高级别的集成测试、回归测试和最后的系统测试。故事满足 DoD 后，它就会被视为已完成。

图 15.4 中还展示了故事完成之后的另一个步骤。在客户决定将故事部署到 beta 测试中（通常是和其他为该特性开发的故事一起）后，收集指标以验证这项改动是否实现了其经营目标。举例来说，它是否提高了从浏览者到购物者的转换率？故事的目标得到验证后，就会开展最后的工作，比如性能调整和最终测试。完成这些工作之后，该特性就会被接受为产品的一部分，并被正式发布（GA），让广大用户群体都可以接触到它。

若想进一步了解发布故事和特性，请参见第 16 章。

15.7.5　用每日燃尽图监控进度

使用每日燃尽图来显示进度，反映趋势，并预测何时能够完成工作。X 轴代表已用时间。Y 轴代表剩余的工作量。

该图表可用于检查故事层面或开发者任务层面的进展。如果要跟踪开发者任务的进展，请使用实时单位。如果要跟踪故事的进展，请使用故事估算单位（例如，总故事点或理想开发者日 [IDD]）。

15.7.5.1　主要元素

图 15.5 是一个用于检查迭代待办事项列表中的开发任务的进度的每日燃尽图示例。该图表随着任务的完成和进入而更新。

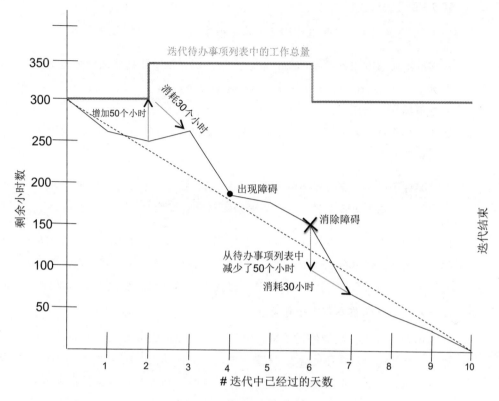

图 15.5 开发者任务的燃尽图

图 15.5 中向右下方延伸的实线（从 300 小时开始，呈 Z 字形下降到 0）代表着完成迭代待办事项列表中的剩余开发任务的时间。如果实线位于虚线之上，则表明生产力低于预期，开发者任务可能无法被及时完成。

在任意时间想预测待办事项列表中的所有开发者任务的完成日期时，可以根据绩效趋势预测实线，如 15.7.5.5 节所述。

15.7.5.2 可选元素

图 15.5 还展示了有助于加强理解的可以被囊括在图中的其他元素。

在燃尽图顶部添加范围线（scope line），以时刻显示迭代待办事项列表中的工作总量。举例来说，图 15.5 中的范围线显示，在第 2 天，由于增加了 50 小时的工作，迭代待办事项列表的工作总量从 200 小时涨到了 250 小时。在第 6 天，同样数量的工作被从待办事项列表中删除。范围线的变化提供了一种解释这几天中剩余时间的不寻常变化的方法。

关键事件可以用圆点或其他符号表示。举例来说，图 15.5 显示了第 4 天的一个事件：出现障碍。图中第 6 天的"×"则表示障碍已被消除。

虚线箭头可以用来解释变化。例如，在图 15.5 中，剩余工作量（实线）在第 3 天增长了，这个情况看上去很令人惊讶。虚线解释了发生这一变化的原因，表明增加了 50 个小时的工作，同时有 30 个小时的工作已被完成，这导致剩余工作量净增 20 个小时。

15.7.5.3 在每日燃尽图中跟踪故事

在前面的例子中，我们使用了每日燃尽图表来跟踪任务层面的进展。每日燃尽图也可以用于追踪故事层面的进展。在这种情况下，Y 轴代表剩余的故事估算单位（例如，故事点或 IDD），而 X 轴代表迭代中已经过的时间。图表至少要每天更新一次，以反映当前的进展情况（例如，在每日展会期间进行更新）。故事必须先完成，才能使剩余的估算单位得以减少。

图 15.6 是一个用于检查迭代中故事层面的进展的每日燃尽图示例。

你可能想知道，为什么在图 15.6 中，剩余故事点数在第 5、7 和 9 天都没有下降。这是因为这几天中并没有完成任何故事，尽管完成了一些工作。

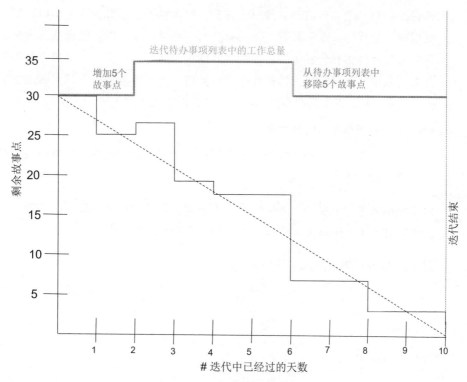

图 15.6　故事的每日燃尽图

15.7.5.4　最好用燃尽图跟踪开发者任务还是故事

一些团队和实践领导者喜欢从开发者任务层面（如图 15.5）而不是故事层面上跟踪进度，因为任务更加细化，能为预测提供更好的依据。另一些人则坚持只在故事层面上跟踪进展（图 15.6），因为这么做能够防止管理者把员工当作资源对待。另外，由于只有在各个故事完成后才会进行更新，因此将跟踪限制在故事层面可以防止任务层面的微观管理。

为了两全其美，可以让 Y 轴代表任务的总剩余时间，但不要在完成故事中的任务后更新图表。而是等到整个故事完成后，将其中所有开发者任务的估算值相加。举例来说，如果一个故事被分解成两个任务，每个任务被估算为 4 个小时，那么当故事完成时，就从待办事项列表工作的剩余时间中减去 8 小时。使用这种方法能够得到开发者任务的估算所提供的更准确的预测；但是，这些信息不能用于微观管理，因为直到故事被完成之前，指标都不会被更新。这种方法相当于使用每个故事中的任务的估算之和，而不是故事点的数量，来在图表上跟踪故事。

15.7.5.5　使用燃尽图进行预测

燃尽图的主要视角是前瞻性的。使用它们是为了预测并改善未来的绩效，而不是为了评判过去的绩效。

为了预测未来的进度，把进度线的斜率设置为基于过去绩效得出的预期速度，绘制出预测进度线。预测线与 X 轴的交点指明了预计完成日期。

图 15.7 显示了对一个团队的预测。

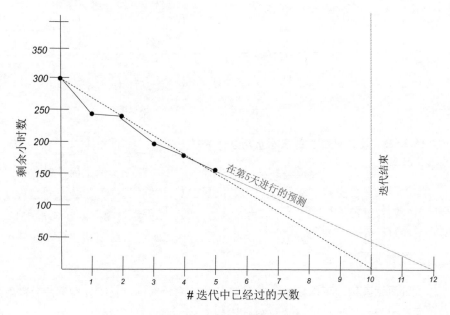

图 15.7　迭代燃尽图预测

迭代进行到 5 天时，团队的速度已经趋于稳定了。如果团队成员能保持这个速度，他们将在第 12 天到达迭代待办事项列表的末端，也就是迭代的计划结束日期之后再过两天。为了避免错过最后期限，他们需要提高绩效或减少迭代待办事项列表中的剩余工作。

15.7.5.6　使用图表进行诊断：燃尽特征

燃尽图的总体形状称为特征。通过学习识别特征，可以诊断并处理常见的生产力问题。下面会介绍燃尽图的一些关键的特征。[9]

健康的

图 15.8 是一个开发者任务燃尽图的健康特征示例。它有点曲折，但相当接近于理想的路径。大部分的波动都发生在左侧，线条越向右延伸，波动就越少。

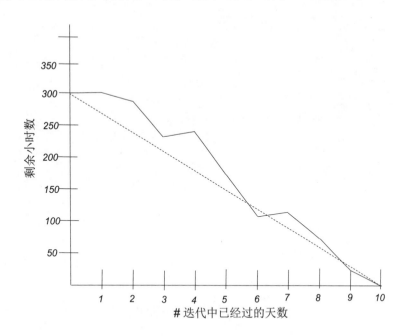

图 15.8　健康特征

这个特征表明团队正在以稳定的、可持续的速度工作，并且速度与预测相差无几。所有定期更新进度的团队都会呈现 Z 字形，因为生产力会因不可控的事件（如生病和意料之外的技术难点）而变化。事实上，笔直的线意味着跟踪系统出了问题。

最开始的波动是意料之中的，这标志着团队处于开发初期，刚开始涉足许多新事务。同样地，随着时间的推移，团队逐渐进入稳定的节奏，曲线通常会趋于平缓。

低估的

图 15.9 是一个低估特征示例。它看起来像是一座山的轮廓，起初不断地上升，直到达到一个高峰，然后急剧下降，最后变平。

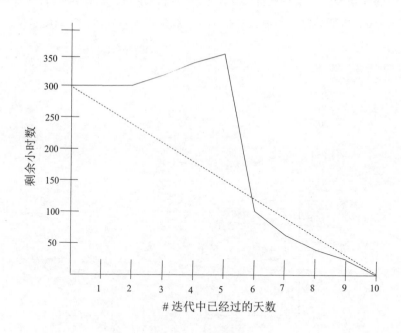

图 15.9　低估特征

最初的上升是由于有额外的开发者任务被添加到迭代待办事项列表中。这表明团队低估了它的工作量，并很快发现自己的工作量超出了预期。之后的急剧下降不太可能是因为生产力突然极度提升。更有可能的是，任务被从迭代待办事项列表中移除了，以便为之前新添加的任务腾出空间——这就导致团队在迭代结束时交付的功能比计划中的少。

在开发的前几个迭代中，团队成员还没有合作经历时，出现这种特征是很正常的。但是，如果这种特征持续存在，就表明团队一直在低估工作量。分析师应该调查其原因。可能的原因如下：

- 计划过程中一直遗漏了某些类型的开发者任务
- 故事没有得到充分的准备，导致出现意料之外的工作，以及没有充分地理解故事，无法做出可靠的估算
- 障碍没有得到及时解决，开始实施后会产生瓶颈

分析师的贡献

作为分析师，你在解决经常性低估的问题上起着关键作用。如果还没有 DoR，请先创建它，如果已经有了，请根据情况进行修改。囊括一些条件，以填补你所发现的任何反复出现的分析差距。举例来说，可以添加这样的条件：故事没有遇到障碍，并且客户和团队理解其验收标准。确保团队遵守"故事必须满足 DoR 才能纳入开发"这一规则。

高估特征

图 15.10 是一个高估特征示例。起初，这条线急剧下降，然后又急剧上升，最后趋于平缓。

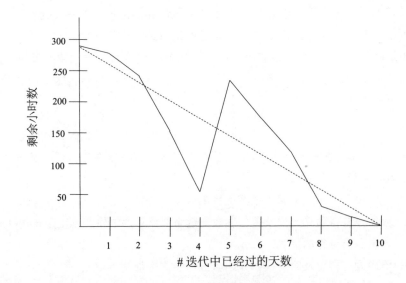

图 15.10　高估特征

这个特征表明团队一开始的工作速度远远超出了预期。这种模式经常出现在团队刚接触新问题（新技术或新的业务领域）的时候。因此，作为应对意外情况的一种手段，给出了比较高的估算。迭代开始后，生产力超出了预期，所以团队能承担额外的工作——如图 15.10 中第 5 天的突然上升所示。

如果这个特征持续存在，就意味着团队经常性高估。分析师可以通过改进估算方法和确保团队在估算故事之前更彻底地理解它们（例如，通过事先调查业务规则和技术问题）来解决这个问题。开始使用探针（如果还没有开始这么做的话）来计算产品待办事项列表中的这项工作。

15.7.6　燃起图

图 15.11 是一个燃起图。

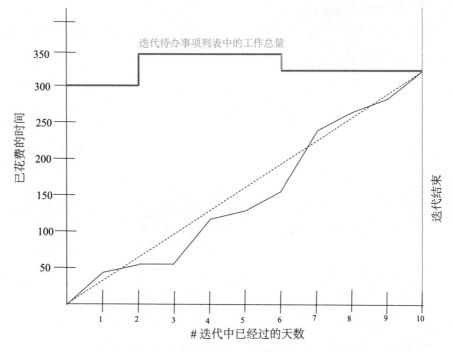

图 15.11 燃起图

燃尽图显示了迭代待办事项列表中还剩下多少工作，而燃起图显示了已经交付了多少工作。就像燃尽图一样，可以创建燃起图来衡量故事和开发者任务的进展。

15.7.7 应该使用燃尽图还是燃起图？

如果要进行预测，就使用燃尽图，因为它关注的是未来的和剩余的工作。对于诊断过去的模式以改进流程这一目的而言，燃尽图并不合适，因为它会把过去的绩效与迭代待办事项列表的变化混合在一起。对这种情况而言，最好使用燃起图，因为它只会跟踪已完成的工作，而不会跟踪范围的变化。

15.7.8　累积流程图

图 15.12 是另一个用于工作流管理和流程改进的图表示例：看板的累积流程图，也被称为纽维尔曲线（Newell curve）。

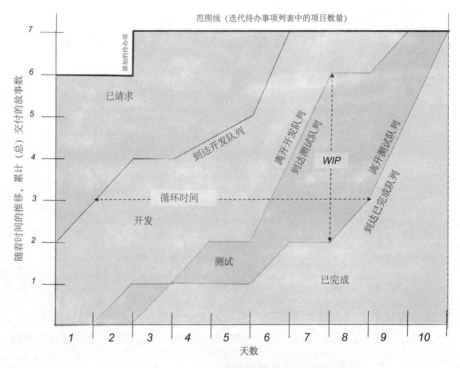

图 15.12　累积流程图的元素

该图跟踪进入和离开开发生命周期每个阶段的故事的累计总数。下面的讨论将着重于用累计流程图是如何在迭代中跟踪故事流的，但它也可以被用来跟踪任何时期中的进展。

15.7.8.1　分析师的贡献

关于累积流程图，这两点都是正确的。第一，它们对于识别生产力问题非常有用。

第二，它们不是最直观的图表。作为一名熟悉运营工作流分析中的累积流程图的商业分析师，你可以利用自己的知识来诊断产品开发中的工作流问题。

15.7.8.2　Y 轴单位

看板累积流程图中的 Y 轴单位是用来表示工作项的简单计数的。然而，如果这些工作项是故事的话，只有当故事的规模一致时，这种单位才是有意义的。如果故事的规模有明显的差异，那么这种简单的计数就很容易产生误导。通过一个队列的故事流的速度放缓可能并不代表着生产力的下降，因为一些故事可能比较大。因此，一个更好的方法是通过让 Y 轴代表故事点，而不是故事的数量，来衡量故事。

下面的讨论是在更广泛使用的方法的基础上进行的，也就是在假设故事的规模基本一致的前提下，用 Y 轴代表故事的数量。

15.7.8.3　区域

累积流程图被划分为由边界定义的区域。每个区域代表故事经过的一个阶段（看板列）。从图的左上方到右下方，区域按照它们通常出现的时间顺序排列。举例来说，在图 15.12 中，第一个区域代表第一个状态"已请求"，最后一个区域代表最终状态"已完成"。

15.7.8.4　边界

每个区域的左右两边都有边界线。左边界线代表到那一时间点已经到达该队列（状态）的项目总数。因为总数是累积性的，所以左边界线永远不会下降；它要么保持水平，要么升高。

每个区域的右边界线代表离开该队列的故事的累积总数。

15.7.8.5　解读累积流程图

为了确定一个队列的 WIP，需要测量相应区域的高度。举例来说，图 15.12 表明，第 7 天结束时，测试 WIP 是 4（6 减 2）。

若想确定在给定时间到达开发队列的第 n 个故事的周期时间，在 Y 轴的 n 处画一条水平线，并测量这条线从第一条边界线（到达开发队列）到最后一条（到达已完成队列）之间的长度。举例来说，图 15.12 表明，第 3 个到达开发队列的项目的周期时间为 7 天（8 减 1）。

若想在周期中任何时候预测完成日，请绘制出预测的"到达已完成队列"线，直到它与范围线相交。交点所对应的时间就是预计完成日期。举例来说，图 15.13 展示了在为其 10 天的迭代中，第 8 天结束时所做的预测。

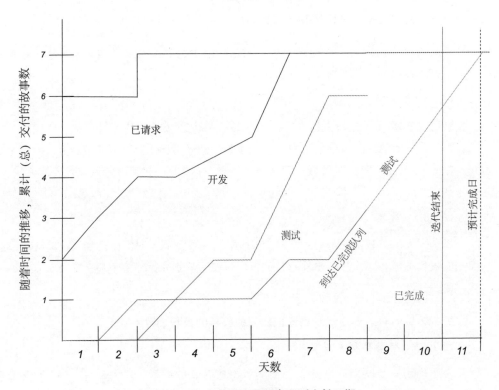

图 15.13　在累积流程图中预测交付日期

如图 15.13 所示，预计完成日是第 11 天，比迭代结束时间晚了一天。图 15.13 还表明，如果第 10 天发布增量，它将只包含该迭代所计划的 7 个故事中的 6 个。

累积流程图不仅适合用来进行预测，也适合用来诊断工作流问题以提高绩效。下面的小节将会对这一用途进行详细说明。

15.7.8.6 诊断瓶颈

如果项目到达队列的速度快于它们被处理的速度，就会出现瓶颈。可以通过在图中寻找高度（WIP）逐渐增加的区域来发现瓶颈。举例来说，在图 15.12 中，测试区域的高度在第 6 天和第 7 天时增加了。如果发现了这种情况，就需要提醒团队，以让他们解决瓶颈问题（例如，通过增加资源或重新把其他团队成员分配来协助测试人员）。

15.7.8.7 诊断生产力问题

如前文所述，第一条边界线到最后一条边界线之间的距离代表着周期时间。在一个健康的团队中，这个距离应该随着时间的推移而趋于稳定。如果向右移动时，长度反而增加了（像图 15.12 中第 7 天的情况那样），就表明周期时间在增加，生产率在下降。

15.7.8.8 诊断规模问题（故事太大）

图 15.12 展示了另一种需要注意的情况——在图表的右端，"到达已完成"线的斜度突然增大。这种情况表明，在迭代结束时，已完成的故事会大量增多。可能的原因是，故事的规模过于接近最大值，导致故事在迭代快结束时才被完成。补救措施是创建规模更小的故事，在迭代过程中以更均匀的步调完成它们。

15.8 故事测试和检查（分析－编码－构建－测试）

每个开发中的故事都要经过"分析－代码－构建－测试"的循环，直到它符合验收标准，使客户感到满意。下面是对这一过程的简要介绍。

15.8.1 "分析 – 编码 – 构建 – 测试"周期概述

分析师通过与 PO、测试人员和开发人员合作确定验收标准，来在开发之前就开始进行测试活动。分析师在特性层面上指定 AC 场景，例如，在特性文件中使用 Gherkin 语法（Given-When-Then）指定。按照测试驱动开发（TDD）的指导性原则，程序员编写单元测试，预计最初是无法通过这个测试的。完成一个单元的编码后，单元测试就会被重新运行，并预计将会通过。低级别的集成测试也被运行，以检查代码和它所通信的组件之间的直接联系。如果代码没有通过测试，它将被送回进行修改并重新测试，直到通过为止。

这个底层测试完成后，分析师要支持客户——用户或用户代表——根据故事的验收标准来测试解决方案。如果故事符合验收标准且让客户感到满意，并且满足 DoD 中的其他规定，它就会被视为已完成。

按照 CI/CD 和 DevOps 的实践，最后的集成步骤和系统测试会在故事完成后持续进行。其中包括日常构建、冒烟测试，以及自动化端到端用户验收测试（UAT）。冒烟测试（smoke test）是快速的、自动化的测试，用于验证主要功能是否可以正常运作，以开展更全面的测试。冒烟测试也可以包括对现有功能的快速而简易的测试，作为回归测试的第一阶段。在用户任务被以客户在真实情况下使用它们的方式串联起来的情况下，端到端 UAT 检查系统或产品的行为。举例来说，UAT 可能包括以下的一系列行动：

- 对于银行应用程序：一位客户开了一个账户，把钱转入账户，查看余额，取钱
- 对于保险应用程序：客户提交索赔；理赔师审查；经理批准；向客户发放赔款

UAT 包括自动化测试和手工测试。如前文所述，首先进行自动化 UAT；如果通过了这些测试，手动 UAT 就作为发布前的最后验收步骤进行。

当各个故事完成后，它被交付给客户，这意味根据客户的决定，它能够被发布到生产中。如果客户推迟部署（例如，直到该特性具有竞争力），最后的一些任务可能会被推迟到发布周期的最后阶段。第 16 章中将会研究这些任务。

所有的组织都应该按照 DevOps/CI/CD 的建议，努力使用自动化来持续且可靠地进行集成和测试。然而，在组织拥有这些能力之前，它可能需要将其中的一些活动延后。这通常在一个预留的强化迭代期间进行。

 若想进一步了解强化迭代，请参见第 16 章。

若想进一步了解 DevOps/CI/CD 实践，请参见第 17 章。

15.8.2　验证价值

针对验收标准的测试证明了一个特性的功能是符合预期的。但一个解决方案仅仅是通过了功能测试，并不意味着它值得被开发。举个例子，由于一次改动，产品可能现在能达到一切预期，而不会影响到提高客户参与度的目标。精益创业过程中还包括一个被用来证明该改动达成了预期结果的额外测试。它建议对信念飞跃式假设进行测试，以证明特性交付了商业价值。如果发现假设不成立，客户必须决定是转向新的假设还是继续尝试调整产品。如果通过测试验证了特性的价值，它就会被接受并纳入产品中，并在未来的版本中得到支持。

15.8.2.1　分割测试

为了确保得到有意义的、可操作的测试结果，使用分割测试（也叫 A/B 测试）。使用这种方法时，让一个小组——或一个群组——接触到变化，而另一个组——也就是对照组——不接触变化。收集两组人在举措前后的指标，以衡量变化的影响。也可以用这个方法来测试一个以上的解决方案，每个解决方案都对应着不同的用户群，以衡量哪个解决方案是最有效的。

15.8.2.2　何时进行分割测试

尽早并且高频率地进行分割测试。将其用作 MVP 过程的一部分，以测试信念飞跃式假设，以便在创新产品的早期开发阶段为投资决策提供参考信息。此后，在对向新特性投入大量资金之前，使用 MVP 分割测试来测试各种假设。每天都进行分割测试，以衡量对故事进行调整后所造成的影响。完成特性后再次进行测试，以确定是否要将特性纳入产品中。

15.8.2.3　分割测试是如何运作的

为了解释如何使用分割测试来验证一个特性的价值，让我们说回 Customer Engagement One（CEO），一个管理公司与客户的互动的应用程序。假设在当前迭代中，你的团队正在实施一项特性：限制免费版本的用户的访问并提醒他们存在高级版本。该特性的目标是提高免费用户到付费用户的转换率。现在假设该特性已经通过了其验收标准中指定的所有功能测试。例如，弹出提醒，限制用户访问，就像预期的那样。但这并不一定意味着这一特性应该被接受并纳入产品中，因为还无法确定它是否达成了目标。为了确定这一点，必须测量结果——在这个例子中，要测量的是对转换率的影响。

假设你让一组用户接触了这些改动，并且转换率确实有所提高。这仍然不足以证明这个故事得到了验证，因为可能是其他因素导致了这种变化，例如价格下降或一个外部事件让人们对高级版本产生了兴趣。

为了消除这种影响，精益创业的建议是采取研究人员的做法：将想测量的影响隔离，并通过使用对照组控制环境因素。在 CEO 的案例中，让一组用户（A组）接触这些更改，而让另一组用户（B组）不接触。这两组人在其他方面都应该是相似的，并且受到的环境影响相同。如果 A 组的转换率增长得比 B 组多，那么这种提升必须归因于这些更改，因为其他因素对两组的影响是相同的。

如前文所述，在进行分割测试时，不必止步于两个小组。你可以在 A 组测试界面变化，在 B 组测试另一个变化，并将 C 组用作对照组。

15.8.2.4　在分割测试中使用漏斗指标来测量结果

漏斗指标（funnel metric）衡量的是客户获取工作流中，客户从一个行为到另一个行为的流动情况。需要跟踪参与分割测试的每个小组的跟踪。例如，一个小组体验一种解决方案（A组），一个小组体验另一个不同的解决方案（B组），而对照组（C组）体验的是没有变化的版本。对这些指标进行分析，以确定哪些是有效的，以及未来工作的重点是什么。

当目标是促使客户走向期望的行为（例如，订阅和续订）时，使用转换率指标。转换率衡量的是在客户获取工作流中，从一种行为推进到另一种行为的客户比例。如图15.14所示，在流程中。越靠后的阶段，客户数量越少，这在图表中呈漏斗状。因此，这些行为被称为漏斗行为。

让我们看看如何利用这些行为和指标来支持一个依靠学习来指导产品开发的数据驱动的方法。具体步骤如下所示：

- 列出行为
- 编码 – 测试 – 学习

列出行为

第一步是确定新客户的预期漏斗行为——从他们接触产品或公司（即进入漏斗）到他们采取我们想要的步骤（例如，付款进行订阅）。回到之前的CEO应用程序的例子，逐步走向订阅的漏斗行为可能是这样的：

- 行为1：客户访问网站
- 行为2：客户下载应用程序的试用版
- 行为3：客户激活一个账户
- 行为4：客户订阅

代码 – 测试 – 学习

开发人员实施（编码）更改——例如，他们对一个故事进行了调整——并将其介绍给选定的客户群。执行每个漏斗行为的客户数量被记录下来，同时监测没有经历更改的对照组。也可以添加其他小组，每个小组接触的干预措施都不同（例如，用户故事的替代解决方案）。

漏斗图

漏斗图中展示了各个小组的结果。图15.14显示了在之前的CEO应用案例中的四个行为的基础上绘制的漏斗图。

流水线	
阶段	数量
访问网站	1000
下载应用程序	500
激活账户	400
参保	100

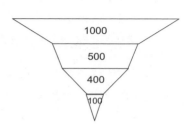

图 15.14　漏斗图

图 15.14 显示，1000 名顾客通过访问网站进入了漏斗。其中，500 人下载了应用程序的试用版，400 人激活了他们的账户，100 人订阅。

为每个接触到更改的小组和没有接触到更改的对照组创建一个漏斗图。分析这些图表，对比它们，以确定哪些干预措施是有效的，并识别出瓶颈。

行为趋势漏斗

正如前几节所讲的那样，不要等到故事完成后再跟踪漏斗指标，而是要在故事的实施过程中就跟踪它们，以测试替代解决方案和对故事的更改的有效性。

使用行为趋势漏斗来可视化漏斗的行为趋势随着更改被应用而变化的过程。图 15.15 是一个跟踪 CEO 界面变化所造成的影响的行为趋势漏斗示例。

图 15.15 中，在 6 天的周期内，每天都向一组客户展示新的调整，并测量它对漏斗行为的影响。图 15.15 中最上面的那条线显示了这组客户中执行第一个行为——访问网站——的客户所占的百分比。因为这是将顾客放入漏斗的行为，所以这一行为的比例为 100%。

下一行表示着执行下一个行为——下载免费版本的应用程序——的客户。最上方的两条线之间的垂直距离代表那些注册了但没有下载应用程序的人。任意两条线之间的较大垂直距离都表明客户获取周期中存在着瓶颈。

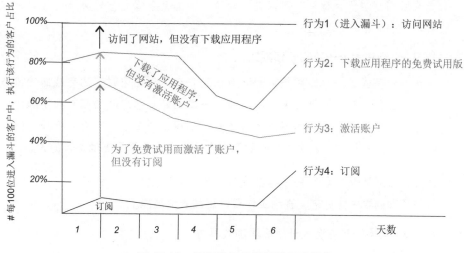

图 15.15　订阅的行为趋势的漏斗报告

假设距离随着时间的推移而减少（即，当在图中向右推进时）。在这种情况下，可以解读出行为之间的转换率由于干预措施而增加了——这是一个正向的结果。

在图 15.15 中的第 6 天结束时，行为 2（下载应用程序）和行为 3（激活账户）之间的距离最大，这意味着存在瓶颈。由此可以看出，未来应该把重点放在促使已下载应用程序的客户激活其账户上。

15.9　在迭代过程中管理范围变更

基于流程的计划方法和时间盒方法之间的一个不同之处是：开始实施后该如何处理范围变更。在基于流程的框架中，团队会在故事出现在队列中时依次对其进行承诺。因此，在故事被接受并纳入开发之前，都可以很容易地重新为故事进行优先级排序。

时间盒式计划的适应性就比较差了，因为在迭代计划期间，整个故事块都被提前接受到开发中——填满了下一次迭代的团队预算。然而，在迭代开始后仍然是可以进行变更的。一般性规则是，只要团队认同修改后的迭代待办事项列表不会超过其产能或威胁到迭代目标，就可以进行修改。下面就来看看一些具体的场景，以及如何管理它们吧。

15.9.1　当进度低于或高于预期时

更改迭代范围的一个原因是，团队意识到它在迭代结束时无法完成迭代待办事项列表中的工作。在这种情况下，团队有责任及时通知客户并协商补救措施（例如，将故事的一些验收标准延后或使用成本较低的设计方案）。作为分析师，你在支持范围协商方面起着关键的作用，你需要探索最先交付价值最高的需求的方法。

另外，如果团队发现它将会提前完成迭代待办事项列表，就应该把新的故事从产品待办事项列表中拉进来，直到工作量达到其剩余产能。

15.9.2　当 PO 想在迭代开始后添加故事时

当为了应对商业优先级的突然转变，PO 希望在迭代过程中增加故事时，该怎么办？如果团队认为它的产能足以承担增加的工作，那么故事就应该被接受并纳入迭代中。如果团队的产能不足，并且 PO 坚决认为必须增加一个新故事，那么就应该与团队协作，以对新故事进行估算，并为团队和客户之间的协商提供支持，通过从迭代待办事项列表中删除等量的工作来容纳这个工作。

需要注意的是，这种情况很少发生，因为时间盒框架的事先承诺的范围是非常短的——只有一周。频繁地让新故事空降到迭代中也并不好，因为这将导致生产力因颠簸而下降。颠簸是一种时间损失，它是由团队不得不放弃正在进行的工作而接受新工作这一任务转换过程产生的。为了避免这种后果，让双方就限制干扰的准则达成一致。举例来说，要求任何增加的故事必须在特定的规模限制之内，并且必须至少在迭代结束前的两三天提出增加故事的要求。

15.10　更新商业分析文档

许多组织都知道应该在新产品的开发过程中减少浪费。但大部分潜在浪费其实不在这一过程中：大部分软件工作实际上都发生在应用程序首次被交付到市场或投入生产之后。[10] 因此，如果想减少整体浪费，应该把重点放在这部分。做到这一点的方法之一是利用早期开发工作的经验和工件。对于分析师来说，这意味着将瞬息万变的知识和敏捷工件转化为在未来被要求进行修改时能够参考的 BA 工件，比如流程模型、用例模型和业务规则。如此一来，就消除了将来不得不从头开始重新创建所造成的浪费。许多团队都会犯的一个错误是等到产品发布时才更新这些信息，而在那时，很多原本的意义可能已经丢失了。一般来说，如果某些事情值得被记录，它就值得被持续地记录。

不要为了记录而记录。确保至少有一个创建工件的理由，并且至少有一个它能回答的问题。

接下来的小节将会探讨可以被记录的 BA 信息的类型。BABOK v3 将商业分析信息定义为"由商业分析师在执行商业分析的过程中获取、创建、汇编和传播的所有信息的组成"，包括 "模型、范围声明、干系人关注的问题、获取的信息、需求、设计和解决方案选择"。[11]

15.10.1　保留的故事

每个用户故事都是一个工作项，它被限制在能在开发过程中顺场地进行的规模之内。当故事完成后，它的主要目的就已经达成了。然而，故事的文本、验收标准以及相关的注释和图表往往包含值得被捕捉来供未来参考的需求信息。保存这些信息的行为有时被称为 "持久化需求"（向语法学家致歉），由此产生的文件被描述为具有持久性。

但是，保存故事的问题在于，它们太小了，无法被用于参考目的。每个故事只描述了功能的一个小方面。有时，它代表了一个已经被取代了的早期简化版本。出于参考目的，我们需要的是一个汇总了与同一用户任务有关的所有用户故事的需求工件。可以通过两种方法来满足这个要求：特性文件和用例。可以只使用其中的一个方法，也可以同时使用两个。下面就来进一步探讨这些选项吧。

15.10.2 特性文档：按照特性，而不是按照故事来组织

最直接的（也是最普遍的）方法是在特性层面而不是故事层面上进行记录。每个特性代表一个用户任务，其中囊括了所有用户故事的需求。如前几章所示（见第 10 章），可以在实施之前就开始这个过程。正如第 10 章所解释的那样，这可以通过为每个特性层面的需求创建一个特性文件[12]来实现。在特性文件中用自然语言指定特性的故事的验收标准，例如，使用 Gherkin 的 Given-When-Then 语法。举个例子，一个引入代发货能力的特性可以包括识别符合代发货条件的产品这一验收标准，以及表明不再销售一款代发货产品的验收标准。

由此产生的特性文件及其验收标准可以被用作需求参考文件，以及自动化测试和手工测试的规范，包括 UAT 在内。

若想查看指定特性、特性验收标准和 Gherkin 语法的相关例子和指导，请参见第 10 章的 10.9 节。

15.10.3 更新用例模型

另一个选择——或辅助手段——是将用户需求记录为用例。用例是一项用户任务，它代表了："一个特定用户使用一个系统 [或产品] 以实现特定目标的所有方式。"[13]用例场景是其中的一种方式——通过用例的一种路径。用例的例子有：提交索赔、查看新闻报道、添加联系人。用例场景的一个例子是：提交一个信息不完整的索赔。用例图显示谁做了什么：它指明了产品的用例，并将它们与使用它们的参与者（用户角色或外部系统）相关联。

每个用例都被定义在用例说明中。用例说明以不同粒度记录了用例情景。用例说明提供了与 BDD 规范类似的信息，比如前置条件和后置条件。不过，用例还可以包括对用户和系统之间的交互的更详细的描述以及指向补充性需求（如 NFR 和业务规则）的链接。

用例说明通常组织为流程。基本流程（也称为正常流程或理想日场景）描述了一个端到端的成功场景，其中不存在可选的行动或错误。替代流程描述了在其他情况下发生的步骤（例如，当用户选择打印收据或发生错误时）。

《用例 2.0》发表于 2011 年。它的主要创新是引入了用例切片作为敏捷计划的原子需求单位。用例切片代表了一个或多个垂直穿过用例的完整过程。各个切片的大小与一个用户故事相似。但是，它表现需求的方式与用户故事不同。

若想进一步了解用例，请参见第 10 章的 10.17 节。

15.10.3.1　"仅有用例"方法

用例最有效的使用方法是在开发前的初步分析中就开始建立模型，并持续地更新它。首先，要发现用户角色（参与者）和举措的用例。然后，讲用例分割成用例切片。使用用例切片来计划和管理开发工作。在完成一个用例切片之后，将其需求保存在用例层次中，并丢弃用例切片。

"仅有用例"方法的优势在于，它为整个变革举措提供了一个模式。可以在商业用例模型 [14] 中处理商业视角，并在系统用例模型中使用它来定义系统的用户需求。甚至可以使用一些工具来从用例模型和相关的统一建模语言（UML）图中生成代码。此外，从开发工作项（用例切片）到参考文档（用例）之间的过渡是无缝的。用例说明非常便于参考，因为它们是从用户的角度来组织和描述的。它们在格式上也类似于人工测试脚本，因此它们是理想的测试源。由于以上所有原因，"仅有用例"方法是一个很好的选择——至少理论上如此——但使用它的团队却很少。

15.10.3.2　*混合式方法：用户故事加用例*

现实情况是，大多数敏捷团队都使用用户故事，而不是用例切片进行规划——即使他们围绕着用例来组织持久化的需求文档。一个主要原因是，在用例切片面世时，用户故事已经深入人心了。[15] 用户故事所具有的普遍性意味着在敏捷开发过程中，比起用例切片，更容易找到支持用户故事的团队成员和工具。团队在开发过程中更偏爱用户故事的另一个原因是，它们比用例更精简：需要更新的文档更少，格式也不用太正式，这使得这种方法更适合于变更。

当团队使用用例时，往往会将它与用户故事结合在一起。他们使用用户故事来计划开发，并更新用例模型以备将来参考——无论是持续性地（更好的方法）还是只在发布之前。尽管这种混合式方法中有一些重复工作，会造成浪费，但它仍能提供净收益。在开发过程中使用用户故事可以保持流程的精简。故事被开发完毕后，就会被转化为用例工件，这可以使它们在未来的维护和改进工作中更好地被重复使用。这些方法的成本和收益取决于具体情况。允许团队通过试验来确定哪种方法最有效。

在下面的小节中，我们将回顾用例文档的主要方面。

15.10.3.3 如何在用例模型中捕捉敏捷工件

由于大多数采用用例的敏捷团队都使用了前文所述的混合式方法（也就是与用户故事结合使用），我们来探讨一下如何将需求从一种形式转化为另一种形式。

正如前文中提到的那样，敏捷工件，比如用户故事和故事地图，是针对敏捷计划被优化的，它们并不适用于参考目的。为了说明如何用它们来创建实用的需求文档，让我们回到我们持续关注着的 CEO 案例——一款让公司能够在单一界面中管理与客户的互动的应用程序。图 15.16 是为计划其中一个发布周期而开发的故事地图脊柱。

图 15.16 中的故事地图显示了由系统内部触发的三个任务。

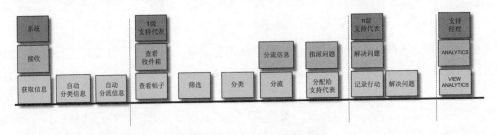

图 15.16 CEO 故事地图脊柱

- 获取信息（从多个信息源加载信息）
- 自动分类信息（使用人工智能来对信息进行分类，例如，分类为投诉）
- 自动分流信息（为信息进行优先级排序）

1 级支持代表可以执行以下用户任务。

- 查看帖子
- 筛选自己的收件箱中的信息
- 对信息进行分类
- 对信息进行分流
- 将信息分配给另一位支持代表

n 级支持（即 1 级、2 级或 3 级支持）可以执行以下任务。

- 记录对一个问题采取的行动
- 解决一个问题

支持经理可以查看分析结果。

图 15.17 是以图 15.16 中的故事地图脊柱为基础绘制的用例图。

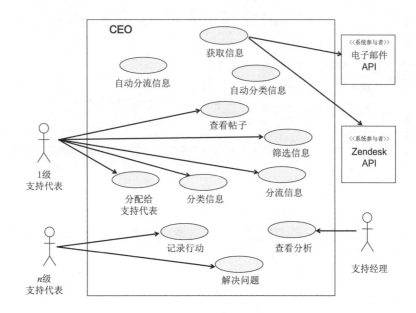

图 15.17　CEO 用例图

图 15.17 中的用例对应着图 15.16 的脊柱中的用户任务（例如，分配给支持代表，记录行动）。需要注意的是，获取信息、自动分流信息和自动分类信息代表着不是由人类用户而是由系统自身触发的任务。模型中的用例对应着产品待办事项列表中的特性级别的项目。举例来说，"下订单"这一用例对应着"作为客户服务人员，我想下订单"这一待办事项列表特性。

图 15.17 中的火柴人和方框代表参与者——与软件系统进行交互的外部实体（人类以及外部系统）。一个主要参与者发起交付。通过将箭头从参与者指向用例来表示主要参与者。次要参与者在用例开始后才会参与进来。若想表示一个次要参与者，将箭头从用例指向该参与者。

BLInK 案例学习 26：创建 BLInK 用例模型

要求

作为团队中的分析师，你的任务是创建一个用例模型，供团队在未来进行修改时参考。可交付成果如下：

- 可交付成果 1：BLInK 用例图

输入

- BLInK 故事地图脊柱（见第 12 章中的图 12.4）。

具体过程

你把 BLInK 故事全景图中的用户卡和用户任务卡翻译成用例图上的角色和用例，如图 15.18 所示。

可交付成果

可交付成果 1：BLInK 用例模型

案例学习回顾

　　BLInK用例图提供了BLInK必须支持的使用方式和采用这些使用方式的人的概览。这个模型将被用来根据用户体验系统的方式，从用户的角度组织需求说明。如果将来需要对模型中的一个用例进行任何更改，用例图将有助于确定受影响的用户角色和与外部系统的接口。作为分析师，也可以把用例图当作一个用来定位受影响的用例的可视化表格，并在它们所链接的用例说明中找到更详细的需求。

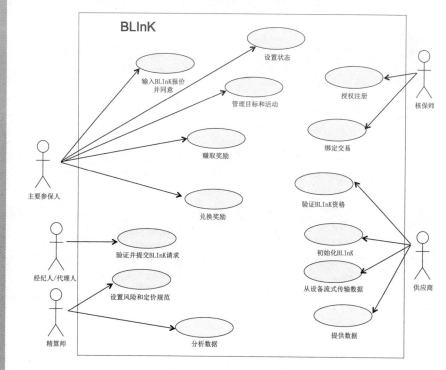

图 15.18　BLInK 用例模型

15.10.3.4 更新用例说明

用例图只提供了一个概览。更多的信息是由图片背后的用例说明提供的。仅提供有用的细节。粒度的范围可以小到只提供摘要信息（触发器、前提条件、后置条件）的用例简介，大到详细描述重要场景的完整说明。

为了说明如何将用户故事汇总到一个用例说明中，来看看在处理保险索赔的故事地图中，"提交索赔"下可能出现的任务。图 15.19 显示了用户故事和它们的验收标准。

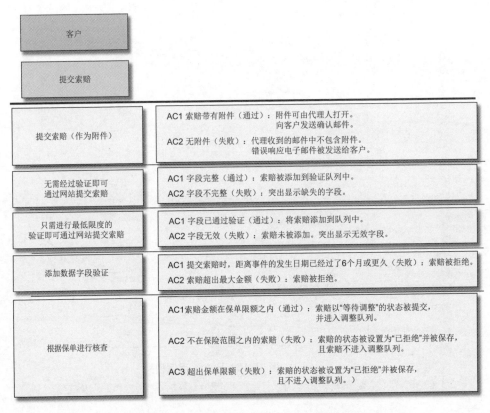

图 15.19 用例"提交索赔"中的索赔故事

下面是根据这些故事创建的用例说明。

用例 UC023：提交索赔

用例简介

主要参与者：客户

次要参与者：保单系统（PS）

触发器：用户选择该功能。

前置条件：当前保单的客户已被授权。

接受索赔

- 索赔已被提交，状态为"等待调整"。
- 索赔进入调整队列。

拒绝索赔

- 索赔在系统中以"已拒绝"状态被保存。
- 索赔没有进入调整队列。

基本流程：索赔金额在保单限额之内。

1. 用户确定索赔所对应的保单。
2. 系统验证保单存在并且有效。（A1）
3. 用户确定提出的索赔的类型。
4. 系统根据用户的保单预先验证该索赔。（A2）（A3）
5. 用户在索赔表中输入字段。
6. 系统验证索赔表中的数据字段。（A4）（A5）
7. 系统提交索赔，其状态为"等待调整"。
8. 系统将索赔放入调整队列中。

其他流程

A1 保单失效：索赔被保存在系统中，状态为"已拒绝"，并且索赔没有进入调整队列。

A2 索赔不在保单的范围之内：索赔被保存在系统中，状态为"已拒绝"，并且索赔没有进入调整队列。

A3 超出保单限额：索赔被保存在系统中，状态为"已拒绝"，并且索赔没有进入调整队列。

A4 对字段类型而言无效的数据或数据缺失：无效和缺失的字段（日期、邮政编码等）被突出显示。用户可以重新输入数据（直到错误被修正为止，索赔不会被接受）。

A5 距离事件的发生日期已经过了 6 个月或更久：索赔已被保存在系统中，状态为"已拒绝"，并且索赔没有进入调整队列。

下面来看看说明的组成部分。

用例摘要

用例摘要包含了有关用例的简要信息。其中包括对以下元素的描述：

- 触发器：迫使用例开始的事件或条件。触发器对应着 Gherkin 的 when 步骤
- 前置条件：在用例开始前必须为真的条件。前置条件对应着 Gherkin 的 given 步骤
- 后置条件：对相关结果的总结。后置条件对应着 Gherkin 的 then 步骤

流程

基本流程描述了一个简单的成功场景，假设所有验证都成功了，并且没有采用任何可选步骤。替代流程描述了通过用例的其他途径，例如错误和可选步骤。

一个流程大致等同于一个验收标准场景，只不过流程通常只注重于在特定条件下采取的一系列选定的步骤，而场景则涵盖了整个交互过程。此外，一个场景可能会经过几个流程。举例来说，一个加急配送的场景可能从一些基本的流程步骤开始，然后转向另一个流程，以执行加急配送的特定步骤，之后再返回到基本流程中的一个步骤。

请记住，用户故事是增量式的。一个故事可能会补充或取代之前的用户故事中规定的功能。举例来说，一个使用人工数据验证的故事的验收标准之后可能会被使用系统验证的故事的验收标准所取代。用例说明应该反映最近的增量的累积性表现。

15.10.4　其他分析文档

第 10 章中讨论的其他模型，如流程模型、环境图、数据流图和架构图，也应该得以创建并持续更新。

15.10.5　追踪分析工件

为了解答未来将出现的需求问题，光有持久性需求工件是不够的，还需要使它们之间的关系持久下去。如果使用 Gherkin，这可以通过为每个特性创建一个特性文件，并使用 Gherkin 语法指定其下属用户故事的验收标准场景来实现。这些规范之后将被被用作测试的基础。

使用用例方法，可以追踪用例或（若想让追踪更细化的话）用例流程到测试场景。回顾一下，用例流程是一系列步骤，不一定是一个完整的端到端场景。一个流程可能是一个或多个测试场景的一部分；一个场景可能包含一个或多个流程。每个用例流程都应该可以追溯到至少一个测试场景。有风险的流程组合（例如，在同一次交互中发生两个错误）也应该被进行试。

也可以根据测试以外的工件来追踪功能和用例。举个例子，假设有一个因顾及到新的覆盖范围而需要修改"提交索赔"这一特性（用例）的请求。在这种情况下，有必要了解"提交索赔"和其他特性（用例）之间是否存在任何依赖关系，因为它们标志着产品的其他地方可能受到影响。例如，"调整索赔"这一依赖用例就可能会受到影响。

在下面的小节中，我们将探讨追踪需求项的不同的方法。请记住，追踪这些工件会使开销增加。根据情况确定恰当的可追踪性的程度，平衡增加的开销与应对未来更改的周期时间缩短所带来的好处，以及在这些更改被发布时增加的信心。

15.10.5.1 向上追踪用例和特性（向前可追踪性）

向上可追踪性将一个项目向前链接到更高层次的项目。例如，从一个特性追踪到它所支持的业务目标、经营目标和流程；提供相关信息的 SME；使用它的角色和用户角色。

15.10.5.2 水平追踪（交叉流可追踪性）

水平或交叉流可追踪性将一个特性或用例与同一层次的项目联系起来。使用水平追踪来评估对一个特性（或用例）的更改会对其他特性（或用例）造成什么样的影响。举例来说，从"下订单"这个特性（用例）可以追踪到"完成订单"这个特性。这预示着，如果"下订单"被更新了，那么"完成订单"也可能需要被更改。此外，在更改这两个特性中的任何一个时，应该对两者都进行测试。

15.10.5.3 向下游追踪（向后追踪）

下游或向后追踪将一个用例与开发周期中更下游的工件联系起来。例如，可以顺着特性和用例向下追踪到相关的用户界面、数据库、自动化测试和软件服务，以标记那些可能会在更改用例时受到影响的项目。

> **BLInK 案例学习 27：BLInK 可追踪性**
>
> **要求**
> 你按要求为接下来的开发工作做准备。本次开发工作的重点是早先被包含在用例模型中的用例"输入 BLInK 报价并同意"（见图 15.18）。作为这项工作的一部分，你决定在还不存在可追踪性机制的地方实施这种机制，以便快速且有把握地实施更改。
>
> **具体过程**
> 你从用例"输入 BLInK 报价并同意"向上追踪到它支持的业务流程和目标，使用它的用户角色，以及作为主要信息源的 SME。你横向追踪到其他用例，向下追踪到测试用例和由用例创建或受用例影响的组件。
>
> **事件输出**
> 图 15.20 是用例和被追踪到的工件的一个可视化表示。

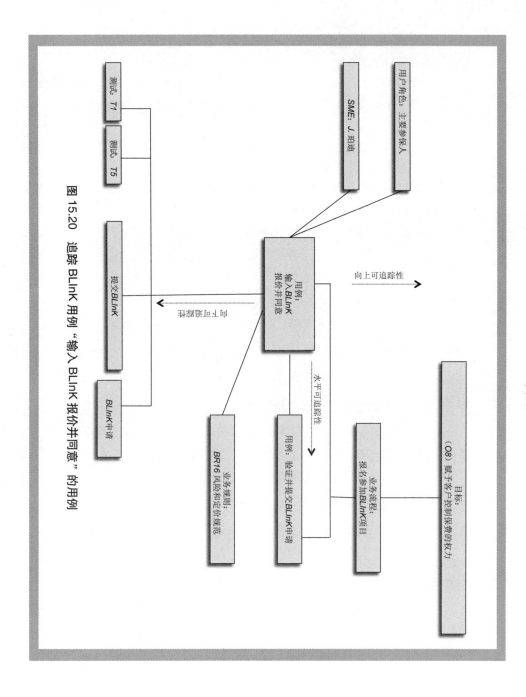

图 15.20　追踪 BLInK 用例 "输入 BLInK 报价并同意" 的用例

> **案例学习回顾**
>
> 　　由于你提供了可追踪性，如果用例需求在未来的版本中发生变化，你将能快速确定需要与哪些 SME 进行访谈，需要重新运行哪些测试，以及需要重新测试哪些端到端的业务流程。

15.11　对接下来的史诗、特性和故事的持续分析

随着当前故事工作的进展，分析师需要将注意力转向待办事项列表的准备工作，这在 Scrum 中称为产品待办事项列表梳理："产品待办事项列表梳理是将产品待办事项列表中的项目分解，并进一步定义为更小、更精确的项目的行为。这是一个持续性地添加如描述、顺序和规模等细节的活动。属性通常根据工作所述的领域而有所不同。"[16] 技术活动也是在这期间进行的，例如，架构跑道的准备工作。在本章中，我们将重点讨论准备性分析活动。

待办事项列表的准备工作是一个增量式的活动：一个待办项越临近它的预定实施日期，分析就越详细，估算就越精确。

15.11.1　应该在准备工作上花多长时间

一个经验法则是，花在准备待办事项列表上的时间不应超过团队预算的 10%。不过，这只是一个大致的指导性原则，因为实际需要的时间取决于多个因素，比如团队对接下来的故事的熟悉程度和需求的复杂性。

15.11.2　滚动式准备分析概述

在接下来的待办项的预计实施日期即将到来时，滚动式地对它们进行初步分析。

当长期计划周期结束时，开始设想并计划下一个实施或举措，如第 7、8、9 章所述。如果团队使用的是基于流程的计划，那么就在每个特性接近待办事项列表的顶端时，使其做好准备。举例来说，需要确保一个或多个团队可以在三个月内交付它，并开始将它拆分成故事。在各个故事的预计实施日期前的几周做好准备。

而如果团队使用的是时间盒式计划，就需要分组准备需求项。为了做好季度计划的准备，在前一个季度的中间阶段，就要开始为接下来的季度依次准备所有特性。同样，为了做好迭代计划的准备，需要为接下来的迭代准备所有的故事。

时不时地对产品待办事项列表进行一次全面评审，以清除不再需要的项目，并重新确定余下项目的优先级。这项活动称为剪枝和排序（pruning and ordering）。

特性和故事的准备工作可能看着很眼熟。这是因为我们之前在初步填充待办事项列表的背景下讨论过这个问题。接下来，我们首先将会回顾特性和故事的准备工作，并把重点放在如何在开发过程中进行准备上。然后，我们将研究剪枝和排序。

15.11.3　特性的准备工作

特性的准备工作是在开发前对特性进行的初步分析和设计。特性准备的目的是产出一个已就绪特性——一个确定了优先级、能被可靠地估算的、可以在三个月内由一个或多个团队交付，并且能够在没有不当延误或返工的情况下实施的特性。特性准备可以包括以下活动：

- 设计活动（例如，测试概念验证，创建线框图，起草方案设计）
- 准备架构跑道。架构跑道是"实施高优先级的近期特性所需的现有代码、组件和技术基础设施，而不包含过度的延迟和重新设计"[17]
- 进一步分解成故事
- 特性验收标准的规范
- 其他分析活动，如干系人和角色分析、流程分析、用例分析、旅程地图和价值流图

时间安排

在最后负责时刻开始特性准备，留出恰好够在计划实施日期之前把特性准备好的时间。

如果团队使用的是基于流程的计划方法，就在每个特性接近队列顶端时就开始准备——小型特性的准备时间为 2 到 4 周，大型特性的准备时间为 6 周。根据特性的规模和复杂程度以及团队对特性的业务和技术方面的熟悉程度来调整时间。

如果团队使用的是时间盒方法，就在前一季度进行到一半左右时开始准备排在下一季度中的所有特性。所有特性在进入季度计划时都应该满足特性 DoR（假设团队在使用特性 DoR 的话）。举例来说，特性必须能被一个或多个团队在一个季度内交付。对要实施的第一批特性进行的分析是最细化的，而对于季度待办事项列表中越靠后的特性，进行的分析就越简略。

若想进一步了解特性的准备，请参见第 10 章。

15.11.4 故事的准备工作

在特性准备期间，接下来要处理的项目进入了特性就绪状态。随着待办事项列表中的工作项越来越接近开发，它们必须通过第二个关卡：它们必须处于故事就绪状态。故事的准备工作就是使故事达到这种状态的工作。至少，为了进入故事就绪状态，该项目必须是已确定优先级的、可估算的、可由一个团队在短期内交付的（例如，在 8 个故事点内，或一次迭代中），并且不存在会导致交付延迟的障碍。如果团队在使用故事 DoR，正如本书所建议的，那么已就绪的故事必须满足故事 DoR 中列出的条件。

所有的故事在被接受进入开发之前，都必须处于就绪状态。如果团队使用的是时间盒方法，那么故事必须在进入迭代计划前处于已就绪状态。

15.11.4.1 故事的准备工作：分析活动

故事的准备性分析任务包括以下几项：

- 指定故事的验收标准
- 估算故事
- 确保近期已经对故事进行了讨论并确定了故事的优先级
- 拆分故事
- 将应该一同交付的小型故事进行分组或合并
- 获取和分析需求
- 当估算的工作量超出预算时，支持商业干系人和开发人员之间的合作，以协商替代方案

- 实施功能探针
- 根据需要进行其他商业分析活动（例如，业务规则分析）
- 解决依赖关系和障碍

15.11.4.2 解决依赖关系和障碍

如果接下来要处理的一个项目，故事 A，对故事 B 有未解决的依赖性，那么就与故事 B 的团队合作，以探讨能否提前实施故事 B。如果在一个接下来的故事中发现了分析的漏洞，请填补这些漏洞。如果分析工作比较复杂，并且将在迭代过程中开展，就把它们添加到开发者任务板上。如果计划在下一次迭代中开展，就把这项工作作为功能探针添加到产品待办事项列表中，以便将它和其他项目一起进行优先级排序。如果发现了其他障碍，就让其他人也留意这些障碍（例如，向 Scrum Master 提出缺乏资源的问题）。

若想查看关于准备故事的广泛指导方针，请参见第 13 章。若想查看关于指定功能探针（使能故事）的指南，请参见 13.11.2 节。

15.11.4.3 时间安排方面的考虑

在计划的实施之前的 1 到 4 周（1 到 2 次迭代）时，开始准备接下来的故事。时不时地举行小型 Triad 会议，根据要讨论的故事选择参会人。

如果团队使用的是为期两周的时间盒框架，那么迭代的第一周通常专注于处理当前的故事，第二周则被用来为下一个迭代准备故事。当迭代周期仅为一周时，通常会在迭代计划会议的最后部分进行故事的准备工作。

若想进一步了解特性的准备，请参见第 10 章。

15.11.5 剪枝和排序

随着时间的推移，产品待办事项列表中的一些旧项目将不再有任何价值。这些都是系统中的杂音，会造成浪费。剪枝和排序的第一个目标是去除这些过时的项目。第二个目标是重新对待办事项列表中的剩余项目进行排序，使它们反映出当前的优先级。

15.11.5.1 谁应该参加

剪枝和排序会议的主要参会人是 PO 和商业相关人员。至于开发人员是否应该参会，人们的意见存在着一些分歧。如果要讨论的项目是常规请求，一些组织会将开发人员排除在外，认为没有必要让他们参与进来，因为确定优先级是一个内部商业事务。然而，让开发人员参加会议往往是很有用的，因为他们可以提出创新的方法来解决看似冲突的优先事项。[18] 举例来说，他们可能会提供实施一个特性的成本较低的替代方案，这能为技术故事留出一部分预算，以提高代码的质量。除了上述参会人以外，你，分析师，也应该出席，下面的小节中将会解释这么做的原因。

分析师能做出哪些贡献呢？

作为分析师，你可以通过多种方式为剪枝和排序会议增添价值。你可以担任会议的主持人。在会议期间，帮助干系人和开发者解决优先级的冲突并达成共识。最后，作为负责管理待办事项列表的角色，你将有关待办项的机构记忆人格化——其中许多项目可能已经存在了很长时间，甚至已经被原作者遗忘了。当讨论这些项目时，你可以解释它们的含义，以及它们最开始为何会被提出。

15.11.5.2 频率

根据商业优先级变化的速度，每周到每个月举行一次剪枝和排序会议。除了预定的活动外，当优先级发生变化时，应该召开临时会议。

15.12 迭代结束时的进度核算

在每个迭代或选定的时期（如一周）结束时，将所有已交付故事的估算单位相加，以确定速度。例如，如果在上一次迭代中交付了 40 个故事点，那么速度就是 40 点 / 迭代。

15.12.1 核算未完成的故事

如果一个故事没有在迭代期间完成，则将整个故事及其估算放入下一个迭代。在这种情况下，不将故事的任何估算计入当前的迭代，因为它没有交付价值。

这种情况应该是十分罕见的。如果经常出现故事在迭代结束时仍未完成的情况，那么就要找出其根本原因了。原因通常是开发团队的长期性低估故事点。在这种情况下，团队应该更加谨慎，以确保在被要求提供估算时对故事有足够的理解，并在在尚未充分理解故事时扛得住 PO 所施加的压力。分析师参与实现这一目标的方法是通过与 PO、用户和商业干系人进行对话，将这种理解传达给团队，并确保团队在估算过程中考虑了替代解决方案。

15.12.2　当一个迭代被取消时的进度核算

《Scrum 指南》指出："如果冲刺目标已经过时，那么 PO 可以取消 Sprint（冲刺或称迭代）。"[20] 然而，在实践中，取消的情况很少发生。更常见的情况是，如果迭代目标受到了威胁，PO 和团队会根据迭代结束时可以交付的内容，重新调整迭代目标和迭代待办事项列表中剩余的故事。

迭代只在极少数情况中才会真的被取消，这通常发生在 PO 指导并与开发团队、Scrum Master 和其他商业干系人充分协商后。取消迭代的原因可能有以下几点：

- 意料之外的技术难点
- 引发优先级改变的市场变化
- 企业必须迅速抓住的新机会

当一个迭代被取消时，把所有尚未开始处理的故事放回产品待办事项列表中，以便 PO 能将它们与其他项目一起重新进行优先排序。PO 对已经部分完成的故事进行审查。如果 PO 确定已经完成的那部分故事可以被发布，那么这部分工作就被视为已完成，并被纳入团队的速度。剩下的需求和验收标准被打包成一个新故事，团队对其进行估算，然后将其放回产品待办事项列表中，由 PO 进行排序。

15.13　迭代评审会议

在每个迭代结束时召开迭代评审会议（也称为冲刺评审 / 演示会议）。迭代评审会议是一个"检查和调整"活动，其目的是检查增量，调整产品待办事项列表，并修正未来计划。它应该是着眼于未来的；不要让这个活动变成对过去绩效的回顾性评判会议。迭代评审会议也是一个团队激励机制——开发人员有机会向干系人展示他们的工作成果。

一个广泛指导方针是，迭代评审会议的主题并不是验收，因为 PO 已经在迭代过程中看过故事，并对它们表示满意了。但在实践中，敏捷组织处理迭代评审中的验收问题的方式有所不同。举例来说，有些团队使用的是两步审批过程。在第 1 步中，故事在迭代期间被 PO 或商业 SME 初步批准，然后被完成。第 2 步发生在迭代评审会议期间。在这个过程中，故事在整个增量的背景下通过更多的干系人评审和批准，从而彻底被完成故事。

在另一些组织中，PO 在迭代评审会议之前并不接受故事。在迭代评审会议中，PO 决定故事已经完成，或没有完成，又或是已经完成到了可以发布的程度，但还需要做更多工作。在最后一种情况下，需要为剩余的工作在产品待办事项列表中添加一个新故事。

以下人员应出席评审会议：

- PO
- 由 PO 邀请的商业干系人
- 开发团队
- 分析师：作为开发团队的成员参加。可以担任主持人
- Scrum Master：负责确保每次迭代中都进行这一活动，并根据需要提供辅导

对于为期一个月的迭代，会议的时间最多是 4 个小时，对于为期较短的迭代，会议的时间也会更短。

15.13.1 输入和可交付成果

为迭代评审会议准备好以下资料：

- *迭代待办事项列表*
- *产品待办事项列表*

- 进度表（例如，发布燃尽图，燃起图）
- 已完成的故事

迭代评审会议的可交付成果是更新后的进展记录（例如，燃尽图）和修订后的产品待办事项列表，其中包括为排在下一次迭代中的故事。

15.13.2　主题 / 议程

将以下内容用作讨论的主题列表，如果是正式会议，则将其用作议程：

- 迭代概述
- 演示
- 预测
- 协作
- 最终评审

以下小节中将会进一步地讨论这些步骤。

15.13.2.1　迭代概述

由开发主管、Scrum Master 或团队提名的其他人，提供对以下内容的概述：

- 迭代目标的完成进度
- 已经完成的故事
- 计划完成但还没有完成的故事
- 迭代过程中出现的成功和挑战

QA 专业人员和开发人员确认故事的自动化测试已经被创建并添加到测试库中，正如 DoD 中规定的那样。

15.13.2.2　演示

在评审会议的这一环节中，故事得到展示和说明，然后商业干系人对实施情况提供反馈。应该把重点放在收集反馈上，而不是放在解决问题上。

至于由谁来做演示，没有严格的规定。通常情况下，要么由一个人，比如分析师或开发主管，全程进行演示；要么由领导实施某个故事的开发人员来演示这个故事。团队应该试验一下，看看哪种方法最有效。

最初的 Scrum 指南规定，只有已完成的项目才应该在评审会议上进行演示。（目前的 2020 指南则不太明确；它只提到了要检查冲刺的"结果"。①）在实践中，满足部分但不满足全部验收标准的故事也会被演示。因为客户可能决定一个故事的完成度已经足以被发布了，尽管缺少一些要求的功能。在这种情况下，故事被接受，然后在待办事项列表中为未满足的需求添加一个新故事。

15.13.2.3　预测

PO 谈论团队在产品待办事项列表中的进展，确定排在下一个迭代中的项目，并为季度（发布）待办事项列表中的剩余项目提供最新的预测。发布燃尽图和其他工件（在后面的章节中描述）可用于预测和审查进度。干系人与 PO 和团队讨论他们希望在待办事项列表中看到的任何变化。

15.13.2.4　协作和最终评审

与会人员进行协作，以确定他们将如何处理下一次迭代。在最终评审中，PO 评审对计划的修改，为接下来的迭代计划的故事，为它们的实施提供的资源，以及待办事项列表中的剩余项目的预期完成时间。

15.13.3　迭代评审会议——预测和跟踪进展的工件

透明性要求进度必须在任何时候都对商业干系人可见。迭代期间，应该至少在迭代评审会议中进行一次进度更新。工作流管理软件，比如 JIRA，经常被用来做这件事。这些工具会自动生成进度工件，比如发布燃尽图。

15.13.3.1　季度 / 发布燃尽图

在迭代评审会议中使用的许多工件（如季度 / 发布燃尽图和燃起图）的形式都与本章前面所描述的在迭代中使用的工件相同。然而，它们的范围是整个季度或发布周期，而不是一次迭代。图 15.21 是一个季度 / 发布进度图的例子。

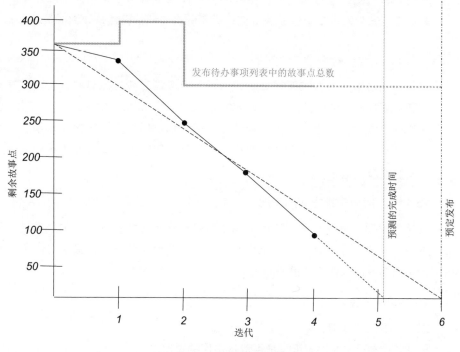

图 15.21　季度 / 发布进度图

图 15.21 中向下延伸的实线跟踪了季度（发布）待办事项列表中剩余的故事点的数量。虚线代表的是理想的燃尽情况。最上面的横线是范围线，它显示了待办事项列表的故事点总数，其中包括已经完成和尚未完成的故事。范围线在迭代 2 中之所以会下降，是因为一些故事点被从待办事项列表中移除了。虚线是在假设没有更多项目被从待办事项列表中添加或删除的前提下所做的预测。

图 15.21 表明，到第 4 次迭代结束为止，进度一直以稳定的速度推进，并且比预期速度要快。在这种情况下，图中预测剩余的点数将在第 5 次迭代结束后提前归零。基于这一预测，开发团队可能会同意将更多故事纳入发布待办事项列表。

请记住，虽然在进行预测时，图表和分析模型很有用，但它们不应该凌驾于实际经验之上。开发人员根据过去的类似经历所做出的预估仍然是预测的最佳依据。

15.14　迭代回顾会议

持续改进是精益开发的支柱之一，也是所有敏捷方法的组成部分。时间盒式计划框架通过要求在每个迭代结束时举行迭代回顾会议（Scrum 中称之为"冲刺回顾会议"）来确保定期进行改进。迭代回顾会议为团队提供了一个回顾参与举措的人员、他们之间的关系、开发过程和工具的机会。随后，团队在这些回顾的基础上计划可以立即实施的改进措施。

15.14.1　时间安排方面的考虑

在迭代末期，举行了迭代评审会议之后召开迭代回顾会议。对于为期一个月的迭代来说，会议的最长时间为 3 个小时。对于为期两周的迭代，最长时间为 1 个小时；对于为期一周的迭代，最长时间为 30 分钟。

15.14.2　参会人

以下人员应该参加：

- PO（参见下文对于 PO 是否应该出席的说明）
- 开发团队
- 团队分析师：作为开发团队的成员参加；可以担任主持人
- Scrum Master（SM）负责确保每次迭代中都进行这一活动，并根据需要提供辅导；思考 SM 的自我提升机会

那么 PO 应该参会吗？

简短的回答是："应该"。以下是详细的说明。在 PO 是否应该参加回顾会议这个问题上，存在着不同的意见。Scrum 倾向于让 PO 参加：它要求 Scrum 团队参加回顾会议，而 PO 是 Scrum 团队的成员。另一方面，我合作过的一些团队倾向于不邀请 PO，因为他们发现 PO 的存在会导致难以开诚布公地讨论问题。我的观点是要邀请

PO，因为这一活动的目的是改善协作，而 PO 是协作关系中的一个重要伙伴。但是，如果 PO 的出席会造成不良影响，Scrum Master 应该进行干预，指导 PO 将会议视为自我反思和改进的机会。如果这么做没有效果，就不再邀请 PO 参加后面的回顾会议。

15.14.3 输入和可交付成果

会议的输入是在上一次会议中创建的过程改进任务。不应该为会议做其他任何准备。

会议的可交付成果是过程改进任务。将高优先级的改进任务添加到下一次迭代的待办事项列表中。

15.14.4 主题

会议应该是非正式的。以下是会议期间要讨论的示例主题清单：

- 概述
- 回顾：哪些是有效的，哪些是无效的
- 创建改进计划

以下小节中将进一步地讨论这些主题。

15.14.4.1 概述

参会人对参与举措的人员、他们之间的关系、开发过程以及团队使用的工具进行虎骨。

15.14.4.2 回顾：哪些是有效的，哪些是无效的

参会人讨论在上一次迭代中哪些是有效的，哪些是无效的，以及应该如何改进。

可以用以下问题来推动讨论：

- 有哪些事是我们应该继续做下去的？
- 有哪些事是我们不应该再继续做的？
- 有哪些事是我们应该开始做，但现在还没有做的？
- 我们是否达成了迭代目标？

- 我们收集了哪些指标，从中发现了什么？根据数据，我们所做的改进有什么样的价值？
- 我们在上一次回顾会议中创建的过程改进项目怎么样了？哪些行动项目是有效的，哪些没有？

作为需求 SME，你需要反映和报告在最佳实践、需求工具和故事准备等方面上的需求管理的变化。

给分析师 / 主持人的提示

作为经验丰富的分析师，你的软技能和背景使你能够在担任回顾会议的主持人时运用众多技术。例如，如果房间里有比较强势的人，可以使用沉默式头脑风暴来使每个人处于平等的地位。在迭代回顾会议中应用这一技巧时，可以在墙上张贴三列：开始做，停止做，和继续做。分发便利贴。请参会人安静地填写贴纸，对这些类别进行思考，并将其贴到相应的列中。所有人都张贴完毕时，推动展开对各个类别的讨论，首先让项目的作者进行解释。

在第 15.4.5 节中，我们将进一步探讨在迭代回顾会议中使用的主持人技术和游戏。

15.14.4.3 创建改进计划

参会人创建一个能在下一个迭代中立即实施的可操作的改进计划。将高优先级的项目添加到下一个迭代的待办事项列表中；将其他改进项目添加到产品待办事项列表中，以便将它们与其他项目一起进行优先排序。

与 BA 实践相关的改进措施可能如下：

- 对 DoD、故事 DoR 和特性 DoR 的更改
- 对需求管理工具和使用方式的更改
- 对审批流程、估算方法和迭代长度的更改

团队将在下一个迭代的计划会议中审查高优先级的过程改进项目——通过将开发者任务添加到迭代待办事项列表中，来解决这些问题。下一个迭代回顾会议中将会审查这些任务的进展。

例子

在一次迭代回顾会议上，参会人决定尝试取消同一产品区域内的三个团队的团队级 PO。在回顾会议结束时，他们在下一个迭代的待办事项列表中添加了以下项目：将团队 A、B、C 转变为无 PO 的团队。

在下一次迭代的计划活动中，参会人审查了这个项目，为其设定了时间盒，指定了负责人，并将其分解成了以下任务

- 制定轻量级的决策过程并达成共识
- 将 PO 转换为其他角色（例如，产品区域负责人、产品经理）

在下一次迭代回顾会议上，参会人审查该项目。参会人讨论无 PO 举措的实行情况，出现的任何问题，以及团队成员和商业干系人如何看待这一变化。如果试验取得了成功，他们会把这一实践推广到其他产品区域。

15.14.5 迭代回顾游戏

有几个游戏已经成为了引导迭代回顾会议的流行方式。是否使用这些游戏取决于个人风格和偏好。我个人觉得把游戏结合进来不太自然，所以我很少使用它们。然而，我合作过的一些组织发现游戏很有用——特别是与大型团体合作的过程中，举行规模化回顾会议时。我们将探索其中的两个游戏："帆船"游戏和"圆圈和汤"游戏。可以单独使用这两个游戏中的一个，也可以把这两个游戏结合起来使用。在后一种情况下，先用"帆船"游戏来确定哪些是有效的，哪些是无效的，再用"圆圈和汤"来明确团队采取什么行动能产生最显著的影响。

15.14.5.1 帆船游戏

帆船游戏（也称为快艇游戏）有很多变种。图 15.22 展示了一个例子。

帆船游戏有以下几个主要元素：

- 帆船：代表团队试图推行的举措。
- 锚：代表拖累他们的东西。
- 风（帆）：代表加速器——帮助团队实现目标的东西。

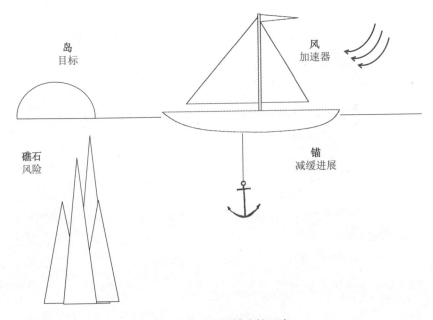

图 15.22　帆船游戏的元素

如图 15.22 所示，还可以添加其他元素：

- 岛：代表目标
- 礁石：代表风险

如果要推动开展帆船游戏，则需要引导团队完成以下步骤。

首先，请参会人通过沉默式头脑风暴来确定帆船模型中的元素——例如，礁石（风险）、风（加速器）和锚（减速器）。

等到大家不再张贴更多卡片时，请他们读一遍自己的卡片。推动展开对风险（礁石）的讨论以及如何管理它们。接下来，讨论加速器，谈谈团队应该继续或开始采用的实践。就相对优先级达成共识。将最重要的加速器放在图片的顶部。

接下来要讨论的是锚——那些拖累团队的东西。如果锚的数量很多，请参会人按主题为它们分组。把最重要的一组放在最上方。根据项目在各组中的相对重要性来为它们排序。

最后，把重点放在改善张贴在每个区域顶部的项目的行动上。如果还要玩"圆圈和汤"游戏，就将这些行动纳入游戏中。

BLInK 案例学习 28：迭代回顾会议之帆船游戏

背景介绍

你按要求主持一次迭代回顾会议，对要做的或要停用的实践提出建议。

要求

本次会议将产出以下可交付成果：

- 可交付成果 1：标明加速器和锚的帆船游戏板
- 可交付成果 2：迭代回顾待办事项列表

具体过程

团队认为开发和部署自动化测试平台以及使用敏捷教练是关键的加速器。

团队一致认为，按照重要性，锚的主题应如下排序：需求管理问题、资源缺乏和冲突的优先事项。最重要的需求管理问题是，当故事被放入迭代中时，没有做好充分的准备（未就绪）。

接着，你讨论了改善这种情况的方法，例如创建一个 DoR 并使用它。团队同意创建一个高优先级的任务来开发 DoR。他们将这项任务添加到了迭代回顾待办事项列表中。

可交付成果

创建的可交付成果如下所示：

可交付成果 1：标明加速器和锚的帆船游戏板

图 15.23 是回顾会议中创建的帆船游戏图。

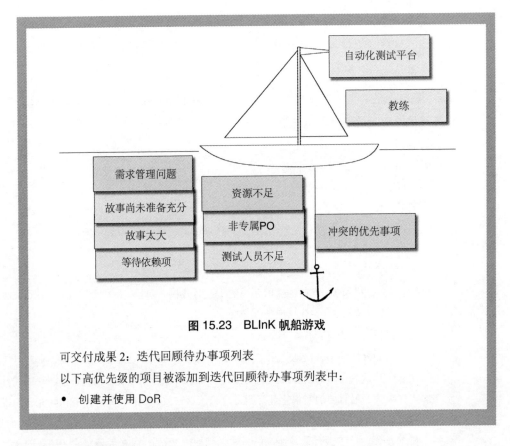

图 15.23　BLInK 帆船游戏

可交付成果 2：迭代回顾待办事项列表

以下高优先级的项目被添加到迭代回顾待办事项列表中：

- 创建并使用 DoR

15.14.5.2　圆圈和汤

"圆圈和汤"[21] 的目的是帮助团队将其工作重点放在它能最直接控制的领域，并识别其他应寻求间接影响组织的实例。

"圆圈和汤"可以与"帆船"游戏一起使用。在这种情况下，用帆船游戏来识别问题，用"圆圈和汤"来考虑团队对每个问题的影响力。图 15.24 描述了游戏中使用的"圆圈和汤"。

图 15.24 圆圈和汤

上图展示的版本中有以下影响区：汤（团队所影响的），和团队所控制的。还可以指定其他影响区（例如，企业、产品和团队）。

引导游戏的进行

如图 15.24 所示，将"圆圈和汤"图贴到墙上。引导小组确定问题。要求他们把每个问题写到一张卡片上，并将卡片放到图上的合适的圆圈中。

要求小组在图的中心位置——"团队所控制的"——张贴小组可以直接处理的问题。这个圆圈里的问题可能会涉及团队用来计划工作的工件，例如故事地图。

要求小组在"团队所影响的"区域内张贴团队不能直接影响但可以通过影响他人而产生间接影响的问题。例如，增加提供给团队的资源和购买需求管理工具。

要求小组在"汤"（最靠外的那圈）区域张贴团队难以影响到的问题。举例来说，这些问题可能包括限制因素、企业文化、企业标准和可用的平台。这一区域中的问题是团队必须适应的。

最后，让大家回顾图表，并根据每个问题所在的区域，提出行动建议。一开始把重点放在中心区域里的问题上，随着团队的成熟，逐渐从中心区域移开。

15.15 小结

以下是本章涉及的要点。

1. 随着特性和故事出现在待办事项列表中，滚动进行分析。

2. 在故事完成后，不断地进行集成、测试和交付。

3. 每日站会是一个"检查和调整"会议，团队在站会中计划如何合作实现迭代目标。

4. 燃尽图和燃起图用于检视目标进展、预测完成日期、并检测和诊断生产力问题。

5. 累积流程图用于识别产品开发过程中的瓶颈和其他工作流问题并预测完成日期。

6. 通过分割测试验证特性和故事所交付的价值。利用测试的反馈和数据，如漏斗指标，为未来的开发决策提供参考。

7. 通过在每个迭代或一到两周的周期结束时举行回顾会议，来支持持续改进。至少选定一个可以在下一个迭代中解决的高优先级的改进项目。

15.16 下一个主题

本章中，我们探索了从故事出现在待办事项列表中到被实施的过程中滚动式开展的活动。在第 16 章中，将重点讨论在特性和故事被正式发布之前开展的最后行动。

注释

1　根据 XP 的指导，我使用这些准则有很长一段时间了，但已经不记得它们的来源了。

2　由罗恩·希利提出。

3　Jason Yip, "It's Not Just Standing Up: Patterns for Daily Standup Meetings," MartinFlowler.com, February 21, 2016, https://martinfowler.com/articles/itsNotJustStandingUp.html

4　Ken Schwaber and Jeff Sutherland, "Sprint Planning," in *The Scrum Guide: The Definitive Guide to Scrum—The Rules of the Game*, 2020, 9, https://www.scrumguides.org

5　"Scrum Master 实行'只有开发团队成员才能参与每日 Scrum'的规则。" Ken Schwaber and Jeff Sutherland, *The Scrum Guide: The Definitive Guide to Scrum—The Rules of the Game*, Scrumguides.org, 2014, 10.

6　施瓦布和萨瑟兰所编写的《Scrum 指南》2020 年版本中指出："如果产品负责人或 Scrum Master 在积极处理冲刺待办事项列表中的项目，他们就作为开发者参与其中。"（第 9 页）

7　Jason Yip, "It's Not Just Standing Up."

8　Giora Morein, "Agile Quick Tip: Schedule Follow Up Times," Think Louder, https://thinklouder.com/scrum-follow-ups

9　Ken Schwaber and Mike Beedle, *Agile Software Development with Scrum* (Upper Saddle River, NJ: Prentice

Hall, 2002), 76–80.

10 Mary Poppendieck and Tom Poppendieck, *Lean Software Development: An Agile Toolkit* (Boston: Addison-Wesley, 2003), 49.

11 International Institute of Business Analysis (IIBA), *BABOK v3: A Guide to the Business Analysis Body of Knowledge*, 3rd ed. (Toronto, Canada: IIBA, 2015), 42.

12 Jens Engel, Benno Rice, and Richard Jones, "Feature Testing Setup," GitHub, https://behave.readthedocs.io/en/latest/gherkin.html

13 Ivar Jacobson, Ian Spence, and Kurt Bittner. *Use-Case 2.0 The Guide to Succeeding with Use Cases* (London: Ivar Jacobson International, SA. 2011), 4.

14 若想查看与商业和系统用例相关的详细指导，请参见 Howard Podeswa, *UML for the IT Business Analyst,* 2nd ed. (Boston: Cengage Learning PTR, 2009).

15 用户故事是在 1998—1999 年发明的。直到 2011 年雅各布森、思彭斯和毕特纳所著的《用例 2.0》发表，用例切片才首次面世。

16 Schwaber and Sutherland, The Scrum Guide, 10.

17 Richard Kastner and Dean Leffingwell, *SAFe 5.0 Distilled: Achieving Business Agility with the Scaled Agile Framework*(Boston: Addison-Wesley, 2020), 263.

18 Schwaber and Sutherland, The Scrum Guide, 9 Kent Beck, "Planning: Managing Scope," Extreme Programming Explained: Embrace Change, 2nd ed., The XP Series (Boston: Addison-Wesley, 2005)

19 Schwaber and Sutherland, *The Scrum Guide*, 8.

20 Schwaber and Sutherland, *The Scrum Guide*, 9.

21 Diana Larsen, "Circles and Soup" [blog post], Partnerships and Possibilities Blog, July 26, 2010, https://www.futureworksconsulting.com/blog/2010/07/26/circles-and-soup

第 16 章　发布产品　▮

本章涵盖根据持续交付（CD）实践向生产和市场发布软件的活动和指南。本章会回顾在哪种情况下应决定推迟部署已完成的待办项的准则（例如，当一个特性还没有足够的竞争力，为了保护品牌时）。接着，本章会探讨在哪种情况下应考虑在发布前预留强化迭代，作为一种补救措施。图 16.1 重点标出了本章所涉及的活动。

本章还将说明推出产品或主要软件版本的阶段，其中包括 pre-alpha 测试、alpha 和 beta 测试以及正式发布（GA）。本章最后讲解如何开展两个"检查和调整"活动：目的是持续改进的季度（发布）回顾会议和"转向或继续"会议。

本章将继续进行贯穿全书的案例学习，其中包括示例解决方案。

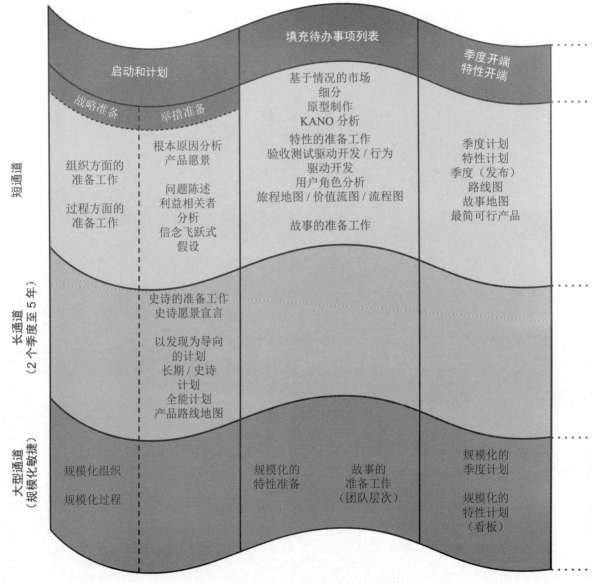

图 16.1　全景图中的第 16 章

迭代开端

日常活动

季度收尾史诗、特性收尾

迭代收尾

每日站会

需求分析与记录

编码、构建、测试、交付验收测试驱动开发 / 行为驱动开发

最简可行产品，分割测试

史诗、特性的准备工作

故事的准备工作

迭代计划

迭代评审会

迭代回顾

为正式发布做准备

季度回顾

史诗、特性回顾

转向或继续

规模化的迭代计划

迭代计划（团队层次）

产品负责人委员会的会议

DevOps

用户特别小组的会议

规模化的特性准备（看板）

集成会议

故事的准备工作（团队层次）

规模化的迭代评审

规模化的迭代回顾

迭代回顾（团队层次）

DevOps

规模化的季度 / 特性回顾

16.1　目标

本章将帮助大家实现以下目标：

- 了解哪些发布准备活动要在故事实施的过程中持续开展以及哪些要在临近发布日期时开展
- 了解在哪种情况下建议将强化迭代用作一种补救措施
- 了解发布新产品或重大更改的阶段和活动，包括 alpha 测试、beta 测试和正式发布（GA）
- 推动举行并参与季度（发布）回顾会议
- 推动举行"转向或继续"会议

16.2　本章在全景图中的位置

如图 16.1 所示，本章研究了"季度收尾"区，其中包括"为 GA 做准备"活动；季度、史诗和特性回顾会议；"转向或继续"会议。

16.3　使故事进入已完成阶段

在上一章中，我们研究了如何持续向客户交付已完成的故事。持续开展的活动包括以下如下几种：

- 故事验收标准规范
- 分析和设计
- 创建和执行自动化测试（例如，单元测试、低级和高级集成测试、回归测试、用户验收测试 [UAT]、冒烟测试，以及非功能性需求 [NFR] 的测试，比如安全、性能、压力和可靠性测试）
- 编码和构建
- bug 修复
- 代码清理——清除技术债务（例如，无法访问的代码，冗余）
- 记录——持续更新用户文档、支持文档、商业分析（BA）文档
- 客户根据验收标准进行手动 UAT 测试

这些活动结束后，故事就完成了，并以"可发布"形式被交付给客户。然而，何时向市场发布它是由企业决定的。举例来说，为了保护品牌，产品负责人（PO）可以决定推迟发布一个不成熟的特性。首先，我们将回顾第9章"长期敏捷计划"中对于这个问题的指导方针。然后，我们将探讨如何确定发布的阶段。

16.4　向市场发布：时间安排方面的考虑

与长期计划有关的第9章说明了向市场发布故事和特性的时间安排的指导性原则。既然现在故事已经准备好被部署了，而客户必须决定何时发布它们，让我们再来总结一下这些指导性原则吧。以下指导性原则假定组织有着成熟的 DevOps 实践，使组织能够频繁且安全地进行部署。

如果是一个 bug 修复或小改进，就立即发布，以便终端客户能够受益。

- 如果故事是一个大型新特性的一部分，而后者还不具有竞争力，那么就推迟发布以保护品牌。

- 如果一个特性的几个故事结合在一起可以交付一个最小适销特性（MMF）——如果发布到市场上，会被客户认为是有价值的最小的特性版本——就可以发布。

为了说明身为分析师的你应该如何在这一决定上支持商业决策者，让我们回顾本书早些时候讲到的 Customer Engagement One（CEO）应用程序的一项能力——使支持人员在回答客户的问题时能够使用自动回复的特性。假设该特性的第一个故事已经被实施了："作为支持人员，我想保存一个自动回复，以便在回复客户信息时选择它。"在这种情况下，你建议 PO 不要正式发布这个故事。这么做的原因是，此时，支持人员可以保存查询语句，但不能使用它们。如果在这种状态下发布该特性，终端客户会将其视为业余的解决方案。你建议 PO 将这个故事发布到测试中，让用户和用户代表进行测试，但将正式发布延后，直到特性足够丰富，具有竞争力为止——届时公司既可以发布它，也可以等待下一个预定发布日期的到来。

若想进一步了解应该何时发布软件更改，请参见 9.6.3 节。

16.4.1　是否应该为预发布活动保留一个强化迭代

一般来说，准备向市场发布软件的步骤不需要一个专门的迭代，因为采用 DevOps 后，这些步骤大多是自动化且持续进行的。然而，一些组织会预留一个专门的迭代（通常被称为强化或稳定迭代），在这一迭代期间，使产品为正式发布做好准备，并且不开发新特性（尽管可能会修复一些 bug）。虽然不建议将使用这种实践作为常态，但在特定情况下，这种实践是很实用的，如以下各节所述。

16.4.1.1　由于技术限制而进行的强化迭代

作为权宜之计，组织可能会预留强化迭代，直到它拥有能自信地持续交付软件的技术能力以及支持它的文化。作为分析师，满足人们的需求是很重要的。如果出于这些原因，有必要进行强化迭代，你当然应该建议这么做。同时，要注意团队不要用强化迭代来拖延他们能够持续开展的活动，比如自动化单元测试。最重要的是，利用你的影响力来促进更高水平的 DevOps 准备，这样，随着时间的推移，渐渐地就不会再需要强化迭代了。

16.4.1.2　为了提高质量而进行的强化迭代

即使是很努力地在践行持续性质量改进的团队也会发现，在满足客户要求所带来的压力下，技术债务在不断地累积。在这种情况下，强化迭代可以提供一个暂停特性开发的机会，以便团队专注于进行质量改进，比如消除安全漏洞和解决可扩展性问题。如果出于这个原因，必须进行强化迭代，则鼓励团队将其视为一种补救措施。同时，引导团队以更持续化的方式来解决质量改进问题。

16.5　确定发布的阶段

一个软件产品从编码到发布到市场的过程中会经历许多个阶段。图 16.2 展示了这些阶段的例子。

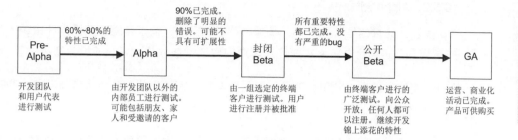

图 16.2 通向正式发布（GA）的阶段

在图 16.2 中，这些阶段如下：

- pre-alpha

- alpha 测试

- 封闭 beta 测试

- 公开 beta 测试

- 正式发布

下面的小节将会说明图 16.2 中的例子。实际的阶段和输出可能与图中所显示的不同。举例来说，在最初的 beta 测试后，有些过程可能会添加 RC（release candidate，发布候选）阶段，当软件准备好被捆绑和大规模复制时，可能会有 RTM（release to manufacturing/market，发布到制造商 / 市场）阶段。在每个阶段中进行的步骤也各不相同——DevOps 组织在正式发布之前要做的工作比较少，因为大部分工作都是持续且自动进行的。此外，正如图 16.2 和下面的小节所示，DevOps 的能力使得特性可以随时被开发和集成，直到正式发布为止。

16.5.1 Pre-alpha

在 pre-alpha 阶段，产品由开发团队进行内部测试，其中包括用户代表和开发团队成员。分析师需要编写故事的验收标准，并支持客户对其进行测试。Pre-alpha 测试通常在开发组织的办公地点进行。图 16.2 表明，在离开 pre-alpha 阶段时，有 60% 到 80% 的刚需特性已经完成。[1]

16.5.2　Alpha 测试

Alpha 测试的目的是获取反馈，暴露出可用性问题、需求差距、互操作性错误，以及严重的 bug。它的目标是在向终端客户发布测试版软件之前，捕捉并解决这些问题。

Alpha 测试通常是由公司员工和他们的朋友及家人进行的。公司也可能邀请一些来自目标市场的客户，他们的反馈将会得到高度重视。

在 alpha 测试期间，特性开发继续进行。在退出 alpha 阶段时，应该有 80% 到 90% 的特性已被完成，并且不存在严重的 bug。

作为分析师，你在这个阶段中所做的贡献是：在测试过程中获取和分析客户反馈，编写故事和验收标准，并根据需要更新商业分析文件。为了说明你的参与，让我们回到引入已保存回复的特性。假设下面的故事已经被接受进行 alpha 测试了：

> 故事：作为支持人员，我想选择一个已保存的回复。
>
> 验收标准：当我打开菜单时，我可以看到一个按字母顺序排列的、可滚动的已保存回复列表。

在这个故事进行 alpha 测试时，为了丰富特性，你继续编写着其他故事。举例来说，为了响应测试人员的反馈，你创建了以下故事："作为支持人员，我想用关键词搜索回复。"

16.5.3　Beta 测试

在 alpha 测试之后，软件要进行 Beta 测试——由终端客户进行测试，以评估产品的客户体验，并在发布之前引起讨论。Beta 测试者是目标市场中的真实客户，他们自愿试用产品，报告 bug，并提出新特性的建议。在这期间发现的特性可能会被纳入当前的发布中，也可能会被推迟到下一次发布。

Beta 测试可以分两个阶段进行。如前文所述，细节上可能有所不同。

16.5.3.1　封闭（非公开）Beta 测试

在 alpha 测试之后，封闭（非公开）Beta 测试是由公司邀请并批准的一组特定的终端客户进行的。在进入封闭测试时，产品可能仍然缺乏一些必备特性，也可能不具有可扩展性。从这个阶段开始，通过使用手动日志条目跟踪错误来进行监控。问题是可见的，但自动警报还没有到位。

在问题和 bug 出现时，团队会解决它们并继续开发其余特性。在退出封闭测试时，所有必备特性都已完成，没有任何严重的 bug，并且产品已经准备好向公众曝光了。

16.5.3.2　公开（公众）Beta 测试

公众（公开）Beta 测试是由真正的终端客户进行的广泛测试。公开 Beta 测试的目的是评估广大客户的体验，并测试产品在真实情况下使用时的"可扩展性、性能和可靠性"[2]。公开测试之所以被称为公开测试，是因为它是向公众开放的：任何人都可以注册以试用产品并提供反馈。

在进入公开测试阶段时，所有必备特性都已经被实施了。在这一阶段中，可以继续处理锦上添花的故事和验收标准。为了进行说明，让我们说回引入已保存回复的特性。在公开 Beta 测试期间，用户表示他们希望查看按使用频率排序的回复。因此，你编写了以下用户故事：

> **故事**：作为支持人员，我想查看最常使用的回复。
> **验收标准**：当我打开菜单时，最常用的回复会最先出现。

团队在开放 Beta 测试阶段交付了这个故事。你编写的其他故事被推迟到了下一个发布周期中。另外，到这个时候，团队会使自动监控和警报就位。

Beta 测试结束后，PO 就会对将哪些特性纳入版本中这个问题做出最终决定。一个特性不一定要在完全实施后才能被发布——只要客户认为它的完成度已经到了可发布的程度即可。

16.5.4　正式发布

正式发布（general availability）指的是产品可以被广泛使用和购买。[3]GA 发布通常发生在一个预设日期。当一个产品想要进入 GA 阶段时，所有商业化活动必须已经完成。此外，产品必须是可靠的，没有严重的 bug，并适合在生产环境中使用。

GA 版本后通常是带有编号的维护版本（maintenance release，MR）。举例来说，GA 5.0 版本之后是 MR 5.1 和 MR 5.2。维护版本中修复了产品发布时已知但并不严重的 bug，以及发布后才显露出来的 bug。[4]

16.5.4.1　达到正式发布阶段的活动检查清单

下面是一份使产品达到 GA 阶段的活动检查清单。[5] 如果组织已经达到了较高的 DevOps 准备程度（如建议的那样），那么在 pre-alpha 阶段，在完成故事的同时，许多能让软件可靠地被发布的工作（例如，文档、回归和安全测试）会持续进行。其余活动应该在通向 GA 的阶段中尽早开始。例如，在封闭 beta 测试期间设置手动日志还有监控和警报，如前面几节所述。

使用下面的检查清单来计划产品发行或主要发布中的活动。随着发布日期的临近，将其作为一种门控机制，以确定产品是否已经做好了进入 GA 的准备。

正式发布检查清单。

执行以下任务并满足以下条件，以为 GA 做准备：
- 故事已被完成并可以被发布（见 16.3 节）
- 质量保障（QA）：Pre-alpha、alpha 和 beta 测试已经完成（见 16.5.1 节到 16.5.3 节）。已创建自动化测试
- 协作和沟通：
  - 向商业干系人和有影响力的人、附属机构和合作伙伴传达发布日期
  - 信息传递：从产品愿景、版本的愿景、关键特性和客户价值的角度来为版本定位
  - PO（客户）与开发人员合作，确定哪些特性的完成度够高，足以被发布

- 开发团队与销售团队在以下领域进行合作
    - 进入市场的策略：制定策略，向新客户销售新特性，并向现有客户宣传新特性
    - 营销材料
    - 发起广告活动
    - 在社交媒体中发送信息
    - 网站更新
    - 媒体交流（比如采访、发布公告）
- 运营准备，包括以下内容：
    - 验证系统和应用程序的配置
    - 代码迁移
    - 数据迁移
    - 验证审计是否按要求启用
    - 最终审查：
        - 满足发布关卡标准
        - 最终安全审查：
            - 完成最终审查。这只是一个最后的审查。解决和测试安全漏洞的工作仍然要继续进行
            - 确保促使用户安装安全升级的过程已就位
    - 确保回滚和恢复计划已就位并已经过测试
    - 确保有一个推出 GA 版本之后的维护版本的过程
    - 监控：设置监控器、日志和警报（见 16.5.4.2 节）
- 商业化活动：[6] 完成将产品推向市场所需要的其余任务，具体如下。
    - 创建产品演示和营销材料
    - 创建评估版本
    - 合规性测试
    - 本地化
    - 国际可用性

- 多渠道分销（如应用程序商店、网站、自动更新）
- 许可、定价模式（如网站许可、个人许可、基于数量的定价）
- 完整的文件：
  - 用户指南
  - 技术规范
  - 支持文件
  - 分析和测试文件（例如，特性说明、流程模型、用例模型、业务规则说明和手工测试案例）
- 可追踪性机制已被实施，且满足监管和合规性要求。
- 培训：
  - 开发教学视频
  - 为销售代理和市场人员创建并实施培训计划
  - 培训客户服务代理使用新特性并支持终端客户使用这些特性
- 重视终端客户的验证和反馈：跟踪成功指标。获取客户的反馈，成功场景和失败场景
- 持续改进：计划并执行持续改进行动，以提高组织的发布能力，重点关注以下领域中的 DevOps 准备程度：[7]
  - 文化，采取行动以促进开发和运营之间的协作文化。
  - 持续集成（CI）
  - 自动化测试
  - 尽早纳入安全测试
  - 构建过程和基础设施资源的自动化
- 发布回顾会议：回顾吸取到的教训
- 转向或继续：决定是继续朝着同一方向前进还是彻底改变路线

下面的小节中，我们将会探索监控、分析文档、价值验证、发布回顾会议以及"转向或继续"会议。

16.5.4.2　监控

前面的检查清单中提到的运行准备工作中的一项活动是建立日志、监控和警报系统。这些系统的目的是在问题发生时尽快通知开发人员，以便团队能迅速采取行动，加以修正。通过这些手段跟踪和检测的问题包括：与负载有关的问题、高错误率、高CPU峰值以及可用性和延迟问题。

以下是监控系统的主要元素：
- 日志　是事件——通常是错误——的文字描述。
- 监控器　收集关于错误率的指标。
- 指标　是计数或计时测量。计数指标的一个例子是生产事故的数量。计时指标包括页面下载时间、可用性、平均故障间隔时间（MTBF）和周期时间。
- 当指标不处于可接受范围内时，监视器会发出**警报**（alert）。

为了在发布日期前做好准备，尽早开始设置日志、监控器和警报。若想查看在 beta测试期间引入这些元素的指南，请参见 16.5.3 节。

16.5.4.3　分析文档

如前所述，如果一个分析工件值得保留，那么它就值得持续地被更新。举个例子，在第 15 章中，我们看到了如何在特性准备和开发期间更新特性文件和用例模型。

你可能想知道在发布周期接近尾声时，该如何处理故事地图。因为故事地图的主要目的是计划实施，那么当计划完成时，应该丢弃它还是保留它呢？

如果团队即将进入另一个发布周期，并且这一周期所影响的过程或价值流与上一个周期相同，那么就保留故事地图的脊柱，并用它来开始绘制下一个故事地图。不过，肋骨部分的故事需要删除，因为在新的发布周期中，这部分将会有所不同。

如果团队将处理不同的过程或价值流，就将脊柱保存为图片、虚拟形式或转换为其他格式（例如，概要流程模型），供将来参考。

若想查看关于保存故事地图的指南，请参见 15.10.3.3 节和 15.10.3.4 节。若想查看关于在特性文件中记录特性和验收标准的指南，请参见 15.10.2 节。

16.5.4.4 价值验证

在第 15 章中，我们学到了如何使用分割（A/B）测试来衡量实施过程中的软件更改的效果（见 15.8.2 节）。一个特性的完成度达到了可发布的程度时，就进行分割测试，以验证它是否实现了业务和客户目标。如果特性通过了验证，就把它纳入发布中，并将其作为产品的一部分来支持。

还要通过分割测试来验证史诗和产品层面上的假设。将测试的指标和反馈用作参考，决定是要转向还是要继续当前的假设（若想了解如何引导"转向或继续"会议，请参见 16.7 节）。

16.6 季度（发布）回顾会议

召开季度、发布、史诗或特性回顾会议，以回顾长期举措的状态，庆祝重大胜利，验证假设，并回顾需要花费较长时间才会显现的影响和成果。为了简单起见，我将把这种会议统称为季度回顾会议，因为其他情况下回顾会议也有着类似的目标和形式。

在季度回顾会议上，参会人讨论本季度中有哪些工作做得好，哪些做得不好，并提出改进建议。会议的时长从一小时到几天不等，具体取决于被回顾的时期的长度和举措的规模。本节的重点是团队回顾会议。若想查看关于规模化组织的季度回顾会议的指南，请参见 17.9.17 节。

季度（发布）回顾会议的可交付成果包括以下内容：

- 建议：要继续做什么，停止做什么，开始做什么
- 风险管理计划
- 带有时间线的行动计划
- 在下一个季度（发布）的待办事项列表中至少添加一个高优先级的工作项

16.6.1　主持准则

作为回顾会议的主持人，你应该是对 DevOps 和验收测试驱动开发有清晰愿景的人（例如，DevOps、CI/CD、商业分析或敏捷实践方面的领导者）。邀请以下人员参加会议：

- 高管
- Scrum Master（如果可行）
- 当前和潜在的客户
- 干系人
- PO，产品经理
- 开发团队的经理
- 开发团队的代表

通过引导小组不要对过去的事件长篇大论，使会议聚焦在解决问题上。不要笼统地问什么是对的，什么是错的。而是要通过口舌，将讨论引向团队有能力影响的问题——无论是直接影响还是间接影响。

按照以下准则来开展有效的季度回顾会议：

- 准备
- 专注于问题领域
- 专注于 DevOps/CI/CD 实践
- 讨论指标，而不是想法
- 使用检查清单

下面就来研究一下这些准则。

16.6.1.1　准备

在主持人和参会人事先做好准备的情况下，季度（发布）回顾会议是最有效的。[8] 在活动之前，讨论在与干系人和开发人员的初步讨论中有哪些进展得比较顺利的，哪些则不然。准备主要事件的时间线，把它分发给开发团队，以让他们在会议前进行回顾和标注。若想查看关于准备时间线的指南，请参见 16.6.2 节。

16.6.1.2 专注于问题领域

不要好高骛远。把讨论引向你所了解的存在问题的组织内的领域。

16.6.1.3 专注于 DevOps/CI/CD 实践

为了能有信心地按需发布软件，组织必须高度关注 DevOps/CI/CD 的准备情况。作为季度回顾会议的主持人，你应该对这些实践有深入的了解。围绕 DevOps 的准备情况组织回顾性讨论，把重点放在你所知道与 DevOps 采用有关的顺利和不顺利的情况。

16.6.1.4 讨论指标，而不是想法

如前文所述，在回顾会议中，参会人要回顾哪些地方做得好，哪些地方做得不好。这个过程中的最大挑战之一是，人们的想法是不可靠的。一个人可能认为某件事进展顺利，而另一个人则有着相反的意见。此外，人们可能是因为不知道有更好的选择，才会认为某件事进展顺利。为了避开这些陷阱，需要把重点放在基于结果的指标上，而不是想法上。[9] 为了支持这一重点，把指标（无论是好的还是坏的）和改进措施张贴到时间线上，以突出哪些干预措施正在产生预期效果，哪些则没有。使用可操作的指标来衡量有意义的结果，比如收入的增长，而不是使用像代码行数这样的内部度量标准。

以下指标可以用来评估采用 DevOps/CI/CD 成功与否：

- 部署频率
- 成功的部署所占的百分比：确保组织明确界定成功部署的含义（例如，没有中断的部署）
- 更改的准备时间
- 生产事故的次数
- 可用性

16.6.1.5 使用检查清单

使用检查清单来帮助准备问题。在回顾会议中询问检查清单中的每一个问题是使用它的错误方式。正确的使用方式是用它来确保自己从所有相关的角度对所有相关的问题进行了考虑。不过，应该把重点放在那些存在问题的领域。需要考虑的角度如下：

- DevOps 和支持性实践
- 技术
- 生产力
- QA
- 程序 / 组合
- 市场

 若想查看针对上述各个角度的季度回顾会议问题的检查清单，请参见附录 A.11。

16.6.2　准备时间线

使用时间线来展示所回顾的计划周期内的事件和里程碑的发生时间。如前文所述，在回顾会议之前起草时间线，将改进工作与正面和负面指标一同张贴，以突出干预措施的影响。图 16.3 展示了时间线的元素。请注意，本书的印刷版将不显示出图中所标示的颜色。

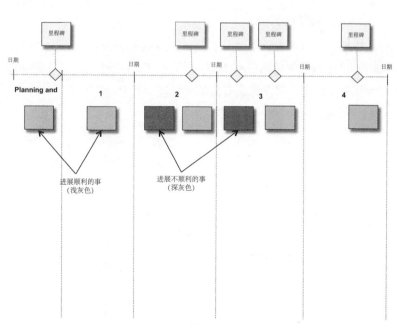

图 16.3　时间线的元素

时间线应该跨越所回顾的周期（例如，季度、发布周期或史诗）。在图 16.3 的例子中，数字 1、2、3 和 4 代表迭代。也可以使用其他的中间时段，比如数周。图中包括如下元素：

- 里程碑：重大事件发生的时间点（用菱形表示）
- 事件：值得注意的情况（例如，一个迭代的开始或结尾、一次评审会议的举行、一个目标的实现、一个特性的交付，或对结果的测量）。事件以里程碑和彩色卡片的形式表示。绿色卡片代表进展顺利的事情，红色卡片代表进展不顺利的事情

请参会人准备有关重大事件、成功和失败的说明，并相应地更新时间表。请技术成员（例如，软件工程师，架构师）谈论开发方面的成功和失败（例如，已计划但未发布的特性，以及改善开发过程的内部努力）。请 QA 专业人员谈论出现的缺陷、测试自动化工作和质量指标。请数据分析师谈论使用模式、从 A/B 测试中收集的指标，以及关键绩效指标（KPI），比如转换率和保留率。

16.6.3　季度回顾会议演练

与冲刺（迭代）回顾会议不同，季度回顾会议没有被包括在 Scrum 框架中。召开季度回顾会议的指导性原则各有不同。[10, 11] 一般性原则是，会议应该是非正式的，不要过分受制于预先计划好的议程。在下面的小节中，我们对这一活动进行演练。

16.6.3.1　介绍

作为活动的主持人，要将季度回顾会议作为一个持续改进的机会来介绍，强调会议的目的是挖掘过去的经验，以指导未来。要向参会人强调，会议的目的不是评判过去的表现（也不是被过去的表现评判）。

16.6.3.2　更新时间表

和大家一起回顾时间表草稿，重点关注与 DevOps 相关的问题和被视为问题的领域。要求参会人把进展顺利和不顺利的事情更新到时间线上，参考指标来做出评价。

16.6.3.3　挖掘时间线

与小组合作，利用时间线来挖掘更改所造成的影响。举个例子，小组可以研究时间线上的一个表明何时采用了新 DevOps 实践的里程碑，以探索在这一里程碑之后，成功部署的频率和 MTBF 方面有怎样的提升。

16.6.3.4　建议

接下来，将注意力转向建议。要求参会人考虑以下问题，重点关注前面讨论中提出的问题和成功经验：

- 有哪些事是我们应该继续做下去的？
- 有哪些事是我们不应该再继续做的？
- 有哪些事是我们应该开始做，但现在还没有做的？是否有任何应该采用的新实践或规约？

可以在会议的这一部分中使用"帆船（快艇）"游戏——要求参会人把应该继续做或开始做的事情贴到帆上，把不应该再继续做的事情贴到锚上。

若想进一步查看"帆船"游戏，请参见 15.14.5.1 节。

接下来，要求参会人对已经确定的问题和议题进行优先级排序。然后，促进对具有高优先级的项目的讨论。要求参会人从以下角度考虑这些项目：

- 哪些问题在我们的影响范围内？
- 哪些问题是我们需要上报给有影响力的人的？

可以在会议的这一部分使用"圆圈和汤"游戏，要求参会人根据相关的影响范围，把项目贴到圆圈中。

若想进一步了解"圆圈和汤"游戏，请参见 15.14.5.2 节。

最后，与小组一起制订实施建议的行动计划，指导他们至少将两三件可以立即进行的事情包含在内。把这些行动添加到下一个季度的待办事项列表中。

16.7 "转向或继续"会议

在"转向或继续"会议中，我们又回到了起点——产品或变革举措的愿景背后的信念飞跃式假设。定期举行"转向或继续"会议，以验证这些假设。使用领先指标和可操作的度量标准，来决定是要转向、继续，还是要停止所有的工作。"继续"是沿着当前方向继续前进。"转向"是朝着新的假设进行彻底的转变。

 若想进一步了解如何计划 MVP 实验来测试假设，请参见 12.4 节。若想查看关于指定可操作指标的指导，请参见 7.11.5 节。

16.7.1 以数据为参考，而不是以数据为导向

作为"转向或继续"会议的主持人，你将会要求参会人回顾在 MVP 实验和特性开发期间收集的指标。决定是要转向或继续时，应该将这些数据用作参考，而不是由它们来驱动。虽然指标对决策有影响，但它们并不是唯一的决定因素。商业领导层对产品的第六感，对市场发展方向的感觉，以及与客户的对话，都会对决策产生影响。以数据为参考的决策的目的是通过数据做出更好的决定，而不是把数据当作唯一的决定因素。

16.7.2 时间安排方面的考虑

每隔几周至几个月，以及当一个信念飞跃式假设明显不成立的时候，安排一次"转向或继续"会议。[12] 一个推荐的时间是在季度回顾会议期间，因为这一会议召集了相关的干系人。

16.7.3 参会人

邀请以下人员参加"转向或继续"会议：[13]

- 开发团队的代表（例如，工程领导者，团队分析师）
- 商业分析师，PO：提供关于愿景、客户、信念飞跃式假设、MVP 实验和结果的概述
- 数据分析师：报告 MVP 的结果；总结较长时期内的 KPI 指标，将实际指标与目标进行比较

- 商业领导团队：就市场、潜在市场、反馈和与客户的对话进行报告
- 外部顾问：为产品或举措的成功或失败提供外部视角

16.7.4 "转向或继续"会议演练

为了对"转向或继续"会议进行说明，让我们说回本书前面讨论过的一个案例：Trint，一个用于新闻业的采访转录的应用程序。因为我们即将偏离这家公司的真实历史，所以假设存在着一个类似的公司和应用——DCyphr。DCyphr 的信念飞跃式假设是，记者将会认为这款产品很有价值，因为它能够可靠地转录采访，不像现有的人工方法那样乏味且耗时。根据这一假设，许多记者和新闻机构将会订购，使得公司在 7 年内就会实现盈利。公司每个月都举行"转向或继续"会议，以评估这一假设，同时继续应用改进。

产品推出一年之后，公司召开了"转向或继续"会议，以评估长期结果，并决定是否沿用最初的假设。参加会议的数据分析师指出，按照目前的增长率，公司将无法在目标期限前实现盈利。然而，数据中存在着一个潜在的亮点。虽然目标市场（记者）的增长低于预期，但在一个小型子群体——图书管理员中却有稳定增长。营销团队联系了这个群体中的客户，以更进一步了解他们购买产品的原因。图书管理员用户报告说，他们很中意这款应用程序使图书馆的视频和音频记录可被搜索的方式。他们使用这款应用程序将音频自动转录为文本；然后，他们在文本中搜索关键词。

基于这些见解，决策者同意放弃原来的假设，转向新的假设：客户将使用该产品搜索现有的视频内容。他们决定先把重点放在图书馆员和研究人员的需求上。创始人表达了自己的直觉，即搜索引擎开发者将会成为未来这一领域增长的关键动力。产品开发者同意开始开发一个针对第三方搜索引擎开发者的具备自动转录和搜索能力的 API。

在这次转向会议之后的几年内，这款产品成为了向第三方开发者提供视频和音频搜索能力的领先供应商。一年后，谷歌收购该公司。虽然这个故事是虚构的，但它很典型。成功的公司往往是从早期假设失败所导致的转向中诞生的。

BLInK 案例学习 29：转向或继续

背景介绍

BLInK 项目已经进行了几年。公司想要判断 BLInK 项目是要沿用最初的设想，还是转向新的假设。

要求

你的任务是为 BLInK 项目召开一次"转向或继续"会议，目的是指导未来对产品的投入。

具体过程

回顾 BLInK 的两个关键价值假设：

- 由于实际损失率与预期损失率之间的偏差减少，风险预测的准确性将会提高
- 由于客户加入 BLInK 项目，其健康状况将得到改善，这可以通过年度索赔总额的减少来衡量数据

分析师报告了用于测试这些假设的两个关键指标：

- 损失率偏差，也就是（预期损失率－实际损失率）/ 实际损失率后得到的绝对值
- 每个客户的平均年度索赔总额的变化

分析家采用分割测试的方法，对 BLInK 参保人与具有类似健康状况和索赔历史的非参保人对照组的结果进行了比较。

他们的分析结果如表 16.1 所示。

你推动展开了对结果的评审。损失率的准确性在前两年没有明显的改善。然而，在第 3 年，它的提升超出了预期，在第 4 年甚至更加超出预期。数据分析师解释说，从第 3 年开始，预测中使用的个人数据的积累速度比预期快得多。现在，数据大爆炸带来的准确性提升比最初设想中的更高。

至于第二个指标，在对对照组组进行调整后，每个客户的年度总索赔总额几乎没有减少，这表明该计划并没有改善客户的健康状况。

指标	第1年	第2年	第3年	第4年
表16.1 "转向或继续"会议的 BLInK 数据分析				
损失率偏差的降低（衡量损失率预测的准确性）				
目标	0%	1%	1%	2%
实际情况：BLInK 与对照组相比	0%	0%	2%	8%
每个客户的年度索赔总额的减少（衡量健康的改善情况）				
目标	0%	1%	5%	10%
实际情况：BLInK 与对照组相比	0%	0%	1%	0%

案例学习回顾

会议的结论是，商业领导层认为产品的第一个假设得到了验证—即 BLInK 会改善对损失率的预测，因为它提供了大量的个人数据。同时，领导层认为，对于改善健康状况的假设并没有得到验证。他们决定加倍投入到从客户处生成最多的精算数据的 BLInK 特性中，同时减少对不能产生有用数据的健康改善特性的投入。

16.8 小结

以下是本章涉及的要点。

1. 一旦产品达到 GA 阶段，就可以广泛购买和使用了。

   作为一种规范实践，在完成故事的过程中，不断地执行构建－测试步骤；不要等到强化迭代的时候再执行。

2. 预发布活动包括 alpha 测试和 beta 测试；设置日志、监视器和警报；商业化活动。

3. 在计划周期结束时举行一次季度（发布）回顾会议，以检查哪些是有效的，哪些是无效的，并提出改进建议。

4. 举行"转向或继续"会议，决定是继续同一方向还是转向新的假设（基于可靠的数据）。

16.9 下一个主题

在前面的章节中，我们探索了在小规模举措的背景下的敏捷分析。如果项目规模较大，包含多个团队，就需要使用额外工具来同步他们的工作，并支持团队间的协作。这正是下一章的主题。

注释

1 Kelliann Longacre, "The Five W's of Alpha Testing," Centercode, 2020, https://www.centercode.com/blog/2017/09/five-ws-alpha-testing

2 "Beta Test," Product Plan, https://www.productplan.com/glossary/beta-test

3 "General Availability (GA)," Techopedia, February 16, 2017, https://www.techopedia.com/definition/32284/general-availability-ga. Also see "Definition of General Availability," Law Insider, https://www.lawinsider.com/dictionary/general-availability

4 "What Is a GA release?" Ruckus Networks, February 24, 2015, https://support.ruckuswireless.com/articles/000002490

5 这里列出的一部分检查项来自 Aha! "What Is a Good Product Launch Checklist?" Aha! Labs, Inc. https://www.aha.io/roadmapping/guide/release-management/what-is-a-good-product-launch-checklist

6 Carol Oles, "Go-to-Market Strategies for Successful Software Commercialization," *Devpro Journal*, July 2, 2018, https://www.devprojournal.com/business-operations/sales/go-to-market-strategies-to-successful-software-commercialization

7 Allana Brown, Nicole Forsgren, Jez Humble, Nigel Kersten, and Gene Kim,2016: State of DevOps Report, Puppet+Dora DevOps Research and Assessment, 2016, https://services.google.com/fh/files/misc/state-of-devops-2016.pdf

8 Naresh Jain, "Release Retrospective vs. Sprint Retrospective" [blog post], Managed Chaos, June 20, 2012, http://blogs.agilefaqs.com/2012/06/20/release-retrospective-vs-sprint-retrospective

9 Dan Holloran, "Top Metrics for Measuring DevOps Delivery Value," Splunk, November 14,2019, https://victorops.com/blog/top-metrics-for-measuring-devops-delivery-value

10 Madhavi Ledalla, "The Significance of Release Retrospectives" [blog post], 2018, https://lmadhavi.wordpress.com/2018/04/10/the-significance-of-release-retrospectives

11 Singapore Management University (SMU), "Project Timeline," https://wiki.smu.edu.sg/is480/IS480_Team_wiki%3A_2013T1_Prime_Factor_Project_Schedule

12 Eric Ries, *The Lean Startup*(New York: Random House, 2011), 164.

13 Ries, *The Lean Startup*, 164.

第 17 章　规模化敏捷

本章将重点讨论规模化敏捷组织所面临的挑战，以及应对这些挑战的方法。图 17.1 重点标出了本章涉及的活动。本章首先将探讨为什么我们需要规模化敏捷技术，以及为什么为由独立团队组成的小型组织设计的敏捷实践在规模上通常是不够的。

接着，本章将提供选择规模化敏捷方法的指导性原则。本章将对基于流程的方法（如看板）和时间盒方法（如 Scrum、规模化敏捷框架 [SAFe]）进行对比，并解释在规模化组织中，应在哪种情况下使用哪种方法。

为了成功地规模化敏捷，产品开发组织必须有能力持续、可靠和可持续地大规模集成和交付软件变化。本章将探讨实现这一目标的基本实践，包括 DevOps、持续集成（CI）、持续交付（CD）、验收测试驱动开发（ATDD）、测试驱动开发（TDD）和行为驱动开发（BDD）。

是否能成功扩展敏捷性还与文化有关。本章将探讨重要的文化实践，包括教练式领导和服务式领导（仆人式领导）模式，以及对质量的关注。本章将简要介绍这一主题。若想更深入地了解敏捷文化，请参见第 18 章。

接下来，本章将解释如何规模化需求库——包括规模化地指定产品待办事项列表、子产品、团队待办事项列表和完成定义（DoD）的指导性原则。

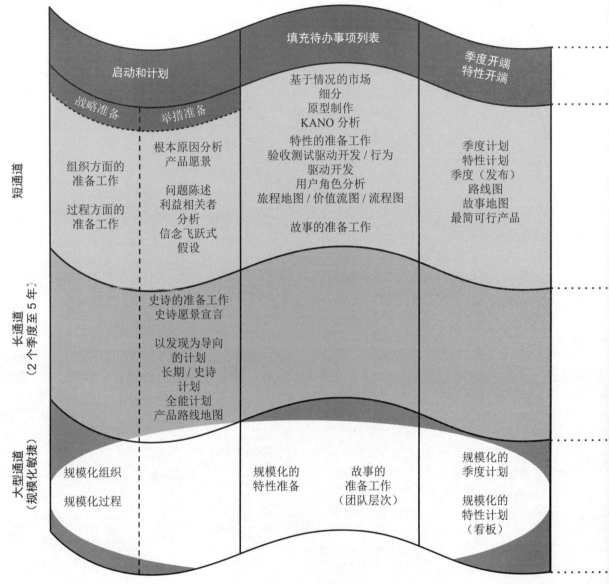

图 17.1　全景图中的第 17 章

迭代开端

日常活动

季度收尾史诗、特性收尾

迭代收尾

每日站会

需求分析与记录

编码、构建、测试、交付验收测试驱动开发 / 行为驱动开发

最简可行产品，分割测试

史诗、特性的准备工作

故事的准备工作

迭代计划

迭代评审会

迭代回顾

为正式发布做准备

季度回顾

史诗、特性回顾

转向或继续

规模化的迭代计划

迭代计划（团队层次）

产品负责人委员会的会议

DevOps

用户特别小组的会议

规模化的特性准备（看板）

集成会议

故事的准备工作（团队层次）

规模化的迭代评审

规模化的迭代回顾

迭代回顾（团队层次）

DevOps

规模化的季度 / 特性回顾

然后，本章将聚焦于规模化敏捷组织。本章将解释为什么组件团队通常是必要的，以及它们是怎样与特性团队互动的。本章将解释如何把团队组织到分级产品区域，以及如何根据组合和项目进行组织。本章还将介绍规模化组织中的其他角色和组织，比如区域 PO、扩展团队、能力小组、用户特别小组和产品负责人委员会（POC）。

接着，本章将解释如何规模化流程。首先，本章将提供对于规模化计划和分析事件和活动的概述。然后，本章将探索这些项目，并为实施它们提供详细的指导。本章讨论的规模化活动包括规模化的季度（发布）计划会议、规模化的特性准备、POC 会议、规模化的迭代计划（也被称为大规模冲刺计划），以及规模化的迭代回顾会议。本章将提供选择支持团队间的协作的软件工具的指南。本章还将提供轻量级的解决方案，比如使用漫游者（roamer）和侦察员（scout）。

本章最后还将讲解如何在规模化敏捷组织时解决潜在的问题和挑战，比如与瀑布团队的协调。

17.1　目标

本章将帮助大家实现以下目标：

- 了解 DevOps、CI、CD 和 ATDD 是如何实现向终端用户频繁、可靠地交付价值的
- 理解如何将一个规模化开发组织结构化为组合、项目、产品区域、特性团队和组件团队
- 了解在哪些情况下应使用时间盒，在哪些情况下应使用基于流程的计划方法
- 开展敏捷活动，如按季度和迭代计划会议
- 对规模化的敏捷计划开展滚动式分析（特性和故事准备）

17.2　本章在全景图中的位置

如图 17.1 所示，本章将重点介绍计划和分析地图的"大型通道"，后者贯穿了从"启动和计划"到"季度收尾"的所有活动区域。

17.3　为什么需要规模化的敏捷方法

敏捷圈内普遍认为，规模化敏捷组织应该由自给自足的独立团队组成。[12] 如果敏捷

团队是完全独立的，那么就不需要规模化敏捷框架（也不需要阅读本章）；只需要遵循团队层面的敏捷实践，并在整个组织内加以推广，而不必添加任何额外的流程或角色（正如我们将看到的，这差不多就是大规模 Scrum[LeSS] 框架的方法）。然而，在实践中，团队之间的依赖关系在规模化敏捷组织中十分常见，并不是特殊情况。这些持续的依赖关系并不是一个缺陷。它们是良好的规模化组织的特征，彻底消除它们既不可能也不可取。因为规模化组织中的敏捷团队是相互依赖的，而不是独立的，所以我们需要使用有效的解决方案来规模化地协调和集成他们的工作。

首先，我们将研究规模化敏捷组织中的团队为何是相互依赖的。然后，我们将看看以下几种处理这种相互依赖性的策略：

- 计划：选择一种支持团队间协作的敏捷计划方法
- 持续交付：持续、安全、可持续大规模集成、测试和交付软件（DevOps/CI/CD）
- 规模化的敏捷文化：创造支持创新的规模化文化
- 规模化待办事项列表：如何在规模化的敏捷环境中构建产品待办事项列表
- 规模化组织：如何构建规模化的敏捷组织
- 规模化过程：规模化敏捷过程，以促进团队间的协作
- 规模化工具：支持规模化敏捷开发和团队协作的工具和技术
- 规模化敏捷的潜在问题：如何应对规模化敏捷的挑战，比如不处于同一地点的团队和与瀑布式开发者的协作

17.3.1 为什么规模化敏捷团队是相互依赖的

由于产品的特性、技术的复杂性和共享组件的相互关联，规模化的敏捷团队往往会相互依赖。下面就来探索一下这些问题。

想一想有哪些相互关联的特性呢？

考虑一个手机和它所包含的子产品或高级特性，比如相机、照片编辑、短信和社交功能。在规模化敏捷组织中，这些子产品中的每一个都是由一个或多个特性团队维护的。

用户可以单独使用各个子产品，但产品的完整价值在于它的所有子产品是如何相互配合的。举个例子，客户可以直接从相机中访问照片编辑和短信，这使他们能够无缝地拍摄、编辑和发送照片。由于子产品是以按照这种方式协同工作而设计的，而不是作为独立的产品而设计的，它们将不可避免地相互依赖，开发和维护它们的团队亦是如此。

当产品不是实物而是软件系统时也是如此。假设有一个名为 Z-News 的数字新闻服务。Z-News 的团队是按照业务领域组织的（例如，一个订单处理团队，一个服务交付团队，一个收费团队）。现在假设干系人要求了一个向读者提供个性化新闻的新订阅服务。这一个要求就需要许多团队相互配合才能完成。订单处理团队将添加购买新订阅的能力，服务交付团队将实施每个小时一次的定制新闻的交付，而收费团队将实施新服务的月度订阅收费。在整个价值流中，从购买订阅订单到服务交付，每个团队都依赖于其他团队所提供的数据。举例来说，订单处理团队捕捉订阅细节，比如主题和来源，而服务交付团队则使用这些信息来决定交付哪些新闻项目。因为这些团队是相互依赖的，所以他们需要在开发周期的前端协调他们的计划，在整个开发过程中进行协作，并在故事完成后不断集成和测试他们的工作。本章的主题是他们该如何有效地做到这一点。

17.3.2　产品的复杂性

团队之间存在依赖性的另一个原因是，实现复杂产品的特性往往需要很多能力，而一个不超过 10 人的小型敏捷团队是不可能具备这么多能力的。用户界面设计和编码、云服务、部署框架、自动测试、应用堆栈、软件堆栈（基础设施）、开源工具、数据库管理和业务领域知识方面的专业知识通常都是必需的。因为一个小型团队通常无法具备所有这些能力，所以这些能力往往分布在一组相互依赖的团队中。

17.3.3　共享组件

团队依赖性不能也不应该被消除的另一个原因是，多个团队时常会共享软件组件，并依赖于管理这些组件的团队。正如本章后面将探讨的那样，如果让特性团队随心所欲地更改一个组件，会导致组件整体在设计和质量上的不一致。为了确保这种情况不会发生，组件团队要承担主要责任。但是，组件团队引入了依赖性——因为特性团队需要更改一个组件时，它需要依赖组件团队来实现。同样地，如果组件团队更改了一个组件，依赖该组件的特性团队也可能会受到影响。

17.4　计划：选择支持团队间协作的方法

在规模化组织中，需要解决两个必要且独立的协调问题：组织将使用什么方法来计划多个团队的工作，以及如何安排多个团队之间的软件集成和交付的时间？在回答这些问题时，必须认识到，这两个问题的解决方案不一定相同。事实上，最好的办法通常是采用混合方法——在前端使用时间盒或混合方法计划大型特性，在后端使用基于流程的方法来持续实施、集成以及向客户交付改进。我们之前在本书中讨论过基于流程的方法和时间盒方法的问题。现在让我们重新审视一下这个问题，并把重点放在规模化敏捷组织上。

17.4.1　对两种方法的回顾

基于流程的方法中，在不超出每个步骤的在制品（WIP）限制的前提下，每个工作项在开发周期中按照自己的节奏从一个步骤移动到另一个步骤。其目的是实现各个项目的持续流动，从开始到交付都不出现瓶颈。这就是看板框架所使用的方法。

与此不同，在时间盒计划中，团队在开始时对特定时期（时间盒）内的所有工作项作出承诺。两个比较常见的时间盒是季度和迭代。一个季度指的是三个月，但（正如前文中所提到的）我在本书中把这个术语用作一个发布周期、一个 SAFe 项目集增量（PI）或任何 2 到 6 个月的时期的简称。迭代是一个较短的时间盒，通常为一到两周。包含迭代的框架包括 Scrum、极限编程（XP）、LeSS 和 SAFe。在 Scrum 中，这个时期称为冲刺。一个冲刺最长为一个月。

17.4.2　在前端应该使用哪种方法

一般性指导原则是，在前端使用混合式计划方法对特性团队而言是最好的。混合式计划方法指的是对客户驱动的特性使用基于流程（看板式）的计划，对大型战略举措使用季度（时间盒）计划。

17.4.2.1　在哪种情况下要使用基于流程的方法来接受需求进入开发

预算中基于流程的那部分使团队能够对学习做出快速反应，而不是等待一个季度或更长时间再应用新获得的知识。应该把这一部分的预算留给那些可以由一个团队处理，不需要其他人帮忙的小事。举个例子，假设团队在探索如何提高从浏览者到订阅者的转化率，或在研究用户对内容进行过滤或分类的不同方法。为此，他们与客户一起尝试不同的选项，并根据客户的反馈进行调整。由于客户的反应驱动着每个"检查和调整"周期，试图提前预测和优先考虑他们的偏好是没有意义的。

17.4.2.2 仅依赖基于流程的方法时可能遇到的陷阱

不过，与我合作过的许多组织发现，当他们仅仅使用基于流程的计划时，产品会变得四分五裂，因为这种方法鼓励团队局部地思考产品的某一方面，而不是纵观整个产品。此外，他们还发现，过度依赖基于流程的计划，会导致覆盖整个产品的大型更改很难进行。原因是每个团队都按照自己的时间表工作，一个大型项目所需的所有团队很难同时有空。另外，因为没有指定所有团队会面考虑下一个计划周期的时间，所以很难有机会让干系人聚集起来，提出开展各个重大举措的理由，以对它们进行比较和优先级排序。

17.4.2.3 为什么要为时间盒留出一些预算

为了避免遇到这些问题，组织应该为团队留出一些预算，用于预先计划好的、有时间盒的工作——团队在每个季度前承诺的、覆盖整个产品范围的大型工作项。预算的时间盒部分确保了在一个指定时间——季度计划会议——所有团队都有空来讨论产品范围的举措，干系人可以为大型工作项进行游说。受益于季度计划的大型举措的例子如下所示：

- 一个改变用户浏览产品的方式的举措
- 在整个产品中实施协调一致的用户体验（UX）
- 产品与第三方平台的集成

在我写这一章的时候，一个开发小组正在开发一个支持有视觉障碍的客户的需求的史诗。这一更改影响着产品中每个有 UI 的区域。这也是一个战略举措，它能带来高价值的商业成果，因为它将帮助他们的销售团队签订政府合同。诸如此类的重大更改，或是前面例子中提到的那些更改，需要许多团队的预先承诺——在所有团队在季度开始时都有空时，实现这一点比在基于流程的计划中要容易得多。

季度计划还为大型举措提供了其他优势。首先，使用季度计划可以更好地与 IT 组织外的人进行协调，例如在制定市场策略时按季度进行计划的市场和销售团队，以及需要大量准备时间来进行开发、集成和集成测试的物联网（IoT）供应商。在迭代层面上（1 到 2 周），时间盒计划有激励作用：它使所有团队在朝着共同的短期目标前进的过程中保持节奏一致；它还提供了一个机会，让一组合作团队定期（例如，在两周一次的演示中）向干系人展示他们的共同努力的价值。

作为一个在这个问题上经历了演变的公司的例子，请考虑 Hootsuite，一个社交媒体管理工具。我最近与该公司的一位主要开发人员（他恰好是我的儿子）进行了交谈。他指出，目前团队已经从完全依赖基于流程的方法转变成了约 80% 的时间盒和 20% 的基于流程的方法。他希望组织能够稳定到接近 50/50 的比例。像这家公司一样，每个组织都应该通过实验找到最适合自己的比例。

17.4.2.4　为什么特性团队不要过度依赖时间盒

有时，为了对习惯了短期思维的组织形成冲击，使其发展出更长远的眼光，可以暂时过度倾向于时间盒计划（如前面的例子所示）。然而，作为普遍实践，最好不要朝这个方向倾斜得太厉害，因为这将大大延长学习周期。举个例子，在季度计划中，对于在一个季度后期学到的知识，可能需要经过长达两个季度后，开发部门才能采取行动，因为在那时下一个季度可能已经计划好了。

过度依赖时间盒计划也有文化上的弊端：当几乎所有的工作都是预先计划好的时候，团队不可避免地会开始从产出（交付承诺过的东西）的角度来看待成功，而不是从改善商业成果的角度。尽管这些缺点可以通过传达共识，即季度计划并不是硬性承诺（见第 11 章）来解决，但计划被写下来并得到承诺后，团队往往就不愿意更改它了。因此，一般性指导原则是，特性团队应该对由客户驱动的特性使用基于流程的方法，把季度计划留给覆盖整个产品范围的大型举措。

17.4.2.5　非特性团队怎么办

不过，对于那些客户是其他开发者（例如，使用 API 的编码人员）而不是最终用户的团队来说，要做的权衡是不同的。在这种情况下，天平往往倾向时间盒计划。

请始终牢记，没有什么万金油方法。通过实验找出对自己的组织最有效的方法，并对随着时间的推移而改变实践持开放态度。因为这两种方法都在规模化敏捷开发中有一席之地，所以我在本章中对这两种方法都进行了讨论（正如我在本书的其他部分中所做的那样）。

17.4.3 分析师对规模化计划和实施所做的贡献

作为分析师，你会以多种方式为敏捷计划和团队协作做出贡献。你要帮助合作团队使用轻量级的工具来安排他们的工作，比如小组级的故事地图。通过使用各种技术防止依赖性成为障碍：在特性和故事准备过程中尽早识别和标记依赖性和问题，使用 ATDD/BDD 指定端到端的用户验收测试（UAT），指定并执行特性就绪定义（DoR），并使用商业分析（BA）技术，比如业务流程建模来分析工作流和数据依赖性。

分析师也是解决普遍存在的 PO 短缺的问题的关键一环。通过担任代理 PO 或团队分析师，你承担了与团队的日常互动，这样 PO 就可以专注于面向外部的活动了。此外，当团队有与需求相关的问题时，你的存在有助于减少寻找干系人和主题专家（SME）的时间，从而提高团队的生产力。在传达对业务的中期计划和优先事项的广泛理解，而不是顺其自然地让团队关注眼前的优先事项方面，你也发挥着重要作用。[3]

17.5 持续交付：持续、安全、可持续地规模化交付软件

在前面的小节中，我们研究了在开发中接受故事的指导性原则，其中建议了在哪些情况下应使用基于流程的方法（如看板），哪些情况下应使用时间盒方法（如 Scrum）。这些指导意见很详细，每个选择都有着相应的场景和论据。但当故事的实施开始后，情况就不一样了。使用基于流程的方法，在从编码到交付的各个阶段不断推进故事。不要等到迭代结束或发布周期结束时再交付故事，因为这么做会给后端的开发带来障碍（需要记住的是，尽管故事是持续交付的，但客户可能会因为业务原因而决定推迟向市场发布）。

使用持续的、基于流程的方法进行实施和交付有以下好处：

- 它为企业提供了对市场和客户行为的变化做出快速反应的能力
- 通过实现快速的反馈循环。它能够加速学习
- 它能够立即部署 bug 修复、小型改进和速赢
- 通过更早且更频繁地进行测试，它使系统更加可靠

在持续开发中，每个故事都平稳地在编码－构建－测试－交付的步骤中推进。首先，开发人员为故事编写自动化单元测试和低级别的集成测试。然后，故事被编码和测试。接着，它与其他开发分支（其他开发人员和团队的故事）和 master 分支（主产品）合并，并进行更高级别的测试。最后，它将以可发布的形式被持续交付给客户。这个过程与等到迭代或更长的计划周期（如 3 个月）结束后才交付软件的非持续实践形成了鲜明的对比。

17.5.1　测试－构建－部署步骤中的自动化

并非每个大型组织如今都在采用这种方法的原因与文化和自动化（或缺少自动化）有关。除非有一种重视这种能力的文化，并做好了向自动化构建、测试和部署步骤投资的准备，否则不可能频繁且安全地规模化交付。

图 17.2 展示了一个更改请求所经历的步骤。

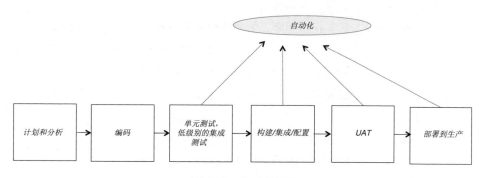

图 17.2　自动化概览

在低绩效的组织中，图 17.2 中的步骤大多是手动完成的。在拥有高绩效的组织中，从单元测试到部署再到生产的步骤全部是自动化的。通过自动化这些步骤，组织可以快速且安全地向市场交付更改。成功实现这些目标的规模化敏捷组织往往遵循着下一节所述的 DevOps 方法。

17.5.2　DevOps 与 CI/CD

DevOps 方法包含当前最有效的持续且安全地规模化交付的指导性原则。以下小节将简要介绍其实践。

17.5.2.1　DevOps

DevOps 是一种软件交付方法，旨在频繁、可靠地交付软件，以便企业能够快速响应变化。它包括构建 - 测试 - 部署 - 监控步骤的自动化以及对虚拟环境和软件服务的动态配置。

- 协作文化　DevOps——development（开发）和 operations（运营）的结合——这一术语反映了该方法的重点是协作和消除在传统中被分隔开的小组之间的简仓[4]。在一个简仓型的组织中，开发团队、运营团队和商业干系人的目标通常并不一致。例如，商业干系人和特性团队优先考虑的是快速交付面向客户的特性，而运营团队和组件团队则更重视质量改进。在 DevOps 组织中，这些小组紧密合作。例如，开发人员与运营部门合作，以自动化集成、测试和配置步骤（见下文中的"左移"）。

- 优势　DevOps 实践就位后，IT 组织中的代码在一个小时内就能从"已承诺"阶段进展到在生产中安全运行，而在许多传统的瀑布式组织中，这通常需要一个月或更长时间。由于快速的周期和可靠性，每天可以进行多次软件更新。[5] 虽然速度加快了，但质量并不会受到影响；事实上，由于自动化使测试次数增多，质量得到了提高。

- DevOps 实践　DevOps 中的许多实践来自于其他框架和方法，如 CD、CI 和看板。DevOps 包括以下实践和指导性原则：

- 左移
- 构建松散耦合的系统和组件
- 轻量级的变更管理
- CI/CD

让我们进一步探讨这些指导性原则。

- **左移**　左移意味着把质量保证（QA）和其他通常被认为在开发过程中比较靠后的步骤转移到生命周期的早期阶段。通过这种方法，DevOps 能力小组专注于指导、支持和培养能够创造性地适应变化的团队成员。他们提供测试工具，分享自动化测试，并参加评审和演示会议，以确保质量和自动化问题能得到有效解决。

- **构建松散耦合的系统和组件**　构建松散耦合的软件系统、子系统、服务和组件：它们应该尽可能地自成一体，并以有限制的、定义明确的方式进行沟通。通过减少对其他部分的影响，松散耦合使系统的单个部分能够得到更快、更安全的改进。

- **轻量级变更管理**　研究表明，要求团队寻求外部机构，比如变更咨询委员会（CAB，change advisory board）批准进行变更，会减慢交付速度且不会带来更好的结果（根据变更失败率和恢复时间等指标衡量）。[6] 最好的结果是使用轻量级的审查过程，主要依靠自动化来确保质量，并为审计目的创建变更记录。

CI/CD DevOps 结合了 CD 和 CI 实践，用于快速且可靠地集成、测试和交付软件。下一节中将会探讨这些实践。

17.5.2.2　持续交付和持续集成

持续交付是一系列明确的实践和原则，用于快速、可靠且可持续地将特性、修复、实验和其他更改送到生产或用户手中。它包含并扩展了 CI 实践。成功地采用 CD 需要强大的领导力和一个有可供参考的数据的过程。下文描述了 CD 的主要原则。

- **保证质量**　在开发过程中保证产品的质量。除非代码包含自动化测试并通过了测试，否则不要接受它。通过 ATDD 实践尽早解决端到端的集成问题——识别集成点，在开发开始前指定端到端的集成测试，并在实施故事时持续更新并进行测试（若想了解关于 ATDD 的更多信息，请参见 17.5.4 节）。

- **小批量的工作** 按照看板的指导，保持批量较小，以实现快速的交付周期并和加速的学习。这可以通过限制用户故事的规模，并在开发前根据需要对其进行拆分来实现。

诚然，与管理少数几个的大型工作项相比，管理许多小型工作项会增加管理成本，但这一成本可以通过减少浪费而被抵消。原因是，小规模的故事可以加速学习——迅速地让团队知道应该在哪里投入资源。此外，通过将工作项拆分成小规模的故事，并分开进行优先级和估算，可以发现可能根本不值得实施故事中的浪费之处。

- **使用计算机进行重复性工作** 将自动化用于测试和部署等普通工作；让人来改善重复的过程并做出决策。举个例子，由人来决定一个解决方案是否可以部署，但在他们表示同意后，自动实施部署。
- **持续改进** 培养一种每个人都能坚持不懈地追求改进的文化。
- **人人有责** 所有团队都应将质量和系统的稳定性视为共同的产品级目标，而不是只有 QA 或运营部门关注这一点。每个人都应该对整个产品的抱有责任感，而不仅仅是对他们所侧重的子产品。
- **全面的配置管理** 使用自动化配置环境，并根据存储在版本控制系统中的信息来构建、测试和部署软件。
- **持续集成和基于主干的开发** 如前所述，CD 包含并扩展了持续集成实践。CI 是由葛来迪·布区（Grady Booch）开发的，是一种通过使用自动化将软件开发的独立分支频繁地集成到一个单一的、集成的 master 分支——或称主干（trunk）——的实践。

在如今的 CI 组织中，每天都会进行数次集成和构建。一个开发分支的生命期通常从几个小时到一天不等。[7] 最多在两天之内，它必须与 master 分支合并。

- **持续的、自动化的测试** 测试——从单元测试到端到端的用户验收测试（UAT）——应该是持续的，而且基本上是自动化的。所有自动化测试都应该先于特性被视为"已完成"之前编写、运行并通过。特性团队应该自己进行测试，包括集成测试在内。QA 不应该扮演主动的角色，而是应该起到支持作用，指导团队为相关场景创建自动化测试，并提供自动化测试案例、测试数据和测试工具。

- 自动化配置　自动化软件服务和虚拟环境的构建和配置。利用云服务和其他技术方面的优势来实现这些步骤的自动化，这么做可以缩短上市时间，并促进按需扩展。

17.5.2.3　关于 DevOps 的更多内容

因为本书的重点是分析和计划，所以我只对 DevOps 的技术方面做了简要介绍。若想查看关于 DevOps 的技术和其他方面的详细指导，请参见《DevOps 实践指南》[8]、《大规模应用开发运维原则》[9] 和《加速：如何构建和扩展高性能的技术组织》[10]。

17.5.3　测试驱动开发

测试驱动开发（Test-Driven Development）是一种软件开发方法，即在开始编码前编写测试。在原版 TDD 过程中（侧重于低级别的测试），开发人员执行的是以下步骤：[11]

- 在对软件单元进行编码之前编写单元测试
- 运行测试。测试预计将会失败（变成"红色"），因为解决方案尚未被编写
- 写代码
- 运行测试。现在应该能够通过测试（变成"绿色"）
- 如果没有通过，继续修正并测试，直到通过为止
- 通过测试后，立即清理代码

17.5.4　ATDD 和 BDD

验收测试驱动开发（acceptance test-driven development）扩展了 TDD，包括对为响应用户界面请求而发生的更高层次的系统行为的测试。ATDD 测试规范是由客户、测试人员和开发人员——通常称为 Triad——合作制定的。

分析师要支持 Triad 讨论，并为测试场景编写规范。按照 ATDD 实践，需要在实施开始前，而不是在实施完成后，编写最初的测试规范。如此一来，规范不仅可以作为测试用例，还可以作为实例化需求——向开发人员阐明需求的实例。所有自动化测试，包括高层次的集成测试，都必须被编写、运行并通过，一个特性才能被接受为"已完成"。

行为驱动开发（BDD，Behavior-driven development）/Gherkin 经常被用来指定测试场景，因为它可以带来易于参与讨论的所有视角（Triad）理解的具体例子。同时，这些规范可以被测试工具用作自动化测试的输入。BDD 指的是这种方法。Gherkin 则是常被用来编写规范的语言。以下模板在第 13 章的 13.10.9 节中出现过。

Gherkin 模板

场景：<< 场景标题 >>

      假设（Given）<< 前置条件 >>

      当（When）<< 当 >>

      那么（Then）<< 后置条件 >>

按照这种方法，你与 Triad 合作，使用 Gherkin 语法在特性文件中指定 AC 场景——标记文件的不同部分，以控制哪些场景被激活。这使得在所有部分可用之前，就可以预先指定端到端的测试。[12]

组织可以使用其他机制来指定和运行这些测试。最重要的是，你要指定它们，以及应在何时（即在开发之前）指定它们。这一目标不一定要通过使用特性文件和 Gherkin 语法来实现。

若想进一步了解 BDD 和特性验收标准规范，请参见 10.9 节。

若想了解更多关于 Triad 会议的信息，请参见 15.5 节。

17.6　规模化的敏捷文化：创建支持规模化创新的文化

企业若想成功地规模化敏捷，仅仅解决技术问题是不够的。文化和领导力的重要性至少与技术的重要性处于同一水平，以下小节中将会解释其原因。

17.6.1 有效的敏捷领导力

有效的敏捷领导力已被证明对"利润率、生产力和市场份额"有着"可衡量的影响"。[13] 为了成功地规模化敏捷，企业的各个层面——从整个产品的层面到团队层面——都需要有效的领导。成功的敏捷领导力的关键特征[14]如下：

- 教练式领导
- 仆人式领导/服务式领导
- 对愿景负责
- 树立希望看到的行为榜样

17.6.1.1 教练式领导

敏捷组织不采用集中式指挥和控制的模式，而是采用教练式领导[15]方法。教练式领导侧重于指导和支持，培养团队成员适应不断变化的环境，激发他们的创造力[16]并支持愿景。分析师要支持这个目标，训练开发人员在获取、分析和需求管理方面的能力（例如，教他们把需求拆分成能够交付价值的小型故事）。

17.6.1.2 仆人式领导

仆人式领导与教练式领导模式密切相关。仆人式领导这一术语是由罗伯特·K·格林里夫（Robert K. Greenleaf）在 1970 年的一篇文章中提出的。在他的《仆人式领导》一书中，格林里夫表明，这个想法来自于阅读赫尔曼·黑塞（Herman Hess）的小说《东方之旅》。黑塞介绍了中心人物里奥，他是踏上了神话般旅途的一群人的仆人。里奥为他们完成了许多琐碎的任务，同时也在精神上支持他们。在他消失后，这个小队就分崩离析了。叙述者最终发现，被他视为仆人的里奥，其实是发起这次旅行的组织的领导人。[17]

从仆人式领导这一名称中可以看出，它是"一种哲学和一系列实践，它丰富了个体的生活，建立了更好的组织，并最终创造了一个更加公正并充满关怀的世界。"[18]仆人式领导首先是一个仆人，而不是一个被权力或贪婪驱动的地位至上主义者。

格林里夫认识到关怀是通过机构来实现的，所以他也主张面向社会的仆人式机构（institution-as-servant）。如今，仆人式机构这一原则似乎比以往任何时候都重要，因为企业意识到，为了生存，他们必须采取行动来服务于他们所依赖的社会，因为社会正面临着气候变化和人类扩张、财富分配不均、技术和政治快速变化等前所未有的挑战。

17.6.1.3 服务式领导：对愿景负责

仆人式领导有时声誉不佳，因为它最广为人知的是第 1 部分——仆人。然而，它的第 2 部分——领导——也十分重要，这部分与愿景和方向有关。为了更好地反映这一方面，有人提出了"服务式领导"一词（Scrum）。[19] 正如肯·布兰奇德（Ken Blanchard）所指出的那样，[20] 如果人们不知道领导者想去哪里，需要完成哪些工作，就很难达成期望的目标。领导者应该对自己的专业领域（例如，质量，DevOps）有覆盖整个产品范围的愿景，并负责将该愿景转化为行动。分析师要支持领导者向团队成员传达这一愿景。

根据布兰查德的说法，一个令人信服的愿景要涉及以下几个方面：

- 动机：我们从事的是什么业务？我们为什么要做现在正在做的事情？
- 未来：如果我们表现良好，会发生什么？
- 价值观：什么价值观将指导我们的旅程？
- 目标：我们现在应该专注于做什么？

17.6.1.4 树立理想中的行为榜样

有效的领导者会为他们希望在别人身上看到的行为树立榜样。对于实验和持续改进来说，尤其如此。领导者应该以身作则，表明他们愿意挑战和检验自己的既定思维方式。

17.6.2 把质量放在首位

敏捷文化将质量放在首位，并且每个人都明白其重要性。决策者愿意把时间和资源投入到改进质量上，即使这意味着特性开发将放缓。

17.6.3　消除筒仓，促进合作

敏捷文化消除了筒仓，促进了参与产品开发的所有各方之间的合作，包括商业干系人、开发人员、测试人员和运营团队。

17.6.4　培养快速学习的文化

敏捷文化鼓励人们提出自己的改进意见并进行测试。组织使用精益创业的方法来验证对产品和用于开发产品的内部流程的改进意见。以下是对这些步骤的简要回顾：

- 确保在解决正确的问题。使用根本原因分析来确定根本原因或需求
- 提出一个关于解决方案的假设
- 计划一个用于测试假设的实验（最简可行产品 [MVP]）
- 进行实验。使用客户的反馈和指标来评估 MVP 与假设的关系。使用领先指标来预测可能的结果
- 如果实验成功了，就采用改进措施，并继续监控和调整
- 如果实验不成功，就决定是要继续下去，重复前面的步骤进行调整；还是要转向新的假设；又或是要停止所有与这项举措有关的工作

17.7　规模化待办事项列表

接下来，我们将探讨如何为多个团队规模化产品待办事项列表。在为回答这个问题而介绍新的术语和概念之前，让我们先来回顾一下本书中一直在用的一些术语：

- **史诗**是一项举措，可以在多个季度内涵盖多个团队
- **特性**是一个工作项，可由一个或多个团队在一个季度（三个月）或更短时间内实施
- **故事**是一个工作项，可以由一个团队在一个季度内实施（如果该团队使用时间盒方法）或一到两周内实施（如果团队使用的是基于流程的方法）。一般来说，一个故事的最大规模是 8 个故事点，但有些团队会将故事限制在 1 个故事点之内

17.7.1　概览

图 17.3 是一个规模化敏捷组织中产品待办事项列表的概览，以及它与团队、团队待办事项类别、组件和 PO 的关系。

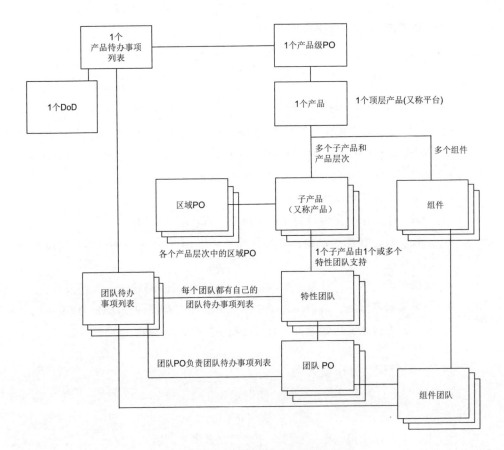

图 17.3　产品待办事项列表和团队关系

我们将在下面的小节中深入研究图 17.3。

17.7.2　一个顶层产品

在顶层，只存在一个完整的产品（whole product），通常称为平台（platform）。顶层产品代表一个完整的端到端产品或服务，正如客户所认为的；它不是软件的组件。举例来说，客户是以完整的、集成的产品的形式在体验社交网络应用，而不是以它的各个部分，比如新闻摘要和联系人。每个人，无论他们的专业领域是什么，都应该努力改善整个产品，而不仅仅改善它的一个部分。

17.7.3 多个子产品

完整产品中包含多个子产品或称产品区域（product area），每个产品都代表着一种高层次的用途。它们也可以称为产品，但是为了避免混淆，我只将顶层称为产品（或完整产品），以明确地将它和子层次区分开来。每个子产品可以有多个层次的次级子产品。

一个社交网络应用的子产品可能包括个人资料、主页和新闻摘要。一家银行可能在第一层有二十多个子产品，其下有多个层次的子产品。

17.7.4 一个产品级 PO

顶层有一个负责管理整个产品的 PO。这一角色可能有各种名称，比如首席产品负责人（CPO）。本章中，我将把这个角色称为产品级 PO。

产品级 PO 在做决策时要考虑到整个产品的情况，并对以下事项负有最终责任：产品级待办事项列表中的内容，对其项目进行优先级排序，并在任何时候都使产品的价值和产品的工作最大化。产品级 PO 在履行这些职责时并不是单独行动，而是通常需要其他干系人的批准和签字。此外，做出局部决定的权力应该下放给较低级别的 PO。

产品级 PO 的视角主要是面向外部的，侧重于战略问题和市场差异化。为了及时了解实际开发情况，产品级 PO 应该采用走动式管理（management by walking around），时不时地参加每日站会。产品级 PO 也经常会担任某个子产品的下级PO。

17.7.5 完整产品层次中的唯一一个待办事项列表

产品级待办事项列表只有一个，其中包含着产品级待办项（史诗和大型特性）。在实施开始前，每个产品级待办项都被分解为团队级工作项。每个团队只能接受属于其专业领域的待办项。

所有团队都使用同一个产品级待办事项列表，使得产品级 PO 更容易横跨整个产品地查看和评估优先级，并确保总是在开发具有最高价值的项目。这么做也简化了对各团队之间的依赖关系的跟踪。

17.7.6　多个团队待办事项列表

每个团队都有一个团队待办事项列表，其中包括它对产品级待办事项列表的看法和针对该团队细化过的工作项。经验法则是，待办事项列表中的项目数量不应超过150。[21] 这一准则是根据邓巴数字[22]——一个人可以跟踪的关系数量的建议上限——得出的。通过将很靠后的项目作为大型史诗和特性输入，使项目的总数量保持在较低水平。当它们接近待办事项列表的顶端时，再将它们拆分成较小的项目。定期举行剪枝和排序会议，以删除过时的项目。若想关于剪枝和排序的更多信息，请参见15.11.5 节。

17.7.7　特性团队

每个团队应该是一个长期存在的实体，专门负责一个子产品或软件组件。这些团队中的大多数应该都是专注于一个子产品、产品区域或特性集的特性团队。

每个团队应该尽可能地自给自足，囊括完成属于其专业领域的特性所需要的所有业务和技术能力。然而，正如我们在本章中所看到的那样，在大多数大型 IT 组织中，由于技术的复杂性、子产品的互操作性以及对组件团队的依赖性等原因，团队不可能也不应该实现完全的自给自足。

17.7.8　组件团队

一个复杂的产品通常会含有共享组件——在多个团队和子产品中使用的核心微服务。如果每个特性团队都可以随心所欲地对这些组件进行修改，将会导致组件没有统一的设计理念和一致的质量水平。为了避免这些问题，建立组件团队是有必要的。应该由一个对组件有明确愿景的领导者来指导组件团队，团队成员应该具有能有效、统一和安全地修改组件的专业知识。团队成员可以在组件团队内完成这项工作。或者，为了减少团队的依赖性，他们也可以作为全职、兼职或扩展团队成员被派遣到特性团队中。在这种情况下，他们可以自行修改组件，也可以指导特性团队按照组件的愿景来修改组件。

17.7.9　一个完成的定义（DoD）

为了确保质量水平的一致性，只为整个产品指定一个 DoD。

17.8　规模化敏捷组织

正如本章前面所提到的那样，在开发复杂产品的组织将不可避免地需要多个相互依赖的团队，以涵盖所有子产品和组件所需要的一切能力。举个例子，一家大公司的顶层产品所包含的子产品的数量很容易达到 20 以上。相应地，每一个子产品都可能是通过多种渠道（如网络、移动）提供的，每一种渠道都需要专门的技术能力。对于像 SAP（一家企业资源规划软件供应商）这样的公司来说，这可能总共需要超过两千次的敏捷测试。[23] 本节中，我们将探讨如何构建这种规模的敏捷组织。

17.8.1　按照子产品和产品区域进行规模化：MyChatBot 案例学习

解决方案是按照子产品（也称为产品区域）来构建组织。让我们看看一个虚构的例子：MyChatBot。MyChatBot 是一家创新公司，它的产品是基于这样的假设研发的：客户希望使用聊天机器人来完成常见的客户互动任务，以便以最低的成本增加销售额并拓展客户。公司已经确定了客户将使用 MyChatBot 完成的十项主要的高级任务，其中包括销售、营销、客户支持和互动、分析。在基于情况的市场细分中，这些任务被确定为客户要使用产品完成的工作。

 若想进一步了解基于场景的市场细分，请参见 8.4 节。

图 17.4 描述了 MyChatBot 的组织是如何被结构化为数个子产品层次的。为了便于说明，我只囊括了其中的四个子产品。

如图 17.4 所示，MyChatBot 是顶层产品。下面是它的子产品，每个产品的主要用途都有一个子产品。图中重点介绍了其中的四种用途：销售、营销、客户支持和参与，以及分析。

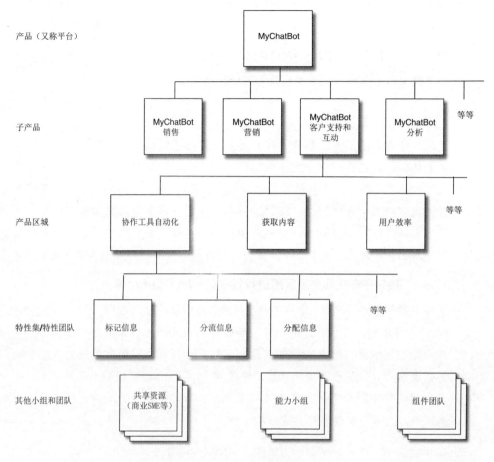

图 17.4　MyChatBot 的组织结构

每个子产品都有许多次级子产品，它们被称为产品区域。例如，"客户支持和互动"这一子产品包括以下各个次级子产品的产品区域：

- 协作工具自动化：促进支持人员的协作。

- 获取内容：加载来自社交媒体和其他来源的 Chatbot 信息
- 用户效率：将客户支持用户的效率最大化。

每个产品区域都被划分为特性组——相关联的产品特性的小组。例如，对于"协作工具自动化"，有一个团队负责以下各个特性组：自动化标记、分流和分配信息。在规模更大的组织中，可能有多个团队专门负责各个特性组。

除了特性团队之外，图 17.4 还显示了专门负责常用组件的组件团队。举个例子，MyChatBot 可能有一个组件团队，专门负责管理发往第三方产品（如社交网络）的消息的 API。图 17.4 还显示了能力小组——为团队提供成员、共享资源和特定专业领域支持（如 UX 设计）的组织。

17.8.2　规模化 PO 角色

正如本章前面提到的那样，高绩效的组织的各个层次都需要领导。一个产品级 PO 对完整产品负责，而区域 PO 则被分配到中间的各个子产品层次中，直到单个团队为止。每个团队都由一个团队 PO 或代理 PO 领导。我们已经讨论过了产品级 PO，现在让我们来看看其他角色。

17.8.2.1　区域 PO

将区域 PO 分配到各个子产品或次级子产品中，其层次应高于团队层次。将团队 PO 或代理 PO 分配到在团队层次中。每个区域 PO 负责一个子产品——一个高级用例，或客户使用产品所做的一项工作。这个角色可以由投资组合经理、项目经理、产品经理或 SAFe 发布火车工程师（RTE）担任。区域 PO 对其所属区域的优先级决定负有最终责任——尽管（如前文所述）通常需要得到其他干系人的签字和批准，而且局部决策权应该转交给较低级别的 PO。区域 PO 也可以兼任更低级别的 PO。

17.8.2.2　团队 PO

每个团队由一名团队 PO 或代理 PO（在下一节中描述）领导。PO 的面向外部的活动包括与业务主管交流以了解阶段性目标，与销售人员和客户互动，参加贸易展，进行调查以了解市场，并与数据分析师交流以了解人们使用产品的方式。面向内部的职责包括与团队进行密切的日常互动，每周大约需要 10 个小时或以上。

与 PO 相关的职责太多了，往往不能由一个人来承担，所以工作往往会被分配给各个角色。如果有一个团队级 PO，那么团队 PO 就侧重于对外的活动，而团队分析师则侧重于对内的责任。如果团队是由代理 PO 领导的，那么区域有 PO 侧重于对外的活动，而代理 PO 则负责对内的任务。

17.8.2.3 代理 PO 和商业分析师

对于 PO 来说，又要腾出足够的时间每天与一个团队一起工作，同时又要完成面向外部的职责，已经十分勉强了。而在实践中，由于资源的稀缺性，一个 PO 经常需要支持多个团队。这种情况下的一个有效解决方案是在团队层面让代理 PO 或商业分析师来承担 PO 的部分责任。代理 PO 或商业分析师与团队全程合作，回答有关需求的具体问题，并向团队传达更高层次的目标，以让 PO 能够专注于外部责任。

从形式上看，这可以通过几种方式进行。可以将区域 PO 分配来负责一组团队，同时团队层面上还有代理 PO。或者，几个团队可以共享一个团队级 PO，同时在团队层次上，由团队分析师来承担面向内部的责任。

17.8.3 投资组合和项目结构

另一种构建规模化组织的方式是通过投资组合和项目。这种结构特别适合于横跨各个部门或整个产品的举措。图 17.5 描绘了 XComm 的组织结构，这是一家大致根据真实存在的电信公司虚构出来的公司。

如图 17.5 所示，组织分为产品和服务两部分。产品部门侧重于改进 XComm 出售给客户的产品（例如，移动和互联网产品）的举措。服务部门则专注于提高支持服务的质量（例如，客户服务中心的改进和网络升级）。

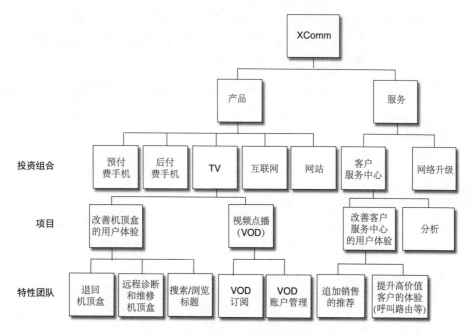

图 17.5　投资组合和项目的组织结构

17.8.3.1　组合层次

投资组合（portfolio）是一个广泛的举措，可能横跨部门、业务领域、产品和系统。图 17.5 显示，产品部分包含预付费手机、电视和互联网组合，每个投资组合都代表一条业务线。

在 SAFe 中，投资组合是最大的组织单位，负责战略和投资。应该采用精益投资组合管理（LPM）的实践。LPM 的重点是为长期存在的团队 [24] 提供资源，以让他们能实现战略目标并取得预期的成果。这与资助具有特定产出的一次性项目的传统实践截然不同。LPM 包括本书所涉及的精益创业实践，比如 MVP、转向或继续，消除浪费的精益技术，以及文化实践，比如仆人式领导（本章讨论过）。

在 SAFe 中，组合层次中的长期举措被归类为组合史诗（portfolio epic）。一个组合史诗可以横跨多个由团队组成的团队，这在 SAFe 中被称为敏捷发布火车（ART）。指定组合史诗的假设声明时，可以使用以下格式：[25]

史诗的描述: 对于 [进行某些活动] 的 [客户] 来说，[解决方案] 是一个 [交付了这个价值] 的 [什么]。与 [竞争 / 现有的解决方案或尚不存在的解决方案] 不同，我们的解决方案 [在某一方面做得更好]。

商业成果（可衡量的收益）
- < 收益 1>
- < 收益 2>

领先指标
- < 指标 1>
- < 指标 2>

非功能性需求（NFR）
- < 非功能性需求 1>
- < 非功能性需求 2>

17.8.3.2　程序层次

每个投资组合负责一组项目。项目（program）是一个长期存在的任务——一个主题或业务目标，团队正是围绕着它来组织的。举例来说，在图 17.5 中，电视组合中包含着两个项目，分别是一个改善机顶盒的用户体验的项目和一个专门针对视频点播的产品的项目。客户服务中心组合包括一个改善客户呼叫中心体验的用户体验的项目。每个项目都由一个项目经理监督，后者与我们一直在讨论的区域主管类似。

使用项目史诗来管理一个项目中的工作。虽然组合史诗可以横跨数个 ART，但程序史诗仅局限于一个由团队组成的团队或 ART。

17.8.3.3 特性团队层次

底层的每个特性团队都专注于一组相关联的特性。举个例子，改善机顶盒的用户体验的项目有专门的特性团队负责"退回机顶盒"和"远程诊断和维修机顶盒"。

17.8.3.4 小型项目

如今的高绩效敏捷组织倾向于不围绕小型项目（project）来组织，因为这么做的开销太大了。他们会保持长期存在的、稳定的特性团队，积累产品的一个子集上的专业知识，使他们能够快速响应更改请求。

这并不意味着敏捷组织中一个小型项目都没有。举个例子，小型项目仍然可以成为管理大型战略举措的有效机制。

17.8.4 组建特性团队

图 17.6 展示了 MyChatBot 中的一个典型团队。

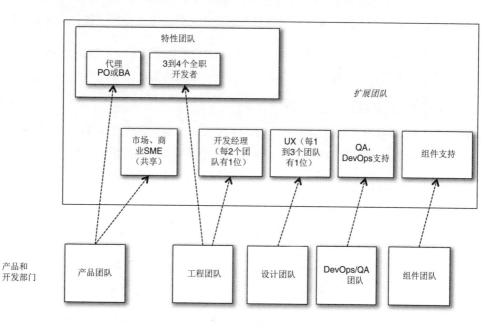

图 17.6　带有扩展团队的特性团队示例

图 17.6 是基于一家真实存在的公司来绘制的，但每个组织的细节都有所不同。每个特性团队都包含一个全职的代理 PO 或商业分析师，以及三到四个全职成员。许多团队成员都有特定的专业知识，但每个团队中至少有一到两个多面手，在需要时，他们会参与解决瓶颈问题。

无论其能力如何，团队中的每个人都应该明白他们是在为客户工作，而不是为 IT 部门工作；同时，他们是在为整个产品的利益工作，而不是为产品的某个组成部分或方面。

17.8.5　扩展团队

如前所述，如果每个团队都囊括交付价值所需要的所有能力，那么每个团队都需要许多成员（例如，那些拥有自动化集成测试、失效模式和影响分析 [FMEA]、组件测试，和基础设施即代码工具（比如精通 AWS Cloud Formation）的成员）。这通常会使一个由专职成员组成的小型敏捷团队拥有的专业知识过多，因此，一些专业能力会在扩展团队中得到体现。扩展团队在核心团队的基础上增加了跨团队共享的成员。

在图 17.6 中，扩展团队包括市场和商业 SME，共享的开发经理，共享的 UX 设计师，帮助团队进行自动化测试的 QA 支持人员，以及协助团队使用组件的组件支持人员。

17.8.6　组件团队

图 17.6 还显示了在前面的 17.7.8 节中讨论过的组件团队。组件团队为扩展团队提供组件支持——提供核心微服务和共享组件的指导和专业知识。

17.8.7　能力小组

能力小组是在某一专业领域进行持续改进的组织，通常负责雇用、培训和维护一批精通该能力的人。它应该由一个对产品中的能力有明确愿景的人领导。

在大型组织中，让各个特性团队自行寻找拥有所需能力的专业人员是非常低效的。实际上，特性团队应该向能力小组寻求专业领域的支持和指导服务。

能力小组可以向团队提供全职成员（例如，安全 SME 和 UX 设计师）。或者，他们也可以把成员借给一组团队。例如，QA 小组可以派出 QA 专业人员来指导一组团队进行测试，并分享自动化测试。图 17.6 显示，工程能力小组为特性团队提供开发人员，为扩展团队提供开发经理。下面的小节将会对图 17.6 中的能力小组进行说明。实际的能力小组因组织而异。

17.8.7.1　产品小组

产品小组的成员决定应该构建什么。他们负责确保开发合适的产品，以及了解客户和市场的需求。一般来说，产品小组的成员是来自商业方面的非技术人员（例如，产品经理、商业 SME 和其他来自销售和市场部门的人）。

产品小组将 PO、项目经理、CPO、商业分析师、代理 PO、市场和其他商业 SME 作为全职成员提供给特性团队，或者作为扩展团队的一员让数个团队共享。

17.8.7.2　工程和组件小组

工程和组件小组负责实施。其成员包括软件开发人员、工程经理、技术架构师和商业系统分析师（BSA）。它可能包含一些专业领域的子小组，例如：前端客户端应用程序、后端服务器、第三方 API（用于访问第三方服务）和产品的 API。工程和组件小组为特性团队和组件团队提供支持。

17.8.7.3　设计小组

设计小组负责确保用户体验协调一致。它为特性团队提供 UX 设计师。

17.8.7.4　DevOps/QA 小组

DevOps/QA 小组负责指导团队实现"集成－构建－测试－部署"步骤的自动化，并指派人员帮助团队开发部署管道。这一小组应该由对在产品中应如何采用 DevOps 有明确愿景的人领导。

它可能包含一个 QA 子小组，后者主要负责的是产品的质量保证功能。QA 专业人员的目标不应该是代替团队编写和运行测试，而是为团队提供支持，使他们能够自己完成测试。QA 支持包括以下内容：

- 指导团队编写自动化测试
- 与团队分享自动化测试

- 为团队提供测试工具和测试数据平台
- 为 ATDD/BDD 提供支持
- 参加计划和准备会议（例如，Triad 活动），以确保全面涵盖所有重要场景和例外情况

DevOps/QA 能力小组在集成以及集成测试方面扮演着尤为重要的角色，而这些活动横跨了所有团队。虽然团队本身应该执行这些任务，但仅仅依靠团队来完成是不够的。DevOps 能力小组应该为产品层面的集成实践提供愿景和领导，指导整组织中的所有团队采用 CD/CI 的最佳实践。

其他细分的小组可能包括在基于云的网络服务方面提供领导、指导和工具的云（AWS）能力小组，以及负责整个产品的信息保护的信息安全（Infosec）小组。

17.8.7.5　外派的能力小组成员应该向谁报告

如果能力小组成员被派往特性团队，那么该成员应该向谁报告？能力小组还是特性团队？答案取决于该成员是全职还是兼职，以及该成员扮演的是一个主导的角色还是支持性的角色。经验法则是，全职的、主导的成员向特性小组报告；兼职的、支持性的角色向能力小组报告。

例如，假设工程能力小组将一名具有 Hadoop 经验的开发人员派去与一个团队一起全职从事大数据分析工作。在这种情况下，这位开发人员应作为正式成员向团队 PO报告。另一方面，假设 QA 小组提供了一名发挥支持作用，指导特性团队进行自动化测试的成员。在这种情况下，QA 专业人员向 QA 能力小组的领导者汇报，而不是向特性团队的 PO 汇报。同样，一个云能力小组可以向一组特性团队提供一位 SME，以支持他们使用云服务。在这种情况下，这位 SME 与各团队紧密合作，并参加每日站会，但对云能力小组的领导者负有主要责任。

17.8.8　产品负责人委员会

正如本章所述，一些团队依赖性是不能也不应避免的。因此，规模化的组织需要协调各团队的计划。虽然自下而上地协调团队的精益措施能起到帮助作用，但它们通

常不足以确保完整产品的愿景被高度重视，也不足以有效地解决复杂项目的协调问题。实际上，负责同步各个团队的优先级和时间表的是一个协调机构。这个机构有许多不同的名称；我将使用我所合作过的组织最常使用的一个名称——产品负责人委员会（POC）。POC 负责协调其区域内的团队（例如，一个子产品、产品区域或特性集）。

POC 应该包含来自所有团队和其下的管理层的代表。图 17.7 是一个以真实组织为基础绘制的 POC 示例。其他委员会的组成可能与此有所不同。

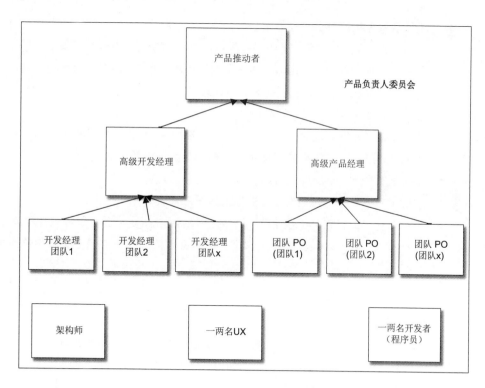

图 17.7　产品负责人委员会的组成

图 17.7 所示的 POC 成员如下所示。

- *产品推动者* 为了加快决策过程并确保完整产品的愿景被高度重视，POC 只有一个领导人，即产品推动者（product champion）。产品推动者应该在产品的业务和技术方面都有一定的基础，因为他们要负责平衡这两个领域的优先级。

  产品推动者是同级中的首席。领导人对决策负有最终责任，但这一过程需要与开发和运营团队合作进行，并得到干系人的批准。另外，如前文所述，一些局部决策责任需要下放给较低级别的 PO。

  推动者角色由相应产品层次的 PO 来担任。在单层组织中，应由产品级 PO（高于团队级）担任产品推动者角色。如图 17.4 所示，当组织是按产品区域划分的多层组织时，应由区域 PO 担任产品区域的 POC 的产品推动者。例如，在图 17.4 中，负责协作工具自动化的区域 PO 就是监管该产品区域的 POC 的产品推动者。

- *团队级 PO/ 代理 PO* 团队级 PO 和代理 PO 为 POC 贡献了关于客户特性和客户报告的 bug 的信息。

- *开发经理* 开发经理向 POC 提供技术债务和安全问题这样的技术问题。

- *高级产品经理* 高级产品经理负责管理产品区域中的团队级 PO。

- *高级开发经理* 高级开发经理负责管理产品区域内各团队的开发经理。

- *架构师* 技术架构师为架构改进提供指导和建议。

- *开发人员（工程师）* 在 POC 中加入一到两个开发人员，以提供关于可行性的专业知识，估算复杂程度和工作量，并为交付相似的价值提出更高性价比的替代方案。

- *UX 设计师* 如果需要的话，在 POC 中加入一两名 UX 设计师。

17.8.9 用户特别小组

一般来说，开发团队最好直接与真实用户对话。然而，当产品拥有庞大的用户群时，通常需要一个用户特别小组（user task force）来充当用户社区的传声筒，并提出新的想法和客户要求的特性。

用户特别小组的成员应该是对使用方式有深入理解的真实用户。

领导这个小组的人被称为"用户代理"（user proxy）。这个人可以是一位商业分析师，一位前用户，或者一位使用产品的经理，比如代表 CSR 用户的客户服务代表（CSR）经理。用户代理定期与用户特别小组会面，以获取对用户群体的需求的全面且最新的看法。

17.8.10　发布管理团队

发布管理（release management）是管理发布的整个生命周期中的部署的过程，从计划、开发、构建、验证、部署到生产和支持。[26] 可以成立一个发布管理团队，以为构建－测试－发布过程制定标准，并实施发布和版本控制。另外，这些责任也可以由其他团队来承担（例如，DevOps 和 CI 团队）。

在一个成熟的规模化敏捷组织中，发布管理团队扮演着一个前瞻性的、支持性的角色，帮助团队自行开展自动化构建和测试活动。在尚不成熟的组织中，作为一种过渡性实践，发布管理团队也可以与特性开发团队合作，直接参与发布管理任务。[27] 然而，随着特性团队逐渐接管发布管理职能，发布管理团队的角色应该逐渐侧重于持续提升开发组织的能力，以频繁且安全地规模化交付软件更改。

17.9　规模化敏捷过程

我们已经重点讨论过了技术和组织的原则和实践，它们是成功地规模化敏捷组织的关键所在。现在让我们来谈谈计划和分析过程。该怎样以一种支持创新、协作和跨团队协调的方式来将其规模化？

17.9.1　规模化敏捷框架

有几个流行的规模化敏捷框架为这个问题提供了解决方案。不过，我合作过的大多数公司都是框架不可知的（framework-agnostic）。这么做是恰当的，因为没有一个万金油框架能适用于所有情况。实际上，最好采取实验性的、以证据为导向的方法，并使用最有效的框架。

每个框架都提供着实用的指导。许多框架都很流行，在大型组织中工作的计划师或分析师至少应该对它们有一定的了解。下面几节简要介绍了一些你可能会遇到的使用较广的框架。

17.9.1.1　SAFe

如果你是敏捷商业分析师，那么你可能很快就会遇到 SAFe。一个主要原因是，它在那些会雇用商业分析师的组织中很受欢迎。另一个原因是，许多 SAFe 的概念，比如 PI 和项目史诗，都被广泛使用——即使是那些没有采用整个框架的组织，也会使用这些概念。

SAFe 中的团队被组织成敏捷发布火车——每个 ART 都是一个长期存在的团队，致力于为运营价值流（端到端业务流程）交付终端用户价值。SAFe 还包含着关于 LPM 和程序管理的实用指导，如 17.8.3 节所述。

SAΓe 的关键概念之一是项目集增量——一个"计划周期，在此期间，敏捷发布火车（ART）以工作、测试软件和系统的形式交付增量价值"。[28] 最常见的 PI 周期由"4 个开发迭代和 1 个创新与计划（IP）迭代组成"。[29]SAFe 没有规定 PI 的具体长度，但它指出"典型的 PI 持续时间是 8 到 12 周"。[30]

SAFe 在敏捷圈子里是比较有争议的。例如，XP 的创始人之一罗恩·杰弗里斯认为，虽然 SAFe 名义上支持 CD 等敏捷实践，但它实际上将不利于这些实践的反模式常规化了，[31] 比如它接受了 PI 之间的晚期阶段的强化迭代。一部分批评并不恰当。举个例子，SAFe 并没有要求必须有强化迭代——尽管它确实（至少在写下这段文字时）要求为每个 PI 周期保留一个 IP 迭代。此外，SAFe 的强化迭代并非旨在作为推迟集成和测试活动的机制。

尽管存在争议，无论是否采用整个框架，一些 SAFe 的概念和实践都是很实用的，比如 PI 层面的计划和协调。从 SAFe 中获益的最有效的方法是在能起到帮助作用的地方应用它的实践，但不要太关注它的正式结构和事件。

17.9.1.2　LeSS：大规模 Scrum

LeSS 是由克雷格·拉曼（Craig Larman）和巴斯·沃德（Bas Vodde）于 2005 年提出的，它是"一系列与指南相结合的规则，用于在多团队环境中应用 Scrum"。[32]LeSS 有两个版本。小型 LeSS 框架适用于包含 2 到 8 个团队的组织。LeSS Huge 适用于包含 8 个或更多团队的组织。

LeSS 的指导性原则是"大规模 Scrum 也是 Scrum"[33]，规模化的敏捷组织中不应该需要额外的角色和流程。团队的同步是通过透明性和持续合作来实现的，而不是通过增加仪式。虽然与我合作过的一些公司在尝试使用 LeSS，但还没有任何一家公司规模化地采用它。主要原因是他们发现 LeSS 的假设并不成立，而且他们真的需要额外的流程和角色（正如本章所建议的那样）。

17.9.1.3　Nexus

Nexus 是由肯·施瓦伯（Ken Schwable, Scrum 的创始人之一）创建的，它是一个敏捷框架，可以把 Scrum 扩展到由 3 到 9 个 Scrum 团队组成的大型项目上，并共用同一个产品待办事项列表。Nexus 这一单词有两个含义。它指的是框架本身以及由团队组成的团队——一组"协作的多个跨职能的 Scrum 团队，至少在每个冲刺结束前提供一个可发布的集成增量"[34]。与 Scrum 一样，Nexus 也是一种围绕着冲刺而构建的时间盒方法。冲刺是一个长达一个月或更短的周期（通常为 1 到 2 周），增量就是在这期间被创建的。

17.9.1.4　DAD

DAD 是由斯科特·安伯勒（Scott Ambler）开发的一个混合式框架，它建立在其他框架的基础上。DAD 是非规定性（non-prescriptive）的，它会根据情况提供一些变种，包括基于 Scrum、基于看板和基于精益创业的生命周期。

17.9.2　规模化活动和事件概览

现在让我们来了解一下在规模化的敏捷组织中用于计划、协调和准备的活动和事件。图 17.8 提供了对这些项目的概览。请注意，在下面的讨论中，会议和活动指的是任何人们进行交流的场合——无论是非正式的还是正式的。

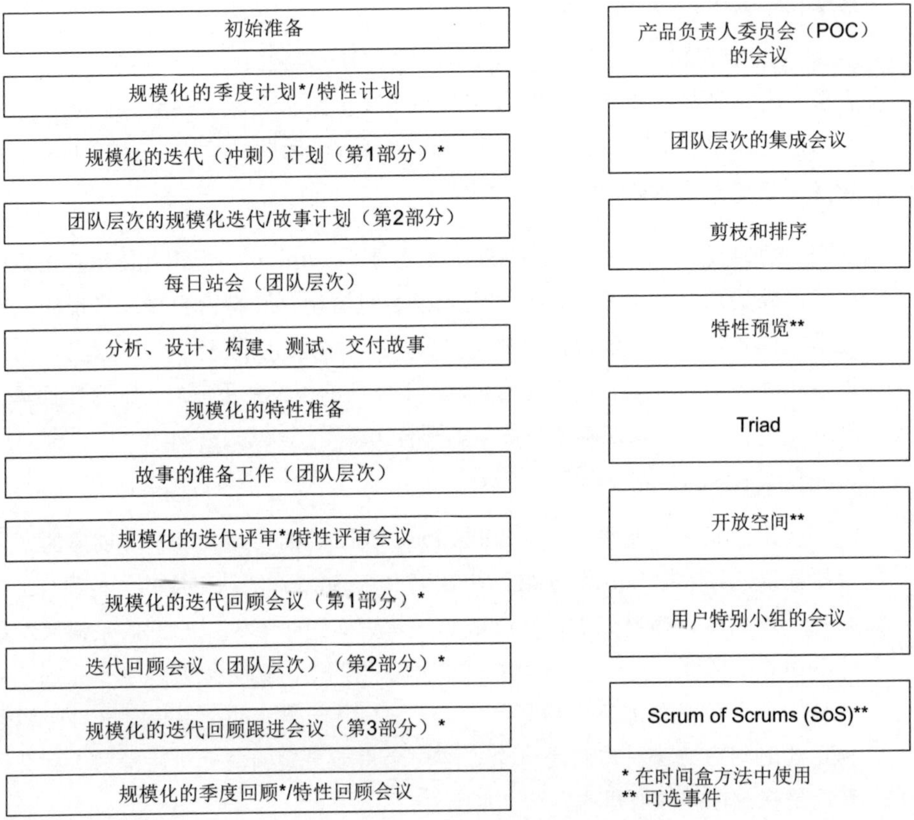

初始准备

规模化的季度计划*/特性计划

规模化的迭代（冲刺）计划（第1部分）*

团队层次的规模化迭代/故事计划（第2部分）

每日站会（团队层次）

分析、设计、构建、测试、交付故事

规模化的特性准备

故事的准备工作（团队层次）

规模化的迭代评审*/特性评审会议

规模化的迭代回顾会议（第1部分）*

迭代回顾会议（团队层次）（第2部分）*

规模化的迭代回顾跟进会议（第3部分）*

规模化的季度回顾*/特性回顾会议

产品负责人委员会（POC）的会议

团队层次的集成会议

剪枝和排序

特性预览**

Triad

开放空间**

用户特别小组的会议

Scrum of Scrums (SoS)**

* 在时间盒方法中使用
** 可选事件

图 17.8　规模化敏捷计划和分析事件概览

为了明确起见，我简化了图 17.8。虽然图中没有显示循环，但这个过程其实是迭代的。左边显示了项目首次出现的总体顺序。右边的事件贯穿了整个开发周期。

在接下来的章节中，我们将探索规模化的敏捷开发过程，并重点讨论以下活动和事件：

- 规模化的季度计划 / 特性计划
- 规模化的迭代（冲刺）计划会议（产品和团队层次）

- 特性预览
- 集成会议
- 每日站会
- Scrum of Scrums（SoS）
- 产品负责人委员会（POC）的会议
- 规模化的特性准备
- 故事的准备工作（团队层次）
- 用户特别小组的会议
- 规模化的迭代评审 / 特性评审会议
- 规模化的迭代回顾会议（产品和团队层次）
- 规模化的季度回顾 / 特性回顾会议
- 开放空间活动

若想查看其他活动的相关指导，如剪枝和排序，请参见第 15 章。

17.9.3　初始准备

为规模化举措做准备时，需要开展第 7 章"设定愿景"和第 8 章"填充待办事项列表——发现并对特性进行分级"中介绍的有关设定愿景和填充待办事项列表的任务。概括来说，有如下几个步骤：

- 进行根本原因分析，以确定问题的根源
- 为产品或变革举措设定愿景
- 为拟议的产品、史诗或特性确定信念飞跃式假设
- 使用 MVP 来通过真实客户测试假设
- 转向还是继续——评估是继续向着愿景前进，还是放弃当前假设，彻底转向

在特性层次上，需要遵循这个过程来测试特性的假设，并确定最小适销特性（MMF）——如果发布到市场上，会被客户认为是有价值的最小的特性版本。如果假设被证明成立，该特性将被添加到产品待办事项列表中，以便进行更全面的开发。

17.9.3.1　特性和故事的初步准备

在举措开始时，分析师要为准备待办事项列表中的第一批特性和故事做出贡献。特性的准备活动包括确定 MMF，将工作项匹配给团队，确定集成点和风险，以及草拟技术架构和用户体验。

故事准备发生在团队层次中。它包括将工作项拆分成小型故事，并指定故事的验收标准。

开发开始后，就需要滚动准备工作事项了，如 17.9.12 节和 17.9.13 节所述。

17.9.3.2　准备架构跑道

特性和故事准备中涉及的技术工作有时被称为准备架构跑道。顾名思义，跑道为开发工作奠定了基础，以便在预定时间"起飞"。跑道的准备活动包括确定将被访问的现有组件和服务，确定服务之间的通信协议，创建所需的基础设施，并提供最佳实践的指导。[35]

17.9.4　规模化的季度和特性计划

在下面的小节里，我们将研究在规模化组织中，应如何计划接下来要开发的特性。在时间盒式计划的背景下，这是季度计划的一部分。季度和特性计划的目标如下：

- 评审并调整各团队对下一个季度或特性的业务和技术目标
- 评审和修改未来的季度目标
- 对于季度计划，确定哪些特性将被囊括在计划周期内；估算季度待办列表中的项目并确定它们的优先级
- 协调并调整团队层次的季度或特性计划
- 验证计划中的特性是否为开始实施做好了充分的准备，不会有延迟或不必要的返工

17.9.4.1　时间安排方面的考虑

如果团队使用基于流程的计划方法（比如看板），他们会在每个特性接近待办事项列表顶端时对该特性进行规模化计划。只有那些受该特性影响的团队需要参加计划会议。

如果团队使用的是时间盒方法，那么所有产品区域的团队都会聚集在一起，参加规模化的季度计划会议，以对下一季度的目标和特性做出承诺。季度计划应该在上一季度后半段的持续开发期间进行；不要专门为它留出一个迭代。（注意，这与要求在每个 PI 之前进行创新和计划迭代的 SAFe 指南是相互冲突的。）

也就是说，不能以持续且安全的方式进行构建、测试和部署的组织，可能需要在发布周期结束时预留一个强化迭代作为补救措施，直到他们的 DevOps/CD 准备就绪。在这种情况下，强化迭代可以被用来结束上一个计划周期，并为下一个周期做准备。

17.9.4.2　季度和特性计划的前置条件

在开始计划时，在考虑的每个特性都已经被准备好了，并且处于特性就绪状态（即做好了充分的准备，可以在没有不当延迟或返工的情况下实施）。若想进入特性就绪状态，特性必须满足以下条件：

- 在已经指定了就绪定义的情况下，它必须符合特性的就绪定义（DoR）
- 它可以在一个季度内由一个或多个团队实施
- 它的集成点和问题已经被确定
- 已经起草了该特性的解决方案
- 已经开始进行 UX 设计
- 架构跑道已就绪
- 交付该特性的所需要的所有团队都已经被暂时分配到了该特性中

17.9.4.3　与会人员检查清单

在考虑邀请谁参加会议时，请参考附录 A.12 中的检查清单。实际的被邀请者将因组织和举措而异。如果组织使用的是基于流程的计划（比如看板），请邀请将合作开发该特性的团队的代表。如果组织采用的是时间盒方法，则邀请产品区域中的所有团队的代表。

17.9.4.4　季度和特性计划概述

可以在两个层次上进行季度计划：团队层次和规模化的多团队层次（也称为产品层次、产品区域层次）。团队首先聚集在一起，大致了解愿景、目标和接下来要开发的特性。

然后，他们分成几个团队，以在团队层次中进行计划。最后，他们重新聚集在一起，以解决小组间的依赖关系并消除障碍。

计划过程可以是非正式的，包括在上一季度或上一个特性的最后几周举行几次简短的、一到两小时的会议。另外，也可以在计划的季度或特性开始时，以团队正式会面的形式进行。规模化的季度计划活动的时长通常为一天半到两天。

开展这一活动时，团队应聚集到同一地点——假设这么做是安全且可行的。[36] 团队位于同一地点使得同步计划变得更加简单了，因为这么做可以发现依赖关系，建立跨团队的关系，并防止筒仓的出现。此外，它还支持协作和注重完整产品的文化。如果不能在物理上身处同一地点，就使用虚拟替代手段。选择一个支持分组讨论室的虚拟会议应用程序（例如 Microsoft Teams 或 Zoom）。

提示

不包含分组讨论室的工具也可以提供类似的功能。在不同的窗口中设置几个讨论或会议室，一个是为整个小组（多个团队）设置的，其他的则是分别为各个团队设置的。更换房间时，参会人在小组会议室和团队会议室中来回转移。

17.9.4.5　输入和可交付成果

季度计划和特性计划的主要输入是拟议的数个（或一个）特性。对于季度计划，要准备足够多的已就绪特性，以满足这一季度中所有团队的产能，再额外添加一些特性以防万一。实际数量将取决于产品区域（或 ART）中的团队数量和团队规模。一个经验法则是每个季度准备 10 到 15 个特性（或 PI），不过，较大的产品区域可以容纳 20 到 30 个特性。

其他输入包括长期的、战略性的产品路线图、旅程地图、流程图、高层次的解决方案架构、预计团队速度以及在上一个季度回顾会议中确定的高优先级的过程改进项目。

这项活动的主要可交付成果如下：

- 业务目标和经营目标
- 计划发布一个或多个特性的日期或日期范围
- 里程碑
- 包含功能的多团队季度（发布）待办事项列表
- 包含故事和任务的团队级季度（发布）待办事项列表

17.9.4.6　项目板

SAFe 的项目板是一个实用的工件，用于计划和协调多个团队的工作。它类似于我们在第 11 章的图 11.3 中看到的季度路线图，但它适用于多个团队。可以用项目板来计划下一个季度的所有特性，或者协调在合作开发一个特性的团队。图 17.9 展示了计划板的元素。

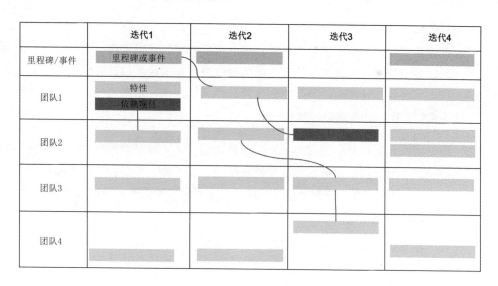

图 17.9　项目板模板

在图 17.9 的例子中，计划周期被细分为 4 个有着固定长度的迭代。一个迭代的典型时长为一周或两周。

图中有一行是里程碑，还有一行是产品区域（或 SAFe 的 ART）内的每个团队。彩色卡片的使用方式如下（本书的印刷版将不显示所标示的颜色）。

- 橙色卡片代表里程碑和事件
- 蓝色卡片代表特性
- 红色卡片代表依赖项目

如何表明依赖关系？

在图 17.9 中，两个项目之间的红线表示了它们之间的依赖关系。另一种显示依赖关系的方法是利用彩色卡片和圆点，不同的颜色代表着不同的团队。举例来说，属于黄色团队的特性或事件被写在黄色卡片上。卡片上的蓝点表示对蓝队的依赖性。这个方案也可以在其他多团队工件中表示依赖关系，比如时间表和故事地图。若想查看关于使用圆点表示依赖关系的例子，请参见图 11.4。

17.9.4.7　主持准则

会议地点应该有一个宽敞的公共区域，让所有团队可以聚在一起讨论共同的问题，同时还应该有分组区域，让各个团队可以进行团队层次的计划会议。如果会议是在线上举行的，就在会议开始前创建为每个团队创建一个虚拟分组讨论室，再创建一个主讨论室，让大家能够聚在一起。

鼓励团队在制订团队层面的计划时保持透明，这样就可以很容易地发现依赖关系。每小时举行一次多团队检查，以便各团队同步计划。在检查中，各团队更新自上个检查点以来的进展，并把他们发现的任何障碍和依赖关系告知他人。

17.9.4.8　议题（议程）

以下是会议的议题列表。如果举行的是非正式会议，就将它用作对讨论内容的一般性指导。如果会议是正式的，就将它用作议程的基础。若想查看更详细的议程，请参见 SAFe 的 PI 计划指南。[37]

示例

第 1 天

上午：更新

- 更新商业情况和待办事项列表
- 架构的愿景
- 更新实践和工具
- 设定发布日期 / 日期范围、节奏、预算

下午：探索和计划

- 第 1 部分：团队层次的探索和计划（3 个小时）
- 第 2 部分：跨团队协作（多团队）（2 个小时）

第 2 天

上午：团队层次的承诺

- 第 1 部分：产品区域的同步（多团队）（1 个小时）
- 第 2 部分：团队层次的计划和承诺（3 个小时）

下午：产品层次的承诺

- 第 1 部分：产品领域的同步（多组）（3 个小时）
- 第 2 部分：季度计划会议回顾

让我们深入了解一下这些项目。

第 1 天上午：更新

第 1 天上午专门用来讨论影响着所有团队的问题，包括评审产品愿景、目标和正在考虑的若干个（或一个）特性。

更新商业情况　一位高级商业主管向大家介绍产品的市场定位、近期的挑战和机会、当前需求、当前产品愿景、业务目标和经营目标以及季度业务目标和经营目标。

更新待办事项列表　区域 PO 简要介绍正在考虑的特性。小组评审上一个季度回顾会议中确定的具有高优先级的过程改进项目。在更新过程中为本季度确定的工作项将被添加到季度待办事项列表中。

架构的愿景　技术架构师说明系统架构的愿景，并向小组更新有关当前和未来的变化的信息。

更新实践和工具　开发经理向小组更新有关实践和工具的信息，以支持规模化敏捷（例如，自动化测试实践、需求管理工具、DoR 和 DoD 的变化）。

设定发布日期/日期范围、节奏、预算　小组设定并确认向客户和应用商店发布更改的日期范围。如果组织使用的是固定长度的迭代，小组需要就共同的节奏（迭代长度）达成共识。每个团队根据预期产能提交其预算。

若想查看确定团队产能的指导性原则，请参见 11.11.1.4 节。

检查（SoS）

第 1 天下午：探索和计划

第 1 天下午，先进行团队层次的计划，再跨团队协作，如下文的第 1 部分和第 2 部分所述：

第 1 部分：团队层次的探索和计划（3 个小时）　各团队分散到分组区域，进行团队层次的计划会议。鼓励各团队保持透明：每个团队应该都能查看其他团队的计划。

每个团队根据自己的产能确定能够实施的特性，并根据第 11 章中的指导性原则，将其与计划周期中的迭代数（或周数）相匹配。团队还需要确定计划中的里程碑、依赖关系和阻碍。

每隔一小时，主持人会要求进行 5 到 10 分钟的检查（或 SoS）。[38] 团队聚集到公共区域，以协调计划。可以使用以下三个问题来组织对话。

- 自上个检查以来，我的团队做了什么可能会影响到其他团队的事？例如，我的团队在实施别人所依赖的特性时遇到了意料之外的技术难点。
- 在下一次检查之前，我的团队计划要做什么可能会影响其他团队的计划的事？例如，我的团队将实施或推迟其他团队使用的服务。
- 我的团队遇到了什么障碍？其他团队可以怎样提供帮助？障碍的例子如下所示：
  - 我的团队需要另一个团队的主题专家来估算接下来要开发的特性集
  - 我的团队依赖另一个团队来交付一个特性，但另一个团队没有对必要的工作做出承诺

第2部分：跨团队协作（多团队）（2小时）在团队层次的计划之后，各团队聚集在一起，向其他人介绍自己的计划。他们还需要说明在分组讨论中发现了哪些依赖关系、障碍和风险。这些团队可能会花上一个小时的时间进行协商和合作，以解决协调问题并根据需要重新调整时间表，以减少障碍。

第2天上午：团队层次的承诺

第二天上午的重点是团队层次的计划和承诺。

第1部分：产品区域的同步（多团队）（1小时）各团队聚集在一起，描述他们在前一天结束时对团队层次的计划做出了哪些调整。

第2部分：团队层次的计划和承诺（3小时）接下来，各个团队分散开来举行会议，继续进行第1天开始的团队层次的计划。每个团队对其团队层次的季度计划和目标做出承诺。

第2天下午：产品层次的承诺

第2天下午，各团队聚集在一起，讨论风险和障碍，并就解决这些问题的计划达成一致。在会议的最后，对产品层次的季度或特性计划进行信任投票。随后，召开计划回顾会议，以评估事件并提出改进建议。具体情况如下所示：

第1部分：产品区域的同步（多团队）（3小时）每个团队介绍自己的计划，并说明所有仍然存在的依赖关系、障碍和风险。与会人员对这些问题展开讨论，并就如何解决这些问题达成共识。当每个计划被商业决策者审查和批准后，它将与其他团队的计划一起被张贴在会议室中。

作为主持人，找机会把各个团队计划中的工件合并为小组层次的工件，以支持跨团队的计划和协调。将团队层次的季度（发布）路线图合并到产品区域（ART）项目板上。将团队层次的故事地图合并为多团队故事地图。创建列明所有依赖关系、风险和障碍的综合清单。

小组对产品区域层次的季度（特性）业务目标和经营目标做出承诺。如果有些团队无法对目标做出承诺，就继续讨论和协商，直到达成共识。

第 2 部分：季度计划会议回顾 会议的最后，讨论会议期间哪些是有效的，哪些是无效的，以及接下来该怎么做。

BLInK 案例学习 30：创建项目板

要求

BLInK 的开发组织已经发展到了包含产品区域的地步。你被要求为你的产品区域中的 4 个团队主持一次发布计划会议。

发布周期将包括 4 个为期 2 周的迭代。每个团队对产品的一个方面负有主要责任，如下所示：

- 团队 1 专门负责客户自助服务的特性
- 团队 2 侧重于与客户服务代表（CSR）有关的特性
- 团队 3 侧重于 BLInK 的业务操作特性，比如理赔师使用的特性
- 团队 4 侧重于与 BLInK 设备供应商相关的特性

预计将得到以下可交付成果：

- 可交付成果 1：项目板

输入

以下输入已经确定了。

里程碑

计划中将包括以下里程碑：

- 发起新的营销活动
- 即时折扣可用
- 部署到经纪人
- 部署到核保师
- 快速报价部署到客户门户网站

为本次发布安排的特性

本季度在考虑的是以下特性。每个特性估计都需要一个团队花费两周的时间来完成

- 在 CSR 呼叫界面中添加 BLInK 的信息

- 为客户提供即时折扣

- 绑定交易

- 初始化设备

- 客户可以赚取奖励

- 向预批准的申请者提供快速报价

- 验证资格

- 向供应商发送申请信息

- 添加 BLInK 批单，但有限制

- 授权注册

- 用户可以在线提交活动

- 创建客户信息面板

- 提交健康评估

- 接收健康建议

- 向企业提供分析报告（对疾病、死亡、索赔数量的影响）

- 向客户提供总结报告

具体过程

小组讨论里程碑和事件的时效性，并在把它们张贴到项目板上。

你对发布周期内的特性的列表进行大致介绍。各小组根据自己的专业领域选择清单上的大部分特性。一位高级开发经理负责分配剩余的项目。当特性被分配到迭代中时，把它们张贴在小组层次的项目板上。

使用项目板作为视觉参考，你请团队考虑项目板上的项目之间的依赖关系，并用红线把它们标记出来。

可交付成果 1：项目板

图 17.10 是会议结束后的项目板草图。最上面的一行中写明了里程碑和事件，比如发起营销活动。下面几行显示了每个团队的特性。连接线表示着依赖关系。例如，验证资格的特性和授权注册的特性之间存在依赖关系。依赖关系产生的原因是，除非资格得到验证，否则不能授权注册。

里程碑/事件	迭代1	迭代2	迭代3	迭代4
团队1	发起营销活动 即时折扣已部署 即时折扣可用	部署到经纪人 赚取奖励	部署到核保师 用户可以在线提交活动	快速报价部署到客户门户网站 提交健康评估
团队2	在CSR呼叫界面中添加BLInK的信息	向预批准的申请者提供快速报价	授权注册	接收健康建议
团队3	绑定交易	验证资格	添加BLInK批单，但有限制	分析报告（对疾病、死亡、索赔数量的影响）
团队4	初始化设备	向供应商发送申请信息	创建信息面板	向客户提供总结报告

图 17.10 BLInK 项目板

> **案例学习回顾**
>
> 产品区域中的团队计划已经同步，障碍也已被识别。项目板显示了特性、里程碑、事件和依赖关系以及对它们的计划。项目板是一个集中化的工件，各团队将继续使用它来协调他们的工作。

17.9.5 规模化迭代（冲刺）计划会议

如果组织使用时间盒计划，团队将在每个迭代开始时举行一次迭代计划会议。计划会议分为两部分：在第 1 部分中，所有团队一起预测接下来的迭代中将要交付什么；在第 2 部分中，各个团队分别决定自己将如何完成这些工作。请注意，使用基于流程的方法的团队不执行第 1 部分，因为他们没有迭代。使用时间盒计划的团队才需要进行两个部分。

如果可能的话，使产品区域的所有团队在线下聚集到同一地点，以举行第 1 和第 2 部分的会议。团队在一个公共区域进行区域层次的计划（第 1 部分），然后在第 2 部分的会议中，分散进行团队层次的计划。

如果团队不能在线下聚集到同一地点，那么对于第 1 部分，他们应该共同参加虚拟会议，接着在当地举行第 2 部分的会议，然后再跟进举行一次虚拟会议，以更新彼此的情况并同步计划。

让我们更深入地研究一下第 1 部分和第 2 部分。

17.9.5.1 第 1 部分：预测将要完成的任务（多个团队）

在迭代计划第 1 部分中，所有团队一起预测接下来的迭代中将要完成什么。参会人应代表着商业和产品区域内的所有开发团队。其中包括以下人员：

- 主持人：这一角色可以由作为分析师的你担任，也可以由区域 PO、开发经理或 Scrum Master 担任
- 团队代表：在早期的迭代中，所有团队的所有成员都应该出席会议。在发布周期的后期，每个团队可以派出一到两个代表

- 区域 PO
- 团队级 PO，代理 PO

输入和交付成果

会议的输入如下所示：

- 产品待办事项列表
- 增量——最新的、集成的软件版本
- 团队过去的速度，这将被用于预测未来的团队产能

每一个等待被纳入迭代计划中的故事都必须处于故事就绪状态。进入就绪状态需要满足的条件如下：

- 故事是可估算的
- 故事的规模较小（可以在一个迭代中被实施；估算的结果不超过 8 个故事点）
- 故事的优先级已被确定
- 近期确认过故事的价值
- 已经确定了将由哪些团队负责该故事
- 如果指定了故事的 DoR，那么故事必须符合 DoR

这一会议的可交付成果如下所示：

- 小组共同的迭代目标
- 迭代待办事项列表——被接受进入迭代的故事的经过排序的列表，有着相匹配的团队

议程

可以使用以下议程。

介绍和更新（大约 10 分钟）作为主持人，你要说明这次活动的目的。区域 PO 向大家更新近期的趋势、机会、风险和市场的变化，以及与客户、用户、数据分析师、市场人员和产品级 PO 的交流。同时，也会评审特性、战略目标和未来的改进。

预测产能　各个团队将故事纳入其团队迭代计划中，将故事的估算值相加，直到达到团队的产能上限。这个产能是基于团队近期的表现得出的，并且根据情况的变化进行了调整。

若想查看预测团队在一次迭代中的产能的相关指导，请参见 14.9.2 节。

回顾就绪和完成定义　作为分析师，你要与团队一起回顾 DoD，并就该定义将适用于所有需求项目（产品待办项）达成共识。

如果指定了故事的 DoR，你要和小组一起回顾它，并根据需要进行修改。小组需要同意只把满足 DoR 的故事接受进入迭代计划。

拟定共同的迭代目标　区域 PO 和团队代表为小组制定迭代目标。

说明待办项　区域 PO 说明下一次迭代的焦点领域以及它们的相对优先级。焦点领域（focus area）可以是一个业务主题或目标（例如，开拓一个新市场）或一个大型特性，比如合规报告。

接着，区域 PO 介绍排在接下来的迭代中的故事，并按照焦点领域，以优先级张贴故事。

将项目与团队相匹配　随着会议的进行，各团队应该清楚地知道自己将选择什么项目，多亏了之前的特性和故事准备。在会议中，各团队接受故事，并与其他团队协商和交换故事。任何没有被自行认领的剩余故事都会被分配给团队。通常情况下，这是由小组级开发经理或区域 PO 完成的。

问题解决　在活动的问题解决环节中，你要促进使用可视化工具，比如使用故事地图来解决团队协调问题。在这个环节中，还要解决集成问题。回顾一下，在准备特性和故事时，团队需要与架构师、QA 专业人员、CI 和技术 SME 会面，一起起草解决方案，确定集成点，并标记集成问题（参见 17.9.3.1 节和 17.9.3.2 节）。在解决问题的过程中，DevOps 和 CD/CI 的 SME 需要指导团队通过 ATDD/BDD、CD/CI 和 DevOps 实践（包括持续的、自动化的测试）来管理这些问题。

评审和承诺 由作为主持人的你或一名开发经理来评审团队的承诺,以确保高优先级的项目平均分配在各个团队之中,并且没有任何团队的工作量超出了产能上限。区域 PO 根据需要重新调整优先级。

所有团队对共同的迭代目标,共同的迭代待办事项列表,以及各个团队在接下来的迭代中要交付的故事做出承诺。

17.9.5.2　第 2 部分:计划实施(团队层次)

在第 2 部分中,各个团队决定自己将如何完成工作。第 2 部分是由各个团队单独进行的,如果团队之间联系紧密,则可以共同进行。不过,尽管第 2 部分的重点是团队内部,但在举行这部分会议时,各团队最好位于同一地点(详见下一节有关大规模计划的内容)。

第 2 部分的目标是为选定的故事奠定基础,使其能够在没有障碍、延误或不必要的返工的情况下开始。具体细节可能会有所不同,但在第 2 部分结束时,通常已经实施了以下目标:

- 故事已经被分解成了单人的开发者任务
- 开发者任务已经被匹配给了团队成员
- 将要完成开发者任务的人已经对任务进行了估算
- 已经起草了一个解决方案

具体的实践和目标可能有所不同。举例来说,有些团队会把他们的故事限制为单人、单日的工作项。在这种情况下,故事已经非常小了,而且可以被估算,所以没必要再进一步分解它们。

在第 2 部分中,UX 设计师与分析师、团队 PO 或代理 PO 以及干系人一起工作,开发出具有协调一致的工作流的用户友好的设计。技术团队开始初步设计架构和技术。

17.9.6　大规模迭代计划

在大规模迭代计划中,产品区域或 ART 中的所有团队都聚集在一个大房间里进行第 1 部分的工作,预测小组层次的迭代目标和他们将要交付的特性(详见 17.9.5.1 节)。

然后，他们分散到各个分组区域，以进行第2部分——团队层次的实施计划。作为活动的主持人，你需要指导联系紧密的团队，让他们把分组区域安排在彼此的旁边，并派侦察员参加对方的会议。建议侦察员定期向其团队汇报。

如果无法线下会面，则使用虚拟的替代方式。在这种情况下，团队先聚集在一个虚拟主讨论室，以就整个产品展开讨论，然后再转移到分组讨论室进行团队层次的计划。

17.9.6.1　处于同一地点的好处

尽管第2部分的重点是团队内部，但在大规模计划活动中，所有团队身处一地比起线上会议来说有许多好处。团队间的依赖关系更容易解决，因为当团队发现依赖性时，一个成员可以直接走到另一个团队所在的房间，协商调整计划。此外，在需要共享的团队成员和干系人的专业知识时，他们可以在分组讨论区之间来回走动。由于这是线下会面的主要好处之一，你应该监控分组讨论室，以确保共享的团队成员和SME（例如，共享的技术架构师或PO）在根据需要在各组之间走动。

17.9.6.2　第2部分概述

在大规模迭代计划的第2部分中，每个团队都要制定一个团队层次的迭代目标来支持小组目标，还要计划开发者任务，并将各个任务匹配给团队成员并估算它们。引导团队在估算任务之前将成员与任务相匹配，以便完成任务的人可以估算任务。

如果团队发现了对另一个团队的依赖性，一个团队成员就会前往另一个团队所在的讨论室请求帮助，并与他们合作解决依赖性的问题——例如，通过调整故事的优先级或增加开发者任务。

每隔一个小时，你需要召集进行一次检查（或SoS）。你要求每个团队派出代表，告诉其他人自己的团队自上一次检查以来都做了什么，计划在下一次检查之前计划做什么可能会对其他团队造成影响的事情，以及新发现的任何对其他团队的依赖性。然后，每个团队汇报其团队层次的计划的最新情况。

在第2部分之后，如果有足够的兴趣，就让来自相关团队的代表进一步地探讨共同的设计问题。

若想进一步了解迭代计划第 2 部分中团队层级的会议，请参见第 14 章的 14.10 节。

17.9.7 特性预览

特性预览会议是一个团队层级的会议，用于确定接下来要开发的待办项并识别依赖关系，以便及时处理它们，避免遇到瓶颈。迈克·科恩把这个会议称为"滚动式展望"。特性预览会议的重点是找出问题，而不是解决问题。会议过程与第 14 章的非规模化组织中的会议过程是一样的，只是规模化组织中的特性预览会议也关注团队间的依赖关系，而不仅仅是团队内部的依赖关系。

如果团队使用的是看板或其他基于流程的方法，就滚动式地每周举行一次特性预览会议。如果团队使用的是时间盒方法（如 Scrum），那么在迭代计划会议之后以及那之后的每周都要召开特性预览会议。

会议应该耗时很短，大约 10 分钟。PO 和团队检视产品待办事项列表，以确定在未来 2 到 4 周（如果是看板团队）或当前迭代后的两个迭代（如果团队使用的是时间盒方法）中开发的故事。这样就为两个合作团队留出了充足的时间来调整他们的计划，并在依赖性成为障碍之前解决它。

若想进一步了解特性预览，请参见 14.13 节。

17.9.8 集成会议

在开发过程中，各团队的工程负责人定期会面，通过设计改进和自动化集成测试解决集成问题。会议应聚焦于如何解决问题，而不是机械式地汇报最新情况（比如"我的团队做了什么？"这种 SoS 的格式）。

在会议期间，集成、DevOps 和 CI 的 SME 提供测试自动化和其他 CD/CI 实践方面的辅导。这么做的目的是授人以渔，而不是让集成团队来完成这些任务。

17.9.9 日常检查

在规模化的敏捷组织中，每个团队都会按照非规模化组织的方式举行团队层次的每日站会。

若想进一步了解每日站会，请参见 15.7.1 节。

一些规模化的敏捷框架还建议在产品区域层次上举行包含多团队的站会，以解决集成问题并汇报最新情况。这种会议也被称为 SoS 会议（详见下一节）。然而，通常并不建议举行这种会议。原因是，举行上一节所介绍的高度集中的、解决问题的集成会议能够更好地处理集成问题。此外，与其他团队交流最新情况有着更为有效的方法，包括自动跟踪数据库的变化以及让协作的团队共用聊天室。

从根本上讲，多团队站会和 SoS 的问题在于，他们是对集成问题的自组织解决方案。在实践中，自组织对于解决集成问题通常是无效的——除非这项工作是由一个对整个产品的集成管理和自动化有总体愿景的人领导的。

17.9.10　Scrum of Scrums（SoS）

虽然前文中有那样的评价，但是采用 SoS 的组织还是有很多的，并且这个活动在 SAFe 中是强制性的。让我们简单了解一下这项活动，以免要求你参加。

Scrum of Scrums 活动的目的是让团队自行组织起来，提出并解决团队间的依赖性和集成问题。

活动的频率是根据组织的需要而定的。每周进行 1 到 3 次或每天举行 SoS 会议都是比较普遍的频率。活动的持续时间从 15 分钟到 1 小时不等。前 15 分钟是预留给各团队汇报最新情况的；剩下的时间则被用来解决第 1 部分中提出的问题。

每个团队派一名代表参加 SoS。这位代表应该是最有能力处理所提出的问题的人。当有新的问题出现时，需要视情况更换出席 SoS 的人员。团队 PO 可以作为旁观者出席。

如果有多个产品区域（或 ART），各个产品区域/ART 为其小组中的团队举行 SoS 会议。还应该召开横跨整个产品的 SoS 会议，邀请每个产品区域的代表参加。

在 SoS 会议期间，每个团队（或产品区域）的代表都会向他人汇报进展情况和预期的障碍。议程方面没有什么规定，但经常会用到以下几个问题：

- 自上次会面以来，我的团队做了哪些可能对其他团队有影响的事？例如，团队可能报告说它推迟了一个故事，提前实施了一个故事，或者更改了一个软件界面。
- 在下次会面之前，我的团队将做哪些可能对其他团队有影响的事？
- 我的团队预见了哪些障碍是其他团队应该知道的，或可以帮助我们解决的？
- 我们还有什么需要与其他团队分享的？

经验法则是，花在情况更新上的时间不应超过 15 分钟。如果在更新之后发现了障碍，那么有兴趣的参会人可以留下来研究解决方案。

17.9.11 产品负责人委员会的会议

POC 会议（在 SAFe 中称为 PO Sync）[39] 的目的是协调各团队的愿景和工作的优先级，并解决冲突。也可以在此期间准备将要开发的工作项。与会人员是 17.8.8 节中列出的 POC 成员。这些成员可能包括区域 PO、团队 PO、开发经理、技术架构师，以及视情况邀请的开发人员和设计师。区域 PO 通常扮演着产品推动者的角色（同级中的首席）。

为了了解优先级冲突以及如何在会议中解决这些冲突，让我们来看看一个大致基于真实的案例学习改编的场景。

一家电信公司正在开发一项利用三维位置的数据规划通信塔的特性。团队 A 正在研究该特性面向用户的方面。

目前的地理信息系统（GIS）只提供二维数据，但一个新的 GIS 正在逐步支持三维坐标。一个组件团队将更新对外的 GIS API，以使它能向新 GIS 发送位置请求，从而访问三维位置数据。当组件团队决定推迟更新 API，以与其他相关工作一起处理这项工作时，就出现了优先级冲突。

两个团队在 POC 中会面解决这个问题。在一种情况下，他们就一个替代方案达成了共识：团队 A 将暂时绕过 API，直接访问 GIS，直到组件团队更新 API。另外，组件团队也可能同意提前更新 API，以满足团队 A 的需求。

17.9.11.1　频率和时间安排

在实施多团队特性之前召开一次 POC 会议，以确保全部所需团队都能参加。POC 活动不一定是持续很长时间的正式会议。比如，可以采取在下一个季度开始之前举行几次 1 到 2 个小时的讨论的形式。

如果组织使用的是基于流程的计划方法，比如看板，那么就滚动式地在每个特性接近待办事项列表的顶端时，举行 POC 会议。开始实施特性之后，就根据需要举行会议。

如果组织使用的是时间盒计划，那么就在每个季度开始之前召开一次 POC 会议，以协商将要囊括的特性，并确定它们的优先级。季度开始后，根据需要召开 POC 会议。比较常见的频率是每周召开 2 到 3 次 POC 会议。SAFe 建议每周至少要召开一次。[40] 会议（或一系列会议）的持续时间通常为 30 到 60 分钟。

17.9.11.2　演练

让我们来看一个 POC 活动的例子。

进度检查

POC 活动的第一步是产品推动者的进度检查。推动者将新出现的预期之外的工作告知 POC。然后，每个团队的代表描述其团队的进展和障碍（例如，与其他团队的优先级冲突）。

解决问题

团队代表相互协作，并与产品推动者一起解决优先级问题——平衡被特性团队的 PO 优先考虑的面向客户的特性、由开发经理和架构师提出的技术效率和技术债务偿还工作，以及由高级产品经理提出的战略重点。如果冲突无法通过合作解决，产品推动者可以强行做出决定。

特性开发和质量改进都应该被包括在计划中。一个经验法则是，特性和质量改进工作的比例应该是 3：1。

POC 会议也可以被用来进行特性准备。下一节将会详细说明这一活动。

17.9.12　规模化（季度）特性准备（多个团队）

待办事项列表的准备工作是在特性接近列表顶端式滚动式地进行的。尽管这种准备工作是一种渐进的、持续性的活动，但它有助于思考连续过程中的两个点：特性准备（多团队特性的准备）和故事准备（团队级故事的准备）。我们以前在单个团队的背景下讨论过这些活动。在接下来的小节中，我们将重点讨论如何在一个规模化的敏捷组织中开展这些活动。让我们先从特性准备开始讲起。

特性准备的目的是完成足够多的前期工作，使特性能够在没有不当延迟或返工的情况下被开发。在特性准备过程中，多团队的特性被拆分成团队级的工作项，每个项目都可以在一个季度内被完成，这些项目被暂时分配给团队。完成一个特性所需要的所有团队都必须在实施前对其做出承诺。一般性指导方针是，同一时间内，每个团队计划完成的特性不应该超过两个。

作为特性准备的一部分，各团队也会开展一些简单的架构工作，并对初步构想技术和视觉设计。他们与架构师、QA、CI 和技术 SME 会面，起草解决方案，确定集成点，并标记集成问题。当确定了一个集成问题后，技术主管就开始设计解决方案。

开发人员评估对于该特性的估算的不确定性程度。如果不确定性程度很高，他们可能会决定创建一个探针来进一步分析该特性并改善估算，或者提高估算以将不确定性纳入考量。

17.9.12.1　时间安排方面的考虑

为了及时为开发做好准备，在准备时间充裕的前提下开始准备特性。已就绪特性指的是集成问题已被确定，并已开始初步设计的特性。此外，特性的规模已经被限制为可以在一个季度（或 SAFe PI）内由产品区域（或 ART）中的一个或多个团队实施。如果已经指定了特性的 DoR，则特性必须与之相符。

如果团队使用的是基于流程的计划方法（如看板），就在多团队特性或特性集出现时进行准备——大型特性的准备时间约为 6 周，小型特性的准备时间为 2 到 4 周。

如果团队使用的是时间盒方法，就在前一季度大约进行了一半时，提前准备为下一个季度计划的所有特性。实验一下，看看哪种准备时间效果最好。

开始实施后，团队的技术主管要定期召开集成会议，以通过更改设计和自动化集成测试来解决这些问题（见 17.9.8 节）。

17.9.12.2　参与者

特性准备的参与者如下：

- 区域 PO（或 SAFe 发布火车工程师）：负责端到端的价值；与干系人、开发人员和 QA 会面，分析受特性影响的价值流，并确定集成点和团队依赖性
- PO：参与开发该特性的团队的团队级 PO
  集成和测试 SME（CI、DevOps、QA）：在持续交付和集成 – 构建 – 测试 – 部署步骤的自动化方面提供领导和指导。帮助设计集成问题的解决方案
- 技术架构师：准备架构跑道。帮助设计集成问题的解决方案
- 团队技术主管：各个团队的技术主管共同草拟设计方案，以解决集成和其他跨团队的问题
- 开发人员：参与开发该特性的开发人员提出问题并估算工作量
- 团队分析师：将工作项拆分成单个团队的特性和故事。按照 ATDD/BDD 实践，指定特性和它们的验收标准

17.9.12.3　特性准备的输入和后置条件

特性准备的主要输入如下：

- 产品待办事项列表，包含按照顺序排列的特性
- 特性的 DoR
- 预计团队产能

特性准备的后置条件（结果）如下：

- 特性已准备就绪，并且满足特性 DoR（如果有的话）
- 特性被拆分成单个团队的工作项，可以在一个季度内实施

- 特性已经与团队初步匹配，并且该特性所需的所有团队都做出了承诺
- 架构跑道已经准备就绪
- 跨团队的设计和分析问题已被解决
- 集成点和测试已经确定
- 各个团队已经开始将他们的工作分解成故事，并且这些故事的规模都在限制范围之内

17.9.12.4　演练

区域 PO 与各团队讨论接下来要开发的一个或多个特性。具体情况如下所示。

确定优先级

使用基于流程的计划的组织需要在每一个特性出现时进行准备。为了最大程度地避免浪费，需要等到最后负责时刻，以防优先级发生变化。然而，如前文所述，为了及时做好季度计划的准备，使用时间盒方法的团队要提前准备好下一季度的所有特性。在这种情况下，区域 PO 和团队合作，确定季度中的一组特性的优先级。需要考虑以下几个因素：

- 特性对利润的影响
- 特性对终端客户的影响
- 特性所支持的战略目标
- 与特性相关的商业和技术风险
- 特性所涉及的机会
- 延迟成本和加权最短作业优先（WSJF）

若想进一步了解如何确定延迟成本和 WSJF，可参见 6.5.4.4 和 6.5.4.5 节。

如果优先级出现冲突，小组应该尝试做出联合决策。通常情况下，他们会达成共识，但如果有必要，区域 PO 可以在征得审批者的同意后做出决定。

开发人员提出问题，以了解需要什么。分析师要与团队合作，将多团队的特性拆分成可以由一个团队在一个季度内完成的较小的特性。

暂时接受

得到的单个团队的特性将被暂时性地与团队匹配。各个团队接受特性，直到达到其产能上限。为了分散风险，高级开发经理应该确保高优先级的工作平均地分布各个团队中。高级开发经理或区域 PO 负责分配任何尚未被团队认领的特性。

作为团队分析师，你要和团队协作，把每个接下来要开发的特性拆分为数个主要故事，重点关注那些将第一批实施的特性和故事。

特性估算

将要开发某项特性的团队对其进行估算。使用计划扑克来指导估算者达成共识。

可以使用故事点来估算特性，但在这一环节，使用粗略的估算方法通常就足够了。例如，被分配了某一特性的团队可能估算它将需要整个团队（或一半的团队）花费 n 个星期完成。

若想查看计划扑克的相关指导，请参见第 11 章的 11.11.2.8 节。

管理依赖性

各团队提出可能会对及时交付接下来要开发的特性造成阻碍的团队间的依赖关系。团队在架构师和 DevOps、CI、CD 和 ATDD/BDD 的技术主管的领导和指导下工作，为集成问题设计解决方案。

17.9.13 团队层次的故事准备

当特性被充分准备，被分解成团队级工作项，并与团队相匹配后，进一步的准备工作将在团队层次中进行。这项活动——也就是我所说的故事准备——的目的是为了得到"准备就绪的"、可估算的、已确定优先级的、可测试的小型故事。如果指定了故事的 DoR，那么这些故事应该符合它的要求。

在 Triad 会议的背景下进行故事准备。Triad 是由代表商业、开发和 QA 角度的人组成的。13.6.3 节中详细讨论了 Triad 会议。商业角度可以由团队级 PO 或代理 PO（如果指定了的话）、商业分析师或商业干系人（比如 SME 和审批者）代表。

故事准备的输入是故事的 DoR（如果指定了的话）和产品待办事项列表，其中包含接下来要处理的工作项，这些工作项处于特性就绪状态（满足特性的 DoR）。

如果团队使用的是基于流程的方法，就在各个故事的计划实施日期的一到两周前，开始逐个准备故事。如果团队使用的是时间盒方法，那么就要在上一个迭代进行到一半时，开始提前为接下来的迭代准备所有故事。

为了确保所有的故事都准备充分，指定故事的 DoR，并要求所有故事在实施开始前必须符合它的要求。如果团队使用的是时间盒计划，则进一步地要求所有故事在进入迭代计划前必须满足故事的 DoR，以使会议简短而高效。

若想进一步了解故事的准备，可参见第 13 章和第 15 章的 15.11.4 节。

17.9.14　用户特别小组的会议

如 17.8.9 节所述，当一个产品有规模大且多样化的用户群时，可以通过用户特别小组来了解用户社区中出现的问题。该小组由一位用户代表领导，他将社区所关注的问题带回小组中。

在用户特别小组会议的第 1 部分中，参会人讨论由终端用户提出的问题，比如 bug 和特性请求。这些问题被添加到用户特别小组的问题待办事项列表中，并分配给特别小组的成员。在第 2 部分中，参会人回顾之前在问题待办事项列表中的项目，并报告他们自上次特别小组会议以来的状况。

17.9.15　规模化迭代评审或特性评审会议

规模化迭代评审或特性评审会议（也被称为迭代演示或特性演示会议）是一个多团队会议，其目的是展示通过干系人和团队（例如，产品区域或 ART 中的团队）的协作而交付的新特性或更改。在 Scrum 和 LeSS 中，这一事件被称为"冲刺回顾会议"。与会人员包括开发团队成员和由区域 PO 和团队 PO 邀请的关键干系人。评审会议的目标是"检查冲刺的结果并确定未来该如何进行调整"[41]，从干系人处获取反馈，并激励各团队。

会议期间还会讨论接下来要开发的待办项，并根据需要重新确定优先级，以优化价值交付。迭代/特性回顾会议为合作的团队提供了一个经常性地展示共同成就的机会，这有助于激发动力。

使用基于流程的计划与时间盒计划时团队须有哪些注意事项呢？

如果团队使用基于流程的计划方法（如看板），就在特性的完成程度达到可发布状态时举行特性评审会议。所有参与交付该特性的团队都要参加会议。所有支持该特性的已完成的故事都被包括在评审会议中。

如果团队使用的是时间盒方法，比如 Scrum，就在每个迭代结束时举行迭代评审会议。产品区域中的所有团队都被邀请参加会议。所有由产品区域中的团队开发到已完成阶段的故事都被包括在评审会议中。

举行规模化迭代（特性）评审会议的指导性原则与举行单个团队的评审会议相似，只不过前者是由多个团队参加的。

若想进一步了解迭代评审会议，请参见 15.13 节。

17.9.16　规模化迭代回顾会议

在规模化的迭代回顾会议中，产品区域中的所有团队都聚集在同一地点，举行小组层次和团队层次的会议。回顾会议可以分成几部分进行，如下所示：

- 第 1 部分（可选）：规模化的迭代回顾会议（多团队）
- 第 2 部分：团队层次的迭代回顾会议
- 第 3 部分：规模化迭代回顾的跟进会议（多团队）

团队层次的会议侧重于内部的改进；多团队会议则侧重于跨团队的问题。

第 1 部分：规模化迭代回顾会议（多团队）（可选）

第 1 部分是由产品领域的所有团队代表参加的多团队活动。第 1 部分的目的是为了识别跨团队的问题和障碍。对于两周的迭代回顾，活动时间限制在 30 分钟左右，对于一周的迭代，活动时间限制在 15 分钟以内。如果可能的话，将各团队聚集在一起，但如果不可能的话，虚拟会议也是有效的。

与会人员包括来自所有团队的代表、团队级 PO（如果指定了的话）、区域 PO 和商业负责人（如果有的话）。虽然这主要是一个面向内部的开发活动，但也有来自商业方面的与会人员，因为他们或许可以消除在开发团队的控制之外的障碍因素。[42]

在会议期间，与会人员要确定跨团队的问题和障碍。使用以下清单作为问题的来源。

- 为了更好地进行合作，团队应该开始做什么？
- 应该使用什么协调机制？
- 应该使用什么决策过程？
- 怎样才能更好地确定各团队的工作的优先级，使价值交付最大化？
- 应该使用什么工具？
- 应该开展哪些活动和会议？
- 应该囊括哪些角色和功能？
- 团队之间如何更好地沟通？
- 怎样才能更好地推行"完整产品"方法？
- 有哪些团队已经在做的事是我们想要继续做下去的？
- 有哪些事是我们不应该继续做的？

各团队的代表将这些问题和建议带回他们的团队中。

第 2 部分：团队层次的迭代回顾会议

与会人员移动到团队分组讨论区域进行第 2 部分的讨论。密切合作的团队应该紧挨着，以便让他们能讨论共同的问题。

在这一部分中，每个团队花费大约 30 分钟的时间举行团队层次的迭代回顾会议，重点关注如何改进团队的实践。团队层次的回顾会议是按照本书前面所描述的那样进行的。

若想进一步了解团队层次的迭代回顾会议，请参见 15.14 节。

第 3 部分：规模化迭代回顾的跟进会议（多团队）

在团队层次的迭代回顾会议结束后，各团队聚集在一起举行跟进会议，以评审他们的建议。与会人员包括区域 PO、团队级 PO/ 代理 PO、轮值的团队代表以及（如果使用 Scrum 的话）Scrum Master。第 3 部分的会议对于为期两周的迭代而言应持续约 90 分钟 [43]，对于为期一周的迭代而言应持续约 45 分钟。

在跟进会议期间，与会人员把团队层次的回顾会议中得到的信息反馈给小组。各团队的代表讨论在团队回顾会议上提出的、会对团队以外造成影响的障碍和改进。议题可能包括对故事的优先级、协调各团队的工作、管理团队间的依赖关系，以及增加团队间透明性的机制的建议。

虚拟迭代回顾会议怎么开呢？

如果组织的规模较大，并且与会人员不能线下会面，那么虚拟回顾游戏可以帮助管理大量人员的实时反馈。[44] 这些在线工具可以被中等规模的组织（10 个团队，60 人以上）到极大规模的组织（250 个以上的团队，数千人）使用，以确定共同的问题和能产生最显著的影响的改进。

以下是一个推动举行规模化的虚拟迭代回顾会议的提要，参会人通过一个共享平台参会。[45] 下文与工具无关；细节将因应用程序而异。

回顾会议开始时，先让各个团队单独开会，对上一个周期进行反思。这一部分的回顾会议应该在团队成员方便的时候进行，大约持续 1 到 2 个小时。如果使用了回顾游戏，那么此时各团队应单独召开回顾会议。

接下来，所有团队的参会人都在线上聚首，以确定目前在小组中哪些是有效的，哪些是无效的，以及小组应该开始做什么。"帆船（或快艇）"游戏的在线版本（如第 15 章所述）可以用于此目的。

作为主持人，你需要要求与会人员对他们在游戏过程中发现的每个项目（包括有积极影响的帆船项目和有消极影响的锚项目）评定影响程度。

你选出排名最高的积极和消极项目，并与团队讨论。你要求与会人员为每个项目指定一个控制区域（例如，它是否在企业、产品或团队的控制范围内）。他们采用在线版本的"圆圈和汤"游戏，将每个项目张贴到相应的区域。然后，你要求与会人员评估谁或什么会受到这些问题的影响（例如，是人、流程还是技术）。你使用分析软件来说明和识别反应模式。

 若想进一步了解帆船游戏，请参见 15.14.5.1 节。若想进一步了解"圆圈和汤"，请参见 15.14.5.2 节。

图 17.11 展示了一次大型回顾会议的反应。

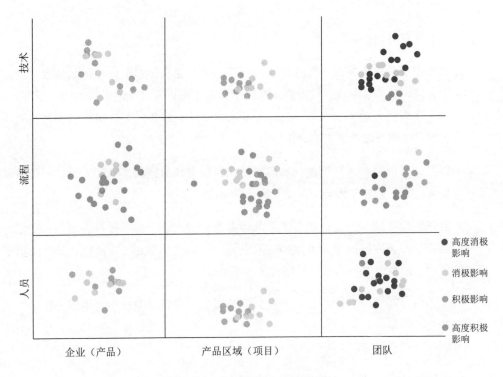

图 17.11　回顾会议结果概览

图 17.11 中的每个点都代表回顾会议中提出的一个项目。点所在的位置表示着项目所在的控制区（X 轴）和它影响的实体（Y 轴）。颜色表示影响程度（请注意，本书的印刷版中将不会显示颜色）。红点表示高度负面影响；黄色代表中度负面影响；蓝色表示中度正面影响；绿色表示高度正面影响。图中显示了团队 / 技术单元和团队 / 人员单元中的负面因素集群（大量红点和一些黄点），表明团队中的技术和人员问题是有着最大阻碍的领域，对这些领域的干预可能会产生最显著的效果。另一方面，横跨 X 轴——企业（产品）、产品区域（项目）和团队——的所有流程区都是以绿点为主的，这表明大家对组织的所有层次的流程都很满意。

17.9.17 规模化的季度 / 特性回顾会议

迭代回顾会议是一种能够回顾持续改进的短期工作的有效"检查和调整"机制。然而，针对短时间内无法看出效果的长期改进工作召开回顾会议也是很有用的。

如果团队使用的是基于流程的方法，就在一个多团队特性即将完成时召开一个规模化的特性回顾会议。如果使用的是时间盒方法，就在季度末召集产品区域（或 ART）中的所有团队的代表举行规模化的季度回顾会议。参会人回顾过去一个季度的情况，并开始为下一个季度做准备。

会议演练如下。

正如第 16 章中所指出的，回顾会议应该是一个非正式的活动，侧重于为已知的问题提供解决方案。它不应该是一个遵循预设议程的正式活动。为了对这项活动进行说明，让我们以主持人的身份演练一遍吧。

关于季度（发布）回顾会议的更多信息，请参见 16.6 节。

第 1 部分：识别问题（30 分钟）

在第 1 部分中，需要识别主要问题，如下文所述。

- 进行头脑风暴，找出问题　在会议之前，按照 16.6 节所讲述的那样展开初步讨论，以便在开始回顾会议之前对主要问题有大概的理解。会议开始后，与会人员聚集在一起，对拟解决的跨团队问题进行头脑风暴。把知道的问题张贴出来，作为讨论的灵感。这一阶段的目标是产生尽可能多的想法，不要舍弃任何想法。

- 阐明问题　与会人员从多个角度讨论以下各个问题：
  - 初始问题是什么？什么事件让我们注意到了这个问题？
  - 它是什么时候发生的？
  - 它是如何发生的？
  - 我们为什么要关注这个问题？它会带来怎样的影响？企业将付出什么代价？

使用根本原因分析来确定观察到的症状（最初确定的问题）的根本原因。与会人员就问题最重要的成因达成共识。你和小组一起使用以下模板重新表述问题，以明确指出根本原因："在[触发事件][如何发生]时，[根本原因]的问题影响了[受影响的干系人]，这导致了[观察到的症状]。"

第 2 部分：讨论解决方案（30 分钟）

与会人员对第 1 部分中发现的问题进行头脑风暴，提出解决方案。这一部分的重点是产出尽可能多的解决方案。

接下来，参会人就所提出的问题的 3 个最有潜力的解决方案达成共识。他们把实施这些解决方案的工作项添加到下一季度的待办事项列表中。这些过程改进项目将被用作下一次季度计划活动的输入。

17.9.18　开放空间

开放空间活动是一种大型小组的自组织会议。与会人员自行决定议程，以解决与核心主题相关的问题。[46] 举办开放空间活动的目的是促进团队间的协调、合作和学习。每个需要解决活动的主题的人都应该参加。参加开放空间活动的总人数可能从几个人到超过一千人不等。

17.9.18.1　时间安排方面的考虑

在一个季度、发布周期或 PI 开始时举办开放空间活动。开发工作开始后，应酌情召开更多更短的活动（例如，每周举办一次时长 1 小时的活动）。开放空间活动的持续时间从简短的会议（45 分钟）到两天半不等。对于仅限于讨论的开放空间活动，一天通常就足够了。对于产生可交付成果的开放空间活动，两天通常比较合适。如果打算制定一个计划来处理活动期间提出的问题，可能需要两天半的时间。

17.9.18.2　4 个基本机制

开放空间的 4 个基本机制是：市场、圈子、公告栏和呼吸。

- 市场：市场是提出和讨论议题的地方。它是一个被划分为数个讨论区域的大会议室，参会人可以通过交流想法来购物（shop），也可以通过作为旁听者来逛街
- 圆圈：圆圈是小组作为一个整体进行讨论和更新的地方。把椅子摆放成一个大圆圈或数个同心圆，在圆心处放上活页纸和记号笔
- 布告板：布告板是公开的，上面有参会人张贴的问题和机会
- 呼吸：呼吸指的是个体在小组集体会议和小型分组会议之间来回流动的一种脉动

开放空间的 4 个刚需输入如下：
- 邀请函：一封表述活动的重要目的或主题的信
- 邀请名单：探讨该主题所需要的所有人的名单
- 时间地点：举办活动的地点和时间
- 足迹：为实施活动所产出的建议提供现场支持

17.9.18.3　开放空间指南

以下指导性原则适用于开放空间活动。

- **两脚法则**　在开放空间活动期间，市场中的各个分组讨论区域是同时在进行讨论的。两脚法则（Law of Two Feet）指的是：如果参会人没有从讨论中获益，他们可以用脚投票——移动到另一个分组讨论区域或是休息一会儿。
- **四项原则**　指导开放空间有四项基本原则：
  - 出席的人都是对的人：因为十分关注活动主题而出席的人就是最能有效地探讨主题的人
  - 无论发生了什么，都是当时只能发生的事：反复琢磨过去的事情不能带来什么价值。要专注于现在能怎样改进

- 不管何时开始，都是最适当的时机：创造力并不是准时准点地出现的。有价值的想法随时可能出现
- 结束的时候，就结束了：彻底地处理问题比遵循时间表更重要

17.9.18.4 演练

以下是开放空间活动的演练示例，由你来担任活动的主持人。

- **介绍** 你摇铃。与会人员集合到圆圈处。主板小组的领导者把你介绍给大家。你对主题进行说明，解释开放空间活动的原则和基本规则，包括两脚定律、四项原则和过程。在介绍完毕后，你移动到后台。从此处开始，你将把注意力集中在促进一个有利于自组织的环境上。
- **创建议程（1 小时）** 你邀请各个有兴趣的参会人来到圆圈的中心，并向大家宣布主题。参会人在布告板上公布主题，并指明对应的分组区域和时间段。主题可能包括对以下事项的提议：
  - 新的需求管理工具
  - 测试新技术可行性的技术探针
  - 消除团队 PO
  - 实验无估算方法
  - 举办季度黑客松
  - 从时间盒计划转变为基于流程的计划
- **登记** 参会人在布告板上报名参加对主题的讨论。
- **分组讨论** 轮到时间表上的各个主题时，发布者和报名者在所安排的时间和地点集合。发布者向大家介绍该主题，然后在讨论开始后做记录。参会人遵循两脚法则：如果没有收获价值，他们就会离开。
- **汇报** 每隔 45 钟，小组全员聚集到圆圈中，就分组讨论中的情况进行为时 30 分钟的简要汇报。
- **汇报最新情况** 如果活动是分几天进行的，就在每天的开始和结束时举行一次最新情况汇报会，以通告布告板上的新主题，传达分组讨论中得到的重要见解，并讨论后勤问题。

- 最后的汇报和活动结束后的工作　在活动结束时，小组成员聚集在圆圈中进行最后的汇报。回顾并记录分组讨论中提出的想法、建议和见解，并在活动结束后分发给与会人员。[47]

17.9.19　Traid

特性和故事的准备工作应该在 Traid 会议的背景下开展。Traid 指的是在讨论故事时应该代表的 3 个角度。QA、客户（PO/ 代理 PO）和开发。第 13 章详细探讨了Traid。

若想查看 Traid 会议的相关指南，请参见 13.6.3 节。

17.10　敏捷需求管理软件工具

早期敏捷指导原则是将故事写在实体卡片上并进行管理。如果组织的规模较小并且位于同一地点，那么卡片确实很好用。然而，如果组织的规模较大，则应将卡片主要用于初步计划；之后，把故事转移到软件需求库，以提供跨团队和跨地点的访问。

让我们看看选择需求工具的一些指导原则。

- 需求管理工具检查清单　以下清单列出了在选择敏捷需求管理工具时需要寻求的特质：
- 支持组织定义的需求类型和单位（例如，商业需求、干系人需求、用户故事以及用例）
- 支持组织使用的敏捷工具（例如，故事地图、看板和燃尽图）
- 提供所需的可追踪性水平
- 提供不同层次的视图：组合、项目、产品区域和团队
- 支持产品待办项的由用户定义的属性
- 提供一个跨团队协作的平台
- 支持需求的可视化（例如，通过线框图、流程模型或原型）

- 具有足够的可扩展性，可以满足组织的需求
- 可以与组织使用的其他工具顺利集成
- 易于学习、维护和使用

附录 A 简要介绍了用于敏捷举措的需求管理和协作工具，包括 JIRA、Blueprint、JAMA 和 Rational Team Concert（RTC）。在你读到这段话时，情况可能会发生变化。

17.11 支持团队间协作的轻量级工具

在本章的前面部分中，我们研究了 DevOps/CI/CD/ATDD 的实践，通过不断对个团队的工作进行集成和测试来实现团队间的协作。下面将研究一些简单的、轻量级的支持团队协作的技术，作为这些实践的辅助，其中一些工具已经在前文中讨论过，这里要把它们汇总到一起。

- 团队结构　正如本章前面所提到的那样，在大型组织中，团队的依赖性几乎无法消除。一种有效的管理方法是通过团队结构来减少，这样一来，需要处理的依赖关系一开始就变少了。要做到这一点，需要组织跨功能的、全栈的特性团队，这些团队要尽可能的自给自足，如第 5 章的 5.7 节所述。
- 可视化　尽可能使用可视化的方式在计划工件上传达团队的依赖关系，例如，通过故事在小组层次的故事全景图中的物理位置；项目板上的红线或圆点。
  通过透明的信息辐射器（例如，产品层次和团队层次的故事地图、项目板、产品路线图、发布路线图）向其他团队传达计划和进展。
- "有话就说"　"有话就说"是 LeSS 的一项准则，用于团队间的横向、个人与个人的沟通。鼓励团队成员在需要帮助的时候不要等到正式活动，而是直接与任何团队中的任何人进行沟通，无论是以面对面、虚拟、电话或电子邮件的方式（这几种方式按优先顺序排列）。
- 侦察员　使用侦察员来让两个密切相关的团队了解对方的最新计划。侦察员应该是一个具有超越团队视角的大局观的人——通常是一位 PO、代理 PO 或商业分析师。

举个例子，假设团队 A 把一位侦察员派遣到团队 B 中，在团队 B 的每日站会中充当一个沉默的旁观者。侦察员向主队（A 队）报告 B 队做出的会对 A 队造成影响的决定，并告知 A 队它的决定可能会对 B 队造成什么样的影响。

- 漫游者　漫游者是在每个迭代中都会更换团队的成员。他们通常具有稀缺且需求量大的技术或业务能力。漫游者是交叉传播者：他们是分享知识和故事，加强团队之间的非正式联系，并通过指导和教学提升其他人的技能的实体渠道。

- 共享的团队成员　在这一选项中，两个紧密关联的团队共享一个团队成员。举个例子，假设有一个团队的特性使用着一个组件团队所维护的服务。在这种情况下，组件团队的一名成员可以作为共享团队成员加入特性团队，以加强合作。这个成员不仅可以在团队中分享技术专长，还可以分享其他信息。例如，共享成员将组件团队的计划和变化告诉特性团队，并向组件团队汇报特性团队计划如何使用组件服务。

- 按顺序实施工作项，而不是同时实施　遵循精益的指导[48]，保持每个团队同一时间内处理的项目较少，这样需要跟踪的项目就少了，因此需要管理的依赖性也少了。经验法则是，每个团队不应同时开发超过两个特性。

- 强化就绪定义　通过指定并使用特性的 DoR 来消除不必要的延迟和返工，条件是所有需要该特性的团队都必须在该特性被纳入季度（发布）计划之前对其做出承诺。在故事层次指定如下故事的 DoR 条件：在故事被纳入迭代计划和开发之前，所有对其他团队的依赖性都已经被解决。

17.12　规模化敏捷中的潜在问题和挑战

接下来要探索的是规模化组织时可能出现的潜在问题和挑战，并回顾解决这些问题的指导性原则。

17.12.1　非集中式团队的准则

即使在疫情爆发之前，大多数规模化的开发组织都是不是同地办公的。例如，与我合作的许多公司都有"就地办公或者居家办公"政策，这主要是由于商业地产的高成本。COVID-19 的大流行进一步地促进了这种做法。以下小节将介绍协调分散于各地的团队的更多指导性原则。

- 减少沟通方面的挑战 尽可能地减少沟通方面的挑战（例如，通过把位于同一时区并使用相同工作语言的团队组建为小组）。

- 公正对待所有地点 不要做出只对某一团队有利的后勤决策。举个例子，如果团队处于不同时区，在安排会议时不要经常倾向于某个时区。

- 鼓励定期进行现场访问 为了促进团队间的人际关系，鼓励定期实地访问不在同一地点的团队。

- 始终选择可用的最高质量的沟通方式 尽可能使用最高质量的沟通方式。电话会议的质量较低，应该被留作单向沟通（例如，用于状态报告）的手段。按照优先级，使用以下方式：
  - 虚拟会议或视频会议
  - 异步通信：维基、SharePoint、短信服务、电子邮件
  - 电话会议

  使用谷歌文档和 CardBoardIt 等协作工具，使团队能够实时合作。

- 为速赢打分 计划尽早（大约 2 到 4 周）交付能够证明实际价值的更改，以建立信心并促进团队间的完整产品文化。

- 对沟通质量标准做出承诺 让每个团队明确地对与其他团队沟通的质量标准做出承诺（例如，回复电子邮件的最长期限，对其他团队的可用性）。

- 在开始和结束时召集所有人 在季度或发布周期开始时，将所有团队召集到一起几天，甚至一整个迭代，为人们提供一个建立人际关系的机会。[49] 当团队成员回到他们的所在地后，这些关系将带来快速、直接的沟通，使开发过程加速。在发布周期的最后阶段（例如，在发布日期前的最后一次或两次迭代期间），召集所有团队进行最后的冲刺。

- 更多的记录 与同地办公时相比，团队分散于各地时难免会需要更多的记录，因为能够口头交流的信息很少。与同地办公的团队相比，这种情况下通常需要创建更全面且详尽的书面的需求说明和更多的状态报告。

17.12.2　与瀑布团队合作的指导性原则

如今的许多规模化的项目都是敏捷和瀑布团队的混合体。通常情况下，敏捷团队在前端系统工作，而瀑布团队在后端工作。这种混合式的安排代表着额外的挑战，因为瀑布团队的工作周期更长，而且使用的需求单位、技术和工具通常与敏捷团队不同。在与瀑布团队合作时，请参考以下指导性原则。

- **首先解决对瀑布团队的依赖性**　为了确保敏捷团队不会陷入等待瀑布团队的瓶颈，要求只有在瀑布团队已经完成了必要的工作情况下，才可以将特性拉入敏捷计划周期。把这条规则纳入 DoR 中，以确保它得到执行。

- **根据瀑布团队的时间表进行集成**　如本章所述，持续地集成敏捷团队的工作，但要根据瀑布团队的时间表来计划集成测试。

- **瀑布团队的侦察员**　瀑布团队派遣一名侦察员参加敏捷计划活动（如迭代计划会议、每日站会），这样瀑布团队就能及时了解最新的计划。

- **鼓励小步迈进**　虽然你很难让瀑布团队在一夜之间改变他们的整个流程，但是你或许可以鼓励他们一小步一小步地向敏捷迈进——例如，将交付周期从几个月一次缩短到几周一次。

- **匹配周期**　将瀑布周期的终点与敏捷迭代的终点相匹配。举例来说，如果瀑布团队的周期为 12 周，而敏捷团队的迭代时间为 2 周，那么所有团队（敏捷和瀑布）每 6 个迭代就会匹配一次。在周期结束时，召集所有团队举行一次季度（发布）回顾会议，并紧接着召开下一个周期的季度（发布）计划会议。

- **教学与宣传**　为瀑布团队开设敏捷开发课程，让他们了解敏捷团队的工作方式。让瀑布团队参加迭代评审会议。

17.12.3　无法频繁且可靠地进行部署

我从正在向敏捷实践过渡的组织那里听说的最常见的困难之一是，他们无法实现敏捷方法所要求的快速部署周期，或者，至少，他们无法安全地进行规模化部署。最有效的解决方案是通过采用本章所讲述的 DevOps/CI/CD 实践，实现"构建 - 测试 -

部署"步骤的自动化。例如，开发机构不应该等到季度末的预发布测试阶段再发布更改，而是应该每两周或更短的时间就把更改发布到测试环境中，以让用户能够频繁地试用并提供反馈。

17.12.4 反复出现的集成错误和依赖性问题

另一个我经常看到的问题是，个别团队交付的故事通过了他们的验收标准，但在发布周期结束时却无法通过端到端的 UAT。本书中已经说明了解决这个问题的方法。让我们把它们汇总一下。

解决方案中最关键的部分是采用 17.5.4 节中描述的 DevOps/CI/CD/ATDD 实践。概括地说，正如本章前面所描述的，你要在特性层次上预先指定端到端的测试。这些规范指导着开发团队，并在故事完成后被用于自动化测试。DevOps/CI/CD 实践使得来自不同团队的开发分支能够频繁且安全地合并。这可以在比较容易修复集成问题时，捕捉到它们。

解决方案的另一部分与前端有关。在把一个多团队特性接受进季度（发布）计划之前，以及在特性的开发工作开始之前，需要准备这个特性，正如本章和第 10 章"季度和特性的准备工作"中所描述的那样。作为准备工作的一部分，需要分析受该特性影响的端到端价值流和流程，以及它们与其他组件和服务的集成点。架构师和开发人员使用该分析为被标记的任何潜在集成问题准备一个设计方案。实施开始之后，团队的技术主管会定期开会，找出新出现的集成问题，并通过设计更改和自动化集成测试来解决这些问题。若想了解关于集成会议的更多信息，请参见17.9.8 节。

17.12.5 优先级的冲突

规模化的敏捷组织经常遇到的另一个问题是优先级的冲突——团队级 PO 的目标不一致，各自在自己的业务领域或技术领域推动开发。这种情况通常缺少了产品级 PO 的有力领导。为了取得成效，产品级 PO 必须拥有产品愿景，并承担从完整产品的角度做出决定的主要责任（在征得其他干系人同意的情况下）。一个包含多个层次的规模化组织（例如，子产品、次级子产品）应该有数个中间级 PO，一直到团队 PO 为止——每个人都被授权（或部分授权）在其领域内做决定。本章中，我把这些 PO 称为区域 PO——每个 PO 负责一个产品区域。若想查看分配区域 PO 的相关指南，请参见 17.8.2 节。

为了解决优先级的问题，高级别的 PO 应该定期与低级别的 PO 和其他需要接受决定的干系人会面。这可以发生在各种场合中，比如本章前面讨论的 POC 和季度计划会议。

17.12.6　业务资源不足

规模化敏捷组织面临的另一个常见问题是，往往没有足够多的业务方面的 SME 来为开发团队解答关于需求的问题。解决方案是让这些 SME 成为扩展团队的成员——一群被一组团队共享的专家。若想查看组建扩展团队的相关指南，请参见 17.8.5 节。

一个相关的人力资源问题是，没有足够的产品经理和其他业务 SME 来填补团队级 PO 的角色。一个有效的解决方案是将这些稀缺的领导资源分配给团队级以上的 PO 角色（例如，区域 PO，CPO），然后将商业分析师指派到团队中，担任代理 PO，正如 17.8.2.3 节中所讨论的那样。

我的一些客户在尝试用一种不同的方法来解决这个问题——完全取消团队级 PO，转而支持团队自组织。一些精益的规模化敏捷框架（比如 LeSS）比较提倡这种方法，但其结果充其量只能称得上是好坏参半。仅在团队层次之上分配 PO 时，PO 与团队的距离太远了，难以有效沟通。因此，团队失去了 PO 所能提供的更广阔的视角和愿景。此外，在没有正式领导者的情况下，往往会出现一个非正式领导者——而这样的领导者并不总能领导高效的敏捷团队。

为了避免这些后果，应在组织的所有层次，包括团队层次，指派 PO。作为团队 PO 的替代方案（如果没有的话），可以指派一个代理 PO。这一角色通常由商业分析师担任。

团队 PO 和代理 PO 应该定期与区域 PO 会面，以获得关于全局视角的最新信息，这样他们就能将这些信息传达给团队，并能将在团队层次中得到的知识通过组织向上传达。

17.13　小结

以下是本章涉及的要点。

1. 使用 DevOps/CI/CD/ATDD/BDD 实践来持续、可靠、可持续地规模化交付软件。

2. 规模化的敏捷组织中有一个完整的产品，一个产品级待办事项列表，一个 DoD，一个产品级 PO，以及一个横跨所有团队的集成增量。

3. 在规模化的季度（发布）计划会议中，所有团队会面以预测将交付的特性并同步计划。

4. 在大规模迭代（冲刺）计划中，小组中的所有团队首先开会确定要做的事情，然后分散到不同讨论区域来决定如何完成工作。团队之间的近距离使得依赖性可以被立即解决。

5. 产品级的特性准备是一个多团队的活动，在这个活动中，接下来要开发的特性与开发团队初步匹配，进行分析并准备好架构跑道。故事准备工作是在团队层次上进行的，目的是在实施和迭代计划之前使接下来要处理的故事符合故事的 DoR。

6. 管理团队间的依赖关系的轻量级机制包括按价值组织团队、"有话就说"、派侦察员参加其他团队的计划会议以及共享一名团队成员。

17.14　下一个主题

本章将敏捷方法从单个团队扩展到了一个规模化的开发组织。接下来不妨更进一步，将敏捷方法从软件开发扩展到整个企业。这正是下一章的主题。

注释

1　举例来说，Scrum 指南声明"成员拥有在每个冲刺中创造价值所需要的一切技能"，并且是"自管理"的。Ken Schwaber and Jeff Sutherland, "The Scrum Team," in *The Scrum Guide: The Definitive Guide to Scrum—The Rules of the Game*, 2020, 5, https://www.scrumguides.org

2 作为另一个例子，罗恩·杰弗里斯如此描述："任何公司的大部分工作都可以由一个跨职能团队来完成。" Ron Jeffries, "Issues with SAFe," April 2, 2014,http://ronjeffries.com/xprog/articles/issues-with-safe

3 感谢罗恩·希利。

4 Andrea Crawford, "DevOps Is the Modern Way of Delivering Applications Faster and with Higher Quality" [blog post], IBM, March 14, 2019, https://www.ibm.com/cloud/blog/what-is-devops

5 正如本书其他地方所提到的，bug 修复和小型更改经常以这种频率向市场发布，但主要特性的发布频率通常比较慢。

6 Nicole Forsgren, Jez Humble, and Gene Kim, *Accelerate: Building and Scaling High Performing Technology Organizations* (Portland, OR: IT Revolution, 2018), 78–80.

7 Forsgren, Humble, and Kim, *Accelerate*, 215.

8 Gene Kim, Patrick Debois, John Willis, Jez Humble, and John Allspaw, *The DevOps Handbook: How to Create World-Class Agility, Reliability, and Security in Technology Organizations*(Portland, OR: IT Revolution Press, 2016).

9 Gary Gruver, Gene Kim, and Tommy Mouser, *Leading the Transformation: Applying Agile and DevOps Principles at Scale*(Portland, OR: IT Revolution Press, 2015).

10 Forsgren, Humble, and Kim, *Accelerate.*

11 "Red, Green, Refactor," Codecademy, https://www.codecademy.com/articles/tdd-red-green-refactor

12 若想进一步了解如何编写 BDD 场景，请参见 Jens Engel, Benno Rice, and Richard Jones, "Feature Testing Setup," GitHub, https://behave.readthedocs.io/en/latest/gherkin.html

13 Steve Bell and Karen Whitely Bell, "High-Performance Leadership and Management," in Forsgren, Humble, and Kim, *Accelerate*, 179–197.

14 Bell and Bell, "High-Performance Leadership."

15 Herminia Ibarra and Anne Scoular, "The Leader as Coach," *Harvard Business Review* (November–December 2019), https://hbr.org/2019/11/the-leader-as-coach

16 Ibarra and Scoular, "The Leader as Coach."

17 Robert K. Greenleaf, *Servant Leadership: A Journey into the Nature of Legitimate Power and Greatness, 25th Anniversary Edition* (New York: Paulist Press, 2002).

18 "What Is Servant Leadership?" Robert K. Greenleaf Center for Servant Leadership, 2016, https://www.greenleaf.org/what-is-servant-leadership

19 Scrum 指南将 Scrum Master 描述为服务于团队和组织的领导者。Ken Schwaber and Jeff Sutherland, *The Scrum Guide: The Definitive Guide to Scrum—The Rules of the Game* (Scrumguides.org, 2020), 6, https://www.scrumguides.org

20 Ken Blanchard, "Servant Leadership: Vision and Direction" (PennState, 2016), https://sites.psu.edu/leadership/2016/04/01/servant-leadership-vision-and-direction-by-ken-blanchard

21 Mike Cohn, *Succeeding with Agile: Software Development Using Scrum*(Boston: Addison-Wesley, 2010), 332

22 David Edmond, Nigel Warburton, and Robin Dunbar, "Robin Dunbar on Dunbar Numbers," Social Science Bites, November 4, 2013, https://www.socialsciencespace.com/2013/11/robin-dunbar-on-dunbar-numbers

23　Darrell K. Rigby, Jeff Sutherland, and Andy Noble, "Change Management: Agile at Scale," *Harvard Business Review* (May–June 2018), https://hbr.org/2018/05/agile-at-scale

24　John May, "Lean Portfolio Management: How to Build a Better Enterprise by Being More Lean," Atlassian, https://www.atlassian.com/agile/agile-at-scale/lean-portfolio-management

25　Richard Kastner and Dean Leffingwell, *SAFe 5.0 Distilled: Achieving Business Agility with the Scaled Agile Framework* (Boston: Addison-Wesley, 2020), 154.

26　Gabriel Gutierrez, "Everything You Need to Know to Master Release Management," Smartsheet, https://www.smartsheet.com/release-management-process

27　Scott Ambler, Glen Little, Mark Lines et al., "Disciplined Agile Release Management: A Goal-Driven Approach," ProjectManagement.com, July 18, 2015, https://www.projectmanagement.com/blog-post/61824/Disciplined-Agile-Release-Management--A-Goal-Driven-Approach

28　Richard Kastner and Dean Leffingwell, *SAFe 5.0 Distilled: Achieving Business Agility with the Scaled Agile Framework* (Boston: Addison-Wesley, 2020), 274.

29　Leffingwell et al., *SAFe Reference Guide*, 274.

30　Leffingwell et al., 274.

31　Ron Jeffries, "Issues with SAFe," April 2, 2014, https://ronjeffries.com/xprog/articles/issues-with-safe

32　Craig Larman and Bas Vodde, "Introduction to LeSS," in *Large Scale Scrum: More with LeSS* (Boston: Addison-Wesley, 2016).

33　Larman and Vodde, "Introduction to LeSS," 5.

34　Ken Schwaber, Nexus Guide, The Definitive Guide to Scaling Scrum with Nexus: The Rules of the Game(Scrum.org, January 2018), 5, https://scrumorg-website-prod.s3.amazonaws.com/drupal/2018-01/2018-Nexus-Guide-English_0.pdf

35　Ben Morris, "What Should a Scaled Agile 'Architectural Runway' Actually Look Like?" October 12, 2017, https://www.ben-morris.com/what-does-a-scaled-agile-architectural-runway-actually-look-like

36　由于在写下这段文字时疫情正在肆虐，所以我必须补充说明一下，只有在不危及参会人的健康的情况下才应该参考对线下会议进行指导。

37　Kastner and Leffingwell, *SAFe 5.0 Distilled*, 104–107.

38　Cohn, *Succeeding with Agile*, 341.

39　Kastner and Leffingwell, *SAFe 5.0 Distilled*, 108.

40　Kastner and Leffingwell, *SAFe 5.0 Distilled*,108.

41　Schwaber and Sutherland, *The Scrum Guide*, 9.

42　早期的SAFe中包含了这一指导方针。Dean Leffingwell, *SAFe® 4.0Reference Guide: Scaled Agile Framework for Lean Software and Systems Engineering* (Boston: Addison-Wesley, 2016), 216–218.

43　Larman and Vodde, "Introduction to LeSS," 13.

44　Luke Hohmann, "How to Run HUGE Retrospectives across Dozens of Teams in Multiple Time Zones!" Innovation Games, June 5, 2014, https://www.innovationgames.com/2014/06/how-to-run-huge-retrospectives

45　Hohmann, "How to Run HUGE Retrospectives."

46 开放空间技术是由哈里森·欧文创造的。若想进一步了解开放空间，请参见 https://openspaceworld.org/wp2

47 "Open Space Technology," Wikipedia, April 22, 2019, https://en.wikipedia.org/wiki/Open_Space_Technology

48 Mary Poppendieck and Tom Poppendieck, *Lean Software Development: An Agile Toolkit* (Boston: Addison-Wesley, 2003), 8.

49 Cohn, *Succeeding with Agile*, 368.

第 18 章　实现企业的敏捷性

本章从企业角度探讨了敏捷计划与分析，其内容超脱了本书其余部分主要关注的 IT 背景。我们将利用从敏捷软件开发中获得的经验使其他行业受益。本章面向的读者不需要有软件开发或敏捷概念的背景。我们讨论的东西与任何商界读者都有关系——特别是那些负责或对企业文化管理感兴趣的人，包括高级管理人员、人力资源总监和业务关系经理（Business Relationship Managers，BRM）。图 18.1 强调了本章所涉及的活动。

本章首先概述了企业的敏捷性，包括对其在当今商业环境中的重要性的解释和对其主要实践的总结。本章一个反复出现的主题是敏捷的企业文化对成功创新的极端重要性。本章还提供了发展和维持敏捷文化的实用指南，它们基于 3 项原则和 13 项基本实践。在这 13 项实践中，有迭代实验、拥抱变化、加速、同理心、分布式权力、打破筒仓和数据知情决策。本章最后提出了敏捷财务计划的指导原则，包括实物期权和以发现为导向的计划。附录 B 包含一个详细的以发现为导向的计划的案例学习。

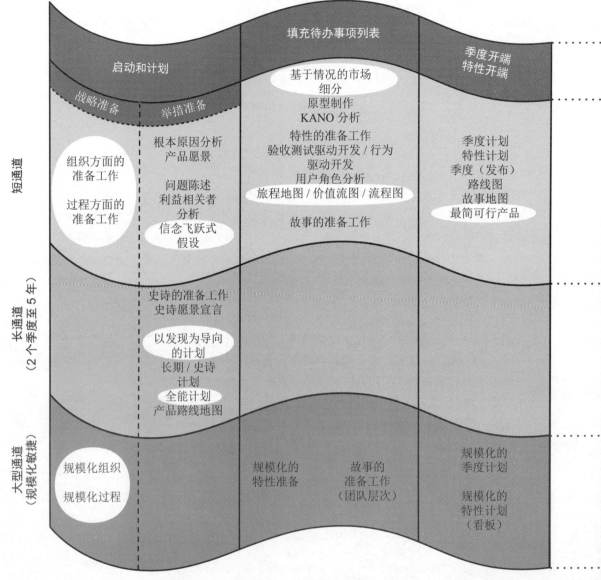

图 18.1 全景图中的第 18 章

迭代开端	日常活动	迭代收尾	季度收尾史诗、特性收尾
迭代计划	每日站会 需求分析与记录 编码、构建、测试、交付验收测试驱动开发/行为驱动开发 最简可行产品，分割测试 史诗、特性的准备工作 故事的准备工作	迭代评审会 迭代回顾	为正式发布做准备 季度回顾 史诗、特性回顾

转向或继续

| 规模化的迭代计划

迭代计划（团队层次）

DevOps | 产品负责人委员会的会议 | 用户特别小组的会议

规模化的特性准备（看板） | 集成会议

故事的准备工作（团队层次） | 规模化的迭代评审

规模化的迭代回顾

迭代回顾（团队层次） | DevOps

规模化的季度/特性回顾 |

18.1　目标

本章将帮助大家实现以下目标：

- 理解敏捷企业的目标和属性
- 了解敏捷企业文化的 3 项原则和 13 项实践
- 区分新市场颠覆、低端颠覆和持续创新
- 使用像目的性营销这样的工具保护创新岛
- 理解同理心的重要性以及如何在商业运作和产品开发的背景下实践它
- 了解建立和维持实践社区以支持持续改进的指导原则
- 理解为什么传统财务计划方法对高度创新的企业不起作用，以及为什么在这些情况下以发现为导向的计划更有效
- 利用本章提到的附录，你将学会应用以发现为导向的计划，并创建逆向损益表、预估运营规范和里程碑计划表

18.2　本章在全景图中的位置

如图 18.1 所示，本章涉及地图上各个区域的以下分析与计划活动 / 技术：

- 组织方面的准备工作
- 规模化组织
- 准备过程
- 信念飞跃式假设
- 最简可行产品（MVP）
- 转向或继续
- 以发现为导向的计划
- 全部潜能计划
- 基于情况的市场细分
- 旅程地图
- 价值流图
- DevOps

前面的章节就部分主题进行了更细致的探讨，本章提供了对它们的交叉参考。

18.3 企业的敏捷性

在前面的章节中，敏捷这个词用来描述开发过程和 IT 组织。但对于作为一个整体的企业来说，敏捷意味着什么呢？

18.3.1 定义敏捷企业

敏捷企业（agile enterprise）是指一个特定的业务（business）、公司（company）及合伙人事务所或协会（association），它对预测并快速响应不断变化的情况的能力进行优化，从而不断提高其竞争力。它使用一种迭代的（iterative）、经验性（empirical）的方法，将学习转化为面向客户和企业的持续价值交付。

思考敏捷企业的另一种方式是，敏捷企业遵循"敏捷软件开发宣言"的指导性原则，但它的背景是所有产品或服务，而非仅仅是软件。这些指导性原则主要包括：个人高于过程、可工作的产品高于规格、合作高于合同关系以及对变化的响应高于既定的计划。

除了"宣言"之外，本节的观点和实践还具有其他多种渊源，其中包括全部潜能计划、精益创业、精益思维、六西格玛、《创新者的窘境》[1] 和《创新者的解答》[2]。然而，本章主要来自我和客户合作的经验，其中包括 Nirveda Cognition 的首席体验官 Abhijeet Mukherjee；Covance 的 Andre Franklin；TD Bank Securities 的敏捷转型实践负责人 Dana Mitchell；BMO Financial Group 的战略方针、实践标准和支持小组高级经理阿兰·阿森诺特，这是我们首次合作时的职位，后来他成了 TheBAExecutive 的总裁兼 CEO。

18.3.2 为什么需要敏捷企业

你可能会问，定义和描述一个敏捷的企业有什么好处？毕竟，没有如此理想的存在（也不应存在），因为每个公司都面临着不同的挑战，而每个挑战都需要个性化的解决方案。但是，我们仍有必要了解一个致力于优化敏捷性的企业应该是什么样的。这样一来，企业就可以决定采用哪些实践，同时忽略哪些实践而选择其他属性，如可预测性（predictability）。一个清晰的备选方案也可以帮助不情愿的管理人员克服他们对敏捷性的忧虑，因为这会与他们在组织中可能每天经历的情况形成鲜明的对比——例如，冗长的决策链导致选择太晚做出而失去价值，对变更请求和事件的响应时间不可接受，组织内的业务部门各自为政……最终，产品可能满足所有规格，却偏离了方向。

18.3.3　商业分析的贡献

敏捷商业分析在高层的核心职责之一是帮助组织实现其战略目标，并利用从以前的举措中获得的经验教训、过去接受变化的方式、对市场的理解、客户行为以及公司的竞争定位来有效地应对变化。这些知识的一个关键组成部分是敏捷计划和分析方法本身——一套原则和实践，其中包含了在快速变化的环境中行之有效的经验，包括大量成熟的工具来理解客户需求并将这种理解转化为产品。

虽然敏捷方法起源于制造业，但它在软件开发中逐渐成熟。作为愿景与执行之间的沟通高手和关键纽带，高级敏捷分析师特别适合将敏捷实践以其最新的形式回归到原来的非 IT 环境中，并将其传播到企业更广泛的层面，从管理层开始往下。

> **敏捷过程：从商业到 IT，再回归商业**
>
> 敏捷方法已经有了一个完整的轮回。它的许多做法始于制造业，后来针对软件开发进行了改编，现在又回归了非 IT 领域。精益实践系列就是这样一个例子。这些实践是由丰田喜一郎、大野耐一和其他一些人于 20 世纪 30 年代引入丰田的，作为丰田生产系统的一部分。这些实践后来在《改变世界的机器：精益生产之道》和《精益思想》[3] 等书籍中进行了完整阐述。而精益软件开发——精益思想在软件开发中的应用——是 1992 年于德国召开的一次国际会议上提出的，后来在《精益软件开发》[4] 一书中得到推广。精益方法后来以《精益创业》[5] 的形式重新出现在非技术性的商业环境中。

18.3.4　企业敏捷性的驱动力

通常，企业最先接触到的敏捷方法来自 IT 部门的团队，然后扩散到与之互动的业务部门，例如财务和市场，再向上延伸到企业的管理层。

与此同时，转型的驱动力也可能自上而下。像 IBM 这样的老牌企业正在进行自上而下的转型："刻意围绕敏捷来设计整个组织，从工作场所的设计（甚至最高级领导的开放空间），到奖励制度，到评估，到招聘、学习和发展，以及沟通过程。目标是成为 100% 敏捷的组织。"[6]

无论是使用卡车实时监控的卡车公司，还是开发"基于使用量的保险"（Usage-Based Insurance，UBI）产品的保险公司，各行各业都在寻求通过开发令客户兴奋的创新产品，以及通过预测和快速响应不断变化的市场来获得竞争优势。这些公司的高管们正在寻找一些敏捷的"秘方"，使较小的、较年轻的新技术公司能在一瞬间完成转变。这种秘方就是本章的主题。

18.3.5 监管严格的行业的敏捷性

在监管比较松散的行业中，初创公司应用像"快速失败"这样的敏捷原则几乎没有什么挑战。但是，对于监管严格的行业中的成熟企业，例如金融机构、政府机构或保险公司，那么面对的挑战会大得多。尽管如此，这种挑战也并非克服不了。在我自己的专业工作中，我已经看到（并协助）这些行业中的老牌公司进行转型，包括美国食品和药物管理局（FDA）、道明银行（TD Bank）、加拿大抵押贷款和住房公司、Intact 保险、研科、Rogers Cable 和 LabCorp。他们利用敏捷方法在其所在的行业中开发了高度创新的产品，例如电视有线服务的定制服务和基于客户行为的个性化汽车保险产品。他们还利用敏捷方法来开发不那么创新的一些服务，例如事件（事故）管理系统和合规项目——因为他们喜欢敏捷产品开发的方式，这样可以快速为客户提供价值，及早暴露技术风险，而且最终的解决方案用户更乐意使用。

18.4 基础实践

精益创业 /MVP 等实践中包含了企业敏捷过程的要素。企业分析和本章的内容基于一些框架和指南，它们包括精益创业 /MVP、全部潜能计划、基于情况的市场细分以及由克莱顿·克里斯坦森、迈克尔·瑞诺和罗里·麦克唐纳提出的颠覆性创新实践。

18.4.1 精益创业 /MVP

精益创业由埃里克·莱斯（Eric Ries）开发，它使用验证性学习，根据市场上受控实验的反馈和数据来做出决策。[7] 它的基本思路是投资一小笔钱来了解是否需要投入更多资金来开发产品。为了使用这种方法，你需要先确定"信念飞跃"假设（leap of faith hypotheses）——它们是一些关键的假设，只有这些假设成立，创新才会成功。例如，考虑一个拟议的个人健康设备（就像本书一直在进行的 BLInK 案例），其商业模式是基于利用客户行为数据来推动收入。[8] 该企业的"信念飞跃"假设是人们将频繁使用该产品——如果他们不这样做，那么产生的数据量就不足以使创新在财务上可行。

为了验证一个假设，你需要创建一个 MVP（最简可行产品）——为学习而设计的最小版本——并将其拿给真正的客户进行测试。然后，你检查从 MVP 测试中获得的反馈，以决定是坚持下去并基于目前的假设来开发产品，转向一个全新的方向，还是暂停所有举措。

要想进一步了解精益创业和 MVP，请参见第 7 章的 7.11 节和第 12 章的 12.4 节。

18.4.2 全能计划

全能计划（full-potential plan）是一种在三到五年内实现大胆目标的方法（例如，在收购后迅速发展被收购的公司）。

该方法的步骤可以总结为以下几点：

- 在第一阶段，定义未来三到五年的大胆目标，并选择三到五个高优先级的举措——或者称为大赌注——它们将带来重大或快速的影响
- 在第二阶段，制定一个详细计划来发展和维持这些大赌注
- 第三阶段，使用 MVP 方法交付速赢

要想进一步了解全能计划，请参见第 9 章的 9.4 节。

18.4.3　基于情况的市场细分

基于情况的市场细分（circumstance-based market segmentation）是一个识别客户使用产品所做工作的过程。一项工作（job）代表了客户想要完成的任务（例如，扩大一个人的社交圈，养成更健康的习惯，或缓解焦虑）。你通过实地调查（例如，通过询问已经购买或拒绝该产品的顾客，他们为什么做出这样的决定）来确定这些工作。然后，你根据顾客所做的工作，而不是根据人口统计学或他们所购买的产品来细分市场。你对每个细分市场进行分析，以确定他们的需求，并开发产品和功能来服务他们。

要想进一步了解基于场景的市场细分，可参见第 7 章的 7.10.1 节和第 8 章的 8.4 节。

18.4.4　颠覆性创新

颠覆性创新（disruptive innovation）的指导原则和实践由克莱顿·克里斯坦森、迈克尔·瑞诺和罗里·麦克唐纳在《创新者的窘境》[9]、《创新者的解答》[10] 以及《哈佛商业评论》的相关文章 [11] 中提出。它背后的思路在于，老牌企业倾向于无视低端市场，而是用大多数客户都用不着的花哨产品 / 功能来追逐更有利可图的高端市场。这就为新进入者（颠覆者）提供了一个机会，使其能以完全不同的方式满足客户的需求，在他们关心的属性（如价格和便利性）方面满足或超过目标市场的期望——虽然这些客户不太关心的其他品质可能会降级。颠覆者成长得如此之快，以至于当老牌企业做出反应时，往往为时已晚，新进入者已经改变或占领了市场 [12]。我们将在 18.8.1.1 节对颠覆性创新做更深入的探讨。

如果企业不具备必要的内部文化条件，即使是一个伟大的创新理念也会失败。[13] 颠覆性创新尤其如此，因为它是在极端不确定的条件下发生的——这些条件要求有一种积极的敏捷文化。我们将在 18.6 节进一步探讨敏捷文化的要素。

18.5　概述开发创新产品的敏捷过程

基于情况的市场细分、精益创业 /MVP 过程以及颠覆性创新理论的指导原则可以大致归纳为以下 9 个步骤。我们将通过这些步骤，利用敏捷过程来开发创新产品。

1. 识别需求。进行实地调查以确定顾客做出购买决定的基本动机——他们试图满足的需求。在基于情况的市场细分中，"需求"（need）被称为客户想要做的一项"工作"（job）。询问那些购买了产品的客户（以及购买了满足类似需求的不同产品的客户），他们为什么会做出这样的选择。要求那些决定不购买的人解释他们的决定。

2. 识别机会。询问顾客哪些需求今天没有得到很好的满足。哪些服务和产品的价格太高，太不方便，或太难获得？客户正在经历哪些困难（由于目前没有其他选择，所以他们甚至不认为这些困难是问题）？在这些问题中，哪些可由公司通过创新来解决？ [14]

3. 按需求划分顾客。正如哈佛商学院教授西奥多·莱维特（Theodore Levitt）说的那样："人们不想买四分之一英寸的钻头，他们想要四分之一英寸的孔 [15]。"换言之，对客户来说，重要的不是工具或产品，而是结果。将客户按其需求（也称为工作）分成若干群体——即按他们想要解决的问题或他们没有得到满足的需求——而不是按人口统计学、产品或市场规模。然后，设法了解并解决每个群体的需求。

4. 确定愿景。阐明产品或改进的愿景。如果是颠覆性的创新，要明确一个愿景，即在目标群体关注的关键领域（如成本、便利性），以达到或超过预期的方式完成工作——即使最初的版本在他们不太关心的领域可能表现不佳。

5. 识别"信念飞跃"假设。商业模式要想成功，这些假设必须成立。

6. 开展 MVP 测试。通过与真正的客户开展多轮 MVP 试验来测试"信念飞跃"假设，根据反馈和指标进行调整。使用领先指标来预测可能的结果。

7. 转向或继续。使用 MVP 测试的结果来确定最小适销产品（Minimum Marketable Product，MMP）——在市场上可行的最小版本的产品。利用 MVP 测试的反馈来决定是致力于实现愿景还是彻底改变方向。

8. 持续改进。通过一个迭代过程来实现 MMP，不断对产品进行改进。使用数据、频繁的反馈以及 MVP 测试来修正决策。

9. 加速发展。如果创新是颠覆性的，就应迅速加速，在老牌企业和竞争企业能做出反应之前占领市场。

18.6　敏捷企业文化

成功的创新不仅仅要求有一个好点子（甚至正确的规程），它还和文化相关。参与开发一个被认为是行业"创新"（尤其是颠覆性创新）的产品的每个人都必须分享一种接受、支持和鼓励创新的组织文化。如果做不到这一点，那么失败可期。

让我们从定义企业文化开始；然后，再看看这种文化的敏捷性意味着什么。

18.6.1　企业文化的定义

文化是指导行为的信念和理念的总和。亚当·格兰特（Adam Grant）将其定义为"揭示规范和价值的重复行为模式"。[16] 文化最精简的一个解释或许是"人们在没人注意的时候所做的事情"。[17]

企业文化是"一个公司拥有的信念和理念，以及它们影响公司的业务如何发展以及员工如何行为的方式"。[18]

18.6.2　敏捷企业文化的定义

敏捷企业文化是一套行为和理念，它指导组织及其员工以什么样的方式优化组织预测和应对变化的能力。敏捷文化将协作、授权决策和认知同理心（也称为换位思考）嵌入组织中，我们将在本章进一步探讨这些要素。

杰瑞米·迦奇（Jeremy Gutsche）定义了创新文化的以下先决条件：

- 紧迫感。重塑和创新的一个必要条件是，人们对变革的需求有一种紧迫感
- 视角。如果组织的视角是基于过去的成就，结果就可能是自满和失去紧迫感，敏捷组织的视角并不专注于过去或者只关注于现在，而是面向未来的需求和趋势
- 实验性失败。企业必须重视并培养一种实验文化，人们应该期待失败的发生——这是创新的一个自然和必要的部分
- 对客户的痴迷。公司必须痴迷于了解其客户，并和他们建立一种情感和文化联系
- 有意的破坏。公司应当明白，现有的等级制度必须被摧毁，这是重塑的必要前提，公司要支持这一过程

上述要素是以下各节的指导原则的基础。要想进一步了解杰瑞米的模型，请参考《创新手册》[19]和《乱世炼金术》[20]。

18.7 敏捷企业文化的原则和实践概述

现在许多敏捷和与敏捷相关的框架和实践都涉及敏捷企业文化——虽然它们并不总是以同样的术语来称呼它。其中包括精益思维、六西格玛、精益创业、GE 信念[21]、DevOps、《敏捷宣言》以及从转型公司中汲取的经验教训[22]等。下面将这些指导方针综合形成一套敏捷文化的原则和实践。

应用敏捷实践的三项原则如下：

- 根据情况调整方法
- 保护创新岛屿
- 积极投资于企业的敏捷性

敏捷企业文化的十三项实践如下：

- 迭代实验（快速失败）
- 拥抱变革
- 加速
- 同理心
- 负责任的拖延
- 分散权力
- 让实际做事的人预估付出
- 协作
- 致力于结果，而不是产出
- 透明性
- 打破筒仓
- 以数据为依据的创新
- 监视近似和低端市场

18.8 应用敏捷实践的三项原则

先从应用实践的原则开始。

18.8.1 根据情况调整方法

敏捷的核心含义是适应性，而这一属性对敏捷方法本身来说是最合适不过的了。和《搏击俱乐部》（同名小说和电影）一样，敏捷企业文化的第一条规则是没有敏捷文化——或者说不存在适合所有情况的单一企业文化。一个企业所采用的敏捷实践必须适合该企业的使命和对企业最重要的价值观，而且这些实践应该随着使命的变化而不断发展。例如，苹果公司最初的使命是"通过制造推动人类发展的思想工具，为世界做出贡献"。[23] 为这一使命量身定制的企业文化将包含本章所讨论的大部分（或者全部）敏捷实践，例如快速失败。相比之下，苹果公司如今的使命是较为平淡无奇和以产品为中心的声明："苹果公司设计 Mac（世界上最好的个人电脑）以及 OS X、iLife、iWork 和专业软件。苹果公司以其 iPod 和 iTunes 在线商店引领数字音乐革命。苹果公司以其革命性的 iPhone 和应用商店重新发明了移动电话，并以 iPad 定义了移动媒体和计算设备的未来。"[24] 与新使命相一致的企业文化强调过去和当前的产品和成功，它比与第一个使命相一致的企业文化更看重可预测性和可靠性，而不太强调实验和转型。这不是一个孰是孰非的问题，而是组织因时制宜的问题。

即使同一个组织，其内部的文化也可能有所不同。假设成熟的企业建立了一个新的业务部门来开发创新服务。即使企业的其他部门采用支持可预测性的文化，新的业务部门也会明智地采用高度敏捷的文化，以促进学习，并因为产品的新颖性而积极拥抱变革。

18.8.1.1 颠覆性创新

"记住，他们在你年轻的时候因为什么解雇你，在你年老的时候就会因为什么而为你颁发终身成就奖。"

——弗朗西斯·福特科波拉（Francis Ford Coppola）[25]

决定一个企业多大的敏捷程度合适，最重要的因素之一是企业参与（或不参与）颠覆性创新的程度。为此，必须确定正在开发的产品是否（或有可能成为）颠覆性创新。

为了理解颠覆性创新，让我们看看许多人在日常生活中使用的一种产品——佳洁士3D 美白牙贴，宝洁公司于 2000 年 8 月推出的 14 天一个疗程的牙齿美白系统。在美白牙贴问世之前，牙齿美白必须去找专业人士，需要找到牙医，而这是许多人负担不起的。美白牙贴打破了这一现状，提供了一种任何人都能在家里使用的低成本替代方案。通过以比牙科手术更方便和更低的费用完成"工作"，美白牙贴从专业牙科行业夺走了现有业务。需要注意的是，美白牙贴的效果虽然不如专业牙医做的那样好。但它做得足够好，以至于消费者不愿意为他们不需要的额外质量支付溢价。这就是一种典型的低端颠覆。

该产品还创造了新的客户——那些以前因为价格问题没有使用过美白产品和服务的人。此外，它还改变了以前几乎只和牙膏相关的口腔护理产品市场，创造了一个新的产品类别——牙齿美白产品，以及对这些产品的活跃需求。因此，也可以认为美白牙贴是一种新市场颠覆。

佳洁士的颠覆相当成功，以至于在推出美白牙贴三年后，牙齿美白产品几乎占到了佳洁士销售额的 20%，并且根据 Information Resources 的数据："几乎占据了整个牙齿美白类别的三分之二的份额。"[26]

确定一种产品是否具有颠覆性，不仅为投资决策提供参考，还影响到我们如何计划和开发产品。这是因为颠覆性创新是在多个方面的极端不确定性条件下发生的。由于企业所做的是以前从未做过的事情，所以无法预知客户会如何反应，他们将如何使用产品，以及商业模式本身是否现实和可持续。敏捷方法论是一种对学习和适应性进行优化的实践来解决这种不确定性的手段。

我们将首先对创新进行定义。接着，我们将解释创新的颠覆性意味着什么，以及可能发生的不同类型的颠覆性创新。

- 什么是创新　要确定某项创新是否具有颠覆性，首先需要定义创新。创新是一种新的理念、设计、产品[27]或服务，或者现有事物的一种演变，以满足未被满足的需求——无论是有意识还是无意识的[28]。注意，这个定义（以及后面关于创新类型的定义）可能不适用于所有行业，不同的组织可能对这些术语有不同的定义。另外要记住的是，虽然该定义侧重于理念或产品，但是如果组织内不存在创新的必要文化条件，任何概念——即使是一个了不起的概念——都会失败。

- 创新的类型　每家公司都必须不断创新，但并非每项创新都是（或需要是）颠覆性创新。它可能是一种持续创新。注意，这些分类是对一个复杂问题的过度简化，这两种类型并不是那么泾渭分明。但无论如何，这为我们提供了一个有用的框架，帮助我们考虑一种理念或产品提案，它改变市场的潜力，以及应该采用什么策略来开发和销售它——或者抵制它，如果你已经是老牌企业的话。

- 什么是持续创新　持续创新是老牌企业通常擅长的一种创新类型。它指的是对既定产品和服务的持续改进。这个定义与克里斯坦森的表述不同，后者包括在某些条件下的进步飞跃，而不仅仅是增量变化。[29]例如，CD 在推出时是一种持续创新，因为虽然它们是一种改进，但并没有改变音乐行业的基本商业和分销模式。CD 还是分发到零售店再卖给顾客——就像黑胶唱片一样。

  思考持续创新的一种方式是将商业视为自然界的一种进化过程——小的、渐进的变化导致了持续的改进。和自然界的进化过程一样，商业中的持续创新的总体趋势也是朝着越来越高的质量水平发展。

- 什么是颠覆性创新　颠覆性创新是指开发新的产品和服务，以某种方式改变其行业（例如，通过创新的功能，向客户提供价值的方式，或者为客户提供价格和方便性等好处）。注意，这个定义与克里斯坦森的不同，具体将在下一节讨论。颠覆性创新也可能颠覆其他行业，就像佳洁士 3D 美白牙贴一样，它不仅颠覆了宝洁公司所在的口腔护理行业，还颠覆了牙科行业。

  通常，颠覆性创新会引入一种全新的方式来完成一项工作，比现有的备选方案更方便或更便宜。例如，美白牙贴完成了美白牙齿的工作，不需要专门看牙医，后者既昂贵又不方便。本章后面还会讨论 Flickr，它也是颠覆性创新的例子——虽然表面上不不太明显。和创始人最开始的风投项目 Game Neverending 相比，Flickr 以一种不同（而且赢利能力更强）的方式完成了建立社区的工作。

颠覆通常以一种意想不到的方式将现有服务结合到一起，从而解决一个紧迫的问题。这个问题可能是全球性的，例如疫情或气候变化，也可能是一个市场或子市场强烈关注的问题。

后者的一个例子是 Trint（在第 12 章的 12.4.2 节讨论）——一种语音和视频自动转文本服务。它的创始人是一位前记者，他意识到可以将手动用户界面与自动化语音转文本的人工智能组件相结合，从而消除转文本的乏味过程。在他的设想中，人工智能部分将完成转文本的重任，让用户专注于需要人工干预的快速任务，如验证和纠正文本。Trint 的客户对市场来说并不陌生；他们本来就是转文本服务的消费者。另外，许多人甚至没有意识到他们有一个问题，直到 Trint 提供了一个解决方案。今天，Trint 宣称自己是内容生产行业领先的语音转文字平台，最近还获得了《纽约时报》和其他机构的额外投资。[30]

- 作为进化飞跃的颠覆　生物界也存在与颠覆性创新类似的东西，即在应对以下情况时可能发生的进化飞跃：

  - 第一是极端环境压力因素。导致进化中断的一个例子是白垩纪 - 第三纪（或称 K-T）大灭绝事件。根据一种流行的理论，6550 万年前，一颗流星在墨西哥尤卡坦半岛的边缘撞上了地球[31]，导致全球野火、地震和火山爆发以及其他灾难性的变化，消灭了许多生命形式，其中包括恐龙。能够钻入地下的小型哺乳动物存活下来，并填补了留下的生态空间。当一个公司的竞争对手突然消失时，也会发生类似的情况（例如，在 2007~2008 年全球金融危机期间以及随后的五年里，有 450 多家银行倒闭）。另一种情况是企业在疫情期间大规模倒闭——本书写作时正在发生这种情况。就像"大灭绝"之后的哺乳动物一样，实体只有迅速适应并改造自己，以填补因事件而出现的空缺，才能在新的环境中茁壮成长。

- 第二是产生重大后果的随机突变（实验）。基因突变可以被认为是大自然的实验。有的时候，一个或一组突变会产生重大的后果（例如，对生拇指[32]的突变使人类能够使用工具——其他哺乳动物之前或之后都没有发生类似的突变）。在商业世界中，组织应该模仿自然进行实验。就像基因突变一样，这些实验往往导致渐进式的改进，但每隔一段时间，这些改进或创新中的一项就会产生深远的影响。商业界的一个例子是计算机的发明，它在多个行业创造了新的市场和机会。

- 第三是聚合。结合几个较小的改进，从而创造出一个大于其组成部分的总和，就称为聚合（convergence）。自然界的一个例子是两项改进——语言和对生拇指——的聚合，这有助于早期智人跨代传递知识，并大大加速了人类文明、艺术和技术的进步。商业界的一个例子是触摸屏技术、Wi-Fi、移动数据服务和创新商业模式（应用商店）的聚合，将移动设备从电话转变成了个人数字助理（PDA）。

- **对克里斯坦森的颠覆模型的更新**　值得注意的是，前面对颠覆性创新的定义与克里斯坦森、瑞诺和麦克唐纳等人提出的定义有很大不同，他们是这一概念的提出者。他们将颠覆定义为"一个资源较少的小公司能够成功挑战成熟的老牌企业的过程"。在他们看来，创新必须首先在边缘市场获得立足点——要么在现有市场的低端，要么在新市场（以前从未用过该产品的客户）。此外，颠覆性产品必须"最初被老牌企业的大多数客户认为是劣质的"。[33] 根据这种理解，优步没有资格成为出租车行业的颠覆性产品，因为它不是在低端或新市场出现的；它从一开始就针对主流出租车客户。另外，作者认为，大多数客户并不认为优步的服务比传统出租车差。

  正如作者解释的那样，创建这个定义是为了描述他们注意到的一个现象——公司在竞争对手有机会做出反应之前就转变了它们的行业。在他们意识到第一稿只专注于低端颠覆，而没有考虑到新市场颠覆时，他们对定义进行了调整[34]。不过，既然还有其他新产品和服务成功颠覆了传统的经营方式，为什么要止步于此？在我看来，问题在于作者对颠覆性创新的定义和条件一开始就是过于局限。

先从第一个限制开始——颠覆者必须是一个资源有限的小公司。然而，作者接受了苹果的 iPhone 对笔记本电脑行业的颠覆，因为它"能够挑战笔记本电脑作为主流用户首选上网设备"。[35] 这与他们对颠覆的定义相悖，因为苹果绝不是一个资源有限的小公司。

同样，从所有的实际情况来看，佳洁士的美白牙贴对牙科来说是颠覆性的，因为它提供了一种全新的方法来完成美白牙齿的工作，免除了看牙医的不便和高昂的费用。然而，佳洁士也远远不是一个小公司。所以，似乎很清楚，虽然颠覆者可能经常是小公司，但并不总是。

另一个限制是颠覆性创新必须以低端或新市场客户为目标。这也是一种常见的情况，但不是必要条件。例如，作者认为奈飞（Netflix）是百视达（Blockbuster）的颠覆者，但它针对的是现有客户，而不是新客户，也没有关注低端市场。因此，非常明显，作者的定义不仅限制性过强，甚至与他们自己的用法不一致。

- **优步是颠覆性的吗？** 如前所述，根据作者的计算，优步对出租车行业没有颠覆性，因为它从旧金山起步，那里的出租车市场服务良好。另外，它不具颠覆性，还因为它没有将服务瞄准低端市场；它的第一批客户已经在使用出租车。然而，优步确实改变了出租车行业，而且是以一种教科书式的颠覆方式完成。克里斯坦森、瑞诺和麦克唐纳对这个问题的回应是，是人为的立法限制解释了为什么优步具有颠覆性公司的所有特征，但却不能算是"颠覆性"。这充其量是一个人为的区别（其实没有区别）。

相比之下，我所使用的定义将颠覆性创新视为通过改变商业运作方式来进行发展（例如，通过创建一个新的商业模式，或者改变价值流、产品开发方式、它提供的功能或好处等方面）。基于这个理解，我们会很快就意识到优步也是一个颠覆者，因为它已经从根本上改变了出租车行业的各个方面。这些变革包括它与客户和供应商的关系，它的基本商业模式，它如何提供服务，它提供的好处，以及它使用的技术。和传统的出租车公司不同，优步基于市场模式；它的价值来自将需要乘车的人与拥有未被充分利用的汽车，并希望以灵活的时间获得更多收入的人联系起来。此外，该公司的最终愿景甚至更激进，即用自动化驾驶完全取代出租车司机。

除此之外，即使按照作者颇具限制性的定义，优步也可能有资格成为一个颠覆者。例如，优步的最初版本是一种新市场颠覆，因为它改变了客户的含义：在优步的共享经济中，公司的客户不仅是乘客，还有司机。最近，优步又带来了其他新客户，包括餐馆和寻找微型移动交通解决方案（如滑板车）的人。

- 为什么颠覆不一定意味着低质量　那么，关于颠覆性产品最初必须被大多数客户认为是劣质产品的论点呢？我认为，虽然颠覆性创新往往质量较差，但并非总是如此。以 Trint 提供可验证的、可校验的语音－文本自动转录为例，其可靠性与传统的人工服务相似，而且周转时间快得多。换言之，即使按照其最苛刻的客户所采用的标准，该产品也提供了相当或更高的质量。无论如何，它成功地颠覆其行业。

- 颠覆的类型　通过前面对理论的调整，大多数颠覆性创新可划分为以下类型。

  - 第一是低端颠覆。低端颠覆性创新的目标客户是那些目前正在使用产品，但如果能提供他们更关心的其他优势，他们会愿意为一个可接受但较差的产品支付更少的费用。

    随着时间的推移，低端颠覆性创新往往会得到改进，以至于它们也能占领中高端市场。数码相机就是这样的一个例子。市场上的第一个版本比胶片相机差，似乎并没有对高端的胶片相机构成直接威胁。虽然当时数码相机的质量不高，但那些不会购买模拟相机的新用户还是购买了数码相机，因为它们具有其他属性：未经训练的摄影师易于使用，并且能够免费即时查看图像。今天，数码相机已经改进到不仅全面占领了消费者市场，还占领了大部分高端摄影市场。

    一旦数码相机产生了受主流认可的画质，就会集成到手机中。这是一个有趣的案例，一个颠覆为第二个颠覆提供了机会：[36] 数码相机的加入帮助手机从一个电话设备转变为个人数字助理和媒体设备——现代消费者的瑞士军刀。

– 第二是新市场颠覆。下一种颠覆——新市场颠覆——开辟了全新的市场，即以前从未使用过该产品或服务的客户。个人电脑就是一个例子，因为它第一次为个人赋予了计算能力。另一个例子是在线经纪公司，它吸引了以前从未购买过股票的客户。

– 第三是主流颠覆。主流颠覆是针对现有主流客户的颠覆，而不是针对低端或新市场客户。通常，主流颠覆所解决的问题是大多数客户已经学会忍受的，甚至可能不认为是问题。当颠覆者提供解决方案时，客户的期望就会改变，从而改变整个行业。Trint 就是主流颠覆的例子：它解决了记者在视频和语音转文本时不得不反复暂停—倒带—播放的问题。

由于这种类型的颠覆针对的是老牌企业的主要客户群，所以不太可能低调进入市场。因此，如果要考虑主流颠覆，那么企业必须有一个迅速扩大产品规模和扩大客户群体的计划。

第四是商业模式颠覆。商业模式颠覆是指改变其行业基本商业模式的其他任何创新。在颠覆者引入颠覆性的商业模式后，竞争者纷纷效仿，就连成熟的老牌企业也必须很快适应新的模式，否则就会丧失市场地位。如前所述，一个例子是音乐流媒体，它改变了音乐行业的商业模式。另一个例子是，从一次性的软件销售过渡到软件即服务（Software as a Service，SaaS）模式。

商业模式颠覆的触发因素往往是一个影响整个行业的变革性事件，如COVID-19 疫情正在迅速改变零售业（和许多其他行业），因为人们开始积极寻求线上解决方案以及避免亲自购物的其他替代品。触发因素也可能是一项革命性的技术，如 5G 和 CRISPR 基因组编辑的发明——每一项都有可能改变多个商业细分市场。

商业模式的任何方面都可能被新的商业模式颠覆所改变，具体如下：

– 生产过程（例如，从人工生产的处方眼镜到主要依靠机器人和自动化的方法）[37]

– 服务交付（例如，从耐用品交付到数字交付）。这种颠覆涉及客户接受服务和与服务互动方式的彻底转变（例如，在线提供医疗服务）

- 产品分销（例如，从零售商店到应用商店，或者从奈飞将内容发布到其流媒体平台相较于传统电影公司将硬拷贝发布到影院）
- 收入流（例如，从销售到订阅费，或者爱彼迎用基于向租户和房东收取服务费的收入流取代传统的酒店收入）

18.8.1.2 是不是颠覆？试金石测试

前面对颠覆的理解可以归纳为一个试金石测试，我们用它判断一项创新是否具有颠覆性。记住，商业战略不能被归结为一个简单的公式。试金石测试（改编自克里斯坦森的表述）是判断一项创新是否有潜力取代现有市场领导者的、有用的第一步，但只是一个粗略的指导原则。[38]

根据这一方案，要成为颠覆性创新，一项风险投资、产品或功能必须通过测试 1、2或 3 中的任何一项，而且必须通过测试 4。

- 测试 1：是新市场颠覆吗？是否有许多人需要这种服务，但却没有这种服务（例如，他们必须付钱给一个熟练的人去做，或者必须到一个不方便的地方去使用）？
- 测试 2：是低端颠覆吗？是否有客户会在这个类别中购买比现在更低质量、更低价格的产品——在这些情况下，公司是否能通过为这些客户提供服务获得利润？
- 测试 3：是主流颠覆吗？它是否解决了当前客户已经学会忍受的问题，但如果有一个解决方案的话，他们会很感激？最后一个测试基于彼得·蒂尔（Peter Thiel）提出的一个测试（18.9.3 节将进一步讨论）。
- 测试 4：企业是否有一个可靠的计划，在产品发布后不久就加速增长，并迅速扩大其运营能力，以便在老牌企业发起反击时能够胜过它们？如果没有，更谨慎的做法是等。

值得注意的是，一个产品或服务的颠覆性可能会随着时间的推移而改变。它在刚推出时可能是颠覆性的，但一旦在市场上站稳脚跟，就会成为当时要抗衡的"老牌企业"。到那个时候，由于情况变得相对可预测，所以可能会开始采用一种更基于计划、不那么敏捷的文化。[39]

18.8.1.3　为颠覆性创新与持续创新调整企业文化

一旦确定了企业参与的创新类型，就可以相应地调整目标敏捷性水平。例如，组织在开始进行颠覆性创新时，对于以下内容都知之甚少：谁是其目标客户、如何最好地推销和提供产品给他们、客户如何将产品融入他们的生活或者他们会发现哪些功能最有用。这些极端不确定的条件需要一种积极的敏捷文化。

相比之下，持续创新是对成熟产品或服务的改进。由于和颠覆性创新相比，不确定性变得相对较小，所以企业文化可以更多地基于计划。另外，正如本章后面所讨论的，由于继往成功的包袱（gravity of past success），成熟企业的商业重点更可能倾向于将风险降到最低，而不是积极进行实验和接受失败。和颠覆性创新相比，所有这些因素都倾向于更多的计划和更少的敏捷性。

不过，对于处于这种成熟的、持续的发展阶段的企业，有必要澄清三件事。首先，成熟的业务部门也会从某种程度的敏捷文化中受益——因为即使是一项持续创新，也是越早推向市场越好。这最好用敏捷的方法来完成。

第二，即使是持续创新，敏捷方法也能为应对意外挑战提供重要指导。例如，如果一个新产品版本的进展滞后，敏捷方法建议将高价值的部分切下来立即交付，而不是延长发布日期。

第三，老牌企业能否生存下去，往往取决于能否在初创企业成为威胁之前领先于它们。因此，我们可以说，每个企业都至少应该有一定的敏捷性。

18.8.2　保护创新岛屿

随着企业的逐渐成熟，它会积累抑制敏捷性的力量——必须大力保护敏捷的业务单位免受这些影响。克里斯坦森在他的《创新者的窘境》[40] 一书中讲解了基于今天的情况对于这些力量的理解，我建议所有读者阅读这本书以及他与瑞诺合著的续集《创新者的解答》。[41] 出现的情况大致可以这样描述：当一家公司首次向市场推出颠覆性产品或服务时，一切都处于变化之中。产品正在快速发展；公司刚刚发现谁是它的目标客户以及他们会如何使用该产品——投资者和第一批采用者往往对风险有很高的容忍度。综合来看，这些条件自然适合高度敏捷的文化，重视实验和迭代产品开发，而不是过度的计划。在这种环境下，敏捷的企业文化会在一段时间内茁壮成长。

18.8.2.1 继往成功的包袱

然而，一旦企业成熟，就开始受到前国际象棋冠军加里·卡斯帕罗夫（Garry Kasparov）所说的"继往成功的包袱"[42] 的影响，越来越难以保持其早年创新和冒险的势头。克里斯坦森分析了成熟企业为何会出现这种情况[43]。现有市场、渠道和客户的重要性是如此之大，以至于创新所承诺的任何新收入都显得苍白无力。因此，风险项目无法吸引到必要的投资。另外，随着时间的推移，立法往往会赶上对新市场的颠覆。所以，即使一开始就对失败有很高容忍度的公司，最终也会发现情况（时代）变了，自己已经处在一个不太有利于继续做创新实验的环境。所以，"成功的包袱"告诉我们，即便是曾经热衷于创新的公司，最终也会经历对风险和与市场上真正客户进行试验的容忍度的下降，并且不太可能投资于变革性创新所需的研发（R&D）。在颠覆者成为老牌企业后，要想维持创新，企业必须保护其敏捷的业务部门免受这种力量的影响。

18.8.2.2 非敏捷企业中的敏捷业务单位的自主权

由于过去的成功所带来的包袱，成熟企业中的敏捷业务单位（agile business unit）与母公司的关系既是一种祝福，也是一种诅咒。成熟的企业是资源、信息、渠道和客户的潜在来源——这些是小型初创企业所不具备的优势。但是，这些好处也有附带条件——接近于一种持续性（而不是创新性）的企业文化，其内在力量不鼓励高风险的创新。

答案是找到甜点（sweet point），即企业的资源可以倾向颠覆性单位，但不排除其他选择。这样做的目的是让企业中的某些单位具有一定的自主权，能找到自己的市场、交付渠道和收入模式，同时受益于其与母公司的特殊关系。

18.8.2.3 多大自主权合适

颠覆性越强的创新，应该给予企业单位越大的自主权。自主权可以延伸到企业的法律结构、资金来源以及和母体组织分开的物理办公地点。

如果不能为敏捷业务单位提供足够的自主权，那么它会走向灭亡。根据史蒂夫·布兰克（Steve Blank）的分析，[44] 当成熟企业收购一家初创企业时，收购经常会以失败而告终，因为"当大公司看到收购的理由（知识产权、团队、产品、用户）时，会遗忘初创企业是由搜寻商业模式的创始人经营的……存在一个持续的客户发现过程，它迭代、转向和建立递增的 MVP。"换言之，初创企业组织的每个方面都是敏捷的——一直到最基本的商业模式都是如此。这些方面都是适应性、迭代性和实验性的。一旦企业侵犯了该单位在这些方面进行创新的自主权，它就杀死了下金蛋的鹅——清除了使其成功的品质。

相反，敏捷企业单位需要被赋予自主权，以继续保持其被收购前的状态——朝着"产品、市场、收入、成本等的正确组合"进行迭代。[45] 虽然布兰克的指导意见针对的是企业收购初创企业的情况，但对于成熟企业内部的单位，需要在每个领域进行迭代的广泛自主权的建议同样适用。

18.8.2.4 自主品牌建设：目的品牌

将自主权扩展到创新业务单位的概念也延伸到了品牌建设。对于一个推出颠覆性产品的成熟企业来说，创建有别于母公司的一个自主品牌往往是有利的。其中一种情况是，一家成熟企业试图直接与新市场颠覆者竞争——这些产品创造了以前不存在的市场和具有新期望的新客户。在老牌企业做出反应时，已经颠覆了市场的新进入者往往已经建立了忠实的追随者——到那个时候，客户的优先事项往往更与颠覆者一致（出租车和酒店行业对此都应该深有体会）。在发起自己的颠覆性挑战时，老牌企业可以通过为新业务创建一个自主的、独特的品牌来避免客户对自己的老品牌产生负面联想。在多伦多，连锁超市罗布劳成功地做到了这一点，它将其独立经营的小型商店作为独立品牌的 Independent City Markets 引入社区，从而避免了市中心顾客对连锁店的负面联想。

另一个需要自主品牌的情况是，一家成熟的公司引入了一个低端颠覆产品。在这种情况下，该公司在花了很长时间积累高质量的声誉后，有可能因为将其与低成本、低质量的产品联系起来而贬低其品牌价值。为此，解决方案是创造一个目的品牌（purpose brand）——即提及主品牌名称，以利用其与客户的积极联系，但包括一个限定词，以标志产品的独特用途。需要注意的是，特别是在涉及许可协议的情况下，要确保目的品牌具有足够高的质量来保护主品牌。其中一个例子是 Karl Lagerfeld Pour H&M，它是 Lagerfeld 为 H&M 生产的低端、颠覆性产品系列的目的品牌，以连锁店的价格提供设计师的作品。

皮尔·卡丹（Pierre Cardin）的故事提供了一个警示，说明当目的品牌的质量没有得到很好的监控，目的品牌没有很好地与主品牌分开时会发生什么。[46]20 世纪 60 年代和 70 年代，皮尔·卡丹的客户包括披头士乐队和伊娃·庇隆，设计师也赢得了令人羡慕的奖项，如法国高级时装金顶针奖。然而，到了 1989 年，在许可问题和无法控制整个品牌的质量之后，皮尔·卡丹的声誉下降得如此之快，以至于《经济学人》将他的签名描述为"像他签的美元支票一样贬值"。[47]2011 年，他试图以 10 亿欧元的价格出售该品牌，但未获成功，当时其实际价值为 2 亿欧元。

18.8.2.5　自主的内部业务单位

提供自主权的正式业务结构将视情况而定——从独立的内部业务单位到一家独立的公司。

当成熟企业试图伴随其成熟业务创建一个创新业务时，自主但内部的单位是合适的。一个例子是奥的斯电梯开发的颠覆性订阅维修服务。该服务用对物联网（IoT）传感器的监测和响应来替代定期的服务电话。

另一种需要自主内部单位的情况是，[48]一家老牌公司收购一家初创公司，以获得其产品或客户，但不包括其商业模式的其他方面，如渠道或管理结构。

另一方面，如果发起收购的公司确实希望获得初创公司商业模式的所有方面，那么初创公司应作为一个独立的商业实体予以保留，这一点将在下一节讨论。

18.8.2.6 敏捷单位作为独立商业实体

在其他情况下，成功所需的自主性程度非常高，以至于新的公司应被构建为一个法律上独立的商业实体。这种情况发生在一家成熟的企业收购初创公司的时候，该初创公司仍处于发展其商业模式的早期阶段，如确定其客户、渠道和供应商等。在这一阶段将其吸收到企业中，由于面临资源（如其既定的交付渠道和现有的客户群体）方面的压力，将有可能使这种发展陷入困境。为了让新单位有自由发展这些方面业务的余地——即使它们与发起收购的企业的优先事项相冲突——企业最好将初创公司作为一个独立的法律实体，保留其现有的 CEO。[49] 发起收购的企业通过与创业公司合作或投资来为后者提供支持，同时让创业公司完全独立地发展自己的商业模式。

18.8.3 积极投资企业敏捷性

敏捷性带来的好处（如快速反应和加速学习）并不是没有代价的。虽然有的好处可以以较低的成本实现（例如，通过关注组织结构和实践），但只有当这些行动得到积极的使能技术（enabling technology）投资支持时，才能获得更大的好处。我记得多年前，作为一名程序员，当我从大型机过渡到微型计算机时，第一次得到了这个教训。新技术首次为我和我的同事提供了一个交互的、实时的开发环境。仅仅是这一变化就使从编码到测试的周期加快了几个数量级，并使我们采用了新的工作方式。在新环境中重写和重新测试代码是如此的容易，以至于我们不再事先一丝不苟地计划一切，而是开始使用一种更加迭代的、实验性的方法。我们很自然地采用了这种敏捷的方法，因为技术允许。从那时起，我就确信两者是相辅相成的：要实现人员和流程层面的敏捷转型，领导层的积极且有远见的支持和对使能技术的投资缺一不可。技术投资往往有三种类型：

- 投资于技术研发以提供颠覆性服务
- 投资于技术以加速产品开发
- 为实现快速增长而进行的技术投资

18.8.3.1 投资技术研发以提供颠覆性服务

在为客户提供变革性服务方面，成熟企业在研发投资程度方面往往记录不佳。不足为奇，当它们试图挑战颠覆者时，这种保守的做法能预防失败。在我所在的地区，这种情况体现在有线电视服务提供商（Rogers Corporation）和奈飞（Netflix）之间争夺流媒体服务客户的斗争中。根据彼得·诺瓦克（Peter Nowak）的事后分析[50]，该有线电视公司对其流媒体服务 Shomi 的研发投入与奈飞每年 3 亿美元的研发投入无法相比，做不到在广泛的设备上提供高可靠性。在这场关于颠覆性服务（流媒体）的战斗中失败后，该有线电视公司现在面临着对其核心业务（有线电视服务）可能的生存威胁。防止这种命运的一个有效方法是，老牌企业应加大对颠覆性服务交付创新的投入，至少要像它们的主要初创竞争对手那样积极。如前所述，其他策略包括收购或与竞争对手合作。

18.8.3.2 投资于技术以加速产品开发

为了快速响应不断变化的市场情况并进行学习，企业需要能在最后一刻对产品进行修改——即使产品还在开发。这需要投资——因为传统的流程往往需要更长的准备时间。为了创造客户喜爱的产品，企业需要技术来快速制作产品原型，在客户身上进行测试，并产生和挖掘客户反馈。

和软件相比，这一点在耐用品上较难实现，但稍微灵活一点也不是不可能。例如，汽车制造商可与零部件制造商合作开发流程，从而预先指定较高层次的要求（例如，一个金属块部件的整体尺寸），但将详细规格推迟到制造过程的后期。

越来越多的耐用品——从洗衣机到牙刷——都由软件来实现。成功的敏捷企业应该以连续、可靠和可持续性的方式改善其产品的使能软件（enabling software）。实现这些目标的最佳实践包含在 DevOps 方法中。

若要进一步了解 DevOps，请参见第 17 章的 17.5.2.1 节。

18.8.3.3 为实现快速增长而进行的技术投资

当企业的业务和市场快速增长时，其运营能力也必须快速增长。企业的 IT 系统需要更多的计算能力来处理单位时间内更大的交易量，以及更大的存储容量来长期保留客户和交易数据。如果企业处于加速增长阶段，它需要所有这些都会很快发生。另一方面，如果业务收缩，一个敏捷的企业需要能迅速剥离不需要的 IT 基础设施。其非 IT 产品的开发和业务运营也是如此，它们应根据业务需求而扩大或缩小规模。

幸好，如今至少在 IT 服务方面，由于亚马逊 AWS 等云端服务的出现，这种可适应的技术比以往更容易获得，它们为企业提供了一个可自由伸缩的基础设施。

- **成熟的公司何时过渡到可伸缩的 IT 服务**　对于拥有复杂遗留系统的大型成熟企业来说，调整现有代码以使用 AWS 等外部服务或内部组件所涉及的成本往往过高，无法证明这种改变的合理性。对于这些企业来说，在整个系统进行大修或替换之前，过渡到可伸缩的服务往往是不现实的。通常，只有在开发新产品时，这些组织才会真正集成可伸缩的服务。

- **外包还是内部开发适应性基础设施？**　决定使用我们一直在讨论的使能技术（enabling technology）的企业必须决定是在内部开发还是将其外包给第三方。外包基础设施（如 AWS）的好处是，它加速了新产品和服务的上市速度，减少了前期投资和相关风险。另外，外包基础设施使运营能力和成本能随业务的发展而动态扩展和收缩。所有这些对于初创公司和希望快速启动新的、颠覆性业务的成熟企业来说都是至关重要的。但这些好处也必须与未来可能产生的成本进行权衡。外包可能会将公司锁定在一些服务上，一旦业务规模扩大到一定程度，这些服务会变得比同等的内部服务更加昂贵。

18.9　敏捷企业文化的 13 项实践

现在，我们已经研究了应用敏捷方法的前提条件和原则，让我们转向实践。以下是敏捷企业文化的十三项实践。

18.9.1　迭代实验（快速失败）

"曾经尝试，曾经失败。没关系，再试一次。再失败一次，更漂亮的失败。"

——萨缪尔·贝克特，《终局》[51]

敏捷产品开发的核心是其迭代实践——一种重复的、实验性的方法，在计划并实现的短周期内测试各种理念。适应性（adaptive）、经验性（empirical）和涌现性（emergent，也称为"即兴"）这些术语也被用来描述这种方法。正如本书前面所提到的，我相信这种实践对于敏捷方法来说是如此重要，以至于一个组织如果不采用这种做法，就不能说自己是"敏捷"的。那么，另一种实践——依靠仔细的计划第一次就把事情做好——有什么问题呢？

答案是，这并没有什么问题——只要所有需要预先知道的事情都能以可接受的确定性水平知道。如果公司是对既定产品进行小规模改进，那么往往就会是这样的情况。但对于那些正在开发全新的市场和产品、使用新技术或在高度变化的商业环境中运营的公司来说，情况就不是这样了。在这些情况下，全面的计划价值有限，因为任何此类计划的基础都很容易发生变化。相反，企业必须学会从基于计划的方法所提供的虚假的控制感中解脱出来，转而认识到，由于知识会随着时间的推移而有机地演变，所以解决方案也必须如此。在这种情况下，企业需要效仿创意产业中的创新者——在这些产业中，迭代的、实验性的方法是最主要的工作方式。

我在本书开头写道，看我画作的人（例如第1章的图1.5）往往认为我事先做了全面的计划，但这种情况事实上很少发生。更典型的是，我从一个粗略的设想开始，尝试一些东西，看看效果如何，调整我的方法，然后重复——从每次迭代中学习下一次需要做什么。这种构思、实现、评估和调整的重复循环和我参与的其他领域（如化学工程和软件开发）的创新者所采用的方法是一样的。这也是爱彼迎的缔造者所采用的方法，因为他们与第一批客户密切合作，以找出如何解决房主和租户之间的信任问题。通过反复实验，他们最终的解决方案基于的是由社区生成的租户和出租屋评分。

18.9.1.1　失败是成功之母

衡量组织对实验的承诺的一个指标是它对失败的态度。一个具有实验文化的企业将失败视为成长和学习的机会。前面提到，成功的 Flickr[52] 应用是在以前的一个风投项目 Game Neverending 的失败中诞生的。虽然游戏失败了，但通过它学习到了客户对建立社区共享平台的潜在愿望。这个洞察使公司转向照片分享应用——这不仅使公司免于倒闭，还导致了今天社交网络上广泛使用的许多创新功能，例如标签和分享。

敏捷企业不仅在产品开发上使用迭代实验，而且在企业的其他领域，包括市场、产品、服务交付和渠道开发上也使用迭代实验。一般来说，业务的某个方面的不确定性越大，以迭代、实验的方式开发就越重要。

18.9.1.2 什么是最佳失败率

根据唐纳德·雷斯特森的说法："为了产生合理数量的信息，必须有一个合理的失败率"[53]——但如何解释合理？研究表明，"当失败概率为 50% 时，会产生最大数量的信息"。具体数字会有所不同，因为每个组织必须权衡从失败中学习的好处与管理这些失败的成本，成本包括提升的质量保证（QA）成本、提升的发布后监控量和提升的返工量。

18.9.1.3 主流公司中的实验

对于一个正在向敏捷文化过渡的成熟企业来说，最困难的文化调整之一就是要习惯于推翻不完美的东西。

许多高管与我分享了他们在遵循敏捷方法时遇到的"最大困难"，它通常可以这样归纳：实验和失败对于初创企业来说是可以接受的，但对于高度监管的主流公司来说就不行了，因为这些公司的客户和监管机构对失败的容忍度很低甚至没有。反驳的理由是，如果这些公司不打算把真正的创新让给他们的初创企业竞争对手，就没有办法避免失败。这是因为失败天生就是实验过程的一部分，而且当不确定性很高时，实验是唯一可行的方法。你如何做到这种看似不可能的事情？

答案是，实验不一定要实地进行。如果一个实验不能在市场上进行，那么就在测试实验室里与一组自愿的客户一起进行封闭测试。虽然不像真正的实地测试那样可靠，但即使是这种有限的测试也能在整个产品开发过程中提供早期和频繁的反馈机会，以便及时将资源引导至最有希望的解决方案。

另一个克服实验阻力的方法是培养一种文化，接受没有产品是一开始就完美的，如果存在这种完美，就不会有 2.0 版本。敏捷方法的意义在于，从市场测试中获得的学习可以指导企业更快解决重要的不完美之处，而不是前期就计划好一切。

18.9.2 拥抱变革

有多项研究表明，转型变革往往会失败，而人文要素是一个关键的成功因素。例如，并购（M&A）的失败率从 50%[54] 到 70% 甚至 90% 不等。[55] 期刊的一项研究表明，集成阶段是最容易出问题的，这在很大程度上是由于"人的因素（员工——应对文化差异、政治、缺乏有效沟通等）"。[56] 并购只是一个例子。据报道，典型的企业在过去三年中经历了"五次企业范围内的变革，73% 的企业预计变革将加速"。[57] 在新冠疫情之前，甚至就已经是这种情况了。随着人们当前的世界被医疗、经济和气候方面的挑战所颠覆，出现了更激进的变革前景，领导层采用一种基于变革预期的文化比以往更关键。

耐克公司董事和通用电气公司商业创新部的前首席执行官贝思·康斯托克（Beth Comstock）撰写了关于拥抱变革的一系列关键实践。[58] 我们将在下文对此进行总结。

- 阐明变革愿景　为了抵消变革的阻力，领导层需要传达一个鼓舞人心的变革理由，并积极参与，确保每个人都能致力于实现变革。

- 让世界成为你的课堂　走向世界，观察正在发生的事情，并在发现的趋势和变化中寻找机会。运用通用电气前任副总裁兼首席营销官康斯托克（Beth Comstock）的"三关注"指导原则：[59] 第一次注意到什么，就记下来；第二次，问问这是不是巧合；第三次，认识到这是一种趋势，极有可能是企业的机会。

- 腾出时间思考未来　遵循 70/20/10 规则。将 70% 的资源和时间集中在当时——核心业务上。将 20% 的精力放在未来三到五年内。保留 10% 的时间用于创新——思考和想象一些真正的新事物。特别是在今天，在一个快速变化和不确定的环境中，领导者的眼睛和耳朵必须针对未来进行训练，以便预测需求并做出相应的调整。[60]

- **为坏消息提供安全空间** 我为某家组织的技术架构重构担任过顾问。该组织的领导者非常强势，以至于他的下属向他隐瞒了问题，下属和下属之间也相互隐瞒——这是当人们对成为坏消息的传播者感到不安全时会发生什么的一个典型的例子。成功的变革领导者会创造安全的空间，人们可以公开谈论什么有效，什么无效。

- **不要问为什么，要问为什么不** 在拥抱变革的文化中，领导者不会问"为什么"？他们会问："为什么不？"提供途径和机会，让人们尝试新的理论。培养一种"门将"（goalkeeper）文化，而不是培养"守门人"（gatekeeper）文化。守门人只晓得保护现状，而门将帮助人们完成目标，即使这意味着打破现状。[61]

18.9.3 加速

敏捷组织重视并有能力在上市时间、增长和运营能力方面进行快速加速，后续小节进行了具体阐述。

18.9.3.1 加速进入市场

如本书开头所述，我听高管说，转敏捷最常见的一个理由是承诺加快上市时间。敏捷组织通过使用有数据依据的方法（如数据挖掘和 MVP 过程）来快速识别高价值的功能，以尽早交付，从而实现这一奇迹。另外，他们使用高度自动化的质量控制系统，使得频繁和可靠地向市场交付产品改进成为可能。

 要想进一步了解 MVP 过程，请参见第 12 章。

18.9.3.2 加速增长和运营能力

一旦产品的成功变得明显，任何颠覆性创新都要预期到会有激烈的竞争。最好的防御措施是准备迅速扩大规模，在竞争对手有机会做出有效反应之前，使创新能对市场产生主导作用。

敏捷组织必须有能力迅速加速市场渗透（market penetration），并提高其运营能力（operational capacity）以服务于不断增长的市场规模。这个规模对创新产品的成功至关重要，以至于彼得·蒂尔[62]在发现 PayPal 的发展速度不足以超越其主要客户和竞争对手 eBay 时，放弃了公司的发展计划。蒂尔的病毒式营销计划是通过为推荐人提供 10 美元的返利来发展市场。当他意识到他无法维持这个计划足够长的时间，从而在 eBay 能做出有效反应之前占据市场，他决定将公司卖给 eBay。

- **为什么初创企业必须要能够加速增长？** 一家不以老牌企业的主要客户群体为目标的初创公司（例如，当该初创公司是一家低端或新市场颠覆者时）往往有一个小的时间窗口，它可以在这个时间窗口中低调地运作。在这段短暂的宽限期内，它必须能快速成长，以至于当老牌企业和其他竞争者采取有效的应对措施时，颠覆者已经达到了逃逸速度——竞争者此时已不再构成威胁。

  另一方面，如果创新针对的是老牌企业的主要市场，老牌企业很可能会很快注意到它，因为影响到了它们自己的收入流。在这种情况下，没有宽限期，创新者必须准备在产品进入市场后立即加速。

- **为什么老牌企业也必须要能够加速增长？** 老牌企业不是初创企业，但每当它们向市场推出改变游戏规则的产品和服务时，它们确实越来越发现自己处于初创状态。和他们的小型竞争对手一样，这些企业需要在产品首次推出后迅速扩大规模，以便在竞争对手——其他老牌企业和新的初创企业——拷贝创新之前占领市场。

- **加速影响到每个部门** 为了抗衡创新产品问世后的竞争，企业的每个部门——不仅仅是产品开发——都需要做好准备，迅速扩大其活动范围，使自己适应加速的节奏。这包括测试、部署、市场、培训、支持、财务、渠道开发和供应链管理等。

- **通过消除障碍来加速发展** 对加速的承诺意味着要努力消除那些拖慢进程而不增加价值的障碍。在精益思想中，这些障碍被称为"浪费"（waste，日语称为 muda。例如，过多的繁重冗长且导致浪费的文档）。

18.9.4 同理心

同理心或移情是"理解、意识到、敏感于和设身处地体验另一个人过去或现在的感觉、思想和经历的行动"。[63] 它"试图通过了解对方的观点来更好地理解对方"。[64]

在今天的世界里，每家公司都需要把对客户的同理心作为一种全企业的价值观融入其文化。事实上，同理心应超越客户，扩展到公司与它所影响的每个人的关系，包括其员工。例如，通过信任和授权其员工做出决定，公司可以减少客户体验中的摩擦，导致更高的满意度。[65]

同理心是成功产品开发的关键。微软 CEO 萨蒂亚·纳德拉说过："同理心使你可以成为更好的创新者。如果我看一下我们 [微软] 创造的最成功的产品，它来自于满足客户未满足的、未阐明的需求的能力。"[66]

同理心应超越产品开发过程。一个有同理心的公司在任何时候都能敏锐意识到客户的感受，使其能满足甚至预料到客户的期望，从而在客户与产品、公司和员工的所有接触中获得成功的客户体验。

现在已经很明显，这种客户体验质量对于公司的成功至关重要。例如，普华永道 2020 年的一份报告 [67] 基于对 12 个国家的 15 000 人的抽样调查和之前的研究，发表了以下结论：

- 73% 的受访者认为客户体验是影响他们决策的重要因素，42% 的受访者愿意为成功的体验支付一定的费用
- 更多的美国客户认为"友好、热情的服务"（48%）是比"最先进的技术"（32%）更关键的成功因素

成功的客户体验的关键因素包括速度、便利性、一致性、友好和人情味。[68] 通过在内部践行同理心并授权员工做出决定，组织可以提高速度、便利性、友好和人情味——这是成功客户体验的五个关键因素中的四个（还有一个是一致性）。[69]

在客户关系中践行同理心的公司会收获多种好处。根据普华永道的报告，感到被赞赏的美国客户"更有可能在社交媒体上推荐或认可一个品牌，……重复购买，……尝试其他服务或产品。[并且] 尝试更多的服务或产品"。[70]

组织通过他们的价值观和践行价值观的个人（经理和员工）来表达同理心。一个敏捷组织应该将同理心作为其文化的核心：它应该训练员工的同理心，并培养具有同理心的领导者，利用他们对人的理解，为这些人提供成功所需的东西。[71]

18.9.4.1 三种类型的同理心

情绪智力（emotional intelligence）的创始人之一丹尼尔·戈曼列出了三种类型的同理心：认知、共情和恻隐同理心。[72] 后续小节将对这些类型及其对组织的影响进行阐述。

- **认知同理心** 认知同理心（也称为换位思考，即 perspective taking）意味着"知道对方的感受和他们可能在想什么"。认知同理心应该是一种企业价值。它是成功谈判的一个关键属性，也是一个被证实的激励因素：高尔曼引用了伯明翰大学的一项研究，该研究表明那些表现出最强高尔曼的经理人最能激励他们的员工做到最好。此外，高尔曼是产品开发的一个关键性成功因素，因为它使企业能够了解客户做出购买决定的根本原因，并预测他们未来想要的功能和产品。

- **共情同理心** 共情同理心本身并不足以成为成功的领导力，因为一个人可以利用对别人感受的了解，以违背其利益的方式操纵他们。共情同理心实际是分享另一个人的感受——"在他们哭泣时哭泣"——由于镜像神经元系统的存在，所以这是人类（不包括自恋狂）的一种自然反应。

共情同理心在人员管理中有益，但必须保持足够的距离，以免倦怠。除此之外，还要和恻隐同理心配合。共情同理心是客户支持、销售和营销成功的关键因素。例如，在情感营销[73]中，情感被用来影响客户购买或向其推荐产品的决定。

- **恻隐同理心** 当客户遇到问题时，公司仅仅感受到他们的痛苦是不够的。客户希望这些感受能导致一些行动。这时就轮到恻隐同理心（也称为同理关怀，即 empathic concern）发挥作用了：一个人因为受到"感动"去帮助别人。对于营利性公司来说，对客户产生恻隐心，自然存在更大的挑战性，因为它需要与个人建立比一般情况下更亲密的关系。这对慈善组织来说是一个更自然的目标。但无论如何，营利性公司对恻隐心的重要性的认识也在逐步增长，因为公司意识到他们的生存与支持他们的经济和社会生态系统的健康越来越紧密相连。[74] 认识到这一事实，格林里夫对其最初的仆人式领导模式[75]进行了调整。不光是领导人，整个机构也作为仆人来运行。例如，政府机构也应该变成服务型的机构，通过恻隐同理心来为民众提供服务。今天，机构作为仆人的原则似乎比以往任何时候都重要，因为社会面临着气候变化、人类扩张、财富分配不均以及技术和政治的快速变革所带来的前所未有的挑战。关于这个话题的更多内容，请参见 *The Institution as Servant* 一书。[76]

18.9.4.2　实用工具

同理心应该成为企业层面的价值观，在整个组织中加以实践。以下是将同理心纳入企业各方面的实用工具和指导原则。

- **基于情况的市场细分**　如前所述，认知同理心意味着理解做出购买决定前，一个人的感受和的潜在动机。了解这些动机的一个有用工具是基于情况的市场细分——这是本章之前（18.4.3 节）介绍的一种市场分析和产品开发方法。购买产品的动机称为"工作"。采取这个方法，你要分析客户选择用产品完成的工作，找出他们目前用于这些工作的竞争产品，并开发新产品，以新颖的方式完成这些工作[77]。

  Game Neverending 的故事（参见 18.9.1.1 节）说明了该方法的核心原则——专注于动机（工作），而不是产品的功能。创始人斯图尔特·巴特菲尔德（Stewart Butterfield）在分析了人们选择棋盘游戏的真正原因后开发了 Flickr，该工作与游戏本身没有什么关系，而是为社区和社会互动提供一个平台。当他第一次试图通过网络游戏来填补这一工作的空缺时，他转而采用一种新的方式来满足客户对社区的潜在渴望：他重新利用了原始游戏的社交层面（如聊天和分享）来创建 Flickr。

- **产品开发和改进场景中的同理心**　如前所述，将认知同理心融入企业文化是敏捷企业和敏捷产品开发成功的基础。对于企业来说，这意味着要随时了解客户的感受和他们可能的想法。培养对客户的认知同理心的一个有效方法是，在产品开发期间和之后经常获得关于产品的反馈。最好的反馈来自于客户积极使用产品，而不是通过问卷调查。经常创建原型和增量版本。利用客户的反馈和分析，在开发过程中以及在产品投放市场后，不断地改进产品。

  市场分析可能很难被产品设计师和企业吸收和内化。培养同理心的一个方法是通过发明人物画像来使数据个性化——用虚构的化身来代表市场细分。

要想进一步了解画像，请参见第 10 章的 10.12 节。

- **运营场景中的同理心** 在商业运营中使用顾客心声（Voice of the Customer，VoC）来实践同理心，这是一种六西格玛技术，[78] 用于获取顾客的反馈（例如，通过调查和观察），以了解和预测顾客需求。我们通过价值流分析（value stream Analysis）来支持 VoC，从而对商业运营进行改进。价值流分析是一种从客户角度分析整个端到端业务流程的技术，目的是改善周期时间和优化效率。

关于价值流分析的更多信息，请参见第 10 章的 10.15 节。

使用旅程地图来了解客户从对品牌感兴趣到成为忠诚客户（甚至更远，直到他们退休）的体验，以识别该路径上的关键时刻——客户对品牌形成持久印象的关键时刻，以及干预措施可以取得最大成效的地方。

客户旅程分析（Customer Journey Analytics，CJA）被定义为"跟踪和分析客户使用各种渠道组合与组织互动的过程，并涵盖与客户直接接触的现在和未来的所有渠道"。[79] 使用 CJA 来帮助可视化客户旅程并识别子市场。CJA 还使组织能够认识到影响关键绩效指标（Key Performance Indicator，KPI）的客户行为模式，以便对客户进行细分，并确定适合他们的参与策略。[80, 81]

要想进一步了解旅程地图，请参见第 10 章的 10.14 节。

18.9.5　负责任的拖延（最后责任时刻）

负责任的拖延是指将决策和活动推迟到最后责任时刻（Last Responsible Moment，LRM）——即进一步拖延的成本变得不可接受的时刻（例如，当一个重要的解决方案再不选就过期的时候）。

虽然这种做法与"今日事今日毕"的格言背道而驰，但它适用于在不稳定条件下运作的组织，因为它意味着行动和决策将基于现有的最高质量的数据，即最新的数据。

负责任的拖延也可以使最终被放弃的变革请求大大减少浪费。原因是，它减少了请求的前期工作，如果请求被取消，这些工作就没有价值了。

注意，负责任的拖延并不总是意味着行动被推迟。例如，针对来自颠覆者的可靠威胁，应立即采取行动，因为拖延的代价——在老牌企业能做出反应之前被颠覆者占领一个新的市场——将是不可接受的高。

若想进一步了解延迟成本，请参见第 6 章的 6.5.4.4 节。

18.9.6 分布式权力

组织可以致力于迭代实验，但仍会因为某个层级（例如产品开发团队）必须等待上级的批示来做出重大决策而受到拖累。这种延迟不仅会给流程带来摩擦，而且决策可能是由对地方情况不太直接了解的人做出的。敏捷组织通过实行分布式权力来避免这些问题。

18.9.6.1 分布式权力的好处

分布式权力的企业文化给予地方实体在其领域内做出决定的自主权。分布式权力不仅可以减少摩擦，加快组织对变化的反应，而且可以提高反应的质量。

研究表明，对员工授权的领导者比不授权的领导者更有效地鼓励创造力和自愿的社区行为，更有可能得到下属的信任，并更有效地影响员工的表现。[82]

在今天这种不确定的环境中，组织在组织员工和做出决定的方式上实行分布式权力尤为关键。领导者必须授权人们做出自己的决定（即使可能有风险），以便企业在需要时能够迅速行动。但要注意，我们说的是将决策和行动的权力下放到地方一级，而不是将这些行动的后果的责任下放。

18.9.6.2 分布式权力 = 本地化决策 + 明确的影响范围 + 愿景

分布式权力只有在由三个要素组成时才有效：本地化决策、明确的影响范围和愿景。在支持地方授权的文化中，地方实体在明确的影响范围内做出地方决策以支持企业的愿景。高管们做出重大的战略决策，而运营决策则留给职能部门的经理和员工。[83]

领导者提供愿景并充当教练。经理们可以参与导致决策的讨论中，或者可以有一个快速的报告渠道，这样他们就可以了解到变化，实时要求澄清，指导团队，并提供反馈。只有当领导者拥有他们可以信任的人，能按他们的愿景做出正确的决定时，这种方法才会奏效——这可以通过遵循教练式领导（leader-as-coach）模型来实现。

关于敏捷领导力的详情，请参见第17章的17.6.1节。关于"教练式领导"模型的详情，请参见第17章的6.1.1节。

在写这一章的时候，我与加拿大某大型律所的一位沮丧的地方艺术委员会成员进行了一次谈话，证实了这个事实。他向我抱怨说，公司制定了一项规则，要求所有艺术品采购都要在公司层级批准，而不是像以前那样由地方委员会批准。根据他的说法，地方委员会做出决定的速度和质量要好得多，因为当地人对公司的收藏品对当地社区的贡献有实地了解。不管是艺术品购买还是产品开发，分布式权力比集中式权力更有效，因为它将决策权交给那些了解当地情况并且掌握了必要技能的专家，同时将战略决策权交给对业务有广泛了解的中央机构。

18.9.6.3 像章鱼一样

可将分布式自主权力结构想象成一只章鱼。有人提出，除了负责战略决策的中央大脑外，章鱼的每个触手都有一个"大脑"，每个触手都被授权在其控制范围内做出局部决策。

根据这一观点，每个触手的大脑接收输入并根据本地经验建立自己的程序。例如，当中央大脑做出获取食物的战略决策时，每个触角大脑都有自主权，可以根据它在周围环境发现的情况决定如何最好地执行这一目标[84]。这种机制与人类的神经系统截然不同，后者主要由一个大脑集中控制。传统组织的控制权集中在中心，其结构就像人类，但敏捷组织更像一只章鱼：战略决策在管理层做出，但战术决策直接在地方做出——每个角色都负责在其控制范围内做出决策。

18.9.6.4 什么时候权力不仅要下放到层级，还需要下放到个人

为了确保决策尽可能无障碍，一些组织更进一步，不仅将决策本地化，而且将权力赋予个人而不是团体。这方面的一个例子是 Scrum 中的 PO（产品负责人）角色——

一个负责对团队工作项目进行优先排序的人。在大型敏捷组织中，一个 PO 可能负责整个产品的优先级决策，而一个区域 PO 则负责解决一个产品区域内的冲突。

当速度最重要的时候，将决策权落实到个人是一个很好的经验法则，可以考虑。但在某些情况下，为了达成更高质量的决策，最好还是花费额外的时间来获得小组的共识。在我写这本书的时候，我被邀请担任一个艺术委员会的评委。我们的目标是对一长串的艺术提案进行优先排序。在我自己花了两三天时间对 125 个提案进行审查和打分后，我又花了两天时间与其他评委一起工作，以达成共识。理事会本来可以通过简单地将我们最初的个人分数平均化来节省最后两天的时间。然而，我从这次经历中学到，增加的时间和成本是值得的。最终，我们做出了一个关于理事会资金投资方向的更高质量的决定。我们小组的任务是评估几乎所有可以想象到的艺术实践的提案——视频、表演艺术、舞蹈、社区艺术和服装设计——没有一个评委能在所有这些领域有足够的专业知识来达成一个明智的决定。在一个熟练的引导师（彼得·金斯顿）的帮助下，我们能就提案中寻找的品质达成共识，并最终确定哪些提案需要资助。最重要的是，我们都对这个结果有一种主人翁的感觉——以后如果在自己的实践社区中遇到困难，我们将更有可能支持当时所做的决定。

这种情况与产品负责人委员会（即 POC，或任何其他协调小组）所面临的情况不一样，当排列优先级和资助涵盖广泛的群体的提案时，这些群体的关注点并不总是一致的。在这些情况下，值得多花一点时间来达成共识，而不是强行做出决定。许多时候，产品推动者（POC 的领导）和其他干系人可能仍然需要对决定进行批准——但他们改变建议的情况很少。

注意，只要有一个熟练的引导师指导工作，能根据情况使用和调整建立共识的技巧，基于共识的决策就会很有效。另外，要成为一个有效的共识建立者，引导师必须得到所有各方的信任，并被视为非"利益相关"。[85]

虽然引导师应该对决策保持中立，但他们应该在程序方面发挥积极作用——确保所有评估者都有平等的机会来说明自己的情况。

18.9.6.5 分布式权力的合弄方法

合弄制（holacracy）是将分布式权力的实践正规化的一种尝试。我不推荐这种方法；对于许多组织来说，它有点超纲，而且它存在自己的一些问题。不过，它确实提供了一些值得考虑的思路。一个核心的指导原则是，组织中的每个角色都要被正式定义，包括其目的、领域（允许其控制和调节的领域）和责任（其他人对该角色的期望）。我们用这些角色定义来定义权力如何根据以下规则在组织内分布：

> 当你担任一个角色时，只要不侵犯另一个角色的领域，就有权采取任何你
> 认为对表达该角色的目的或激发其责任的合理有用的行动。[86]

这种方法通过明确谁可以做什么而不需要等待上级领导的同意来实现分布式权力。这对一些组织来说是很合适的，因为它划定了一个明确的责任界限，同时仍然允许在本地快速做出决定。但另一方面，其角色的正式化与另一个敏捷原则相悖，即每个人根据自己的能力做出贡献。

合弄方法的一个变种是指定一个代理角色来支持主要角色，以避免延误[87]：当主要决策者无法做出决定时，代理可以代表该人做出决定。这是在软件开发中使用的方法，即一个代理的 PO（通常是商业分析师）代表 PO 做决定。

18.9.7 让实际做事的人估计付出

另一个对转型期公司来说可能比较困难的敏捷文化实践是要求员工估计自己手头上的工作，然后信任他们。

在许多传统公司中，管理层设定了目标和里程碑，员工则被要求遵守这些目标和里程碑。即使确实要求员工提供成本和时间估计，他们的估计也往往会被推翻（例如，当公司对客户的销售承诺与估计不一致时）。这种情况很少具备可持续性。组织要么因为错过最后期限而获得（糟糕的）声誉，要么试图通过最后一刻加大资源投入来满足最后期限，但却不成功（这种策略已被证明无效）。另外，它可能会使员工过度劳累，最终导致高流失率，以及随着新员工的加入，发展速度进一步减慢。

为了避免这些后果，应该反其道而行之：要求那些实际做事的人估计工作，并信任他们。积极地与他们合作，通过提供额外的信息来完善这些估计，并鼓励他们探索实现预期结果的其他方法。

18.9.8　协作

在今天的行业中，协作至关重要，因为变化的速度正在加快，而且问题的解决方案往往需要跨学科。协作可以释放出组织的集体解决问题的能力。任何一个敏捷企业都应该将协作嵌入其企业文化和价值观、员工培训以及认可和奖励制度中。在对员工进行协作概念的培训时，要强调协作如何融入更广泛的企业文化，如何在不同的背景下进行协作（例如，在组织内部协作和与外部实体协作），以及如何根据人们对协作方式的喜好（例如，性格内向还是外向）来调整方法。

后续几个小节提供了在企业内部和外部实践协作的一些指导原则。

18.9.8.1　内部协作（在企业内部进行）

几年前，我在一家国际公司工作，公司的 CEO 似乎不仅容忍企业中各个派系之间的冲突，甚至还鼓励冲突，因为他显然相信达尔文环境会使最好的想法和人员得以生存和发展起来。但更多的时候，这种竞争环境反而导致破坏性和浪费性的行为。例如，当我帮助公司为一项新计划评估潜在的团队成员时，一个派系居然要求我排除一个候选人，因为他属于另一个团体，他们担心对方会成为潜伏的特洛伊木马。虽然这些担心听起来很离谱，但疯狂的是，它们甚至并不是毫无依据的——这就是公司普遍存在的缺乏合作精神的情况。这种心态一直蔓延到个人——他们中的许多人更关心自己的目标和声誉，而不是团队或公司的目标。

另一方面，我也曾在其他工作场所体验过高度协作的文化。例如，在 Tnuva Computers 公司，我经常与我的老板约西（Yossi）见面，他指导我进行 IBM 的 CICS 系统的架构设计。我在 Cherniak 和 Gottlieb 公司也享有差不多的待遇，在那里我经常与同事杰森·韦斯（Jason Weiss）商议，他为一个内网系统封装信息包的棘手设计挑战提供指导。在这样的情况下，我能取得比自己单干更多的成果，还能为公司提供更快、更可靠的结果，因为我觉得走到同事的办公桌前或拿起电话来寻求帮助很舒服。这是一个三赢的局面：我的更有经验的经理和同事能专注于更高层次的问题，我能超越自己的学识水平，而公司能从改善的结果中受益。这就是当一个企业创造出一种鼓励合作和为共同目标而奋斗的文化时所发生的情况。

还应该在组织单位内部和外部鼓励协作文化——跨越从事同一项目的不同团队，跨越公司层次结构中的不同层级，并且跨越组织中的不同业务领域。

- **使用泛化的职位名称**　在企业文化中嵌入协作的一个简单但非常有效的方法是，尽量使用泛化的职位和角色名称，而不是使用非常具体的职位名称。这样一来，无论什么角色，成员都能自由地对团体目标做出最大的贡献。其中的例子包括产品开发人员和团队成员——用这些职位指代任何对产品开发有贡献的人，其中包括商业分析师、测试员和产品设计师。

- **搞一些促进协作的活动**　另一种发展协作文化的方式是搞一些活动，例如周末静修会和马拉松比赛，让人们在小而美的项目上进行协作。协作建设活动鼓励团队合作，并协助建立关系。在活动中建立的非正式联系使人们在以后需要协助时更容易拿起电话。

- **有助于加强协作的架构**　即使是物理建筑，也可以被设计以促进协作。就像苹果公司的新园区那样，人流可以被设计成鼓励即兴会议。为员工在工作之余提供社交场所——例如，允许下棋、听音乐、打乒乓球或者锻炼。有氧运动和午餐时间的瑜伽课等团体课程在提供健康益处的同时，也提供了一个建立关系的机会，有助于在公司内形成共同的协作精神。

- **为孤独辩护**　对一些创意工作者（包括我自己）来说，当他们有时间和地点独自工作时，会表现得最好。对于这些人，开放式办公室的概念并不合适——环境过于混乱和公开，不利于他们不受干扰地深入思考，无法有出色的工作表现。即使是那些天生外向的人，有时也需要一个安静思考的地方。雇主应确保这些需求得以满足。例如，在社交媒体管理平台互随（Hootsuite），2008 年起步于温哥华，2012 年估值 5 亿美金，前面讨论过的一家拥有许多开放式办公空间且鼓励主动协作的公司，也有可以根据需要预订的私人房间——包括建筑物内部的一个真正的木屋，供那些真正需要静修的人使用（毕竟是在加拿大）。

18.9.8.2 企业外部的协作

敏捷企业还重视[88]与组织外部的实体的合作关系——倾向于与服务提供商、供应商、解决方案提供商和其他机构签订合同条款，以促进持续的合作和伙伴关系，而不是通过遵守一个预定的计划来保持一种对抗关系。

对于创新产品或服务，与外部解决方案提供商的合作关系显得尤为重要，因为事先对客户将如何使用它以及他们会发现哪些功能最有用知之甚少。在这种情况下，合作方式提供了最大的成功机会，因为它为所有各方提供了灵活性，使他们能共同工作，并在切换到一个新的解决方案时调整计划。

18.9.8.3 荷兰围垦区模式

荷兰围垦区模式（Dutch polder model）是一种基于共识的决策方法，最初是在荷兰石油危机期间（1979—1982）设计的，是"社会伙伴同意以适度的工资来换取减少工作时间"协议的一部分。[89]在更广泛的意义上，它与可以追溯到与中世纪文化传统有关，它诞生于一个地理挑战只能通过协作努力来解决的地方。在围垦模式中，有很多东西是敏捷企业可以学习和借鉴的。

- **整个团队对成功或失败负责** 敏捷实践和围垦区模式之间的联系是一位设计师向我提出的，我称他为 M——当时我正在和他讨论这本书，以及书中关于文化和我们彼此之间互动方式的内容。他想起了最近发生在他身上的几件事。他告诉我，他设计的一个歌剧正在欧洲巡回演出。在荷兰，一位非本地的导演对一个错误很生气，要求领队告诉他谁是这个错误的责任。领队拒绝了，导演坚持问责，直到最后，领队对他说："先生，你必须找到另一种方式来称呼我们，或者离开，直到你了解我们的工作方式。在我们这里，负责任的不是个人，而是整个团队。"这说明了围垦模式的一个原则：整个团队承担起做工作的责任——整个团队对结果负责。

- **整个团队协作以解决问题** M 的第二个故事开始于欧洲的另一个国家。他认为在表演的某一时刻，让液体从墙上流下来会是一个很好的点缀，所以他问工作人员是否可行。他们的反应与前一个故事中的反应完全不同：领队立即站出来说这是做不到的。然而,当演出后来在荷兰举行时,M 提出同样的要求时得到了完全不同的反应。工作人员先是与团队商量。然后,他们回来告诉他,是的,可以想出一些办法。他们与布景设计师合作,设计了一个巧妙的方案,利用后台滑轮提升一袋液体,并在适当的时候将其倒入墙上的一个洞。这个故事说明了围垦模式的另一个信条:整个团队通过协作来解决问题。

18.9.9　致力于结果,而不是产出

在传统的计划中,解决方案的提供者承诺在给定的时间范围内以特定的成本交付特定的可交付成果(范围)。当需求不稳定时,这种方法是行不通的,因为它把所有各方都锁定在预先确定的规格中,而这些规格在产品交付时很可能已经过时了。敏捷企业不关注预先确定的交付物,而是关注期望的结果,如增加收入和提高客户忠诚度。

18.9.10　透明性

我有一次走进某个客户的战情室。墙上挂着所有保险团队的计划和里程碑。任何团队的任何人都可以走进这个房间,迅速看到每个团队在未来几周内的计划。这是一个透明性(无障碍信息共享)的一个教科书式的例子。

施纳肯伯格和汤姆林森这样定义透明性:"透明性是发送方有意分享的信息的可感知质量"。[90] 这个定义很宽泛,完全适用于任何商业领域,但也足够精确地描述了透明性的关键方面:主要关于信息共享;重要的是接收者感知到的信息的质量,而不是发送者的意图。

透明性的质量由几个因素决定,包括共享信息的可用性、及时性、准确性和对于接收者的可理解性。

透明性之所以重要,另一个原因是它使其他敏捷实践成为可能。例如,由于在进展方面是完全透明,所以客户可能会对松散的合作关系感到满意。

18.9.11　打破筒仓

筒仓化是透明性的反面:信息被囤积起来了! 之所以要打破筒仓,是因为它们破坏

了产品作为一个整体的文化。它们阻碍了在企业范围内对知识的利用，使团队更难同步，并鼓励分化。相反，应该用围绕价值交付的跨职能小组取代它们。这样，信息的无缝流动就能实现快速决策。

上一章提到了一位即将退休的副总裁的发言。他说，他的一个遗憾是，他按能力而不是按价值来构建组织——这导致了小组之间令人遗憾的筒仓化，造成了优先事项和忠诚的冲突。他说，如果让他重新开始，他会围绕价值来组织团队。这句话说明了关于筒仓的两个基本事实。第一，筒仓化对组织有腐蚀作用。第二，副总裁已经意识到这个问题有一段时间了，但却无法解决这个问题。筒仓化一旦在文化中根深蒂固，就很难消除。要想成功地打破筒仓，需要一个强有力的责任人，他有足够的权威来传达一个信号，组织对于筒仓化的态度是零容忍。

18.9.11.1　人人为企业

一位 IT 部门的高管向我这样描述他的组织中的筒仓化现象："今天的问题是，你会看到业务部门联合起来对抗 IT 部门。会看到 IT 部门联合起来对抗业务部门。但从来没有看到业务部门和 IT 部门为了什么或对抗什么而联合到一起！"

他建议，解决这个问题的最直接的结构性方案是让产品工程组作为企业内的一个正式组织完全消失。由于这通常不可行，所以下一个最好的解决方案是建立明确的报告关系，使所有成员（无论他们担负的是业务还是技术职能）的首要目标是与业务保持一致。例如，在一家有线电视公司，每个负责改善客户机顶盒体验的人都会向业务部门报告——不管他们是技术岗还是业务岗。

注意，为企业工作包括解决客户的需求以及满足公司的目标，这些目标可能与客户的需求一致，也可能不一致。例如，对于一家金融公司来说，服务费支持的是公司的盈利目标，但与客户的优先事项相悖。

18.9.11.2　负责业务的可以领导技术团队

在我工作过的许多组织中，人们普遍认为负责业务的干系人没有能力领导他们的技术和产品工程团队。基于这种假设，具有技术背景的人往往最终成为团队的领导者，代表企业（例如，作为代理 PO 或商业系统分析师）。由于业务侧对产品开发的直接投入很少，公司的整个工程部门就会被看作是一个外包机构，即使它是内部的。相反，在敏捷企业文化中，不仅业务人员可以领导技术团队，而且作为一般规则，他们也应该领导。

在敏捷软件开发的背景下，负责设定团队优先级的人——PO——应该来自业务侧（例如，产品经理或者作为 SME 的商业干系人）。为了协助与产品开发人员的日常沟通，领导应该在需要时得到团队分析师的支持，该分析师在弥合业务和工程之间的差距方面受过训练。分析师本身应该兼具业务和技术背景。那些在这两个领域都有背景的人应该受到特别的重视。

18.9.11.3　围绕价值组织跨职能团队，围绕能力形成实践社区（行会）

为了打破筒仓，从而最大限度地减少摩擦，加速价值交付，要围绕价值交付来组织团队——而不是按能力来组织。同时，围绕能力形成实践社区（communities of practice，CoP）——也称为行会或能力小组。

让我们从团队组织开始；然后，我们将研究 CoP。应该组织跨职能的团队，使每个团队尽可能地包括向客户提供价值所需的全部能力（业务和技术），同时对其他团队的依赖最小。跨职能团队创造的价值可能是操作层面的，例如向客户交付购买的产品或服务；也可能是发展层面的，例如创造一个新产品。

18.9.11.4　基于工作的组织（高级用例）

为了围绕价值来组织产品开发团队，要根据客户用产品所做的工作来创建团队，并使用基于情况的市场细分。如前所述，基于情况的方法是通过研究来确定人们用产品来做的工作。每项工作都代表产品的一个高级用例——即它所满足的一个需求。你构建产品开发组织，使这些工作中的每一项都由一个或多个团队——也称为产品专区或敏捷发布火车（Agile Release Train，ART）——所拥有。如果组织是有规模的，你通过将大的工作分解成小的工作，从而创建一个层次化的组织。

图 18.2 是 MyChatBot 的一个按工作组织的例子。MyChatBot 是一个软件产品，它用 ChatBot 技术来尽可能减少公司的获客成本。

在图 18.2 中，一个团队（或团队的团队）为客户可能用聊天机器人所做的每项工作开发功能：销售、营销（生成社交内容）、客户支持 / 参与以及分析。一个更复杂的例子请参见第 17 章的图 17.4。它展示了一个多层次的 ChatBot 产品开发小组，一旦产品变得更加复杂，就需要一个更大的组织来提供支持。

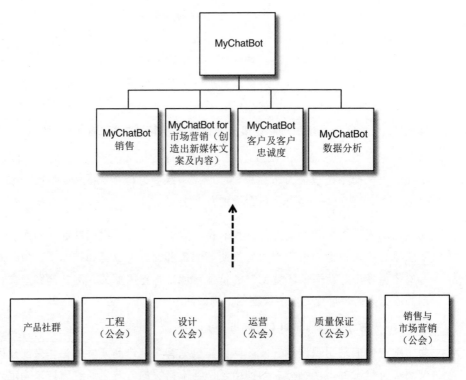

图 18.2　按工作分类的 MyChatBot

18.9.11.5　围绕能力形成实践社区（公会）

围绕能力（competency）来组织 CoP（实践社区）或公会（guild）。CoP 在其专业领域内不断改进，实现信息共享，并维持一个训练有素的专业人员队伍，为组织提供服务。例如，在图 18.2 中，有针对产品（product）、工程（engineering）、设计（design）、运营（operations）、质量控制（quality control）、销售和营销（sales and marketing）能力的 CoP 和公会。

- **CoP 案例学习** 为了理解 CoP 以及它们为组织带来好的好处，让我们以两个案例学习为例。

- **案例 A：敏捷 BA CoP** 商业系统分析高级经理安德拉·富兰克林（Andre Franklin）这样描述他在 CoP 方面的经验："我们的团队是从一个更传统的商业分析（BA）角色中产生的。我们的组织尝试将分析师划分为以业务为中心和以系统为中心的 IT 类别。我被授权领导系统方面的实践。这个新成立的团队拥有不同年限的经历，在利用"类敏捷"的软件开发方法方面，我们各自之间的差距甚至更大。我们需要发展一个敏捷 BA 社区，共享一套共同的期望和白话来描述我们的工作和方法。这套共同的期望将是我们从事新角色的起点。最重要的是，它使我们在应对不同项目的挑战时能相互学习。

  "这项工作最重要的成果之一是分析实践社区的持续增长和自我组织——这个团队包括来自整个企业的业务和系统分析师。在这个小组中分享的知识、工具和实践对我们的组织来说是一个巨大的增值，减少了项目的返工量，并消除了我们流程中造成延误的低效率。"[91]

- **案例 B：敏捷 BA CoP** 在第二个案例学习中，True Innovation 公司与一家全球化的资源行业公司合作，建立了一个卓越运营（operational excellence）的 CoP。该 CoP 的宗旨是解决在采用一个复杂的全球化生产系统时遇到的战略集成挑战。公司高管非常担心不同地区的文化和语言差异以及受影响部门和运营地点的多样性会使这一工作变得非常困难（甚至不可能）。CoP 开发了数字协作工具，并召开了面对面的计划会议，强调如何通过设计选择来促进卓越运营参与者的共同利益和动机。它还尝试了准时制并行生产（just-in-time peer production）和数字学习媒体的共享。True Innovation 总经理蒂姆·劳埃德（Tim Lloyd）报告说，CoP 不仅成功加速了复杂挑战的解决，还大大减少了对集中式项目领导人的要求；这些高管有时会惊讶地发现，预期的合作和解决问题的障碍似乎已经消失。另外，劳埃德指出，该干预措施表明"CoP 中固有的平等主义态度为打破等级互动模式提供了强大的力量，那种模式会阻碍快速和复杂的适应"。关于经验教训，劳埃德说："最重要的是，需要发现那些成功建立在实践社区的合议精神上的过程和工具，以放大它，并在受影响的地区和部门中投射出有效的开放式创新合作风格。无论自我组织，去中心化的决策，还是责任驱动的同行（P2P）学习，所有这些都是维持和发展 CoP 以完成重要战略和运营目标的强大工具——虽然参与合作的各个组织在治理、策略和绩效方面存在不同的文化和差异。"[92]

- CoP 路线图　根据巴克纳[93] 和温格[94] 等人的指导原则，可以按以下步骤为建立和培养 CoP 提供一个路线图。

1. 获得管理层的支持：为了使 CoP 有效，它需要一个强大管理层负责人的积极支持。

2. 专注于价值：CoP 应始终关注它为组织提供的价值。养成在会议中讨论 CoP 价值的习惯（例如，讨论使用 CoP 工具或技术给公司带来好处的情景）。首先关注 CoP 对当前问题的贡献。然后，考虑 CoP 在一段时间内能提供的价值。

3. 建立 CoP：在一个有活力的 CoP 中，成员可以根据他们的兴趣、可用性和能力，在不同的参与级别上做出贡献。

   - CoP 项目经理代表社区，负责指导、辅导、宣传和解决问题。

   - CoP 经理决定社区的战略，通知社区，并安排会议。

   - 核心团队成员管理社区资源，支持 CoP 经理，并协助会议准备。

   - 成员参加会议，并分享内容和最佳实践。

4. 有机地发展 CoP：从一个简单的结构开始。随着成员和参与度的增加，增加一些元素（例如，建立一个网站，或者发起定义最佳实践的倡议）。

5. 维护知识库：维护包含工具、例子、模板和其他内容的知识库，让成员可以轻松分享。每年召开两次会议，通过删除过时的项目来修整知识库。

6. 参与社区内外的定期交流。至少每个月安排一次会议。开发公共空间来分享信息，如小组会议和聊天室。定期举行会议和活动，但要用会议、特别活动、研讨会和邀请的演讲者来充实它们。定期开会，以保持社区感，但不要太频繁，以免导致成员疲劳。鼓励社区内同行之间的实时交流（例如，使用消息应用程序）。向其他社区寻求关于如何建立有效社区的意见，因为有些时候是旁观者清。

这些只是对 CoP 的一个简要的说明，要想进一步了解如何构建和培养 CoP，请参考 *Cultivating Communities of Practice*。[95]

18.9.12 以数据为依据的创新

任何表现出敏捷性的有机体，无论是追逐猎物的猫，还是试图占领市场的企业，都依赖于数据，特别是检测及时信息并立即利用它来影响其行动的能力。一个敏捷的有机体不仅使用数据来应对变化，还根据模式和趋势来预测行为和事件。

由于近年来互联网浏览器、移动应用和物联网设备的广泛使用，大量数据变得可用，所以如今利用数据的机会很高。此外，情感分析使公司能够了解客户的喜好，进行个性化推荐，并通过机器学习确定和分类文本中表达的情感（如愤怒），从而创建有针对性的营销活动。

敏捷企业不断寻求捕捉、生成和利用这些数据的方法。他们在操作上使用数据来提供创新产品和服务。例如，Otis Elevator Company 的订阅服务（如前所述）使用其电梯传感器的数据来决定何时对电梯进行检修。敏捷企业还寻求利用数据进行产品开发——利用数据来检测和预测市场趋势，以便为开发决策提供依据。

18.9.12.1 商业分析对以数据为依据的创新的贡献

目前，负责数据分析活动的角色包括：负责分析现有数据的数据分析师，负责生成数据的数据工程师，以及被期望成为从编程到统计再到商业的全才的数据科学家。所有这些角色都需要技术能力，这使得非技术业务人员无法接触到它们。这是一个很大的缺点，因为它把那些最了解业务的人排除在这个重要的角色之外。

在这种情况下，作为业务侧技术管家的商业分析师的角色变得至关重要，因为他／她能很好地识别和沟通数据分析可以改变业务的机会，检测趋势，并指导战略投资。这也是应该在商业分析中设立一个新的细分专业"商业数据战略专家"的理由，这或许是我们另一本书的主题。国际商业分析协会（International Institute of Business Analysis，IIBA）已经通过建立商业数据分析认证（IIBA-CBDA）开始走这条路了——这个认证已经有点那个意思，但还是不如"商业数据战略专家"高级。

18.9.12.2　以数据为依据的财务计划

当企业在不确定的情况下开发产品时（要么因为产品是创新的，要么因为市场不稳定），就不能使用传统的财务计划方法，因为许多财务基本要素在开始时是未知的，也无法知道。在这种情况下，我们建议企业使用以数据为依据的计划方法，用有计划的市场实验来测试财务假设并指导持续投资。本章稍后和附录会回到敏捷财务计划。

18.9.13　监视近似和低端市场

密切关注低端市场和相邻市场，因为这是最有可能出现颠覆性威胁的地方。让我们来看看这些威胁中的每一个。

18.9.13.1　来自相邻市场的威胁

要警惕来自新的相邻市场的威胁，这些市场是颠覆者试图依靠便利性和其他属性来加以利用的。这些利基或小众市场往往被老牌企业认为太小，不足以构成威胁，或者不太可能生存，直到它们最终包围了在位者。一个著名的例子是苹果公司，它利用其在教育等利基市场的主导地位，最终占领了个人计算市场。当苹果公司利用其在新兴个人移动电话市场的早期主导地位，在自己的地盘——商业移动电话市场——超越在位者黑莓公司时，它重复了这一表现。

老牌企业为抵御来自邻近市场的威胁而采取的一个常见策略是快速追随者方法。基于这种策略，老牌企业等着看颠覆的结果如何。如果颠覆成为一个真正的威胁，老牌企业的全部资源将会全部释放，迅速拷贝新产品并压倒竞争对手。

遗憾的是（参见 Bartman[96]），在新市场颠覆的情况下，快速追随者的方法往往不成功，因为老牌公司过去的经验和技术与它现在想要竞争的新市场不相关，所以不仅和颠覆者不处于同一个起点，而且还落后了。

18.9.13.2　来自低端的威胁

要警惕来自现有市场低价位那一端的威胁。正如克里斯坦森所指出的，老牌企业往往不能有力应对这些威胁，因为他们对利润率低的低品质、商品化的业务端没有兴趣。

当老牌企业醒悟过来的时候，颠覆者已经占领了低端市场。最终，技术上的改进加上客户期望值的降低，对老牌企业的主要市场也产生了威胁。

18.9.13.3　尽早识别威胁

抵御这些威胁的唯一办法是及早发现潜在的攻击，并积极防御。即使在对自己的基本盘没有明显威胁的时候，甚至在创新有可能破坏和吞噬公司自己的主要业务的时候，也要先发制人地进行创新。虽然一个公司播下自己灭亡的种子似乎有悖常理，但把这种行动看作是一种必要的转折更有意义——如果颠覆确实即将发生，老牌公司需要站在这种变化的正确一边才能生存。[97]

为了尽早识别威胁，需要密切关注市场的边缘。密切关注公司低价产品的客户流失情况，因为这往往是低端颠覆的早期预警信号——它们最终可能威胁到公司。监测新的相邻市场。如果这些市场上的初创企业似乎正在扩大以前不活跃的客户群，它们就有可能成为新市场的颠覆者，最终威胁到老牌企业的主要市场。

新市场颠覆者则很难通过检查现有客户来予以识别，因为这种创新的目标是新客户——那些尚未进入市场的客户。然而（正如巴特曼所指出的），公司可以通过监测其低频客户的流失来发现一个早期预警信号，因为他们将是提供新的或不同的东西的新市场颠覆的最成熟的选择者。

一旦发现威胁，老牌企业应迅速做出反应。公司应坚持不懈地保持一个创新部门，致力于寻求新的方法来使用技术进行创新和"颠覆颠覆者"。[98]

18.9.13.4　不该做什么

出租车行业是面临低端颠覆威胁一个老牌企业的例子。当优步首次出现时，我很想知道为什么老牌出租车公司没有立即着手开发自己的应用。甚至在它们与侵占其业务的颠覆者进行立法斗争的时候，我也没看到它们有任何这方面的行动。据我所知，第一家有这方面行动的出租车公司是在意大利出现的。它的打车费用取决于是用传统方式还是用应用程序叫车——如果用应用程序叫车，那么价格会与优步相当。北美的一些出租车公司现在也在做同样的事情，但它们的反应明显要慢得多——这种后期干预是否足以抵御对该行业的威胁，尚有待观察。

18.9.13.5 积极应对威胁的一个正面案例

奈飞是利用密切监测市场的战略来指导两次成功转型的一家公司。它最初是一家提供 DVD 租赁和销售的在线供应商。一旦流媒体技术的相邻市场开始出现，奈飞迅速采取行动，将自己转变为流媒体内容的领先分销商，利用其在电影租赁业务中的地位，超越了新市场的竞争对手——这证明了"继往成功的包袱"可以转变为公司的优势。

随着其新业务的成熟和其他内容捆绑商也进入流媒体市场，奈飞再次做出先发制人的反应。它开始创造自己的内容（奈飞原创剧集），并通过其服务独家提供——绕过现有的电影发行系统，颠覆了新的流媒体市场。

18.10 敏捷财务计划

做计划的人所面临的难题之一是如何在极端不确定性的情况下进行财务计划。传统方法是使用历史数据来分析历史趋势和预测财务结果，如投资回报。遗憾的是，在计划开发一个新的市场创新时，对于产品的市场、成本或其他建立传统商业案例所需的财务基本要素，事先可能知之甚少，甚至根本不可能知道。

18.10.1 实物期权

在不确定的情况下做计划时，有一个精简的工具是实物期权。这是一种正规的金融技术，包括复杂的数学公式。但究其本质，我们应尽可能保持选择的开放性，以便承诺可以基于最高质量的数据，即最新的数据。采用这种方法，承诺被推迟到最后责任时刻（LRM）——即进一步拖延的成本会变得不可接受的时刻。

推迟决策的成本是通过比较提前承诺和推迟承诺的选择来确定的。为每个选项建立一个损益表——预测产品推出后定期的利润。每月的经济影响报表也要准备好，表明每个选项对客户的持续价值。关于这些方法的详细指导可以在汤姆和玛丽·波彭迪克的《精益软件开发》[99]中找到。

若想进一步了解如何计算延迟成本，请参见第 6 章的 6.5.4.4 节。

18.10.2 以发现为导向的计划

以发现为导向的计划（discovery-driven planning）通过颠覆传统计划来解决不确定性问题。你不是总是保护自己的基本盘，而是从断言需要发生什么结果才能使风险投资值得开始。然后，反推为实现这些结果所需的假设。接着，制定一个计划，使用迭代过程来尽早测试假设[100]。关于使用该方法的一个详细的案例学习请参见附录B。该附录还包括关于创建预估运营规范的指导，它们描述了新业务所需的活动和相关费用。

18.11 小结

以下是本章涉及的要点。

1. 敏捷企业旨在通过预测和快速响应不断变化的市场情况，通过创造客户喜爱的产品来提高竞争力。它使用一种经验性的方法，该方法优化了将学习转化为交付价值的过程。

2. 新市场颠覆吸引的是那些以前不是客户的人。

3. 低端颠覆产品通过以低成本提供低质量的产品来抢夺现有市场份额。

4. 传统计划方法不适合创新企业，因为围绕商业基本元素的不确定性会变得很大。

5. 基于情况的市场细分关注的是客户用产品完成什么工作。

6. 为了优化反应时间和决策质量，应将决策权下放给地方。

7. 围绕价值进行组织，打破企业内部的筒仓（孤岛）。

8. 以发现为导向的计划是一种依据数据的财务方法，用于在极端不确定性情况下开发创新产品。

注释

1 Clayton M. Christensen, *The Innovator's Dilemma: When New Technologies Cause Great Firms to Fail* (*Management of Innovation and Change*) (New York: Harper Collins, 2003).

2 Clayton M. Christensen and Michael Raynor. *The Innovator's Solution: Creating and Sustaining Successful Growth* (Boston: Harvard Business Review Press, 2003), 49–50.

3 James P. Womack and Daniel T. Jones, *Lean Thinking: Banish Waste and Create Wealth in Your Corporation*, 2nd ed. (New York: Simon and Schuster, 2003).

4　Mary Poppendieck and Tom Poppendieck, *Lean Software Development: An Agile Toolkit* (Boston: Addison-Wesley, 2003).

5　Eric Ries, *The Lean Startup: How Today's Entrepreneurs Use Continuous Innovation to Create Radically Successful Businesses* (New York: Currency, 2011).

6　"Has Agile Management's Moment Arrived？" Knowledge@Wharton, Wharton School, August 1，2017, http://knowledge.wharton.upenn.edu/article/agile-managements-moment-arrived

7　Eric Ries, *The Lean Startup* (New York: Random House, 2013).

8　Gary DeAsi, "How to Use Customer Behavior Data to Drive Revenue (Like Amazon, Netflix & Google)" [blog post], Pointillist, https://www.pointillist.com/blog/customer-behavior-data

9　Clayton M. Christensen, *The Innovator's Dilemma: When New Technologies Cause Great Firms to Fail* (Management of Innovation and Change) (New York: HarperCollins, 2003).

10　Clayton M. Christensen and Michael Raynor. *The Innovator's Solution: Creating and Sustaining Successful Growth* (Boston: Harvard Business Review Press, 2003), 49–50.

11　Clayton M. Christensen, Michael E. Raynor, and Rory McDonald, "What Is Disruptive Innovation?" Harvard Business Review (December 2015), https://hbr.org/2015/12/what-isdisruptive-innovation

12　译注：参考"拼多多"的例子。

13　由阿兰·阿森诺特提出。

14　译注：找到客户的痛点（不管他们是否意识到）。然后进行实验，万一就成了呢？

15　As quoted in Christensen and Raynor, *The Innovator's Solution: Creating and Sustaining Successful Growth*, chapter 3.

16　Adam Grant, "The Science of Leadership" [podcast], Stay Tuned with Preet, December 27, 2018.

17　Grant, "The Science of Leadership"

18　"Corporate culture"，Cambridge Dictionary，http://dictionary.cambridge.org/dictionary/english/corporate-culture

19　Jeremy Gutsche, Create the Future + the Innovation Handbook: Tactics for Disruptive Thinking (New York: Fast Company, 2020).

20　Jeremy Gutsche, Exploiting Chaos: 150 Ways to Spark Innovation in Times of Change (New York: Gotham Books, 2009)，电子书下载：http://cdn.trendhunterstatic.com/EXPLOITING-CHAOS-by-Jeremy-Gutsche-TrendHunter.pdf

21　Jeffrey Immelt, "Letter to Shareholders," in GE 2014 Annual Report, 10–11, https://www.annualreports.com/HostedData/AnnualReportArchive/g/NYSE_GE_2014.pdf

22　例　如 Steve Blank, "Corporate Acquisitions of Startups—Why Do They Fail?" Forbes, April 22, 2014, https://www.forbes.com/sites/steveblank/2014/04/22/corporateacquisitions-of-startups-why-do-they-fail。同时参考 Peter Nowak, "Video Streaming in Canada," September 27, 2016, http://www.alphabeatic.com/video-streaming

23　"How Apple's Current Mission Differs from Steve Jobs' Ideals," Investopedia, June 22, 2019, https://www.investopedia.com/ask/answers/042315/what-apples-current-mission-statement-and-how-does-it-differ-steve-jobs-original-ideals.asp

24　"How Apple's Current Mission Differs"

25 译注：科波拉是电影导演，最著名的作品是《教父》三部曲。

26 As quoted in Lisa Biank Fasig, "After Its Market Share Started to Decay, P&G's Crest Team Fought Back," Cincinnati Business Courier, January 30, 2004, https://www.bizjournals.com/cincinnati/stories/2004/02/02/story2.html

27 "Innovation", Cambridge Dictionary, https://dictionary.cambridge.org/dictionary/english/innovation

28 由阿兰·阿森诺特提出。

29 Christensen, Raynor, and McDonald, "What Is Disruptive Innovation?"

30 Michael Nelson-Wolter, "Trint Announces New Investment from The New York Times Company," Trint, September 9, 2020, https://trint.com/resources/7l8yv28v/trint-announces-newinvestment-from-the-new-york-times-company

31 History.com editors, "Why Did the Dinosaurs Die Out?" History.com, June 7, 2019, https://www.history.com/topics/pre-history/why-did-the-dinosaurs-die-out-1

32 译注：灵长类动物中的一些种类，相比于其他哺乳动物来说，前足（上肢）一个特点就是拇指可以（不同程度的）和其他四指对握，因此也称作"对生拇指"。

33 Ken Schwaber and Jeff Sutherland, The Scrum Guide: The Definitive Guide to Scrum—The Rules of the Game(ScrumGuides.org, 2020), 10, https://www.scrumguides.org

34 常用的方法是为待办列表的整个流程或价值流创建一个特性文件，并使用 Gherkin 语法指定端到端的测试场景。见 Jens Engel, Benno Rice, and Richard Jones, "Feature Testing Setup," GitHub, © 2012–2019,https://behave.readthedocs.io/en/latest/gherkin.html

35 Christensen, Raynor, and McDonald, "What Is Disruptive Innovation?"

36 感谢罗恩·希利拓展这个例子。

37 Julie Bos, "The Need for Speed," Labtalk Online, June 2020, https://www.labtalkonline.com/articles/81741

38 Christensen and Raynor, The Innovator's Solution, 49–50.

39 译注：屠龙者终成恶龙。

40 Christensen, The Innovator's Dilemma.

41 Christensen and Raynor, The Innovator's Solution.

42 Preet Bharara, "Putin, Pawns and Propaganda (with Garry Kasparov)" [podcast], Stay Tuned with Preet (Café and Pineapple Media and WNYC Studios), December 7, 2017.

43 Christensen, The Innovator's Dilemma. Also see Clayton Christensen, The Innovator's Dilemma: When New Technologies Cause Great Firms to Fail (Boston: Harvard Business Review Press, 2016).

44 Blank, "Corporate Acquisitions of Startups."

45 Blank, "Corporate Acquisitions of Startups."

46 Jason Dike, "Digging Deeper: Pierre Cardin's Demise to Licensing King," Highsnobiety, 2015, https://www.highsnobiety.com/p/digging-deeper-pierre-cardin

47 Dike, "Digging Deeper."

48 Blank, Corporate Acquisitions of Startups."

49 Blank, Corporate Acquisitions of Startups."

50 Nowak, " Video Streaming in Canada"

51 译注：https://book.douban.com/subject/26747152/

52 Reid Hoffman, "The Big Pivot—with Slack's Stewart Butterfield" [podcast], Masters of Scale with Reid Hoffman, November 14, 2017.

53 Donald Reinsertsen, *Managing the Design Factory: A Product Developer's Toolkit* (New York: Free Press, 1998). As quoted in Mary Poppendieck and Tom Poppendieck, *Lean Software Development* (Boston: Addison-Wesley, 2003), 19.

54 Godfred Koi-Akrofi, "Mergers and Acquisitions Failure Rates and Perspectives on Why They Fail," *International Journal of Innovation and Applied Studies* 17, no. 1 (2016), 150–158.

55 Clayton M. Christensen, Richard Alton, Curtis Rising, and Andrew Waldeck, "The Big Idea: The New M&A Playbook," *Harvard Business Review* (March 2011).

56 Koi-Akrofi, "Mergers and Acquisitions Failure Rates."

57 Edith Onderick-Harvey, "5 Behaviors of Leaders Who Embrace Change," *Harvard Business Review* (May 18, 2018), https://hbr.org/2018/05/5-behaviors-of-leaders-who-embrace-change.

58 Beth Comstock, "The Age of Emergent Change," *Rotman Management Magazine* (Spring 2019).

59 Comstock "The Age of Emergent Change."

60 由阿兰·阿森诺特提出。

61 译注：在足球运动中，"门将"（goalkeeper）必须积极主动地防卫，而不是像"守门人"那样机械地放行或不放行。

62 Based on Reid Hoffman7 点 sinterview with Thiel. See "Escape the Competition—with PayPal's Peter Thiel" [podcast], Masters of Scale with Reid Hoffman, November 7, 2017.

63 "Empathy," Merriam-Webster, https://www.merriam-webster.com/dictionary/empathy

64 Justin Bariso, "There Are Actually 3 Types of Empathy. Here's How They Differ—and How You Can Develop Them All," Inc. (September 19, 2018), https://www.inc.com/justin-bariso/thereare-actually-3-types-of-empathy-heres-how-they-differ-and-how-you-can-develop-them-all.html

65 David Clarke and Ron Kinghorn, "Experience Is Everything: Here's How to Get It Right," PwC, 2018. https://www.pwc.com/us/en/advisory-services/publications/consumer-intelligenceseries-pwc-consumer-intelligence-series-customer-experience.pdf

66 Michal Lev-Ram, "Microsoft CEO Satya Nadella Says Empathy Makes You a Better Innovator," *Fortune* (October 3, 2017), https://fortune.com/2017/10/03/microsoft-ceo-satyanadella-says-empathy-makes-you-a-better-innovator

67 Clarke and Kinghorn, "Experience Is Everything."

68 Clarke and Kinghorn, "Experience Is Everything."

69 Clarke and Kinghorn, "Experience Is Everything."

70 Clarke and Kinghorn, "Experience Is Everything."

71 Tanveer Naseer, "Empathy in Leadership—10 Reasons Why It Matters," Tanveer Naseer Leadership, 2020, https://www.tanveernaseer.com/why-empathy-matters-in-leadership

72 Daniel Goleman, "Emotional Intelligence, Social Intelligence," originally published June 1, 2007, http://www.danielgoleman.info

73 译注：例如，"金利来：男人的世界"就是典型的情感营销。

74 译注：例如，一旦地震，各保险公司都会第一时间宣布快速赔付措施。这是"恻隐心"的一种体现，至于真不真心并不重要。对于营利性公司来说，态度是关键。

75 "What Is Servant Leadership?" Robert K. Greenleaf Center for Servant Leadership, 2016, https://www.greenleaf.org/what-is-servant-leadership

76 Robert K. Greenleaf, *The Institution as Servant* (Cambridge, MA: Center for Applied Studies, 1972).

77 Christensen and Raynor, *The Innovator*'s *Solution*, 77–79.

78 "Six Sigma DMAIC Process—Define Phase—Capturing Voice of Customer," Six Sigma Institute, 2019, https://www.sixsigma-institute.org/Six_Sigma_DMAIC_Process_Define_Phase_Capturing_Voice_Of_Customer_VOC.php

79 David Roe, "Gartner Report Highlights Emerging Customer Journey Analytics Market," CMS Wire, July 20, 2016, https://www.cmswire.com/customer-experience/gartner-reporthighlights-emerging-customer-journey-analytics-market

80 DeAsi, "How to Use Customer Behavior Data."

81 Roe, "Gartner Report."

82 Allan Lee, Sara Willis, and Amy Wei Tian, "When Empowering Employees Works, and When It Doesn't," Harvard Business Review (March 2, 2018), https://hbr.org/2018/03/whenempowering-employees-works-and-when-it-doesnt

83 由阿兰·阿森奥特提出。

84 Andrea Michelson, "Octopus Arms Have Minds of Their Own," Discovery, January 14, 2020, https://www.discovery.com/science/Octopus-arms。但是，最新的研究表明，触手和中央大脑的联系可能比以前想象的要多一些，请参见 https://www.sciencedaily.com/releases/2020/11/201102120027.htm

85 译注：不能有"skin in the game"。

86 Brian Robertson, "Rule of Law & Property Rights in Organizations: The Keys to Holacracy's Distribution of Power" [blog post], Blog.holacracy.org, April 4, 2016, https://blog.holacracy.org/ rule-of-law-property-rights-in-organizations-89d5bde5ef4

87 由罗恩·希利提出。

88 我说"重视"是因为这种关系在实践中并不总是能够实现。各方之间需要有一定程度的信任，这种方法才会成功。

89 Fabian Dekker, Challenges for the Dutch Polder Model, Flash Report 2017-40, June 2017, European Social Policy Network (ESPN), European Commission.

90 Andrew K. Schnackenberg and Edward C. Tomlinson, "Organizational Transparency: A New Perspective on Managing Trust in Organization-Stakeholder Relationships," Journal of Management 42, no. 7 (2017): 1784–1810, https://doi.org/10.1177/0149206314525202

91 摘自安德拉·富兰克林给作者的一封电子邮件。

92 蒂姆·劳埃德与作者的私下交流。

93 Tracy Buckner, "Building a Community of Practice in 5 Steps," Red Hat, February 18, 2020, https://opensource.com/open-organization/20/2/building-community-practice-5-steps

94 Etienne Wenger, Richard McDermott, and William M. Snyder. Cultivating Communities of Practice: A Guide to Managing Knowledge (Boston: Harvard Business Review Press, 2002). Also see Wenger, McDermott, and Snyder's "Seven Principles for Cultivation Communities of Practice," Working Knowledge (March 25, 2002), https://hbswk.hbs.edu/archive/cultivating-communities-ofpractice-a-guide-to-managing-knowledge-seven-principles-for-cultivating-communities-of-practice

95 Wenger, McDermott, and Snyder, *Cultivating Communities of Practice.*

96 Tom Bartman, "Confronting a New-Market Disruption: When Disrupting the Disruptor Is the Only Way to Succeed," Medium, November 8, 2015, https://medium.com/@tom_bartman/confronting-a-new-market-disruption-when-disrupting-the-disruptor-is-the-only-way-to-succeedf02355ad919b

97 译注：参考 QQ 和微信的例子。

98 Bartman, "Confronting a New-Market Disruption."

99 Poppendieck and Poppendieck, Lean Software Development, 83–91.

100 关于该过程的描述，可参见《创新者的解答》，228–229。

附录 A

表 A.1 总结了本书各章与以下指南的对应关系：

- *BABOK v3: A Guide to the Business Analysis Body of Knowledge*[1]
- *Agile Extension to the BABOK Guide v2*[2]
- *The PMI Guide to Business Analysis*[3]
- *The Agile Practice Guide (PMI)*[4]

表 A.1　本书各章与 IIBA 和 PMI 指南中各章的对应关系

本书各章标题	BABOK v3 (IIBA)	Agile Extension to the BABOK Guide v2 (IIBA/ 敏捷联盟)	PMI Guide to Business Analysis	Agile Practice Guide (PMI/ 敏捷联盟)
第 1 章 敏捷分析与计划的艺术	2，"Business Analysis Key Concepts"	1，"Introduction"	Part 1，Section 1， "Introduction"	2.3，"Lean and the Kanban Method"
第 2 章 敏捷分析与计划及其价值主张	2，"Business Analysis Key Concepts"	1，"Introduction"	Part 1，Section 1， "Introduction"	2，"An Introduction to Agile"
第 3 章 敏捷分析与计划基础	2，"Business Analysis Key Concepts"	1，"Introduction"	Part 1，Section 1， "Introduction," Section 3，"The Role of the Business Analyst" Part 2，Section 1， "Introduction"	2，"An Introduction to Agile"
第 4 章 跨敏捷开发生命周期的分析与计划活动	3，"Business Analysis Planning and Monitoring"	3，"Analysis at Multiple Horizons"	Part 2，Section 4，"Planning"	3，"Life Cycle Selection"
第 5 章 组织的准备工作	6，"Strategy Analysis"	4，"Strategy Horizon"	Part 1，Section 2，"The Environment in Which Business Analysis Is Conducted"	4，"Implementing Agile: Creating an Agile Environment"
第 6 章 过程的准备工作	3，"Business Analysis Planning and Monitoring	3，"Analysis at Multiple Horizons" 4，Strategy Horizon"	Part 1，Section 5.4， "Conduct Business Analysis Planning" Part 2，Section 4.5， "Determine Analysis Approach"	3，"Life Cycle Selection"
第 7 章 设定愿景	6，"Strategy Analysis"	4，"Strategy Horizon"	Part 1，Section 4，"Needs ssessment" Part 1，Section 5， "Stakeholder Engagement" Part 1，Section 9，"Solution Evaluation"	5，"Implementing Agile: Delivering an Agile Environment"
第 8 章 填充待办事项列表：发现并对特性进行分级	7，"Requirements Analysis and Design Definition"	4，"Strategy Horizon" 5，"Initiative Horizon"	Part 1，Section 7， "Analysis"	5，"Implementing Agile: Delivering an Agile Environment"
第 9 章 长期敏捷计划	6，"Strategy Analysis"	4，"Strategy Horizon 7，"Techniques"	Part 1，Section 4，"Needs Assessment"	5，"Implementing Agile: Delivering an Agile Environment"

本书各章标题	BABOK v3 (IIBA)	Agile Extension to the BABOK Guide v2 (IIBA/敏捷联盟)	PMI Guide to Business Analysis	Agile Practice Guide (PMI/敏捷联盟)
第 10 章 季度和特性的准备工作	7，"Requirements Analysis and Design Definition"	5，"Initiative Horizon" 7，"Techniques"	Part 1，Section 7，"Analysis"	5，"Implementing Agile: Delivering an Agile Environment"
第 11 章 季度和特性计划	5，"Requirements Lifecycle Management"	5，"Initiative Horizon" 7，"Techniques"	Part 1，Section 4，"Needs Assessment" Part 1，Section 5，"Stakeholder Engagement"	5，"Implementing Agile: Delivering an Agile Environment"
第 12 章 MVP 和故事地图	5，"Requirements Lifecycle Management"	5，"Initiative Horizon" 7，"Techniques"	Part 1，Section 7，"Analysis"	5，"Implementing Agile: Delivering an Agile Environment"
第 13 章 故事的准备工作	4，"Elicitation and Collaboration" 7，"Requirements Analysis and Design Definition"	6，"Delivery Horizon"	Part 1，Section 8，"Traceability and Monitoring"	5，"Implementing Agile: Delivering an Agile Environment"
第 14 章 迭代和故事计划	5，"Requirements Lifecycle Management"	6，"Delivery Horizon"	Part 1，Section 7，"Analysis" Part 2，Section 6，"Monitoring and Controlling"	5，"Implementing Agile: Delivering an Agile Environment"
第 15 章 滚动式分析和准备：日常活动	7，"Requirements Analysis and Design Definition"	6，"Delivery Horizon"	Part 1，Section 7，"Analysis" Part 1，Section 8，"Traceability and Monitoring"	5，"Implementing Agile: Delivering an Agile Environment"
第 16 章 发布产品	8，"Solution Evaluation"	5，"Initiative Horizon" 6，"Delivery Horizon"	Part 1，Section 9，"Solution Evaluation" Part 2，Section 7，"Releasing"	5，"Implementing Agile: Delivering an Agile Environment"
第 17 章 规模化敏捷	3，"Business Analysis Planning and Monitoring"	4，"Strategy Horizon"	Part 1，Section 2，"The Environment in Which Business Analysis Is Conducted"	6，"Organizational Considerations for Project Agility"
第 18 章 实现企业的敏捷性	6，"Strategy Analysis"	2，"The Agile Mindset" 4，"Strategy Horizon"	Part 1，Section 2，"The Environment in Which Business Analysis Is Conducted"	6，"Organizational Considerations for Project Agility"

表 A.2 概述了敏捷分析与计划的经验法则。记住，这些只是宽泛的指导原则。一旦敏捷过程运行了一段时间，就用经验来指导你，因为实践会因情况而异。

表 A.2　敏捷商业分析经验法则

项目	经验法则
季度计划	
付出多少精力（一般准则）？	视需要而定——通常不超过所计划范围的 10%（例如，10 天的迭代用 1 天来计划）
初步准备	约 1 个月的准备时间，不超过 2 个月。在所计划的季度之前约 1.5 个月开始
季度（发布）计划	1~2 天；如果是多个团队，那么 1.5~2 天
一个季度、发布周期或项目增量（PI）的时间盒	8~12 周，但可以更灵活一些。在 SAFe 中，一个 PI 周期通常由四个 2 周的迭代加上一个创新和计划迭代组成 [5]
迭代计划	1 小时到 1 天不等 [67]
开发者任务	通常，每个任务最多一天；可能从半天到 2 天不等
特性预览	在迭代计划之后举行；此后，每两天举行一次。持续时间：10 分钟
节奏（迭代长度）	通常 1~2 周。在 Scrum 中，可能长达一个月
估计和拆分史诗和故事	
何时准备和拆分特性	在基于流程的计划中，对于大型特性，在实现前 6 周左右考虑每个特性；对于小型特性，在实现前 2~4 周考虑。对于季度计划，在上个季度进行到一半时开始准备特性
何时准备故事	在故事实现前 1~4 周开始 Triad 对话以准备故事。如果你用的是时间盒计划，则从其计划迭代之前的一到两个迭代开始
故事点：转换为时间	最初，设置 1 个故事点等于一个开发人员 1 天的工作，其中包括实现故事所需的全部工作：分析、设计、编码、测试等。此后，持续时间根据团队的速度而变

（续表）

项目	经验法则
可接受的故事点值	使用调整后的斐波那契数列：0，0.5，1，2，3，5，8，13，20，40，80，100
一个用户故事的最大大小	最大为 8（故事点或理想的开发者天数）。大多数故事应该在 5 或以下
团队速度	各个团队的速度可能差别很大，从大约 20 到 60 不等，具体取决于团队规模、迭代长度和故事点的分配方式。起初，预测速度（团队能力）约为团队在迭代中可用的总开发天数的 60%。此后，根据以前的迭代情况对预测进行修改，并根据情况的变化进行调整
每次迭代完成的故事数量	大约 6~10 个 [8]
验收标准（AC）	
一个故事的最大 AC 数量？	一般来说，每个故事不超过 5~7 个 AC
谁指定 AC？	验收标准是与 Triad 的成员合作制定的：业务、QA 和开发，主要责任属于产品负责人（PO）或指定的干系人
什么时候为一个用户故事指定 AC？	最初在故事准备过程中，在实现之前准备；可在实现过程中完善和补充
待办事项准备（完善）[9]：增加细节、估计、验收标准和优先级	
待办事项准备	花费的时间因情况而异。作为一般准则，不超过迭代总预算的 10%[10]
剪枝和排序	频率从每周一次到每月一次不等。PO 和干系人审查、删除、重新排序待办事项
一般可用性	
部署到生产或市场的频率	对于大版本，可能是 2~6 个月。小版本可以连续发布（每天若干次）

表 A.3　引导技巧清单

- 准备。会议——不管正式还是非正式——的成功秘诀是充分的准备。准备一份议程或主题清单、明确的目标、背景说明、问题、输入工件、清单和交付物样本。

- 在会议前与参会者一对一会面。会前会议提供了一个机会，让人们对那些可能不愿意公开讨论的"房间里的大象"[11]有一个清醒的认识。

- 使用尽可能最高质量的交流。对于实时的团体活动，按照偏好的顺序，举办同地活动、视频/虚拟会议和电话会议。考虑使用异步替代方案（例如聊天室），团队成员和干系人可以随时签到，审查并回应小组中其他成员提出的问题。

- 使用各种问题风格的组合。使用封闭式问题（例如，"产品是否会提供一个会员区或类似的东西？"）和开放式问题（例如，"你还想告诉我什么？"）。

- 保持简短。始终准时开始。如果主要参会人在几分钟内还没有到达，就推迟会议。一旦会议开始，要坚持每个议程项目的时间盒。

- 对内容要不偏不倚；要严格流程。

- 以明确的目的声明开始。澄清为什么要召开这个会议。它将完成什么？

- 使用停车场。将超出范围的项目添加到停车场——白板上为未列入议程的问题保留的区域。如果活动结束时还有时间，就处理停车场的项目，或者把它们作为活动后的行动项来分配。

- 在会议期间使用挂图，而不是建模工具。使用白板、挂图和便签。它们很容易创建和修改，不会留下它们应该是永久性的"印象"，而且能一目了然地看到。将软件工具的使用推迟到会议之后。

- 将大组分成若干小组。要求每个小组在一个分组区域进行自己的独立会议，并向大组报告。

- 保持设备关机。要求参会人在会议期间将他们的设备和笔记本电脑放在一边。

- 制造混乱。创造性是混乱的。鼓励嘈杂的讨论和粗糙的草图。绘图不一定整洁。

- 对有争议的问题的讨论设定时限。如果干系人不能在该时间内达成一致，他们可以继续对话，前提是就从议程中删除什么以弥补失去的时间达成一致。否则，将问题记录在"停车场"，供以后讨论。

- 准备好应对阻力或相反的观点。
- 审查决定和行动项。会议结束时，审查可交付物和决定。为会议期间没有解决的任何问题建立和审查行动项，并将其分配给个人。

表 A.4　愿景设定检查清单

使用以下检查清单来确定组织是否遗漏了任何愿景设定的步骤。然后使用第 7 章的指导原则来执行所遗漏的步骤。

- ☐　1. 商业案例可用：商业背景、根本原因分析、问题陈述、市场分析。
- ☐　2. 产品愿景宣言已经创建并推广。
- ☐　3. 干系人分析已经执行。
- ☐　4. 客户和商业目标已经确定。
- ☐　5. 已确定了信念飞跃式假设。
- ☐　6. 已经商定了用于验证假设的度量标准和主要指标。

表 A.5　干系人检查清单

干系人	作用
客户	就当前服务产品的问题提供见解
用户	确保需求满足 IT 系统最终用户的需要
高管	确保业务需求得到满足，并包括了管理控制、跟踪和需求报告
内部用户	确保解决方案能改善内部用户的线运营
产品推动者	对产品有一个宽泛的愿景。是变革的代理人，是激励者
现场服务人员	对涉及当前系统的客户投诉、服务中断等有第一手的了解。每当发生变化时都对这种人员提出了自己的要求，例如新的规程、培训和脚本等
管理层负责人和指导团队	负责解决冲突。负责人和指导团队（审批委员会）的早期和持续参与促进了对敏捷方案的认同

（续表）

干系人	作用
业务流程负责人	了解当前业务流程的问题和议题。确保提议的流程与目标相符，并会进行持续的改进
服务负责人	确保服务的业务目标得到解决和实现
服务经理	确保服务的战术、运营需求得到满足。负责持续的服务改进和评估客户的新需求
服务级经理	确保服务级协议得到定义、同意和满足
产品经理	如果提议的变革被实现或不被实现，提供有关对业务影响的意见。就变革对现有服务的影响提供深入见解。界定整体风险状况和各服务项目的成本
业务关系经理	提供对客户和合同的成本／风险的综合看法。为提议的变革将如何影响目前提供给客户的其他服务提出自己的见解
变革经理	负责对变革进行部署的审批过程的最后一步。主要关注保护生产环境，确保变革不会造成损害（将与变革相关的意外降到最低）
主题专家	在其专业领域（业务、技术或其他）内提供深入见解
商业（业务）架构师	确保业务标准和准则得以遵循，并确保变革与商业（业务）模式相一致
提供标准和指导原则的组织	熟悉对开发进行制约的一系列标准和指导原则的专家
解决方案提供者	提供现实的检查，确保需求是现实的，并且质量足以支持设计和编码目的。提供解决方案的选择和评估
供应商经理	确保与供应商的所有合同支持企业的需求，并确保供应商履行其合同承诺
测试人员（QA）	确保需求是可测试的。为团队提供自动化测试的指导。参与测试场景和验收标准的规范
维护程序员	对当前系统的 bug 有第一手的了解

表 A.6　NFR 和约束检查清单

用以下检查清单确保自己没有遗漏任何的非功能性需求（NFR）或约束。

- 可用性。与用户界面有关的要求，如用户友好性、可访问性、外观和感觉、联机帮助和视觉设计指导原则。
- 可靠性。系统在特定的常规和非常规条件下，在特定时间段内执行的能力。包括以下内容：
  □ MTBF（平均故障间隔时间）：同一服务发生的故障之间的平均间隔时间。
  □ MTBSI（系统/服务事故之间的平均时间）。故障之间的平均时间。
  □ MTTR（平均修复时间）。从事故发生时起，修复和恢复服务的平均耗时。
- 性能。描述了系统在时间和资源方面必须具有的表现。包括以下内容：
  □ 速度
  □ 效率
  □ 可用性
  □ 准确性
  □ 响应时间
  □ 恢复时间
  □ 启动时间
  □ 资源使用率
  □ 吞吐量（单位时间的事务处理量）。
- 可支持性。与监控和维护系统的能力有关的要求。包括测试、配置、安装和升级系统的能力。
- 其他（+）。对系统的额外约束，包括以下内容：
  □ 设计要求。
  □ 实现要求：对系统编码和构建的约束；包括要求的平台、编码语言和标准
  □ 接口要求：与指定的外部系统交互的能力以及这些交互的性质（如协议、格式）。
  □ 物理要求：对硬件的物理约束；包括与尺寸、温度控制、材料等有关的要求
  □ 法律、合规、监管和版权要求和约束。

表 A.7　季度计划的准备情况检查清单

使用以下检查清单来校验季度计划的准备情况。也可用这个检查清单评判史诗或特性的准备情况。

分析准备情况

以下各项用于验证已事先进行充分的分析，可以开始进行计划了。

☐ 是否已经阐明了产品或史诗的愿景？是否已广泛传达？

☐ 是否有一个产品路线图？

☐ 在产品待办事项列表中，是否有充足的已就绪特性（例如，在季度 / 发布计划之前，有 10~20 个就绪的特性）？一个特性要做到就绪，必须在一个季度内由产品领域（或 SAFe ART）中的一个或多个团队进行评估、优先排序和实现。更正式地说，该特性必须满足特性的就绪定义（DoR），如果有的话。

☐ 是否已经提出了发布时间表？

☐ 如果实行的是时间盒计划（如 SAFe、Scrum、XP），是否为发布周期或程序增量中的迭代（冲刺）设定了一个节奏？

☐ 所有团队都了解了他们所负责的需求和解决方案的哪些方面吗？

☐ 是否已确定了受下一次发布影响的用户？用户对产品的目标是否被充分理解（例如通过画像）？

☐ 高级解决方案架构准备好了吗？是否存在设计方案？是否已经创建了概念验证？

物流准备情况

以下各项用于验证计划活动的后勤保障。

☐ 投影仪、连接器可用。

☐ 演示用的笔记本电脑或引导师（主持人）的笔记本电脑的连接器。

☐ 兼容的显示应用程序（例如，PowerPoint）。

☐ 技术支持联系号码。

☐ WiFi 账户登录信息（例如用于连接投影仪和 Web 访问）。

☐ 已安装了提供支持的应用程序。

☐ 已测试了登录。

（续表）

□ 挂图、白板、便签图。

□ 姓名牌（立牌、标签）。

□ 文具：钢笔、签字笔、纸。

□ 所有小组可以在一起举行集体会议的房间。

□ 分组讨论的小型集会场所。

□ 远程参与者、广播：远程会议应用程序（例如，WebEx、Zoom、Microsoft Team、Google Hangouts、视频、录音服务）的安装、配置和测试。

表 A.8　应邀参加计划活动的人员检查清单

使用下面的受邀者清单，确保你已经考虑了所有相关的观点。记住，并不是说针对每种特定的情况，都需要清单上的全部受邀者。

□ 产品负责人：理解客户需要的特性和客户报告的错误。负责确定优先顺序。

□ 开发经理：提出技术性的工作项，例如技术债务偿还、安全问题。

□ 分析师：可以是高级商业分析师、高级商业系统分析师或者其他成员。帮助确保最高价值的工作在计划中得到解决（例如，通过切割出故事中的高价值部分）。贡献需求分析能力；促进计划会议；支持客户（PO）和开发人员之间的合作谈判。

□ 解决方案工程师：从售前到验收，是客户的联络人。概括需求，并与开发人员合作，创建满足客户需求的解决方案。

□ 技术架构师：设计解决方案的结构，为团队提供技术领导。

□ 至少一个或两个开发人员：评估可行性、提供估算并提出替代性的工作方法。

□ 最多两个用户体验（UX）设计师（如果需要的话）。

□ 业务负责人：对商业结果（目标）负主要责任。例如，投资回报率、合规性。与其他部门协调。

注意：这份清单针对的是非规模化组织。关于规模化敏捷计划的扩展列表，请参见附录 A 中表 A.12。

表 A.9　季度和特性计划输入检查清单

在季度 / 特性计划之前，根据需要准备好以下资料。

☐　交付 / 发布日期、日期范围或时间线。

☐　迭代节奏（对于有时间限制的规划，例如 Scrum）。

☐　产品愿景，史诗愿景（如果适用）和产品画像。

☐　长期产品路线图（战略计划）。

☐　干系人分析工具（用户角色、画像等）。

☐　旅行地图、适当的流程图以及其他准备性的分析和设计工件。

☐　对于季度计划：在产品待办事项列表中，大约有 10 到 20 个就绪的特性，粗略估计总共需要一个季度来实施，包括一些额外的特性（如果可以的话）

☐　设计：高级解决方案架构，发生变化的服务的摘要等。

☐　在之前的季度回顾中确定的高优先级改进项。

表 A.10　季度和特性计划的可交付成果检查清单

季度 / 特性计划的可交付成果包括以下内容。

☐　确认的交付 / 发布日期、日期范围或时间线。

☐　确认的迭代节奏（如果实行的是时间盒计划的话）。

☐　确认的计划期内的目标。

☐　风险。

☐　特性的依赖项。

☐　确认的范围：即将到来的计划周期所承诺的特性，也被称为季度（或发布）待办事项列表。特性可以被分为两个子集：已承诺的特性（肯定会交付）和目标特性（小组计划交付但不完全承诺交付）。

☐　已被拆分并符合故事 DoR 的前 2~4 周的工作项。

☐　季度 / 功能实施计划（季度路线图）已达成一致，确定了计划期间的特性、事件和里程碑。

表 A.11　季度（发布）回顾问题检查清单

用以下核对清单来准备季度（发布）回顾的问题，并确保你在制定问题时考虑到了每一个重要的观点。但是，要把重点放在已知有问题的领域。

DevOps 和支持实践的观点

☐ 团队成员和客户对 DevOps、持续集成和持续交付（CI/CD）以及验收测试驱动开发（ATDD）实践的印象如何？

☐ 这些实践最大的好处是什么？度量标准表明了什么？例如，部署频率增加了吗？故障率和停机时间是否减少？

☐ 可以立即引入哪些 DevOps、CI/CD 和 ATDD 实践？随着时间的推移，应计划采用哪些实践？

☐ 在更大程度上采用这些实践的障碍是什么？

技术观点

☐ 哪些技术变革进展良好？

☐ 哪些技术变革并不顺利？

☐ 哪些架构举措正在进行或正在计划中？

☐ 应该做什么来改善基础设施？

☐ 实施了哪些性能改进？

生产率观点

☐ 审查产品开发的生产力度量标准和指标。这可能包括对以下项目的审查：

　　☐ 关键绩效指标（KPI）。审查 KPI（例如，流失率、转换率、参与率、客户满意度和忠诚度指标）以确定开发工作是否改善了结果。

　　☐ 计划和交付的特性数量。

　　☐ 客户实际使用的特性的数量。

　　☐ 燃尽图，内部绩效指标：审查图表、速度指标和其他内部指标（例如代码行数）。促进对差异原因的讨论，以及对结果进行改善的建议。内部指标不如结果 KPI 有指导意义，但它们可以更细化地说明生产力何时上升和下降，以便分析和诊断问题。参见第 15 章的 15.7.5.6 节，了解如何使用燃尽图来诊断生产力问题。

- □ 能提供哪些特性？
- □ 哪些特性是计划了但未交付的？
- □ 特性是按照优先级交付的吗？
- □ 在需要的时候，干系人是否可用？
- □ 是否获得了足够的资源来完成计划的工作？

质量保证（测试）观点

- □ 如何收集和测量客户反馈—客户的声音？
- □ 如何测试和测量我们的努力是否达到了预期的商业结果？
- □ 所收集的指标具有可操作性吗？它们是否为未来工作的重点提供了明确的指导？
- □ 服务水平要求（NFR）是否得到满足？
- □ 审查质量指标，例如：
    - □ 客户报告的问题的数量
    - □ 修复问题的周转时间
    - □ 进入生产环节的缺陷数量
    - □ 因之前的改变而产生的缺陷数量
- □ 质量在哪些方面得到了改善？它是如何恶化的？
    - □ 在持续解决质量改进方面是否成功？
    - □ 技术债务是否积累了？
    - □ 哪些技术债务被偿还了？
    - □ 发布的软件在可维护性、可靠性或性能方面是降低还是提高了？
- □ 实施测试自动化是否有任何问题？特性团队是否承担了更多的自动化测试责任？

计划/组合观点

- □ 对整个项目组合的状态进行审查。
- □ 在实现长期战略业务目标和经营目标方面的进展如何？

（续表）

□ 是否有任何错过的发布日期？

□ 发布日期是否被延长？为什么？

市场观点

□ 市场挑战何时发生？预计什么时候会出现？

□ 企业是否改变了它的任何战略重点？这对新工作的优先级有什么影响？

表 A.12　规模化季度和特性计划的受邀者检查清单

在考虑邀请谁时，请使用下面的桦树清单。实际邀请的人将因组织和举措（initiative）而异。如果组织使用基于流程的计划（例如看板），那么只邀请将在特性上进行合作的团队的代表。如果使用的是时间盒方法，就邀请产品领域的所有团队的代表。

□ 高级分析师：促进计划会议，支持客户（PO）和开发人员之间的合作谈判。

□ 领导：区域 PO—可能是发布培训工程师（SAFe）、CPO、共享 PO

□ 团队级 PO：来自所有受影响开发团队的代理 PO。负责了解客户特性、客户报告的错误和本地决策。

□ 企业负责人：自己的财务和计划责任。在 SAFe 中，每个敏捷发布火车（ART）有三到五名业务负责人。

□ 解决方案工程师：从售前到验收，是客户的联络人。概括需求，并与开发人员合作，创建满足客户需求的解决方案。

□ QA：帮助团队创建和运行他们自己的自动化测试。提出测试方案以帮助确保足够的测试覆盖率。

□ 运营：支持部署自动化、云服务和工具等。

□ 来自所有受影响团队的开发经理（如果有指派的话）：提出技术债务工作项、安全要求、质量改进等。

□ 高级产品经理（如果有指派的话）：对团队级的 POs 进行管理。

□ 高级开发经理（如果有指派的话）：对团队级的开发经理进行管理。

（续表）

- □ 技术架构师：设计解决方案的结构，为团队提供技术领导。
- □ 开发人员：讨论可行性，提供估算，并提出更容易的工作方法。
- □ 用户体验（UX）设计师（如果需要的话）。

表 A.13　敏捷需求管理工具一览

广泛用于敏捷需求管理的软件工具如下。在你看到本书的时候，情况可能会有所变化。

名称	介绍
JIRA	JIRA 是敏捷团队使用的最流行的工具之一。利用它的加载项，可以将其扩展到项目组合层面。JIRA 提供了自动生成 Scrum 工件的能力，例如燃尽图。它支持看板流程，包括看板和自动确定流程指标（例如，周期时间）。关于 JIRA 的更多信息，请参见 https://www.atlassian.com/software/jira/agile
Blueprint	Blueprint 的 Storyteller 被大型组织使用。它支持故事、可视化模型、看板、产品待办事项管理和 Scrum。它的好处之一是支持 SAFe 框架，包括对价值流、组合史诗和 PI 计划的支持。关于 Blueprint 的更多信息，请参见 https://www.blueprintsys.com
JAMA 软件	JAMA 为广泛的需求项目（包括用户故事和特性）提供需求追踪功能。这个工具不是针对敏捷的，但可以为敏捷框架配置。JAMA 可以和 JIRA 结合使用。关于 JAMA 的更多信息，请看 https://www.jamasoftware.com
其他需求管理和协作工具	
Asana	Asana 是一种工作管理工具，特别适合敏捷的自我管理团队。可以用它来管理迭代待办事项列表，允许团队成员自我分配或被分配开发者任务。关于 Asana 的更多信息，请参见 https://asana.com
Cardboard	Cardboard 允许远程用户实时远程协作，创建和修改故事地图。不同地点的用户可以创建卡片，并把它们拖放到地图的任何地方。更多信息请参见 https://www.cardboardit.com
Microfocus ALM Octane	ALM Octane（前身是 Hewlett Packard Enterprise [HPE]），用于大规模敏捷开发，并与 DevOps 很好地集成。关于 ALM 的更多信息，请参见 https://www.microfocus.com/en-us/products/alm-octane/overview

名称	介绍
Rational Team Concert （RTC）	RTC 是用于敏捷计划和跟踪工作项的一种协作工具。主要特色是协作式故事映射功能并与大规模需求工具 IBM DOORS Next 的集成。关于 RTC 的更多信息，请参见 https://www.ibm.com/docs/zh/elm/6.0.6.1？ topic=capabilities-rational-team-concert
IBM Doors Next	Rational 系列中的一个需求管理工具。由于 SAFe 已嵌入该工具中，所以很适合遵循该框架的组织。更多信息请参见 https://www.ibm.com/my-en/products/requirements-management-doors-next
CA Technologies 与 Rally Software	CA Technologies（2015 年收购了 Rally Software）拥有一系列产品，支持跨时区的敏捷团队协作、组合视图、项目视图和规模化敏捷框架（SAFe 和 LeSS）
Confluence	我的客户经常将 Confluence 结合其他工具（如 JIRA）使用，为需求提供单一的真实来源—将 JIRA 中的项目与代码审查、团队会议记录、发布记录和其他工件结合起来。关于 Confluence 的更多信息，请参见 https://www.atlassian.com/software/confluence
Caliber	一个全功能的需求管理工具，支持可追溯性、需求属性、通过故事板、线框等进行可视化以及故事创建。关于 Caliber 的更多信息，请参见 https://www.microfocus.com/products/requirements-management/caliber/features
谷歌文档	一个广泛使用的创建和修改协作文档的应用程序。所有编写者能同时对同一文件进行实时协作，大大简化了版本控制，因为只有一个版本需要跟踪。谷歌文档可以用来编辑回顾性的待办事项列表、分析工件或者在小组内共享的任何文件。关于 Google Docs 的更多信息，请参见 https://www.google.com/docs/about/
Stormboard	头脑风暴工具，请参见 https://stormboard.com
Innovation Games	提供许多对迭代和季度回顾有用的协作游戏，如 Speedboat Game,（快艇游戏），参与者可以识别加速器（帆）和减缓开发过程障碍物（锚）。更多信息请参见 http://www.innovationgames.com
Visio	Visio 是一个被广泛使用的应用程序，用于创建图表（例如，业务流程模型和用例图）。它不是一个聪明的建模工具，只限用于绘图，不能识别图表的错误或确保图表元素命名的一致性。尽管如此，当没有更高级的东西可用时，它仍然是一个有用的工具

注释

1　International Institute of Business Analysis (IIBA), BABOK v3: A Guide to the Business Analysis Body of Knowledge, 3rd ed. (Toronto, Canada: IIBA, 2015).

2　IIBA and Agile Alliance, Agile Extension to the BABOK Guide V2 (Toronto, Ontario: IIBA, 2017).

3　Project Management Institute (PMI), The PMI Guide to Business Analysis (Newtown Square, PA: PMI, 2018).

4　Project Management Institute (PMI), The Agile Practice Guide (Newtown Square, PA: PMI, 2017).

5　Richard Kastner and Dean Leffingwell, SAFe 5.0 Distilled: Achieving Business Agility with the Scaled Agile Framework (Boston: Addison-Wesley, 2020), 274.

6　Mike Cohn, Succeeding with Agile (Boston: Addison-Wesley, 2010), 334.

7　XP 建议针对第一周的迭代最多计划 1 天，逐渐减少到 1 小时。Scrum 建议 1 个月的迭代最多计划 8 小时。参见 Ken Schwaber and Jeff Sutherland, The Scrum Guide. The Definitive Guide to Scrum: The Rules of the Game, Scrumguides.org, 2020, 9。

8　Cohn 报告说，一个 6 人团队平均"每 2 周的冲刺完成 6~9 个用户故事"（参见 Cohn, Succeeding with Agile, 240）。这与 7 人团队的估计大致吻合。

9　Schwaber and Jeff Sutherland, The Scrum Guide, 10.

10　参见 The Scrum Guide, 的一个较早的版本：Ken Schwaber and Jeff Sutherland, The Scrum Guide. The Definitive Guide to Scrum: The Rules of the Game, Scrumguides.org, 2017, 15。

11　译注：一些非常显而易见却一直受忽略的棘手问题。

附录 B

以下案例学习说明了如何使用 McGrath 和 MacMillan 在《哈佛商业评论》中描述的方法 [1] 进行以发现为导向的计划（discovery-driven planning）。该案例中使用了全球拖地机器人行业的公开数据 [2]，但为了教学，日期被推进了三年。案例学习对象 BestBots 是一家虚构的公司。

B.1 背景：BestBots 案例学习

BestBots 公司总部设在美国，业务成熟，为航空航天业提供机器人产品。该公司的创始人认为，公司在开发一流测绘和导航技术、人机界面以及可靠的任务性能解决方案方面的经验将使其成为国内机器人技术这一新兴增长行业的市场领导者。因此，她希望在该领域建立一项新的业务，专注于为客户最希望避免的家庭清洁任务生产机器人，如拖地、清洁厕所和吸尘。公司高管预计，BestBot 能通过生产比目前市场上的机器人成本更低、可靠性更高的机器人来主导这一领域。

对于其最初的产品系列，该公司计划生产的产拖地机器人。这一领域目前规模较小（是国内机器人的第三大类），但正在迅速获得发展，特别是在地板基本不铺地毯的国家，如亚洲国家。这一年是 2021 年，公司要求你这位高级分析师帮助准备一份关于该提案可行性的研究报告，以及一份将公司财务风险降到最低的实施计划。

你选择了以发现为导向的计划。因为这个风险项目存在高度的不确定性，所以传统的财务计划方法不可行。

B.2 初始市场分析

为了准备计划过程，你首先要对市场机会进行一些初步研究。该产品的商业类别，即拖地机器人，目前是一个小众市场，没有现成的一个强有力的案例。然而，这个商业案例基于的是该产品的长期潜力。这方面的前景似乎非常乐观，因为到 2028 年，市场预计会有明显的增长。现在摆在公司面前的问题是，这些对未来的预测是否足够强大，能证明今天的投资是合理的。

B.2.1 市场估计（过去和未来）

研究了拖地机器人当前和未来全球市场的估计，得到了如表 B.1[3] 所示的结果。

表 B.1　对拖地机器人 2021 年和 2028 年全球市场的估计

	2021(当前)	2028(预计)
销售量（百万台）	1.17	6.00
平均售价（美元）	125	110
市场价值（10 亿美元）	0.15	0.66

B.2.2 复合年均增长率

下一步是使用上述数据来计算复合年均增长率（Compound Annual Growth Rate，CAGR），这是衡量市场预期扩张速度的指标。

为了从一个期限的开始和结束时的市场价值反向计算 CAGR，需要一些比较难的数学运算，因为这种关系是指数式的。下面是数学公式：

$$CAGR = 10^{(1/n \times \log(Final/Initial))} - 1$$

其中，

n = 从最初到最终日期之间经历的年数

Final = n 年后预计的最终市场价值

Initial = 期限初的市场价值

B.2.3 使用电子表格

如果手边没有数学计算器，可以利用网上的一些工具，或者创建电子表格并输入如表 B.2 所示的数据和公式来完成 CAGR 的计算。

表 B.2 用电子表格计算 CAGR

单元格	说明
A1	输入属性的初值（例如已售设备数量）
A2	输入预计的终值
A3	输入以下公式来计算 CAGR：= (POWER(10,(1/n*LOG10(A2/A1))))-1

利用表 B.1 中 2021 年和 2028 年的数据，你要计算以设备销售数量计的复合年均增长率、以平均销售价格计的复合年均增长率以及以市场价值计的年均复合增长率。表 B.3 总结了这些数据。

表 B.3 基于 2021 年数据和 2028 年预测的单位销售量、平均售价和市场价值的复合年均增长率

	2021（当前）	2028（预计）	复合年均增长率 (CAGR)（计算出的结果）
已售台数（百万）	1.17	6.00	26%
平均售价	$125	$110	- 1.8%
市场价值 (10 亿美元)	0.15	0.66	23.6%

B.3 确定约束（要求的结果）

以发现为导向的计划不是试图预测整体的利润和回报，而是在相反的方向上工作，从需要交付的结果开始来证明风险投资的合理性。

在我们的案例学习中，有两个这样的约束与这个提案有关。首先，BestBots 有一个政策，即任何战略投资必须使公司的总利润增加 10% 才值得追求。其次，它有一个关于投资新市场创新的政策：由于这种投资存在高度的不确定性，所以 BestBots 要求在现有产品和服务的销售回报率(Return On Sales, ROS)基础上再加33% 的溢价。

约束

C1：战略投资项目的公司总利润增加：10%

C2：新市场创新的 ROS 的风险溢价：33%。

销售回报率：ROS

ROS 是指每一块钱的销售额所产生的利润。ROS 的公式是：

$$ROS = 利润 \div 销售额$$

其中，赢利 = 销售额 - 支出

例如，如果一年的销售额是 100 万元，净利润 20 万元，那么 $ROS = 200\,000 \div 1\,000\,000 = 20\%$。

在研究了这些策略之后，接着要设法将这些约束变成硬性的数值。为此，需要知道企业目前的总利润和持续创新所要求的 ROS。表 B.4 总结了 BestBots 在 2021 年的总销售额和支出。

表 B.4　公司销售额和支出（2021 年）

总销售额	10 亿美元
总支出	8.8 亿美元

约束 C1 要求风险投资使利润增加 10%。为了把它变成一个硬性的数值，首先要确定当前的利润，如下所示：

$$当前总利润 = 总销售额 - 总支出 = 10 亿美元 - 8.8 亿美元 = 1.2 亿美元$$

因此，风险投资所需的利润如下：

$$风险投资所需利润 = 10\% \times 当前总利润 = 10\% \times 1.2 亿美元 = 1200 万美元$$

第二个约束要求在当前的 ROS 之上再加一个溢价。首先需要计算当前 ROS，如下所示：

$$当前\ ROS（2021\ 年）= 总利润 \div 总销售额$$
$$= 1.2\ 亿美元 \div 10\ 亿美元 = 12\%$$

由于新市场创新需要提供比常规 ROS 高 33% 的溢价，所以要这样计算该风险投资所需的 ROS：

$$新的风险投资所需的\ ROS = 当前\ ROS + (33\% \times 当前\ ROS)$$
$$= 12\% + (33\% \times 12\%) = 16\%$$

综上所述，现在可以将财务约束表达如下：

    C1：风险投资要求的利润 = 1200 万美元

    C2：新的风险投资所需的 ROS = 16%

B.4 创建逆向损益表草案

逆向损益表从传统报表的结尾开始反向进行，从风险投资成功所需的结果（其财务约束）开始。然后，从这些结果逆推，确定实现这些结果所需的财务因素（单位成本、销售量等）。在这个过程中，要随时记录遇到的任何财务上的假设，以便将来可以制定计划去测试它们。表 B.5 列出了逆向损益表所用的所有假设。逆向损益表的第一个草案如下所示。

逆向损益表（草案）	
约束 1，战略风险投资溢价：风险投资使企业总利润增加 10%	
约束 2，新市场创新的销售回报率（ROS）的风险溢价：33%	
使总利润增加 10% 所需的利润	= 1200 万美元
加了 33% 风险溢价的新风险投资所需的 ROS	= 16%(假设 1)
实现 16% ROS 所需的销售收入	= 所需利润 ÷ 所需 ROS = 1200 万美元 ÷ 16% = 7500 万美元 (假设 2)
实现 16% ROS 的总允许成本	= 所需销售额－所需利润 = 7500 万美元－ 1200 万美元 = 6300 万美元

要求的单价

表 B.1 显示，预计 2028 年全球拖地机器人的单价为 110 美元。公司认为，作为市场的新进入者，它需要用较低的每台 90 美元的价格使顾客放弃市场上的主导品牌。

将顾客吸引至市场新进入者的竞争性单价，2028 年	90 美元（假设 3）

所需的销售台数（总计售出的台数）

按每台 90 美元所需的销售台数	＝所需销售收入 ÷ 单价 ＝7500 万美元 ÷ 每台 90 美元 ＝ 833 333 台

所需的市场份额

预计的全球市场销量（售出台数），2028 年	＝ 600 万台（假设 4；参见表 B.1）
要求占据的市场份额	＝ 要求的售出台数 ÷ 全球市场总售出台数 ＝ 833 333 台 ÷ 600 万台 ＝ 14%

每台成本

16% ROS 所允许的每台成本	＝总允许成本 ÷ 要求的台数 ＝ 6300 万美元 ÷ 833 333 台 ＝ 75.60 美元

来自逆向损益表草案的结论

为了满足投资约束，BestBots 的拖地机器人必须能在 2028 年之前占领全球市场的 14%，并且有能力每年生产和销售超过 833 333 台设备，单位成本是 75.60 美元。如果这些数值被证明无法实现，那么这个风险项目就不值得投资了。

B.5 创建预估运营规范

接着要创建预估运营规范。这个文档描述了新业务所需的活动和相关成本。为了使业务可行，估算的成本必须控制在每台设备 75.60 美元或以下。

预估运算运营规范

1. 销售成本

每年所需的拖地机器人销量	＝ 833 333 台
平均订单大小	＝ 30 台（假设 5）

每年所需订单数	= 所需销量 ÷ 平均订单大小 = 833 333 ÷ 30 = 27 778 个订单
每笔销售所需的销售电话数	= 3（假设 6）
每年所需电话总数	= 每笔销售的电话数 × 每年所需订单数 = 3 × 27 778 = 83 334
每个销售人员每天的电话数	=10（假设 7）
每年所需销售人员人日	= 每年所需电话总数 ÷ 每人每天的电话数 = 83 334 ÷ 10 = 8 333
每个销售人员每年可用的工作天数	= 250（假设 8）
每年 250 个工作日所需要的销售人员人数	= 每年所需人日 ÷ 每人工作天数 = 8 333 ÷ 250 = 33
销售人员工资成本	50 000 美元（假设 9）
销售人员总工资成本	= 工资 × 所需销售人员数 = 50 000 美元 × 33 = 165 万美元

2. 制造

可靠性	产品比领先竞争者少 20% 负面事件（假设 10）
生产人员成本	
每条生产线每年产能	40 000 台（假设 11）
所需生产线	= 每年所需销售台数 ÷ 每条生产线每年产能 = 833 333 ÷ 40 000 = 21
每条生产线所需的工作人员数量	10（假设 12）
所需生产线工作人员总数	= 生产线数量 × 每条生产线工作人员数量 = 21 × 10 = 210
每名生产人员的工资	20 000 美元（假设 13）
生产人员工资总额	= 工资 × 所需生产线员工总数 = 20 000 美元 × 210 = 420 万美元

材料和包装成本	
每台物料成本	10 美元（假设 14）
总物料成本	= 每单位物料成本 × 台数 = 10 美元 × 833 333 = 833 万美元
每单位包装成本	1 美元（假设 15）
总包装成本（833 333 台，1 美元 / 台）	833 333 美元
3. 运输	
每个订单所需的包装箱数量（平均订单大小为 30 个）	= 1（假设 16）
所需包装箱数量	= 订单数 × 每个订单的包装箱数量 = 27 778 × 1 = 27 778
1 个包装箱的运输成本	= 50 美元（假设 17）
总运输成本 = 每个包装箱的运输成本 × 　　　　　　包装箱数量	= 50 美元 × 27 778 = 139 万美元
4. 设备和折旧	
设备投资	1.5 亿美元（假设 18）
设备寿命	5 年（假设 19）
年折旧额	= 1.5 亿美元 ÷ 5 年 = 3000 万美元

B.6　创建假设检查清单

接下来，列出在创建之前的可交付物时所作的全部假设，如表 B.5 所示。

表 B.5　财务假设检查清单

ID	假设	指标
1	销售回报率	16%。
2	年销售收入	7500 万美元

ID	假设	指标
3	将客户吸引至市场新进入者的单价	90 美元
4	2028 年全球市场拖地机器人销量	600 万台
5	平均订单大小	30 台
6	每个订单的销售电话	3
7	每个销售人员每天的电话数	10
8	每个销售人员每年工作天数	250
9	销售人员工资	50000 美元
10	市场新进入者吸引顾客所需的可靠性：负面事件比领先竞争对手少的百分比	20%
11	生产线产能	每条生产线每年 40 000 台
12	每条生产线需要的生产人员数量	10
13	每个生产人员的工资	20 000 美元
14	每单位物料成本	10 美元
15	每单位包装成本	1 美元
16	每个订单的包装箱数量（30 台）	1
17	运输成本，每个包装箱（30 台）	50 美元
18	设备投资	1.5 亿美元
19	设备寿命	5 年
20	允许的间接成本（见修订的逆向损益表）	1 660 万美元

B.7　修订的逆向损益表

有了更详细的分析后，就可以更新逆向损益表的草案，创建修订的逆向损益表，如表 B.6 所示。

表 B.6　修订后的逆向损益表

逆向损益表（修订版）	
要求的销售回报率	16%
要求的销售收入	7 500 万美元
要求的利润	1 200 万美元
允许的成本（收入 − 利润）	6 300 万美元
达到所需结果的估计成本	
销售人员工资	165 万美元
生产人员工资	420 万美元
物料成本	833 万美元
包装成本	833 333 美元
运输成本	139 万美元
年折旧费	3 000 万美元
总估计成本	4 640 万美元
允许的间接成本 （允许成本 − 估计成本）	= 6 300 万美元 − 4 640 万美元 = 1 660 万美元（假设 20）
每台设备的数值	
售价	90 美元
每台允许成本	75.60 美元
物料成本	10 美元

逆向损益表新修订的信息表明，该风险投资项目要想可行，间接成本不得超过 1 660 万美元。

B.8　创建里程碑计划表

下一步是创建一个计划，在各种里程碑事件中测试假设。里程碑事件是一个事件必须完成的时间点。在每个里程碑事件中，都可以做出"转向"或"坚持"决定——

如果测试结果证明进一步的投资是合理的，就坚持风险投资，否则转向不同的商业模式。

表 B.7 是为 BestBots 创建的里程碑规划表。日期尚未指定，它们将在与业务和产品开发团队协商后确定。

表 B.7　BestBots 用于测试财务假设的里程碑计划表

完成的里程碑事件	要测试的假设 ID
1. 可行性研究	4： 2028 年全球市场销量，拖地机器人 5： 平均订单大小 6： 每个订单要打出的销售电话 7： 每个销售人员每天的电话数 8： 每个销售人员每年的工作天数 9： 销售人员工资 13： 每个生产人员的工资 16： 每个订单所需的包装箱数量（一箱 30 台） 17： 1 个包装箱的运输成本（30 台）
2. 创建的原型	3： 将顾客吸引至市场新进入者所需的单价 10： 将顾客吸引至市场新进入者的可靠性要求
3. 试生产	1： 投资回报率 2： 年销售收入 5： 平均订单大小 6： 每个订单要打出的销售电话数 7： 每个销售人员每天的电话数 9： 销售人员工资 10： 将顾客吸引至市场新进入者的可靠性要求 11： 生产线产能 12： 每条生产线的工作人员数量 13： 每个生产人员的工资 14： 每台物料成本 16： 每个订单所需的包装箱数量（一箱 30 台） 17： 1 个包装箱的运输成本（30 台） 18： 设备投资

（续表）

完成的里程碑事件	要测试的假设 ID
4. 基于试生产的市场分析和产品修订	1： 投资回报率 2： 年销售收入 3： 将顾客吸引至市场新进入者所需的单价 4： 2028 年全球市场销量，拖地机器人 14： 每台物料成本 15： 每台包装成本 19： 设备寿命 20： 允许的间接成本

注释

1　Rita Gunter McGrath and Ian MacMillan，"Discovery-Driven Planning," *Harvard Business Review*, July–August 1995, https://hbr.org/1995/07/discovery-driven-planning

2　Andrew Murphy，"Domestic: Robotics Outlook 2025," Loop Ventures, International Federation of Robotics, June 7, 2017, http://loupventures.com/domestic-robotics-outlook-2025

3　数据基于以下来源，只不过日期推进了 2 年：Murphy，"Domestic: Robotics Outlook 2025."

参考资料

1. Christensen, Clayton M. *The Innovator's Dilemma: When New Technologies Cause Great Firms to Fail (Management of Innovation and Change)*. Boston: Harvard Business Review Press, 2016. 中译本《创新者的窘境》

2. Christensen, Clayton M., and Michael Raynor. *The Innovator's Solution: Creating and Sustaining Successful Growth*. Boston: Harvard Business Review Press, 2013. 中译本《创新者的解答》

3. Cohn, Mike. *Succeeding with Agile: Software Development Using Scrum*. Boston: Addison-Wesley, 2010. 中译本《Scrum 敏捷软件开发》

4. Comstock, Beth. *Imagine It Forward: Courage, Creativity, and the Power of Change*. New York: Currency, 2018. 繁体版中译本《勇往直前》

5. Forsgren, Nicole, J. Humble, and G. Kim. *Accelerate: Building and Scaling High Performing Technology Organizations*. Portland, OR: IT Revolution, 2018. 中译本《加速》

6. International Institute of Business Analysis (IIBA) and Agile Alliance. Agile Extension to the BABOK Guide V2. Toronto: IIBA, 2017.

7. Kim, Gene, Patrick Debois, John Willis, Jez Humble, and John Allspaw. *The DevOps Handbook: How to Create World-Class Agility, Reliability, and Security in Technology Organizations*. Portland, OR: IT Revolution Press, 2016. 中译本《DevDps 实践指南》

8. Lawrence, Richard, with Paul Rayner. *Behavior-Driven Development with Cucumber: Better Collaboration for Better Software*. Boston: Addison-Wesley, 2019. 中译本《Cucumber：行为驱动》

9. Leffingwell, Dean, and Richard Kastner. *SAFe 5.0 Distilled: Achieving Business Agility with the Scaled Agile Framework.* Boston: Addison-Wesley, 2020. 中译本《SAFe 5.0 精粹开发指南》

10. Project Management Institute (PMI). *The Agile Practice Guide.* Newtown Square, PA: PMI, 2017. 中译本《敏捷实践指南》

11. Podeswa, Howard. *The Business Analyst's Handbook.* Boston: Course Technology, 2008.

12. Poppendieck, Mary, and Tom Poppendieck. *Lean Software Development: An Agile Toolkit.* Boston: Addison-Wesley, 2003. 中译本《精益软件开发工具》

13. Ries, Eric. *The Lean Startup.* New York: Random House, 2011. 中译本《精益创业》

14. Taleb, Nassim Nicholas. *The Black Swan, Second Edition: The Impact of the Highly Improbable.* New York: Random House, 2010. 中译本《黑天鹅》

15. Wenger, Etienne, Richard McDermott, and William M. Snyder. *Cultivating Communities of Practice: A Guide to Managing Knowledge.* Boston: Harvard Business Review Press, 2002.

苹果
2012年
油彩画布
伊德尔·波德斯瓦 / 作
托尼·哈夫肯西德 / 摄

天堂&地狱(展览中)
2016年
油彩画布，274cm × 452cm
霍华德·波德斯瓦 / 作&摄
加拿大多伦多科夫勒艺术中心

地狱（创作中的原型）
2012年
油彩画布，182cm × 274cm

地狱（成品）
2013年
油彩画布，274cm × 452cm
伊德尔·波德斯瓦 / 作
托尼·哈夫肯西德 / 摄

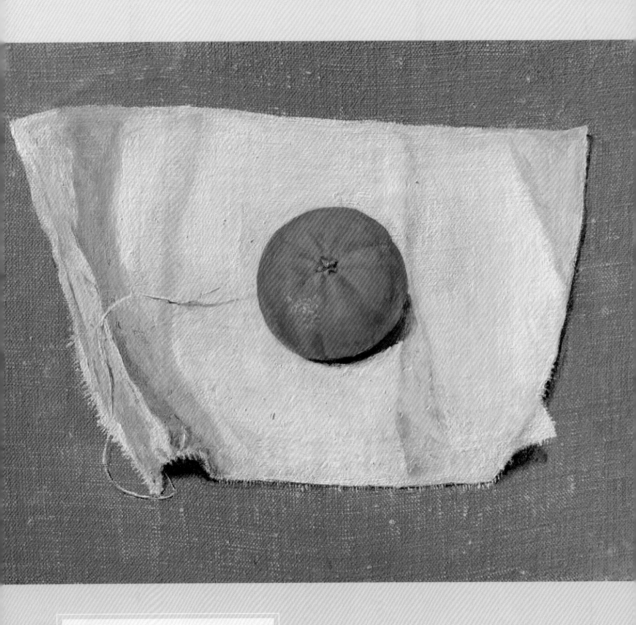

小柑橘
2019年
霍华德·波德斯瓦 / 作&摄